# 国际工程管理与现代建筑企业

姚先成 编著

中国建筑工业出版社

**图书在版编目（CIP）数据**

国际工程管理与现代建筑企业/姚先成编著．—北京：中国建筑工业出版社，2004
ISBN 7-112-06427-9

Ⅰ.国… Ⅱ.姚… Ⅲ.①建筑工程—对外承包—承包工程—管理②建筑企业—企业管理 Ⅳ.F407.9

中国版本图书馆CIP数据核字（2004）第028286号

**国际工程管理与现代建筑企业**

姚先成 编著

*

中国建筑工业出版社出版、发行（北京西郊百万庄）
新 华 书 店 经 销
北京密云红光印刷厂印刷

*

开本：787×1092毫米 1/16 印张：28¼ 字数：683千字
2004年5月第一版 2004年5月第一次印刷
印数：1—3000册 定价：**57.00**元

ISBN 7-112-06427-9
TU·5675（12441）



本社网址：http://www.china-abp.com.cn
网上书店：http://www.china-building.com.cn

为适应国际形势、求得生存和发展，我国进一步加速了工程建设管理体系的变革，从体系到标准都在大力推行国际化。作者总结其在香港二十多年工作经验的精华，从市场规则和总承包商运作两个层次对发生在香港的国际工程管理进行了全面的讲述。全书共8章，以市场规管、企业组织、投标管理、工程管理、合同和商务管理、财务管理、联合经营管理、保险管理等多个主题进行展开与探讨，不但给出了国际工程管理的一些重要原则、方法与流程，而且深入探讨了在国际规则下总承建商的组织、运作、管理等具体问题。

本书可作为从事建筑企业管理和国际工程管理的人员、政府相关管理部门管理人员、高等院校相关专业师生参考。

* * *

责任编辑：张礼庆
责任设计：崔兰萍
责任校对：张　虹

# 出 版 说 明

本书作者系从事几十年国际工程管理的资深专家，所从事的工程项目主要在中国香港。香港采用的建筑管理体系中的相关制度多从英联邦体制转变而来。英联邦国家所建立的工程管理体制在市场经济条件下尤显优越。面对这些优越的工程管理体制，作者及作者服务的公司以拿来主义的精神借鉴和应用了这些体制。通过多年的实践，作者将中国文化与西方文化在工程管理中融合贯通，最终形成如本书中所述及的管理经验。

这些管理经验是作者多年实践经验中的主要部分，想通过我们的出版，以供我们这些后来者总结学习，为个人及企业发展添加新的动力。

另外，由于作者在香港生活多年，且其从事的工程项目多在香港，文中有多处语言表达方式为香港本地用语，其可能令大陆读者难于意会。为了使本书不留或少留遗憾，编辑在加工编辑过程中将部分词语转成了大陆用语，在这样的转变过程中有些词语尚不能完全转化，甚至有些转化可能会产生意思上的较小差异，在此首先对这些可能存在的差异向作者及读者表示歉意。为了减少这些可能存在的差异带来的影响，在此我们先列举部分转化的词，供大家参阅：

合约→合同
组织架构→组织机构
噪音→噪声
石矢→混凝土
替枪→枪手
柯打→订单
夹万→保险箱
天拿水→香蕉水
佛沙→预制外墙
草鞋底→混凝土垫层
钉板→模板加工制作
管工→施工员（工长）
灯喉→照明线预埋管
尾井→盲井
平水墨线→测量放线
承建商→承包商
租金差饷→租金及物业税
判头→分包商
J. V. Board Meeting→联营体董事局会议
扎铁→钢筋加工及绑扎
皮费→管理费
拜神→开工庆典
震机→振捣机马达
震喉→振捣棒
吊阵→悬梁
咪表→停车位电子收费表
施工组织计划→施工组织设计
老子法律→土政策
开线→放线
支范本→支模板
粮单→工程款
建造业→建筑业

……

愿本书的出版发行能给广大读者（建筑行政管理部门、施工单位管理人员、从事及欲从事国际工程管理者、学校相关专业师生）提供有效的经验，更希望众多具有丰富工程管理经验的专家们将积累的经验总结出来，供后来者参考学习。

**责任编辑**

2004 年 4 月 22 日

# 前　言

1978年，我国确立了“对内经济搞活、对外改革开放”的战略方针以来，以“经济建设为中心”成为强国富民的重大国策，“国际”、“国际化”等这样的名词经常在各种政府政策、各类传媒报导中大量出现。所谓“国际”、“国际化”，它是相对于我国长期以来政治、经济等各方面的封闭自守而言的，是指从市场监管到企业经营都引入西方成功经验，与国际通用做法接轨。近20年来，资讯技术飞速发展，世界格局发生重大变化，经济一体化风潮席卷全球，伴随着全球市场的形成，经济已经跨越国界，国际化几乎深入全球的每个角落。

建筑业作为传统支柱产业的一部分，在经济一体化、竞争全球化的环境与前提下，也必须熟悉国际市场规则，参与到国际竞争之中，把握机遇，迎接国际化的挑战。

我国的建筑工程管理体系是在长期的工程建设中，部分参照前苏联经验，通过不断摸索、积累和总结发展而来的。由于体制僵化与市场发育不完善等原因，我们的管理水平长期落后于西方国家。1984年，日本大成公司在鲁布革的成功，震动与唤醒了我国工程建设领域的变革，加速了我国工程管理与世界接轨的过程。而且随着2001年我国正式成为世界贸易组织成员，国内市场与国际市场之间将屏障不再，国内市场的国际竞争也将随时展开。为适应形势，求得生存和发展，我国进一步加速了工程建设管理体制的变革，推行了项目管理体系、ISO标准、FIDIC条款、改革招投标制度、工程量清单计价等一系列国际通用的工程管理模式与做法，从体系到标准都在大力推行国际化。

香港是一个独特的开放市场，一方面，香港具有同西方市场完全相似的法制环境，实行严格的市场监管与评级体系，遵守世界贸易组织规则。另一方面，香港每年都推出大量工程，金额巨大，一直吸引着世界各地优秀承包商的竞争和参与。因此，香港的工程管理非常具有代表性与国际性。

本书是作者在香港二十多年工作经验的部分总结。从市场规则和总承包商运作两个层次对发生在香港的国际工程管理进行了全面的讲述，全书共包括八章，以市场监管、企业组织、投标管理、工程管理、合同和商务管理、财务管理、联合经营管理、保险管理等多个主题进行展开与探讨，不但给出了国际工程管理的一些重要原则、方法与流程，而且深入探讨了在国际规则下总承包商的组织、运作、管理等具体问题。

作者期望本书能够为中国建筑行业的同行们提供参考，期望能为广大同行进行国际工程管理以及我国工程管理的国际化提供有益的启示与借鉴，能够为我国建筑业的改革与发展贡献微薄力量。

由于时间仓促，加之作者的理解能力和认识水平所限，书中难免有不当乃至错误之处，欢迎广大读者指正。

本书的编著过程中，得到朱毅坚、徐立群、李朝阳、冯海洋、庄青峰、周汉成、伍荣发、杨楠等人的大力支持，作者在此深表谢意！

姚先成

2004年3月于香港

# 目　录

# 第一章　香港政府对建筑市场的管理

中国香港经受了150年的英国殖民统治，长期遵循着欧洲市场管理模式，建筑市场高度国际化，而且香港较早加入了世界贸易组织，经历了多年的市场调整与磨合，特别是20世纪80年代以后，香港经济腾飞，基本建设飞跃发展，国际上许多大型建筑财团在香港承建各类大型工程项目，形成了一个发达的国际建筑市场。

本章重点介绍香港政府对建筑市场和建筑企业的管理方法和模式①，旨在使读者了解香港建筑行业的特点，透过香港的工程管理体系，瞭望国际建筑承包与管理方法模式。期望为我国正在进行的建筑市场管理改革和建筑企业体制改革提供借鉴和启示，为迎接国内建筑市场的国际化竞争，为走出国门开辟国际建筑承包市场的中国建筑企业和从事建筑管理的同行提供借鉴与参考。

## 第一节　香港建筑行业组织与专业分类

中国香港经受了150年的英国殖民统治，市场管理模式完全西化，建筑行业也不例外，它的管理和运作模式基本上就是按国际上公认和通用的方法进行。而政府对建筑市场和建筑行业的管理也十分规范、系统和严格。

### 一、香港建筑业的特色

香港建筑业的管理体制，基本上是由三个主体组成：即雇主（包括政府、私营机构）、顾问公司（包括政府工务部门、雇主所聘用的设计师事务所和各类专业咨询公司等）和承包商。在香港，一般的工程项目，均由业主委托专业的顾问公司进行设计，在完成设计后，这些顾问公司还充当工程项目的监管单位，代表业主进行工程项目管理。不论公共工程项目或私营工程项目，这些顾问公司都有很大的权力（由雇主授予）。承包商与雇主签订的工程总承包合同，一般都规定承包商只可受命于合同内指定的人士（一般是雇主聘用的顾问公司的指定人员，例如建筑师或工程师）；并负责依据合同、施工图纸、技术规范及该指定人士的指示，按时保质完成工程的建造任务。若出现问题，亦由该指定人士与承包商按合同的规定解决。

在雇主、顾问公司及承包商三者之中，顾问公司的角色最为重要。按照国际惯例，担任顾问公司角色必须具备以下条件：

专业地位（Professional Status）：顾问公司的专业技术水平和管理水准以及管理能力

---

① 特别说明：本章描述的香港政府对建筑市场的管理有关法规、法例和指引以2003年12月31日之前的规定为依据。

必须是同行中最好的，并具国际水平。在工程项目施工过程中，顾问还要尽可能维护他的委托人（雇主）的合法和合理权益，顾问公司还必须忠实地履行他的专业职责，维护他在社会上的专业地位和良好声誉。

独立性（Independence）：在提供专业顾问服务、在对某一些事情作出判断或决定的时候，不能受任一方的影响，必须是专业的和客观的，必须保持公正和独立。

才能、称职（Competence）：除具备足够专业知识外，还必须具有在法律、财务、合同风险控制和评估等方面的综合管理经验和能力，以满足职务上的要求。

顾问公司并不是工程合同上缔约的任何一方（缔约双方是业主和承包商），但他拥有极为重要的地位，在合同条文内也明确列明其权力及责任。简单地说，他是：

设计人——负责整个项目的设计，包括工程量计算，编绘图纸，编制工程预算，提出各分项工程及物料的技术规格及品质要求。一般情况下，他还是项目的最初进行可行性研究的单位。

招标代理人——负责编制招标文件，安排对承包商进行资格预审，评标及推荐投标者，负责招标整个过程的一切事宜，在收回标书后负责全面分析各标书内容，并据分析结果向顾主建议接纳适合的承包商。

施工监理人——在工程项目实施期间，负责全面监管承包商，处理日常工作，包括提供施工图纸、工作指示，批核承包商的各种进度计划。监管工程进度和质量，审核工程进度款，受理承包商索赔等和工程结算。

顾问公司既是设计人又是施工监理人，具备相当多的优点。首先是能够保证工程的施工可以贯彻设计的意念，不论在材料规格、工程质量要求方面都能够按原先的考虑落实。从另一个角度看，若设计方面要更改，可以有效率地及时提出修改建议，而不需要由监管单位将资料提交设计单位，再由设计单位提出修改，然后再交回项目执行。由于设计及监管都属同一单位，在资料传递方面肯定会较为快捷，也避免了两者因为工作角色不同而可能引起的矛盾和尴尬。

香港是一个法治社会，事事讲求合同依据，若合同写明怎样处理一件事，就算处理方法十分困难，甚至不合常理，缔约双方也必须执行。香港政府工务计划常用的建筑合同条款，沿自英国土木工程师学会（Institution of Civil Engineers，即 ICE）的标准合同条款，并且根据本地的情况，作出了一些修改。该合同条款的依据是香港法律，也使用了大量法律用辞和专业词汇。由于香港的法律沿自英国，属于普通法（Common Law 也有称习惯法），特点在于那些没有明文规定的法律可以采用之前的法院“判例”为依据。因此，合同的条文会尽可能做到参与者（雇主、顾问公司及承包商）的职、责、权都清楚列明。

香港采用层层分包的制度。这个制度由来已久，行之有效。香港的承包商，一般不会直接聘用劳工（除了一些特殊项目工程，例如专业基础工程），他们在接到工程项目后，会将工程按其本身的需要分包出去，交由分包商按不同方式（按工程类别、按区段、包工不包料、全包等）承担。承包商与分包商之间的合同，大部分都是“Back to Back”的方式，即承包商若需向业主承担任何责任或义务，有关分包商也需承担同样的责任和义务。承包商由于没有直接雇用劳工，可以集中精力和人才，重点加强工程管理和技术管理工作。分包商由于关系网络广，而且是从事专门的专业工程业务，可以有较稳定的工程来源，因而可以聘用一班固定从事专门技术的劳工来进行他们分包的工程项目。有时，分包商也会将分包的工程再向外发包，形成层叠式的分包制度。但是，实践证明，过多层次的分包，在施工管理和工程质量两方面均可能失控。

由于香港的体制是通过分包的方式进行，加之由于本地工程项目的施工工期相对其他国家和地区较短，也容易使分包商（有时甚至是承包商本身）一味追求进度，忽视工程质量和施工安全的倾向比较严重。因此香港建立了一套甚为严密的监控体系和管理体系，工程质量和施工安全依然得以保证，是国际上做得最好的地区之一。

人工成本高。由于香港年纪较长的一批技术工人退休或离开本行业，新入行的青年工人不多，造成了香港建筑工人尤其是有经验有专门技术的建筑工人长期不足。再加上政府工务工程计划的推出时多时少，也造成在某一段时间，某一类别的建筑工人严重缺乏或开工不足。由于建筑工人供应不足，工人的工资也因此而不合理地被扯高，使香港的建筑成本增加。

香港的建筑行业，长期以来一直推行保险制度。在建筑行业实行的保险种类一般有劳工保险，工程保险，第三者保险，各类专业保险等。香港建筑业的保险制度是强制性推行的（保险制度内容详见本书第八章）。

## 二、香港建筑企业的分类

香港政府各类工程实行政府认可承包商名册制度，确保承包工程的承包商在财务、专业知识、施工技术、管理能力、安全环保监管方面均能达到一流的水准。而未能注册登记进入认可承包商名册的建筑企业，就不可以直接参与各项工程的投标或施工。因此，要竞投香港特区政府公共工程的承包商，必须先申请并被接纳入工务局的认可承包商名册内。

认可的承包商分为两类，一类是工务局注册的公共工程（包括楼宇建筑、海港工程、道路及渠务、场地平整、水务五个工程类别）的承包商，及其他专业（包括桩基工程、消防、电器安装、道路标志、空调及制冷装置等51项）工程承包商。另一类是屋宇署注册的一般建筑承包商和专业（分基础、拆卸、项目平整、通风系统和土地勘测等五个类别）承包商，每一个承包商可以拥有多个工程类别的注册。首先具有屋宇署一般承包商资格，才可以再申请工务局的公共工程承包商。屋宇署的注册资格只适用于私人工程，没有屋宇署的注册资格就不能参与私人工程。

工务局每一工程类别的公共工程承包商又分为三大组别，对不同组别，允许投标的工程合同金额有严格的限制和规定，但不适用于专业项目。

甲组（Group A）合同价值不超过港币2000万元 。现有承包商建筑类51家、海港工程类0家、道路及渠务类52家、场地平整类0家及水务工程类20家；总数123家。

乙组（Group B）合同价值不超过港币5000万元 。现有承包商建筑类46家、海港工程类16家、道路及渠务类43家、场地平整类47家及水务工程类8家；总数160家。

丙组（Group C）合同价值超过港币5000万元 。现有承包商建筑类71家、海港工程类33家、道路及渠务类61家、场地平整类43家及水务工程类40家，总数118家。

开始申请成功Group C后，一般均有3年左右（至少一个工程项目完工）的试用期（即Probation“C”），试用期满以后，就可以竞投金额和工程项目数量不受限制的任何工程项目。

工务局专业承包商亦会根据其以往的表现和业绩以及专业技术力量、财政能力、机械设备、人力资源等各方面状况分类评级。

在香港，公共屋村工程由房屋及地政规划局直接管辖下的房屋署管理，私人工程由房屋及地政规划局管辖下的屋宇署管理，他们的管理方法与工务局略有不同。

房屋署一般将建筑承包商又分两类，对承接投标工程作出不同限制。

新建工程承包商：

NW1（可承建工程合同额4500万港元以内），共有26家；

NW2（承建工程合同金额无限制），共27家。

保养工程承包商：

M1（承接工程合同额不超逾2000万港元），共21家；

M2（承接工程合同额无限制），共31家。

房屋署在评审NW1和NW2两类承包商时，必须以工务局认可的相应的公共工程承包商名册（Group C楼宇建筑）为准则和依据。

房屋署注册的各专业承包商（大口径钻孔灌注桩、绿化、电力、消防、空调/通风、电梯、拆卸和材料试验）亦会根据以往表现和业绩，以及专业技术力量、财政能力、机械设备、人力资源各方面的状况分类评级。

对于所有申请纳入名册的承包商，必须按照商业登记条例第2条规定，在香港设立公司及办事处。此外，为了确保公共工程认可承包商名册内全部承包商都具备足够及合适的技术及管理能力，工务局规定所有名册内的承包商必须在香港聘用不少于指定数目的全职管理及技术人员，该等人员必须具有不低于某些指定的学历及本地工作经验。如承包商未能满足上述有关要求，会被除名或降级至较低的组别。

## 第二节　香港政府部门对建筑工程的管理分工

### 一、政府建筑工程的管理部门架构

1. 香港建筑工程的分类

公共工程（Public Works）：指那些由香港特区政府出资负责兴建的公共基本建设工程项目，包括新市镇发展、机场、道路、桥梁、上下水设施、土地平整及开拓工程等。

公共建筑工程（Public Building Works）：指那些由香港特区政府出资负责兴建的楼宇建筑工程项目，包括公共屋村、办公大楼，及医院、学校、体育及娱乐等市政设施。

私营公用工程（Private Utilities Works）：由私人机构投资兴建大型基建工程，如发电厂、货柜码头、煤气系统及通讯设施等。

私营建筑工程（Private Building Works）：指那些由私人机构投资和发展的居住小区、商业楼宇等建筑工程项目。

2. 分管部门

一般情况下，香港政府对建筑业的管理是以财政司为最高且直接负责人和决策者，工务局为主管部门，专门负责环境保护及自然护理、发展运输基础设施、提供运输服务、交通管理事宜、公共工程、供水事务、斜坡安全及防洪措施等。同时负责监督下属九个部门的运作，包括建筑署、土木工程署、渠务署、机电工程署、环境保护署、路政署、拓展署、运输署和水务署，并有规划局、运输局、库务局、律政司、廉政公署等多个政府部门的紧密配合。工务局下设九个工务部门对香港所有工务工程进行具体负责。这九个部门是：

建筑署（Architectural Services Department），简称“ASD”

土木工程署（Civil Engineering Department），简称“CED”

渠务署（Drainage Services Department），简称“DSD”

机电工程署（Electrical & Mechanical Services Department），简称“EMSD”

路政署（Highways Department），简称“Highways”

拓展署（Territory Development Department），简称“TDD”

水务署（Water Supplies Department），简称“WSD”

环境保护署（Environment Protection Department），简称“EPD”

运输署（Transport Department），简称“TD”

3. 工务部门职责

在工务局的监督下，九个工务部门根据工务及香港特区政府决策部门所制定的工作程序和指引进行有关管理工作。这些工务部门，除了负责监察各工务计划内的工程的执行，确保它们能依期及按财政预算（Budget）完成外，还负责带领香港本地建筑行业营造更优良的项目施工安全文化。另外，为确保纳税人的金钱能适当地用于社会建设上，所有工务计划的进度及支出均受严谨的制度监管。这九个部门的职责分工为：

建筑署（Architectural Services Department）成立于 1986 年，由前建筑拓展署辖下的建筑设计处升格为独立部门。建筑署担任政府的建筑师，负责有关公共建筑物（公共房屋除外）的一切事务（包括设计、建造、维修），提供专业及技术审核意见。

土木工程署（Civil Engineering Department）由行政及技术服务科、土木工程处（主要负责港口工程、海岸工程、房屋用地及进行土地平整及填海工程的规划、研究、设计和施工）、土力工程处（主要负责斜坡管理、矿务、土力工程）及专责事务处组成。

渠务署（Drainage Services Department）的两项主要任务是防洪工程及污水处理工程。为求达到这两个目标，需要建设有效的污水处理系统及排水设施，保障市民免受水浸及水污染的威胁。

机电工程署（Electrical & Mechanical Services Department）成立于 1982 年，为政府部门、公共机构及社会提供全面的屋宇设备、机电、气体及电子工程服务。其多元化工作涵盖了机场、医院、学校、屋宇、公路，以至公共康乐设施的运作和保养。此外还负责草拟和监察电力、气体和多项机电装置的安全法例。

路政署（Highways Department）于 1986 年成立，前身为工程拓展署的路政处。该署负责有关公用道路系统的策划、设计、兴建及维修工作，也负责规划及协助铁路网的实施。

拓展署（Territory Development Department）的主要职责是发展新市镇、乡镇及市区大型项目，统筹各政府部门和公用事业公司，确保发展工程完成时具备所需的基础建设及设施。拓展署须监察发展地区的土地开拓及基础建设的设计及建造工程。目前发展的9个新市镇，现约310万人（超过香港总人口的45%）居于这9个新市镇。

水务署（Water Supplies Department）负责策划有关水资源发展及供水系统事宜，设计及兴建水务设施，供水及分配系统的操作及维修保养事宜和食水水质控制。

环境保护署（Environmental Protection Department）为香港缔造一个健康宜人的生活环境，鼓励市民重视环保，明白须为自己及下一代着想，使这个生活环境得以持续。

运用专业知识和判断力，并凭借在各个环境专科汲取所得的工作经验，从而制订和实行计划，使环境得以改善，受到保护，并且致力提高公众的环保意识，推行环保法例，参与城市规划，以达至并维持高水平的环境质素。

主要职责是拟订政策，执行环保法例，监察环境质素，为多类废物提供收集、转运、处理和处置设施，就城市规划及新政策对环境的影响提供意见，处理污染投诉和事件，提高市民的环保意识，以及鼓励市民支持环保工作。

运输署（Transport Department）主要负责香港交通运输的规划、监管和服务，以及车辆管理等。

4. 公共屋村管理

香港的公共建筑工程项目，其中还有一个主要组成部分是公共屋村建设，由专门机构房屋署（Housing Department）负责。房屋署隶属香港房屋委员会（Hong Kong Housing Authority)，该委员会是香港特区政府一个全资拥有的独立机构，负责规划、兴建及管理公共房屋。

房屋委员会（Housing Authority）是房屋局的下属机构，负责进行政府公营房屋计划。实现政府长远房屋政策目标。自1988年起已成为一个地位明确、财务自主的法定机构。

房屋协会（Housing Society）是一个独立的非牟利的半官方组织机构。该会自行策划及兴建房屋，并以社会夹心阶层可以负担的租金或价格出租出售给他们；透过市区改善计划，协助推行市区旧楼重建的工作。

房屋署（Housing Department）是房屋委员会的执行机构，负责香港兴建、管理、保养公共房屋，及提供房屋资源，使公屋资源充沛和得到合理使用。

屋宇署（Buildings Department）根据《建筑物条例》及有关法例规定，监管香港所有的私营建筑发展工程。如有意进行建筑工程，必须委聘认可人士及注册结构工程师，负责提交图纸以供审批。此外，须聘请注册承包商进行有关的建筑工程。按法定责任协调、监督认可人士、注册结构工程师及注册承包商，在工程展开前须取得同意，始可进行建筑工程。如有违法情况，可能会遭检控或受纪律处分。屋宇署人员定期巡视及对工程作最后检查。

5. 私营公用工程和私营工程管理

在私营公用工程和私营建筑工程方面，香港特区政府制定了《建筑物条例》（Building Ordinance）来监管由私人业主负责规划及兴建的项目。《建筑物条例》是由屋宇署署长（Director of Buildings）以建筑事务监督（Building Authority）的身份负责执行。规划环境地政局（Planning Environment and Lands Bureau）辖下的屋宇署（Buildings Department）的职责主要是审核建筑发展图纸、监察工地安全、鉴定建筑物是否依照图纸及法例规定完成、监管现有楼宇的安全问题及打击和遏止违例建筑工程。

6. 香港特区政府建筑工程管理部门架构

2002年下半年起，香港政府探索政制改革，实行高官问责制。合并功能重复或接近的部门，削减编制提高工作效率。现时的管理架构如图1-1所示。

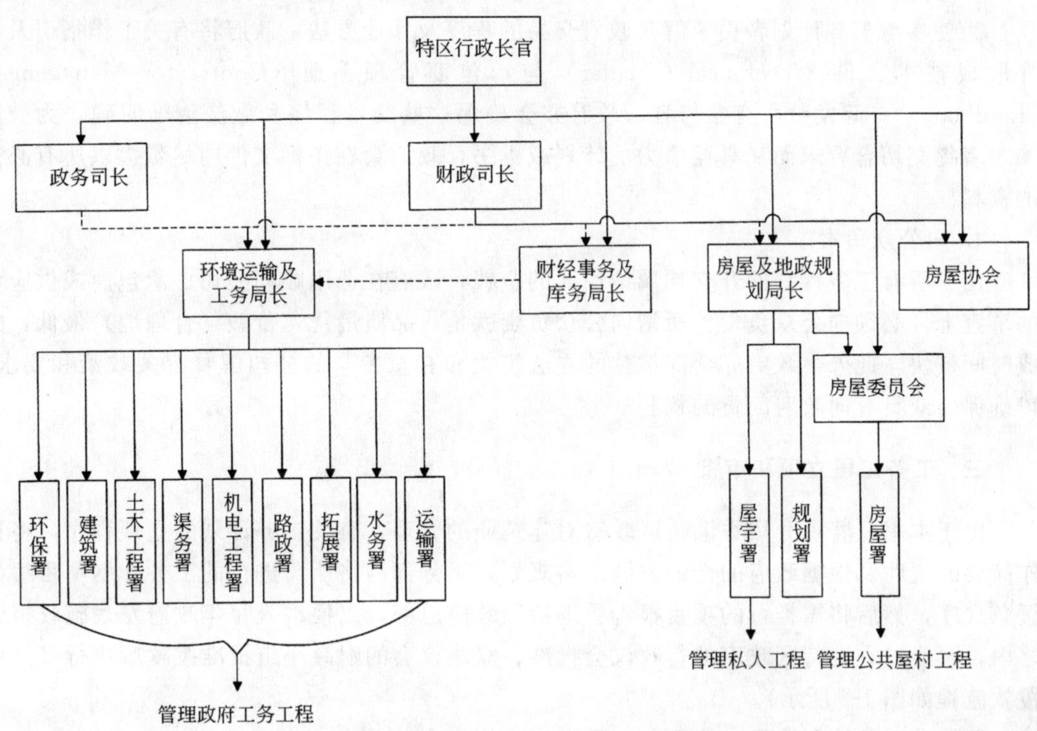


图1-1 香港特区政府建筑工程管理部门架构

## 二、公共工程管理政策及原则

由于工务计划项目涉及公帑的支出，政府会严格监管项目的进行。香港特区政府在公共工程方面制订的基本政策和原则如下：

1. 维持公平及公开的竞争

由于参与工程的顾问公司及承包商的素质，会影响到工务计划的推动，为了确保他们能符合要求，政府在甄选和管理工务计划的参与者方面有一套公开完整详细的准则。任何工务工程如欲推出，都必须完全向全社会或全世界开放，公开招标。政府对合乎要求的参与者均一视同仁，并会确保制订的政策、原则和程序不会对参与者带来不必要的障碍。此外，政府亦会确保所有参与者均会获得相同的背景资料。同时，为了防止有不公平的情况出现，工务局制定有关政策及措施时，亦邀请香港特区政府廉政公署派专人提出意见和监察，避免参与者利用法律漏洞，进行一些妨碍公平及公开竞争的活动。

2. 力求合乎经济效益

能否做到合乎经济效益，视乎建造工程能否顺利进行，工程计划之初的可行性研究也是关键所在。为确保最佳的经济效益，在新工程纳入工务计划之前，有关研究及规划必须统筹得当，并须制定切实可行的开支预算，在工程建造过程中控制好成本，一般情况下，不得超支。

3. 提供清晰明确的程序及操作方法

为使参与工务计划者更了解与政府交易的程序及作业方法，政府将有关工作指引及程序形成技术文件（Technical Circular）与承包商管理手册（Contractor Management Handbook）一起发给所有参与者。政府亦会确保这些交易程序和做法清晰明确。为鼓励参与者提交切合要求而又具竞争力的计划或标书，政府会在招标文件内尽量提供所有必需的资料。

4. 向公众负责

由于所有工务计划的开支均属纳税人的金钱，政府在选用顾问公司、承包商或供应商的事宜上，必须向公众负责。所谓向公众负责就是，品质最优，价钱（合理地）最低，完成时间最快。此外，政府亦会向拨款的立法机关和有意参与的公司解释有关政策和要求，以确保公众具有向政府问责的权利。

## 三、工务工程立项和审批

由于本书只着重介绍香港特区政府对建筑业的管理，有关工务计划的立项程序，将只作简要的说明。根据政府的全港发展策略规划，工务部门将所需进行的工务计划项目编订缓急次序，然后将需推行的项目报告香港特区政府总部，以便纳入每年政府发表施政报告之内，再经过香港特区政府的行政议会批准、立法议会的财政小组批准拨款后执行（立项拨款流程如图 1-2 所示）。

在香港工务计划项目一般可分为四类：

“A”类——指项目已经完全具备开工条件，而所有需要用以进行工程的款项亦已得到批准。

“B”类——指那些项目已经被登记并且在本年度资源调配的工作上已经有所安排，但尚未达到“A”类的状态，而且还未提交立法会下面的财务小组要求批准拨款。这类工务计划除了在勘探、研究和设计方面可以发生费用外，其余工作暂不可进行。在有些情况下，这类项目还需要进行一些更详细设计及编制招标文件，然后才有机会提至“A”类工务计划。

“C”类——指那些已经完成初步可行性研究而广泛地得到认同的项目。此类工务计划还需要进行更详细的可行性研究以便建立一个实在可行的执行计划。

“D”类——指那些较小型的工务计划而其成本并不需要经过立法会财务小组的预先批核。这类工务计划在得到库务局的许可下及在财政开支允许条件下，可以动工。

工务计划项目经有关部门批准后，便交由工务部门（各工程署）负责详细设计及规划。一般的项目会利用工务部门本身的资源进行，但在一些特殊情况下，香港特区政府会挑选顾问公司代为执行有关设计及规划工作。顾问公司在完成设计咨询及规划工作后，一般情况下会继续受聘于工务部门担任工程施工上的设计与监管角色，直至该工程项目全部竣工，保养期满及结算完毕为止。

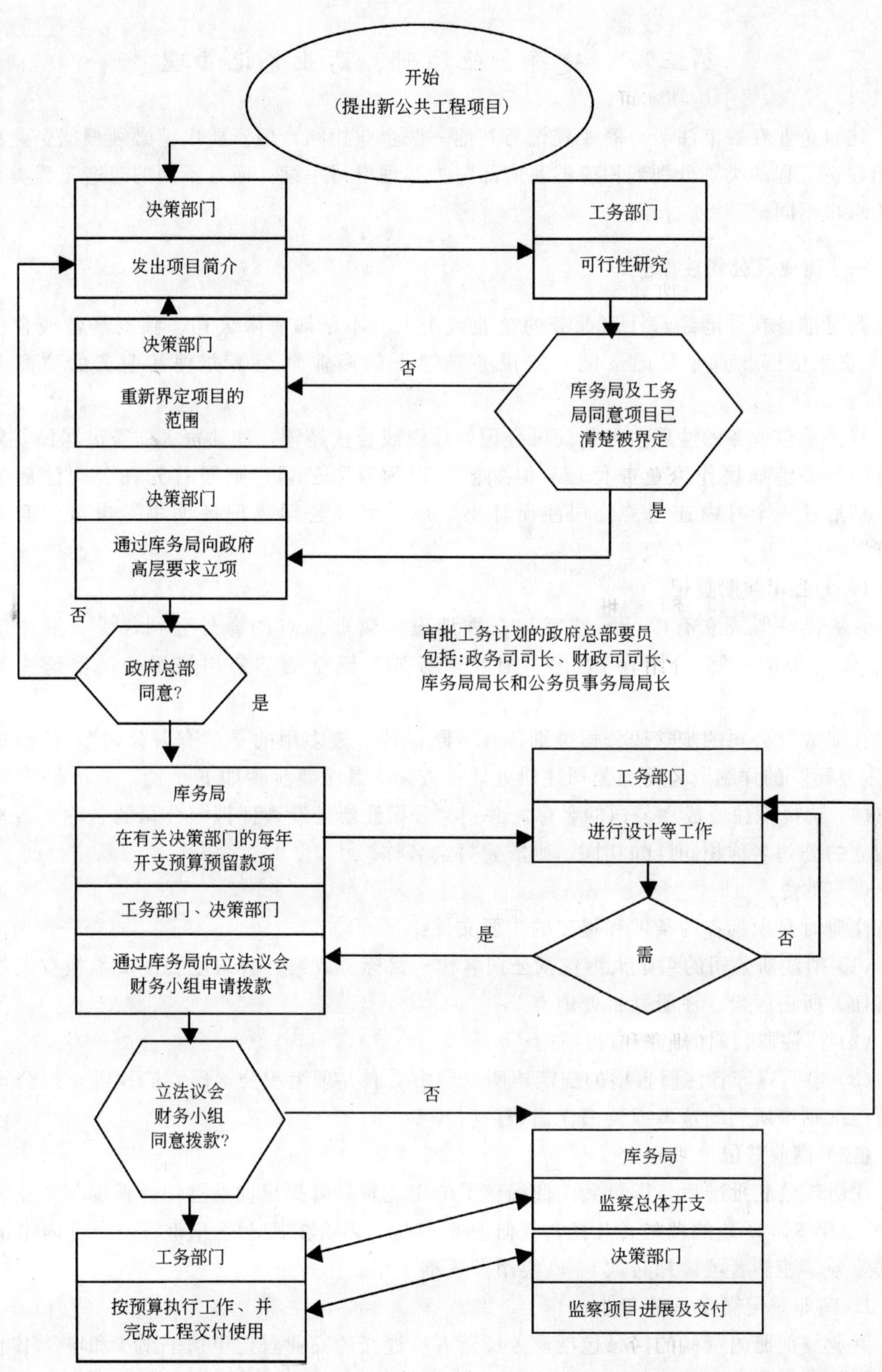


图 1-2　工务计划的立项和拨款流程

## 第三节　建筑企业注册、商业登记管理

建筑企业在香港注册、商业登记与其他一般企业相同，但资质申请必须根据企业准备承担建造工程的类别分别到相应的政府部门去办理申请手续。而且不同的建造工程类别注册要求也不同。

### 一、商业及公司注册登记

凡是准备在香港经营任何业务的企业或个人（不论属有限公司、独资经营或合伙经营），必须依据《商业登记条例》向税务局辖下的商业登记署办理其业务的“商业登记证”。

视乎承包业务的性质，承包商可登记为独资或合伙经营，如独资人非香港居民，则需委托一名香港居民作为业务代理。但如欲登记为有限公司，则需首先在公司注册处注册，然后在一个月内连同“公司注册证书”或“海外公司登记证明书”申请“商业登记证”。

**（一）公司注册登记**

在香港注册成立有限公司或登记在香港设立营业地点的海外公司，受香港法例第32章公司条例管制，并需到香港“财经事务局”辖下的“公司注册处”申请注册登记。

注册成立公司的步骤按公司类别各有不同，其中较多用的是“有限公司”，注册成立“有限公司”的详细资料可向公司注册处处长查询。其主要步骤如下：

（1）选择拟注册成立公司的名称，并到“公司注册处”查证拟定公司的名称是否与已经成立的公司名称相同，如相同，则需要另选名称。

（2）缴费。

注册时必须具备的条件和提交的主要文件：

（1）拟注册公司的组织大纲包括公司名称、目标、政策、公司主要成员承担有限的偿债责任、所占股份、注册办事处地点等；

（2）拟注册公司的组织章程细则；

（3）申明遵守各注册事项的法定声明（须由受雇办理组织公司事宜的律师，或公司组织章程细则中所列的董事或秘书作出该声明）。

**（二）商业登记**

注册申请获批准后，即可到工商局辖下的工业贸易署提出商业登记。根据《商业登记条例》（第310章）的规定，凡经营任何业务的人士必须在其业务开业后一个月内申请登记其业务。违例者可被判罚款5000港币及入狱1年。

1. 商业登记需准备的文件

商业登记册内资料的摘录包括业务经营者所递交的商业登记申请书副本和申请书上所载资料的所有修订纪录。

公司注册证明书印影本。

填写IRBR表格第37号，清楚填写公司商业登记号及名称，如果不知道公司的商业

登记号，可以在商业登记署提供的自助查询系统检索。

缴付订明费 45 港元。索取一间公司的商业登记核证副本或商业登记副本。

缴费（一年有效期的商业登记费约 2250 港元）后的下 1 个工作天就可以领取有关文件。

2. 商业登记的程序

无论是独资、合伙或有限公司经营的新业务，必须到政府合署的公司注册处注册。注册后一个月内向商业登记署登记。

准备登记资料，可以选择一年有效期和三年有效期的商业登记证。填写商业登记申请表，递交给公司注册处。同时缴付商业登记费及征费。2003 年 4 月 1 月起开始生效的登记证，一年有效期的登记费和征费为 2600 港元；三年有效期的登记费和征费为 7000 港元。

按规定缴付登记费和征费后，注册处会在缴费通知书上打上机印显示缴费日期、收据号码和已缴金额，而该通知书便成为有效的商业登记证。登记证有效直至所列示的届满日期为止。

在现有业务商业登记证届满前 1 个月，商业登记署会再发出商业登记缴费通知书。经付款后，该通知书便又成为有效的商业登记证。选择三年有效期的商业登记申请表（样本见附件一）。

## 二、承包商注册制度

屋宇署根据香港《建筑物条例》及有关法例的规定，监管香港所有的私营建筑发展工程。法例订明，任何建筑工程，必须委聘认可人士，并且于有需要时，聘请注册结构工程师，负责拟备及提供图纸，供建筑事务监督根据《建筑物条例》的规定进行审批，并须聘请注册承包商进行有关的建筑工程。承包商有法定责任协调、监督及进行建筑工程。如发现有违法情况，建筑事务监督可下令停工或要求有关人士作出补救。违例者亦可能会遭检控或受纪律处分。

### （一）一般建筑承包商及专门承包商名册的规定

香港现行建筑事务监督制度是将所有承包商分成“一般承包商”和“专门承包商”两大类，建立了一般建筑承包商名册及专门承包商名册。建筑事务监督所备存的专门承包商名册载列的专门承包商，有资格进行其所属类别的专门工程。建筑事务监督会在宪报公告，指定不同类别的专门工程。

1. 专门工程类别

香港工程管理部门指定五类工程为专门工程，须由注册的专门承包商承建。这五类工程是：

（1）通风系统

（2）勘察（本书不细谈）

（3）拆卸

（4）基础

（5）项目平整。

2. 工程承担范围

注册“一般建筑承包商”可进行指定类别专门工程以外的一般建筑工程，而注册“专门承包商”只能进行其指定类别的专门工程。业主须因应所要进行的建筑工程的性质，从适当的名册中选聘承包商。

3. 注册规定

“建筑事务监督”在审核注册一般建筑承包商或注册专门承包商的注册申请时，考虑申请人（为法团）的董事、其他人员及“获委任人士”的资格、胜任程度和经验。申请注册须符合以下的规定：

(1) 管理机构妥善；

(2) 职员的资格、胜任程度和经验适当；

(3) 取用工业装置和资源的能力；

(4)“获委任人士”必须对法例、承建知识了解及富有经验和能力管理建筑工程和市政工程。

4. 承包商注册事务委员会

“承包商注册事务委员会”是协助“建筑事务监督”考虑申请。委员会的职能如下：

(1) 审查申请人的资格；

(2) 进行委员会认为需要的查询，以确定申请人具备有关的经验；

(3) 对“获委任人士”进行面试；

(4) 就接受、押后或拒绝申请，向“建筑事务监督”提供意见。

5. 待注册公司“获委任人士”面试要求

(1) 注册“一般建筑承包商”或“专门承包商”的法定作用、职能与职责；

(2)《建筑物条例》及规例的目的，管制建筑工程施工的机制；

(3) 对香港承建情况有认识，足以有效地在香港执业；

(4)《建筑物条例》、有关的作业守则、作业备考、通告和其他有关资料如《工厂及工业经营条例》等，及对工程施工监管机关的运作和原则的认识；

(5) 注册承包商为满足香港法例规定而必须依循的程序和规定；

(6) 具备足够的技术、知识和实际经验，足以执行承包商的职务。

6. 申请注册

申请人须向“建筑事务监督”呈交下列文件，以供考虑：

(1) 填写指定表格，并须由认可人士、注册结构工程师或香港建造商会批注。

(2) 代注册承包商行事的“获委任人士”名册，附“获委任人士”的授权书及资格、胜任程度和经验的文件证据；及取用工业装置及资源的能力的证明文件。

法团申请人须呈交有关以下各项的陈述书：

(1) 公司的管理机构及在技术和财政事宜上的决策机制；

(2) 负责技术管理的董事资格、胜任程度和经验。

当“获委任人士”的委任获得“建筑事务监督”接纳，该“获委任人士”将在《建筑物条例》名册中存档。承包商可交指定的表格，加入更多的“获委任人士”。若任何经批准“获委任人士”离职，承包商应尽快通知“建筑事务监督”，以便将该人从有关名册中删除。

**(二) 注册为一般建筑承包商的资格、胜任程度和经验规定**

1. 承担工程范围

除专门工程类别外，“一般建筑承包商”有资格进行任何建筑工程。

2. 对承包商主要职员的资格规定

“建筑事务监督”对申请人的主要职员的资格、胜任程度和经验的规定如下：

“获委任人士”在建筑业内具有最少5年认可经验；曾在香港最少负责监督3项建筑工程，合计不少于18个月，并需获负责有关工程的认可人士、注册结构工程师或注册一般建筑承包商批注；最低限度持有香港认可学院颁发的建造、结构工程或土木工程文凭或高级证书，或同等学历。

法团申请人其中一名董事须为技术董事，他在香港建筑业内具有最少3年认可经验；持有与建造、结构工程或土木工程有关大学学位或同等学历，有关学历须为“建筑事务监督”接纳。

**(三) 注册为专门承包商（通风系统类别）的资格、胜任程度和经验规定**

1. 专门工程的范围

凡《建筑物（通风系统）规例》适用的通风系统工程，均属通风系统类别专门工程。

2. 对承包商主要职员的资格规定

“建筑事务监督”对申请人的主要职员的资格、胜任程度和经验的规定如下：

“获委任人士”在香港的通风系统工程方面有最少3年认可经验，并获已根据《工程师注册条例》（第409章）注册的屋宇装备、机械工程或电机工程界别认可人士或注册专业工程师批注；最少持有香港的一所理工学院、科技学院或工业学院颁发的屋宇装备、机械工程或电机工程文凭或普通证书或同等学历。

法团申请人其中一名董事须为技术董事，并须在香港的通风系统工程方面具有最少5年认可经验，并获已根据《工程师注册条例》（第409章）注册的屋宇装备、机械工程或电机工程界别认可人士或注册专业工程师批注；最少持有香港的一所理工学院、科技学院或工业学院颁发的屋宇装备、机械工程或电机工程文凭级证书，或同等学历。

**(四) 注册为专门承包商（拆卸类别）的资格、胜任程度和经验规定**

1. 专门工程范围

凡《建筑物（拆卸工程）规例》适用的拆卸工程，均属拆卸类别专门工程，但下列情况除外：

须拆卸的建筑物不超过地面10米。

须拆卸建筑物的任何构件净跨度不超过6米或悬臂跨度不超过1米。

须拆卸的建筑物无任何部分以预应力混凝土建造。

须拆卸的建筑物没有任何部分属高度逾1.5米的挡土结构。

在须拆卸的建筑物5米范围内并无其他建筑物。

2. 对承包商主要职员的资格规定

“建筑事务监督”对申请人的主要职员的资格、胜任程度和经验的规定如下：

“获委任人士”在拆卸工程方面具有最少5年认可经验；并曾在本港最少7项拆卸工

程中负责监督工作，为期合计不少于21个月，并获负责有关工程认可人士、注册结构工程师、注册一般建筑承包商或注册专门承包商批注；最少持有香港的一所理工学院、科技学院或工业学院颁发的建造、结构工程或土木工程文凭或高级证书或同等学历；完成职业训练局所办的拆卸工程训练课程或同等课程。

法团申请人其中一名董事须为技术董事，在香港建筑业内具有最少5年认可经验，其中须有2年参与拆卸工程；持有与建造、结构工程或土木工程有关的大学学位或同等学历，有关学历须为“建筑事务监督”所接纳。

**(五) 注册为专门承包商（基础类别）的资格、胜任程度和经验规定**

1. 专门工程范围

除基础构件的入地深度不超过3米者外，所有基础工程均属基础类别专门工程。

2. 对承包商主要职员的资格规定

“建筑事务监督”对申请人的主要职员的资格、胜任程度和经验的规定如下：

“获委任人士”须在基础工程方面具有最少5年认可经验；曾在香港负责监督最少7项基础工程，为期合计不少于21个月，并获负责有关工程的认可人士、注册结构工程师、注册一般建筑承包商或注册专门承包商批注；最少持有香港的一所理工学院、科技学院或工业学院颁发的建造、结构工程或土木工程文凭或高级证书，或同等学历。

法团申请人其中一名董事须为技术董事，在香港建筑业内具有最少5年认可经验，其中须有2年参与基础工程；持有与建造、结构工程或土木工程有关的大学学位或同等学历，有关学历须为“建筑事务监督”所接纳。

**(六) 注册为专门承包商（项目平整类别）的资格、胜任程度和经验规定**

1. 专门工程范围

除下述情况外，所有项目平整工程均属项目平整类别专门工程：

有关项目最大斜度不超过15°。

地界外任何方向10米界线所包围的地方的总斜度小于15°。

地界外10米范围内并无斜度超过30°或高度超过1.5米的斜坡。

项目外10米范围内并无高于1.5米的挡土墙或梯级式挡土墙。

项目内无高于1.5米的挡土墙。

项目内无斜度超过30°或高度超过1.5米的斜坡。

须建挡土墙及斜坡的综合高度不超过1.5米。

2. 对承包商主要职员的资格规定

“建筑事务监督”对申请人的主要职员的资格、胜任程度和经验的规定如下：

“获委任人士”须在土力工程方面具有最少5年认可经验，其中须有3年参与香港的项目平整工程；曾在香港负责监管最少7项项目平整工程，为期合计不少于21个月，并获负责有关工程的认可人士、注册结构工程师、注册一般建筑承包商或注册专门承包商批注；最少持有香港的一所理工学院、科技学院或工业学院颁发的建造或土木工程文凭或高级证书；或同等学历。

法团申请人其中一名董事须为技术董事，在土力工程方面具有最少5年认可经验，其中须有3年参与香港的项目平整工程；持有与建造或土木工程有关的大学学位或同等学历，有关学历须为“建筑事务监督”所接纳。

## 三、公共工程资质申请

办完注册登记和商业登记后，除了申请屋宇署的资质外，可根据拟成立公司专业性质和实力（包括专业技术力量、财政能力、机械设备、人力资源素质等）到香港环境、运输及工务局申请各类公共工程承包资质，取得资质牌照。申请承包公司资质必须具备条件和提交与申请承包工程类别资质等级相符的资料，包括公司注册登记和商业登记文件的印影本，以往承包工程规模、业绩及其证明，财政状况及其证明，机械设备清单，主要技术或专业人士清单及他们的学历、专业资格、与工作经验及其证明等。

公共工程基本上分五个功能组别和三个承包级别：

五个功能级别包括：

- 建筑工程
- 海港工程
- 水务工程
- 场地平整
- 道路及渠务工程

三个承包级别包括：

- 甲组：承包额不超过2000万港元
- 乙组：承包额不超过5000万港元
- 丙组：承包额大于5000万港元

另外，公共工程还设有49个专门承包类别，包括空调装置、音响装置、广播接收装置、防盗及保安装置、厨房用具装置、设计/制造/安装玻璃、纤维强化塑料构件、柴油发电机装置、污水处理厂及隔筛厂机电装置、电气装置、电子计时及显示装置、特别钢管的制造、无火压力容器的制造、消防装置、喷水池装置、场地勘探工程、工业用途电气装置、土地打桩、土地/工程/水道测量服务、绿化工程、斜坡/挡土墙的防止山泥倾泻/修补工程、升降机/自动梯/乘客输送带装置、石油气装置、低压电开关柜装置、机械装卸及起重装置、机械装置、汽车车身建造及喷油、预制建筑设计墙壁及面层物料（隔板、隔声屏障及挡土墙）、路桥结构的预应力混凝土工程、无线电装置、维修及修复有历史性楼宇、修理电动机/变压器/电力开关装置、道路标记、土壤及岩石试验、空间构架系统、路桥结构的专门工序、蒸汽及压缩空气装置、钢结构工程、供应及安装路桥结构的支承座、供应及安装路桥结构的伸缩缝、供应及装置抽水机组及相连的水管工程、供应及装置滤水厂设备、沥青铺面物料的供应及特别沥青路面的建造、检验政府陆上蒸汽及压缩空气压力容器（但不包括蒸汽锅炉）、检验政府陆上蒸汽锅炉、检验起重设备及起重装置、游泳池水处理装置、全包室内设计及装修工程、无间断供电装置、视像装置等。承包商可申请一个或多个类别（资质申请过程见附件二）。

此外，承包商亦可申请“九广铁路公司”的铁路工程注册、“香港地铁公司”的地铁工程注册及房屋署的房建工程注册。

附件一

税务局
商业登记署
香港湾仔告士打道5号

INLAND REVENUE
DEPARTMENT
BUSINESS REGISTRATION
OFFICE

选择缴交3年有效期的商业登记证

Election for 3-year Business Registration Certificate

现根据《商业登记条例》（第310章）第6（5C）条通知你，本人欲就业务________________________________________________

（商业登记号码：________________）作出以下的选择：

Notice is hereby given that pursuant to section 6 (5C) of the Business Registration Ordinance (Cap. 310), I wish to make the following election in respect of the business

(Business Registration No. ________________): —

如在此后任何时间有任何适用商业登记证（在《商业登记条例》第310章第6条中界定）就上述业务发出，本人欲选择该等商业登记证内所注明的届满日期均为自其内所注明的生效日期起计3年届满之日。

I wish to elect that the expiry date to be endorsed on all applicable business registration certificates (as defined in section 6 of the Business Registration Ordinance (Cap. 310)) to be issued at any time hereafter in respect of the above business shall be the date of the expiration of 3 years from the date of commencement endorsed thereon.

签署
Signature ________________________________

签署人姓名
Name of Person ________________________________

香港身份证号码
Hong Kong Identity Card No. ________________________________

职位
Designation ________________________________

即是：董事、秘书、经理（如属法人团体）/合伙人或主要职员（如属商号/或非属法团的团体）/或东主〕

〔〔i. e. Director, Secretary, Manager in the case of Body Corporate/ Partner or Principal Officer in the case of Firm or Body Unincorporate / or Proprietor〕

电话号码
Telephone Number ________________________________

日期
Date ________________________________

## 附件二

香港特区公司资质申请流程表

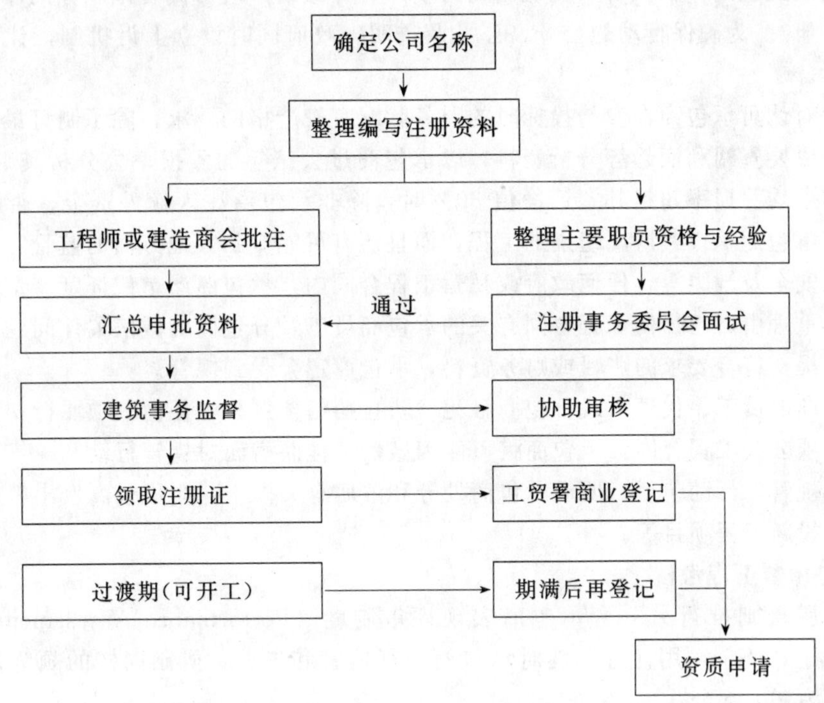


# 第四节　香港政府部门对建筑企业的监管

### 一、建筑企业综合管理

由于建筑行业人员密集，手工作业比重大，加上建筑产品不定型，涉及行业多，人员的素质高低悬殊，因此建筑业是一个管理难度大的行业。

根据香港的管理体制，将建筑工程的公共工程和部分公共房屋工程称为工务计划，隶属工务局管理，其余部分公共房屋建筑工程划归房屋署和屋宇署管理。

**(一) 对承建工务计划工程承包商的监管**

工务局辖下的各个工程署制定有一套对承包商和供货商的监管和考核制度，对表现欠佳的承包商采取监管行动。政府亦针对承包商的诚信订定新规则，令认可承包商或认可物料供货商及专业承包商须负责确保其员工及分包商表现良好。

各工程署的项目监督根据《承包商管理手册》中的要求，每个季度对承包商的表现进行评审。包括工程质量、进度、安全、环境保护控制、组织、承包商责任、对建筑工程的承诺（保险、分包付款、档案处理等等）和索赔态度、资源、设计及紧急处理能力等。评审结果汇总成报告，交负责工程项目的该工程署，然后由该工程署的高级管理人员组成的评审委员会进行评审，评审结果输入工务科中央电脑归档。

当承包商的表现未如业主要求，该工程署将向承包商发出“表现欠佳的评核报告”，在同一个公共工程合同项目的表现连续接到两个“表现欠佳的评核报告”时，工务局或其辖下工程署便会对该承包商采取行动，包括限制投标范围和停止投标活动直至有明显改善。该“表现欠佳的评核报告”的机制颇为复杂，详细情形应参阅香港工务局印发的《承包商管理手册》。为确保行动的公开、公平及透明，政府同时设立上诉机制，让承包商可以提出上诉。

另外，对认可承包商在参与投标时的财务状况有较严格的要求，除了制订最低流量资金要求外，更要查阅利润趋势分析资料，以承包商过去三年的亏损率去分析其财政状况。若承包商的平均亏损率超越其资产净值30%时，除非承包商注入额外资金，否则政府将不会同意该承包商承投其所属组别的工程，而且还有可能受到其他方面的监管，包括公众利益、公众安全及健康等。任何政府或私营工程合同内，承包商严重或怀疑严重欠佳的表现或其他严重理由、与任何工程合同有关的承包商员工及分包商的诚信欠佳问题、在指定时间内不能提交符合要求的账目或财务资料，承包商定会受到规管。

若承包商的员工、代理人或分包商触犯《防止贿赂条例》中任何一项罪行，而该罪行涉及任何一项公共工程合同，承包商将可能因诚信欠佳而需面对规管行动。

一般“规管”行动包括，要求承包商处分和解雇有关人士，向承包商发出警告信，暂停承包商竞投新工程项目等。

**（二）房屋署工程考核**

香港房屋署则推行另一套承包商表现评审制度（Performance Assessment Scoring System，简称PASS），用计分制度对承包商进行监管和考核，机制同样的颇为复杂，其评分主要分为三大部分：

生产部分，每月评审一次，其中工程（包括结构和装修）占80分，安全、保安、卫生、环境及其他的责任占20%；

管理部分，工程进度每月评审一次，其他文件管理、协调/控管、人力资源及组织管理等每季评审一次；

保养期部分，每季评审一次，包括未完成工作之进度、修理损坏的执行、管理、文件处理及对保修的反映等。

**（三）香港的私人工程方面**

屋宇署在1997年12月实施了监工计划制度，同时颁布了《监工计划的技术备忘录》等，通过认可人士对建筑工程进行监管。一些大型业主（包括铁路公司、地铁公司、大型地产发展商等）亦在设立一些类似的监管和考核程式，期盼承包商能有更佳的表现。

## 二、建筑企业质量管理

ISO 9000质量标准系列于1987年在日内瓦的国际标准化组织认可以来，已被全球各地广为接纳，大多数国家均各自在其本国制度中予以采用。目前已有70多个国家正式认同采用为国家标准，有些国家还作为强制性标准。

**（一）香港质量管理与机构**

20世纪80年代中期，香港政府不遗余力地鼓励全港企业采用有效的质量管理方法，并在1989年成立推行ISO 9000认证计划的非牟利政府资助机构——香港品质保证局。

1992年6月18日香港品质保证局首次颁发ISO 9002证书给香港建筑承包商，把本港建筑业质量管理推向新纪元。直至 2001 年 8 月香港品质保证局已颁发了 1516 张 ISO 9000 证书，其中约 740 张是颁与建筑行业有关的公司。

香港政府特别成立了香港认可处（HKAS），负责统一审核香港各认证机构资格。现时除香港品质保证局外，另有 5 家获认可颁发 ISO 9000 证书的机构。

**（二）建筑企业质量认证的分类**

ISO 9000 是一系列有关质量保证体系的国际标准档，1994 年版包括 ISO 9001、ISO 9002、ISO 9003、ISO 9004、ISO 9005。

其中 ISO 9001、ISO 9002 及 ISO 9003 均为认证标准，而只有 ISO 9001 及 ISO 9002 适用于建筑企业。在 ISO 9000 的 2000 年版本中，ISO 9001、ISO 9002 及 ISO 9003 三个标准已综合成为 ISO 9001 标准。

ISO 9001 与 ISO 9002 没有优异程度的分别，只是涉及不同的运作范围，公司需因应其业务范围作出选择。例如：ISO 9001 适用于设计＋生产、安装和服务＋检验；而 ISO 9002 适用于生产、安装和服务＋检验。

国际标准化组织约每五年对标准作出检讨和修订，2000 年版已于 2000 年 12 月份发出，环境运输及工务局要求其在册承包商必须按最新的标准版本的要求在 2003 年 12 月 31 日前提升其质量管理体系至最新版本水准。

**（三）建筑企业质量认证的申请和审批程式**

1. 编制认证计划

选择认证的标准（ISO 9001、ISO 9002 或 ISO 9003）。一般建筑企业，有设计及生产功能的应采用 ISO 9001 标准。没有涉及设计只有生产的只能实施 ISO 9002。单执行检验工作的，实施 ISO 9003，但此标准并不适用于建筑业。而 ISO 9000 标准的 2000 年版，将没有 ISO 9001、ISO 9002 及 ISO 9003，分别统一为 ISO 9001 认证标准。

确定认证范围：

认证范围通常以建筑企业承建工程类别和主要业务功能（如是否包括设计、生产、安装）作为界定。申请认证的公司暂无必要将所有承建业务都纳入认证范围内，可因应实际需要自行厘定，但最终须得到认证机构同意。

聘请专业顾问：

是否需要聘请质量管理顾问协助企业建立及推行 ISO 9000 管理体系，要视乎公司的人手、资源及负责员工对 ISO 9000 要求的认识。聘请顾问虽然要支付相当费用，但却能加快体系建立和推行步伐，且能取得专业意见，作出改进。然而质量管理顾问的素质、经验所能提供的支援是选择顾问的重要因素。

选择认证机构：

不同的业主，可能只认可某一认证机构发出之 ISO 9000 证书，如房屋署要求建筑企业必须考获 HKQAA 之 ISO 9000 证书方可对房屋署工程进行投标，而混凝土厂亦必须考获 HKQAA 包括 QSPSC 标准之 ISO 9000 证书。

一些认证机构对 ISO 9000 质量体系有其特别要求（例如除管理者代表外，要另外委任副管理者代表）。若能于早期确定认证机构，公司可有较充足之准备和部署，以配合其要求。

2. 认证程式

香港现时提供 ISO 9000 认证服务的机构共有 6 家，公司可根据具体情况和下列原则选择适合的认证机构：

(1) 认证机构的认可性：认证机构签发的证书可被哪些国家的监管机构认可（如英国 UKAS 及中国的 CNACR 等）；

(2) 认证机构对公司的有关业务能否提供认可的审核；

(3) 认证机构在主要客户市场的知名度和声誉；

(4) 认证机构所提供服务能否切合公司需要；

(5) 认证及持续审核的安排和收费。

认证程式可分为六个阶段：

(1) 洽谈确定认证标准和范围；

(2) 提交认证申请书；

(3) 提交质量手册予认证机构初审；

(4) 进行证书审核，并在指定日期内呈交改正计划；

(5) 认证机构委员会审议通过；

(6) 认证机构发出证书。

除了认证审核外，公司亦可要求认证机构提供预审服务，这样可以预先找出不合格项目，有些认证机构更可在预审时提出改善意见，增加成功认证机会。部分认证机构会于认证审核前进行为期一天的初审，以确保申请认证的公司于正式审核前作好充分准备。

**(四) 建筑企业质量的日常管理和审核**

各建筑企业因应本身机构之规模，承接工程之类别，不同的业主要求对质量的日常管理不尽相同，但一般有以下几方面的要求。

1. 领导职责要求

(1) 管理层在制定质量方向、目标和资源分配上起积极的领导作用；

(2) 在推行 ISO 9000 方面，订立明确的职责机构（如成立质量委员会和各级质量工作小组及具体之计划）；

(3) 选派熟悉公司质量手册、工作程式、管理制度和具实权的管理员工，负责统筹和跟进有关工作；

(4) 建立多方的通讯渠道，了解员工的意见和困难，及时给予适当的响应及支持；

(5) 每年召开领导复审会议，进行总结、回顾，分析不符合原因和编制有效之改正预防措施。

2. 执行和监督

提供足够培训予各阶层新旧员工，核心员工，使他们明了公司质量政策和目标；了解 ISO 9000 的要求与日常工作的关系；认识公司的认证计划；掌握执行工作和执行 ISO 9000 所需的知识和经验（如合同评审，改正及预防措施和内部审核的技巧等）；重视各级员工的参与，发挥团队精神，建立及推广各员工的质量管理意识；建立奖励制度以表扬对于执行质量工作有良好表现和成效的员工或队伍；要求各单位制定质量计划、进程，并对有关之成效作出检讨，制定相应改正及预防措施；制定质量体系工作程式时，除了参照 ISO 9000 要求外，亦要从业务和客户角度作出检讨，把 ISO 9000 活动融入公司既有的管理制度和经营模式；定期对内及对外进行质量经验和具创见专业意见的交流活动。

3. 定期进行内部审核

定期全面进行内部审核，以了解各级品质管理执行情况及制定措施以推动持续改善。

建立及培训内部审核小组和要求各级管理员工参与内部审核工作，以便更深入对前线工作了解，制定更有效措施。

获得认证只能说是达到 ISO 9000 的基本要求。取得 ISO 9000 认证后，公司要有效维持体系（包括按最新标准版本如 2000 年版，提升质量管理体系），但如要保持企业之竞争优势，建筑企业仍须不懈努力，对各工作程式和管理体系推行持续改善，以超越同侪，赢取客户。

**(五) 强制性的惩罚措施**

现时建筑企业的业主可分为私人发展商及政府。一般私人公司并未设有和制定任何惩罚措施，只按个别公司本身之政策而定。

政府工程一般对未获 ISO 9000 证书的承包商将以停止投标为最终惩罚措施，现已成为纳入认可承包商名册的必备条件之一。

已获认证机构签发证书的公司，并非永久可持有证书。认证机构签发证书后将每年持续对获得证书的公司进行 2 次后续监督审核，每满 3 年，认证机构重新审核，发新证书。确保获得证书的公司持续符合 ISO 9000 的要求。

但如在某一次的审核中，被发现完全不符合标准内某一条款的要求，或完全不能达到某项的目标或缺乏某项质量管理功能，或在不同地方持续及多次发现同类不符合情况，将被定为严重不符合点。有关公司必须于短期内提交改正计划，并需再进行跟进审核，确保无误，方可继续持有证书。如跟进审核仍发现未有改进，认证机构将有可能对该公司终止或暂时撤销认证资格。

## 三、香港政府对建筑业的安全管理

建筑业对香港的社会经济发展举足轻重，但同时被视为一个高危险性行业，香港政府一直在致力降低建筑业的意外率。

**(一) 政府安全管理机构**

政府为确保安全管理有效运作，除了强化劳工处的职能工作外，早在 1980 年，根据《肺尘埃沉着病（补偿）条例》，成立肺尘埃沉着病（补偿）基金委员会，并于 1988 年 7 月通过《职业安全健康局条例》，成立了独立运作的职业安全健康局。它是法定团体，直接向立法会报告工作。香港安全管理职能机构如图 1-3 所示。

1. 劳工处

随着社会不断进步，劳工处定下其工作目标并配合社会要求，逐步提高劳动人口的利益，促进职业安全与健康。其使命是改善人力资源的运用，提供一系列的就业服务，以配合劳动市场的各种转变和需要。同时，在促进职业安全与健康方面，通过立法、教育和推广工作，确保在职人士的安全与健康得到保障，并提供各项职业安全服务工作。

通过视察工作场所，执行《职业安全及健康条例》、《工厂及工业经营条例》以及该等条例的附属规例。对于违反“条例”和规例的行为和企业，向政府有关部门提出检控，确保有关安全、健康和福利的各项规定得以遵守；调查意外，并就如何减少在工作场所存在的危险，向雇主和雇员提供意见；在规划设计和布置厂房及工作场所时，向工厂/工作场

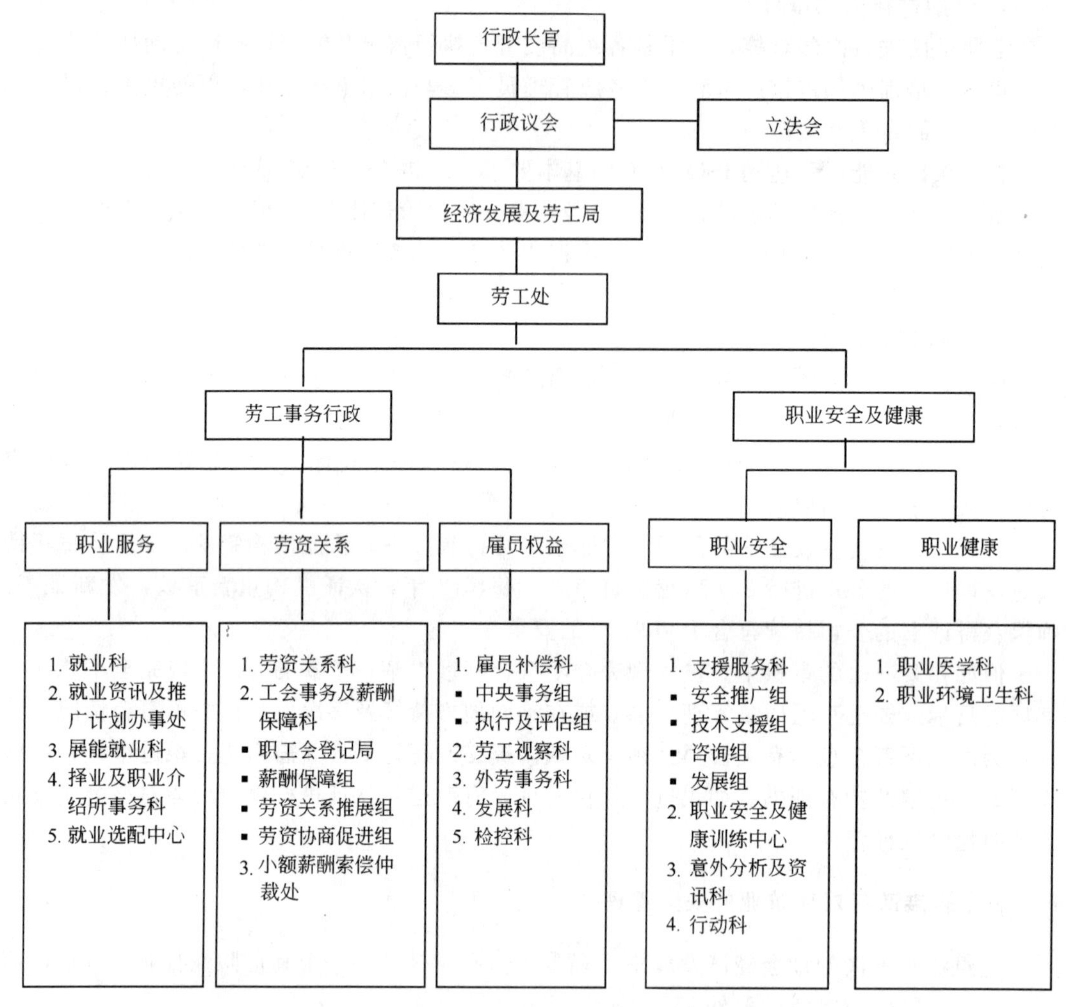


图 1-3　香港安全管理职能机构

所拥有人提供意见；提供支援服务，向市民大众灌输安全意识，从而在雇主和雇员当中培养安全文化，让他们承担自我监管的责任，依循职业安全规章引入安全管理的方法；开办职业安全及健康训练中心，为政府部门和非政府机构负责职业安全及健康的人员提供训练。

就公众在健康和卫生方面所遇到的职业健康问题，如预防由工作场所引致的职业病，提供咨询服务；进行实地调查，以确保工作场所遵守有关健康及卫生的各项规定；执行与职业健康及卫生有关的法例；调查怀疑染上职业病的个案，并替有关人士进行诊治；为申索工伤补偿的雇员判伤；举办展览和讲座，以提高职业健康的意识。

2. 职业安全健康局

职业安全健康局成员由政府委任，包括雇主、雇员及政府代表。日常工作由总干事执行，其工作是提高香港职业安全及健康标准，致力提供顾问服务、教育及训练、宣传推广活动、调查及策略研究、提供资讯，以及促进政府、雇主、雇员和专业及学术团体之间的交流工作。

3. 肺尘埃沉着病（补偿）基金委员会

于1980年成立肺尘埃沉着病（补偿）基金委员会，并成为法定团体及独立运作，委员会成员人数不可超过10人。成员由政府委任，包括雇主、雇员及政府代表。日常工作由秘书执行，其工作主要是管理从工程征收的基金，并就征款率向政府提出建议；资助肺尘埃沉着病人的康复计划；宣传工作中预防染上肺尘埃沉着病的方法；管理从政府收到的肺尘埃沉着病人的特惠金；举办推广活动及履行条例所委予的其他职责。

**（二）与建筑业有关的主要安全法规**

在香港，保障工人安全和健康的法律主要是《工厂及工业经营条例》，以及在1997年实施的《职业安全及健康条例》，违犯法例最高罚款50万港元和监禁半年。

1.《工厂及工业经营条例》的主要内容

《工厂及工业经营条例》旨在修订有关工厂及工业经营的法律，以及修订有关雇用妇女、青年及儿童工作的法律。下有若干附属规例。

一般性责任：

列出雇主及受雇人士工作时安全及健康的“一般责任条文”，并订明不论何时，监管提供安全工作环境及进行工作中的人，双方都有保持和遵守工作地点安全和健康的社会和法律责任。

雇主必须在合理可行的范围内，确保其雇员在工作时的安全及健康，受雇人必须在合理可行的范围内，照顾自己及他人的安全和健康；并尽量与雇主合作，帮助雇主遵守安全规例。

强制性基本安全训练：

凡在建筑项目内工作的人士必须接受强制性基本安全训练，目的是提高工人安全意识。该条例规定所有工人必须接受劳工处认可机构主办的全日基本安全训练课程，通过考试合格方可获发“平安卡”，并要携带“平安卡”方可进入项目内工作。

安全审核及查核：

规定雇员人数达50人或以上的机构应建立有效的安全管理系统，定期为机构作出安全审核或查核，并将结果报告交与业主/承包商及劳工处，以便监察及改善安全管理系统，从而达到自我监管的目的。

任何有50个工人或以上的项目或指定经营，或工程合同价值1亿元或以上的承包商，都需要建立安全管理系统。

业主/承包商亦需要聘请政府注册安全审核员，定期作出安全审核报告，承包商为6个月一次，其他机构为12个月一次。

安全审核是为机构的安全管理系统，作出一个系统性及批判性的审核，主要任务是确保系统有效地运作。其主要工作是检讨安全管理系统的有效性，提出改善建议，包括守则、指引及内部规定的工作是否符合现行法例及标准。

2.《职业安全及健康条例》的主要内容

《职业安全及健康条例》基本原则是预防职业意外和职业病，确保任何人在工作中的安全与健康，制定工作安全和健康的措施，改善危险工序装置及物质的安全与健康标准和条件。

《职业安全及健康规例》是根据《职业安全及健康条例》所制订的一条附属规例。制订这条规例是为了更有效地实施《职业安全及健康条例》的条文。《职业安全及健康规例》为香港的受雇人士提供了基本的安全及健康保障。实施规例有助于促使各行各业缔造一个安全及健康的工作环境。

3. 环境运输及工务局技术备忘录

环境运输及工务局规定：

(1) 工程项目发生严重事故，经聆讯（专门事故分析听证会）决定是否暂停投标资格；

(2) 同一工程6个月内安全违例5次或以上，暂停投标至少3个月。

环境运输及工务局对严重安全事故的处理程序见图1-4。

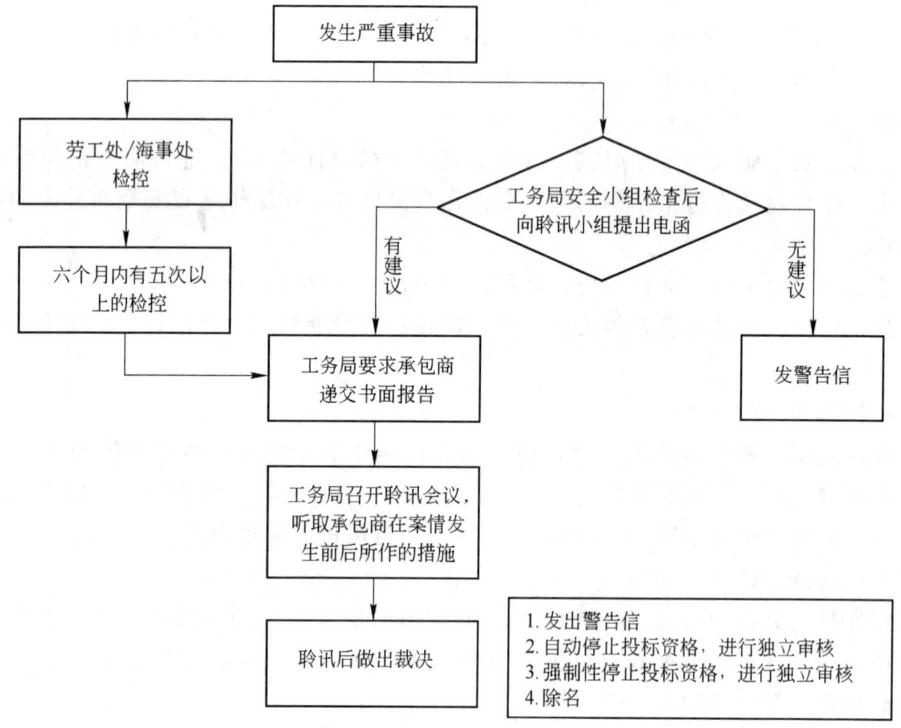


图1-4 环境运输及工务局对严重安全事故的处理程序

### (三) 香港一般建筑企业的安全管理

为配合法例要求及改善企业安全管理水平，香港各建筑企业都制订了一套企业自身的安全管理制度。其中部分管理体系以BS8800为基础，近两年采用了OHSASI8001安全及健康管理体系，主要的大型承包商逐步取得了认证。

1. 安全政策

安全政策的目的是阐述最高管理层对安全的承担；制订安全指标，例如订出意外发生率的上限及列明达到安全指标的有关安排。

安全政策的主要内容是阐述公司的安全承担和指标及管理层与员工的主要安全责任的一般声明；有关各级管理层及员工辈全责任制的说明，以规定落实各级安全责任。

2. 安全计划

安全计划的目标是详细阐述在安全工作环境下有效地展开工程的方法，以达到安全政策的目标。其主要内容包括有关安全的规划和组织工作、安全方面的沟通系统、安全监察系统、安全设备及设施、紧急情况下的程式等和意外事故报告提交方式。

3. 安全工作制度

《工厂及工业经营条例》第6A（2）（a）条规定，工业经营的雇主有责任提供维持一个尽可能安全及不会危害健康的工作制度。

“工作制度”是指如何组织工作的方式，包括工作场地的布局，展开工作的先后次序，以及在进行若干危险作业之前必须采取的特别预防措施。

制订工作安全制度方面有六个基本步骤，现按逻辑顺序排列如下：

（1）评估

必须对该项工作进行有系统和有想像力的分析。有关的分析应该实事求是，并顾及从过程经验中所吸取的教训。

（2）找出危险所在

找出危险所在，并衡量其风险。在可能情况下，应该在依赖工作安全制度之前就将危险消除，减低风险。

（3）规定安全方法

可以用口头指令、简单的书面形式或者在特殊情况下采用正规的许可工作制度来规定某项工作的安全制度。

（4）推行制度

经批准及同意后的安全工作方法和措施，必须由有关方面准确传达，让雇员都有所了解，正确运用。使雇员意识到公司采用的工作安全制度，显示其致力减低意外发生率的决心。各主管人员要认识到各种潜在的风险以及他们需要采取的预防措施。

（5）监察制度

监察工作是确保所订立的制度得以切实遵行。

（6）检讨制度

经规定的工作安全制度要不断地加以检讨，进一步完善和改进，以确保其适用性和有效性。

## 四、香港政府对建筑业的环境管理

持续高速的工程建设与发展在促进经济繁荣及文明进步的同时，亦带来了各种负面的环境问题。香港建筑业与环境保护发展过程大体上经历了三个主要发展时期，即20世纪80年代前的缓慢发展时期，80年代至90年代初的高速发展时期以及90年代至今的逐渐成熟时期。

### （一）香港环境保护管理机构及其职责

环境保护的最高权力机构是行政会议和立法会。在香港，环境保护的责任，如同其他各项施政方针一样，最终要由行政长官承担。不过行政长官有一批政府顾问及各个政府机构不断向他提供资料和意见，以协助他拟订和执行政策，以及保持和公众的联系（图1-5）。行政会议是行政长官最重要的顾问机构，所有政策均由该机构批核。香港的立法会则负责通过法律、批核拨款及监督政府工作。

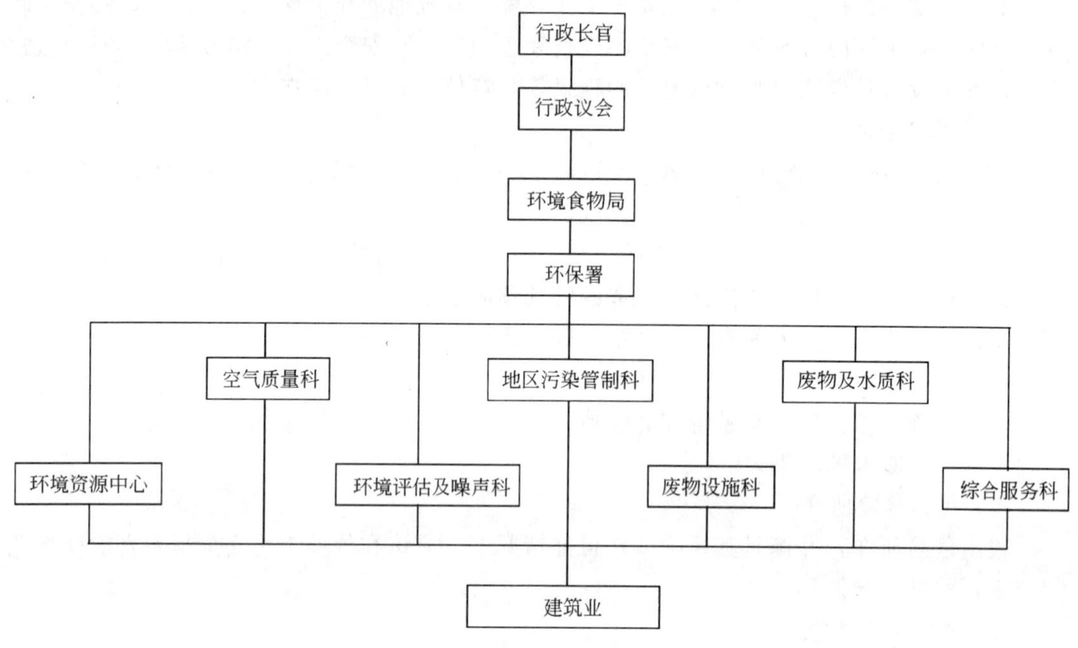

图 1-5　香港政府环保管理机构

1. 环境保护署

在环境保护工作中，负责处理绝大部分日常工作的是政府的环境食物局及其下属的环境保护署。前者全面掌管环境决策，而后者则负责执行政策及提出新的建议。香港 1977 年设立环境保护小组，制定环保策略，防止环境受到过分污染，并协调当时负责管制污染的各个政府部门工作。

1981 年，环境保护小组升格成为环境保护处，工作范围也相应扩大，负责制定全面污染管制计划，不过权限也只是限于监管。一系列环保法例相继出台。相应地为了加大环保工作的执法力度。1986 年正式成立环保署，接管所有防止和管制环境污染的工作，包括规划香港的污水和废物管理计划。至于保护大自然的工作，则仍然由渔农处负责。

环保署的职责相当广泛，包括协助拟订政策、执行环保法例、监控环境质量，以及为各类废物提供收集、转运、处理和处置设施等。同时环保署仍继续就城市规划的环境影响以及可能对环境有重大不良后果的新政策提供专业意见。环保署亦负责处理关于环境污染的查询和投诉。

2. 环境咨询委员会

香港环境咨询委员会是政府在污染管制及环境保护等方面的主要咨询组织。所咨询的范围主要包括制订环保法例、落实污染管制和自然保护措施等。此外，政府在推行主要的污染管制政策方案之前，亦会向咨询委员会寻求咨询意见。按《环境影响评估条例》规定，环保署署长需就环评报告向环境咨询委员会咨询意见，并取得同意。

3. 环境保护运动委员会

1990 年正式成立香港环境保护运动委员会（环保会），由香港政府委派的非官方的社会著名人士及相关政府部门委任的代表组成。该会的宗旨为促进香港公众的环保意识，同时鼓励及推动市民为营造美好的环境出力。该委员会并负责管理部分环境及自然保护基金。

4. 环保团体

此外，国际和香港非官方的环保团体对本港的环境保护的推广普及、宣传教育以及咨询与监督起着非常重要的角色。这些团体中最引人注目的有绿色和平、绿色力量、地球之友、世界自然（香港）基金会、长春社、香港海洋环境保护协会以及绿色大屿山协会等等。这些团体主要由关心地球环境的有志之士组成，其宗旨在关注香港及其大区域内的环境保护、生态系统，推广、宣传环保意识，并监督和促进政府的环境保护措施。

简言之，长期以来，香港逐渐形成了以政府为核心，立法部门为动力、学术机构为顾问以及社会各界为督导的环保管理机构体系。

5. 与建筑业有关的主要环保法规

自20世纪80年代起，相继出台的以《水污染管制条例》、《废物处理条例》、《空气污染管制条例》和《噪音管制条例》为核心的四大环保法例体系，都与建筑业有密切的关系。例如条例规定，任何工程在施工前必须对环境有影响的工作内容做出环境保护工作的评估报告，经环保署通过，才可以开工，详见“开工前环保署审批流程表”（图1-6）。过去的20年间，这些条例不断完善，而且越来越严格，对香港的环境保护起着重要的作用。

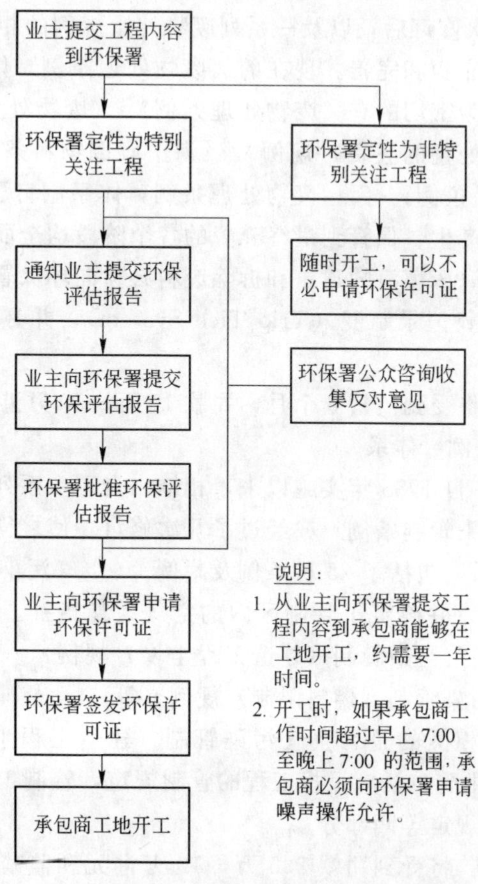


图1-6 开工前环保审批流程表

(1)《水污染管制条例》体系

在香港，所有环保法例中问世最早的要算《水污染管制条例》和《废物处理条例》。这两个法例均于1980年在香港率先实施。经过1990和1993年两次重大修订以及一系列水污染管制规例和技术备忘录等的相继出台，使《水污染管制条例》体系得到了充实与完善。现在的水污染管制法例体系包括17种条例及其附例。其中与建筑业有关的水污染管制条例主要包括《水污染管制条例》、《水污染管制（一般）规例》及排入雨水渠及污水渠系统，内陆及海岸水域的《污水标准技术备忘录》、《海上倾倒物料条例》、《前滨及海床（填海）条例》等。港府根据该条例体系，将香港水域划分为10个水质管制区，并采用发牌制度来管制各管制区内水质达到并维持所规定的水质标准。除了排入公共污水渠系统的住宅污水以及排入雨水排水系统、河道或其他水体之未经污染的水以外，所有其他污水，不论排入公共污水渠系、雨水渠系、河道或其他水体，均受到牌照制度管制。这包括来自各类工业、制造业、商业、公共机构以及建筑业等之排放污水。对受管制的排放物，由排放者向环保署申领牌照，且必须遵守牌照条款。

如违犯牌照上规定，将会受到监禁6个月至2年，罚款20万～100万港元的处罚。如果属持续犯罪，每天罚款1万～4万港元。

(2)《废物处理条例》体系

与《水污染管制条例》同龄的《废物处理条例》经过1987年、1991年、1994年、1995年以及1997年等五次修订后，以及一系列废物处置规例的相继问世，使香港的《废物处理条例》体系得到了充实和完善。现在的《废物处理条例》体系包括了26种条例及其附例。与建筑业关系最为密切的有《废物处理条例》、《废物处置（化学废物）（一般）规例》、《废物处置（废物处置的收费）规例》、《海上倾倒物料条例》、《前滨及海床（填海）条例》，以及《危险品条例》等。《废物处理条例》体系制订了管理废物的完备机构，涵盖范围甚广，从废物的产生、保管到最终弃置的各个阶段均全面监管。该法例体系要求所有倾倒于海上或前滨及海床填海的建筑和拆除废料必须向环保署申领牌照，而运往堆填区处理的废料必须使用运载记录制度（Trip Tick System），并必须遵守牌照及记录制度条款的要求。

如违犯以上之规定，将受到监禁6个月，罚款10万～50万港元的处罚。

(3)《空气污染管制条例》体系

《空气污染管制条例》自1983年实施以来，相继出台了一系列专门化的空气污染管制规例，与此同时《空气污染管制条例》亦经过了几次修订，使之得以充实与完善。现在的《空气污染管制条例》体系，包括了25种条例及附例。《空气污染管制条例》把香港划分为不同的空气质量管制区，并确定了管制区内的空气质量指针。与建筑业最为密切的有《空气污染管制条例》、《空气污染管制（建造工程尘埃）规例》、《空气污染管制（露天焚烧）规例》，以及《空气污染管制（燃料限制）规例》等。

其中，与建筑业息息相关的是《空气污染管制（建造工程尘埃）规例》。此规例于1997年6月16日实施，主要包括应呈报工程的管制规定，管制工程的管理规定，一般管制规定和个别活动的管制规定等四部分。

如违犯此规例之规定，将受到罚款2.5万～10万港元和监禁6个月以下的处罚。如果继续违例，每日罚款1万港元。

为了进一步加大对空气污染的监管力度，从2000年起，香港在制订多条新的空气污染管制法规，以收紧对空气污染的管制。重点在于控制车辆的排放管制。这些新的法例配合现行《空气污染管制条例》体系，将进一步完善香港的空气污染管制法例体系。

(4)《噪音管制条例》体系

为管制各类环境噪音，香港于1988年实施《噪音管制条例》，并相继颁布了一系列附属规例，使之不断完善。现行的《噪音管制条例》体系包括了15种条例及附例。与建筑业关系密切的有：《噪音管制条例》、《噪音管制（一般）规例》、《噪音管制（建筑工程）规例》、《噪音管制（建筑工程指定范围公告）》、《噪音管制（手提撞击式破碎机）规例》、《噪音管制（空气压缩机）规例》、《管制建筑工程噪音（非撞击式打桩）技术备忘录》、《管制指定范围的建筑工程噪音技术备忘录》及《管制撞击式打桩技术备忘录》等。

《噪音管制条例》中将建筑工程分为两类：撞击式打桩工程及一般建筑工程。每类工程分别由一项“建筑噪音许可证”制度所管制。在居民密集的地区，条例明确规定工作日早上7：00至晚上7：00才可以进行有噪音的工作项目，如在此时间规定以外的其余时间和节假日进行有噪音的工作项目，就算违法。

如违反规定，经第一次定罪，可处罚款10万港元；经第二次定罪，可处罚款20万港元；继续犯罪则每日处罚款2万港元。

(5) 其他与建筑业有关的环保法例

与建筑业最为密切的其他环保法例可数自1998年4月起在香港实施的《环境影响评估条例》。该条例将以往对大部分主要工程项目实施的环评行政规定写成了法律条文，使环保法例的体系进一步完善，加大了对建筑业的执法力度。

《环境影响评估条例》把所有基础建设工程及大型房地产工程划分为17大类，称之为指定工程（Designated Projects），所有属于这17类型的工程建设必须取得环保署署长签发的环境许可证才可开工建设。该条例还特别要求两类大型市镇发展工程（20公顷以上或人口超过100000以上）和重建工程（人口超过100000以上）的工程项目和桥梁工程必须提交环境影响评估报告。所以自《环境影响评估条例》实施以来，所有大型基础建设和房地产工程，如若没有通过环评研究及取得环境许可证，都不能开工建设。环境影响评估已成为所有大型基础建设的必要条件之一。

(6) 环境运输及工务局技术备忘录

环境运输及工务局规定：同一工程6个月内环保违例5次或以上，暂停投标资格1至3个月。

6. 工程建设的环境影响评估与环境检讨

在香港，几乎所有大型建筑工程项目一般都要经过预研究、可行性研究、设计、合同、建筑及运行等六个阶段。在每一阶段都要求相应的环保措施。

(1) 工程预研究与可行性研究期间的环境检讨与环境影响评估

自1998年《环境影响评估条例》实施以来，任何建筑工程要么被归属于指定工程，要么被归属于非指定工程。指定工程是指那些可能引起不良环境影响的建筑工程。其区别在于指定工程受《环境影响评估条例》的控制，而非指定工程则不受该条例的约束。因此，所有指定工程在预研究和可行性研究期间都要进行严格的环境检讨和环境影响评估研究。向环保署及环境咨询委员会提交环境检讨和环评报告，取得环保署署长签发的环境评估许可证后，方可开工建设。至今香港的指定工程仍包括了 17 种类型的大型基础建设工程及大型房地产工程。虽然非指定工程不会引起重大的不良环境影响，也不受《环境影响评估条例》的直接管制，但仍需要各种环保措施，在预研究和可行性研究期间仍要求提供详细的环境检讨报告及缓解措施，以确保将工程建设的负面影响减到最少。

（2）工程设计与合同期间的环境再检讨与环保规范

在设计期间，一般要求对可行性研究期间的环评研究进行再次检讨，尤其如果环评报告批准后，环境背景有所变化时，需要进行详细的再检讨研究或补充环评研究，以将最新的环保要求及缓解措施纳入工程设计。

在合同期间，要编写详细的工程项目规范，其中的环保章节中，要求编写详细的环保要求、环保措施等，使所有环评研究及缓解措施规范化，纳入工程建设的各个环节。

与此同时，指定工程在这一时期要向环保署申请环境许可证，以保证工程的按时开工。

在施工及运行期间，要求进行详细的工地环保计划，环境因素评估以及指定工程的环境监测与审核。

7. 大型工程建设的环境监测与审核

香港政府规定，在下列情况下，需要实施全面的环境监测与审核：

（1）所建工程具有潜在的负面影响，如不妥善实施缓解措施，有可能损害人民的健康及社区的福利及生态系统；

（2）所建工程处于任何具有高度自然保护价值的地区；

（3）所建工程涉及的缓解措施可能需要一段长时间才可能生效；

（4）所建工程涉及未经批准的技术；

（5）所建工程涉及未经批准的缓解措施。

环境监测是通过一系列的重复测量来系统地收集环境资料，用以审核环境影响及环境变化的程度。环境审核则是根据环境法例、政策、标准等系统地评价当前环境的符合情况。环境监测与审核一般包括环境背景监测与审核、施工影响监测与审核和工程运作前期的监测与审核。

8. 环境背景监测与审核

环境背景监测与审核是指开工之前的环境监测与审核，以了解并确定环境背景状况。并以此为基准来确定工程对环境的影响程度。背景监测的时间应正好在开工之前。水质监测一般要求在开工前一个月内进行，在所设计的监测点每周取样 3 次，持续 4 个星期。噪声背景一般在开工前两星期连续监测，而空气质量背景监测则要求在开工前 14 天内监测 24 小时总悬浮颗粒含量，并要求每天 3 次监测 1 小时总悬浮颗粒含量。这些监测资料要正确整理，编写背景监测报告，用以与未来施工期间的监测做比较。

9. 施工期间的环境监测与审核

施工期间的环境监测与审核是最主要的、持续最长的环境监测与审核过程。从开工到工程结束期间对所有背景监测项目都要进行监测。水质每周取样三次，噪声要求分别在四个时段内（07：00～19：00，19：00～23：00，23：00～07：00 及周末 07：00～19：00），每周各监测一次，空气质量则要求对 24 小时总悬浮颗粒含量每周至少取样一次，1 小时总悬浮颗粒含量每周至少取样三次，每月要对监测结果编写报告并做审核。如发现超标，应立即做出补救缓解措施。

10. 工程运作前期的环境监测与审核

指定工程兴建后的初期运作期间，一般要求进行1～18个月的环境监测，其持续长短要视工程性质而论。这一监测主要是审核新建工程运作对环境的长期影响以及由工程所造成的新环境系统的调整过程，尤其是那些与生态系统有关的工程项目。如发现不协调现象，应立即做出补救措施。

### 五、建筑企业工程项目的保安管理

保安管理在项目管理中起着越来越重要的作用。通过有效的保安管理，保障项目范围内业主和承包商的人身和财产安全，防止未经许可的人员等进入项目。在防止未经许可人员进入项目方面，在香港法例都做了明确规定。

**(一) 香港政府有关管理机构**

香港政府防止非法入境者和非法劳工的部门主要是保安局及其所属的入境事务处。

入境事务处除了负责香港特区的出入境管制事宜外，还为本港居民提供多项服务，包括签发香港特区护照和其他旅行证件、签证及身份证，处理国籍事宜，以及办理生、死及婚姻登记手续。此外，他们亦致力侦查和检控违反入境法例者，以及把非法入境者遣返原居地。

**(二) 香港政府对建筑工程项目的保安法规**

1.《入境条例》(香港法例第115章)

《入境条例》(香港法例第115章) 第38A条规定：在建筑项目范围内若有非法入境者或不可合法受雇人士，该建筑项目主管即属犯罪，可处罚款35万港元。第17I条规定：任何人雇用不可合法受雇的人为雇员，即属犯罪，可处罚款35万港元及监禁三年。

2. 环境运输及工务局技术备忘录

凡承包商在连续12个月内因项目内有或雇用非法入境者被法院判罚违反香港法例第115章 (入境条例) 超过两次者，将被暂时停止投标公共工程6个月。

**(三) 建筑企业保安管理**

为加强项目保安工作，承包商就必须建立保安管理体系，其主要责任是：

1. 制定保安政策、目标及指引

防止和杜绝项目非法人士，保障业主、项目工作人员及有关公众人士的人身和财产安全，符合法例及外界要求，投入资源，制定项目保安计划。

2. 制定项目保安计划及成立保安工作小组

分为公司和项目两个层面，公司成立跨部门的项目保安工作小组，年初制定工作计划，每季度召开一次会议，检讨计划的执行情况，指导项目做好保安工作。

3. 建立项目保安检查制度

公司根据需要定期或不定期检查项目保安情况，是否符合公司政策和规定，以便及早发现和纠正错误，避免因保安事故给公司造成经济损失或损害公司形象。包括项目每日检查、项目每周检查、公司不定期检查制度等。

**(四) 项目保安主要措施**

按照项目保安工作的主要内容及要求，建筑公司制定相应的保安措施。投入足够的资源，安装必要的保安设施，如项目入口装置、围墙、出入口控制装置、印制工作证、访客证、安装监控闭路电视等。

建立保安措施，主要包括聘用足够的保安员、设立巡查当值会议纪录等，建立保安公司名册制度，每个项目完工后，对聘用的保安公司作出实事求是的评估，对表现不良的保安公司，从公司建立的名册中清除出去，确保公司聘用素质良好的保安公司。

## 第五节　工程项目发包招标管理

招标，是当前国际上进行各项建设项目、物资和设备采购、工程项目发包的主要方式之一。

招标，是“拟发包工程项目内容的标明”。包括建设项目的概况、数量和质量要求以及采用的图纸和规范、标准等。因此，招标是指业主标明其拟发包工程的内容、要求等，以招引或邀请某些愿意承包并合乎投标资格的承包者，对承包该工程所采用的建造技术、管理组织和价格等进行公开投标，通过比价而达成交易的一种经济活动。

目前，多数国家都有适合其本国特点的招标法规，但还没有形成一种各国都应遵守的带有强制性的招标规定。但有些招标办法，如英国招标制度规定办法、法国（包括原法属殖民地）使用的工程招标制度，以及世界银行推行的招标办法等，具有一定代表性，使用范围也较广。

世界银行对其贷款的工程项目招标和物资采购，吸取了英、法等国招标制度的优点，制定了一套包括国际竞争招标、有限国际性招标、国内竞争招标等一整套完整的工程采购招标体系。该体系较适合于发展中国家情况。在执行中，普遍认为世界银行的招标投标办法，能够较好地体现该行的采购政策，即采购中重视经济和效益、竞争中强调公平和机会均等，能起到扶持和促进借款国建筑业和制造业发展的作用。

香港建筑市场基本遵循国际工程招标与投标运作规则进行，政府工程与私人工程的招标、投标、评标的程式基本相同。香港于 1997 年 5 月 20 日成为世界贸易组织政府采购协议（世贸采购协议）的签署成员。世贸采购协议的目标是要通过一些既定程式，确保有关协议涵盖的采购者能公平地对待所有投标者，以期为本地和外国的供货商及服务承办商(包括承包商)，提供开放、公平和一视同仁的竞争。这份协议对香港的招标程式具有约束力。所有高于 500 万特别提款权（特别提款权，即 Special Drawing Rights 简称 SDR，是国际货币基金组织制定的国际货币单位，500 万 SDR 约为港币 55109000 元）的公共工程合同，都受世贸采购协议约束，并必须按该协议的有关规定进行公开招标。虽然香港特区政府的招标政策及程式，基本上都能符合世贸采购协议的目标，但仍需对一些程式作出修改，以确保符合规定。其中一个主要改变，是把有关合同的最短招标期由以往的 21 天改为 40 天。此外，香港特区政府将会建立竞投申诉制度，以听取投诉和决定如何对个别个案进行补救工作。香港特区政府现正就申诉制度的细节，进行研究及咨询工作。

香港有关工程项目的招标，纳入政府采购程式。政府采购程式受财政司司长根据公共财政条例发布的物料供应及采购规例所监管。这些规例并由库务局局长不时发出财务通告作出补充。有关规例及通告所规定的程式与世界采购协议的规定完全一致。物料供应及采购规例涵盖除土地及建筑物外，所有为政府购买或取得的物料，以及承办商为政府及代表政府提供的服务，包括所有工务计划。

根据政府的全港发展策略规划，工务部门将所需进行的工务计划项目编订缓急次序，然后将需推行的项目报告香港特区政府总部，以便纳入每年政府发表的施政报告之内，再经过香港特区政府的行政会议批准，立法议会的财政小组批准拨款后执行。

工务计划工程项目招标，由各个工务部门在工务局总体监督下，自行雇用承包商。工务局除就工务合同的招标程式及合同管理事宜提供一般指引及技术上的意见外，更备存一套认可公共工程承包商名册，和设有承包商表现评核报告制度，并在有需要时协助审该承包商的财政能力。

## 一、招标方式

就工务计划的工程项目，香港特区政府主要采用公开招标、选择性招标和单一局限性招标三种。

### (一) 公开招标

公开招标是一种无限竞争招标。这种招标方式先由招标单位在国内外主要报纸或有关刊物上刊登招标广告。凡是对这项招标工程感兴趣的所有合格的投标者，都有同等的机会了解投标要求，获得有关资讯，进行投标，以形成尽可能广泛的竞争局面。

公开招标方式多采用于政府投资的工程，也是世界银行贷款项目采用的招标方式之一。

世界银行贷款项目公开招标方式包括两种形式，香港政府亦沿用：

1. 国际竞争性招标

世界银行根据不同地区和国家的情况，规定金额在一定限额以上的货物采购和工程合同，都必须采用国际竞争性招标。对一般借款国来说，10 万～25 万美元以上的货物采购合同和大中型工程发包，都应采用国际竞争招标。

第一，国际竞争性招标有很多具体的特点，但根本的有三点，广泛地通告投标机会，使所有合格的国家里一切感兴趣并且合格的企业都可以参加投标。通告可以用各种方式进行，经常是多种形式结合使用 ：在一种官方杂志上公布；在国内报纸上登广告；通知驻该国首都的各大使馆；以及（对于大的、特殊的或重要的合同）在国际发行的报纸或有关的外贸杂志或技术杂志上登广告。除使用期刊或报纸刊登广告外，世界银行、美洲开发银行、亚洲开发银行和联合国开发计划署现在还要求必须通过《联合国发展论坛报》（商业版）的《一般采购通知》一栏公布采购机会。

第二，必须公正地（即不偏不倚地）表述准备购买的货物或进行的工程的技术说明书，以保证不同国籍的合格企业能够尽可能广泛地参与投标。

第三，必须根据标书中具体说明的评标的标准确定得标人，一般是将投标价格最低的合格的投标者评为得标人。这条规则保证了竞争程式得以公平地进行。

国际竞争性招标最适合采购大型设备项目（如汽轮机、机车及电讯硬件）及招请大型土木工程施工（如水坝及公路干线），对这些项目不同国籍的企业都会有兴趣参与投标。

国际竞争性招标虽然所耗时间较长，根据世界银行经验来看，一般也是各国商用的采购场合中达到其采购目的最佳办法。

2. 国内竞争性招标

国内竞争性招标，顾名思义，是通过只在被贷款国国内登广告，根据国内招标程式进行的。在不需要或不希望外商参加投标的情况下，政府的规定可能偏向于采用国内竞争性招标。这种办法用于不适合于国际竞争性招标的货物采购或工程项目。例如国外承包商不大可能对承包的价值小、地点分散的工程招标感兴趣，国内的资源条件和技术实力完全可以满足需求等。

对国内竞争性招标，如果外国公司（例如，在该国已有业务的公司或者跨国公司）愿意参加，则应允许他们按照当地国内竞争招标的程式参加投标。

国内竞争性招标与国际竞争性招标方式的不同点表现在：

广告只限于刊登在国内报纸或官方杂志，广告语言可用本国语，也不必通知外国使馆驻工程所在国的代表；

招标文件和投标文件均可用本国文字编写，投标保函可由本国银行出具，投标报价和付款一般使用本国货币；评标价格基础可为货物使用现场价格；不实行国内优惠和为借款人规定的其他优惠，履约保函可由本国银行出具；仲裁在本国进行；从刊登广告或发出招标文件 到截止的投标准备时间为；设备采购不少于 30 天，工程项目不少于 45 天。

除上述不同点外，其他程式与国际竞争性招标相同，要求考虑公开、经济和效益因素。

3. 英法两国的公开招标方法

英国公开招标方法是由招标单位公开发布广告或登报，投标单位自愿投标，投标者的数目不受限制。投报的标书均原封保存，直至招标截止时，才由有关负责人当众启封。按照这种招标方式，往往会形成谁报价最低，谁中标。这种招标方式多用于政府投资工程，为的是可以避嫌。私人投资工程一般不采用这种方式。

法国在《公共事业法典》中规定，公开招标有两类 ：价格竞争性公开招标和竞争性公开招标。公开招标先在官方公报上发表通告，愿参加投标的法人企业均可申报。价格竞争性公开招标，规定工程上限价格，投标只能在此范围进行。竞争性公开招标则不规定工程的上限价格，而是综合考虑包括价格以外的其他要素法定中标者（实际上，90％的招标都是最低价者中标），但发标人需满足投标人提出的询问事项，必要时还可以规定完成工程所需的工程费最大限额。

在香港，招标公告在逢星期五出版的香港特区政府宪报内刊登，并在互联网上公布。如有需要，也会在本地报刊上及与该工程有关的一些外国杂志上刊载。所有有兴趣的承包商均可自由投标。至于受世贸采购协议约束的工程项目，招标部门会视乎情况，知会领事馆及海外商务专员公署有关可能进行的招标事项。

**（二）选择性招标**

选择性招标是一种有限竞争性招标，包括一般选择性招标、邀请招标（或叫指定招标）两种类型。

1. 一般选择性招标

这种招标常见于由国际金融机构资助项目，这些项目只能允许属于该资助机构或组织的成员国参加投标，虽然也是世界范围内招标，但投标人的范围有严格限制。这种形式的招标，在具体做法上与公开招标颇为相似，只是在评标时更为强调资信。

2. 邀请招标

世界银行的有限的国际性招标、英国的有选择招标方式、日本的指名竞争投标等都属于邀请招标。

有限的国际性招标是国际竞争性招标的一种修改形式。这种方式邀请合资格者参加投标而不公开登广告。如果数额不大，投标者的数目有限或有其他不进行国际竞争性招标正当理由时，进行有限的国际性招标。

对某些大而复杂的工业项目，比如石油化工项目，可能的投标者很少，准备投标的成本高，那么，为了既节省时间，又取得较好的报价，招标就可以限制在比方说三个国家的四个合格厂商，每家厂商都有争取到该合同的较好机会。

军事工程项目由于保密性要求很高，抢险工程项目由于时间紧迫，一般都采用邀请招标或指令性选择承包商。

世界银行为保证价格的竞争性，为保证获得技术和经济的最佳效果，邀请参加投标的厂商应广泛些，不少于三家。有限国际招标除不刊登广告和不实施国内优惠外，与国际竞争性招标程式相同。

在香港，同公开招标一样，在香港特区政府宪报刊登招标公告，或发信邀请在特区为选择招标而设立的认可承包商名册上的所有承包商投标。至于受世贸采购协议约束的工程项目，招标部门须视情况，知会领事馆及海外商务专员公署投标一事。未列入认可名册的承包商不会获得考虑。

**(三) 两段招标及局限性招标 (Two Stage Tendering and Restricted Tendering)**

两段招标，实际上是一种公开招标和邀请招标综合起来的招标方式。第一阶段，按公开招标方式进行招标，经过开标和评价之后，再邀请最有资格的数家承包商进行第二阶段投标报价，最后确定中标者（世界银行的二步招标及法国的指定招标就属于此类）。

两段招标方式一般适用下列情况：

(1) 在第一阶段报价、开标、评标之后，如最低标价超出标底20%，且经过减价之后仍达不到要求，可邀请其中标价最低的数家商谈，再做第二阶段投标报价。

(2) 对于某些复杂的货物采购或工程项目，在事先不能准备完整的技术规范和技术标准的情况下，可考虑采用两段招标。即第一步招标中，投标者根据一般招标规范提出技术投标（不包含投标价格），该技术投标应对招标技术规范和技术标准各方面问题作出完整的描述，并且在规定投标截止日前以密封形式提交给招标者。标书封明“技术投标，没有价格”字样。开标之后，招标者通过对技术规范和技术标准进行评估，博采众长，制定出标准的技术规范和技术标准发给每个投标者。

第二步招标中，招标者根据标准技术规范和技术标准及最终的招标文件进行投标，其后的程序与公开招标相同。

在香港，特殊情况下采用局限性招标，例如有关工程须尽快展开或该等工程仅某些承包商才有能力承造时，招标部门只发信邀请一个或数个由该部门建议，并经库务局局长批准的指定承包商参与投标。

凡价值港币100万元以下的工程项目，毋须经库务局局长批准均可以这种方法招标，目的是为了节省行政费用。

部门不可告知投标者投标是以单一或局限招标方式进行，并应通知获邀参与招标者，依循与公开及选择性招标相同的程式递交标书。

## 二、招标程序

招标的基本程序包括准备招标文件、刊登招标公告、接受投标书及开标、评审标书及采纳投标，如图 1-7 所示程序。

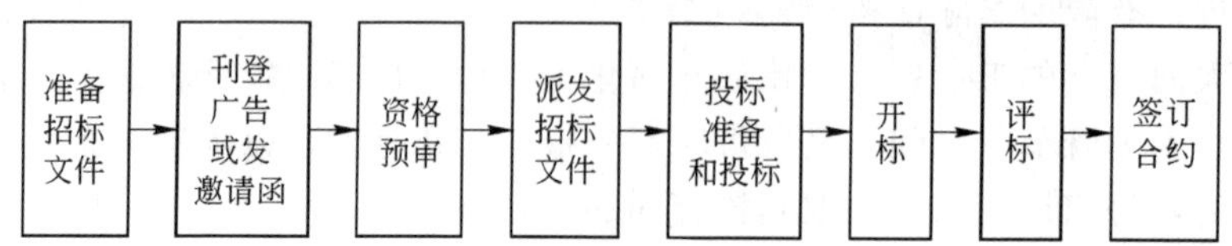


图 1-7 招标程序图

### （一）准备招标文件

招标文件编制质量的优劣，直接影响招标工作的质量和工程项目建造的效果。招标文件的内容，包括两方面 ：

（1）投标者为投标所需了解和需要遵守的有关规定；

（2）为承包商投标、报价所需要提供的文件和资料。

招标文件尽可能提供一切已知的资料，以协助投标者充分理解工程的要求。有关招标部门须确保所选用的规格是根据所需功能及质量要求而订定。若需列明标准，会尽可能引用国际标准。一般来说，招标文件包括一般及特别招标条款、一般合同条款、特别合同条款、一般及特别规格、工料清单（Bills of Quantities）、详细图纸及由投标者填写及签署的应约履行文件（Form of Tender）。

### （二）刊登广告或发出邀请函

公开招标的招标机会必须通过公开广告途经予以通告，使所有的合格的投标者都有同等机会了解投标要求，以形成尽可广泛的竞争局面。世界银行贷款项目采用国际竞争性招标，要求招标广告送交世界银行，免费安排在联合国出版的《发展商务报》上刊登，送交世界银行的时间，最迟不应晚于招标文件将向投标人公开发售前 60 天。

根据招标方式的不同，公开招标的招标邀请书是以广告形式发表；邀请招标则以邀请函方式发给拟邀请招标的承包商。两者内容大体相同，主要包括 ：

（1）项目所在国家及单位名称、地址；

（2）项目名称；

（3）拟采购的具体设备门类或工程内容；

（4）资金来源（例如，世界银行贷款，或政府预算内资金）；

（5）招标有关资讯（招标号或名称，工程名称或所需采购的设备、原材料或其他货物的说明，工程所在地及工程规模、采购数量）；

（6）交货或工程完工时限；

（7）招标文件价格，以及开始出售招标文件时间；

（8）投送标书时间、地点，以及投标截止期限；

（9）投标保证金金额；

（10）投标人资格要求。

香港刊登招标公告，一般是在香港特区政府刊物《宪报》连续刊登两期。有需要时，可在本地及国际报章刊登。招标公告应提供概括资料例如工程名称、工作内容、投标日期及时间、投标地点、索取招标文件的地点及投标者的资格要求。

**(三) 资格预审**

资格预审除确定投标资格外，为审定可能的投标人是否有能力承担该项采购或工程承包任务。审查内容主要为：

(1) 工程履历和以往承担类似合同的经验；

(2) 为承担招标的合同任务将配备人员、设备和工厂设备设施的能力；

(3) 财务情况。

在某些情况下，可能需要为某一公共工程进行投标者资格预审，以制备一份在财政上及技术上均有足够能力承担该项目工程投标者名单。

这类工程包括：

- 性质极其复杂、费用高昂或必须按期完成的工程计划；
- 需要紧密协调、专业技术的工程计划；
- 采用诸如建造、营运及移交合同（Build，Operate and Transfer Contract，即 BOT 项目）或设计及建造合同（Design and Build Contract）等非标准形式合同的工程计划。

招标部门须先征得中央投标委员会的批准，始可进行资格预审和招标。与常规招标项目一样，资格预审招标须在香港特区政府宪报中刊登公布。如有需要，会在本地报章及与该工程有关的一些外国杂志刊登。招标部门并须视乎情况，致函通知外国驻港领事馆、商务专员公署及已知的潜在投标者。

申请资格预审的筛选程式将分两个阶段进行。第一阶段主要旨在淘汰那些明显不合资格的申请人，无法通过第一阶段选拔程式的申请人，将不获进一步的考虑。第二阶段筛选将会对符合第一阶段选拔程式要求的所有申请人进行详细的评核。

第一阶段的评选准则应以决定申请人是否符合在宪报公告或广告上所列的基本要求为基础。评审委员会只须就各评选项目简单地选择「是/否」来作评分，例如：

- 申请人是否已符合在宪报或广告内指定的认可承包商名册内的工程类别及组别；
- 若为联营企业，该联营企业的各合伙人是否符合在宪报公告或广告上所指定的全部要求；
- 申请人在过去两年，是否曾于香港或海外负责一份不少于最低价值（由招标部门决定）的与本次招标项目类似的主要建筑或土木工程合同；
- 申请人是否有足够的财政资源；
- 申请人可否获得提供有关工程指定的特别机械、设备和厂房等。

第二阶段筛选的评选准则，一般可包括下列适用的项目：

- 过去五年的工作经验，包括本地工程合同、非政府工程合同和海外工程合同，合同内所兴建的建筑物的类型、大小或所涉及的建造形式等；
- 各类管理、专业和技术人员数量、经验和专业资格；
- 申请者所拥有的固定资产项目及净资产值；
- 申请者提交的技术建议，包括如何进行有关工程、质量保证计划、环境保护计划和施工安全计划等；

- 承包商已往的工业安全记录，包括产生的安全意外记录、违反工地安全法例而被定罪记录，以及工务局因工地安全而对申请者所采取的规管行动，例如暂时取消投标资格的记录；
- 财政及其他资源的状况；
- 申请人已往的索偿态度；
- 申请人已往在环保方面的表现；
- 申请人因违反建筑法例和条例而被定罪的记录（例如违反雇佣条例或雇用非法入境者等）。

招标部门应为上述各项准则确定评分比重。招标部门亦须审慎选择评选准则，以避免出现不平等和不明确的情况。评分制度可以是下列任何一种：

- 三级评选不计分制度，即每项评选准则被评定为“良好”、“可接受”、“不可接受”三级。至于整体的评定，招标部门须说明可接受的最低要求；或
- 分项计分制度，招标部门须清楚订明每项评选准则的最高分数及可接受最低水平。至整体的评分方面，则须说明接受的最低要求。

评审完成后，有关部门便会向中央投标委员会提交一份报告书，建议能够通过资格预审的申请人名单，以便日后邀请他们投标。在一般情况下，所有合格的申请人都会被列入上述名单内，但在特殊情况下，例如将以建造包设计形式批出合同的工程项目，或是一些极其繁杂、技术力量要求高的工程项目，有关招标部门通常只会把得分最高的三至四名合格申请人列入上述名单内。此外，报告书应载有对所申请人的优点及缺点的分析，并逐一详细交待申请人能够通过或不能通过资格预审的原因。

在预审投标资格至招标的一段期间，如经预审合格的投标者有重要的资料需要更改，部门可酌情批准他们更改，但必须先获得中央投标委员会同意。如发现经预审合格的投标者已不符合资格预审的规定，政府可取消其投标资格。

**(四) 派发招标文件**

在需要资格预审的招标中，香港政府有关部门会在宪报上或互联网上发布消息，有兴趣且符合组别的承包商出信申请领取招标文件。

在不拟进行资格预审的招标中，招标文件会直接派发给有兴趣参加投标的所有承包商。

在招标通告上要清楚地规定派发招标文件的地点、起止时间。对派发招标文件的时间，要相应规定得长一些，以使有兴趣参与投标者有足够的时间获得招标文件。

另外，要做好派发记录，内容包括领取招标文件承包商的详细名称、地址、电话、招标文件编号、招标号等。这样做是为了便于掌握领取招标文件的厂商的情况，便于将领取招标文件的承包商与日后投标承包商进行对照；便于在需要时与投标者进行联系。如在对招标文件进行修改时，能够将修改文件准确、及时发给领取招标件的承包商。

**(五) 投标准备和投标**

1. 投标准备

投标是承包商一项十分严肃和重要的工作。一项承包工程能否盈利与投标是否成功有至关重要的关系，投标者在投标时要注意以下各项：

(1) 合理制定投标准备时间，确保有足够时间完成投标全过程工作。

(2) 研究和熟悉招标文件。

(3) 认真考察现场，全面了解工地及其周围的政治、经济、地理环境、法律等方面的情况。

(4) 询问和答疑。

投标人经过熟读标书和施工环境的考察后，将所有疑问整理成信件发给招标人。招标人和业主在投标截止之日前就投标人提出的疑问以书面形式给予答复。有些专业问题招标人和业主难于正确全面解答的，可以邀请法律、银行、税务、海关、运输、廉政公署等专家给予协助答复。这些疑问的答复信件，将作为以后合同文件的一个组成部分。

2. 投标

投标方式为密封投标，并在标书的封面上标记工程项目名称、合同编号，封面上不可以有投标者的公司名称或任何可识别标记，否则将是废标。

标书应在投标截止日期前寄达或由专人送达招标者。对在投标截止时间前收到的标书，要做好登记、编号。超过投标截止时间收到的标书（包括电子标书）不得接受或应作为废标处理。

投标者必须在截标日期及时间前，将标书准确投入招标公告所指定投标箱。逾期接获和不按指定投递的标书，均会原封退还投标者，不予受理。截标后，由投标委员会的工作人员负责开启有关投标箱，工作人员只会将依期投递标书拆封及认证，并在文件案上纪录所收的标书，然后把获确认的标书正本送交招标部门评审。

**(六) 开标**

评标机构在预先确定的日期和时间，按规定的程序和方法将各竞投者密封的投标文件打开，按照评标标准逐一评定打分。对最后确定的中标者，会发出中标通知书。对未中标的投标者也会发出一封信，告知该标书不被接纳（即不中标），一般不须告知不中标原因，但近年来，政府在向不中标者发出信函时，亦会简要告知不中标者不中标的原因。

**(七) 评标办法**

各投标人递交的标书，经过审查、初步筛选之后，便开始正式评标。评标需要注意以下问题：

1. 评标依据

评标的根据是招标文件，评标过程必须符合招标文件的要求，尤其是评标的标准、程序、参与人等应基于招标文件的规定，不得采用招标文件规定以外的标准、程序进行评标。

2. 评标前的准备

评审标书的工作，在绝对保密情况下进行。招标部门一般会查看投标书内的资料是否齐备、技术性资料有没有含糊之处、是否载有附带条件、计算上是否有错误等。工务部门有明确内部指引说明遇到这类情况时的正确做法，保证公平对待所有投标者。在澄清上述疑点后及在有关规定容许下，招标部门会对投出最低价格的几家公司的标书作详细分析，然后根据投标价、投标者的技术和财政能力、以往表现等参考资料，向投标委员提交一份报告书，推荐某份标书或作出它议。一般情况下，招标部门会推荐出价最低而又符合招标文件要求的投标者。

3. 评标办法

在香港，政府公开招标（Open Tender），以评分高低确定中标承包商，通常得分最高者中标机会最大。

（1）房屋署工程评标办法

房屋署工程目前采用综合评分制，总分 100 分，标价与 PASS 分别占评分比例为 80%和 20%。具体评分计算办法如下：

$$80\times\frac{\text{最低标}}{\text{投标承包商标价}}+20\times\frac{\text{投标承包商的 PASS 得分}}{\text{投标承包商中 PASS 最高分}}=\text{投标者总得分}$$

PASS 是房屋署为了管理承包商，考核承包商的持续工作表现而制定的综合评分制度，是英文 Performance Assessment Score System 的简称。PASS 自 1990 年 9 月开始随房屋署的《综合评分投标制度》的实行而运行，至今已经十多年。PASS 主要针对各项目的表现来评分，根据不同施工阶段分三类评分：在建工程的季度评分，即将竣工项目的评分和维修保养期的评分（PASS 的详细内容和评分办法参见第四章工程项目管理）。

PASS 评分详细的实施，使得承包商竞争中，不但要比成本，也要比管理水平与综合能力。对于政府而言，PASS 评分对承包商的评价更客观，更全面，使工程的质量更有保证。对于承包商，PASS 表现的好坏直接决定着中标机会的大小。

香港现行评标办法中对下列类别的工程实行打分评标方法：

1）工程金额庞大或有较大社会影响的工程；

2）敏感性质工程或对公众安全或方便可能造成影响的工程；

3）工程性质不寻常的复杂或需要高度协调能力的工程；

4）需要特殊的工程技术或非一般的科技可以完成的工程；

5）工程进度紧迫的工程。

（2）评标规则

投标时，技术及经济标分开包装，一般情况下，技术标评审打分完毕后才可打开经济标。

打分人员中必须有三位政府专业级别以上的官员，打分员不可以来自同一部门。

技术标内的技术资源（人力及机械方案）及施工方案，是合同的一部分。中标后，如要修改这两个方案需要取得工程师的批准。若工程师认为这些修改可以节省施工成本，工程师会计算出省下来的成本数并从合同金额中扣除。

（3）具体评标办法

1）总分计算公式

$$60\times\frac{\text{最低标}}{\text{投标者标价}}+40\times\frac{\text{投标者技术得分}}{\text{众投标者中最高技术得分}}=\text{投标者总得分}$$

2）技术得分计算方法

以往工作经验

| | | 可得分 | 折合技术分 |
|---|---|---|---|
| 1 | 以往 5 年有关的工程合同，以证明投标者具有有关之合同管理经验 | 5～10 | 2～4 |
| 2 | 以往 5 年有关的工程合同，以证明投标者具有有关之技术经验 | 5～10 | 2～4 |
| 3 | 以往 5 年在香港获得的工程合同，以证明投标者具有有关之本土（香港）经验（适用于海外承包商） | 0～10 | 0～4 |

已往工作表现

| | | 可得分 | 折合技术分 |
|---|---|---|---|
| 1 | 工艺（Workmanship）以往5年成绩 | 5 | 2 |
| 2 | 进度（Progress）以往5年成绩 | 5 | 2 |
| 3 | 项目安全（Site safety）以往5年成绩 | 5 | 2 |
| 4 | 环保控制（Environmental control）以往5年成绩 | 5 | 2 |
| 5 | 一般责任（General Obligation）以往5年成绩 | 5 | 2 |
| 6 | 索赔态度（Attitude of claim）以往5年成绩 | 3 | 1 |
| 7 | 违例检控记录（包括入境、雇员、项目安全及环保法例）过去1年，每一项违例检控扣0.5分，直至扣至0分为止。 | 5 | 2 |

技术资源

| | | 可得分 | 折合技术分 |
|---|---|---|---|
| 1 | 管理层、技术员工资历 | 10 | 4 |
| 2 | 机械及设备 | 0～10 | 0～4 |

一般该项目满分为50%～70%。如投标者能提供更高专业的知识和更佳设备，进一步加强服务质量，则加分。

技术方案

| | | 可得分 | 折合技术分 |
|---|---|---|---|
| 1 | 包括项目技术示范，施工方案，项目质量计划，项目安全政策，使用环保产品及流程 | 30～40 | 12～16 |

该项目一般满分为50%～70%。如投标者提出施工方案能增加工程或对公众利益，并超出合同要求，会加分。例如，提出的新施工技术可大大减少意外发生机会、建筑噪声、废料产生、改善质量之施工方案。个别项目的得分亦不能少于这个项目满分的50%（不合格），否则这个标就不合于考虑。

3）暂停投标资格的规定

环境运输及工务局对承包商暂停投标资格的规定：

发生严重安全事故的承包商，将会暂停投标1～12个月：

- 同一项目连续6个月内安全违例5次或以上，该承包商将会暂停投标1～3个月或以上；
- 同一项目连续6个月内环保违例5次或以上，该承包商将会暂停投标1～3个月或以上；
- 同一公司12个月违犯人民入境事务条例超过两次，该承包商将会暂停投标6个月。

4）评分实例：

| 投标承包商 | 投标标价（百万元） | 技术得分 | 总分 | | | | |
| --- | --- | --- | --- | --- | --- | --- | --- |
| A | 120<br>（最低价） | 65 | 60× | 120/120 | ×40× | 65/80 | = 92.5 |
| B | 125 | 75 | 60× | 120/125 | +40× | 80/ | =95.1 |
| C | 130 | 80<br>（最高分） | 60× | 120/130 | +40× | 80/80 | =95.38 |

由上表计算可知，A 标价格最低，但由于技术得分也最低，最终总分并未取得最高分，而 C 标尽管价格最贵，但由于技术得分高，最终总分最高，中标机会最大。

投标委员会开会通过采纳某份标书后，便由招标部门发信通知中标者，并邀请该中标者与政府（一般由招标部门代表）签订合同。招标部门亦负责将结果通知不中标者。为了确保各参与投标者的商业机密资料不致外泄，有关部门将不会透露其他投标者的投标资料，否则就是违规。

香港特区政府亦会将合同中标者及中标价在宪报及互联网上公布，以示公平及公开。

**（八）私人工程招投标**

对于私人工程，政府不直接干涉发展商如何选择承包商，但是政府会通过一系列法律规例，由屋宇署（Buildings Department）监管其运作，从而保证其一切操作合乎法例要求。一般私人工程均会遵循政府工程的做法和程序。

根据香港《建筑物条例》及有关法例规定，屋宇署监管香港所有的私营建筑发展工程。

私人工程招标与政府工程招标形式基本相同，但通常会采用选择性招标形式。大型的私人发展商建立有自己经确认的承包商名册，他们从名册中挑选适合的承包商，向他们发出投标邀请。没有建立承包商名册的发展商，通常会在建造商会的承包商名册中挑选合资格者，发出投标邀请。

私人工程招标评标的程序与政府工程招标评标的过程也大致相同，但私人工程并不一定要公开开标。通常要经过几轮议价，利用承包商渴望中标的心态，使承包商之间相互压价，直至发展商满意为止。并不一定标价最低就中标。最后由老板决定把承包权交给谁，谁就中标，但最后一般仍是标价最低者中标。

**（九）签订合同**

当评标阶段的工作全部完成之后，招标者应在投标有效期内以书面形式（包括函件、电传或电报）向中标者发出中标通知书，通知接受其投标。中标承包商应以书面形式答复招标人，表示已接受其授标，并在规定的时间内进行合同谈判。招标者不得要求投标人承担招标文件中没有规定的义务或修改其招标文件内容为授标的条件。中标通知构成合同的成立，具有法律效力，对投标人和招标人均有约束力。同时，招标人要及时通知未中标人，并及时退回投标担保。

合同是承发包双方行为的准则，是受法律约束的法律行为，也是解决双方在合同执行过程中出现纠纷的惟一依据。

在国际工程建设招标与投标中，很多国家和国际组织，根据可靠而公认的商业和合同惯例，制定了一些标准合同条件。如英国土木工程师协会的《土木建筑工程一般合同条件》（General Conditioning of Contract for Works of Civil Engineering Construction, British Institute of Civil Engineering），简称 ICE 合同条件；美国建筑师协会（The American Institute of Architects）简称 AIA 合同条件；还有其他有关国际金融机构国际性的标准合同。各种不同的合同条件的差异，在于他们所遵循的不同法律体系（当前世界上的法律体系主要有：大陆法体系、习惯法体系和社会主义法体系等）。这些众多的合同条件中，使用最广泛、被公认为国际通用合同条件的，是由国际咨询工程师联合会（Federation International Des Ingenieurs Conseils）制定的合同条件，通称 FIDIC 合同条件。

FIDIC 土建工程合同条件与英国的 ICE 合同条件一样，有一个共同特点，即在合同执行过程中，设置了具有相对独立性的“工程师”（Engineer）。这里所指的工程师，不是一般意义上的工程师，而是顾问工程师。“工程师”有权根据合同规定作出决定，开具证明，发布命令。他一方面代表业主，在执行合同中对承包商实行监督。另一方面，在因业主原因或提出合同以外的要求而使承包商受到损失或增加工作量时，开具证明，给予补偿。从这个意义上看，“工程师”在业主与承包商之间为第三方。

香港是极具开放性的城市，世界上具有实力的建设财团都可以进入香港的建筑市场。香港长期受到英国管制的影响，其标准合同条件原则与 ICE 土建工程合同条件相同。但每一个工程项目都有它的特殊情况，一般都由顾问公司根据 ICE 工程合同条件的形式编写好特殊条款，提交合同双方谈判。

## 第六节 业主对工程建造的管理

在执行国际工程招投标法则的地区，工程建造管理实质上是业主（出资方，包含政府和私人投资者）的工程建造合同管理，核心内容是业主（含顾问工程师）指导、监察和控制参加该工程项目建造的主承包商和关键分包商，按合同规定完成全部工作内容的过程。

在香港，政府工程和私人工程的建造管理是一样的，原则上都是执行合同条款中各项管理规定。业主的工程建造管理主要有以下内容：

1. 组织建造工程项目的管理机构及订立工作内容
2. 工程进度的监控
3. 工程质量的监控
4. 工业安全、环保的监控
5. 成本控制
6. 工程档案管理

### 一、管理机构与工作内容

在项目实施过程中，业主以技术服务合同方式聘用经验丰富的咨询工程师（即顾问工程师，他是一个团体或公司，称作顾问公司，并不是一个人）代表其对项目实施监督管理。他们是合同管理的专家，同时拥有各专业的专家，可以处理各类技术问题和管理上的问题。

不论是政府工程或私人工程，建造管理一般都是委托给顾问公司去做，楼宇工程一般委托给一个有经验的建筑师或称作建筑师楼去做，业主不会直接管理。业主只是控制投资费用、功能要求和与政府部门的整体协调。建筑师楼代表着业主的利益，与承包商协调，其权力很大。他们往往从项目立项开始就参与工作，直至设计招标、施工招标和最后的工程结算。每个工程项目配备的管理人员比较齐，力量也比较强。

图 1-8 是一个典型的重建上盖工程项目政府派驻项目的管理组织机构图。

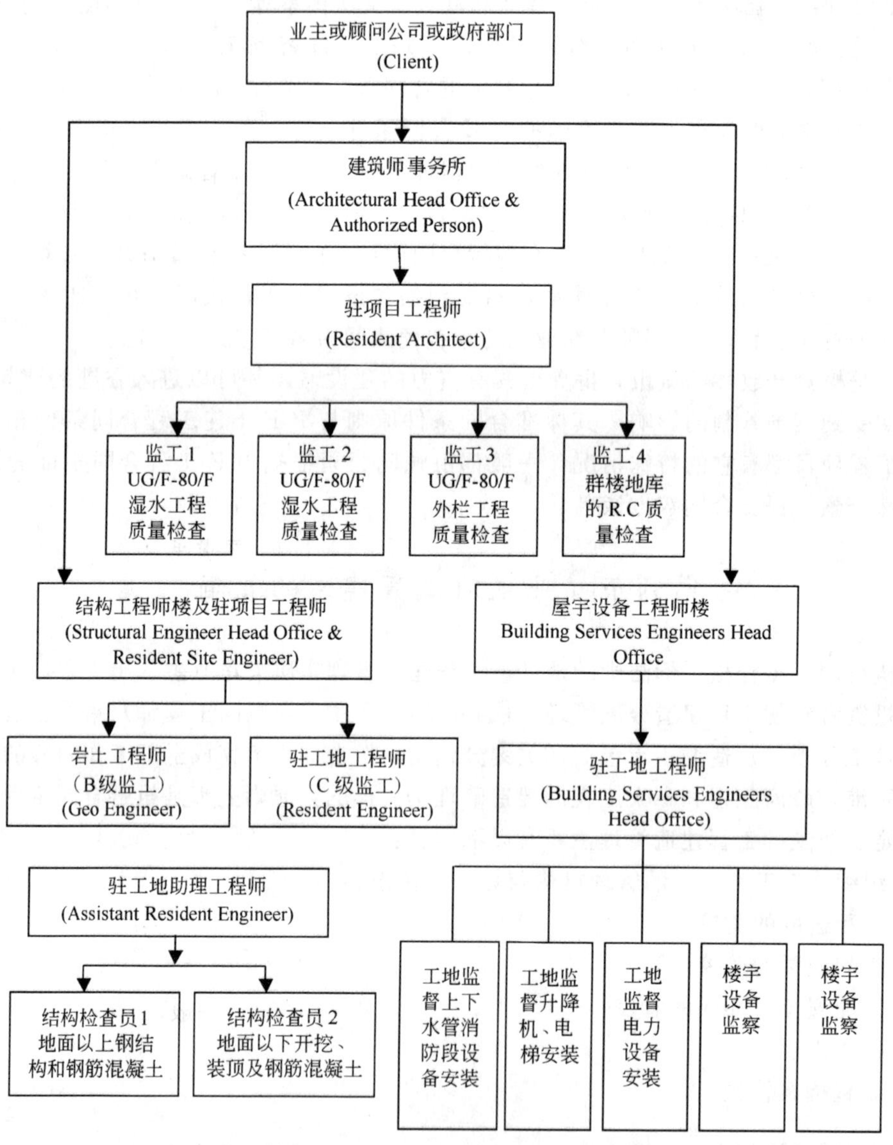


图 1-8 业主项目管理组织机构图（楼宇上盖工程）

香港是一个国际性的开放市场，工程建设管理原则基本遵守 FIDIC 合同条件进行管理。在土木工程的建造过程中，业主多数是聘请具有法人地位的专业顾问工程公司全权管理工程。凡是在施工中有关进度、质量、费用方面的一切信息，都需要在监理过程中进行采集、储存和处理。在组织机构的建立上，采取多层次的组织机构，根据工程监理工作的性质和条件，明确各层次机构及其人员的职责，实行不同层次的监督和管理。做到分工明确，层层把关，确保按合同规定完成工程项目。

在工程项目管理过程所称谓的工程师是工程顾问公司的简称，它的层次划分比较细，在实际工程项目中，根据实际情况，采用相应的顾问工程师组织管理模式，派驻不同层次的工程师。通常对工程规模较小、管理简单的工程，采用二个层次的组织机构模式；对规模大、技术要求比较复杂或涉及较大空间的工程，采用三级组织机构的模式。

**二、工程进度的监控**

1. 要求承包商在工程开工前提交进度计划

工程师在发出中标函后，承包商应在合同规定的时间内向工程师提交一份可行的工程进度计划供其审批。该进度计划是进行以下工作的基础：

(1) 材料、设备的采购与供应；

(2) 工程师监督工程进度；

(3) 工程师安排提供图纸、发布指示等；

(4) 确定提交指定分包合同的时间；

(5) 协调承包商与其他各方的关系等；

(6) 日后对索赔及工期延长要求的评估标准。

2. 施工过程中实行计划监控

工程正式开工前，工程师会发出书面开工指示，同时，会要求承包商呈报每周、每两周和每月的工程进度情况和工程进度照片，以及下一步的详细安排。有些工程还会要求承包商提交日报告，详细报告工地上每天发生的所有变化，包括各单项工程完成的实物数量，形象进度、材料设备进场情况、发生的阻碍进度的各种不利因素等。

要求承包商将收集到的进度资料进行整理分析，再根据工程师的要求，编写出下周进度报告，由承包商的经理签字后，呈交给工程师和业主。

当工程师对进度报告审阅后，可能对报告的某些内容进行修改，如果对某一具体工作内容、时间安排等作一些调整，会将修改信息传送给相关人员，但这种修改须经承包商同意。

3. 召开各种现场会议，协调工程进度

在工程进展过程，现场工程师会召开各类协调会议，其中主要的是工程进度会议(Progress Meeting)。进度会议的频密主要看工程的进展情况。一般情况下，工程师召开的进度会为每个月一次。但当工程进入高峰期或进度矛盾比较多时，进度协调会议的次数会增加，有时候是一周一次。

进度会议一般涉及到下列内容：检查上次现场会议纪要的执行情况，制订新的短期工程进度计划；检查承包商进入现场的各类资源，包括到达现场的施工人员、机械设备和材料状况、技术支持情况等；与有关各部门的协调事宜；下次会议召开的时间以及其他需要解决的问题。

4. 利用延期罚款的合同条款促使承包商按期完工

几乎在所有工程承包合同中，都有延期罚款的条款，并有延期罚款的详细规定。

工程进度延期的原因很多，有的是承包商内部施工组织不好，设备材料供应不及时造成工程延误。有的是由于业主、工程师或其他客观因素造成的工程延期。也有的是由于承包商、工程师、业主或某些客观因素共同作用产生的工程延期。

合同中延期罚款的数额都是很高的，一般都是在每延误一天，罚款10万港元以上。因此，工程师会利用这些条款警告承包商不至于工程延误。同时，工程师和业主会共同消除非承包商原因造成工程延期，以免被承包商索赔。

## 三、工程质量的监控

香港在工程建造时，政府工程由业主派出驻地工程师监控，私人工程是由顾问公司派人驻现场对工程质量实施监督。其监控办法有以下几种形式：

1. 主要材料实行样品报送制度

工程开工后，驻地工程师会提出需要报送样品的材料清单。有的工程项目在合同上就有规定报送样品的材料清单，承包商必须在使用这种材料前把样品送交给驻地工程师审批。有的重要材料尚需顾问公司来审批。未经审批的材料是不得用于工程中去的。

这些被批准使用的材料样品被陈列在一间专门的样品房内。在施工过程中，驻地工程师会不时地抽查现场材料与陈列室中的样品相对照，保证承包商使用的材料符合要求。

2. 房屋工程实行样板房制度

不论是政府房屋，还是私人楼宇，当主体工程进行到一定程度后，业主会要求承包商对有关分项工程进行先装修（如一套房间，一座挡土墙等），作为样板。样板的作用主要观察承包商的装修水平和施工质量，为以后大批量装修和材料质量验收时用作参照物和标准。同时也为业主对工程项目提供宣传材料。

样板的质量控制非常严格，业主与承包商都会从自身利益出发去掌握样板的标准、尺度，以利己方。

3. 实行独立第三方检验制度

工地上的材质检验是委托给几家在政府注册的检验机构去完成，任何一家施工企业都不设立材料试验室，因为自己给自己作检验是不会被批准的，也是无效的。材料检验的样品都是由注册检验机构派专人到现场按规范要求取样，力求做到独立、正确、公正。

其他隐蔽工程都是经现场的驻地工程师检查验收通过后，签注必要的检查验收表格。没有经过驻地工程师验收的隐蔽工程是绝对不能覆盖的，前一道工序未经验收，承包商绝对不可以进行下一道工序。一定要驻地工程师同意，才能进行下一道工序。

在施工过程中，驻地工程师严格按照ISO 9002系列标准和合同规定的其他质量标准，对施工质量进行检查。在承包商提出申请时，对承包商的已完工程进行质量验收，包括阶段性验收和整个工程的竣工验收，对合格的工程签字认可。

4. 工程验收标准把关

建筑工程验收，实际上是对承包商施工质量的一次整体检验，真正的工程质量验收是在整个施工过程中不断地进行着。在香港，对工程质量的验收并不评定“优良”、“合格”等级，只是严格遵循合同所规定的设计规范、施工规范及各类标准所指明的必须达到的要求进行检查验收。在每道施工程序中，如果检查发现有单项工程达不到“规范”、“标准”的要求，驻项目工程师会要求承包商返工处理，直至达到要求，才能继续进行下道工序。可以说建筑物能够一步一步做到完工，前面各道工序的工程质量一定会符合要求的。

建筑工程类别的不同，验收的程序也有所不同。就是同类建筑物，建设工程内所包含的工程项目不同，验收的程序也有所不同。同一个单位工程，由于业主的需要不同，合同要求承包商按不同部位分期分批交工和验收。一般楼宇工程的裙楼部分，业主为了尽快发挥投资效果，通常要求先行交工。一般的土木工程中，急于缓解交通紧张状况的停车场或局部道路，或紧急缓解排洪工程的部分区段往往会被业主要求先行交工投入使用。但验收的基本方法和原则是相同的。

根据合同要求，不同的工程验收前具备的条件也有所不同，不能用一个统一模式去概括，一切都要根据合同要求行事。

5. 缺陷修补索赔威慑促进质量改善

缺陷修补索赔是业主对承包商的工程质量不满意，保护投资方利益的一种手段。

一般情况下，工程交工验收后就可以投入使用，合同中都有保养期一年的条款，以便施工质量缺陷在使用时得到发现。一旦因承包商的问题而发生的质量缺陷，虽经修复后，仍给日后使用带来难于克服的缺陷，业主会向承包商提出索赔。

因此，现场的驻地工程师在特殊情况下会利用这种条款向承包商提出警告，保留索赔的权利。其最终目的是期望承包商能够按时保质保量完成施工项目。所以，一般情况下业主很少获得承包商的赔偿。

## 四、工业安全、环保的监控

在香港，建筑工业安全和环保条例和法规几乎对业主没有什么约束。在以往的案例中，由于发生安全事故和损坏施工周围环境而受惩罚的极少涉及到业主，受惩罚的总是承包商。但业主在以下几方面负有责任：

建筑物规划设计时，必须考虑该建筑物对周边环境的影响，其设计必须得到城市规划部门和环境保护部门的审批。

在与承包商签订合同时必须订明详细要求的条款，这些条款都是政府有关部门对建筑行业的监管条例。认真审查承包商投标方案中有关安全、环保的计划和措施是否足够。

为该项工程建设提供足够的资源，包括资金和安全、健康必备的物资用品。

检查督促承包商严格执行安全、环保计划中订立的有关措施，协调处理周边危及现场施工安全的环境因素。例如现场周边存有滑坡危害时业主或被委托的顾问公司会出面与政府有关部门交涉，要求尽快处理；地基挖掘时发现有危害人体健康的化学气体或液体管道时，业主或被委托的顾问公司出面与有关方面协商防泄漏措施等。

施工现场的施工安全和施工环境保护工作，主要靠承包商熟悉当地政府的有关要求，切实做好各项安全和环境保护措施。另外一方面靠香港政府的劳工处与环保署不定期和定期检查督促，以及政府制订的一套严厉的惩罚制度来威慑承包商循规蹈矩，遵守政府制订的各项规例。

## 五、成本控制

成本控制是业主及顾问公司在工程项目中最关键的管理工作，一般都会花费较大力量去管理工程数量核实和各种款项支付的审核。

## (一) 工程款支付形式及审核

工程款的支付形式比较灵活，一般都在合同中有明确规定。目前常用的形式是中间支付、竣工支付和最终支付，有些项目业主在招标书中仍规定有预付款，但香港这种情况较少发生。

1. 预付款

预付款是业主支付给承包商用于施工准备的费用。该笔款额由业主在投标书附录中注明，或由承包商在投标时，根据业主在招标文件中规定的预付款的额度范围（一般为合同价格的5%～20%）和承包商本身的资金情况，在投标书附录中填入的金额。预付款可分为动员预付款和材料设备预付款。

(1) 动员预付款

一般在承包商已向业主提交获其认可的履约保证书和全部预付款付款价值的银行保函后，由工程师开具证书支付给承包商。

动员预付款是业主暂付给承包商的一笔费用，当承包商已实施的工程累计金额达到一定的额度后（一般为合同总价的20%），以冲账方式由业主从支付给承包商的款项中采取按月均摊的方法予以扣回，均摊期限从开始扣回预付款的月份至合同期满前至少3个月。除特殊工程和特殊情况外，香港地区较少采用此类支付方式。

(2) 材料设备预付款

按照一般合同条件规定，业主只对承包商运到现场并拟用于永久工程上的材料和设备支付材料设备预付款，对于尚未运至现场的承包商定购的材料和设备，或者运至现场，但不是用于永久工程上的材料和设备，则不予支付预付款。

2. 中间支付

承包商应在每个月末按工程师指定的格式提交月报表，月报表内容包括截止时间之前工程的实际完成进度，工程数量和工程款额数等，工程师审核并证明到期应支付给承包商的付款金额，并开具中间支付证书；中间支付证书送交业主；业主在合同规定的时间内予以支付。

3. 里程碑支付（Milestone）

一些大型工程和工期要求紧迫的工程，业主在招标文件中规定在限定的时间内完成限定的工程项目和工程内容后，方可支付所需之工程款项；如承包商拖延一天，这一段里程碑之全部款项将不会支付，要待下一个里程碑时间时，如果承包商下一个里程碑和上一个里程碑之全部工程项目和工程内容均完成，则业主会将两个里程碑之全部款项一同支付。这种支付方式，承包商会垫付大量的流动资金，造成承包商较大的资金压力。

4. 竣工支付

工程全部竣工后，业主（或顾问工程公司）应向承包商发出一封完工证明书（俗称完工纸），之后，承包商须向工程师呈交一份竣工报表；工程师在收到承包商的竣工报表后，向业主提交竣工支付证书；业主在合同规定的时间内予以支付。

5. 最终支付

工程竣工并交付使用后，业主提出一份详细的维修项目和未完项目（但暂不影响使用功能）清单（Project List），承包商在规定的时间内全部维修完毕后业主会向承包商发一封信确认，之后承包商应向工程师提交一份最终报表草案。

承包商根据工程师的要求对最终报表草案进行修改和补充，在与工程师达成一致意见后，编制最终报表，并提交给工程师，同时向业主提交一份书面结清单，一份副本呈交工程师；在接到最终报表和书面结清单后，工程师向业主递交最终支付证书；业主在收到工程师开出最终支付证书后（在合同规定的时间内）予以支付。

6. 保留金（Retention Money）

保留金主要作用是确保承包商在工程项目竣工交付用后的保养期（一般为一年）内，履行其合同义务，业主从每月支付给承包商的款项中扣留10%（在投标书附件中注明该百分比），直到累计扣留的金额达到合同总价的5%（在投标书附件中规定保留金的限额）为止。在合同中规定的保养期届满而业主未提异议的情况下，业主应依照合同规定全数退回所扣全部保留金给承包商。

**(二) 工程数量核实**

合同中对各个工程单项规定计量方法主要是考虑在承包商已完成一定工程量后，及时向承包商支付工程款，维护承包商的利益。

1. 形象图法

该方法是一种现场测量法，以图讲话，即对一些难以用文字表达的计量，可用简单图形加简要文字，说明工程的某些部位如何进行计量。该方法简单明了，不易产生文字上的理解错误。如开挖土方量，其断面是按矩形，还是按梯形，可用图简单说明。但土石方工程最后会用环切面积计算（Cross－Section Area Method）和三角网计算法（Triangulation Method）对工程量作详细计算。随着科学技术进步，现在都使用 Geocom 软件计量了。

2. 设计图纸法

设计图纸法是根据设计图纸进行计量。如混凝土的体积、钢筋的长度、钻孔桩的桩长应按设计图纸进行计量。

3. 分解计量法

一般合同条件相关条款规定 ：“承包商应在接到中标函后将包含在投标书中的每一包干项目的分项表提交给工程师批准。”

按支付惯例，应在承包商完成该项目后，才能进行支付。但一个大的包干专案往往不能在一个月内完成，而需要几个月，甚至半年的时间才能完成，这样承包商就不能及时得到支付，可能会产生流动资金不足而影响施工。因此，该条款不仅是为了掌握承包商包干项目的进度，更重要的是为了将包干项目按承包商每月实际情况分几次支付给承包商。

包干项目分项要考虑便于进度控制和支付，一般是根据其施工工序和施工部位分解为若干子项，按月对完成的子项分别予以支付。

4. 分摊法

分摊法是将工程量表中某些项目的价格，按合同工期分摊到每个月进行计量。这些项目都有一个共同的特点，即项目的费用在合同工期内每月都有发生，作为一个包干项目列入工程量表中，承包商填写包干价格。此方法又可细分为平均分摊法和非平均分摊法。

(1) 平均分摊法

如果某- 工作项目每月工作量基本均衡，发生的费用几乎相同，则可将该项目的总费用平均分摊到合同工期内的每个月进行计量。如某高速公路项目，工程量表中单列“保养、清洁办公室和住宅设施”，承包商填写包干价格，可采用平均分摊法进行计量。

(2) 非平均分摊法

如果某一工作项目每月都发生费用，但每月发生的费用金额差别较大，这种情况下，双方可根据实际情况，商定每月支付的金额。

5. 凭据法

某些工作项目，按合同条件的规定，要求承包商出示该项目所发生费用的凭据，依凭据进行计量支付。

6. 估价法

一般用于购买仪器、设备或交通工具的工作项目。其在工程量表中，是按项包干计价。在该项中，所需购买仪器、设备或交通工具的数量较大，加之施工环境的制约，很难一次购齐，则可根据承包商完成该工作项目的具体情况以及该项目的总价，按当时的市场价格估算承包商所完成的数量占总量的百分比，按此百分比将完成部分的款项支付给承包商。

7. 综合法

综合法是指工程量表中的某些项目，同时采用上述两种以上的方法进行综合计量。

8. 工程计量程序

(1) 计量通知

工程师要求对工程的任何部位进行计量，适时通知承包商的授权代理人进行计量的工程部位和时间安排。

(2) 计量

承包商在收到工程师发出的计量通知后，应立即参加工程师主持进行计量工作并提供工程师所要求的一切资料。在某些情况下，也可由承包商在工程师的监督下进行计量。如果承包商未参加计量，则以工师进行的或由他批准的计量作为该工程的正确计量结果。

(3) 记录和图纸的审查

工程师和承包商在完成计量后，双方应在准备好的计量记录和图纸上签字认可。如承包商参加计量，则在工程师提出要求时，承包商应参加记录和图纸的审查，并在双方达成一致意见后，在其上签字认可。如果承包商审查后认为记录和图纸有误，则应在上述审查后向工程师提出申诉，工程师应根据承包商的申诉内容进行复查，或予以确认或予以修改。如果承包商在审查后，既不签字认可，又未提出申诉，则上述记录和图纸将被视为承包商默认是正确的，并据此对承包商进行支付。

这里所提及的各种工程数量的计算方法是指工程师在施工过程中向承包商中间支付的一种数量审核暂定办法，而不是工程量的计算方法，香港的各类工程项目的工程数量计算，是按“香港工程师学会”和“测量学会”颁发的工程量计量法则进行。

**(三) 工程变更管理**

任何工程项目在实施过程中由于受到多种外界因素的干扰，都会发生程度不同的变更，它无法事先作出具体预测，而在开工后，又无法避免。因此，变更管理在合同管理中就显得尤为重要。各种标准合同条件，对变更均作出明确规定。

变更包括两方面的含义；工程变更和合同内容变更。如果工程师认为有必要对工程或其中任何部分的形式、质量或数量作出任何变更，他应有权指示承包商进行而承包商也应进行变更工作。因此，工程或其中任何部分的形式、质量或数量上的变化，均应视为变更。构成变更的前提条件是工程师必须为变更的内容发出书面变更指示，否则，不能视为变更。

无论在口头，还是在书面交流中，人们将“变更”称为“工程变更”，但在理解上，应包括上述两方面含义。

1. 工程变更原因

工程变更产生的原因通常有以下几点：

(1) 施工条件的变化

经常是出现不利的自然条件，导致施工现场条件恶化，无法按原方案施工。

(2) 工程范围发生变化

经常是根据业主的要求增加或删减某些项目、改变质量标准等导致原工程范围发生较大变化。

(3) 设计原因

由于设计考虑不周，不能满足工程施工或业主的需要，或发现设计错误等。

(4) 合同文件缺陷

合同文件本身缺陷，导致合同变更。如招标文件中提供的资料有缺陷。

(5) 法律、法规变化

由于工程项目所在地的法律、法规引起的变更。合同修改的方式是由工程师发布工程变更令。由于是合同文件的变更，故业主和承包商又签订补充协议书，明确说明变更的内容和费用承担。

2. 工程变更引起的问题

工程变更导致的直接结果是工程项目费用的增减和工期的变化。由于工程变更的不可预见性，因此对工程变更进行控制是非常困难的。承包商往往将工程变更视为向业主索赔费用和工期的大好机会，在实施项目过程中，只要发生与原合同不符的工作内容，都想方设法让工程师发布变更指示，使索赔合法化。而业主希望在满足设计和功能要求的前提下，使变更的范围缩小到最低限度，以减少其投资。业主和承包商在主观愿望上，背道而驰，这就增大了变更管理的难度，有时会对项目的实施产生不利影响。

3. 处理工程变更的方式和程序

(1) 工程变更的方式

工程的任何变更都必须获得工程师的批准，工程师有权要求承包商进行其认为是适当的任何变更工作，承包商必须执行工程师为此发出的书面变更指示。工程师可以由于某种原因以口头形式发出变更指示，承包商应遵守该指示，并在合同规定的期限内要求工程师书面确认其口头指示，否则，承包商可能会得不到因工程变更而应得到的支付。

(2) 工程变更程序

1) 提出工程变更

顾问工程师、业主和承包商均可提出工程变更请求。工程师提出变更多数是发现设计中的不足或错误。变更工程的设计由工程师承担，有时也指令承包商完成。

承包商提出的工程变更主要是考虑便于施工，同时也考虑在满足项目相同功能要求的前提下，降低工程费用，缩短工期（业主易于接受缩短工期的请求）。承包商提出变更时，除说明变更原因，尚需提交变更后的设计图纸和相应的计算书。

业主提出工程变更，则常常是为了满足使用上的要求。业主提出的变更同样需要说明变更原因，提交设计图纸和有关计算书。

2）审查和批准工程变更

对工程的任何变更，顾问工程师必须与项目业主进行充分的协商，最后由工程师发出书面变更指示。项目业主可以委任顾问工程师一定的批准工程变更的权限，一般是规定工程变更的费用额），在此权限内，工程师可自主批准工程变更，超出此权限则须由业主批准。

顾问工程师批准工程变更的原则如下：

- 变更后的工程不能降低使用标准；
- 变更项目在技术上可行；
- 变更后的工程费用业主可以接受；
- 变更后的施工工艺不宜复杂，且对总工期的影响保持在最低限度。

编制工程变更文件，发布工程变更指示应包括以下文件：

- 工程变更指示；
- 工程变更指示的附件，包括工程量表、工程变更设计图和其他实施变更工作有关的文件等。

承包商向工程师发出对变更工作索取额外支付的意向通知，这是进行估价的先决条件，必须在发出下列通知之一后，进行变更工作的估价，否则不予估价。

- 由承包商将其对变更工作索取额外付款或变更费率或价格的意图通知工程师。承包商在收到工程师签发的变更指示时，会在指示规定的时间内，向工程师发出该通知，否则承包商将被认为自动放弃调整合同价款的权利。
- 由工程师将其改变费率或价格的意图通知承包商。工程师改变费率或价格的意图，可在签发的变更指示中进行说明，也可单独向承包商发出此意向通知。

3）变更工作的估价

变更工作的估价，即确定费率和价格，其程序如下。

- 如工程师认为适当，会以合同中规定的费率和价格进行估价。
- 如合同中未包括适用于该变更工作的费率和价格，则会在合理的范围内使用合同中的费率和价格作为估价的基础。
- 如工程师认为合同中没有适用于该变更工作的费率和价格，则工程师需与业主和承包商进行适当的协商后，由工程师和承包商议定合适的费率和价格。
- 如未能达成一致意见，则工程师应确定他认为适当的另外的费率和价格，并相应地通知承包商，同时将一份副本呈交业主。

上述费率和价格在同意或决定之前，工程师应确定暂行费率和价格以便有可能作为暂付款，包含在当月发出的证书中。

当合同中规定以多于一种的货币进行支付时，应说明以不同货币进行支付的比例。

4）变更费用支付

如果承包商已按工程师的指示实施变更工作，工程师应将已完成的变更工作或已部分完成的变更工作的费用，加入合同总价中，同时列入当月的支付证书中支付给承包商。

**(四) 工程建造索赔管理**

1. 索赔的原因

建设项目由于本身的特点，使其在实施过程中，受到多种因素的干扰，如水文地质条件、政策法规变化、人为干扰等，其中人的干扰最多。这些干扰因素导致制定的计划与实际差别较大，增加了工程建造的风险性。

承包商承揽工程项目，其目的是为了获取利润，维持其生存和发展，但其履约行为又受到合同的制约。承包商为了达到盈利目的，就必然采取合法的途径，在费用超支时，利用合同中可以引用的条款提出索赔，以保护自己的利益。因此，在国际工程承包活动中，随时可能发生各种难以预料的索赔情况。其主要原因如下：

(1) 施工条件变化

在工程施工中，尽管在开始施工前承包商已分析了地质勘察资料，并且也进行了现场实地考察，但对于施工现场条件，尤其是现场地质条件，很难准确无误地发现全部的问题，而这些问题一但出现，会对合同价格和合同工期产生较大影响。经常遇到的施工条件变化包括：

不利的外界障碍和条件，如无法合理预见的地下水、地质断层等，发现化石、古迹等；发生不可抗力事件，如洪水、地震等自然灾害。

(2) 工程师方面的原因

工程师在实施项目过程中，利用施工承包合同及咨询服务合同赋予他的权力，承担监督和服务的角色。他一面监督承包商按合同规定实施项目，同时需要在各方面协助承包商顺利完成项目。因此，工程师的言行，也是承包商提出索赔的主要原因。

工程师未能按时向承包商提供施工所需图纸。

工程师提供不正确的数据。

工程师的指示：如指示承包商进行合同规定之外的勘探、试验、剥落，指示暂停施工等。

工程变更：与工程相关的变更工作必须在工程师发布变更指示后马上实施。

(3) 业主方面的原因

1) 业主的风险，如战争、叛乱、暴乱等；

2) 业主未能提供施工所需的足够大的现场；

3) 业主违约，如没有及时向承包商支付已完成工程的款项，或因某种原因提出中止合同等。

(4) 合同本身的原因

1) 合同论述含糊不清；

2) 合同原来没有规定为其他承包商提供服务，突然要求提供新的与工程有关的服务；

3) 合同工程量增减，造成施工方法更改。

2. 工程索赔依据

承包商或业主提出索赔，必须出示具有一定说服力的索赔依据，这也是决定索赔是否成功的关键因素。索赔的一般依据有以下几方面。

（1）构成合同的原始文件

构成合同的文件一般包括合同协议书、中标函、投标书、合同条件第二部分、合同条件第一部分、规范、图纸以及标价的工程量清单。

合同的原始文件是承包商投标报价的基础，承包商在投标书中对合同中涉及费用的内容均进行了详细的计算分析，是施工索赔的主要依据。

承包商提出施工索赔时，必须明确说明所依据的具体合同条款。

（2）工程师的指示

工程师在施工过程中根据具体情况随时发布一些书面或口头指示，承包商执行了工程师的指示，有权获得执行该指示而发生的额外费用。但承包商必须在合同规定的时间内，以书面形式要求工程师确认其口头指示，否则，将视为承包商自动放弃索赔权利。工程师的书面指示是索赔的有力证据。

（3）来往函件

合同实施期间，参与项目各方会有大量往来函件，涉及的内容多，范围广。但最多的还是工程技术问题，这些函件是承包商与业主进行费用结算和向业主提出索赔的基础资料。

（4）会议记录

从签订施工承包合同开始，各方会定期或不定期的召开会议，商讨解决合同实施中的有关问题，工程师在每次会议后，应向各方送发会议纪要。会议纪要的内容涉及很多敏感性问题，各方均需核签。

（5）施工现场记录

施工现场记录包括施工日志、施工质量检查验收记录、施工设备记录、现场人员记录、进料记录以及附有形象进度照片的施工进度记录等。施工质量检查验收记录要有工程师或工程师授权的相应人员签字。

（6）工程财务记录

在施工索赔中，承包商的财务记录非常重要，尤其在索赔是按发生的实际费用计算时，更是如此。因此承包商要记录工程进度款支付情况、各种进料单据以及各种工程开支收据等。

（7）现场气象记录

在施工时，如果遇到恶劣的气候条件，除提供施工现场的气象记录外，承包商还应向业主提供政府气象部门对恶劣气候的证明文件。

（8）市场资讯资料

市场资讯资料主要收集国际工程市场劳务、施工材料的价格变化资料，外汇汇率变化资料等。

（9）政策法令文件

工程项目在施工期间政策法令变化，可能给承包商带来益处，也可能带来损失。承包商会收集这方面的资料，及时提出索赔。

3. 索赔程序

香港的公共工程为承包商提供了一个公平合理的索赔处理方式。欲向对方索取费用和工期补偿，都必须遵守该索赔程序，否则将不会得到任何补偿。该程序对索赔的通知和证明均有时间限制，并要求保持同期记录。具体的索赔程序如下。

(1) 提出索赔意向通知

凡是由于业主或工程师方面的原因，或由于其他非承包商原因，造成工程范围或工程量的变化，引起工程拖期或费用增加时，承包商均有权提出索赔，但应在合同规定的时间内，向工程师发出索赔意向通知。

一般情况下，当出现索赔事件时，承包商应在引起索赔的事件第一次发生之后的28天内，将其索赔意向通知工程师，并送业主一份副本。同时承包商应继续施工，并保持同期记录。为了提高索赔的成功率，承包商应主动请工程师检查索赔事件发生时的同期记录，并请工程师说明是否需作其他记录。

承包商应允许工程师审查所有与索赔事件有关的同期记录，工程师有权要求提供同期记录的副本。

(2) 报送索赔资料

承包商应在发生索赔事件后，尽快准备索赔资料，在向工程师发出索赔通知后的28天内，向工程师报送索赔资料，或在工程师同意的合理时间内，向工程师报送一份索赔报告，说明索赔款额和索赔的依据。

如果索赔事件具有连续性影响，承包商的上述报告将被认为是第一次临时详细报告，并每隔28天或按工程师合理要求的时间间隔，提交进一步的临时详细报告，说明索赔的累计总额和本期索赔款额和依据。承包商在索赔事件所产生的影响结束后28天内向工程师发出一份最终详细报告，说明索赔的最终总额、工期延长的天数和全部的索赔依据。

(3) 索赔报告编写

承包商的索赔可分为工期索赔和费用索赔，一般地，应分别编写和报送一个完整的索赔报告应包括如下内容：

总论部分，概括地叙述索赔事项，包括事件发生的具体时间、地点、原因和产生持续影响的时间。

合同论述部分，主要说明是依据合同条件中的哪些条款提出该项索赔。

索赔款额和（或）工期延长的计算论证。

证据部分，包括收据、发票和照片等。

(4) 索赔处理

工程施工索赔的处理惯例。工程师收到承包商发出的索赔通知后，在不必承认业主责任的情况下，应马上审查承包商的同期记录，并要求承包商补充必要的资料。同时，工程师论证索赔原因、索赔依据、索赔款额和应给予的工期延长，并与业主和承包商进行适当协商，作出索赔事项的处理决定。

对于有连续性影响的索赔事件，工程师在收到承包商提交的临时详情报告后，作出临时延期和临时支付索赔款的决定。在收到最终详情报告，经核实全部情况后，工程师与业主和承包商进行协商，对该索赔事件所需延长的全部工期和应支付的费用作出最终决定。

如果承包商提供的索赔报告可使工程师确定应付的全部或部分金额时，则工程师在当月的中间支付证书中应包括承包商已证明的全部或部分索赔款额。

如果承包商不满意工程师对索赔的处理决定，则采取下列方法之一对工程师的决定作出反应：

向工程师发出对该索赔事件保留继续进行索赔权利的意向通知，等到颁发整个工程的移交证书后，在提交的竣工报表中作出进一步的索赔。或在合同规定的时间内进行友好协商解决或提交仲裁。

（索赔的过程、方法、策略请参阅本书第四、五章）

# 第二章 国际建筑企业的运作及管理模式

国际企业通常是指那些跨国界的巨型企业，它是一种将母国市场、东道国市场和公司下属单位之间的国际交换体系这三个经济空间一统于总部麾下的企业。国际企业通过对这三种经济体系的控制和经营多样化的发展，完成了企业史上的一次飞跃。它不再是传统概念中那种微观经济系统中某一行业的孤立实体，而成为一个个横贯宏观、中观、微观经济领域之间，并在其中发挥作用、不断渗透的独立王国。

建筑行业虽然是传统行业，但是随着全球经济一体化进程的发展，随着国家与国家、经济体与经济体之间的联系更加紧密，国际建筑企业也就随之不断的发展壮大。而且随着现代化的进程，企业管理的地位越来越重要，作用越来越大。事实证明，凡有人群活动的地方，就必须有管理。多数人在一起活动，如果没有协调、配合、控制，就无法有序地进行企业经济活动，也不能彼此正常地生活。社会越进步，管理也显得越重要。现代企业管理的概念可以简要概括为“产权清晰、权责明确、政企分开、管理科学”十六个字。中国加入 WTO 之后，国内的建筑市场将逐步对外开放，国内市场也是国际市场，参与国际大市场的自由竞争将是必然，入世给中国企业带来更多的市场准入机会，但是对境内工程的自由竞争，无疑对企业将是很大的挑战。中国建筑企业的产业竞争力与国际先进水平比较，仍然存在一定的差距，要在国际市场中参与竞争，就需要对国际建筑企业的运作和管理有一定的了解。本章我们将就国际建筑企业的运作、管理的一些基本内容进行介绍，主要将从企业规模设置、企业管理模式、企业组织机构、企业基本制度、企业的管理运作体系、企业运作调控及预警机制、核心竞争力和企业文化等几个不同的方面来分析。

## 第一节 企业的规模设置

建筑企业是商品经济条件下建筑劳动者与生产资料相结合的主要形式，是建筑生产力与建筑技术发展进步的重要力量，是构成建筑业主体的重要组成部分，也是组成现代国民经济的基本单位。

所谓建筑企业的规模，是指企业的经济规模，也就是企业生产或经营的规模，企业规模的大小是生产力诸要素（劳动力、固定资产和劳动资源）在一个生产经营单位集中程度的反映。划分企业规模，在国际上通常使用划分为大、中、小三类企业的粗分类法。一般以职工人数、营业收入、固定资产进行分类，或采用综合指标。另外，往往视不同需要，如学者研究，或政府管理、征税、保险等，对企业规模的分类指标作不同的划分或归并。划分企业规模的标准，在不同的国家、部门和行业，不同的时期，具体标准有所不同。

### 一、建筑企业规模的标准

反映建筑企业生产和经营规模的指标有：建筑安装工作量、建筑安装工程量、竣工面积、固定资产原值或净值、劳动力数量或职工人数等。这些指标可以分为两类：一类是直接指标，表示企业的生产能力，如建筑安装工作量、建筑安装工程量、竣工面积等；另一类是间接指标，如职工人数和固定资产原值或净值，它反映企业占有生产要素的程度。采用直接指标，在企业类型相同或相仿，任务来源相近的情况下，能比较准确地反映企业的规模，能避免以职工人数指标衡量企业规模产生的弊病。但由于以产出的使用价值做标准，使得工程结构和建筑体系等对反映企业的规模有较大影响，往往由于承担工程的类型不同使同类型企业之间也缺乏可比性。另外，建筑企业实际实现的生产能力总是在不断变化的，与可能的生产能力相比有时差异较大，这也是直接指标的不足之处。在采用间接指标时，若仅仅采用职工人数指标，不能反映固定资产的占用程度，也不能正确反映企业的生产能力。而随着生产力的不断发展，技术装备对企业生产能力的意义显然日益重要，但若仅仅采用固定资产指标，则不能体现建筑生产活动消耗比例大的特点。当然，也可以考虑把职工人数和固定资产占用量两个指标结合起来作为划分建筑企业规模的标准。另外，还可以把直接指标和间接指标综合起来，采用两个以上的指标来衡量建筑企业的规模。但采用两个以上指标时，有可能产生对立的结论，例如，用生产能力衡量某建筑企业可能是大型企业，而用职工人数衡量则可能是中型企业。因此，如果采用多指标划分建筑企业的规模，要解决好各指标的主次关系，并明确企业规模标准的必要条件和充分条件。

尽管衡量企业规模的标准并不统一，且时常会变化，但是由于建筑生产的机械化程度相对不高，与工业部门相比，建筑业属于劳动密集型的产业部门，我国是如此，国际上亦是如此。一般来说，建筑企业的技术装备水平相对较低，手工操作的比重较大，职工人数的多少在一定程度上可以反映生产要素的集中程度。因此，国际上的多数国家都是以职工人数作为划分建筑企业规模的惟一指标或主要指标。但是划分大、中、小型企业的具体指标和数量标准界限的设置不是一成不变的，应根据经济和生产技术的发展而变化或调整。另外，反映企业规模大小的因素是互相影响，互相制约的，不论采用什么指标衡量企业规模，都只具有相对意义，不能绝对化。用职工人数的多少作为划分建筑企业规模的标准，比较符合建筑业的实际情况，但是随着建筑技术和生产工艺的进步，建筑工业化的发展，建筑企业的技术装备水平和施工机械化程度也会不断提高。由于建筑企业之间的技术装备程度差异很大，职工人数相近的建筑企业所完成的建筑安装工作量就可能会相差悬殊。在这种情况下，仅仅用职工人数一个指标已不能客观地反映建筑企业的规模，应当考虑增加固定资产占用量或其他能反映企业生产能力的指标作为划分建筑企业规模的标准或辅助标准。目前中国内地关于企业规模的划分标准是以从业人员数、销售额（建筑企业则为营业额）和资产总额三项指标作为划分的依据，详见表 2-1。

**企业规模划分** **表 2-1**

| 行业 | 指标 | 计算单位 | 大型 | 中型 | 小型 |
|---|---|---|---|---|---|
| 建筑企业 | 从业人员数 | 人 | 3000 及以上 | 600～3000 以下 | 600 以下 |
| | 营业额 | 万元 | 30000 及以上 | 3000～30000 以下 | 3000 以下 |
| | 资产总额 | 万元 | 40000 及以上 | 4000～40000 以下 | 4000 以下 |

注：建筑业企业的销售额以现行统计制度中的年工程结算收入代替。

## 二、企业规模与企业类型

依据企业的规模不同划分大型建筑企业、中型建筑企业、小型建筑企业，不同规模的建筑企业在其特征上表现出明显的不同，所以不同规模的建筑企业的业务经营范围与方向也有所不同。

小型建筑企业也可以称为专业单一型建筑企业。小型建筑企业在施工时以手工操作为主，可能拥有少量的小型或轻型施工机械。小型建筑企业应以工种专业化为特征，如砌墙、粉刷、内装修、外装修等，在多数情况下是作为专业分包承接任务，也有能力独立承包一个或几个技术要求不高的小型建筑工程或零星的修建业务；在少数情况下，有可能由多个稍具实力的小型建筑企业组成施工联合体或施工合作体联合承包技术要求不高的中型建筑工程。

中型建筑企业也可称为专业多样型建筑企业。中型建筑企业采用手工操作和机械化施工相结合的方式，技术装备达到一定水平，也可能是技术装备程度很高的机械化施工公司。中型建筑企业应以阶段专业化，体系专业化为特征，如基础工程公司、装修工程公司、安装工程公司等，或大板住宅建筑公司、升板建筑公司、滑模建筑公司等。中型建筑企业也可能表现为机械化程度较高的工种专业化，如土方工程公司、打桩工程公司、结构构件吊装工程公司等。中型建筑企业有能力独立承包一个或多个中型建筑工程，也可能由多个中型建筑企业组成施工联合体或施工合作体联合承包大型建筑工程。中型建筑企业可以承接多种类型的工程，并进行专业化的施工。

大型建筑企业，即业务复合型建筑企业。大型建筑企业一般实力较为雄厚，技术装备水平比较高，常常拥有较为合理的施工机械设备系列，手工操作的比例较低。大型建筑企业的管理水平和技术水平均较高。一般表现出综合性的特征，掌握多种高、新施工技术和施工工艺，可以承建各种工业与民用建筑和工艺，或以施工对象专业化为特征，专门承建某类工艺要求较高的海事工程、道桥工程、大型基建工程和各类特殊构筑物，或以施工管理专业化为特征（也可能是具有施工管理专业化能力的综合型建筑企业），专门承担施工过程的管理工作，而不承担或较少承担具体的施工任务，大型建筑企业有能力独立承包一个或多个大型建筑工程。一般是作为施工总承包单位，将某些分部分项工程分包给其他中型或小型建筑企业。

大中小型建筑企业总有优缺点，要针对具体情况作具体分析，不可一概而论。一般来说，在正常的经营管理条件下，大型建筑企业具有以下特点和优势：

(1) 大型建筑企业一般都有一家或几家国际大商业银行，作为策略性伙伴，给予长期地支持。也有的大型建筑企业，本身就是银行的股东，他们的融资渠道畅通且优越，故体现为资金雄厚，有条件采用先进的机械设备，有利于提高施工机械化水平，提高劳动生产率。同时，大型企业可以比中小型企业更充分利用机械设备，提高设备利用率，从而降低机械设备的使用费；有可能配备比较合理的机械设备系列，根据工程需要选择最适宜的机械设备，并实现机械设备和劳动力的较佳配置；还可以合理地有计划地进行机械设备的修理和保养，提高设备的完好率，保持和提高机械设备的生产效率，并及时地更新设备。

(2) 大型建筑企业有能力同时承建若干大中型项目，能够采用和推广先进的施工技术和施工工艺，有利于采用先进的施工组织方法，如虚拟施工、网络计划技术等。大型建筑企业还有条件建立正常而足够的工程储备，从而保证生产的连续性、均衡性和节奏性，也为提高和改善企业生产的计划性，合理安排机械设备和劳动力提供了可能性。

(3) 大型建筑企业，由于人才优势明显，资金实力雄厚，社会信息和行业信息流通快、反馈快，所以他们有迅速的市场扩张能力，容易迅速占领和主导某个地域、某个专门业务领域的建筑市场。

(4) 大型企业在管理思维和理念方面，在施工技术的创新方面，往往是呈主导潮流和带领行业的。他们有明显的管理优势和技术优势，可以在企业内部较大范围内进行合理的劳动分工和协作，容易组成有效生产力，更好地发挥职工的特长，有利于提高管理人员的管理水平，技术人员的专业能力和工人的技术熟练程度。因而大型企业的管理水平和技术水平一般均较高。

(5) 大型建筑企业有较强的盈利能力。工程的组织和施工服务费以及其他非生产性费用都是进行建筑生产活动的必要开支，在一定程度上相当于固定成本，并不随工程数量的增加而成比例地增长。大型建筑企业可以承建数量众多、类型不同的工程，可以在较大范围内统一调剂和合理使用各种建筑材料，相对减少材料储备的比例，从而加速流动资金的周转，提高资金使用的效果。另外，大型建筑企业还可以合理地组织材料和构配件的采购和运输，节约材料、燃料、动力等的消耗，在一定程度上降低建筑工程的成本。由于大型建筑企业完成的工程量大，这种非比例费用相对较低。另外，也有可能使直接生产人员、管理和技术人员、其他非生产性人员之间的比例尽可能合理化，使这种非比例费用进一步降低，这自然有利于降低工程成本。总之，大型建筑企业由于规模经营和市场占有率高的特点，可以充分合理和科学地进行资源配制，减少闲置和浪费，有效地降低和调制成本增强了盈利能力。

但是，有必要强调指出，大规模生产的优势和生产集中化的经济效益，并不是在任何地方、任何条件下都会随着企业规模的扩大而按比例地提高。大型建筑企业也存在一些弱点，主要表现在以下几方面：一是领导层次多，内部的协调任务重，需要有较高的组织领导水平和较强的经营管理能力。当企业领导属于“经验型”或“技术型”时，难以适应企业管理的需要，使大型企业生产要素的优势难以充分发挥作用。二是机构庞大，一般建有规模较大的永久性基地，机械设备、固定设施和员工人数都很多，与建筑生产的流动性、分散性和不确性的特点不相适应；三是后勤保障摊子大，烦琐的行政事务性工作较多，费人、费时、费钱、费精力，分散企业领导的注意力，不利于企业领导把握企业的目标和方向。

与大型建筑企业相比，中小型建筑企业具有许多优点。一般来说，凡是限制着大型建筑企业发挥优势的方面，中小型建筑企业往往能够发挥积极作用，有的则是大型建筑企业无法达到的。由于中小型建筑企业规模小，机械设备、固定设施和职工人数都较少，在施工中运转灵活，便于流动作战，与建筑生产的流动性要求相适应，尤其在需要远距离调迁时，这种优越性显得格外突出。

中小型建筑企业最大的优点是企业人少摊子小，有利于专业化的发展，有利于提高工人的专业技术水平和熟练程度，从而形成企业的特色。特别是小型企业，能够为业主提供某些大型建筑企业不屑一顾而又的确是业主所需要的服务或承建一些零星工程。中小型建筑企业领导层次少，机构简单，便于领导深入现场，及时发现和解决问题，从而提高工作效率，也有利于组织管理和协调指挥。中小型企业的非生产性人员较少，管理费和其他非生产性费用较少，有利于降低工程成本。

中小型建筑企业的这些优点使其具有较强的竞争能力，因而是建筑施工企业中不容忽视的力量。但是，中小型建筑企业的资金、设备和技术力量毕竟有限，在实现施工机械化方面有的较大的困难，在采用和推广先进的施工技术和施工工艺方面也不如大型建筑企业。另外，中小型建筑企业同时承建的工程数量较少，尤其是小型建筑企业，往往没有工程储备，难以保证生产的连续性和均衡性，充其量只能实现单项工程的优化施工，而不能保证企业生产的总体优化。从这个角度讲，经济效益会受到一定的影响。

由此可见，大中小型建筑企业各有所长，亦各有所短。要正确规划建筑企业的规模，必须对大中小型建筑企业的优缺点及其适用情况和必要条件有一个正确的、客观的分析，该大则大，当中则中，宜小则小。

需要特别指出，合理的建筑企业规模结构只是取得良好经济效益的必要条件而不是充分条件。如果仅从大、中、小三种规模来考虑，世界上大多数国家的建筑企业规模结构都比较接近：中小型建筑企业数量巨大，就业人数很多，大型建筑企业的数量比例很小，一般不超过 1%，就业人数所占的比例也不大，但在建筑生产领域中却占有主导地位，在国民经济中亦占有重要的地位。但是，各国类似的建筑企业规模结构的经济效果却相差悬殊。这就说明合理的建筑企业规模结构并不是某一种大、中、小型建筑企业构成比例的必然结果，而是受到构成这种比例的各个建筑企业本身的经营方向、经营效果和相互之间联系的影响。因此，从建筑业的发展要求出发，每个建筑企业都必须根据地区条件和企业自身特点，努力提高经济效益并加强相互之间的联系。这种联系就是建筑生产中的专业化协作和联合。

我国现行划分建筑企业的标准，与国际上的习惯概念差之甚远。按这一标准划分的中型建筑企业，都是国际上的大型建筑企业，我国的小型建筑企业也有相当一部分可在国际上称为规模可观的大型建筑企业。根据这个划分标准所反映出的建筑企业规模结构，就很难说明什么问题，与其他国家缺乏可比性。工业发达国家建筑企业的平均技术装备水平大大高于我国的建筑企业，用工制度也比我国灵活得多，因此，不能简单地照搬工业发达国家建筑企业规模的划分标准。我国建筑企业的规模结构，中小型建筑企业的比例过低，大型建筑企业所占的比例过大。这与我国长期存在的“大而全”、“小而全”的自然经济思想，建筑生产专业化发展不充分，总分包经营方式不发达等因素有密切关系。因此，要使我国建筑企业规模结构合理化，使大中小型建筑企业在建筑生产领域各得其所，相得益彰，关键在于发展具有各种专业化特征的中小型建筑企业。发展社会化大生产，不仅可以采取生产要素适当集中的方式，如成立一定数量的大型企业，而且也需要采取生产要素分散的经营方式，即成立数量众多的中小型专业化企业。而建筑产品客观存在的固定性和分散性特点，使得这种生产要素分散的经营方式更适合建筑生产的特点和需要。这也是世界各国建筑生产发展的一种总趋势。

### 三、企业经营结构

对于建筑企业来说，经营宽度与设计机构相类似，它表示建筑企业施工任务来源的范围，即承担哪些类型建筑产品的施工任务，如住宅、办公楼、医院、学校、商店、影剧院、道路、桥梁、工业建筑等等。一个建筑企业可能只承建其中某一类建筑产品，也可能承建许多类型的建筑产品。建筑企业经营宽度的另一种表现是承担哪一类体系建筑，如大模板住宅建筑、升板建筑、滑模建筑等。建筑企业承建体系建筑时，多以某一类体系建筑为主或只承建某一类体系建筑。

建筑企业的经营深度表示其完成某一建筑产品施工任务的具体内容，如按施工阶段分，有：基础工程、主体结构工程、安装工程、装修工程等；按施工工种分，有土方工程、打桩工程、混凝土浇筑工程、模板工程、砌筑工程、粉刷工程、脚手架工程等。一个建筑企业可能只承担其中一个或多个施工阶段的任务，也可能承担所有施工阶段的任务。一个建筑企业可能承担一个或多个施工工种的任务，但在社会化大生产的条件下，却不可能承担所有施工工种的任务。

建筑企业的经营高度表示其所完成的与施工有关的工作内容，如施工准备、施工、绘制节点或构造大样图、绘制施工图、从事专业化的施工管理等。一个建筑企业可能只承担其中一两项任务，如施工准备和施工，也有可能或有能力承担上述所有工作。我国建筑企业目前大多数不具有设计能力，也不具有专业化施工管理的能力，只能承担具体的施工任务（包括施工准备）。

建筑企业的经营结构如图 2-1 所示。

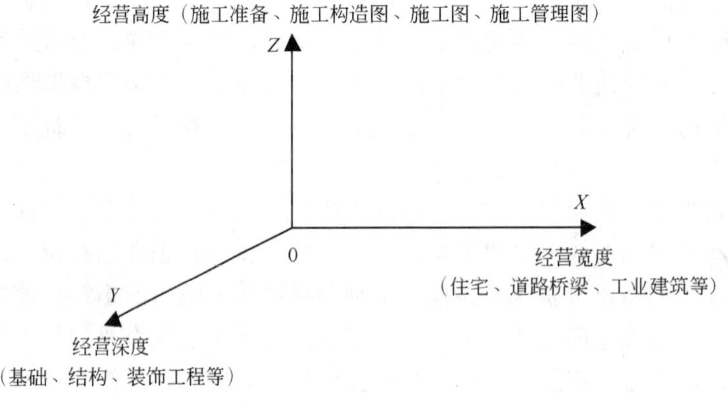


图 2-1　建筑企业的经营结构

任何建筑企业的经营范围总处于。图 2-1 中三维空间的某一位置。若某建筑企业只承担一个 $XZ$ 平面的施工任务，就表现为施工阶段专业化或施工工种专业化，它表明该建筑企业可以为不同类型的建筑工程完成同一施工阶段或工种的施工任务，在经营高度上，一般只承担施工准备和施工任务，在特殊情况下，也可能扩大到其他方面。若某建筑企业只承担一个 $YZ$ 平面的施工任务，就表现为施工对象专业化，即专门承建某种类型建筑产品或某种工业化的体系建筑。在经营深度上，该建筑企业可能完成全部或大部分施工阶段和施工工种的施工任务；在经营高度上，则有可能不局限于施工和施工准备，而承担更多的工作，这是因为施工对象专业化的建筑企业一般实力较为雄厚，管理水平和技术水平均比施工阶段专业化和施工工种专业化的建筑企业相对要高。若从 $XY$ 平面来考察，建筑企业可以分为劳动密集型和智力密集型（也可能同时是技术密集型）或劳务型和管理型两大类。当然，这只是相对而言，因为若某一建筑企业的经营宽度和经营深度都达到一定程度，就不可能是纯粹的劳务型或劳动密集型企业。如果一个建筑企业能够在 $XYZ$ 三维空间中较大范围内生产和经营，则该企业一般是大型综合性建筑企业，这表明该企业在经营宽度、经营深度、经营高度三方面均达到了相当程度，技术装备程度较高，管理水平和技术水平也较高，不仅具有生产集中化的优势，也可能具有生产专业化的某些特点。

建筑企业的经营结构与规模结构是两个相互区别又相互联系的概念。规模结构表示建筑企业规模大小构成的数量比例及相互之间的联系，而经营结构则表示各建筑企业经营范围之间的联系，若经营结构有缺陷，则不论大中小型建筑企业构成的数量比例如何，都很难说其规模结构合理。从这个意义上讲经营结构实际上反映了规模结构中各类建筑企业之间的相互联系。那么，究竟什么样的建筑企业经营结构才算合理？就建筑企业的总体而言，应当使经营宽度、经营深度和经营高度所构成的三维空间的“密度”相对比较均匀，不要出现某些区域过于密集，而某些区域过于稀疏的状况。这是抽象化的表述。具体地说，每个建筑企业都应当在经营结构的三维空间中“各得其所”，既不要出现多个建筑企业抢占或挤占一个位置的情况，也不要出现某些“空白”。

值得指出的是，经营结构合理未必就说明规模结构合理。这是因为经营结构是否合理，还与经营宽度、经营深度、经营高度的具体内容有关。例如，当经营宽度为各种类型的建筑产品，经营深度为基础、结构、安装、装修等主要的施工阶段，经营高度仅为施工准备和施工时，如果由此所构成的三维空间的“密度”较为均匀，就可以认为建筑企业的经营结构是合理的。但是，在这种情况下，建筑企业的平均规模较大，多数为大中型企业；专业化程度不高，多数为综合型企业，从规模结构的角度来分析，就显得不够合理，甚至很不合理。因此，为了使建筑企业的经营结构更好地与规模结构相联系，应当将经营结构中的三个方面，尤其是经营深度和经营高度的内容划分得细致一些。当然，经营结构和规模结构毕竟是从两个不同的角度对建筑企业的总体进行考察和分析，两者不可能完全一致，也不可能互相取代。

## 第二节　企业的管理模式

管理就是人们为了达到一定的目的而采取的各种方式、方法、手段以及对相关联的人和事进行控制的一系列活动的过程。管理包括的范围非常广泛，凡是有集体劳动的地方，都需要管理。

企业管理是指对企业的生产经营活动进行的预测、决策、计划、组织、指挥、控制、协调、教育、激励等工作，从而保证企业生产经营活动的顺利进行，以获得最佳的经济效益，实现企业既定目标。

企业管理，又叫企业生产经营管理。企业的生产经营活动，包括生产活动和经营活动两大部分。

生产活动包括基本生产过程、辅助生产过程、生产准备与技术准备过程、以及为施工生产服务的工作。以生产活动为中心所进行的管理，称为生产管理。

企业的经营活动涉及到企业外部，联系到社会经济的流通、分配、消费等过程，包括生产经营方式、材料设备的供应、劳动力的补充与调整、产品的销售与用户服务以及市场调查、经营预测、决策等方面。对于这些活动的管理，称为经营管理。

企业管理是生产管理和经营管理的统一。

经营是商品经济的产物。它是由商品经济发展而引起的，为“适应”和“开发”市场需要的一种职能，属于商品经济特有的范畴。它的主要作用是：向用户提供“物美价廉”的商品，增强企业竞争能力。经营的目标是：使企业内部与外部环境及市场取得动态的平衡，为企业谋取最大的经济效益。

经营是企业全局性的、战略性的问题。经营的关键是决策，是制定企业的目标，也就是上面所说的追求最大经济效益。要获得最大的经济效益，必须提高企业的生产效率和工作效率。管理的职能就在于提高企业的生产效率和工作效率，保证经营决策所制定的企业目标的实现。因此，企业必须首先讲究经营，必须瞄准市场的需求，制定切实可行的经营方案，以期获得最大的经济效益。如果企业经营方向不对头，不符合社会的需要，产品没有销路，造成大量的积压，企业的经济效益就无从谈起。其次，管理要服从经营。因为只有在正确目标指导下，提高生产效率和工作效率，才能促使企业经济效益的提高。所以经营是管理的前提，管理是经营的保证。经营与管理互相渗透，经营中有管理，企业的经营活动本身也要管理；管理中又有经营，因为经营活动又是贯穿在各项职能管理之中。

从以上可以看出，企业管理是一门涉及许多学科、并有很强理论和实践性的边缘科学。它既要有理论指导，又要处理具体管理业务，这些业务内容广泛，主要包括经营决策、计划管理、施工管理、技术管理、质量管理、人事管理、机械设备管理、材料管理、财务成本管理等等，构成完整的企业经营管理工作体系。

## 一、企业管理模式理论的演变

英国工业革命以来，发达国家对企业组织结构和管理模式的研究集中表现为以下三个时期。第一个时期是19世纪末，以韦伯、泰勒、法约尔等人创立的包括理想官僚制、科学管理制和组织管理原则等在内的古典组织理论和古典组织设计原理为标志。这一时期建立的“金字塔”型管理模式，结构层次分明，是一种纯理论的模式。它的不足之处在于僵化、呆板，缺乏灵活性，办事效率低下；层次分明，协调困难，上下级之间完全靠职权来控制。

第二个时期是20世纪40～50年代，以贝塔郎菲、巴纳德和西蒙等为首的系统工程学派、现代管理学派和管理决策等学派，提出了现代组织理论和权变组织设计的思想。它更加强调组织的开放系统特征，组织的协调功能，目标与任务、价值之间的关系，组织的应变能力以及组织各部分中人的相互作用等；但就组织内部的管理形式和组织具体的物理设计而言，其管理的层次划分和管理各部分按职能分工这一形式并没有改变。

近些年，西方对企业组织管理模式的研究进入第三个时期。这一阶段产生的现实工程理论，是最近国际学术界刚刚出现的新名词，也是当今管理学科中最新出现的研究动向和热点。它是按实际业务导向进行组织管理的一种概念和行为模式，其根本的出发点就是按过程模式来实行组织管理。

## 二、建筑企业的经营管理

建筑企业的管理以人、财和物为管理内容，以人力的管理为根本，同时，所有的工作又都围绕着工程进行；三者的关系如图2-2所示。通过合理的组织和利用人、财、物达到高效率和高效益是所有企业追求的最终目的。对人力资源、财务和物资的管理也就表现在以工程管理为基础的一系列复杂的行为中。建筑企业的管理过程便是协调好人、财、物三要素，使工程实施达到最优化。

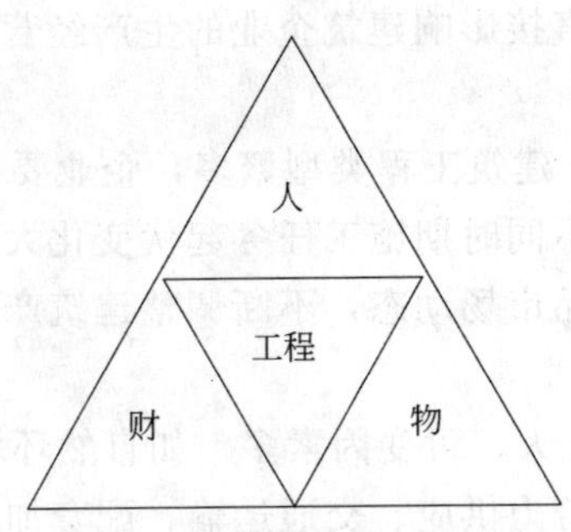

图 2-2　建筑企业管理结构图

## (一) 建筑企业管理的职能

1. 预测与决策

预测就是根据过去和现在对未来做出预计和推测。科学的推测是做出正确决策的基础和前提。决策是在预测的基础上对企业的经营方向等一系列重大问题进行选择和决定。决策是企业计划的依据。建筑企业要在国家宏观计划指导之下，对建筑市场需求等因素进行预测，并在此基础之上对建筑企业经营发展方向和战略目标等重大问题做出决策。决策的成败，对建筑企业生产经营的成败至关重要。

2. 计划

计划是建筑企业进行施工生产经营活动的行动纲领。它是根据决策的目标，编制企业长期计划，短期计划，中期计划以及实施这些计划目标的措施和办法。计划是建筑企业管理的起点和归宿，它是衡量企业管理水平的重要标准。

3. 组织与指挥

建筑企业要实现预期的计划目标，需要建立各种组织和指挥系统。将企业生产经营活动的各个要素、各个部门、各个环节以及各种资源，在空间和时间上科学地组织起来，形成有机的整体，充分发挥各方面的作用，这就叫做组织。在组织管理的过程中需要有统一的指挥，也就是说企业在生产经营活动中，要建立起有权威的、高度集中的指挥调度系统以协调各个方面的关系。

4. 控制与调节

控制就是对建筑企业生产经营活动进行监督与操作，以把握住整个生产经营活动的情况，做到心中有数，活动自如。控制的对象是建筑企业生产经营活动全过程的各个环节和各项管理业务。调节就是对控制过程作出的资讯反馈中发现的决策失误或者计划目标发生偏差所进行的调整工作；或对各工作环节中出现的阻滞现象进行疏通或者协调；或对原计划进行必要的调整，使企业的生产经营活动顺利地进行。

5. 教育和激励

在建筑企业生产经营活动中，人是起决定作用的因素。充分调动企业职工的积极因素，发挥职工在生产经营管理中的作用，是企业管理的重要职能。调动职工的积极因素一靠提高职工的素质，二靠必要的激励。建筑企业要根据职工的劳动表现和贡献大小，进行精神和物质奖励，并对失职者进行必要的惩处。要提高职工的参与意识，充分调动他们的劳动积极性和创造性。

**（二）建筑企业的管理特点**

建筑产品的技术经济特点直接影响建筑企业的生产经营管理。建筑企业经营管理有如下特点：

(1) 生产经营业务不稳定。建筑工程类型繁多，企业要根据特定用户的委托，按照工程专门用途组织生产经营，且不同时期施工任务起伏变化大。这就要求企业要善于预测社会经济发展趋势，洞察建筑产品市场动态，不断调整建筑产业结构，以便具有适应社会需求的应变能力。

(2) 建筑企业管理环境变化大、可变因素多。如自然环境（地形、地质、水文、气候等）和社会环境（物资供应、劳力供应、交通运输、配套加工能力等）的变化，使得施工生产经营预见性和可见性差。

(3) 建筑工程的施工条件不稳定，难于实现有节奏的均衡施工。企业组织机构和人员，尤其是基层单位，因适应任务变化而经常进行调整。在施工过程中，不同分部工程和施工季节、各工种需求比例也有较大差异。

充分认识上述经营特点，从而采用相应的组织管理措施和管理手段，这是搞好建筑企业经营管理的基本前提。

**（三）建筑企业集团及管理模式**

企业集团是企业联合的高级形态，它是以一个或若干个大中型企业为核心，以名、优、特产品为龙头，在生产、技术、经营上有关联的企业、科研单位及经营组织，在平等自愿、互惠互利原则上进行多层次、多形式联合而结成的经济联合组织。建筑企业集团是以建筑产品为龙头结合起来的企业集团。

建筑企业集团的管理模式多种多样，归纳起来可以分为三种类型：

第一种类型叫“高度集中型”，又叫“集权型”（见图 2-3），这种类型的企业集团可以分为三个层次：

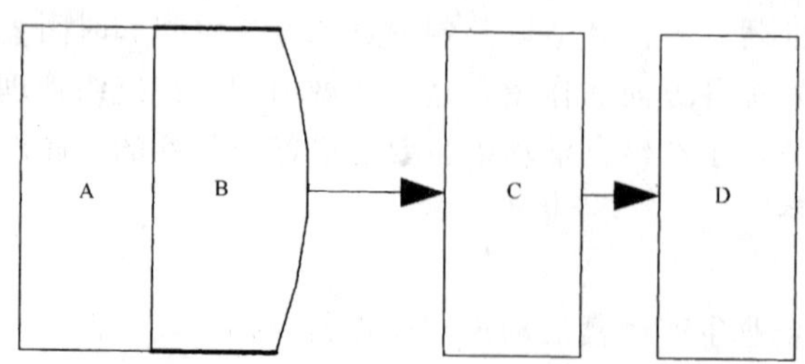


图 2-3　高度集中型管理模式

第一个层次，核心层企业，它由两个部分组成，即图 2-3 中的 A 和 B。图中的 A 是企业集团总部，可以称为集团公司。图中的 B 是生产厂，它可以是一个生产厂，也可以是若干生产厂，这些生产厂本身不是法人，没有法人资格。两个部分（即集团公司和生产厂）合在一起是一个法人，因此，它们是资产－经营－利益一体化的实体。

第二个层次，企业集团核心层的控股企业，即图 2-3 中的 C。它可以是一个企业，也可以是若干企业，每一个企业都是独立的法人。

第三个层次，企业集团核心层或控股企业的参股企业，即图 2-3 中的 D，它可以是一个，也可以是若干个，每一个参股企业都是独立法人。

第二种类型叫做“层层自负型”，也叫作“分权型”，这类企业集团也分三个层次：

第一个层次，是核心层企业，它由三个部分组成，即图2-4中的A、B、C。图中的A是集团总部，也可以称为集团公司。图中的B是分公司，分公司可以是一个，也可以是若干个，即B1、B2、B3、…Bn。图中的C是生产厂，它分属于各个分公司。这三个部分合在一起，即资产－经营－利益一体化的经济实体，是一个法人。其中集团公司主要管投资，是投资中心，分公司即B1、B2、B3、…、Bn，可以是集团公司的委托法人，它主要从事生产经营活动，是企业集团的经营中心或叫利润中心。生产厂即C1、C2、C3不是法人，只管生产活动，C1、C2、C3可以分别是一个生产厂，也可以是若干个生产厂。

第二个层次，即图2-4中的D，是企业集团核心层的控股企业，它可以是一个，也可以是若干个。每一个控股企业都是独立法人，具有法人资格。

第三个层次，即图2-4中的E，是企业集团核心层企业或者控股企业的参股企业，它可以是一个也可以是若干个。每一个参股企业都是独立的法人，具有法人资格。

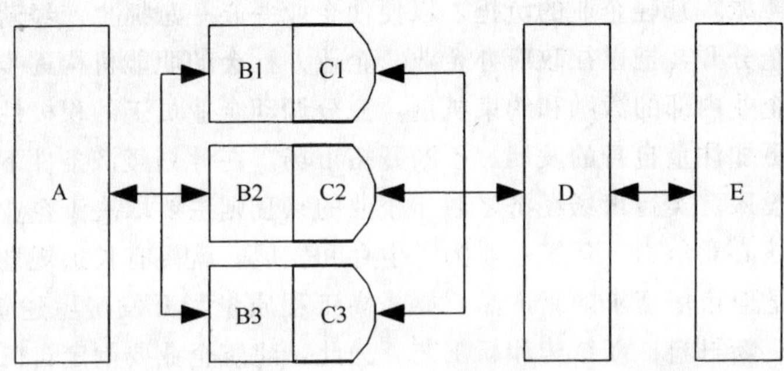


图2-4　层层自负型管理模式

第三种类型叫作“独立经营型”，这一类型的企业也是分为三个层次：

第一个层次，是核心层企业，它由两个部分组成，即图2-5中的A和B。图中A是集团总部，可以称为集团公司，它是一个独立的法人，它的主要任务是对企业集团成员单位进行管理和控制，不从事实际生产经营活动。图中B是集团公司的全资企业，它可以是一个企业，也可以是若干企业，这些企业都是独立法人，独立地进行生产经营活动，但是它们要受到集团公司的控制和管理，并和集团公司一起，成为企业集团的核心层。

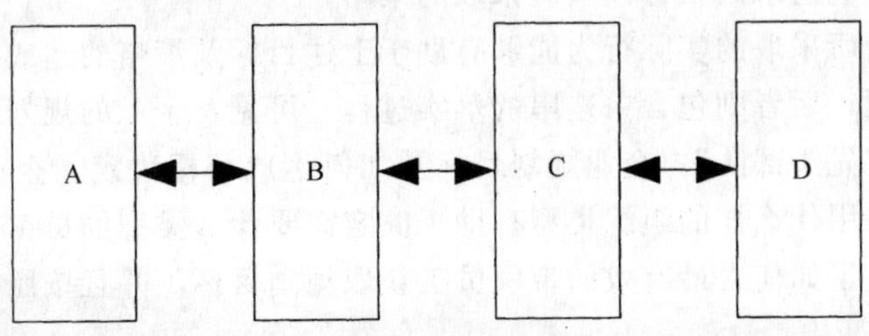


图2-5　独立经营型管理模式

第二个层次，即图2-5中的C，是企业集团核心层的控股企业，它可以是一个企业，也可以是若干个企业，每一个企业都是独立法人，都具有法人资格。

第三个层次，即图2-5中的D，是企业集团核心层企业或者控股企业的参股企业，它可以是一个企业，也可以是若干个企业，每一个都是独立法人，都具有法人资格。

### （四）我国建筑企业管理的变革

我国的建筑企业管理正在经历着一次变革。在传统的计划经济体制之下，“企业”实际上只是政府部门的一个工厂和车间。其产品营销、工程任务由国家计划分配，内部管理职能、施工生产的组织方法都由行政主管部门所决定。建立市场经济体制之后，建筑企业成为市场的主体，确立了独立法人的地位，具有完全独立的经营自主权。所有参与建设活动的主体，包括建筑工程业主、承包商、供应商、中介商等都要进入市场，并在统一、开放、竞争、有序、符合国际惯例的市场机制中平等竞争、自由交易。这样，经营问题就显得更加突出，建筑企业内部管理机制发生了许多重要变化。

国家指令性计划取消之后，建筑企业要在开放的市场上取得生产诸要素，去组织施工生产经营活动。并要适应瞬息万变的市场需求，不适应市场的变化，就会在竞争中失败。

建筑企业以生存发展为主要宗旨、以经济效益为中心，企业除生产经营职能之外的其他职能如社会保障、生活服务等都逐步转移到企业外部，由社会、市场去承担。要不断减少社会对企业的摊派，减轻企业的负担，以便使企业一心一意抓生产经营。在机构设置和职能分工上要政企分开，把以往政府办企业、企业办社会的职能机构逐步取消。

建立和完善企业内部的激励和约束机制，充分调动企业员工的积极性和创造性。

建筑企业要更加注重自身的发展，不断开拓市场。在计划经济条件下企业的发展，更多的是靠政府的投入。实行市场经济之后，企业的兴衰则主要取决于企业自身如何不断培育和发展企业的核心竞争力。建筑企业为了生存和发展，就要有长远规划和企业经营的扩展。要不断开发适应市场需求的新产品，要提高工程质量和开发房屋建筑物的使用功能，推广应用新技术、新材料、新结构和新工艺。为此，建筑企业要制定自己的发展战略，并使企业的经营管理工作服从和服务于这一战略。

## 第三节　企业的组织架构

为了实现企业目标，机构内雇员的工作必须有效地加以协调和安排，藉以维持适当的企业组织及编制。本节将集中讨论企业的组织架构问题。

从管理系统的整体概念出发分析，管理的基本功能不外：

第一，选择所应追求的目标以及应采取的策略；

第二，设法使所采取的实际行为能够有助于上述目标及策略的达成。

前者属于规划，后者则包含一连串的落实过程。可见，企业的规划将先于其他管理功能而成为它们的“先头部队”。企业规划目标及如何达成目标决定了企业采用什么样的组织类型，决定了采用什么样的组织类型有助于决定需要什么类型的员工，进而影响领导的类型和方向，决定了如何去最有效的带领员工获取规划目标，并且按照标准去进行控制。

### 一、组织机构形式

#### （一）建立组织架构的原则

1. 统一领导和分级管理的原则

统一领导是指决策权的集中和指挥权的统一。决策权必须集中，一个企业的指挥权只能由一个主要领导人承担。同时由于现代企业技术经济情况十分复杂。为了防止指挥失误，还必须形成一个指挥等级。实行逐级授权，这就是分级管理，集权与分权，都是组织现代化大生产的需要。

2. 分工协作的原则

分工协作即把企业内部任务作横向分解，以促使各项工作往专业化方向发展；同时，在分工的基础上必须加强协作和相互配合。企业的分工通常包括：职务和岗位的设置、部门的划分、地区分工、施工生产专业分工等。协作包括企业总目标和部门分目标的协调，各个职能机构在行动上的配合协调，职能部门与主管人员之间的工作协调等。

3. 精干、高效、多功能的原则

精干，就是要做到没有一个不必要的机构，没有一个不必要的管理人员；高效，主要指机构分工合理、关系明确、配合协调，整个管理环节自我调节，信息畅通；多功能，是指机构设置应有明确的功能，性质相同、功能接近的可合并设置，以达到精干、高效的目的。

4. 从实际情况出发，满足生产经营需要的原则

组织机构的建立应按照企业的规模类型、承担工程任务区域大小和生产经营活动范围等因素来加以确定。

**（二）组织机构的形式**

1. 直线职能制

这是一种由直线制和职能制相结合而成的组织机构形式。直线制是在管理权和所有权完全一致的早期企业中采用的一种形式，它从企业最高管理层到最低管理层均按垂直系统进行管理。不专门成立职能机构，企业所有业务都必须由企业主亲自处理，一个下属单位只接受一个上级企业经理的指挥。职能制是在各级企业经理之下，按专业分工设置必要的职能部门，它发挥职能专业化的作用，下级企业经理或执行者既要服从上级领导的指挥，又要接受上级各部门的指挥。直线职能制则综合了直线制和职能制的优点，企业经理对下级实行垂直领导的同时，职能部门对下级机构进行业务指导。这样，既保证了集中统一领导，又发挥了职能部门的专业作用。直线职能制的职能部门一般都拥有某一方面的专业技术能力，虽然只规定让它发挥参谋作用，但实际的影响都大得多，职能部门往往拥有该领域的计划、方案、措施的决定控制权，参见图 2-6。

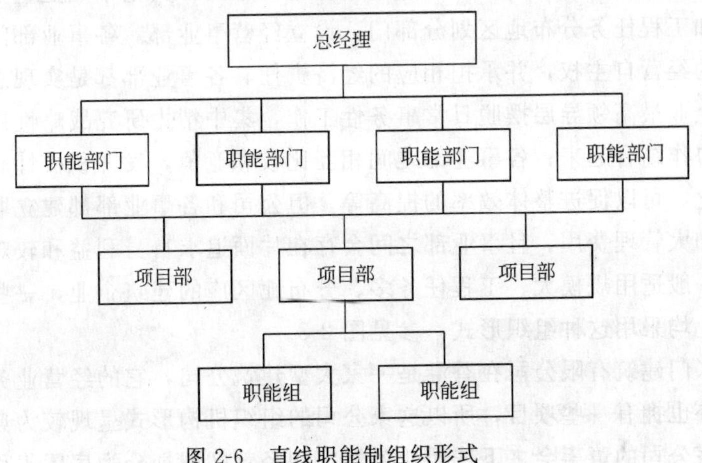


图 2-6　直线职能制组织形式

香港本地一些建筑企业，比如俊×建筑公司、新×建筑公司、瑞×建筑公司等等，业务以房屋工程为主，项目数量不是很多，所以这些公司的组织机构多采用直线职能制的方式。公司的执行董事（ExecutiveDirector）作为一至几个项目的总负责人，直接受公司总经理的领导。每个项目由工程经理（ConstructionManager）或者合同经理（Contracts-Manager）来负责控制项目部整体进度、质量、成本、安全、环保等各个方面要素，直接接受相应执行董事的领导。项目部设有项目经理（ProjectManager），领导项目部各职能组别（工程、工料测量、安全环保等等），项目经理和所有职能组别均接受工程经理或合同经理的直接领导。另外，在公司层面上设立各职能部门，包括合同部（投标部）、质量安全部、人力资源部等等，接受其他1～2名执行董事的直接领导，对每个项目进行监控和指导，参见图2-7。

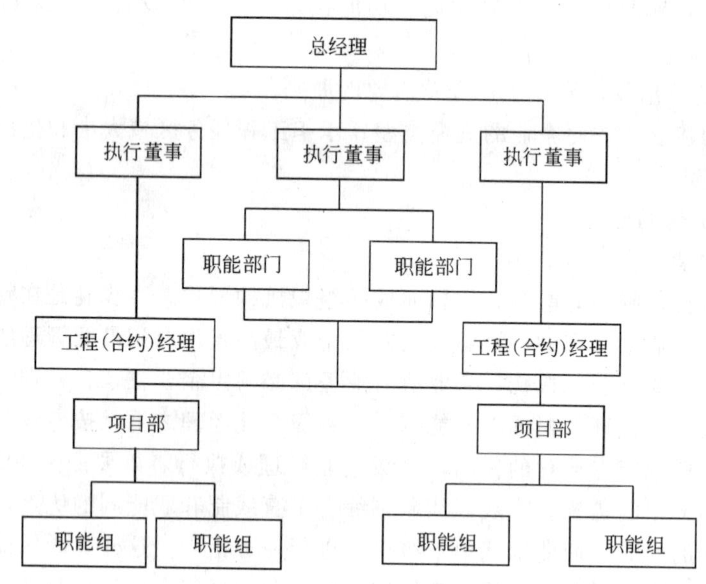


图2-7　香港俊×建筑有限公司的组织机构

2. 事业部制

事业部制组织形式是从直线职能制结构转化而来的，其基本点是企业的生产经营活动按产品类别和工程任务分布地区划分部门，设立经营事业部。各事业部门在公司统一领导下具有相应的经营自主权，并承担相应的经济责任。各事业部都是实现总公司目标的责任单位。它使企业最高领导层摆脱日常事务性工作，集中精力研究战略性决策，有利于把专业化分工和协作结合起来；各事业部之间相互比较和竞争，发挥积极性和主动性，更好地适应市场变化，可以促进整体效率的提高等。但公司和各事业部都建立职能机构，造成机构重叠，会加大管理费用，且事业部之间会存在片面追求自身利益和较难协调等弊端。这种组织形式一般适用规模大、工程任务多、分布地区广的建筑企业，一些大型建筑企业和跨国建筑企业均采用这种组织形式，参见图2-8。

香港的×门建筑有限公司在香港是一家大型建筑公司，它的经营业务类别比较广，同时在香港之外也拥有一些项目，所以这家公司的组织机构形式呈现较为典型的事业部组织机构形式。该公司的董事会之下依照业务类别和经营区域划分为房屋工程、土木工程、基

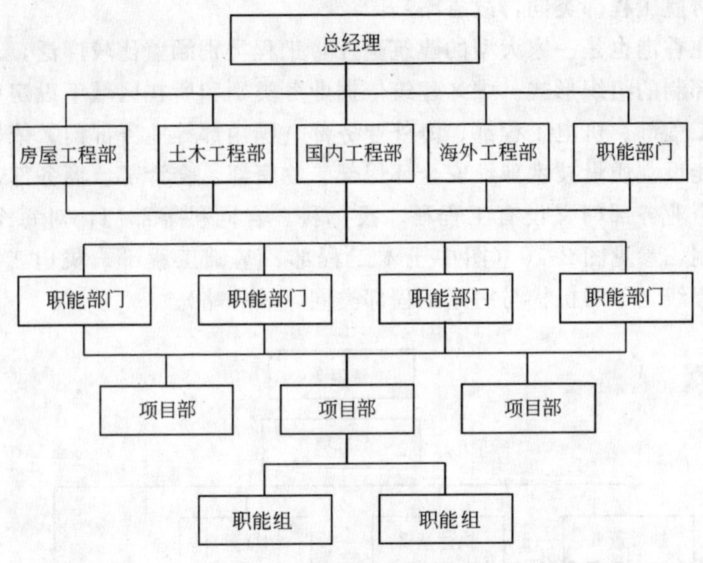


图 2-8　事业部制组织形式

础工程、中国业务等业务部门，由一位执行董事直接领导；董事会之下还设有一些职能部门（如工料测量部、商务部、人力资源部、安全部、机械设备部等），也分别由执行董事来领导，对各项目进行监控和指导。每个业务部门之下又设立合同经理和工程经理来分管具体的项目部。每个合同经理分管几个工程经理，每个工程经理分管几个项目。合同经理、工程经理对每个项目从投标阶段开始就参与，直至项目完成，整体负责项目的进度、质量、成本、安全、环保等，参见图 2-9（图中土木工程部、基础工程部、中国业务部虚线

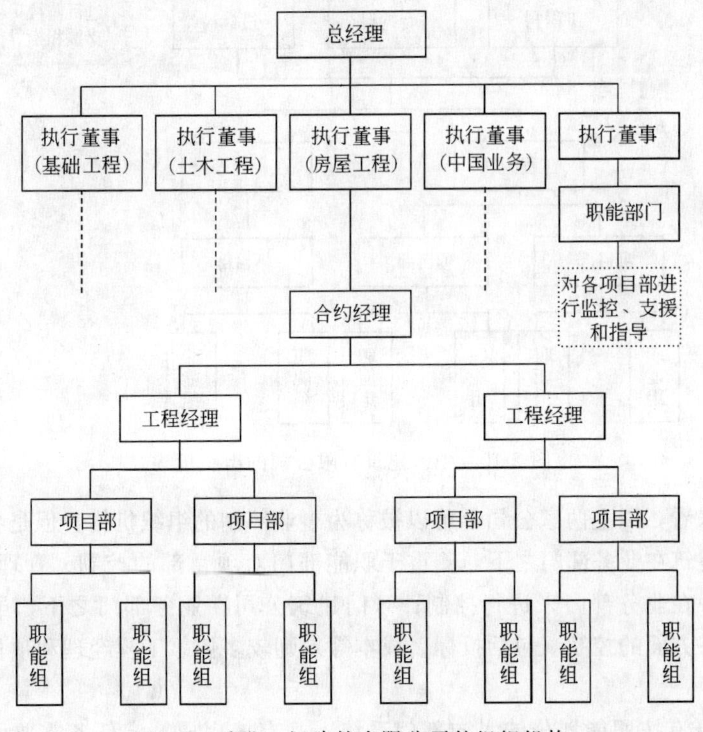


图 2-9　香港×门建筑有限公司的组织机构

之下的机构与房屋工程部类同，故省略）。

中×建筑在香港也是一家大型的建筑企业，工程类别涵盖比较广泛，从组织机构上也可以看作事业部制的组织形式。中×建筑依据业务类别和所在区域下设房屋工程部、土木工程部、基础工程部、机电工程部、海外业务部、国内部等业务部门；依据对项目不同的指导、监控职能设立质量技术部、安全环保部、物资部、会计部、商务部、人力资源部等职能部门；每个业务部门又设有工程科、投标科、合同科等部门，对每个项目部进行指导、监管和控制，参见图 2-10（图中土木工程部、基础工程部、机电工程部、国内部、海外业务部等虚线之下的机构与房屋工程部类同，故省略）。

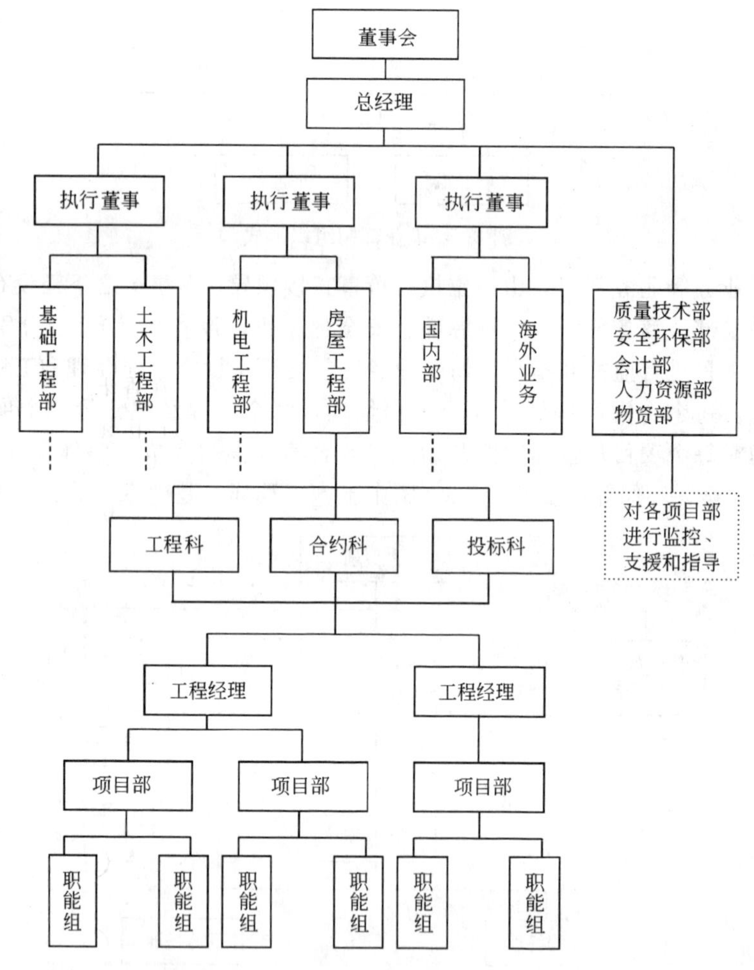


图 2-10　中×建筑有限公司的组织机构

从类型上来看，以上两家公司都可以被称为事业部制的组织机构，但是各自的侧重又不尽相同。中×建筑在业务部门之下，侧重于职能部门对项目部的控制、管理，特别是投标、合同方面都集中在业务部门来进行控制；×门建筑公司在业务部门之下，虽也设有合同经理，但对项目各方面的控制（包括投标、成本等）则较多依靠工程经理和项目部本身。

3. 矩阵制

它是一种既有按职能划分的纵向部门系统，又有按完成特定任务需要而设立的横向组织系统。两者纵横结合，使同一名小组工作人员既与职能部门保持组织和业务上垂直联系，又与工程项目组织保持横向联系。这种组织形式的优点是把上下左右、集权与分权进行了最优的结合。缺点是领导关系上的双重性往往会发生一些矛盾，它适用于工程项目比较复杂，需要集中各方面专业人员共同参加完成的大型建筑企业和工程项目，见图 2-11。

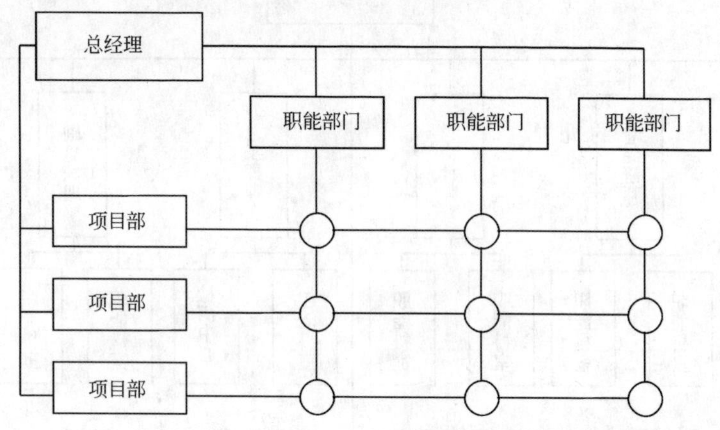


图 2-11　矩阵制组织形式

这种组织类型可以用一些依托大型建筑项目的建筑公司来进行分析，例如香港的一家外资企业清×香港有限公司，该公司清×建设的一家子公司，在香港主要承建一些大型的项目。它的组织机构就是依托项目来构建的，董事会、总经理直接领导项目部，同时设有项目支援部（包括合同、质量保证、安全、采购等部门）和设计部对项目部进行支援，这些支援部门也对项目部相应的职能组别进行管理和指导。这种组织机构虽然可以使得规模较大、工程较复杂的项目做到集权和分权的相对优化组合，但是同时也造成了领导双重化带来的矛盾以及机构的相对臃肿，见图 2-12。

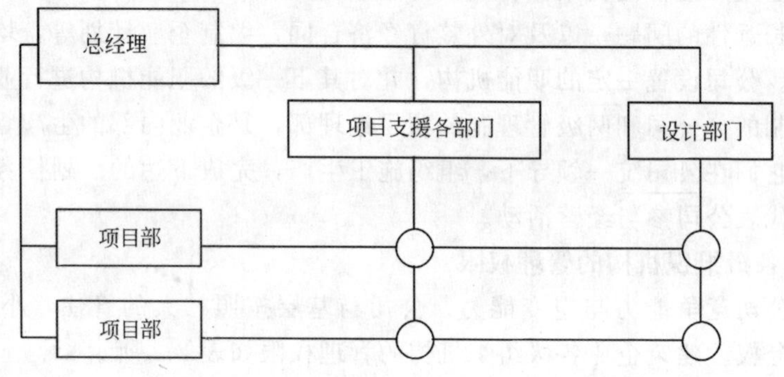


图 2-12　清×香港有限公司的组织机构

## 二、我国建筑企业的组织机构

### （一）分级组织机构体系

图 2-13 是一张直线职能制组织形式的组织机构体系图，我国目前多数建筑企业均采用这种组织形式。至于究竟哪一类型企业适用事业部制和矩阵制的组织形式，要看各企业的规模、经营范围和管理模式而定。通常情况下，特大型和大型施工企业多采用事业部

制，中、小型企业采用直线职能制和矩阵制。

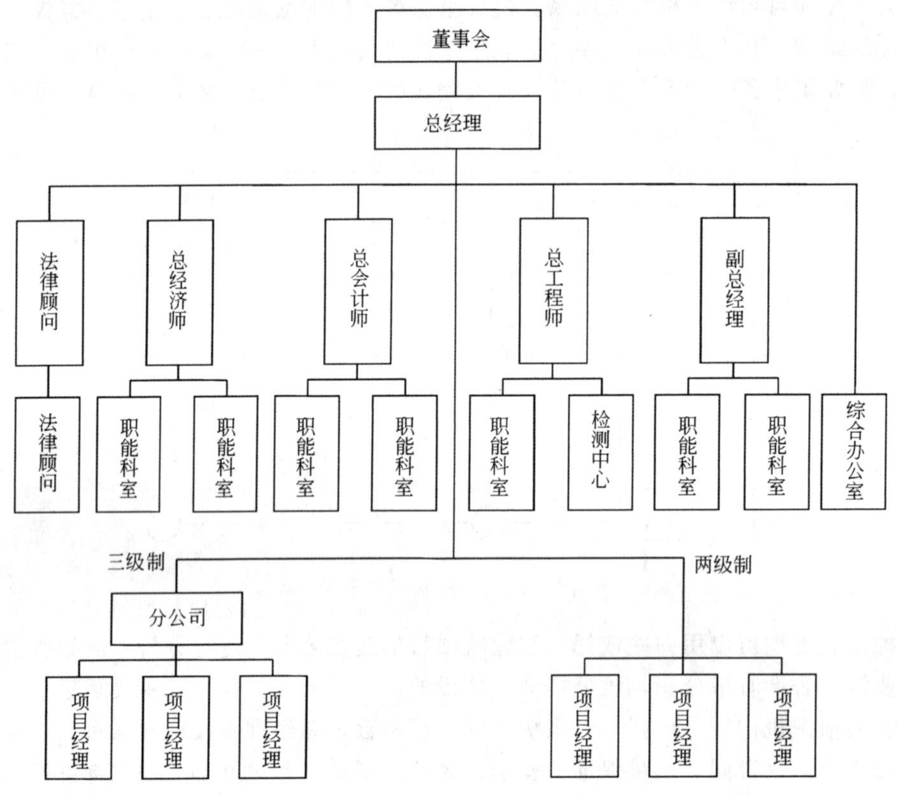


图 2-13　我国建筑企业分级组织机构体系图

图中三级管理制即：公司—分公司—项目经理部。两级管理制即公司—项目经理部。

公司是企业生产经营的决策和行政指挥中心，具有法人地位，实行独立核算。凡是带有企业全局性长远性的问题，以及对外签订经济合同，编制企业计划等，均由公司集中管理，统一领导。公司设置一定的职能机构，并对其下一级的职能机构进行业务指导。

三级管理制的分公司和两级管理制的项目经理部，是企业内部的生产管理机构，为内部核算单位。它们在公司统一领导下，组织施工生产，完成下达的计划任务，也可受公司的委托，对外代表公司参与经营活动。

**(二) 企业各级组织机构的管理权限**

为了提高公司竞争能力与应变能力，公司与基层按照“大的管住，小的放开”的原则，进行合理分权。建筑企业各级组织机构的管理权限如表 2-2 所示。

**企业各级组织机构的管理权限**　　**表 2-2**

| 公　司 | 分　公　司 | 项目经理部 |
| --- | --- | --- |
| • 经营决策，行政指挥中心，企业管理权集中公司。<br>• 具有法人地位，能对外参加工程投标及办理其他对外经济业务。 | • 企业管理生产的一级机构，行使公司规定的权限，不具有法人地位，受公司委托以公司名义参加对外投标。 | • 企业的基层生产单位，行使分公司（或公司）规定的权限，不具有法人地位，一般不参与对外经济业务，实行企业内部招标承包的公司，可以参加企业内部投标。 |

续表

| 公　司 | 分 公 司 | 项目经理部 |
|---|---|---|
| • 独立核算，自负盈亏，实行独立完整的会计核算，按期向国家缴纳税款。<br>• 制定公司中、长期计划和年度企业计划，部署全企业生产经营活动，协调所属单位之间施工生产活动。<br>• 完成董事会审定的经营计划、利润计划，对外履行各项经济合同。 | • 企业内部核算单位，根据公司分配的财产、资金和生产范围，实行公司部分会计核算任务，完成公司下达的利润指标，实行超额利润分成或奖励。<br>• 落实、保证企业近期计划，制定季度施工生产作业计划，协调所属工程施工生产活动。<br>• 完成公司规定的各项技术经济指标，对公司负责，是企业内部的考核单位。 | • 实行小班子、工地或个人经营承包，按承包合同规定范围核算工程成本，自负盈亏。<br>• 直接组织生产，按照公司（分公司）季度计划要求，制定月、旬作业计划，完成经营承包或上级下达的施工生产任务，协调班组生产活动。<br>• 对承担的施工生产任务负全面责任，是公司的内部考核单位。 |

### （三）各级职能机构的设置

企业的职能机构，是各级领导的参谋和助手。前面谈到企业要设置哪些职能机构要根据”精干、高效、多功能”的原则来确定。因此在机构设置前要反复考虑能不能不设这个机构？能不能与另一个机构合并？能不能有更精干的方法来代替？怎样才能做到精干、高效、多功能等。

各级职能机构的设置不强调与上一级对口，但岗位不能有缺口，以免管理链出现中断。

建筑企业的职能机构，包括专业性职能机构和综合性职能机构两种类型。

专业性职能机构指从事某项专业管理业务的部门。如生产经营、技术装备、劳动人事、财务会计、行政后勤等部门，它是企业的各个参谋部门。

综合性职能机构指具有综合和协调专业部门职能的机构。如经理办公室、经营办公室、调研室、法律顾问室、信息处理中心、全面质量管理办公室等，起到企业总参谋部和智囊团的作用。

## 第四节　一般建筑企业的基本制度

什么是制度？迄今为止，经济学界还没有一个统一的共识。博弈论认为“制度是关于博弈重复进行的主要方式的共有信念的自我维持系统”。其制度的主要特征是浓缩了一定资讯、被公众所普遍接受的、自我维持的一个系统。制度分析与公共政策研究认为“制度是对制度相关人的行为选择有普遍约束作用的规则集”，它强调制度的约束作用来体现人类行为的可预见性。

现实意义上，我们时时处处感受到制度的存在，并受其约束，例如按规定时间上下班，按照指令工作等等。

因此，简单地，我们可以把制度理解为：为了达成有效管理而制定的规则、程式与指引。

显然，制度的主要作用是约束、引导，通过组织达到预期目标。因而，制定一套制度就需要从制约机制与进行机制两个方面着手。

其中，制度和组织不同，其关系，可以借用诺思（DouglassC. North）《制度、制度变革与经济绩效》中的比喻：制度相当于比赛规则，组织则与球队的内部结构及其策略（战术等）有关。制度确定组织活动的边际和组织实现其目标的机会；组织则在制度给定的框架中活动，并通过企业家（政治或经济组织中的）“创造性破坏”的能动行为把握机遇，或在某一边际上改变制度，以实现其组织利益或目标。

建立制度应遵循简洁高效、灵敏稳定的原则。通常，制定一套有效的管理制度至少须满足两个方面的要求：

(1) 与外部监管、市场（习惯）接轨；

(2) 内部达成有效组织。

建筑企业的管理制度通常包括下列几个方面：

- 人力资源管理
- 工程管理
- 成本管理
- 质量管理
- 工业安全管理
- 环境保护管理
- 物资管理
- 财务及资金管理
- 合同及商务管理

下面分别就此内容作一简单介绍。

## 一、人力资源管理

人力资源管理是对人力资源的生产、开发、配置和利用等环节的总称，是管理学中的一个崭新和重要的领域。人力资源管理可以分为宏观和微观两个层次。宏观人力资源管理是指对一个国家或地区人力资源的管理，即全社会的人力资源管理，主要侧重于从整体上对人力资源的形成、开发和利用的管理。微观人力资源管理是一个组织对其所拥有的人力资源进行开发、利用的管理。这里的组织大多数情况下是指企业或事业单位。微观人力资源管理是通过工作分析、组织设置、定员管理、绩效管理等具体制度和措施实现对人员的管理。

我们在这里所分析的主要是企业的人力资源管理，即微观人力资源管理。企业的人力资源管理工作范畴很广，既包括属于战术性和行政性的工作，例如组织招聘员工、新员工入职培训、基本技能的培训、工资的计算与发放、考勤管理、组织文体活动、人事档案管理等等。同时也包括战略性的工作，如制定人力资源发展规划、协助企业进行改组和业务流程的设计、提供公司合并和收购方面的建议、参与提供业务资讯与企业竞争、制定人才保留计划、帮助业务人员提升解决难题的能力等等。

在一个企业之中，从某种意义上讲企业中的管理人员都是人力资源的管理者，因为企业的管理活动是围绕人这个核心资源展开的。另一方面，大多数企业又都设有人力资源管理部门。那么人力资源管理部门的管理职责和权限又是什么呢？

**（一）人力资源部门的管理职责**

人力资源管理工作是属于典型的决策支持功能，主要包括以下几个方面：

1. 建议和参谋

人力资源部的管理人员经常作为组织高层管理者的参谋。考虑到他们对公司内部的人事业务（如政策、劳动合同、惯例以及员工的需要等）和外部趋势（如经济和就业数据、法律）比较熟悉，人力资源管理的专业人员在企业中是一个宝贵的资源。作为企业高层管理人员的参谋，人力资源的管理人员必须知晓企业的目标，并具备从直线管理者的角度看待问题的能力，以便更好的与他们沟通。

2. 服务

人力资源管理部门的管理人员要参与一系列的人力资源管理的服务活动，如招聘、挑选、测试、设计并实施培训项目，以及聆听员工的要求和抱怨等。这就要求人力资源部门的管理人员必须掌握人力资源管理和开发的专业知识，高质量地完成这些服务活动。

3. 制定并实施政策

人力资源部门的管理人员经常要建议并草拟新的人力资源管理方案或修订原有的规定，解决重复发生的问题和预防新问题的发生。通常，这些规定要呈报高层决策人员，由他们最后拍定并签发。人力资源部门的管理人员要和直线管理人员以及其他职能部门的管理人员沟通，以便使人力资源政策、程式和做法彼此一致。人力资源部门的管理人员的专业知识是构成人力资源项目设计和实施的基础。

4. 维护员工的利益

人力资源管理部门的一项重要的职责就是（在法律和雇佣合同范围内）维护员工的利益，如倾听员工的要求并反映给企业决策者；维持有效的劳资关系，特别是当企业遭遇变故时，对员工弱势群体进行有力的支持。

而且，随着社会的发展，员工和社会公众越来越要求雇主在人力资源管理中承担更多的社会责任。高层管理人员通常认识到人力资源对组织的重要作用，因而，人力资源部门的管理人员在企业全面决策过程中不断发挥出更大的作用。

**（二）人力资源部门的权力**

1. 职位的权力

人力资源管理部门的职位权力主要包括：拟定人事规划、遴选员工、考核员工等等。这是从事这一管理的部门都应具有的权力。

2. 奖励与强制的权力

对于员工良好的表现，人力资源部门可以用加薪或者升职作为奖励。同样，当员工的表现太差的时候，人力资源部门亦要给予相应的惩罚。

3. 资源的权力

人力资源部门所拥有及运用的最大资源就是企业中的人力资源，事实上，人力资源是企业及每个部门都需要依靠的。人力资源部门行使和运用这些人力资源要依靠其本身的职权及职权所赋予的奖赏和强制等权力。

4. 专业的权力

人力资源管理者需要运用其在人事管理方面的专业知识、经验及技巧，在人事管理工作上表现其专家的能力。

5. 个人的权力

除了上面的专业知识以外，人力资源管理者亦要具备良好的个人品格、思想、行为及特质，并形成独特的魅力，以自己这种个人魅力表现的权力，使下属及其他同事信服，并在人力资源管理工作上一展所长。

**(三) 人力资源部门的管理制度**

前面已经概略地介绍了一些人力资源管理的基本概念、工作范畴、职责和权力的情况，接下来将要介绍一下企业的人力资源管理制度。作为一个企业来讲，人力资源管理制度中最主要的几个方面为：员工的招聘与遴选、员工的绩效考核、员工薪酬管理、员工的培训和开发。

1. 员工的招聘与遴选

员工的招聘工作是人力资源管理工作最日常的工作，在招聘过程之中，人力资源管理者通过招募、遴选与聘用等一连串的步骤，吸纳合适的人士担当工作，这其中十分重要的一个步骤是遴选。

招聘工作前，先要掌握有关职位空缺的细节，如：职位所属的部门、该职位所执行的职务、该职位的责任与权力、该职位与其他部门及职位的关系、该职位的待遇与发展机会等。然后通过免费的招募途经（包括一些组织或者院校的辅导组推荐、朋友和员工的介绍、主动求职等）或者收费的招募途经（印刷制品广告、电子媒介的广告、职业介绍所、猎头公司等）获得被招聘人员的相关资料。

接下来，人力资源管理人员要挑选及聘用合适的人选，就必须进行一连串的遴选工作，可归结为以下几个步骤：

(1) 职位基本标准

如体格、外貌、背景、成就、形象、兴趣等要求。

(2) 遴选阶段及所需资料

遴选应聘者的资料，一般采取淘汰的甄选方法，而一般又采取“整体”和“个别”的方法来进行不同阶段的处理，相应要求不同的相关资料。

(3) 申请表格

申请表格大致包括以下几个类别的资料：个人资料（姓名、住址、婚况、国籍等）、家庭背景、教育程度、专业资质、工作履历、申请预期等。

(4) 遴选测验与心理测验

此类遴选，主要是进一步了解申请人的性格以及工作态度等。

(5) 专业遴选工具

这方面主要是针对一些专业与管理层的职位，可以考虑“小组甄别”或“评鉴中心”的方式进行挑选。

(6) 遴选面谈

直到目前为止，遴选面谈仍然是企业遴选员工普遍所采取的方法。

2. 员工的绩效考核

绩效考核也叫绩效评估，是企业依照预先确定的标准和一定的考核程式，运用科学的考核方法，按照考核的内容和标准，对考核对象（员工）的工作能力、工作成绩、工作态度进行定期或者不定期的考查和评价。

绩效考核对于企业、管理人员和员工个人具有不同的作用，总体表现在以下几个方面：为企业制定人力资源政策提供依据；对员工的岗位调配、升迁和淘汰作出评价；为企业建立合理的薪酬制度和进行薪酬管理提供依据；培养竞争机制，强化激励机制；发现优秀人才，促进人才的合理开发；发现企业中的问题。

绩效考核主要考评员工的“德、勤、能、绩”四个方面。绩效考核要遵守“公开开放、主客观结合、全面化、经常化、制度化”的原则。

绩效考核的主要方法分为主观考评和客观考评两大类。主观考评通常在绩效考核难以量化时采用，没有准确的标准，主要依赖于考评者的经验判断。主观考评的优点是经济省时，缺点是随意性比较大，因考评者的主观因素导致考核结果产生误差。客观考评包括：关键事件法、劳动定额法、行为锚定等级考评法、目标管理法四类。其中，行为锚定等级考评法是传统业绩评定表和关键事件法定结合。目标管理法则是现在较为流行的一种绩效考核方法，它的主要过程为：首先由上下级制定工作目标，然后员工按照目标进行工作，上级对员工工作进行分析得出工作绩效考评结果。

3. 员工的薪酬管理

薪酬一方面是雇主支付员工的劳动成本，另一方面亦是雇员为雇主工作后所获得的报酬。所以，如何厘订一个公平合理同时又令雇主和雇员双方都满意的薪酬制度十分之重要。一个有效的薪酬管理制度，应实现吸引人才、挽留人才和激励员工的三大目标。具体来讲，要达到吸引人才，薪酬就要达到合理且富有吸引力的水平；要挽留员工，薪酬就要顾及员工赖以维持生活水平的基本要求；要激励员工，薪酬管理制度更应该反映出市场的薪酬水平，薪酬的调整更应与员工的工作表现建立明确的关系。

薪酬管理制度的建立是否成功，很大程度上取决于能否获得员工的接纳与信任。一个有效的薪酬管理制度的建立必须考虑多方面的因素，这包括：工作的评估、薪酬水平的调查、员工的考核制度、员工的接纳与信任程度。

薪酬水平的厘订需要符合“内部公平”与“外部公平”的原则。要达到内部公平，便要视乎工作评估与员工评核制度是否合理。此外，薪酬加幅与各项奖励性的报酬亦属于基本考虑因素，同时要顾及各员工与工作表现的关系以及员工之间的相互比较。至于外部公平的原则，主要视乎公司薪酬水平与市场薪酬水平的比较。

4. 员工的培训和开发

员工的培训与开发由企业有计划地提供，是为使员工增进知识、能力、态度和行为，提高企业工作绩效，达到员工和企业共同发展目的而进行的系统化的教育训练与开发活动。

员工的培训和开发是企业进行人力资源开发和管理的主要组成部分，是“终生教育”、“终生学习”新理念的具体体现。企业进行员工培训与开发的动力主要来自以下几个方面：

(1) 工作和劳动力的变化；

(2) 提高竞争力和效率；

(3) 为组织节省成本；

(4) 维持稳定的工作标准。

员工培训和开发的目标主要是：

(1) 促进员工的道德尤其是职业道德的提高，改进员工的工作态度；

(2) 增加员工的知识含量和技术水平，改进工作质量，提高工作效率；

(3) 使员工理解并遵守规章制度、岗位职责与工作规范，有利于规章制度的贯彻执行；

(4) 使员工认同和理解企业文化，促进员工个人和企业不断发展；

(5) 在培训中挑选、发现和培养优秀人才。

员工的培训与开发工作不是企业的一时之需，而要形成一种制度，这就需要政策的支援。同时，培训与开发政策也为培训工作的开展建立完善有效的指导性框架，保证培训与开发工作的正确方向。但是，制定的培训与开发政策必须符合企业的现状，只有适用企业实际情况的培训和开发政策，才能制定有效的培训与开发规划，并成功地实施。

员工的培训与开发规划在众多的培训规划的具体约束和指引下设计，因此培训与开发的规划要有系统性，要尽量做到规范化、标准化、协调化，同时规划要有广泛的适应性与实效性。

员工的培训与开发规划的内容一般包括培训对象、培训内容、培训方式、学员规模、培训工具、培训时间、培训场所和培训费用预算等方面。培训规划按照计划长短分为远期计划、年度计划和单项计划三大类。其中，远期计划具有战略性和综合性，立足于开发，基本上无执行性；单项计划是远期计划和年度计划的具体实施形式，具有较强的执行性，基本上没有战略性；年度培训计划的战略性、综合性和执行性介于远期计划和单项计划之间；年度计划和单项计划应用较为普遍。

实际工作中企业培训员工的方法很多，如讲授法、研讨法、观摩法、角色扮演法和工作轮换法等，其中，讲授法和研讨法应用最为广泛。这些方法又分为在职培训和脱产培训两大类。

## 二、工程管理

对于总承包商的工程管理制度，展开来讲，则至少需要满足以下几个方面（图2-14）：

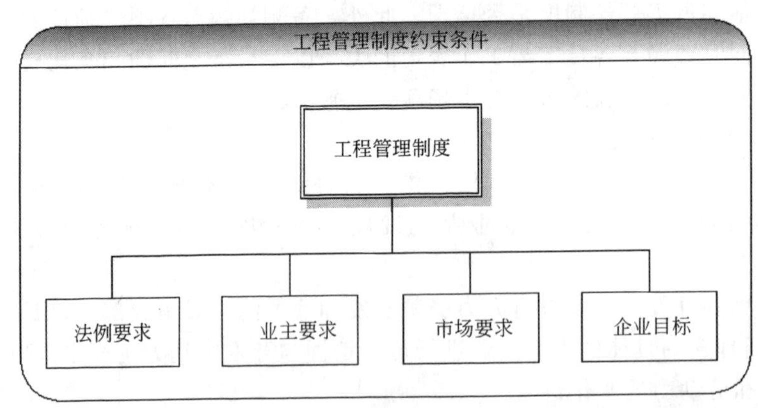


图 2-14　工程管理制度约束条件

- 法例要求
- 业主要求

- 市场需求（例如ISO认证、行业认证、公众信心等）
- 企业目标

**（一）工程管理的制度**

工程项目是建筑企业的业务核心及主要利润来源。因而工程管理制度的建立和实施，总以工程项目为特定目标而开始和终结。成熟的国际市场下，外部监管相对规范条理，管理有效性的实现主要有赖于成功的内在管理组织。因此，基于内外两个方面，具体的工程管理制度需要做到：

(1) 确保各个工序按业主及法例的要求进行，以满足业主对工程进度、工程质量、安全健康及环保的要求。例如工程施工、安装和维修等工作。

(2) 确保所有影响质量、安全、健康及环保的施工和安装工序处于受控状态。

(3) 对每个工序进行监督、检查和检验，并建立质量的可追溯性控制系统。

(4) 确保所用于工程上的物资（包括业主提供的物资）符合有关规范及满足合同要求。

(5) 确保施工资料的准确性。

**（二）工程管理的内容**

工程管理范围由合同指定，建造工程通常指由接收项目开始，直到完工并将工程项目移交给业主的整个过程，适用于业主合同内的所有施工工作。

工程管理以合同为核心展开，其具体内容从形式组织上划分可简单归于四个方面：

- 管理架构组织
- 分包管理组织
- 物资组织
- 工作流程组织

这四个方面的组织，从功能上又可以划分为：进度、质量、成本、安全、环保等五个方面要素。工程管理的一个重要具体目标就是达成这五个工程要素的协调统一。

**（三）工程管理的架构组织**

因应政府监管及工程管理需要，企业分别设有对应职能部门，例如：质量安全部、会计部、工程部等，企业一方面通过这些职能部门来与市场接轨、接受监管，另一方面通过它们来实现有效管理。主要工程管理工作由工程部承担，根据公司市场规模，工程部可以是一个部门，也可以是一些根据具体专业划分的专业部门或者专业公司。例如，“××建筑（香港）”最早在香港默默无闻，市场份额微不足道，手中仅有少数几个项目，设立一个工程部都显得浪费，经过二十年的经营，取得成长，做到了香港的市场第一，当初的工程部就调整成了现在的房屋工程部、土木工程部、基础工程部、机电工程部四个专业部门，每年合共承担70亿港元左右的工程额。

无论是一个单一的工程部，还是一组专业工程部门或者专业公司，主要架构都基本一致，由投标、分包、工程三个主要职能模块组成（图2-15）。其中，投标主要职责是承揽工程；分包的主要职责是分割从业主手中获得的工程，并通过招标等形式分包给分包商承担；工程的主要职责是按照合同要求进行施工组织协调，管理分包商，以实现经营目标。对于这些职能模块，在管理制度的机构规范中将作更进一步的具体职能描述与界定。

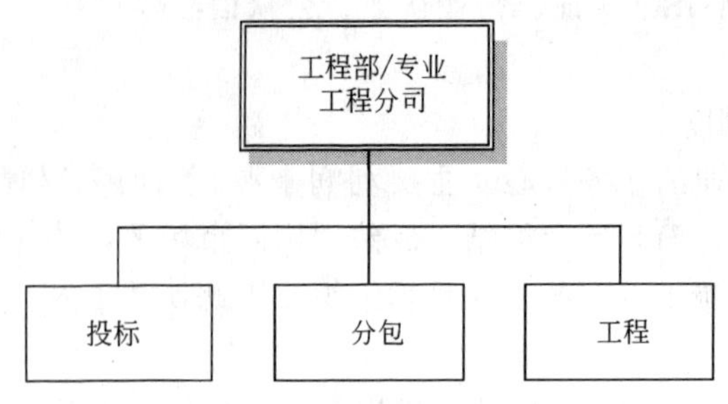


图 2-15　工程部架构组织

而项目的组织机构，根据不同的业主要求，具有不同的组织（一个常见的项目机构如图 2-16 所示）。一般情况下项目所设职位包括：

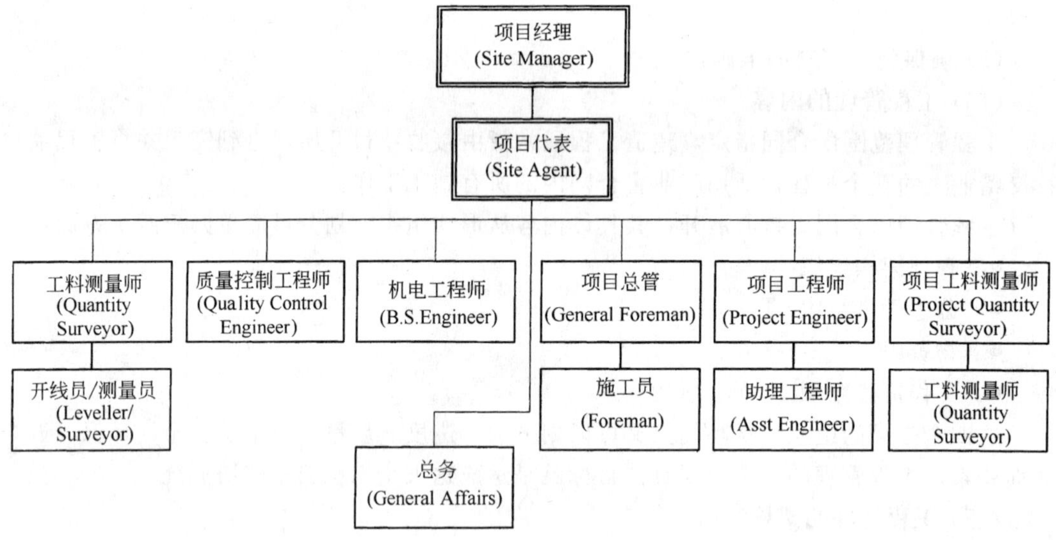


图 2-16　项目架构组织

项目经理（Site Manager）

项目代表（Site Agent）

质量控制工程师（Quality Control Engineer）

机电工程师（Building Services Engineer/Coordinator）

项目工程师（Site Engineer）

工料测量师（Quantity Surveyor）

项目总管（General Foreman）

管工（Foreman）

材料员（Store Keeper）

总务（General Affairs）

文秘人员（Clerk）

开线员/测量员（Leveller/Surveyor）

### （四）分包管理的组织

总分包制是国际工程中一种普遍的管理模式，这种模式根据现代工程的复杂性，将工程管理协调分为总体协调与专业工程两个清晰的层次，分别由总承包商和专业承包商来承担。这种制度符合模块化原则，优点在于分工合理，专业性强，契约安排单一，边际交易成本低。

总分包模式下，作为总承包商，可以不必陷于具体的工程细节，不必花费资源与精力去管理具体的施工过程，将这些细节问题交给专业承包商去处理，自己集中精力于总体协调控制，集中资源同政府部门、业主、建筑师、顾问公司、社会团体等进行外部协调，为工程的顺利进行创造外部条件；而专业承包商（分包商），则不必为施工以外的各种复杂关系而费心，这些外部协调工作都交给总承包商去协调，自己专注于项目范围之内的事务——具体工程施工（图 2-17）。这种分工是管理层次的真实反映，是管理理论的具体实践。根据管理学理论，一个组织的正常运转需要两类基本活动，即管理活动与作业活动。管理活动为作业活动提供服务，集中在计划决策、组织领导及检查控制等基本管理职能之上。管理活动与作业活动分属于不同的契约安排形式，监督管理的成本和制度结构变化的成本有较大区别，总承包商承担管理工作，分包商负责具体的作业活动，专门从事具体生产业务活动与作业活动。

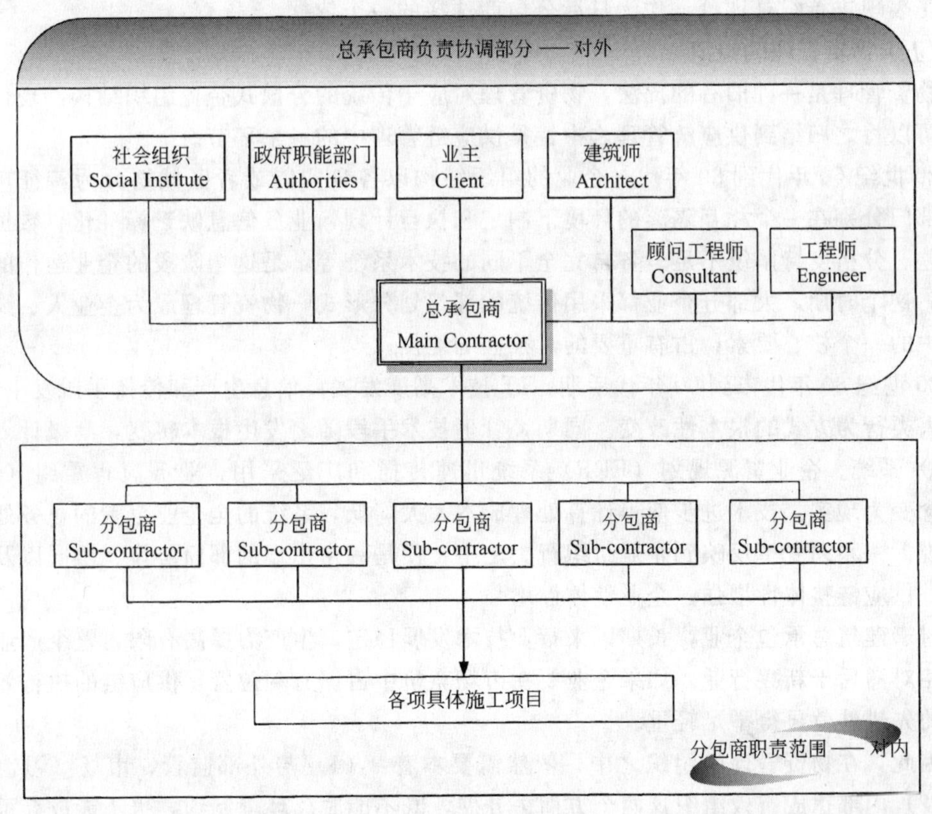


图 2-17　总分包制度的职责范围与特点

总承包商同分包商是一种共生的关系，总承包商的协调管理能力则直接影响到分包商的工作进展。分包商的工作表现也将直接影响到总承包商的形象、利益及工程目标的实现。一个工程项目，在施工过程中出现的各种问题，如拖期，质量低劣，安全事故频生，成本失控等大多与分包商的表现有关，所以分包商的管理与良好组织是确保工程项目顺利进行的关键。

对分包商的管理有很多种形式，此一内容将在本书其他章节展开论述。此处，我们仅对工程管理制度下的分包制度作一个简单描述与讨论。

公正、公开、诚信、合理、符合专业操守与经济效益是世界贸易组织（WTO）指导下的一个普遍采购原则，分包管理也基于这个原则展开，制定的各种制度指引及管理办法都依据这个原则。

分包管理通常包括名册管理、程序管理、施工监管评价三个部分。

名册管理方面。通常作为一家大型总承包商，建立有一套自己的分包商名册，来规范分包商的管理。这是公正、公开原则的一方面具体体现，总承包商在获得业主合同之后，经过分拆封包，一般会优先考虑邀请在册分包商进行投标报价。

程序管理方面，建立有一套分级分包体系。首先通过分包商公开竞投，根据一套公开的评标体系，确定前几名入围者，进入下一轮面试；之后，通过面试评价分包商的诚意与能力，进行议价；最后经过综合比选与评价，发布消息确定承包商。

施工监管评价方面，通过派驻施工现场的项目管理小组，根据各种技术规则对分包商的施工表现进行纪录评价，作为日后分包商选择的一个依据。

**（五）物资管理的组织**

物资管理是一种旧有的提法，物资管理对应于传统的分散式企业组织结构。现代管理中，可以将之归结到供应链管理之中，是供应链管理中的一个环节。

20世纪50年代到80年代，企业的组织结构以各自职能或者区域划分为特征，各个职能部门分别在一个相互隔离的环境下制定和执行计划，业务信息缺乏标准化、数据完整性较差、分析支持系统不足、各自完全不同的技术系统等，是这个阶段的企业运作的基本环境。这个时期，大部分企业都采用传统的部门划分形式，物资管理成为企业人、财、物管理中的一个核心要素，占有重要的、独立的地位。

20世纪80年代末到90年代后期，IT技术高度发展，信息生产和传播手段发生质变，导致人类行为方式的根本性改变。同期，管理技术手段随之发生根本转变，高级计划排程（APS）系统、企业资源规划（ERP）系统迅速传播和广泛采用，业务流程重组（BPR）从概念变为现实。技术进步使得计算处理成本大大降低，系统的全企业范围的业务处理得到实现。一系列变革反映到企业组织行为之中，便是频密出现的部门协作、协同以及部门重组，供应链整体性增强，企业整体性增强。

对于建筑总承包企业，长期以来行业技术发展稳定，生产力提高有限，整个产业管理手段相对滞后于新兴行业。如果企业要在市场竞争中占据有利位置，供应链的执行效率与管理的先进性就显得举足轻重。

因此，在物资管理的组织之中，依然需要本着：（1）与外部监管、市场（习惯）接轨；（2）内部达成有效组织这两个方面去开展，既不能脱离环境制约，也不能放弃可产生高效的内部协同。设立物资部专责物资组织供应与外部市场接轨。内部管理则采用协调制，物资管理参与到投标策划、执行、分包中，通过程序手段保证协调决策，通过人为组织刻意克服信息条块化、支撑数据分散所造成的困难。

具体物资管理组织中，明确界定物资管理的目的、范围与地位，确定程式化的物资管理处理流程。在具体的物资管理制度中，则这样定义：

物资管理的目的：根据工程质量、安全及健康和环保要求，选择合适的供应商，以保证所有与工程质量、安全及健康和环保有关的物资采购能满足业主及有关法例的要求。

物资管理范围：适用于公司及公司附属机构所承包工程之各类与工程质量、安全及健康和环保有关的物资采购。各公司附属机构之物资采购均通过物资部按本程序进行。

物资管理的地位：协同、保障。

物资管理的主要手段：合资格供应商名册制度，物资供应三堂会审制度。

**（六）工作流程管理的组织**

流程是企业的运作机制和管理机制的具体表现。根据 ISO 9000 的定义，流程（Process）是转换输入与输出之内部相互关联或交互作用活动的组合。Six Sigma 管理将流程描述为行动之所在，是企业通向成功之门的交通工具。而美国国家品质奖的流程定义是：为了组织内部或外部顾客，生产产品或服务的一些关联活动。无论怎样描述，流程都是为了方便管理而对作业过程的定义及分类。

流程的管理目标在于提高质量，因为质量来自于流程。现阶段，大部分企业的管理是流程导向的。我们相信，流程相对于结果同样重要，流程是质量的控制性前因，通过良好的流程管理以及不断改善，企业的服务质量会得到不断的提升。

流程管理通过组织来实现，包括界定流程、界定需求、衡量绩效、流程改善、机制回馈等环节。

流程根据行业性质可分为制造业流程和服务业流程。建筑总承包管理属于服务业范畴，其核心流程如图 2-18 所示。

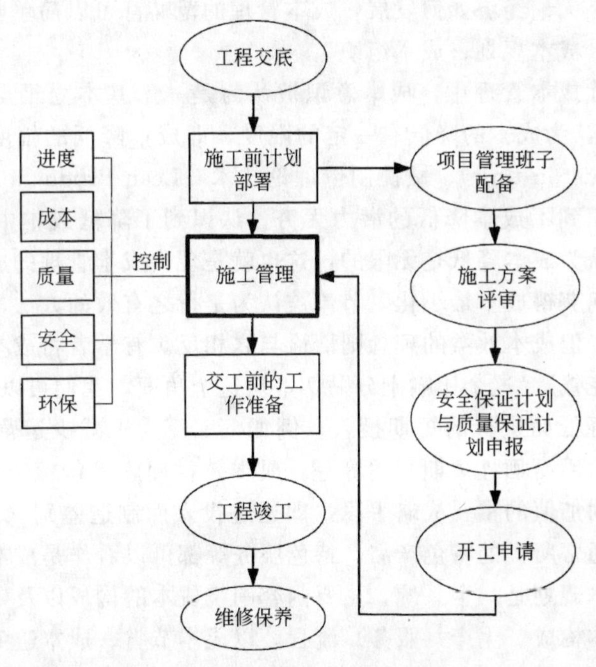


图 2-18　工程管理的核心流程

工程管理业务主要围绕这个流程展开，这个流程又分别包含几个子流程与具体的实施步骤。企业的各种运作组织以此为中心，在其他次流程及支援性流程的协助下展开。在这个流程运行的全过程中，对各类人员、各相关单位和部门的职责分工和行为规范，就形成了一系列的文字表达，即工程管理制度系列的产生。

## 三、成本管理

成本是企业经营的重要指标，反映的是为获得经营利润而投入的价值。因此成本可简单定义为获得利益所投入的资本。投入的资本可以是金钱、时间、劳动力、设备等有形资本，同时也包括知识、道德等无形资本。但传统意义上，在企业的经营中，成本主要指劳动力、金钱、设备（材料）、时间四个方面，即通常所讲的人、财、物，再加上时间。实际上，除了前面所讲的四个方面，知识、道德在企业的经营中都占用成本。

因此，广义的讲，只要属于资源，都应该计入成本之中，尽管类似人际关系、道德等方面在企业经营中难以量化为具体成本进行计算。但作为交易中的影响因素，它们是具有成本的。例如，交易者个人道德信用、企业信用的不同会引致不同的交易结果，这可以看作道德成本的不同。商业中的信用评级就是对企业的道德予以定价的行为。

经济社会下，企业以最大获利为经营目标。因此，成本管理在企业经营中占有重要地位，被认为是管理的核心责任。

所谓管理是为达到预期目标，进行计划、组织、协调、控制的过程。成本管理以成本最小化为目标，追求的是成本不断地减小。所有的成本管理围绕“成本的降低”而展开。

### （一）成本管理的范畴

成本管理的范畴随着社会的发展、投入产出关系的变化而变化，也随着经济的高度发展而不断扩展。但是无论经济如何发展，成本管理的范畴都可以简单归结为四个方面：成本意识、成本效益、成本规划、成本组织。

成本意识。现代成本管理中，成本意识被认为是一个基本立足点。传统上，经营者（以及研究者）普遍认为成本的降低有一定的限度，即成本降低的幅度有限。但是，随着零库存理论技术（Just-in-time）、敏捷制造理论技术（Lean Production）等新理论方法的出现，人们充分认识到了成本降低的潜力无穷，认识到了降低成本中存在的创造性。因此，现代成本管理认为成本降低是无限的，这也就是现代成本管理的成本意识。

成本效益。如何获得成本最小化，节流被认为是行之有效的方法，并长期以来被认为是不可违背的规则。但成本效益的理念则恰恰与之相反，有学者将成本效益理念通俗地表示为“为了省钱而花钱”。这个比喻十分贴切，从这个角度，我们可以将成本效益表述为：为了获得长期成本降低而进行的短期投入。例如，工厂为了减少运营费用而增大初期投入，企业为了商业信用而牺牲短期利益等等。成本效益理念是价值工程思想的一种体现，也是一种提高产品附加值的重要战略手段，即通过投入而制造差别（或者不均衡），提高产品价值，例如，通常所提的特色产品、特色服务等都可以看作是成本效益理念的产物。

成本规划。成本规划是一个系统，主要内容围绕成本的构成以及生产（服务）的流程展开，通过研究成本构成、生产（服务）流程，以成本节省、成本避免、成本重组、流程重组等形式，对成本进行较为全面的规划设计。例如，确定目标后，通过限定成本来设计流程、设计成本组成。在成本规划的理念下，整个成本控制突破了生产阶段的限制，引入了“流”理念，上溯扩展到了开发、设计阶段，下推至产品（服务）周期的完结。

成本组织。成本组织不同于传统成本管理范畴的成本计算分配，现代成本管理之中，成本组织是对成本规划的展开与具体深入，是根据成本及流程逻辑关系对成本要素的精细拆分与重新组织，包括成本计算与成本筑入等。

**(二) 成本管理的内容**

应用成本组织理论，成本控制通常要求分为：日常成本控制、事前成本控制、质量成本控制几个部分。但不同于会计管理，成本管理针对行为责任目标。通过成本管理，决策者能够确保项目产品在财务上是可行的，并且是值得的。成本管理的主要内容为：成本计划、成本报告、成本核算、成本分析、成本预测、成本决策等几个方面。

1. 成本管理（分摊）方法

成本分摊计算的方法很多，传统方法是基于数量计算分摊。而随着管理复杂性的增加，产品、服务的多样化，以作业过程为对象的作业成本计算（Activity-Based Cost，ABC）、作业管理（Activity-Based Management，ABM）等新方法得到发展与应用。因为作业成本分摊是对整个资源耗费过程的跟踪与分配，因此更具科学性，受到现代企业的推崇与追捧。

但无论采用何种成本计算方法，目的只有一个：定量准确地计算出为了达到获益目标所需要付出的成本。因此，任何计算及分摊体系，无论理论多么复杂，步骤多么精妙，都须以准确、合理计量为原则。一味地追求方法先进并不是成本管理的最终目标，不同的企业应该根据自身的特点选用不同的分摊方法。

2. 成本管理的要素

资讯、流程、授权、出入口是成本管理的四个要素。资讯指与成本或者资源消耗有关的各种信息，对于建筑总承包企业，市场信息、业主要求、规例要求等在管理过程中影响成本的信息都属于资讯。流程则是产品或者服务由资源形态至最终目标形态的过程，是一个资源耗费的过程，不同的流程将会对资源有不同的消耗过程与方法。授权是资源分配与使用的前提，不同的授权决定着不同类型、不同程度的资源分配权与使用权。出入口则代表市场，出口即是市场，是影响与评价产品或者服务价值的最终标准。入口是前级市场，是资源投入成为成本前的市场，也是影响最终产品或者服务价值的重要前因。

3. 成本组成

成本可按照各种不同用途及目的分类，用以适应管理分析以及决策之用。按照功能流程分类，成本可分为采购成本（Cost）、制造成本（Manufacturing Costs）、推销成本（Distribution Costs）、管理成本（Administrative Costs）及财务成本（Financial Costs）；按照成本基本要素分类则可分为直接成本（Direct Costs）和间接成本（Indirect Costs）；按照成本变动与业务活动之间的关系区分，则可分为固定成本（Fixed Costs）、变动成本（Variable Costs）和半变动成本（Semi-Variable Costs）；按照成本收益分配分类，又可分为产品成本（Product Costs）和期间成本（Period Costs）。

而成本会计系统中，通常将成本统分为三大类，称为成本的三大要素（Cost Elements）：直接原料成本（Direct Materials Cost），直接人工成本（Direct Labor Cost），间接制造成本或费用（Indirect Cost or Overhead）。

其中，直接原料与直接人工合称为产品主要成本（Prime Costs），直接人工与间接制造成本合称为加工成本。产品主要成本与间接制造成本合称产品全部成本（Full Factory Cost）。

而对于建筑总承包企业，我们将成本分为开办费、管理费、工程费三项。其中，开办费包括管理人员薪金、水电费、电话费、检验试验费、工具用具费、保险费、折旧费、工程清洁费、驻工地工程师费用、驻工地工程师资产及用具、肺尘埃赔偿费、建造训练费、工程图片、看更费、平水及墨斗费（测量费）、机械费、项目写字楼建造费、棚架费、项目围栏费、招牌费、安全措施费、进场平整费、图则费、交通改道费、安全推广费等。管理费包括汽车费用、舟车费用、副食费、文具印刷费、交际费、福利费、工程罚款及赔偿费、写字楼清洁费、顾问及律师费、医药费、其他费用等。工程费则为工程合同中所包含的工程建造项目所发生的费用，例如模板加工、弯钢筋与绑扎钢筋、浇筑混凝土、砂浆拌制、外栏、机电等材料费用和人工费用。

**（三）成本管理制度**

正确评价成本的累积与摊销，为企业经营提供决策依据是成本管理制度存在的重要目的之一。因此，在企业内部需要有一个比较明确的制度安排。但是如上所述，由于成本种类繁多，涉及管理中的每个环节，所以很难有一个明确、清晰、集中的制度安排来规范成本的使用、控制与分摊，因而只能从行政制度、人力资源制度、工程管理制度、公关制度、营销制度、会计制度等资源耗用环节进行控制管理。根据建筑总承包企业的特点，我们通常可将成本简单划分为开办费、管理费、工程费三个方面，分别对应项目管理、总写字楼管理和项目（合同）三个成本中心。而具体的成本管理体现在各个不同的管理环节之中。

具体做法等详细内容见本书第六章。

## 四、合同管理及商务管理

现代社会下几乎所有的经济活动都在合同（Contract）的界定之下运作。根据合同理论，合同是对资源使用与收入分配的制度安排，是对合同订立双方权利和义务的明确界定，合同具有法律约束力，是现代社会文明发展的标志之一。

根本上，管理的目的在于降低交易费用，赚取差价，合同将这种关系确定化，形成制度，成为社会经济活动普遍遵循的一个法则，成为公司管理的核心内容。

香港法制健全，强调合同精神，管理严格有序。香港建筑工程总承包涉及的建筑合同主要有三大类别：总承包工程合同、分包合同和采购合同。

合同管理的重要目的在于正确理解业主合同内容，及时解决合同问题并选择合适的分包商，以确保业主合同能被正确的执行。毫无疑问，清晰的合同管理指引与制度是成功管理的必要保证。

合同管理制度的重要作用之一就是确定作业方式与责任划分。主要内容包括：

1. 合同处理

合同处理包括业主合同处理、业主指定分包商合同和分包合同的处理，由于内容特点有所不同，合同管理制度对它们分开加以规定。

合同处理包括合同评审和合同会议。合同评审过程必须作书面记录并由有关人员存档。

(1) 合同评审

对于业主合同，在工程施工前，项目需做合同评审工作，如发觉有合同问题，应以书面记录，并尽早澄清问题。

对于业主指定分包商合同，收到业主指定分包商合同后，合同科经理负责审核分包合同内容是否与业主合同内容相符。若有问题，须立即通知业主代表，讨论有关问题，确保业主指定分包商能按业主合同要求完成其负责部分。审核无误后，合同科负责填写有关资料并联络业主指定分包商签约后再交公司总经理或其授权人签名。合同正本交工程公司文秘人员登记存档。工程公司文秘人员负责影印合同副本交项目，并要求签收。

(2) 合同评审或者合同进度会

- 工程公司最少每季召开合同评审/进度会。
- 开会前各项目负责人应提交工程月报表。
- 会议上须检讨各项目执行合同情况，评审工程进度，并讨论项目存在的问题和解决方法。
- 会议内容应记录及存档。

(3) 项目合同会议

- 项目应每月安排一次合同工作会议。
- 项目负责人，项目工料测量师参加会议。
- 会议应检讨从业主处收款情况，分包商工程款支付情况，工程变更处理和索赔等。
- 项目工料测量师作会议记录及存档，并抄送一份至工程公司。

2. 业主代表指令处理

(1) 有文字记录之业主代表指令

- 项目负责评审业主代表指令。
- 如发现有问题应立即与业主代表讨论解决方法。如有需要，可向工程公司有关负责人要求协助。

(2) 缺乏文字记录之业主代表指令

- 项目收到缺乏文字记录之业主代表指令时，应立即通知项目负责人，由项目负责人记录存档。
- 项目负责人应与业主代表确定有关指令的详情，并要求业主代表尽可能补发文件指令。
- 如业主代表决定不补发文件指令，项目负责人应记录备案，并将备忘录发放给业主代表签收。
- 项目负责人须按上文“有文字记录之业主代表指令”对业主指令作出评审。
- 项目负责人若对业主指令有任何批示，应书面通知有关执行单位，副本交由单位文秘人员登记及存档。
- 如发现有问题应立即与业主代表讨论解决方法。如有需要，可向工程公司负责人要求协助。

3. 工程变更的处理

(1) 工程变更的确认

- 工程变更的确认由项目代表或项目经理主理和提出分析意见。
- 项目负责人审核并签名确认。
- 对属于和不属于工程变更的业主代表指令应分别登记。
- 项目工料测量师负责做表和更新资料、存档。
- 项目代表负责订定需要跟进的事项包括书信、相应施工安排、记录等。

(2) 工程变更的处理

- 项目工料测量师负责工程变更的价格处理工作。如与业主/业主代表有争议，则由项目负责人负责统筹解决。工程变更的价格以每一单项计，如超过港币 30 万元，应于报业主/业主代表前报各自的工程公司和商务部审定。
- 项目代表或项目经理负责工程变更的工期延长处理工作。
- 价格或工期的处理，均应由项目负责人审核及签字批准方可报给业主。
- 项目工料测量师应对业主关于价格、工期的回复登记，并及时通知项目负责人、项目代表或项目经理回复价格和报批价有无不同。如有不同，项目负责人应作出处理决定。
- 所有对工期处理的业主/业主代表信件都应抄报各自的工程公司和商务部。
- 由于工程变更而发生的其他费用和废工、废料等应由项目代表或项目经理负责处理。项目工料测量师负责登记、跟进及存档。

4. 索赔管理

索赔工作由项目代表或项目经理负责。

- 项目代表应建立索赔项目记录表并订定需要跟进的事项。
- 根据实际发生情况，如有可以索赔的项目，应在合同规定时间内通知业主。
- 对要索赔的项目，要及时收集足够的资料，报给业主。争取业主在合同规定的时间内答复和批准。
- 对业主/业主代表最终都不同意的索赔，如有充分理由及对项目影响重大，可以按合同内容要求进行申诉（如：仲裁、调解等)。由项目负责人提出申请，报各自的工程公司和商务部审核，最后由公司领导批准。

5. 合同管理工作的审核

对项目合同管理工作的审核由商务部联同各自工程公司的合同科负责执行。

- 审核约每 3 个月一次。
- 审核形式及方法参照 ISO 9000 的审核。

6. 分包商管理

分包商名册制定、更新及分包商评估：

(1) 制定

所有分包商（包括专业工程顾问）应填报分包商登记表格，由合同科工料测量师核对或补充资料。

合同科主管副总经理应以分包商的经验、人手及以往对质量、安全健康、环保及保安管理的表现为原则，决定该分包商是否列入分包商名册内。

(2) 更新

合同科负责每年对各分包商在该年度之工作表现作全面评审，对工程质量、安全及健康、环保和保安管理表现不好的分包商可向上级建议除名，经合同科主管副总经理批准后，从认可名册中除名。

对于严重违反分包合同要求之分包商，各项目经理可随时向合同科报告，建议从名册中除名。

经除名之分包商，一年内不得再申请进入名册。特殊情况须由项目经理打报告，列明详细原因，再交由合同科主管副总经理批准方可安排重新进入名册。

(3) 评估

合同科应每半年向各有关项目发出分包商评估表，由有关项目经理负责填写，全面评估该分包商在项目之工作表现，工作质量、安全及健康、环保和保安管理等执行情况和该分包商是否可继续保留在名册之内。

7. 合同分包管理

包括分包方案制定、分包文件的拟定、发标与回标、开标与定标，以及签署保管等事项，具体流程及内容详见本书第五章。

商务管理是一个公司处理外部关系的重要内容。对于建筑企业，商务管理的主要内容是同市场的衔接与联络，以及对纠纷的处置与处理。通过商务管理，企业保持对市场的正确把握，保持良好的经营环境。

商务管理的主要制度为企业形象、地位的规定，以及具体的作业流程规定，例如 QS 作业与管理制度等。

有关详细描述，请参见本书第五章内容。

## 五、物资管理

物资管理是个传统的提法，所谓物资管理即对涉及企业运行的物资进行管理的过程。物资包括的范围很广，机械、设备等固定资产属于物资，原材料也属于物资。而通常意义上的物资管理多指对生产原材料的管理，包括生产原料的采购、储存、分派等环节。在现代企业经营理论中，物资管理属于供应链管理的范畴，物资根据“流程”思想归于物流之中。

传统中，根据供给理论，物资管理是生产运营管理的前提与保证，“兵马未动、粮草先行”，只有有了物资之后，生产才可以展开，因此物资管理必定至少存在三个环节：采购、存储、分派。物资采购是为寻求资源供消耗或生产以及采购物料作为再销售；存储是为生产或者再销售进行资源或物料储备，以保证生产或者再销售的稳定有序；分派是将资源转入生产或者物料进入销售终端。对于资源，三个环节之中，前两个环节资源保持原有形态未变，并没有增加价值，而且在存储环节中，为了保持资源形态、特性可能还需要增加额外耗费，例如材料存放中的防潮、防撞、防火等都需要额外耗费资源。分派环节是资源增值的开端，是资源转化为产品的开始。

物资管理的发展总是与制造模式的发展相适应。

17 世纪工业革命后，现代制造业产生，在专业化的分工协作、蒸汽动力机和工具机的基础上，出现了制造企业的雏形——制造工厂，到了大约 1900 年，制造业成为西方社会重要产业。当时的制造模式是“少品种、单件、小批”模式。例如最具代表性的汽车行业，当时处于世界领先地位的轿车公司 P&L 每年产量仅几百辆，而且所造的汽车没有两辆完全相同，原因在于P&L所有的承包商都不采用标准的计量器具，装配时依靠装配工的熟练，修整零件，使之配合良好。至1905年，欧洲已有几百家这类公司采用单件生产方式少量地制造汽车，这些独立承担大部分生产任务的小工厂没有能力开发新技术，产量低，成本高，且边际成本不随产量而下降。这时，由于产量小、产能低，流程清晰简单，因而物资管理相对简单。

20世纪20年代，“互换性”和“大批大量生产”理念（E. Whitney）被引入工业生产，在传送带、电气化、标准化与系列化等技术与理念的结合下，1913年，亨利·福特（Henry Ford）开创了机械自动流水线生产，至1915年，福特流水线即生产了一百万辆汽车，自此工业生产进入“少品种大批大量生产”模式，这是制造业第一次生产模式的转换。这种新的生产模式和大量生产方式及其技术支持和零件的互换性带给了制造业一场重大变革，它推动了工业化的进程和经济的高速发展。其主要特征是：少品种大批大量生产、塔形多层次的垂直领导和严格的产品节拍控制。其市场特征与少品种单件小批生产模式相同，都是卖方市场。此阶段，物资管理随即出现重大发展，采购、存储、分派的物资管理模式得到广泛应用与推崇，被认为是现代物资管理的法则。

20世纪70年代，全球爆发石油危机，由此所引起的日益严重的自然资源短缺，这对于当时靠进口原材料发展经济的日本冲击最大。生产企业为保持与提高产品利润，增强公司竞争力，在原材料成本难以降低的情况下，从物资管理方面着手，降低由采购、存储、运输等方面所产生的费用，这一思路最初由丰田（Toyota）公司提出并应用，取得了意想不到的成果。随后，其他许多日本公司纷纷效仿，取得了很好的成绩。这就是JIT技术，通过实现零库存来降低物资管理中的仓储费用，通过以需定供、零缺陷降低分派消耗，按照需方需求的品种、规格、质量、数量、时间、地点等要求，将物品配送到指定的地点。不多送，也不少送，不早送，也不晚送，所送品种要个个保证质量，不能有任何废品。JIT是物资管理理念与方法的又一个重要转变，由传统的采购、存储、分派三环节而减少至采购、分派两个必要环节。

20世纪50年代开始，人们对“少品种大批大量生产方式”的优缺点有了进一步的认识。一方面，认识到大批大量生产方式的规模效益使企业受益匪浅。另一方面，也认识到刚性自动流水线存在许多自身难以克服的缺点，市场的多变性和产品品种、过程的多样性对刚性生产线提出了挑战，为此人们从技术角度形成成组技术和以计算机与系统技术为基础的制造自动化，试图改进这一模式的不足。大规模定制（Mass Customization）、敏捷制造（Agile Manufacturing）等技术因之产生与发展。

敏捷制造、大规模定制都是信息技术高度发展情况下，以市场需求为导向的灵活制造方式，它们的出现对物资管理提出了更高的要求。尤其敏捷制造情况下，物资管理已经超出了传统的、既定的框架，在敏捷虚拟企业组织下，以前的资源可以作为动态联盟的一部分而纳入虚拟企业之中，从而使物资管理由集中转化为分散，而且通过这个分散来减少运输、存储等不增加价值的中间环节，为成本的降低提供空间。

零库存技术、大规模定制、敏捷制造技术等都是经济不断向更高层次发展的产物。随着信息技术与自动技术的高度发展，企业制造模式的进一步集成化与专业化，物资管理也将更加趋向于系统与集成，并与企业管理的其他因素交织，随着制造模式的转变，更加分散集成于制造流程的方方面面，管理更加细观（介于宏观与微观之间）。

**(一) 物资管理的内容**

根据现代管理理论，物资管理属于供应链管理的范畴。供应链管理思想兼顾供与需两方面，把需求放在重要的位置："需求永远是供应的导向，为需求而供应"。根据这个思想，供应链上有五种基本流在流动：信息流、物流、资金流、价值流和工作流。这些流相互关联、相互影响形成了一个完整的系统。其中，物流是基本，物流是供应链上最显而易见的物资流动，是供应链的动因。一方面，物资从供方开始，受需求牵引沿着各个环节向需方移动。另一方面，物资管理为企业成本最小化的目的服务。

由此，物资管理应该关注于物料的形态与价值。即物资管理的内容包括：采购、运输、存储、分派等管理环节以及质量、数量、时间、价格等影响因素。

建筑总承包企业属于传统产业，具有传统生产企业的特点，也包含一个从资源到产品的生产过程。但是建筑总承包又具有自身的特点，首先建筑总承包以项目（Project）为基本生产单位。作为项目，具有限定性、复杂性、集成性、一次性、完整性的特点。其中，项目的一次性、限定性、复杂性是普通工业生产所不具备的。

物资管理存在独特性。基于项目的一次性，不同项目合同之间的要求必然相异。因此，根据合同的不同要求，项目所需物资种类必然不尽相同，存在较大的差别（例如：同样是房屋建筑，医院、学校和商场之间，所需要的物资差异就很大；而且，同类别的建筑，私人工程和政府工程之间也有差异）。

物资管理的限定性。建筑属于个性化产品，许多材料的选取（尤其是装饰材料），都与业主（Client）或者建筑师（Architect）的背景和个人观点有关，材料的牌子、产地、价格等都可能受业主或者建筑师的限定；或者受其他条件（例如，地理位置、气候、场地等自然条件，厂家产能等非自然因素）的限定。再有，项目受严格的时间限定与约束，因此物资的供应也都有严格的时限。这些构成物资管理的限定性。

物资管理的复杂性。项目管理是个一定受不确定因素影响的过程，因此，物资管理中也会面临着人为要求变化、自然条件变化的复杂性。根据项目管理理论，合同执行过程中，冲突必然存在，因此物资管理中也面临着很大的复杂性，物资供应的长周期同需求的迅速转变存在冲突，会面临成本增加的风险。

**(二) 物资管理的制度**

香港的总承包业务有一个特点，总承包商通常负责采购的材料主要为钢材、商品混凝土、混凝土制品、瓷砖、油漆、洁具、门五金等用量大、价格透明的材料，而精装饰用封面板（cladding）、铝板、玻璃幕等价格昂贵、利润率高的材料，业主会指定供应商或者指定价格、产地、品牌等对总承包商加以限制。

另外，香港有一套严格的材料申报、检验、批准制度。任何材料在使用之前都需要申报并通过相关专业检验，甚至需要进行实地测试试验。例如，对于等级为 C60 的高强度混凝土，使用之前不但从备料直到生产都要得到批准认可，有的结构工程师（Engineer）还要求在工地现场浇筑试验柱（或试验墙），实地测试强度等物理特性。对于具有水密性、防风、防雨等特殊要求的结构，法例或者建筑师（Architect）会要求实地试水或者通过风洞、水压测试。对于普通的装饰材料，通常也会被要求必须先做一个实地样板给建筑师或者业主观看效果。

根据这些特点，我们的物资管理制度重点放在供应商的能力与素质上，对于物资的管理程序也分为公司与项目两个层次。公司层次，由公司负责供应商的筛选考核以及合同工作，项目则负责提出物料的具体计划安排与细节要求。这种制度安排符合总承包业务的特点，使项目从繁琐的供应商考核选择中解脱出来，专注于具体项目的运作管理，而公司物资管理部门则专注于供应商的表现与筛选、考核，避免陷入具体的物料发送、运输、检验等琐碎安排中，集中于供应商的管理。

因此，在物资管理中，公司制度重点放在了由公司层次负责的物资采购工作之中。

所以在一些公司的标准工作程序中规定：物资采购管理的目的是根据工程质量、安全及健康和环保要求，选择合适的供应商，以保证所有与工程质量、安全及健康和环保有关的物资采购能满足业主及有关人士的要求。

范围则适用于公司及公司所属机构所承包工程之各类与工程质量、安全及健康和环保有关的物资采购。各公司所属机构之物资采购均通过物资部按采购管理程序进行。

**（三）物资管理作业程序**

1．供应商名册的制定、更新及供应商评估

（1）供应商名册制定

1）与工程质量、安全及健康和环保有关物资之供应商在进入供应商名册前应填写“供应商预审表”（参考表格 P04-01），并交采购员。

2）采购员负责检查供应商所提供的资料，交物资部副总经理处理。

3）物资部总经理应以供应商的实力、商誉及以往服务的表现作为依据，决定是否列入名册内。

4）物资部秘书负责编印并保存最新版供应商名册以供采购员查阅。

（2）供应商名册更新

1）每年年初，物资部负责对所有供应商就过去一年的表现进行全面的评估，复审并更新供应商名册。对表现不好的供应商将从名册中除名。

2）对犯有严重违反按时、按质、按量、按安全及健康和按环保要求供货的供应商，项目负责人及采购员要及时通知物资部副总经理。物资部副总经理在全面考虑实际情况后提出处理意见，并报物资部总经理。必要时，经物资部总经理批准可立即将供应商从名册中除名。

3）被除名的供应商一年内不能使用，特殊情况下经项目负责人或采购员说明原因，经物资部副总经理审查及物资部总经理批准后方可选用。

4）更新后的供应商名册经物资部秘书重新编印。

（3）供应商评估

1）对每年与公司及公司所属机构有来往的供应商，采购员及项目负责人要在年底填报“供应商评估表”，交物资部副总经理评估。其中安全及健康和环保一栏主要评估供应商之供货品质是否符合安全及健康和环保要求，交货中是否违例、不合规格，安全及健康和环保仪器的售后服务是否及时和满意等安全及健康和环保表现情况。

2）核对有关的评估资料，交物资部总经理审批。

3）所有评估表要作为质量、安全及健康和环保记录，由物资部秘书按《文件及资料管理工作程序》的有关要求保存。

4）采购员要及时将收集到的供应商最新资料交物资部秘书输入电脑，更新旧的资料，以保证对供应商做出正确的评估。

2. 采购

物资部的采购工作原则上只限于公司自用的材料，若分包商以包工包料的形式供应的材料，则不在物资部的采购工作范围之内。

项目应尽早组织编制施工材料计划，写明所需材料的品种规格，并附上有关之技术、质量、安全及健康和环保要求，以及所需数量和进料时间，并应于项目开工初期提交物资部，以便物资部安排采购。如果根据工程的实际情况需调整原施工材料计划，项目负责人应及时通知物资部，并提交新的施工材料计划表。

当工程合同规定公司需协助业主在货源地、收货地或工作现场进行检验时，项目负责人应尽早提出，以便物资部在邀请供应商报价时能作出相应的规定以满足业主检验的要求。

当工程合同对安全及健康和环保有特别要求需要进行采购时，物资部可会同项目及有关方面一道向供应商作出说明，并在合同中列出相关的特别条款及条件。对于合同无特别要求的物资，采购员要兼顾货物质量及交货中的安全及健康和环保因素（如噪声、能源消耗、扬尘、废气、废料、化学品等），在对此作出评价基础上，选择相应供应商采购较为安全及健康和环保的产品。

凡公司代分包商购买的材料，项目负责人要填写“物资申请表”（参考表格 P04-09），注明代分包商购料原因。经有关工程公司负责人批准后，物资部方可办理。

(1) 大宗和装饰材料采购办法

1) 应用范围

大宗材料（如钢筋、型钢、混凝土、混凝土预制品、砂、石、水泥等），装饰材料（如各类、陶瓷锦砖、洁具、龙头、门五金等）。

2) 采购办法

物资部在收到有关施工材料计划后，按以下采购办法办理。如有关材料在投标时已签署意向书或合同，则采购员可直接通知有关供应商供货。

① 供应商的选用和邀请报价：

- 一般情况下，采购员应从供应商名册中选择供应商报价。若采购员要选用尚未进入供应商名册的供应商，应知会物资部总经理，批准后方可邀请报价，同时知会项目负责人。通常情况下应邀请 3～5 家供应商参加报价。
- 采购额在 3 万港元以下，采购员可用电话邀请报价。
- 采购额在 3 万～10 万港元，采购员要编制并签发“报价邀请书”（参考表格 P04-04）。
- 采购额在 10 万港元以上，“报价邀请书”须由物资部副总经理审核签发。

② 定标：

- 采购员要详细分析各供应商的报价，并选择有条件的供应商议价，基本原则是取最低价前 3 名，然后做“比价单”（参考表格 P04-05，P04-06）。
- 采购额在 100 万港元以下，由物资部副总经理审核，必要时征询项目意见，由物资部总经理审批。
- 若采购额在 100 万港元以上，采购员要组织会议，由物资部总经理主持，由有关单位、物资部及项目共同审定。

③ 送样板报批：

需要业主代表审批的材料，采购员要通知供应商，按材料报批办法办理。

④ 物资申请表：

- 项目代表要提供所需材料的资料，由项目有关人员编制“物资申请表”（参照表格 P04-09），经项目负责人审批后，正本送物资部办理，副本由项目存档。装饰材料要提前 3 个月提出申请。
- “物资申请表”必须填写清楚，并尽可能包括下列各项内容：材料名称、规格、型号、数量、要求进货日期、技术要求、适用于该项材料的质量、安全及健康和环保体系标准的名称、编号和版本，以及业主代表审批文件的复印件，必要时加上附带条件。
- 项目要在开工初期，呈交项目负责人签字的样本到物资部存档。如签字样本有任何修改或人事变更，项目应尽快把更改资料送交物资部。

⑤ 订购合同：

- 采购员根据“物资申请表”编制《订购合同》（参照表格 P04-07）或由供应商编制定购合同。《订购合同》要包括“物资申请表”所列的项目、检验规格和基本条款及条件，必要时加上特别条款及条件。
- 采购员要把《订购合同》交物资部副总经理评审，100 万港元以上的合同还要由项目负责人及有关单位审核。
- 签约前，供应商须认可所有与其有关的合同要求以及工作程序中与之有关的条款，并保证遵照执行。
- 经审核的《订购合同》由物资部总经理签署。

⑥ 信用证：

如付款采用信用证，采购员要填写信用证申请表，交物资部总经理签字，由主管的公司副总经理签批后，交财务部办理有关手续。

⑦《订购合同》存档：

物资部秘书要把供应商签回的合同，连同“物资申请表”及“比价单”按《文件及资料管理工作程序》要求，按项目分类存档。《订购合同》副本，交项目签收存查。

⑧《订购合同》修订和补充：

- 《订购合同》签订后，如有任何修改，项目负责人或项目代表要以书面通知有关采购员。由物资部总经理批准后发函通知供应商办理合同变更。
- 补充订货按本章规定办理，原则上采用原合同供应商。
- 所有补充合同和修订函件由物资部秘书按本章规定存档。

(2) 胶合板、木方采购办法

1) 申请办法

项目必须提前 2 天将“物资申请表”交物资部。在特别情况下，也可以电话通知物资部先下达订购单，并在 48 小时内补送物资申请表。

2) 供应商的选用和订购办法

- 采购员从供应商的最新报价中，选择一个信誉好、质优、价格合理、可按时送货的供应商，经物资部副总经理批准后，由该供应商供货。

- 采购员通知该供应商按接受价格及时送货。
- 采购员将订货价格及交货期传真给项目备查（参考表格 P04-17）。

(3) 零星及小批量材料采购办法

1) 应用范围

零星材料及小批量材料的采购，项目可按下面订购办法办理。

2) 供应商的选用和订购办法

- 申请人填写“零星材料申请表”（参考表格 P04-10）报项目负责人审批后，交材料员办理并存档。
- 材料员选择一个信誉好、质优、价格合理并可按时送货的供应商。零星材料要从定点供应商中挑选。
- 特殊情况下需由非定点供应商供货，必须经项目负责人审定后，材料员才可电话或传真通知供应商按时送货。

(4) 特殊材料采购办法

1) 应用范围

油料、隔热材料、防水及疏水材料、粘结及封口材料、PVC 管及闸阀等。

2) 订购办法

- 物资部或项目找 3～5 家供应商进行询价、比价及洽谈合同条款。
- 如果项目直接同供应商洽谈供应合同，项目应将拟好之《订购合同》连同“物资申请表”，“报价单”及“比价单”交物资部审核后由物资部总经理签署。
- 供应商签回的《订购合同》由物资部秘书按本章相关规定处理。

(5) 电脑及有关软、硬件订购办法

另行规定有关之采购办法。

3. 进料

(1) 项目材料员要掌握采购合同中各项材料的供货时间，督促供应商按时送货，并及早通知项目负责人或总管，以便做好存仓准备。

(2) 订购合同写明按订单分批送货的材料：

- 钢筋由材料员按《订购合同》的要求填报“物资申请表”提前向供应商下达订购单。“物资申请表”上的负责人签字要与签字样本相符，否则供应商可以拒绝送货。
- 混凝土、砂、石、水泥等，由材料员提前一天向供应商下达订购单。混凝土方面，管工（即施工员）要填写“混凝土申请单”（参照表格 P04-11）交材料员存档。

(3) 如供应商未能按时供货，材料员要立即通知项目负责人及物资部经办采购员，以便向供应商交涉解决。

(4) 对于供应商的送货通知书，物资部经办采购员要及时转发到项目。

4. 验收

采购物料的接收、检验、试验和不合格品的处理要按《施工管理、检验和试验工作程序》执行，以保证满足工程合同要求。

5. 材料储存、保养及发放

采购物料的储存、保养及发放要按《施工管理、检验和试验工作程序》执行，以保证满足工程合同要求。

6. 投标之材料询价办法

(1) 物资部将有关单位投标估价科送来的“物资询价表”(参考表格 P04-03) 及有关资料，分类交主办采购员询价。

(2) 采购员向 3～5 个供应商询价。

(3) 供应商收到资料后如有疑问，采购员与投标估价科负责人应解答材料商问题或安排会议直接解答材料商的问题。

(4) 报价单收齐后，对整个投标总价影响不大的材料经压价后，由采购员填报价格表交投标估价科。供应商的报价单连同“询价单”一并由物资部秘书存档。

(5) 大宗材料如钢筋、混凝土、混凝土管、工字钢、土工布、石料等对投标总价影响大的材料，有关单位及物资部认为需要签标前意向书或合同的，要参考前述办法进行。物资部秘书负责将意向书或合同按项目存档，并复印后送投标科。

7. 材料报批办法

(1) 采购员通知供应商送样板及有关资料，包括物料及安全资料 (Material Safety Data Sheet, MSDS) 到物资部或项目写字楼。如对需提供 MSDS 的材料范围有任何疑问，可咨询质安部。

(2) 采购员收到样板并核对符合要求后连同备忘录转交项目代表。

(3) 项目代表收到样板后核对是否符合要求，然后连同工程合同规定的材料报批表 (Submission Form) 呈交业主代表审批。

(4) 如材料不获批准而供应商又无法按要求送样板时，则物资部配合项目代表组织约见业主代表。由供应商直接向业主代表解释，若业主代表仍不接受时，采购员要汇报物资部总经理研究应否更改供应商。如采购额在 100 万港元以上要经物资部、有关单位、项目三方会审决定。

(5) 材料经批准后，项目代表要保留一份业主代表的批准文件及样板。

(6) 项目编制物资申请表交采购员，按采购程序办理采购。

8. 附表

P04-01　供应商预审表
P04-02　供应商评估表
P04-03　物资询价表
P04-04　报价邀请书
P04-05　物资采购比价单
P04-06　物资采购比价会审表
P04-07　订购合同
P04-09　物资申请表
P04-10　零星材料申请表
P04-11　混凝土申请单
P04-17　已订货通知单

**表号：P04-01**

## ××建筑工程有限公司
## 供应商预审表

填报日期：　　年　月　日　　　　　　　　　　　　　供应商编码：________________

商户名称：英文：________________

　　　　　中文：________________

商业证记号：________________　　　　注册日期：________________

注册地址：________________

联络地址：________________

电　　话：________________　　　　传　　真：________________

公司性质：1. 独资经营　　合伙经营　　有限公司　　上市公司

　　　　　其他________________

　　　　　2. 所属母公司名称：________________

　　　　　附属子公司名称：________________

　　　　　联营公司名称：________________

已发行资本：港币10万元或以下　港币10万至100万元　港币100万至1000万元　港币1000万元以上

每年营业额：港币100万元或以下　港币100万至1000万元　港币1000万至1亿元　港币1亿元至10亿元　港币10亿元以上

业务性质及范围：________________

________________

主要客户：本地　　%，国内　　%，海外　　%；合计100%

主要货源：本地　　%，国内　　%，海外　　%；合计100%

总代理牌子：________________

代理牌子：________________

经销牌子：________________

（以上三项牌子，请在附页打字填写及附上供应记录）

公司机构：

1. 公司最高负责人：________________　职位：________________

　业务联络人：________________　职位：________________

2. 员工人数：行政管理人员______人 营业员______人 一般事务员______人

3. 公司机构表：请附上公司机构表

公司设备：

1. 货仓 露天　总面积：________________　地点：________________

　有盖　总面积：________________　地点：________________

2. 门市部：附属：__________间　名称：________________

　联营：__________间　名称：________________

3. 检定/测试用仪器/设备：________________

质量体系：

1. ISO 9000证书：　有（请附上副本）　无

2. 质量最高负责人：职位：________________　姓名：________________

3. 发货前有否检查质量：a）厂方　　独立检验公司　　本公司

　　　　　　　　　　　b）必定有　　经常　　甚少　　无

4. 检定/测试货品方法：________________

安全体系：

1. OHSAS 18001证书：　有（请附上副本）　无

2. 安全最高负责人：职位：________________　姓名：________________

3. 违反安全法例：　有　无

4. 安全计划或措施：　有　无

环保体系：

1. ISO 14001证书：　有（请附上副本）　无

2. 环保最高负责人：职位：________________　姓名：________________

3. 违反环保法例的物品：　有　无

4. 减少及回收包装材料的计划或措施：　有　无

发生法律诉讼合同/工程：________________

咨询银行：________________　　咨询公司/客户：________________

补充说明：________________

与本公司合作纪录：

| 工程名称 | 供应材料 | 合同金额 | 合同日期 |
| --- | --- | --- | --- |
| ________ | ________ | ________ | ________ |
| ________ | ________ | ________ | ________ |

填报公司签名印章：________________

公司专用　　接受　　否决

核对：________________　　复核：________________　　批准：________________

××××Construction Engineering (HK) Corporation　　Appendix Ⅰ
××××Holdings Limited

Company: ________________________

Commodity under Sole Agency

| Item | Product | Brand | Origin | Remarks |
| --- | --- | --- | --- | --- |
| | | | | |

Date: ______________

Note: 1. Please Print.

2. Job reference list is required.

××××Construction Engineering (HK) Corporation    Appendix Ⅱ

××××Holdings Limited

Company: ______________________

Commodity under Agency

| Item | Product | Brand | Origin | Remarks |
|---|---|---|---|---|
| | | | | |

Date: ____________

Note: 1. Please Print.

2. Job reference list is required.

××××  Construction Engineering (HK) Corporation    Appendix Ⅲ

××××  Holdings Limited

Company: ______________________________

Authorized Distributor for

| Item | Product | Brand | Origin | Remarks |
| --- | --- | --- | --- | --- |
| | | | | |

Date: ________________

Note: 1. Please Print.

2. Job reference list is required.

表号：P04-02

## 供应商评估表

项目名称：__________ 项目编码：__________ 日期：

| | | 项目经理评分 | | | | | | | 项目经理意见 | 物资部采购员意见及签名 |
|---|---|---|---|---|---|---|---|---|---|---|
| | | 准期 | 质量 | 服务 | 信誉 | 安全 | 环保 | 合计 | | |
| 供应商 | 物料名称 | $i=2$ | $i=2$ | $i=1$ | $i=1$ | $i=1$ | $i=1$ | | | |
| | | | | | | | | | | |
| | | | | | | | | | | |
| | | | | | | | | | | |
| | | | | | | | | | | |
| | | | | | | | | | | |
| | | | | | | | | | | |
| | | | | | | | | | | |
| | | | | | | | | | | |
| | | | | | | | | | | |
| | | | | | | | | | | |
| | | | | | | | | | | |
| | | | | | | | | | | |
| | | | | | | | | | | |
| | | | | | | | | | | |
| | | | | | | | | | | |
| 项目经理意见及签名： | | | | | | | | | | |
| 物资部副总经理意见及签名： | | | | | | | | | | |

物资部总经理签名：__________ 日期：__________

注：评估标准：1. $i=$ 评估系数

2. 优 4 分，良 3 分，可 2 分，劣 1 分，平均分最高 32 分，最低 8 分，少于 16 分者为不合格。

**表号:P04-03**

## 物 资 询 价 表

提出单位：　　　　联络人：　　　　提出日期：

工程名称：　　　　截标日期：

工程编号：　　　　工程工期：

| 物资名称 | 规格型号 | 单位 | 数量 | 要求回复时间 | 质量要求说明 | 环保要求说明 | 安全及健康要求说明 | 备　注 |
|---|---|---|---|---|---|---|---|---|
| | | | | | | | | |
| | | | | | | | | |
| | | | | | | | | |
| | | | | | | | | |
| | | | | | | | | |
| | | | | | | | | |
| | | | | | | | | |
| | | | | | | | | |
| | | | | | | | | |
| | | | | | | | | |
| | | | | | | | | |

**表号：P04-04**

××建筑工程（香港）有限公司

××集团有限公司

**TRANSMISSION 传真：** **Date 日期：**

To 至：

Country 国家：

Subject 标题：投标报价邀请书

From 发文人：

Fax No 传真号码：

Total Pages 总共页数：

(including this page)

Message 内容：

**报价邀请书**

本公司承建/投标之____________________工程，特邀请 贵公司参与____________材料报价，现随函附上下列资料，请查核签收后电传本公司物资部_____________先生/小姐。

本工程截止报价日期为_____年_____月_____日正午时，请详阅有关文件，并填妥报价单，依时送还本公司物资部_____________先生/小姐，本公司有权选择任何报价，逾时送交报价将不予考虑。

资料包括：

材料技术及品质要求

材料估计数量

预算批板及送样板房日期

送货日期

合同条款

安全及健康规则

环保要求

请封密报价单，多谢合作！

签发：__________________________

物资部

**表号：P04-05**

物 资 采 购 比 价 单

项目名称：

| 名称及规格、型号 | 单位 | 数　　量 | | | | | | |
|---|---|---|---|---|---|---|---|---|
| | | | 单价 | 总价 | 单价 | 总价 | 单价 | 总价 |
| | | | | | | | | |
| | | | | | | | | |
| | | | | | | | | |
| | | | | | | | | |
| | | | | | | | | |
| | | | | | | | | |
| | | | | | | | | |
| 安全及健康因素评价（较好、居中、较差） | | | | | | | | |
| 质量因素评价（较好、居中、较差） | | | | | | | | |
| 环保因素评价（较好、居中、较差） | | | | | | | | |

建议采购公司：

采购员

年　月　日

物资部副总经理

年　月　日

物资部总经理批示：

物资部总经理

年　月　日

*注：此表格适用于100万港元以下的采购

表号：**P04-06**

## 物资采购比价会审表

项目名称：

<table>
<tr><td rowspan="2">名称及规格、型号</td><td rowspan="2">单　位</td><td rowspan="2">数　量</td><td colspan="2"></td><td colspan="2"></td><td colspan="2"></td></tr>
<tr><td>单　价</td><td>总　价</td><td>单　价</td><td>总　价</td><td>单　价</td><td>总　价</td></tr>
<tr><td></td><td></td><td></td><td></td><td></td><td></td><td></td><td></td><td></td></tr>
<tr><td></td><td></td><td></td><td></td><td></td><td></td><td></td><td></td><td></td></tr>
<tr><td></td><td></td><td></td><td></td><td></td><td></td><td></td><td></td><td></td></tr>
<tr><td></td><td></td><td></td><td></td><td></td><td></td><td></td><td></td><td></td></tr>
<tr><td></td><td></td><td></td><td></td><td></td><td></td><td></td><td></td><td></td></tr>
<tr><td></td><td></td><td></td><td></td><td></td><td></td><td></td><td></td><td></td></tr>
<tr><td colspan="3"></td><td colspan="2"></td><td colspan="2"></td><td colspan="2"></td></tr>
<tr><td colspan="9">建议<br><br>经办人：<br>日　期：</td></tr>
<tr><td colspan="9">会审意见：</td></tr>
<tr><td rowspan="2">参加人签字</td><td>公司领导</td><td>物资部</td><td>工程公司</td><td>项　目</td><td></td><td colspan="3" rowspan="2">年　月　日</td></tr>
<tr><td colspan="5"></td></tr>
<tr><td colspan="9">备注：</td></tr>
</table>

**表号：P04-07**

- RIGINAL（卖方）

日期 订购合同 第 页共 页

Date： **PURCHASE CONTRACT** Sheet of sheets

致

TO

合同编号

Contract No：

工程编注

Project Ref：

物资申请表号：

贵公司报价单编号

Your Quotation No. ：请在所有发票、送货单及函件内注明合同号及工程编注

Please state Contract No. & Project Ref. in all invoice, delivery note & correspondence

请按照本页及背页所列条件供应下述货品与敝公司

Please supply and deliver the undermentioned goods in good order subject to the terms and conditions on the face and reverse side hereof.

| 项目<br>Item | 物资名称<br>Description | 数量<br>Quantity | 单位<br>Unit | 单价<br>Rate | 金额<br>Amount |
|---|---|---|---|---|---|
| | | | | | |

买方签章 卖方签章

Buyer Signature Seller Signature

表号：P04-09

物资部

# 物资申请表

项目名称：　　　　　　　　　　　　No.

电　话：＿＿＿＿＿＿＿＿＿＿＿　　　　　　年　月　日

| 序号 | 物资名称 | 规格型号 | 单位 | 计划数量 | 计划进货日期 | 备注 |
|---|---|---|---|---|---|---|
| | | | | | | |
| | | | | | | |
| | | | | | | |
| | | | | | | |
| | | | | | | |
| | | | | | | |
| | | | | | | |
| | | | | | | |
| | | | | | | |
| | | | | | | |
| | | | | | | |
| | | | | | | |
| | | | | | | |
| | | | | | | |

一般申请计划最少提前五天报出。

总经理：＿＿＿＿　物资部：＿＿＿＿　分公司：＿＿＿＿　地盘：＿＿＿＿

申请人：＿＿＿＿

**表号：P04-10**

## 项目零星材料申请表

项目名称：　　　　　　　　　　　　　　　　　　　　　　　日期：

| 序号 | 材料名称及规格 | 单位 | 数量 | 进货日期 | 材料用途及使用位置 |
|---|---|---|---|---|---|
| | | | | | |
| | | | | | |
| | | | | | |
| | | | | | |
| | | | | | |
| | | | | | |
| | | | | | |
| | | | | | |
| | | | | | |
| | | | | | |
| | | | | | |

项目负责人：　　　　　总管审核：　　　　　申请人：

注：申请计划最少提前二天报出

表号：P04-11

## 混凝土申请单

项目名称：　　　　　　　　　　　　　　　　　　　　　　　　　　　年　月　日

| 工程项目名称 | |
|---|---|
| 混凝土使用部位 | |
| 按图纸计算用量 | |
| 申请混凝土等级 | |
| 申请混凝土数量 | |
| 申请混凝土使用时间 | |
| 上部分管工填写，下部分材料员填写 | |
| 混凝土实际用量 | |
| 混凝土损耗量 | |
| 混凝土损耗率 | |
| 开槽时间 | |
| 收槽时间 | |
| 说　　明： | |

总管审核：　　　　　　　　　　　　　　　　申请人：
（管工）

表号：P04-17

## 已订货通知单

项目：

已按你　　年　　月　日物资申请表（No.　　　　）要求订货如下：

| 序　号 | 名　　称 | 数　　量 | 单　　价 | 送货期 | 供应商 | P. O. NO. |
| --- | --- | --- | --- | --- | --- | --- |
| | | | | | | |
| | | | | | | |
| | | | | | | |
| | | | | | | |
| | | | | | | |
| | | | | | | |
| | | | | | | |
| | | | | | | |
| | | | | | | |
| | | | | | | |
| | | | | | | |
| | | | | | | |
| | | | | | | |
| | | | | | | |
| | | | | | | |
| 备注： | | | | | | |

物资部

## 六、安全管理

随着社会生产力的提高，工业安全被认为是社会文明发达的一个重要标志。安全问题得到了越来越多的重视，成为工业生产的第一保证要素。

香港过去保障工业安全所采取的策略，主要集中于执行法例，并在教育和宣传等方面进行辅助工作。这个策略的优点是易于实行，并能对那些无法以其他方法来劝谕他们遵守安全规则的雇主发挥阻吓作用。不过，执法策略有很多缺点。安全法例需要辨明所有可能是危险的活动，并制定最低安全标准。由于现代生产方法迅速转变，这种规范式的法例，可能很快便已过时。概括性的规范式法例亦不能顾及某类工作场地的特有情况。香港劳工处工厂督察科人员过去每年进行超过 70000 次工地视察，以监察安全法例是否得到遵守，并对违例者提出约 3000 项检控。这些执法行动需要动用大量人手，但却似乎未能有效地减少意外。

根据过去记录，违反安全法例的罚款额与项目整体成本比较偏低，小额罚款发挥的阻吓作用不大。另一方面，检控行动亦令雇主与工厂督察科人员产生互相对立。同时，执法策略的最大缺点是未能协助培养雇主和雇员的安全意识，而且未能在促进安全方面带来长远的效用。在工厂督察进行视察之前，甚或之后，都缺乏推动力促使雇主改变不安全的行为和工作程序。

在英国、日本、澳大利亚和新加坡，为了解决工地意外的问题，都采用了由公司内部推行安全管理制度的方法。与香港相比，这些国家对违反安全法例的人士提出检控较少，但近年来安全水平却有显著改善，而且意外率亦见下降。此外，本地经验显示，在工业安全方面有最佳表现的公司，是那些采用了自我监管和安全管理制度的公司。公用事业公司和主要承包商在减少工业意外和推广安全意识方面，成绩相当理想。

就工业安全而言，政府认为保障工作安全与健康的责任，主要在于那些引致危险和在工作时会遇到危险的人，即是雇主和雇员，最终的目标，是要雇主和雇员作出自我监管。政府提供法律和行政机构，促使公司设立安全管理制度，实行自我监管，再辅以加强的执法行动，对象是那些未能有效地实行自我监管的公司。

在安全管理制度下，雇主和雇员会密切参与制定工地安全政策和监察工地安全措施。这可使所有有关的人都有更强的安全意识，并且有更大动力去遵守工业安全守则。在工作场地培养安全意识，长远来说可对减少工业意外发挥极大作用。

安全管理制度亦可以让个别公司，灵活地制定最适合本身的特殊工作环境的安全政策和措施。由于雇主和雇员都参与制定安全管理程序，因此亦易于作出修订以配合不断转变的情况。长远来说，一个着重自我监管的安全管理制度，在监察和促进安全方面，较传统的执法策略更具成本效益。

故此香港的工业安全管理策略考虑长远的改善，由着重执法，转为采用安全管理的方法，去应付工作安全与健康问题。政府同时须通过教育、训练、推广安全意识以及灌输意外代价高昂的概念，鼓励雇主和雇员自我监管，管理安全事务。

### (一) 安全管理的内容与体系

1. 安全管理体系

香港用以发展、实施和维持的安全管理制度，主要根据英国标准 BS 8800，并用英国执行处的 HS (G) 65 (2) 成功健康及安全管理指引以图 2-19 的管理模式图解来概述。

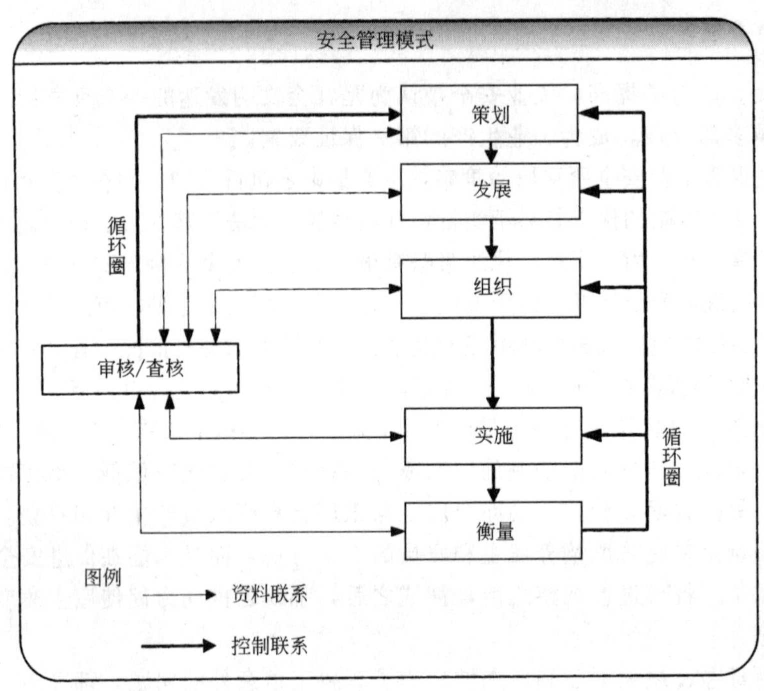


图 2-19　用以发展、实施和维持一个安全管理制度的管理模式

同时为配合职业健康和安全管理体系认证，采用职业健康和安全系列（OHSAS）规范及相关标准 OHSAS 18001（图 2-20）及 OHSAS 18002 实施指南，使组织能够控制其职业健康和安全风险，改进其业绩。它本身并未提出具体的职业健康和安全业绩准则，也没有提供设计管理体系的详细规范。

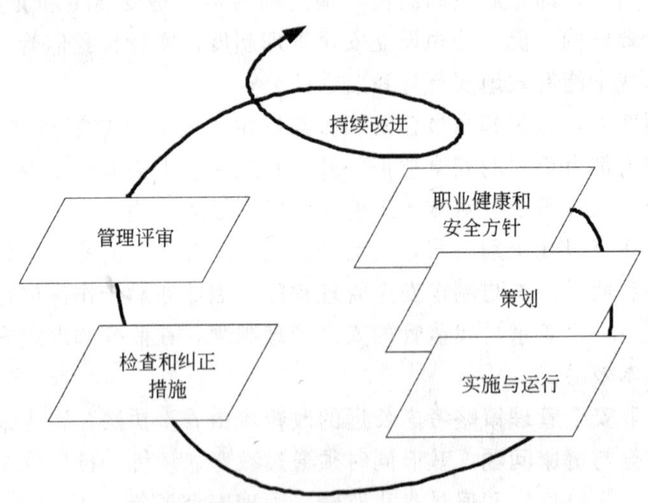


图 2-20　OHSAS 18001 安全及健康管理体系模式

有关制定职业健康和安全 OHSAS 规范主要源自不同组织所制定的关于安全和健康管理体系的要求，其中包括：

BS 8800：1996 职业健康和安全管理体系指南

技术报告 NPR 5001：1997 职业健康和安全管理体系指南

SGS & ISMOL ISA 2000：1997 安全和健康管理体系要求

BVQI Safety Cert 职业健康和安全管理标准

DNV（OHSMS）：1997 职业健康和安全管理体系认证标准

NSAI SR 320 草案 职业健康和安全管理体系建议

AS/NZ 4801 草案 职业健康和安全管理体系、规定及使用指南

BSI PAS 088 草案 职业健康和安全管理体系

UNE 81900 防止职业风险标准系列

LRQA SMS 8800 职业健康和安全管理体系评定准则

2. 安全管理制度的基本内容

(1) 安全政策

广义而言，“政策”是指一个机构的整体意向、方法及目标，以及其行动与反应所依据的标准和原则。

有效的安全政策为机构指明一个清晰的方向。该政策也是体现出机构不断改进的精神，可增进其各方面的业绩。制定安全政策的目标，是以清晰及毫不含糊的措辞，说明机构的管理层就工作安全与健康所采取的方法及所作出的承诺。机构的高层管理应制定并以书面落实及签署该机构的安全政策。一个建筑公司的安全政策内容主要有：

公司安全政策承诺提供足够资源建立高标准的安全和健康的工作环境，保障所有公司员工、分包商工人及受工程影响的公众人士安全。公司各级员工和分包商员工都对安全及健康负有责任，必须与公司一道共同致力于推广安全文化，不断完善公司安全及健康管理体系，改善公司的安全及健康表现。公司除评估工作之安全及健康危险与风险，遵守当地安全及健康法例，提供安全教育和训练，满足业主在合同上有关安全及健康的要求外，还建立有效的沟通和咨询渠道，采取合理可行措施达到更高的安全及健康水平，使客户、员工及公众受惠。公司以安全及健康为先，确保各级员工得到适当的训练，以胜任其本职工作。

公司安全管理委员会负责制定及推行公司安全及健康政策，建立并不断完善公司安全及健康管理体系，制定安全及健康目标和指标。公司安全管理委员会下设一名安全经理，负责编制和贯彻落实公司的安全及健康管理计划，定期进行内部审核，监察公司整体的安全及健康表现。

(2) 组织机构

推行安全的组织机构，让公司的员工根据他们的知识、训练及职责，在工作时相互协调，以达到最高管理层所订下的安全与健康目标。机构内应建立责任制及合作关系，以推广积极的安全与健康文化，并使安全政策得以实施和持续发展。为了正确地建立这个安全组织，公司应有一个程序来规范内部人事和资源的正式关系，以达到安全及健康的目标。建立安全组织后，公司便可以有效能地及有效率地实施一般安全政策及安全计划。

(3) 安全训练

训练有助于工人掌握应有的技能、知识及态度，从而使他们安全及健康地工作。训练包括在工作岗位以外进行的正式训练，向个别员工和小组提供的指导，以及在职教导和辅导。在个别工作细则中加入每项工作对安全及健康的需求，有助于员工安全及健康地工作。承包商应有系统地设计、改进或修订其训练政策，正如以下的自我改良循环(图 2-21)。

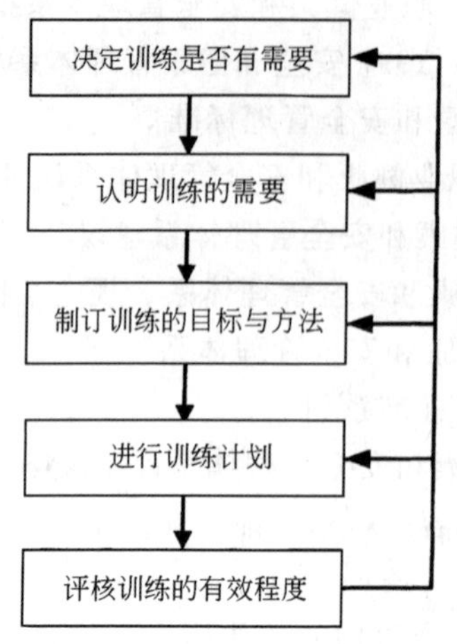


图 2-21 以循环圈改良训练过程

（4）内部安全规则

所有安全管理制度的最终目标，都是防止雇员在工作地点受伤及健康受损。为了达到上述目的，有关承包商应制定内部安全规则。内部安全规则包括一般规则、特定工作规则、特定工作许可证及程序。

（5）视察计划

根据预定计划及标准衡量有关工程施工的安全与健康表现，可反映该工程有否需要采取补救行动。这些监察活动显示管理层承诺达到整体安全与健康的目标。这些都是发展正确安全与健康文化的要素。监察制度可分两种：

主动式制度，用以监察目标的完成及符合既定标准的程度。

反应式制度，用以监察意外、健康受损、事故及其他安全和健康表现欠佳情况。

视察是一种主动式监察计划，有效的视察计划应备有素质检查程序，以确保各管理层已适当履行其监察职能。例如通过良好的汇报制度和督导人员的检查，就可达到此目的。安全视察计划应定期作出检讨，以找出其不足及有待改善之处。

（6）危险控制计划

这是安全管理制度中的一个主动性元素，旨在促进工作环境的持续改善，以及确保危险得以及时发现，从而对风险作出评估及加以控制以免任何人（或物件）受到不良影响。

（7）意外或事故的调查

调查意外或事故属反应式监察制度的一部分。调查工作由事件所引发，其中包括找出和报告下列事项：

1）伤亡及健康受损的个案；

2）其他损失，例如财物受损；

3）包括可能会导致伤亡、健康受损或损失等的事故；

4）危险；

5）在表现标准里有不足或遗漏的地方。

以上各项均能提供机会予有关工程施工安全表现上的查证、从错误中学习及改善安全管理系统和风险管理。调查所得资料有助于加强安全及健康的基本信息。

(8) 对紧急情况的应变准备

对紧急情况的应变准备是十分重要的，因为一旦发生紧急情况时，必须作出快速及正确的反应，以减低伤亡、疾病、财物损失、环境损害及公众关注。管理阶层应找出该工程要就何种紧急情况制定计划及作好准备。

(9) 对次承包商的评核、挑选及管控

1) 评核及选择策略

评核及选择策略旨在确保只有符合良好安全标准和已往有良好安全记录和表现的次承包商才会获选执行有关工作。

2) 控制策略

控制策略旨在监察次承包商的安全表现，使次承包商在执行合同时，能持续朝正确方向达成业主或承包商的安全及健康目标。

(10) 安全委员会

设立一个或多于一个安全委员会，而该等委员会的功能是找出、建议和不断检讨用以改善有关工程施工的工人的安全及健康的措施。

(11) 工作的危险分析

该元素是指进行与工作有关的风险评估及风险控制。进行风险评估及风险控制的目的是提供途径以找出及评核工作的危险或潜在危险，从而把这些危险消除或减至可容忍的水平。进行风险评估后，须制定安全程序及风险控制措施，以防止危险发生及控制风险。

(12) 安全和健康的意识

安全推广的目的，是发展及维持所有人员对机构的安全及健康承诺的意识及各人员支持以上承诺的责任的意识。有关承包商应确认推广安全及健康是一有效方法，不但可推动工作场地的安全及健康文化，更可加强安全与生产是不可分割的概念。

(13) 控制意外及消除危险

这项元素是有关工序控制计划，其目的是确认职业安全及健康危害，以及正确地计划工作程序来控制这些危害。该计划可用于一般工序，如修筑桥梁或建造船舶，以至一些特别工序，如生产高危险性的物质。一个有效的工序控制计划需要一个有系统的方法去量估整个计划。如采用这个方法，工序设计及技术、运作及维修的活动及程序、紧急应变计划及程序、训练计划及其他会影响工序的元素应全在量估之列。在工序设计及运作中加入的多重用以减少安全及健康危害的防线，都需要予以量估及强化，以确保防线在每一层次都能发挥效能。

(14) 职业健康的危害保障计划

健康风险的性质可使工作活动与工人健康受损之间的关系，没有意外受伤那么明显。由于在风险显现之前，工人的健康可能已受到无可挽救的损害，因此，最重要的是在任何人遇到这些风险前确定一个预防策略，以找出和控制风险。如未能确定预防策略，便可能导致工人变成伤残和丧失谋生能力。此外，因病缺席、生产损失、赔偿和保险费增加也导致有关的工业经营遭受财务损失。

**(二) 主要管理制度与措施**

1. 项目安全表现综合评审

(1) 评审方式

项目安全表现综合评审分为定期现场评审和安全记录评审两种方式。

1）定期现场评审

定期现场评审包括内部安全审核、安全检查等。

① 内部安全审核

由公司安排合资格的安全审核员，按照公司内审标准，每季度对每一个在建项目进行一次为期两天的安全审核，并作出客观及公平的评分，以反映项目在审核期间执行公司安全及健康管理制度的情况，并提出改善建议。

② 安全检查

由公司安排合资格的安全检查员，按照公司检查标准，对每一个在建项目进行为期半天的安全检查，并作出客观及公平的评分，以反映项目落实安全管理措施的情况，并提出改善建议。每季度检查次数视乎项目已往表现和是否要求进行独立安全审核而定。如项目已安排独立安全审核，则每季度一般安排进行一次安全检查；如项目未有安排独立安全审核，则每季度安排进行两次安全检查；如项目已往表现欠佳，可适当增加检查次数。

2）安全记录评审

安全记录评审所依据的安全记录主要包括工伤意外、违反安全法例记录和独立安全审核结果等。

① 工伤意外记录包括项目意外率、严重意外/危险事故、死亡事故等。

② 违反安全法例记录包括劳工处发出敦促改善通知书、检控通知、停工通知书等。

③ 独立安全审核结果包括安全管理和现场管理审核成绩。

（2）评审结果

1）评审成绩

内部安全审核、独立安全审核和安全检查结果以100分为满分，表示能完全符合公司既定的要求，以低于70分为不合格；工伤意外、违反安全法例记录按照发生不符合情况的次数为单位计算，表示项目安全管理未达到公司的最低要求，须立即作出改善。内部安全审核、独立安全审核评分中，其甲部或乙部低于70分即为不合格。

2）评审结果

对在评审中安全管理未达到公司最低要求的项目，将视不同情况出示黄牌、红牌，详见附表一。

① 若项目内部安全审核、独立安全审核或安全检查不合格，或项目每千人工伤意外率在连续12个月内超过公司每月限制指标3次，或项目发生严重意外/危险事故，或被劳工处发出敦促改善书（或检控通知），则向其出示黄牌。

② 若项目收到劳工处发出停工通知书，则向其出示双黄牌。

③ 若项目发生死亡事故，或劳工处发出停工通知书14天内未能复工，或外部安全审核连续两个季度不合格，或连续12个月内被出示黄牌超过两次，则向其出示红牌。

（3）整改情况

被出示黄牌或红牌的项目，必须立即制定整改计划，安排整改。被出示黄牌的项目，整改须于7日内完成。被出示红牌的项目，整改须于3日内完成。到完成期限后，公司派人员到项目检查整改情况。

（4）对项目主要管理人员的奖励与处分

1）奖励

为鼓励项目积极做好安全管理工作，公司每年对安全表现综合评审优异的前3个项目（12个月内表现评分平均高于85分，且未被出示红牌或黄牌），予以表彰并奖励5万至10万港元。

2）处分

若项目被出示红牌，将对项目主要管理人员给予适当的处分。对有关项目经理的处分由公司有关部门提出方案，报公司总经理审批；对其他管理人员的处分则由工程公司提出方案，报人力资源部审批。处分包括免职、降职、扣奖金、书面警告等。

（5）评审结果的记录与公布

评审结果将记录在项目经理名下，黄牌记录以滚存方式保留12个月。对同时或先后负责不同项目的项目经理，黄牌记录按累加方式计算。公司安全管理部门负责将评审结果通知有关项目，并且每季度公布一次。

2. 停工整改

为进一步加强项目安全管理，避免因项目存在严重不安全情况未能及时改善而导致意外发生，并在各类项目安全及健康检查中，检查人员发现项目有不安全情况，必须口头或书面通知项目经理，项目必须立即安排整改。

（1）项目安全及健康检查主要包括：

1）定期公司项目安全及健康检查；

2）每半年安全管理内部审核；

3）公司或有关人员项目巡查；

4）项目每周安全及健康检查；

5）项目安全主任、助理安全主任定期或不定期项目巡查等。

（2）项目停工

1）项目安全主任可要求项目局部停工，直至做妥有关安全措施为止：

① 若在项目安全检查中发现有严重不安全情况可导致人员死亡或严重受伤，经口头通知而未能即时改正；

② 若在检查中发现局部不安全情况虽然暂时不会导致人员死亡、严重受伤及财产损失，但存在着受伤或财产损失的风险，项目未能在上述项目安全检查整改通知规定期限内完成整改。

2）下列情况之一者，公司管理人员可命令项目全面停工，直至做妥各项安全措施为止：

① 项目发生人员死亡、严重受伤等意外；

② 项目多处存在严重不安全情况未能即时改正或未能在项目安全检查整改通知规定期限内完成整改；

③ 项目一个月内因类似原因被局部停工超过三次；

④ 项目在过去六个月内被劳工处提出检控超过两次。

3）下列情况之一者，公司领导可命令工程部所有项目全面停工，直至做妥各项安全措施为止：

① 项目十二个月内发生两宗及以上人员死亡、严重受伤等意外；

② 因项目发生严重意外或安全违例检控多而被政府有关部门警告，或要求对持牌承包商进行传讯。

(3) 项目整改与复工

1) 项目局部或全面停工后，必须尽快按要求做妥各项安全措施，作好整改记录，并尽快呈送停工命令签发人，以决定项目是否可以复工。

2) 若项目被停工是因项目管理人员、分包商疏忽所致，则由公司工程部门提出处理意见。

3. 项目意外事故调查

进行意外调查是为了找出意外发生的原因，避免同样事件再发生。故此，意外事故、事件及近危都应作出调查，因发生小事故的背后可能隐藏着发生大事故的因素。通过对与严重意外有关的公司管理人员进行内部研讨，分清责任，决定处分。

一般意外事故，由项目安全主任负责调查。严重意外事故，则应由临时成立的意外调查小组负责调查。事件及近危只需要初步调查、记录事件及近危之成因及后果。

4. 内部研讨

(1) 委任小组

若发生严重意外事故，公司安全管理委员会在收到详细书面调查报告和独立调查报告(如有)后，委任临时的严重意外事故内部研讨小组，负责对公司有关的管理人员进行研讨。研讨结果作为对有关人员进行处分的依据。研讨小组成员包括有关部门负责人。

(2) 内部研讨

研讨小组通过对有关管理人员的研讨，查清有关人员是否采取了合理可行的措施，包括提供足够的资料、指示、监督、训练及个人防护设备给有关工人，是否确保工作环境安全等，向公司安全管理委员会提交报告：

1) 列出在该严重意外事故中，有关管理人员应负责任的情况；

2) 提交对有关管理人员处分的建议。

(3) 内部处分

若通过意外调查发现公司作为承包商负有责任，则通过内部研讨，按公司有关人员应负责任的情况，分别给予处分。

5. 暂停分包商投标资格

加强对分包商的施工安全管理。违反安全法例或发生严重意外事故包括在公司的任何项目发生的违例检控和严重意外事故。

(1) 严重违反安全法例

分包商在公司项目内1次或以上违反安全法例(包括《职业安全健康条例》、《工厂及工业经营条例》和《海港控制条例》及其附属规例)导致公司被检控定罪，以事发日期为准。

(2) 严重意外事故

1) 人员死亡；

2) 人员断肢；

3) 同一意外引致多人受伤；

4) 对工程/财产(包括项目内及邻近地方)造成严重损失而又有机会引致上述三项之中任何一项。

(3) 提交书面报告

根据公司编制的分包商安全记录，如12个月内违例检控超过4宗、发生危险或严重事故，则由工程部门书面通知符合上述条件的分包商，要求在 14 日内提交书面解释：

1）意外事故或违例的原因以及是否采取了合理可行的措施；

2）事发后采取了哪些改善措施。

（4）暂停投标资格

每次违例所引致暂停投标资格，将按分期执行。分包商违反安全法例的情况，每月由公司安全管理部门整理各分包商违例检控记录，并通知各工程部门，由工程部门根据记录和规定暂停分包商投标资格。

6. 安全统计分析及预警

目的为全面提高公司安全管理水平的同时，还必须抓住重点，对局部存在的落后于整体水平乃至恶化的趋势要及时发现，及时采取有力措施，防患于未然。安全统计分析及预警系统，主要是通过对统计数据进行科学分析，为安全管理工作提供指南，供公司领导决策参考。

（1）统计分析与预警报告

1）相关部门每半年编制统计分析报告，每月编制走势分析图表，并根据预警情况即时编制预警报告。报告一般分工伤意外或安全违例。

2）统计分析报告包括主要统计数据、计算结果、图表及分析意见、改善建议。

3）预警报告包括主要统计数据、受预警单位、预警情况、图表及分析意见、改善建议。

（2）整改计划与执行情况

1）若项目出现预警警报，受预警的项目必须在七天内制定出“安全预警整改计划”。

2）由领导审批，限期整改。整改计划中须列明存在问题、具体改善措施、负责人、完成日期等。

3）若公司出现预警警报，整改计划应由有关部门共同制定，报公司安全管理委员会主席审批，由各有关工程部门负责具体落实。

4）若预警警报属于重大事项，须召开公司安全管理委员会全体会议，制定整改计划，由各有关工程部门负责具体落实。

7. 完善分包管理

由于建筑业市场投标竞争激烈，业主和发展商对工程的要求不断提高，工程进度安排紧迫，雇用工人的流动性十分高，施工现场环境比较恶劣，并常受天气变化影响，同期施工不同工种分包商多，但分包商通常为小型建筑公司，营运资金不足和管理水平不高，多以低成本高利润方式施工，工人安全意识不强。在过去意外记录分析中，分包商工人受伤占 85％以上，严重事故更占 93％之高比率。法例对分包商违反法例惩罚机制也不健全等。上述种种困难和问题，直接影响项目施工安全。

（1）选择分包商

现时香港工程大部分采取价低者得标方式进行，公司为了竞争降低标价获取有关合同。除了使用新施工技术方案等降低工程成本风险外，在获取工程合同后，需要再根据不同项目进行分包。为改善分包商的不安全管理和主动提供安全的工作环境，我们首先要清楚安全不可能单靠总承包商之力，需要总承包商与分包商携手合作，互相推动，方可不断改善项目安全环境，共同推动项目“安全为首”的习惯。故此，项目有效的安全管理必须通过与各业务伙伴精诚合作，“建立良好合作伙伴，持续发展力求创新”才可达成。

面对社会对分包商管理的重视，公司建立如何选择分包商管理程序，包括控制避免多层分包，确保分包商能提供合格技术工人进行施工，并按业主合同条文、公司安全政策要求进行。分包模式由以往对分包商“价低者得”改为采用综合分包管理，严格选择每一名分包商对工程承包能力，将业主重点要求写在分包合同内，只有认可分包商方可进行投标。除了考虑分包商标价外，更考虑工作经验、技术、施工管理素质和以往表现等。为使其发展成为公司工作伙伴，在投标和策划阶段与分包商共同对施工环境进行评估，制定施工程序，建立交底制度，处理及跟进工人投诉，通过监察制度确保改正措施有效执行，减少因施工阶段出现可预见的危害。

科技的进步同时带来了施工管理方式的改变，公司制定分包商安全表现综合评分制，将分包商表现定期评估结果，输入中央资料处理库，使纪律处分更具效率和开放，对于经常表现好和差的分包商都可通过中央处理系统反映，建立分包商奖惩办法，表现差的安排约见了解原因，表现好的增加合作机会。因此不少分包商都成功在项目内降低意外事故和提供良好工作环境。

（2）伙伴关系

良好伙伴关系可令参与业务的分包商通力合作，通过坦诚双向沟通，明白分包商面对的困难，了解各方的需要，关键在于缔约各方互相信任，发展互惠互利条件，使各方在整个工程合同维持伙伴关系，共同在安全管理方面力求改善。在伙伴合作的大前提下，共同承担风险，公司协助分包商解决工程管理和财政问题，容许分包商提出替代方案，协助分包商建立安全管理制度和指导分包商加强工程监管，减少资源浪费，公平地评估分包商工程索偿，协助解决短期财务困难。公司全面检讨与分包商的合同内容，使双方更公平分担风险。

安全不单是行动，而是一种日常工作，需要不断深化和提高员工安全意识，达到全面创造安全工作环境，我们致力追求持续改善公司与分包商发展合作伙伴，与伙伴共同创新求变，以合作为基础，辅以完善优质管理，发展出可信任之分包商，为公司提供优质服务。期望通过业界逐渐推行“安全为首”的习惯，并不断深化和提高，达到全面创造安全工作环境，为公司提供优良产品和优质服务，为社会做出贡献。

**附表一**

**项目安全表现综合评审结果**

| 项目 | 细则 | 评审准则 | 结果 |
|---|---|---|---|
| 内部安全审核 | 每季度甲部或乙部审核成绩 | 低于70分 | 黄牌 |
| 安全检查 | 每次检查评分 | 低于70分 | 黄牌 |
| 工伤意外 | 意外率 | 12个月内超过公司每月意外率控制指标3次 | 黄牌 |
| | 严重意外/危险事故 | 1宗 | 黄牌 |
| | 死亡事故 | 1宗 | 红牌 |
| 违反法例 | 劳工处发出敦促改善通知书或检控通知 | 每次检查 | 黄牌 |
| | 劳工处发出停工通知书 | 1宗 | 双黄牌 |
| | | 14天内未能复工 | 红牌 |

续表

| 项 目 | 细 则 | 评审准则 | 结 果 |
|---|---|---|---|
| 外部安全审核 | 每季度甲部或乙部审核成绩 | 低于70分 | 黄 牌 |
| | | 连续两个季度低于70分 | 红 牌 |

注：① 如在12个月内超过每月意外率指标被发出黄牌后，有关统计将会重新计算。
② 如因发生严重意外/危险事故被劳工处发出停工通知书，在此情况下只计算劳工处发出停工通知书。
③ 如因死亡事故被劳工处发出停工通知书，在此情况下只计算死亡事故。
④ 严重意外/危险事故的定义参见公司《标准工作程序》第十三号《安全及健康管理工作程序》第4.3危险事故和5.9.3b严重意外事故（不包括i有人死亡）。

**附表二**

## 项目意外事故调查及内部研讨流程图

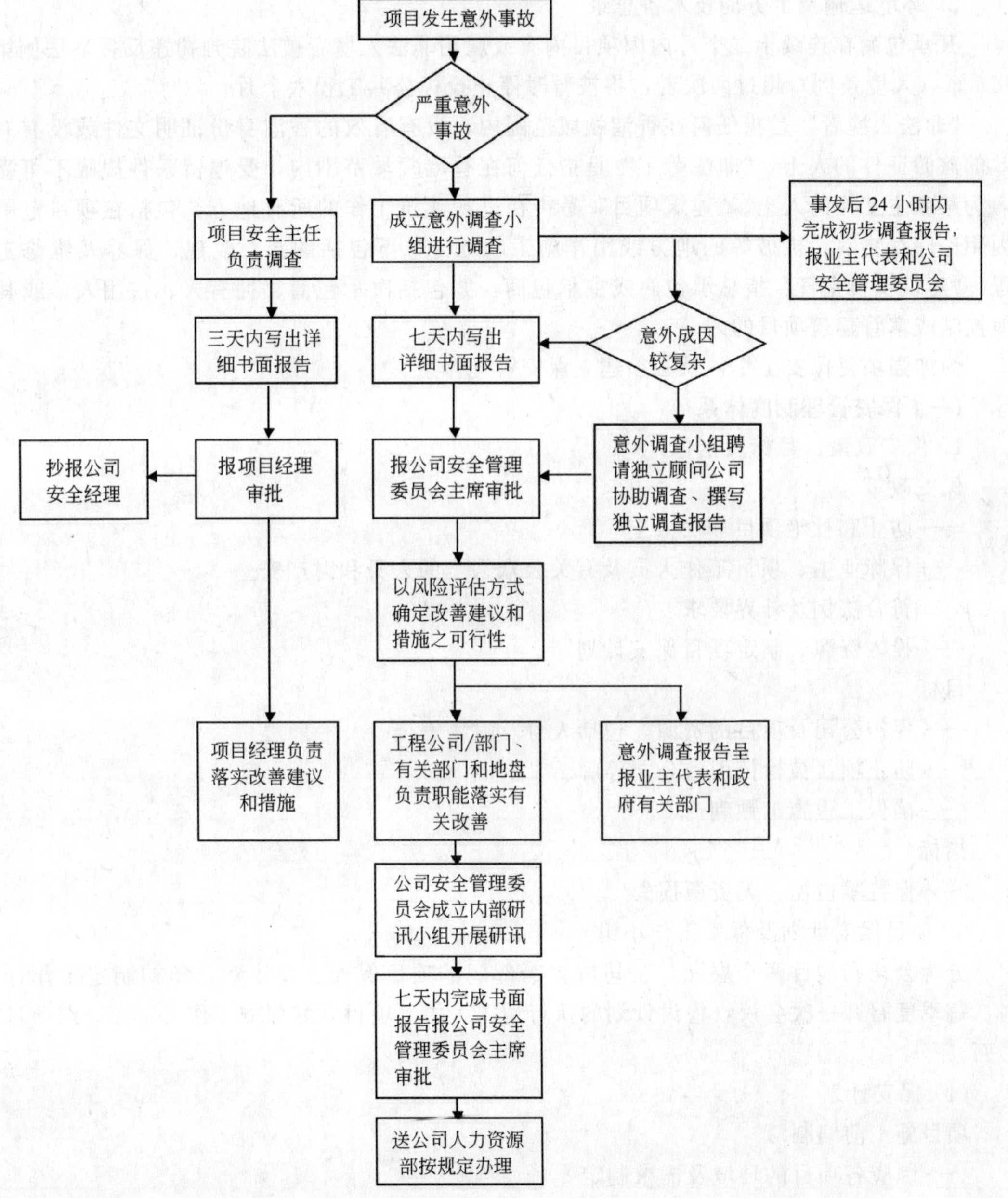

## 七、保安管理

保安管理在项目管理中起着越来越重要的作用。通过有效的保安管理，保障项目范围内业主和承包商的人身和财产安全，防止未经许可的人员等进入项目。在防止未经许可人员进入项目方面，在香港法例和政府文件都做了明确规定。

1.《入境条例》(香港法例第 115 章)

第 38A 条规定：在建筑项目范围内若有非法入境者或不可合法受雇人士，该建筑项目主管即属犯罪，可处罚款 35 万港元。第 171 条规定：任何人雇用不可合法受雇的人为雇员，即属犯罪，可处罚款 35 万港元及监禁三年。

2. 环境运输及工务局技术备忘录

凡承包商在连续十二个月内因项目内有或雇用非法入境者被法院判罚违反香港法例第 115 章（入境条例）超过两次者，将被暂时停止投标公共工程六个月。

“非法入境者”是指任何在香港领域范围内，没有有效的香港身份证明文件或没有有效的旅游证件的人士。“非法劳工”是指任何在香港领域范围内，受逗留条件规限不可受雇为某雇主工作的人士。“建筑项目”是指在进行建筑工作的所有地方，包括在项目范围内用作储存物料、机械等的地方或用作施工的地方，不包括翻新、改建、保养及维修工程。“建筑项目主管”指总承包商或主承包商，并包括次承包商、拥有人、占用人，或其他控制或掌管建筑项目的人。

为加强项目保安工作，就必须建立保安管理体系。

### (一) 保安管理制度体系

1. 保安政策、目标及指标

保安政策

——防止和杜绝项目非法人士

——保障业主、项目工作人员及有关公众人士的人身和财产安全

——符合法例及外界要求

——投入资源、制定项目保安计划

目标

——保护公司及项目的资源，包括人身及财物安全

——防止项目被检控引致公司停牌

——确保工程施工顺利

指标

——保持零检控，无资源损失

2. 项目保安计划及保安工作小组

分为公司和项目两个层面，公司成立跨部门的项目保安工作小组，年初制定工作计划，每季度召开一次会议，检讨计划的执行情况，指导项目做好保安工作。下面介绍项目层面。

(1) 保安计划

项目施工前编制

——因应各项目的环境及需求制定

——项目保安计划主要内容包括：

- 工程简介
- 应考虑的保安问题
- 项目保安机构和职责
- 物料存货管制
- 项目实质保安
- 办公时间外的保安措施
- 夹万、现款及薪金
- 机器及用具保安

(2) 保安工作小组

——确定保安工作小组机构及负责人

——法律上的责任

——以某项目为例：

组　长：项目经理

副组长：项目代表

组　员：项目总管、项目施工员、工程师、安全主任

3. 项目保安检查

项目及公司根据需要定期或不定期审查项目保安情况，是否符合公司政策和规定，以便及早发现和纠正错误，避免因保安事故给公司造成经济损失或损害公司形象。

(1) 项目每日检查

由项目经理指定的高级管理人员负责，填写“项目每日保安检查表”。检查内容主要有：仓库、货物出入记录及护卫巡查记录；护卫出勤人数及素质，留意有否出现擅离岗位或不依指示的情况，填写“项目保安执勤表”；保安日志及值勤表；护卫制服、装备是否妥当齐全；所有保安记录、记事册；访客、车辆出入的记录及押金存放情况；所有围栏的状况，留意是否有杂物堆放在围栏内外；电脑出入控制系统的操作情况及有关记录；更亭是否整洁、窗栓及门锁妥当，装备齐全；闭路电视运作情况及影带记录；防盗警钟系统，包括擅进及停电测试。

(2) 项目每周检查

由以项目经理为首的项目保安工作小组负责，包括代表、总管、护卫长等，填写“项目每周保安检查表”。检查内容主要有：工作证、以开工人数10%以上为抽查样本，如发现没有工作证者应要求即日办妥，填写“项目工作证巡视记录”；出闸许可证及物料收发记录；仓库、货物出入记录及护卫巡查记录（更簿或更钟）；护卫出勤人数及素质，留意有否出现擅离岗位或不依指示的情况；保安日志及值勤表；护卫制服及装备是否妥当；所有保安记录、记事册；访客、车辆的出入记录及押金存放情况；保安巡查行动的时间表及记录；护卫对出入人士及车辆的管制；所有围栏的状况，留意是否有杂物堆放在围栏内外；电脑出入控制系统的操作情况及有关记录；更亭是否整洁、窗栓及门锁妥当，装备齐全；人流控制闸、后备安全闸和车辆控制闸是否正常操作；所有照明装置是否正常运作；闭路电视运作情况及影带记录；防盗警钟系统，包括擅进及停电测试；保安通告的位置及是否完整等。

(3) 公司不定期检查

由公司安排人员或公司指定巡查队负责。检查内容主要有：公司有关政策、程序执行情况；项目聘用保安公司服务水平；项目控制设施情况；非法劳工情况等。

**(二) 项目保安主要措施**

按照项目保安工作的主要内容及要求，公司制定了相应的保安措施。

1. 基本设施

(1) 项目入口装置

——入口设计，如人车分流

——更亭及其设备

——人闸包括掌形机或智能卡系统

——车闸

——照明

(2) 围街板

——保护项目

——无缺口，如有，安排保安员看守

——充足照明

——巡查记录

(3) 塔楼出入口控制装置

——达 10～12/F 时，每条楼梯装铁闸

——充足照明

——巡查记录

——足够看更

(4) 工作证

——应用于项目所有工作人员

——依公司规格

——填写应有资料，包括姓名、身份证号码、工种及签发日期

——签发及注销

(5) 临时工作证

——只适用于短期工作人员

——工作证来不及发出

(6) 访客证

(7) 闭路电视系统

——防盗及监察工程

——24 小时录像

(8) 防盗钟，尤其是设于仓库

(9) 保安告示及告示板

2. 主要措施

(1) 出入口控制

——聘用认可的保安公司及保安员

——聘用足够的保安员
——登记出入人士及车辆
——检查工作证、安全卡、身份证及其他需要的证件/牌照
——防止非法劳工
(2) 防盗措施
——制定巡查路线及巡查簿位置
——定期检查及测试防盗设施
——制定长假期间防盗措施
(3) 保安公司及保安员监管
——不要过分依赖保安公司/保安员
——定期检查保安记录，包括当值记录及巡查记录
(4) 保安会议
——定期检讨保安措施及设施
——定期与保安公司/保安员及分包商开会
——分享保安讯息
(5) 保安文件及记录
——用合乎公司规格的文件
——保密、整齐
——适当存放

## 八、环保管理

“可持续发展”的概念，日益受到全球的关注。根据1987年世界环境与发展委员会的定义，“可持续发展”是指“发展必须能够一方面满足我们现今的要求，另一方面又不妨碍子孙后代满足他们所需的能力”。建筑业既创造了美好的生活空间，也因其施工过程，会对环境产生严重影响。建筑业对环境的影响是多方面的，可以是直接的或间接的、有益的或有害的，其中最常见的有以下几类：

1. 空气污染

施工工序如挖掘、翻土、钻孔和机械破碎等，如没有采取适当的防尘措施，便会产生大量尘埃，产生空气污染。另外，项目机械运转排放的废气也令空气质量下降。

2. 噪声污染

机械施工是现代建筑工程的重要特点，许多设备噪声很大，例如：打桩、打夯、钢筋加工、振捣混凝土等，都会对施工现场附近的居民造成滋扰。有时即使采取噪声消减措施，施工噪声亦难以完全避免。

3. 水污染

建筑工程，特别是大型灌注桩工程，在施工过程中产生大量的污水，如没有经过适当处理就排放，便会污染海洋、河流或地下水等水体，直接危害水中生物。若污水中的重金属或其他毒素进入食物链时，最终会危害人的健康。

4. 产生废物

工程施工过程中每日均产生大量废物，例如泥砂、旧木板、钢筋废料和废弃包装物料

等，部分未污染的活性废物可循环再用或运往公众卸泥区作填海用途，但这些物料往往与其他废物混合一起并运往堆填区弃置。这样，大大增加了堆填区的负荷，进一步缩短了堆填区的使用期。另外，工地弃置的废机油、用剩的有机溶剂等化学废料也会污染工地水体，对生态环境造成影响。

5. 化学品及危险品污染

工地使用的汽油、柴油、香蕉水、模板油和机油以及氧气、油漆等化学品、危险品若发生泄漏或爆炸时，便会造成空气、水和土地等污染。

6. 耗用天然资源

建筑工程需要使用大量木材、钢材、水泥和砂石料等，这些都是或来自天然资源，为提供有关资源而进行的伐木、采矿等更会给附近环境留下长久才能复原，甚至无法复原的印记。对于不可再生的天然资源，例如石油和非再生林木，影响更为深远。

7. 消耗能源

建筑工程消耗大量能源，如工地施工机械和运输车辆所耗用的油料，及工地办公室的电器、工地照明系统和其他项目电动机械所使用的电力等。

8. 使用土地

所有建筑工程无可避免需要占用土地，这将限制土地未来作其他发展用途的可行性。

多年来，除个别按业主合同要求实施指定的环保管理体系以及受环评条例管制的指定工程项目外，在建筑工程中一直采用一般的预防和补救措施来解决环境保护问题，缺乏系统的、全面的环保管理体系，处于被动地位。存在的主要问题有：在工程设计和施工策划阶段未认真考虑环保要求；缺乏全面和系统的环境因素分析，造成环保措施不足或因环保而产生新的环保问题；未形成完整的监控体系；资源投入不够，许多环保措施难以落实等。

**(一) 环保管理体系**

环保意识兴起于20世纪60年代。到80年代中，开始出现环保管理体系并进行审核。90年代初，欧盟制定了审核与管理计划（EMAS），英国出版了环境管理标准BS 7750，国际标准化组织着手制定统一的环境管理标准。

1. ISO 14000标准系列

ISO 14000标准系列由国际标准化组织负责发展及制定。国际标准化组织为配合世界环保发展的趋势，于1991年6月组成环境策略咨询小组，负责环境管理标准国际化之评估工作，并于1993年1月正式成立负责制定环境管理标准之ISO/TC 207技术委员会，汇总世界各类型环境管理之相关技术、标准、规范、方法及策略等，以制定适用于世界各国不同规模及类别之企业的环境管理标准。

ISO 14000标准系列包括下列七大项：

(1) 环境管理体系

ISO 14001 环境管理体系-规范及使用指南

ISO 14002 环境管理体系-中小型企业指引

ISO 14004 环境管理体系-原则、体系和支持技术通用指南

(2) 环境审核

ISO 14010 环境审核指南-环境审核通用原则

ISO 14011 环境审核指南-审核程序-环境管理体系审核

ISO 14012 环境审核指南-环境审核员资格要求

ISO 14015 环境审核-现场环境评估

(3) 环保标签

ISO 14020 环保标签及声明-通用原则

ISO 14021 环保标签及声明-自我声明环境要求-术语及定义

ISO 14022 环保标签及声明-自我声明环境要求-符号

ISO 14023 环保标签及声明-自我声明环境要求-测试及鉴定

ISO 14024 环保标签及声明-第一类环保标签-指导原则及程序

ISO 14025 环保标签及声明-第三类环保标签

(4) 环境表现评估

ISO 14031 环境管理-评估环境表现-指南

(5) 生命周期评估

ISO 14040 环境管理-生命周期评估-原则及机构

ISO 14041 环境管理-生命周期评估-生命周期清单分析

ISO 14042 环境管理-生命周期评估-影响评估

ISO 14043 环境管理-生命周期评估-释义

(6) 术语及定义

ISO 14050 术语及定义-ISO/TC 207/SC6 制造术语的原则指引

(7) 产品标准的环境因素

指引 64　在产品标准中加入环境因素的指引

ISO 14001 是 ISO 14000 标准系列中惟一可作为第三者审核及认证用途的标准。ISO 14001 本身是一套环境管理体系的标准，它提供一个管理机制，让机构达到有关环保要求，不同机构可采取不同的环保技术规格，机构应拟定本身希望达到的环保表现，重点在持续改善。

ISO 14001 国际标准自 1996 年公布以来，已被世界各国的机构所广泛采用，取得认证的机构数量迅速增加。截止 2002 年底，取得 ISO 14001 认证的机构有 46836 个。其中香港取得 ISO 14001 认证的机构达到 208 个，较为知名的承包商基本上都取得了认证。

2. 环保管理模式

ISO 14001 环保管理体系模式，包括政策、策划、实施及运作、检查及改正、管理评审等 5 个阶段，见图 2-22。而每个主要阶段包括多个元素，以确保环保管理体系能正确实施。

3. 环保管理体系的建立和实施

(1) 准备工作

1) 设立环保管理委员会

环保管理体系的建立和实施，企业领导承诺是第一步，也是非常关键的一步。为建立和推行 ISO 14001 环保管理体系，企业领导要设立企业环保管理委员会并委任环保经理，下设工作小组，负责初步环境评估、编写环保管理体系文件等有关工作。

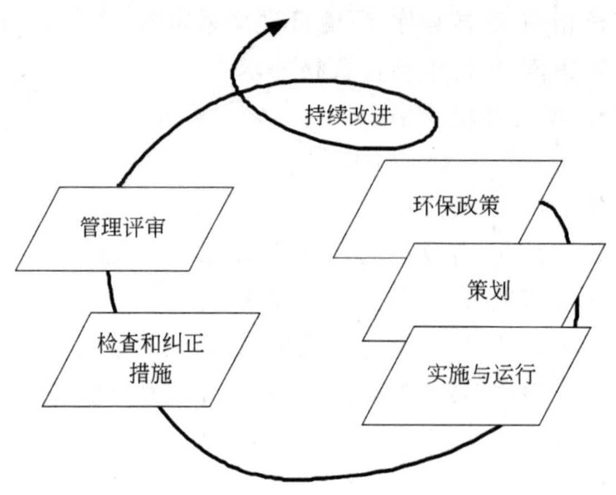


图 2-22　ISO 14001 环保管理体系模型

2）初步环境评估

初步环境评估是按照 ISO 14001 的要求，在建立和实施环保管理体系前，企业对整个系统包括全部活动、产品和服务中的环境状况、环境因素、环境影响、环境行为、有关法律及相关情况进行的全面调查，对所收集的有关信息、资料进行系统的整理、研究、评估和提炼，向企业决策者提出建议。初步环境评估工作也可聘请环境顾问协助进行。

评估报告一般包括：评估当前环保政策和实践情况；企业环保定位；简单的输入-输出分析，定义出带来环境影响的产品过程、法律要求等；评估过去、现在和将来表现；环保问题的看法、SWOT（即：强势、弱势、机会及威胁）分析和 PEST（即：政治、经济、社会和技术）分析等。

（2）环保政策

环保政策是企业经营政策的一部分，也是实施和改善环保管理体系的推动力，从而维持或改进环保表现。制定企业环保政策，主要基于以下原因：表明企业对改善其环保表现的承诺，将企业对环境保护的使命和决心向员工和外界表现出来，提供一个企业环保工作总的原则，亦作为评定企业环保表现的准则。因此，环保政策须反映企业领导对遵循有关法规和保证持续改进的承诺。环保政策是企业长远环保目标，也是制定每年环保目标和指标的基础，必须定期检讨，以配合不断变化的环境。ISO 14001 要求环保政策必须包含遵守有关法例，防止污染环境和持续改善，同时要与企业的性质、规模及其所从事的活动、所生产的产品和所提供的服务的环境影响相一致，并须形成文件，付诸实行，予以保持，及传达到全体员工。如从事工程承包业务的企业在政策中承诺：遵守有关法例，防止污染环境，减少建筑废料，减少天然资源消耗，持续改善环保表现等。

（3）环保策划

策划阶段，包括环境因素、法例要求、环保目标和指标以及环保管理方案，是整个循环周期最关键性的一环，若策划不当，整个管理模式便不能有效运作。在制定环保管理计划时，企业需确定环境因素和评估相关的环境影响、法例要求、内部表现准则、环保目标和指标以及环保管理方案等。

1）确定主要环境因素

无论是进行初步环境评估还是制定环保管理计划，都要确定主要环境因素。首先需要详细列出工作范围内的所有活动、产品或服务。工地常见的活动包括结构工程、装饰工程、大型灌注桩工程、撞击式打桩工程、桩帽工程、土钉工程、爆破工程、泥井工程、填海工程、水喉试水工程、清洗车辆、机械维修、运送物料、使用危险品、工地食堂及厕所等。然后将每项活动、产品或服务的所有环境因素详细列出，包括现在及未来在正常、非正常或紧急情况下的运作，及与分包商、供应商或运输过程等有关的因素。确定环境因素时，可考虑以下列举的一般环境项目：空气污染物产生或排放，污水产生或排放，产生噪声或振动，有关废物管理（包括固体及化学废物的产生、储存、处理及弃置），物料的储存、泄漏及安全，能源或物料消耗，土地污染，生态环境等。在确定环境因素时，通常会偏向负面影响的方向来考虑，但不能忽略具有正面影响的环境因素，例如物料回收和能源节约等。

然后，须将每个环境因素的所有环境影响详细列出，不论是存在的、潜在的、正面的或负面的，并须评估有关环境影响的重要性，包括确定是否受法例管制及评估其影响程度。以整个工程计，任何对环境造成较大程度改变的环境因素都应视为影响程度大的环境因素。有关空气污染、水污染、噪声和废物的环境影响均受法例管制。受法例管制或影响程度大的环境因素都应定为主要环境因素。

2）法例要求

根据环保政策和 ISO 14001 的要求，建立企业的环保管理体系，文件包括手册、程序、指引、法例清单和记录等。ISO 14001 要求企业制定适当程序，以确定它所应遵守的法律及其他要求，并提供获得这些法律和要求的途径。法律及其他要求可包括以下几种形式：一般环保法例，非法规性指南或工作守则，与官方机构的协定，业主在合同上的环保要求，认证机构的要求等。

香港管制工地污染空气的法例主要有《空气污染管制条例》、《空气污染管制（建造尘埃）规例》和《空气污染管制（露天焚烧）规例》；管制工地噪声的法例主要有《噪音管制条例》、《噪音管制（空气压缩机）规例》和《噪音管制（手提撞击式破碎机）规例》；管制工地污染水质的法例主要有《水污染管制条例》和《海上倾倒物料条例》；管制工地建筑废料的法例主要有《废物处理条例》和《废物处理（化学废物）（一般）规例》，《海上倾倒物料条例》；管制工程全面性环境影响的法例主要有《环境影响评估条例》。

3）制定环保目标和指标

ISO 14001 中对环保目标及指标提出了下列要求：企业应确立和维持书面的目标及指标；企业在制定和检讨目标时，应考虑法例及其他要求，主要环境因素，可用技术方案，财政、运作及商业因素，有关人士的意见等因素；目标及指标须与环保政策一致，包括对防止环境污染的承诺。

建筑业的生产活动对环境造成的影响较大。例如工程施工中所产生的噪声、尘埃、废水和废料等，都会污染环境。根据所确定的主要环境因素，并考虑前述的因素，可选取“减少混凝土损耗率”等作为基础工程公司的环保目标，其指标为：“低于×%”，详见表 2-3。这 4 项环保目标相应的控制指标除第 3 项外，均用一个相对数字，主要是考虑了工程规模大小的因素，使之尽量不受规模变化的影响，以便检讨和逐年比较。环保目标可包括减少废物和降低资源消耗，减少或消除向环境释放污染物质，控制原材料选取过程中的环境影响，将新开发项目所造成的环境影响减至最小，提高员工和社区的环保意识等。

环保目标和指标举例 表 2-3

| 序号 | 目标 | 指标 |
| --- | --- | --- |
| 1 | 减少混凝土损耗量 | 低于×% |
| 2 | 减少木材的用量 | 低于×××/亿港元营业额 |
| 3 | 取消燃油打桩机 | 两年内 |
| 4 | 减少复印纸张用量 | 低于×××包等量A4纸/亿港元营业额 |

4）制定环保管理计划

确定环保目标及指标固然重要，但更重要的是如何实现这一目标。环保管理计划就是为达到目标而制定的具体计划。通过实施这一计划，改善与主要环境因素有关的环保表现。环保管理计划的制定和执行是环保管理体系成功实施的一个关键要素。该计划应说明如何实现环保指标，包括时间进度和负责实施的人员。环保管理计划应定期予以修订，以反映企业环保目标和指标的变化，及达到改进环保表现的目的。

环保管理计划分为企业环保管理计划和项目环保管理计划两种。企业环保管理计划由企业每年制定并在企业范围内实施。项目环保管理计划由项目在工程开工前制定，并经企业环保经理批准，以后每季度检讨一次。

（4）实施和运作

为了有效地推行环保管理体系，企业需有足够能力和支援机制，以达到环保政策、目标和指标的要求。为配合关注人士、商业环境和持续改进过程的不断变化的要求，企业所必需的能力和支援机制亦需随之作出调整。为达到环保指标，企业须统筹和调配其员工、体系、策略和组织机构。企业需具备的能力和支援机制有：资源包括人力、物力和财力，环境管理体系与其他管理体系的一致性和一体化，职责和义务，环保意识和积极性，知识、技能和培训，信息交流和通报，环保管理体系文件，运行控制，应急准备和应变措施等。

工程中标后，项目负责人应立即着手申请法例要求的环保牌照或许可证，确定与主要环境因素有关的各项工作，并指派合适人员编制项目环保管理计划，确定适用的运行控制措施，报环保经理审批。工地须按照批准的项目环保管理计划及企业环保管理计划进行运行控制。若项目之分包商所进行的工作或材料供应商所提供的材料涉及主要环境因素，有关运行控制措施须于该分包商或供应商进场后一星期内分发给他们，以便跟进。

（5）检查和纠正

检查阶段有助企业估量其环保表现，以确保企业按照其所制定的环保管理计划开展工作。此阶段的工作包括以下各项：监察和监测（持续进行），纠正和预防措施，环保管理体系记录和信息管理，环保管理体系审核等。

1）监察和监测

企业制定监察和监测机制，以确保实际工作符合环保管理体系和有关目标及指标的规定。这里也包括对相关环保法例的符合性进行评价。主要监察和监测方式有：定期现场巡查，定期测算并保存与环保指标有关的数据等。

2）不符合情况、纠正及预防措施

企业制定程序以处理和调查不符合情况，并根据调查结果，提出及完成适当的纠正及预防措施，以减轻不符合情况对环境所带来的负面影响。

3）环保管理体系的内部审核

企业定期进行内部审核，以验证各有关单位是否有效地执行环保管理体系，及是否满足国际标准 ISO 14001 的要求。审核报告须提交给企业领导，作为评定环保管理体系的依据。

4）环保记录

企业应制定程序，用来标识、保存和处置环保记录。环保记录包括培训记录、监察与监测记录、审核报告和评审报告等。环保记录应字迹清楚，标识明确，及具备对相关活动、产品或服务的可追溯性。

（6）管理评审

企业定期对环保管理体系进行有系统的评审，以确保该环保管理体系的持续适用性、充分性和有效性。每年评审应根据环保管理体系审核的结果、环保法例的更新、不断变化的客观环境和持续改进的承诺，检讨环保政策、目标以及环保管理体系的其他要素的修改需要。评审阶段企业必须以改善其整体环保表现为目标，不断检讨和改进其环保管理体系，评审工作包括：评审环保管理体系。以及确定可持续改进的地方。

**（二）环保管理工作制度与程序**

为有效实施环保管理体系，企业需要制定一系列工作程序，如确定环境因素、运行控制措施、监察及监测、应急准备及应变措施、处理环保不符合情况等。

1. 确定环境因素

企业各单位负责人须指派合适人员编制“环境因素评估及环保管理计划表”，计划表须报环保经理审批。编制人员须详细列出工作范围内的所有活动、产品或服务。例如：

（1）将每项活动、产品或服务的所有环境因素详细列出，包括现在及未来在正常、非正常或紧急情况下的运作，及与分包商、供应商或运输过程等有关的因素。

（2）将每个环境因素的所有环境影响详细列出，包括存在的、潜在的、正面的或负面的。

（3）评估这些环境影响的重要性，包括确定其是否受法例管制及评估其影响程度。以整个工程计，相对废物产生最大、资源消耗量大、会产生严重环境污染或受社会高度关注的环境因素都应视为影响程度大的环境因素。

（4）受法例管制或影响程度大的环境因素都应定为主要环境因素。项目负责人需确定每个主要环境因素的运行控制措施及指派合适检查人员，每月检查各运行控制措施的执行情况。

（5）项目负责编制的人员亦需将业主合同里有关环保方面的要求列在“环境因素评估及环保管理计划表”内。

（6）写字楼各有关部门的主要环境因素汇总及详列一份总结清单。

当工作范围内的环境因素有变化时，各单位负责人须及时检讨及更新有关资料。

2. 运行控制措施

各单位负责人必须确定与主要环境因素有关的各项工作。工程中标后，项目负责人必须立即着手申请法例要求的环保牌照或许可证，并按照企业制定的运行控制措施进行运行控制。

根据企业环保政策、法律及其他要求，建筑工程项目管理的特点和企业实际情况，企业可制定以下主要运行控制措施：空气污染控制措施、噪声控制措施、水污染控制措施、废物控制措施、危险品控制措施、化学品控制措施、能源节约措施及应急准备与应变措施等。

(1) 空气污染控制措施

车辆清洗设施及围板、道路、水泥及干粉材料、泥地、工地车辆、堆存、装卸及运送易生尘埃物料、钻孔、切割、磨光及机械破碎、挖掘及翻土、爆破、输送带（运送易生尘埃物料）、临时垃圾槽、物料机、塔吊、清理工地、外墙工作、拆卸建筑物、道路开掘或重铺工程、填海工程、沥青（烧煮）、露天焚烧、石棉尘、油渣锤和施工机械等控制措施。以上各项空气污染控制措施主要提出了4项要求：围蔽工作范围，覆盖易生尘埃物料，防止车辆带泥砂出工地和洒水降尘等。

(2) 噪声控制措施

建筑噪声许可证、浇注混凝土、挖掘、打石及钻孔、塔吊及物料机运作、打闸板、钢桩及混凝土桩、机械、空气压缩机、发电机管理、模板装嵌及拆卸、脚手架搭建及拆卸，处理瓦砾、木板、钢筋、木材及脚手架材料，敲击式工具使用、车辆保养和使用管理等控制措施。以上各项噪声控制措施主要提出了7项要求：选择低噪声的施工方法、选择低噪声的机械设备、选择机械设备的摆放位置、使用隔声屏障、使用机械隔声罩、合理安排施工程序和监管工地施工等。

(3) 水污染控制措施

地面排水、洗车池、溅水清洗废水、隔砂池、工地食堂污水、工地厕所污水、地下水、钻探水、混凝土厂及混凝土构件预制场的污水、膨润土、来自试漏及消毒贮水设施和管道的废水、一般工程施工污水、海事工程和灌注桩工程等控制措施。以上各项水污染控制措施主要提出了5项要求：去除泥砂、减小碱度、防止有害化学物进入水体、去除油污和分解有机物等。

(4) 废物控制措施

建筑废物、化学废物和工地办公室及食堂废物等控制措施。以上控制措施主要要求工地将废物分类，送往以下3类地方处置：公众卸泥区、垃圾堆填区和化学废物处理设施等。

(5) 危险品控制措施

易燃液体和液化气体等控制措施。以上控制措施主要要求工地将汽油、柴油和香蕉水等易燃液体存放于储漏盘内，而石油气、氧气、乙炔和压缩空气等气瓶则须存放于危险品仓库内，保持直立。

(6) 化学品控制措施

矿物油控制措施。该化学品控制措施主要要求工地将模板油、机油及泵油等矿物油存放于化学品仓库内或储漏盘内。

(7) 能源节约措施

燃料和电力节约措施。该能源节约措施主要要求工地在施工机械及办公室的电器等闲置时关掉电源或燃料供应。

(8) 应急准备与应变措施

工地常见的环保紧急事故是储存或处理、油料等化学品时发生溢漏、工地发生水灾和发生火灾等。如《标准工作程序》中未有明确说明，项目须制定适用的紧急应变措施。

3. 监察及监测

(1) 各单位负责人须指派合适的员工对具有主要环境影响的工作每月进行监察及监测。如工地污水排放、噪声水平、项目混凝土损耗率、木材用量、复印纸张用量、电及水用量的统计等。

(2) 指定人员须按作业范围填写环保检验表格。

(3) 检查时，如发现不符合情况，按程序处理。

4. 应急准备及应变措施

(1) 应急准备

1) 项目负责人必须在接收工地后6星期内召开紧急事故会议，按其作业范围找出那些与主要环境因素有关的紧急事故。与会人员应包括项目经理、代表、工程师、总管及管工等。

2) 如“一般应变措施”中未有明确说明，各单位须制定适用的紧急应变措施。

3) 各单位须准备有关应变措施所需的一切物资、设备、人力及权限等。

4) 在可行情况下，有关措施应每半年演习一次。应注意进行演习的时间，例如化学品泄漏演习应于项目开工初期进行，防洪或水浸演习应尽量安排于雨季（4～9月）来临前举行。

5) 在有需要时或紧急情况发生后，单位负责人应检讨现时的应变措施，及时作出修改、增减。

(2) 应变措施

遇有紧急事故，各单位应按“处理环保紧急事故流程表”办理。

一般应变措施：

1) 溢漏化学品（如机油、柴油等）

2) 火警

3) 暴雨警告及热带气旋警告

5. 处理环保不符合情况

(1) 各单位负责人须指派合适的员工，对不符合情况进行评审和提出解决方法，明确有关人员对不符合情况处理的授权范围。

(2) 纠正程序

1) 当发现物料或工作不符合环保要求时，包括内部检查、外部投诉及违例检控等，应即时通知指定人员。

2) 指定人员应详细查勘、评审不符合情况的影响范围，作出正确汇报。

指定人员应填写环保不符合情况报告，列明不符合情况及其位置，并提出解决方法。

3) 各单位要及时将不符合情况及改正措施的决定，以书面形式通知有关人员，以便及时采取相应行动。

4) 不符合的情况经改善后，指定人员应在原环保不符合情况报告表格第二部分上注明，并将报告表存档。

5）若发现的不符合情况能于短时间内及时改善，则无须记录。

（3）预防程序

1）在每年管理评审时，应检讨过去一年发现的不符合情况，内容应包括以下：

- 分析过去一年产生不符合情况的原因；
- 制定有效的预防措施及应有的控制方法；
- 检讨上次会议制定的预防措施是否有效。

2）环保经理须分析内部审核报告，如发现《环保管理手册》和《标准工作程序》等文件有导致不符合的因素，环保经理要对有关手册和程序进行评估，作出必要修改并重新发放 。

3）若各单位于日常运作时，发现环保管理体系存有影响环保的重要问题，负责人要及时报告环保经理。若有必要，环保经理将立即检讨环保管理体系。

## 九、质量管理

质量管理是一个综合概念。美国著名质量管理专家 Dr. Juran 认为，质量管理是用来确定和达到质量规格的所有手段的总和。国际标准 ISO 9000：2000 中对质量管理的定义是：在质量方面协调、指导和控制一个组织确定质量政策、目标，并进行质量策划、质量控制、质量保证和质量改进的所有活动。

对于企业，质量管理包括三个层次的含义：产品质量、工序质量和工作质量。

按 ISO 9000：2000 中的定义：质量管理体系是指导和控制一个组织确定质量政策、确定并取得这些目标的体系。按照国际标准化组织 ISO 9001：2000 的要求，建立、编制、实施和维持其质量管理体系，并持续地改善其有效性。

为求达到管理目标，推行质量政策，公司除遵守当地法例、满足业主合同上的要求外，还按照 ISO 9001：2000 的要求，建立了质量管理体系，并按产品的需要，制定质量目标及指标。质量经理负责推行公司的质量管理体系，定期进行内部审核，监察公司的质量表现。

一套完善的质量管理体系，至少应该包括以下几个方面的内容：

### （一）质量目标

公司按不同业主对产品不同的要求，制定与公司政策一致的质量目标及指标，并保存书面资料。在制定质量目标及指标时，须考虑：

（1）质量目标必须具体、明确，指标则应基于一个可以量度的基础。

（2）每年检讨一次，并将有关文件分发各有关单位。项目应将有关文件张贴于项目的告示板上。

### （二）质量管理体系文件

1.《质量管理手册》

《质量管理手册》是根据 ISO 9001：2000 的要求编制而成。手册中详细说明公司所建立的质量管理体系及其运作方式，并由公司总经理签署。

2.《标准工作程序》

公司质量管理体系包括一系列标准工作程序，以确保质量管理体系能被有效地贯彻于生产全过程。

3.《项目质量管理计划》(PMP)

为使《质量管理手册》所确立的质量管理体系能在具体的工程项目上有效地运作，每一工程项目均须根据合同要求制定《项目质量管理计划》。内容包括：

(1) 确定必要的工作程序、质量控制手段、施工方案和配备必要的合适人员、试验及检验设备、施工机械及设备等。

(2) 需要时，调整质量控制、检验和试验技术，包括研制新的测试设备。

(3) 当合同要求超出公司现有测量水平时的对策。

(4) 产品落实过程中在适当阶段时确定合适的验证工作。

(5) 写明合同要求的合格标准。

(6) 要求做好的标记和质量记录。

《项目质量管理计划》的编制，第一次应重点落实未来 6 个月内的工作计划。项目要定期（约每 3 个月）检讨及修改《项目质量管理计划》，以确保计划之有效性。

**(三) 领导责任**

(1) 公司领导负责建立公司的管理组织机构，并不断改善其组织机构，明确所有从事与质量有关工作的人员的责任、权限和相互关系。

(2) 公司领导负责、调整及审批公司组织机构。

(3) 公司写字楼各职位的职责及权限由单位负责人会同人力资源部及质量经理共同拟定，交公司领导批准颁布。

(4) 项目各职位的职责及权限由项目经理拟定，编入《项目质量管理计划》中。

(5) 公司《质量管理手册》及有关附录文件中明确了资源要求，并保证提供适当的条件和委派经过培训的人员进行管理、执行及验证工作。如果合同对资源保留有更为严格的要求，公司将在《项目质量管理计划》中写明有关的资源要求，并保证提供适当的条件和委派经过培训的人员。验证工作包括对设计、施工、安装和技术服务等过程，已完成工作的检验、试验和监督及内部质量评审。

(6) 公司领导必须每年对质量管理体系进行有系统的复审，以确保质量管理体系有效地运作，并满足国际标准化组织 ISO 9001：2000 要求和公司的质量政策。

**(四) 资源管理**

公司已确定和提供必需的资源，并于每年领导复审中，检讨和按需要改善现有资源，以实施和维持公司质量管理体系，并持续改善其有效性及通过满足业主要求以提升业主满意度。

1. 人力资源

公司确保对所有执行影响产品质量工作的人员，在教育、培训、技能和经验上都有能力胜任。

人力资源部每年对培训工作进行一次全面的总结，审议培训计划完成情况和培训的效果，研究需要加强的培训内容，同时编制新年度的培训计划。

2. 基础设施

各单位需按工程合同的需要，编制工程营运所需设施的清单及安排有关设施，以确定、提供和保养符合产品要求所需的各种运作必需的设施、器材和服务，包括各施工场地、相关的公用设备、各施工流程设备如硬件、软件和各类支援服务如运输、通讯等。

3. 工作环境

各单位均需按照公司领导、业主的要求，对符合产品要求所需的工作环境，予以确定和管理。

**(五) 产品管理**

产品管理主要指产品实现过程的策划。要策划和制定产品实现（工程由投标至完成）所需的基本流程，并与公司的质量管理体系中其他流程的要求保持一致。切实实现产品管理，项目应于《项目质量管理计划》内确定：

(1) 产品的质量目标和要求，如列明工作范围的要求；

(2) 制定必要流程和建立文件，及为产品提供特定的资源；

(3) 为产品特定的验证、确认、监测、检查和测试活动，及验收标准；

(4) 证明产品实现流程及其产品已能符合要求所需的记录。

同时，需要明确其他的相关管理要求，例如：

- 与业主相关的流程；
- 与评审与产品相关的要求；
- 与业主沟通；
- 设计及开发；
- 采购及分包；
- 施工和服务提供；
- 监测和量度设备的控制等

**(六) 量度、分析及改善**

各有关部门按其工作程序的要求及各项目《项目质量管理计划》(PMP) 内应策划及制定所需的监测、量度、分析和改善等流程，以确保产品符合要求，贯彻及持续改善公司质量管理体系。

策划包括确定选用监测、量度和分析等方法，如统计技术，及其使用的程度。

1. 监测和量度

公司按时将收集与业主对产品质量之报告、评分等资料进行统计、分析和量度公司质量管理体系的绩效及业主的满意度。获取和使用这些资料的方法，将予确定。

按《质量管理内部审核工作程序》的要求定期进行内部审核工作，以确定公司质量管理体系是否已符合制定之施工流程、ISO 9001：2000 的要求及公司所制定的质量管理体系要求；是否已有效地推行和维持。

质量部每年负责制定审核计划。有关计划的编制将考虑审核的流程和被审核单位的状况和重要性，和以往审核的结果。审核的准则、范围、频次和方法，按照《质量管理内部审核工作程序》进行，并由与审核内容无直接责任的人进行审核，以确保审核流程的客观和公正。

公司每年对该年度之质量目标及指标完成情况，各单位工作中发现之不符合情况进行统计及分析，以监测及量度各有关流程是否已达到原定效果，并按结果对有关流程进行修正，以确保产品符合要求。有关资料呈报每年之领导复审进行审核。

项目《项目质量管理计划》(PMP) 内须制定合适的监测和量度方法，以验证施工工作符合要求。监测和量度须在制定的施工流程合适的阶段中进行。

验收合格的记录须予存档。记录须指出授权发放产品的人员。

除非获得有相关职权的人员或得到业主的批准，工程完工交付业主前，所有制定之施工流程需已满意完成。

2. 不符合产品的控制

公司为防止使用或安装不合格产品，或在工程中留有不合格工作，在《施工管理、检验和试验工作程序》及《机电安装管理工作程序》（只适用于机电工程）中制定了采购物资和施工工作出现不合格情况下的控制程序。

3. 数据分析

公司各单位负责确定、收集和分析合适的数据，以证明质量管理体系的适用性和有效性，和评估可以持续改善质量管理体系的有效性的机会。从监测和量度活动或其他合适来源产生的数据，亦包括在内。

数据分析须提供与下列各项有关的资讯：

- 业主满意度
- 产品要求的符合情况
- 流程和产品的特性及其趋势，包括采取预防行动的机会
- 供应商及分包商的表现

4. 改善

公司以贯彻执行制定的质量政策、质量目标，并应用审核结果、数据分析、纠正及预防行动及领导复审等方法，以持续改善质量管理体系的效能。

各单位须制定合适的纠正措施来消除不符合的起因，以免这些不符合情况再出现。须制定合适的预防措施以消除潜在不符合的各种起因，避免不符合的发生。

公司领导必须每年对质量管理体系进行有系统的复审，以确保质量管理体系有效地运作，并满足 ISO 9001：2000 要求和公司的质量政策。

在质量管理中，管理体系是必不可少的。但除了一个行之有效的管理体系外，还需要有一系列的工作程序，说明如何具体实施。这些程序主要有：文件及资料管理、投标管理、合同管理、物资采购、施工管理、检验和试验、设计管理、内部审核、培训和项目质量管理编制指导等。

## 第五节　建筑企业的核心竞争力

要在香港这个国际性的建筑市场经营开拓取得成功，很重要的一个因素就是在长期的实践中构建出具有本企业特色的核心竞争能力。因此，对作为生存在一般性竞争领域与传统行业的建筑承包商，尤其是像正在接受 WTO 洗礼的中国建筑企业来说，如何构建、优化和巩固自己的核心竞争力，日益成为关系建筑企业可持续发展的重要课题。

### 一、核心竞争力是现代企业经营的主旋律

核心竞争力是美国经济学家普拉哈拉德和哈默于 1990 年在《哈佛商业评论》上首先提出的，他们认为：就短期而言，公司产品的质量和性能决定了公司的竞争力；但长期而言，起决定作用的是造就和增强公司的核心竞争力。此观点一提出，就得到了学术界和企

业界的广泛认可，并引起了企业家的高度重视。

何谓核心竞争力？简单地说，就是企业在经营过程中形成的不易被竞争对手效仿的能带来超额利润的独特的能力。它是企业在生产经营、新产品研发、售后服务等一系列营销过程和各种决策中形成的，具有自己独特优势的技术、文化或机制所决定的巨大的资本能量和经营实力。核心竞争力主要包括核心技术能力、组织协调能力、对外影响能力和应变能力，其本质内涵是让消费者得到真正好于、高于竞争对手的不可替代的价值、产品、服务和文化。

可以说，核心竞争力是企业所有能力中最重要、最关键、最根本的能力，核心竞争力的强弱，决定了一个企业在市场竞争中的地位和命运。技术创新是核心竞争力的关键，文化创新是核心竞争力的基础，制度创新是核心竞争力的保证。在异常激烈和残酷的竞争面前，企业要想生存和发展，必须大力培育和增强企业的核心竞争力。

**(一) 核心竞争力的属性**

核心竞争力这个词我们听得越来越多，重视也罢，吹嘘也好，无论企业规模大小，都在寻找与发展自身的核心竞争力。到底应该怎样看待这个听起来很玄妙的词？从业界内外企业的兴衰成败中，我们可以看到核心竞争力具有四个属性。

**核心竞争力的专注性：**鸡蛋放在十个篮子里比放在一个篮子里安全？多元化经营，分散投资一度成为热门。眼见巨人、三株、亚都、爱多等一时翘楚先后倒下，我们明白了，只有杂技演员才喜欢玩同时转动十个盘子的惊险游戏。问题就这么简单，篮子是需要照顾的，而照顾一个篮子比照顾十个篮子容易得多。

**核心竞争力的创新性：**新机遇是属于小公司的？创新即风险。领先的企业在进行战略转移的时候，要慎之又慎，因为一招出错，就会陷入“前不着村、后不着店”的尴尬。如果有 100 个创新的机会，就会有 1000 个小企业扑上去，因为小企业的前途就寄托在创新上了，否则就没有存在的必要了。

**核心竞争力的持续性：**10000 米长跑＝100×100 米短跑？虽然短跑运动员比长跑运动员速度快，没有人认为前者连续跑 100 个百米就会获得万米的冠军。速度与耐力完全是两回事！

1996 年以前的策划营销年代，很多国内企业将企业成功寄托于一两个“点子”。然而，在市场上短跑型的老总们已经使企业陷入了困境，倒下的是一批一批的“短跑健将”——秦池、爱多等等，无不令人扼腕叹息。

**核心竞争力的惰性：**黄金也是一种累赘？核心优势有时候也会成为一种发展的阻碍。曾经辉煌的技术产品成为古董，人们总是难以割舍。在黄金成为一种累赘的时候，似乎只有叫做“Consulting（顾问）”的局外人能让企业放下曾经辉煌的重担。

关于核心竞争力的属性还有一种既权威又形象的观点。北京大学光华管理学院副院长张维迎教授即认为：企业的存亡取决于是否具有核心竞争能力，即是否具有独特的资源和能力，这种独特性具体表现为企业所拥有的资源是偷不去、买不来、拆不开、带不走、溜不掉的。这就是说，企业所拥有的核心资源要有这样的特点：要有法律保护；没有市场可以买到；资源本身与能力有互补性；具有组织性，不属于个人；有持续竞争力。

“偷不去”是指别人模仿起来很困难，如企业拥有的自主知识产权——品牌、文化等。在国外，这些东西是很难偷走的，国内企业这一优势的形成依赖于法律、产权制度的健全。

“买不来”是指这些资源不能从市场上获得。通常，人们认为人才是企业的核心竞争力，但这是以人才不能流动为前提的。因为，一个企业可以高薪诚聘某个人才，别的企业就可以付更高的价格把这个人才挖走，因此，单个的人才不能算作核心竞争力。

“拆不开”是指企业的资源、能力有互补性，分开就不值钱，合起来才值钱。比如鞋子，左鞋和右鞋具有互补性，别人拿走一只是没有用的，所以企业只要看好一只鞋子就行了。中国企业大多拥有替代性知识，导致人才因在这个企业创造的价值等同于在别的企业创造的价值而随意跳槽。

“带不走”是指资源的组织性。个人的技术、才能是可以带走的，因此，拥有身价高的人才也不意味着有核心竞争力。整合企业所有资源形成的竞争力，才是企业的核心竞争力。

“溜不掉”是指提高企业的持久竞争力。今天拆不开、偷不走的资源，明天就可能被拆开、偷走，所以，企业家真正的工作不是管理，而是不断创造新的竞争力，形成可持续发展。

如果仅依靠政府行为或政策垄断而经营的企业，虽然他们也具有独特的资源垄断能力，较之其他行业和企业有明显的优势，具备了该企业的核心竞争力，但这只可界定为狭义的和不长久的核心竞争力，有其局限性。而我们更关注和推崇的是广义核心竞争力，即在完全公平和开放的市场经济条件下和营商环境中，企业通过市场行为和商业活动而取得其他企业和竞争对手不具备的能力，而形成的企业的核心竞争力，才是相对长久的和具广泛含义的企业核心竞争力。

**(二) 核心竞争力的识别**

越来越多的企业实践表明，只有有价值、稀缺、不易模仿、不易替代的产业或企业专有能力——核心竞争能力才是持续竞争优势的最终源泉。从严格意义上讲，企业通过政府或其他非正常市场手段获取的具有垄断性的政策、专利和专营权应该属于企业战略资产，而非企业核心竞争力。因为这种资源的代偿性或补偿能力较差，具有很大的不确定性，如果市场形势发生巨大变化，这种因长期垄断而产生的经营惰性甚至会给企业带来可怕的灾难。只有那种在完全公平的市场竞争中通过自身成功经营形成的能力，才是真正的企业核心竞争力。

有价值的能力是有助于企业开发利用外部环境中的机会或缓冲威胁的能力，它使企业能够制定和实施为特定顾客创造大量价值的战略；稀缺能力是当前或潜在竞争对手尚未掌握的能力；不易模仿的能力是其他企业不易开发的能力；不易替代性是没有战略等价物的能力。一般而言，能力越无形，替代越难，竞争对手面临的模仿难度越大，能力的战略价值越高，由此产生的竞争优势越持久。例如，企业专有知识和管理者与被管理者之间的基于信任的工作关系是不易识别、替代或模仿的能力。

根据模仿的难易程度及其对竞争优势的贡献，可以把企业能力分解为基于质量、服务、低成本（通过技术与流程改进加以实现）、速度（包括投放市场的速度、解决顾客问题的速度和交货时间）、创新和学习能力。

从能力对竞争优势的贡献看，可以把能力分为4个层次，即独特能力、必要能力、惯性能力、外包能力。独特能力与核心能力或战略资产相一致，如沃尔玛的后勤运输系统、拍立得（Polaroid）的专利保护；必要能力包括企业为了参与竞争所必需的能力、过程、资源、技能和行动，如顾客服务系统、某种制造方式等；惯性能力则是企业必须从事或外包的惯例活动。随着时间的推移，企业能力可以逐步自然转化，也就是说，一段时间以后，曾经是可以给企业带来竞争优势的独特能力可能丧失其战略价值，而仅仅是一种必要能力。反之，一种曾经是支撑优势的必要能力则可能由于某种持续的改进或创新而成为独特能力。

核心能力的构建，更多地是依靠经验和知识的积累，而不是某项重大发明导致的重大跃进，因而很难“压缩”或“突击”，即使产品周期越来越短，战略资产和核心能力的构建仍需数年甚至更长的时间。最近国外的调查表明，高层经理人对构成战略资产与核心能力的不同无形资产的替代周期的评价是：公司声誉大约需要 14 年，产品声誉大约需要 6 年，员工技术诀窍大约需要 4 年，客户网络大约需要 4 年，供应商诀窍大约需要 4 年，信息库大约需要 3 年，销售诀窍大约需要 2 年时间。因此，核心竞争力的构建要有前瞻性，需要长期坚持不懈的积累。

对于企业而言，它必须从自身拥有的或可寻址的客户需要，分别判定自身能力、竞争优势的理想状态与现实状态的差距，制定缩小这种差距的战略与措施，力争构建起与内外部环境和自身构成要素协调一致的核心竞争能力与优势，并在最后的产品与市场层次上汇总成竞争对手无法比拟的强大的竞争优势。

在当前以经济快速发展、行业竞争格局快速演变、产业政策变化不一、产品生命周期日益缩短、市场被不断细分、大规模定制化、技术诀窍和知识快速扩散与交叉渗透的市场形势下，企业需要动态能力来适应、整合和重新配置企业的资源与竞争技能，并把当前的竞争能力视作不断开发和运用未来竞争所需的新的竞争能力的平台，不断培育、更新企业的知识基础及能够把知识转化为有价值的行动的组织能力。

企业专有的不可交易资产是竞争优势的核心，加快资产积累速度、降低资产积累成本的企业将获得竞争优势。在动态的环境下，如果不能开发出服务于新的市场变化所需的资产，即使是拥有大量资产的企业也可能丧失竞争优势，其中，核心竞争力扮演了重要的资产积累的催化剂作用。所有企业在构建核心竞争能力过程中都面临着高成本和时间延迟的问题，充分利用企业现有的某些核心竞争力却有助于克服其中的某些障碍；核心能力有助于企业增强资产共享的潜力和成功整合外部并购资产的可能性。核心能力未必一定能导致竞争优势，因为完全有可能没有认识到可以最有效利用这种能力的方法，或者是缺乏充分利用这种能力所创造的机会的组织能力。

核心竞争能力是动态演进的，只有拥有较多的与产业环境相适应的核心能力，企业才能在竞争中立于不败之地。在动态的环境中，竞争能力的价值随着时间的流逝而降低，企业必须在充分运用现有竞争能力和构建新竞争能力之间求得合理平衡。无论是既有能力的充分运用，还是新能力的构建，企业必须以强大的市场扫描、预测能力为基础，积极探求客户购买产品和服务的真实方式，冲破行业强加给客户的妥协，力争发现客户可以接受并愿意接受的方式，寻求非常规的标准，以便最终赢得顾客。

企业存在的内在逻辑就是在竞争中取胜，即能够比竞争对手创造更多、更好的价值，能够以独特的、不可缺少的方式为社会做出贡献，企业的形象和身份即来源于此——核心竞争力。

### （三）形成核心竞争力的途径

对企业来说，成功是带来失败的最大致因。成功使人们沉迷于过去的成就不能自拔，从而缺失创新未来的能力。与全球企业相比，中国企业的成功为时尚短。世界领先企业已经取得了几十甚至上百年的成就。它们经历了一个个经济周期，度过了从工业革命到数字化革命的一次次产业革新浪潮。

创新是一个企业生存、发展的内在要求和基本形式，也是一个企业不断适应环境、实现自我超越的必然过程。由于市场竞争日趋激烈，创新已渗透到了经营管理的每个环节和各个角落。管理者已经逐渐认识到，企业单靠成本、生产率或规模的优势打价格战已远远不够了，必须靠价值的优势打创新战。可以说，创新的意义、地位和作用从未像现在这样显得如此至关重要：知识经济的本质是创新经济，企业家精神的根本是创新精神，企业管理思维的源泉是创新思维，企业竞争战略的精髓是创新战略，企业竞争能力的关键是创新能力。有“商界教皇”之称的美国管理学家T·彼得斯即认为：你要想永远独领风骚，那你只有不断创新，不断推翻旧的东西。他还提醒管理者：“无论你建造了什么，你最好过一段时间就摧毁它!”即：**“破坏性创新”**！值得指出的是，“破坏性创新”的概念一经提出，便以其极致的巅覆力量倍受青睐，大行其道。

一般来说，形成核心竞争力的物理途径有三种，一是通过外部联盟或联合，二是内部挖潜，三是企业兼并。但要真正形成有生命力的核心竞争力，企业必须进行三方面的改革创新，即技术创新、文化创新和制度创新，以期能够形成化学反应，优化企业经营能力。

第一，技术创新是核心竞争力的关键。现代企业制度体现的是企业资源配置的高效性，而这种高效率能否充分发挥，主要依靠核心技术和技术创新。一个企业要形成和提高自己的核心竞争力，必须有自己的核心技术，可以说核心技术是核心竞争力的核心。企业在打造核心竞争力的过程中，必须清楚地了解自己的核心技术是什么。如不十分清楚或把握不准，可以对现有技术进行分解和整合，也就是对核心产品进行技术分解、归类和整合，弄清哪些是一般技术，哪些是通用技术，哪些是专有技术，哪些是关键技术。然后集中人力、物力、财力对专有技术和关键技术进行研究、攻关、开发、改造，并进一步提高和巩固，以形成自有知识产权的核心技术。

第二，文化创新是核心竞争力的基础。今后10年企业文化很可能成为决定企业兴衰的关键因素，而企业文化所涉及的领域和影响的范围无不与企业核心竞争力密切相关。因此，文化创新必须提到建筑承包企业改革的议事日程，要围绕新技术革命的挑战和经济全球化、资讯化，用新的价值观、新的视野来谋划和构建新的企业文化，使企业真正成为学习型组织和创造型组织，为培育和提升核心竞争力提供全方位服务。

第三，制度创新是核心竞争力的保证。应该看到，当前中国相当一部分建筑承包企业在性质上还是国有企业，企业搞不活和竞争力不强在很大程度上受到企业制度的束缚和制约，特别是产权不明晰、出资人不到位、法人治理结构不健全、组织和管理不对称等，使得企业无力或无暇顾及和增强自身的核心竞争力。因此中国建筑承包企业必须按照“产权清晰、权责明确、政企分开、管理科学”的现代企业制度要求，改造和改革现有和现存的企业制度，使之更科学、更合理、更规范、更现代化，为核心竞争力的培育和提升提供制度保证。

## 二、建筑企业核心竞争力的培育

按照詹姆斯·迈天的说法，所谓企业核心竞争力是指：能够使企业以比竞争对手更快的速度推出各种各样产品的一系列核心能力。通俗地讲，就是企业在那些关系到自身生存和发展的关键环节上所独有的、比竞争对手更强的、持久的某种优势、能力或知识体系。它由许多要素构成，几乎涉及企业管理的方方面面，它们是打造企业核心竞争力的关键所在。

中国建筑工程（香港）有限公司（简称“中国建筑（香港）”，下同）是香港颇具影响的一家大型建筑企业。“中国建筑（香港）”植根香港25年，面对着开放市场的激烈竞争，在自由经济的营商环境下努力开拓本地及国际市场，取得了优异的成绩。实践表明，公司通过管理、技术、组织机构等不断改进，打造出自己的核心竞争力，以超越时间和空间的常青姿态，始终保持在市场上的竞争能力，从而能够分享到香港经济发展的成果。亚洲金融危机以后，特别是2000年以后，香港建筑市场急剧变化，总体容量大幅萎缩。在投标价格开始明显下调，新的恶性竞争浪潮即将涌来时，许多建筑企业还处于彷徨犹豫状态，不知所措之中，“中国建筑（香港）”积极应对，超前谋划，打时间差，打价格差，保持了自己在香港建筑行业超人一步、抢占先机的核心竞争能力，致使2001年，“中国建筑（香港）”逆势而上，年成交合同额一举突破100亿港元，几乎占香港建筑市场40%的份额，呈现灾年大于丰年收获的局面，核心竞争能力得到了充分体现和发挥。“中国建筑（香港）”的发展历史雄辩地证明，打造核心竞争力能力是建筑企业参与国际市场全方位竞争的必然选择。

### （一）树立具有感召力的经营理念

理念是一个企业所秉持的信念，它一经内化，必会产生一种强大的规范力，从而成为人们行动的准则；也必会产生一种持久的推动力，促使人们积极地去达成既定目标。这种规范力和推动力是打造企业核心竞争力必不可少的内在动因，它对形成企业全体员工的凝聚力和战斗力往往能起到“谐振效应”和“导引效应”。

“中国建筑（香港）”通过对“服务社会、建设祖国、繁荣香港”经营理念长期不懈地宣播，赋予了企业和员工强烈的社会责任感与个人使命感，向大家描绘了一幅志存高远的宏伟远景，从而使企业成为员工行使责任感的舞台与载体。

经过二十多年的发展，“中国建筑（香港）”为香港作出了有目共睹的贡献：承建香港新机场客运大楼，工程合同总额超过101亿港元，被国际权威机构评为20世纪十大建筑之一；承建香港西九龙填海造地、中国人民解放军驻香港海军基地、天水围造地、翠屏村、上水屠宰场、迪斯尼基建工程一期和二期等具有重大影响的知名工程，均是香港同期同类工程中最大的项目；建造完成输水量占香港淡水耗用量70%的输水管线；为寸土寸金的香港移山填海造地836万平方米，相当于港岛面积的九分之一；已经建成和在建各种楼宇总面积1157万平方米，可容纳30万人居住，占香港总人口的二十分之一。这组组数字都是对“服务社会、建设祖国、繁荣香港”经营理念的具体物化和现实表达，表现了“中国建筑（香港）”一以贯之的社会责任感与企业使命感。

### （二）制定清晰的经营策略和战略

结合香港建筑市场和企业自身的实际情况，“中国建筑（香港）”制定了“低成本竞争，高品质管理”的经营策略，取得了显着效果。

成本是企业绩效管理的核心问题，绝大多数管理活动都是围绕着成本而展开的。成本不仅是衡量企业投入—产出比的根本尺度，而且也是考察一个企业产品生产率、占有率和利润率的惟一参照。管理大师杜拉克宣称：在企业内部，只有成本。要搞好成本管理，首先要树立成本的系统观、效率观和节约观，其次要搞好目标成本计划、成本指标分解、实行成本否决和优化企业内部结构，最后要采用新技术（尤其是现代网路技术）和落实责任制。

总成本领先战略是M·波特提出的三种通用竞争战略之一，对形成企业的核心竞争力具有基础的、普遍的战略意义，曾为许多企业所采用。但是，随着竞争条件和市场环境的改变，目前通过成本打造企业核心竞争力的重点已经从“总成本领先”向“为客户创造最大价值”的方向转变，应引起我们的足够重视。可以说，只有管好了成本，企业各项业务的运营才算抓住了根本。

质量是产品的灵魂、企业的生命。世界质量组织代表在欧洲质量组织第38届年会上预言：21世纪是质量的世纪，在21世纪的经济大战中，质量将成为和平占领市场的最有力武器。质量不仅是一种理念、意识和形象，而且也是一种行为导向和工作基准，它已渗透和体现了管理的各个环节。现在，品质管制已从过去的质量检验阶段、统计质量控制阶段发展到了全面品质管制阶段（TQM），其核心要求是：关注于客户、以事实为基础的决策、持续改进、让每个人承担义务、注重过程和最高管理者的承诺等；品质管制的目标也由注重资源的利用率、产品质量的合格率转变为关注市场占有率、用户满意率和产品利润率的多元化目标。中国产品质量法、质量振兴纲要以及质量保证体系ISO 9000系列国家标准的颁布与实施，为建筑企业的品质管制走上规范化、程式化和法制化，参与国际竞争打下了良好的基础。

与此相联系，ISO 14000系列标准的推行，对中国建筑企业适应加入WTO后新的国内外形势，实现企业可持续发展以及提高企业的核心竞争力也必将起到巨大的推动作用。“中国建筑（香港）”下属的房屋、土木、基础、机电、建筑制品等业务部门都已先后通过了ISO 9000国际质量认证；其中房屋、土木、基础等业务部门还在香港率先通过了ISO 14001国际环保认证，在香港同业之间具有领先的地位。

“中国建筑（香港）”认为，低成本是生存之本，高品质是发展之道。一个企业，只有长期在“低成本”状态下经营，才可以在激烈的竞争环境中击败对手，占取一席之地，获得成功，才可以有生存的空间和条件；同时，一个企业又必须以“高品质”的管理，向社会提供“高品质”的服务，向用户提供“高品质”的产品，才可以得到社会的认同，才可以赢得良好的社会商誉和社会诚信，才可以发展和壮大自己。“中国建筑（香港）”始终坚持规模经营、集约管理的道路；牢固树立精品意识，使工期、质量、安全、环保和成本五大管理要素得到有机统一，提倡以最小投入创造精品；通过管理成本与经营成本的开源节流，努力形成总成本领先；加强工程过程的动态管理，以过程精品创造最终精品；质量与服务意识与时俱进，不断提高产品质量，提升优质服务，力争为业主创造最大价值。

战略的目的，按照美国战略管理大师M·波特的说法，是“旨在针对决定产业竞争的各作用力建立有利的、持久的地位”。决定竞争胜负的关键因素往往不是竞争双方各自拥有的力量或资源，而是他们各自运用力量或资源的方式，即采取何种战略。随着企业间竞争环境的日趋复杂，战略眼光、战略联盟、战略协作必须重视；为企业可持续发展考虑，战略管理、战略创新必须加强。因此，在制定和实施企业各项战略时要坚持和遵循以下六个方面的统一，即：阶段性与长远性相统一，超前性与切实性相统一，独特性与实用性相统一，原则性与灵活性相统一，宏观性与微观性相统一，指导性与针对性相统一。

在“低成本竞争、高品质管理”经营策略的基础上，“中国建筑（香港）”还明确制定了五大发展战略：品牌战略、专业化战略、跨域经营战略、多元化发展战略、科技发展战略，为企业的可持续发展提供了长远的指导思想（五大发展战略的具体内容将在本章第七节中阐述）。

**（三）强化核心技术能力**

技术尤其是独有的、核心的、关键的技术，是企业高速成长和可持续发展的强大引擎，同时也是企业核心竞争力的直接体现。技术可分为硬技术和软技术两种：硬技术主要以机器、产品、设备等形态体现在有形资产方面；软技术主要以方法、程式、规则、诀窍以及工艺流程等形式体现在无形资产方面。

“中国建筑（香港）”通过科技化、专业化施工，以求高效、低耗、优质的效果，在市场上树立了良好的形象，取得了较好的经济效益。公司通过强化对施工班组的支援以提升技术应用层面。在施工前，组织专业人士评审施工方案，确保施工质量，并大力引进新施工技术和新材料；组建技术部，解决施工过程中出现的问题，并提供技术支援；专案完成时，地盘作出施工技术总结，总结施工过程中改善工程质量的经验和有效措施，汲取教训，为将来进行同类型工程时能作进一步的质量改善。

**（四）建立扁平化组织机构和科学运营机制**

机构是企业经营管理各要素发挥正常作用的载体，合理的组织机构将为企业实现既定的目标和战略提供与建立一个有效运营的平台。最近几年流行的重组、再造、转型，以及哑铃型组织和学习型组织的构建等，首先涉及的就是组织机构的变革。随着IT时代的到来，以提高市场应变能力和充分调动人的积极性为目的的组织机构愈来愈向扁平化、虚拟化、网络化、分权化、柔性化和多样化方向发展，以此充分提高企业的市场应变和生存能力，以及人力、物力和资讯力等资源配置与整合的效率，使企业能迅速抓住与利用好市场机遇，从而获取最大收益。

机制是使组织运行秩序化、规范化和稳定性、科学性的基本保障。好的机制可增强企业行为的可预见性，减少不确定性、不稳定性和无序性，从而节约组织的运行成本，在最大程度上减少人为因素的干扰。人是机制的主体，利益是机制的动力，制度是机制的骨架，资讯是机制的神经。优越的企业管理机制具有自我调控、不断优化、动态平衡、适时创新和良性回圈等特征，它可以在剧烈的市场变化和激烈的市场竞争中为组织起到遮罩和防波堤作用，以使企业更好地适应瞬息万变的市场竞争环境。

“中国建筑（香港）”根据实际经营的需要，不断重整组织机构。组建策划部，实现工程策划、技术推广、技术总结、科技规划、科技资讯及技术储备的集中管理；成立质安部，培育全员质量、安全、环保意识，建立层层落实的责任制，目标考核，切实提高质量、安全、环保管理水平。

同时，通过内部业务重组，不断提升组织效率。一方面消减了管理层次，使金字塔式的组织更加扁平化；另一方面健全和强化了职能部门，使承建业务实体化，使之成为强有力的决策中心、经营管理中心和利润中心。采取这些措施的目标，就是为了逐步形成以市场为导向、以管理求效益的灵活科学的运营机制。

**（五）大力推进资讯化建设**

资讯是企业的神经，所以比尔·盖茨才提出要打造数字神经系统。当今世界，国与国之间的数字鸿沟，实质上是企业与企业之间和人与人之间的数字鸿沟。目前，“资讯就是金钱”的观点已为大多数人所接受，但“资讯力就是竞争力”的理念在许多管理者头脑中还未引起足够重视。随着网络时代的到来，企业资讯化的趋势日益加速，其结果：一方面，它使资讯不对称的问题得到了很好的解决，提高效率，降低成本，并使“知道如何运用知道的”比只拥有“知道的”更为重要；另一方面，它不仅强烈地冲击着传统的管理模式和管理方法，而且更深刻地影响着未来的管理思维和管理战略。如何充分利用现代资讯技术和手段增强管理的时效性、创新性和智慧化、科学化，如何将企业资讯化与优秀的传统管理观念、方式对接，从而提升企业核心竞争力，是当前建筑企业所面临的特殊而迫切的艰巨任务。

香港建筑市场对承建商的资讯化建设提出了较高的要求。香港特区政府工务局从2000年8月起，开始以电子方式分发标书，承建商可以用电子方式递交和收回标书。

“中国建筑（香港）”积极因应企业资讯化建设的内外部要求，并以主动的姿态大力予以推进。首先，建立资讯管理系统，完善网络化管理。公司透过建立资讯管理系统（MIS），整合各管理环节的讯息管理，形成了一套能对资讯及工作中所产生的资料进行自动分类、加工、分析、整理、查询、保存的软体和动态资料库系统。实现了业务处理层软体系统的集成化和资料共用，将员工的“个人知识”转变为“公共知识”，使“隐性知识”转化为“显性知识”。同时，利用视像会议等方式，实现了智慧办公，节约了经营成本，提高了工作效率。

其次，应用资讯科技提升承包工程的经营管理。充分运用现有先进的软体系统、制作系统的宣传推介，提升公司形象。投标报价时，运用三维技术进行动态显示，采用虚拟技术进行资讯化施工；将历史的一些投标、分包资料加工后输入内部网络系统，在以后投标或分包时，再加以优化组合，提高了公司的投标水平和降低了分包成本。

在施工组织设计方案的选择上，“中国建筑（香港）”积极推行较先进的网络化施工方法。密切关注最新的电子商务发展情况，探索并开展电子投标、网上分包和网上采购，既节省了时间又节约了成本。

**（六）张扬品牌形象，创造企业价值**

当前，各家企业均对品牌的维护与管理相当重视。从理论上讲，品牌管理的流程包括：弄清楚你的品牌代表什么，尤其是要严格界定你的品牌不代表什么；选择符合你品牌风格的渠道，并以同样的方式选定客户群；在品牌基础上与客户建立长期关系。不要因为追求短期的成交额增长而放弃既定方针；降价抢标在很多情况下都表现为一种恶性竞争，因此投标策略上一定要慎之又慎，周全考虑，以免对品牌形象造成影响。

形象是一个企业的外在表现，它在本质上可理解为大众对企业实态的能动反映。企业竞争要素已由过去的商品力、销售力发展为今天的形象力，集MI、BI、VI（现在有人又提出了TI和AI）为一体的CIS系统已成为现代企业形象管理的有效工具。良好的形象除了知名度外还有美誉度和忠诚度，它是企业信誉、经营哲学、管理思想、价值取向和商德等诸要素的综合反映，更是企业整体实力的体现。在产品未走向市场之前，企业的形象往往早已决定了它的盛衰兴亡，能够体现整体性、差异性、时代性和鲜明性等内在要求的企业形象，乃是每个企业都应孜孜以求的。

品牌是一个建筑企业形象的直接反映，常可对企业形象起到表征作用。好的品牌可对产品发挥扩散效应，对品牌延伸发挥保护伞效应，对企业的知名度和美誉度发挥放大效应，对客户的注意力和忠诚度发挥磁场效应，对资金、人才、合作者发挥吸纳效应，对企业的可持续发展发挥拓展效应，对有形资产向无形资产的转化发挥转换效应。品牌的强弱是一个企业核心竞争力的具体体现。建筑企业创名牌的过程，就是实现增长方式转变的过程，其本质乃是一种价值创造。

在规范的市场经济条件下，建筑企业的发展直接依赖于企业的信誉和品牌。随着时代的进步和社会生活水平的提高，客户的时间越来越宝贵，他们不愿意花时间去搜寻，对于专业性很强的产品或服务，更无法轻易定夺，他们愿意为有信誉、有品牌的建筑企业支付溢价。

在香港建筑市场，通过二十多年的成功运作，“中国建筑（香港）”不仅熟悉香港建筑市场，而且在政府工程及常规工程方面已建立起良好的信誉和品牌，同香港特区政府有关部门关系良好，拥有很多满意的客户。

**（七）建立资源丰富的社会关系网络**

有人认为，建筑企业不需要营销。事实上，建筑企业不仅需要营销，更需要高层次的公关与营销活动。因为，这是企业生命的一部分，是不可或缺的。

营销是通过产品在企业和客户之间建立起桥梁和纽带，并保持双方良性互动的一系列活动。由于营销直接面对的是市场、客户和竞争者，因此通过营销最能显示一个企业的竞争力如何。21世纪的营销不仅着眼于满足客户的需要和向客户提供绝对好的服务，而且还要注意研究竞争对手，并形成和保持比竞争对手更强的竞争优势。

随着以市场进一步细分、技术老化进一步加快和业务创新周期进一步缩短为突出特征的市场环境变化，企业营销必须实现几个转变：一是在观念上由满足客户向创造客户、引导客户和留住客户转变；二是在战略上由产品驱动向市场驱动转变；三是在方式方法上由传统营销向知识营销、文化营销、便利营销、组合营销、趣味营销、概念营销、咨询营销、网络营销、间接营销、共生营销、情感营销、定制营销和选择营销等等新方式、新方法转变。

在这方面，“中国建筑（香港）”始终给予了高度关注，并在经营实践中身体力行。一方面，公司建立了完善的客户关系管理系统，通过建立有效的客户关系管理系统，从而促进管理水平的加强、企业品牌的完善和市场占有率的提高。首先，倡导全体员工树立和加强“客户至上”的意识，全方位了解客户的需求。其次，公司组织力量将承包工程业主、公司的合作伙伴、分包商、材料供应商，特别是政府、银行等重要关系利益人的资料，通过电脑网络系统加以整合，形成公司的专项资源。比如，“中国建筑（香港）”下属的房屋部有86个分部分项专业工程，认可分包商1100家；土木部有43个分部分项专业工程，认可分包商680家；基础部有24个分部分项专业工程，认可分包商235家；机电部有16个分部分项专业工程，认可分包商40家。各工程公司还通过各种方式不断地充实、壮大公司的分包商队伍。目前公司认可的供应商有566家。由于拥有丰富的分包商与供应商资源，不仅可以满足公司工程施工的需要，也让公司在工程竞投中左右逢源、游刃有余。其三，充分利用客户关系为公司创造价值，培养忠实拥趸，通过建立客户关系管理系统使得公司上下都成为一个大销售网。

另一方面，"中国建筑（香港）"不断巩固和发展优势策略联盟。公司与一些拥有不同核心竞争能力的企业建立互补型的有效策略联盟，通过和大承包商合作，发挥各自的长处，共同争取市场份额。比如，香港新机场客运大楼专案，工程规模大、技术要求高、工期紧，任何一家承建商独立承担都有困难。"中国建筑（香港）"选择了各有专长的AMEC、Balfour Beatty、Kumagai、Maeda作为联营伙伴，在市场竞争十分激烈的情况下，高速度、高质量地完成这项举世瞩目的宏伟工程。巩固和增加类似策略联盟优势的形成，既能增强公司已有的核心竞争能力，又能很快产生新的核心竞争能力，有利于公司业务的迅速拓展。

从内容上看，"中国建筑（香港）"的公共关系策略是由东方的儒家文化与西方文明相融合而形成，改善了营商环境，比如："中国建筑（香港）"奉行不敌意索赔（以实为据），不激化矛盾（以和为贵），加强沟通（以礼为先），不搞小动作（与人为善）的原则，在实践中都取得了较好的效果。

**（八）加大人才的招聘、培养和储备力度**

人才是企业的核心战略资源，企业之间的较量，归根结底是人才及其综合素质的较量。在很久以前，亨利·福特就说过：提高人才的待遇可以压缩成本；美国管理学家费弗也指出：人才是不能节省的成本。此后又有人提出"人才不再是一种成本而是一种投入"以及"人才即利润"的观点。人才资源管理（HRM）的应用与普及，是人才管理市场化、专业化、国际化、规范化和科学化的必然趋势，它使人才管理成为了真正意义上的战略管理，并且在角色定位、工作宗旨、管理方式、业务重点等方面为已有的人才管理注入了新的生机与活力。

最近一些年来，"人力资本论"的出现不仅引发了企业产权制度的变化，从而修正了"谁出资谁拥有产权"的原理，而且在人力资本作为制度安排以后，还必将引起企业治理结构的变化，大大强化和改善企业治理结构的整体功能。知识经济的到来，给人才管理提出了新的机遇和挑战。知识管理具有与以前任何时代所不同的价值取向和管理思维：加强企业员工智慧、积极性和创造力的开发是管理核心内容；激发和运用好知识工作者的集体智慧，是管理者的主要任务；致力于集知识型、创新型、通才型、合作型为一体的"智慧人"的积极造就和正确使用，是管理者的基本职责。

"中国建筑（香港）"大力完善用人机制，推动改革和创新，加大了人才培养和储备力度。首先，公司以"德才兼备"为选拔领导干部的惟一标准，大力提拔其中的佼佼者，使之早日走上领导岗位，通过实践来锻炼提高。其次，积极推行地盘经理竞争上岗的激励机制，积极推动"专案经理职业化、管理人员专业化"的实施。其三，实行人尽其才、紧密配合、优势互补的用人机制，推动香港本地员工和外派员工的文化与职责融合。其四，制定科学完善的培训计划与体系，定期或不定期地对员工进行有针对性的专业培训，实现员工的增值。公司在深圳、香港两地均设立了功能齐全、设备先进的培训中心，有效地解决了员工培训的硬件和载体问题。

在项目实施全过程中，地盘管理班子中的主要成员（经理、代表、P. Q. S.）的稳定，是保证该专案有稳定的纵合效益的必要条件。因此，公司不断强化专案管理，在工程管理过程中进一步强化管理人员，尤其是专案经理的风险认识、合同意识、商业意识，把提高管理过程中的技术含量、管理含量、智慧含量作为重点予以加强，把专案经理职业化、国际化、商业化的目标，提到人才培养、选择和考核的重要日程。

公司拥有一批素质较高的员工队伍，外派员工与港聘员工能够紧密合作，优势互补；具有较为丰富的大型、联营工程管理经验；主要以外派人员为经理的地盘管理班子及地盘经理负责制较为成熟。可以毫不夸张地说，正是有了大批优秀人才的培养和储备，“中国建筑（香港）”的工程承接、竞投与施工才显得如此的应付自如，“中国建筑（香港）”的投标心态才会如此积极进取。

**（九）用企业文化统领价值观**

与体现在物质层面、行为层面和制度层面的企业文化相比，精神层面的企业文化更能展示企业文化的本质和精髓，它在管理层体现的是企业家精神，在员工层体现的是士气。随着经济全球化和知识管理时代的到来，企业文化也日渐表现出人本文化、创新文化、虚拟文化、融合文化、团队文化、学习文化和生态文化等特征。未来企业竞争的根本必然是企业文化的竞争，企业文化已经成为企业核心竞争力的核心。

只要企业的文化之河不断流，企业的事业之河就永不会枯竭。优秀的企业文化和经营理念，是公司凝聚香港员工和外派员工的向心力和归属感的桥梁与纽带。在“真诚团结、艰苦奋斗、积极进取、严格苛求、无私奉献”企业文化的熏陶下，在“服务社会、建设祖国、繁荣香港”经营理念的灌输下，“中国建筑（香港）”的香港员工和外派员工经过相互的文化融合，基本形成了统一的价值观和人生观。可以说，公司外派人员与香港本地人才相结合的模式之所以比较成功，和广为员工接受的企业文化与经营理念密切相关。这是“中国建筑（香港）”能够持续进行规模经营的基本条件。他们与公司同甘共苦，共度时艰，使公司在香港建筑市场容量持续萎缩的情况下，依然能够一枝独秀，工程年成交合同额连创新高。企业文化在香港建筑市场显得独特而醒目，是“中国建筑（香港）”参与国际建筑市场竞争的利器和法宝。

## 三、建筑企业核心竞争力的强化

通过分析不难看出，建筑企业打造企业核心竞争力应以市场和客户为出发点，又以绩效和可持续发展为落脚点。在把握这些要素的过程中，建筑企业应树立以下四种观念，以强化核心竞争能力：

**一是主导观。**核心业务与核心能力往往是形成核心竞争力的既定基础。从理论上讲，这些关键要素都是构成建筑企业核心竞争力不可或缺的重要因素，但任何建筑企业又都不可能完全具备，而是只有其中一个或几个做得比其他企业出类拔萃，并由其他要素作为支援和辅助，从而形成了核心竞争力。因此，建筑企业要根据自身禀赋与核心业务来历练“拿手好戏”和打造“看家本领”，并做到“有所为有所不为”，切不可面面俱到，否则会在无意中稀释自己的核心竞争力。

**二是动态观。**这些形成企业核心竞争力的要素往往会因经营环境、竞争对手、比较优势、行业特点和市场条件的不同，随着时间与空间的变化而变化，此时此地可构成核心竞争力的要素，未必能在彼时彼地发挥作用。这就要求建筑企业要在管理实践中不断强化、完善和发展已有的竞争要素，及时培养、发掘和创造新的竞争要素。

**三是整体观。**核心竞争力的本质是一种综合竞争力和持久竞争力。企业在打造核心竞争力的过程中，一定要立足长远，放眼全球，扎实推进，争创最佳，切不可目光短浅，眼高手低，知难而退，故步自封。此外，构成企业核心竞争力的诸多要素是一个相互联系、相互渗透和相互作用的有机整体，虽然它们性质上有潜显、软硬之别，打造起来有难易、快慢之分，企业也不可能使它们皆达到优异的水平，并均成为打造企业核心竞争力的重点，但它们却都必须达到“及格”以上的程度，否则若有一个或几个要素不具备或“不及格”，必会对已形成的核心竞争力产生折扣效应，即在一定程度上削弱和损害核心竞争力。为此，建筑企业除了要始终树立“强项”意识外，还应具有“总分”意识和“及格”意识，以避免因小失大，以少害多。

**四是虚拟观。**“超竞争”时代的来临，已使虚拟经营成为一种国际管理潮流，同时也预示着未来管理的一种新趋势。虚拟经营的本质就是把企业已形成的某种核心竞争力掌握在自己手中，而把自己不擅长、实力不够或没有优势的部分分化出去，通过与外部联盟与合作达到整合外部资源、弥补自身劣势、拓展市场空间、实现经营利润最大化和保持企业持久竞争力的目的。可以预见，在未来的企业管理中，建筑企业只有虚拟经营才可将企业核心竞争力这块“好钢”真正用在“刀刃”上，并充分发挥其整合、转换、调控、驱动和配置内外部资源的强大功能和最佳效应。

中国加入WTO已经美梦成真，经济全球化亦举步而至。面对市场经济的浪潮，建筑市场也必将别无选择地呈现激烈竞争的状态。辩证唯物主义告诉我们，社会的发展就是一个物竞天择、适者生存的进化过程。建筑企业的发展莫不如此。综上所述，拥有各自鲜明的核心竞争力无疑是从激烈市场竞争中脱颖而出的必由之路，从而打造核心竞争力也成为承建商进化的必然路径。因为，只有拥有核心竞争力，建筑企业才能超越时间和空间，才能成为百年老店，才能基业常青。当然，由于各自的资源禀赋与营商环境不尽相同，注定了承建商核心竞争力的形成是一条形形色色的迥异之路。但是，在这种差异之下，是谋求可持续发展的共同目标。在这个过程中，学习、借鉴、创造是不可或缺并相辅相成的进化链条，并最终张扬起企业核心竞争力的清晰进化路径。希望“中国建筑（香港）”的经验，可以成为建筑企业在市场经济大潮和国际市场竞争中开枝散叶的肥美营养。

## 第六节　企业预警及运作调控

世界上变化是绝对的，不变是相对的。有些变化来自人类活动，有些变化来自于自然界的不可抗力。

人们的管理活动都是应对变化而生。毫无疑问，变化给人们带来了机会与成长，但当变化超出了人们的预期，脱离了人们的控制之时，就成为了风险。在工程建设中，变化来得更加频密，风险也就更多。作为建筑企业，市场风险、管理风险、组织风险、道德风险，财务风险、设计风险、进度风险、质量风险等等，都是企业经营中难以避免，必须面对的。

一个企业要取得经营管理的成功，完善有效的预警机制必不可少。作为建筑企业，主要经营管理活动围绕工程项目展开，工程项目是企业的利润来源，一旦工程项目经营失败，企业就会面临很大的困难，甚至倒闭破产。因此尽管也存在财务风险、组织风险、市场风险等，建筑企业最直接的、最主要风险还是来自工程项目，例如项目进度、项目成本、安全环保等。

本节主要以项目为对象来讨论企业的预警及运作调控系统。

### 一、预警体系与内容

所谓预警，就是为了增加人们对事件的反应时间而对风险进行的预测与防范。一个完整的风险管理体系应该包括风险的监测、识别、评价、预警、预控等内容。而作为一个系统，预警管理被分为预警分析和预控对策两大内容。

预警分析是建筑企业对项目活动进行监督，对非正常管理波动、管理失误等进行识别、分析和评价的活动，通过预警分析，企业可以获得管理状态的警示性结果，可以发现企业管理活动中重大失误与波动现象的早期征兆。预警分析通常包括监测、识别、诊断和评价四个步骤与过程。

在建立预警体系前，需要完成下列基础工作：

确定企业需要预警的项目，尽量收集预警项目前段的表现资料。

建立简单、统一的指标计算公式，以便在预警图表上反映出来的表现具有正确和连续性。

确立预警项目可接受的变动范围和预警线数值，预警线数值不可定得太高或太低，如果预警值设立得根本达不到或只须努力工作就可以轻易达到，那就失去了预警调控的作用；

选择预警调控图表的格式，力求简单、明朗、直观地反映出预警项目现时的实际表现。图表的格式根据预警项目的特色，可以选择横道图、直方图、曲线统计图等表达形式；

监测是预警分析的首要程序与内容。所谓监测就是监视检测，主要内容为过程的动态监视与信息的整理。通过一定的技术手段将监测工作信息化与标准化，为预警提供一个准确的信息来源与可靠的信息机制。

所谓识别，是一个区分风险的过程。通过对监测信息的分析，根据已经确立的识别指标，通过识别判断管理的风险状态，及时地提出预警信息。而诊断，则是根据识别结论，对风险进行原因发掘与分析，找出风险的发展规律与主从因素，并作出定量描述与报告。评价则是对风险可能造成结果的预测与计算，通过评价人们可以对损失的严重性有一个直观的认识。

预控对策同预警分析相对，预警分析仅仅是对危机的发现与识别，只是一个观察与思考的过程，并没有针对危机采取任何实际措施，而预控对策则是指在预警分析基础之上所采取的预防性、控制性行动，目的在于防范风险的发生，将风险造成的损失减至最低。预控对策包括纠偏改善、危机管理等内容。

预警体系决定着一个企业的危机生存能力，一套完善的预警管理组织是保证预警体系发挥作用的重要前提。通常预警体系贯穿了公司的各个层次：预警决策层、预警支持层、预警动作层。预警决策层通常由公司的决策层来担任，成员为公司最高决策层，例如董事长、总经理、财务总监、营运总监等企业的最高层决策人员。预警决策层站在公司运营高度，基于公司长远利益与近期利益的协调、局部利益与总体利益的协调来面对和管理危机，对预警体系的运作做出决策与决断。预警支持层由企业的中间管理层来担当，例如专业工程公司、公司相关各个职能部门等或者一个独立的预警部门。预警支持层具体控制与运转预警体系，对信息进行综合与预测，并提交结果与建议意见给预警决策层，执行预警决策层的指令与指示。

预警动作层是预警信息与预控对策的具体表达层，对于建筑企业就是具体的工程项目。预警动作层采集各种有价值信息，传递给预警支持层，同时执行预警支持层的预控措施，并对预控措施向上作出反馈。

健全有效的预警体系是一个渗透到企业每一个层次、每一个部门的系统。通过信息获得与分析，对企业自身的健康状况发出诊断与预警，为企业的良性经营提供保护。

## 二、预警项目的选择

预警调控的基础是建立在大量的资料分析之上的，资料收集分析需要消耗一定的人力资源去做。如果企业把所有工作项目都去做预警调控，那将不堪应付。因此，企业选择预警调控项目时应掌握下列原则：

1. 选择对企业运行非常敏感的项目作为预警调控项目

例如企业的经营成本，企业在经营活动中，无论是人为的变化或环境的变化都将导致原有计划的改变，直接或间接影响到企业原来订立的经营成本计划的实现，严重时将会影响到企业的正常运作。再例如企业的安全施工管理，所有建造活动都是以人为本，凡是危及人身安全的行为都会被严厉监控，政府和市民都不会允许不安全的状况继续存在下去，有严格的法例进行监管与强大的舆论监督。企业的安全状况如果得不到改善，就有被停止参加承接工程的投标活动的可能，不但会影响到企业的发展，还会祸及生存。

因此企业必须对这些敏感、关乎生存的项目设立预警调控机制，确保企业安全运行。

2. 选择企业前段时间重复多发的事故作为预警调控项目

例如高空坠物，工作平台和基坑围护不足被政府检控，导致企业坏纪录（Abort Record）上升，影响企业形象，直接影响承包工程投标得分。则企业应将这些项目设立为预警调控项目，严加监管，采取改善措施，减少类似不良表现，提升企业形象，提高企业的竞争能力。

3. 对外部条件变化反应特别敏感的项目设立为预警调控项目

例如工程进度，外部所有的条件变化，对进度都有严重影响。建设资金、物料供应、设计变更、施工人员变化、机械设备状态、施工方法，现在的组织管理等条件发生改变时，原来编制的施工计划就有可能不能依期实现。但是也完全可能通过调节后续工序中的施工方法、增加人力资源和设备能力，加强组织管理将失去的时间追赶回来，确保业主期望的完工日期，以提高企业的诚信，降低过期罚款的机率，减少和避免被索赔的机会，这对企业以后在市场竞争中提高竞争力，是有莫大的帮助。

工程项目在进行过程中，出现了明显的现金逆差，影响工程继续进行的流动资金使用和筹措时，必须对该项目进行现金流的预警。

### 三、预警的方式和流程

当企业确定了需要预警调控项目，选定了预警图表形式，统一了用于预警图表的各项指标、计算公式后，就可以着手做以下工作：

1. 图表的设计

设计的图表要清楚地表现预警项目的状态，所以必须简单、明了、清晰，给人一个醒目直观的感觉。在预警的图表上一般要表示的内容有：

企业决定的该预警项目确保的指标值；

该预警项目的预警指针值；

该预警项目某时段实际表现指针数值。

图 2-23 所示为最简单的表达形式。

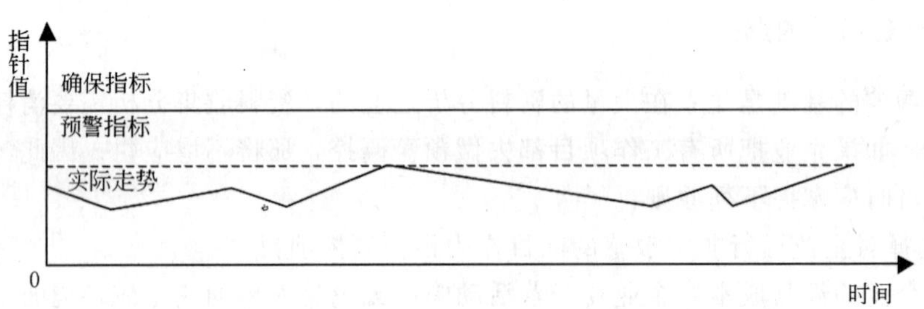


图 2-23　××××坏纪录预警图

2. 确保指标的确定

预警项目的确保指标，就一个工程项目而言，应该满足以下几个条件：

(1) 合同要求

工程项目的实施过程，就是合同的执行过程，不折不扣地履行合同规定的内容是缔约双方的法律责任，所以预警确保指标的确定，也应在合同规定的范围以内。比如，一个工程项目完工的总工期合同规定是不可以改变的，在施工过程中的一些关键工序和关键时间 (Key-Day) 也是不可以改变的。

(2) 社会要求

所谓社会要求，就是法律、法例的规限。我们所制定的预警确保指标，比如施工时发出的噪声、工伤意外率等必须在法律允许的范围以内，否则就失去预警的原意，企业也将会受到法律制裁。

(3) 经营目标的要求

企业的经营目标，应该是多方面的，但关键是获取盈利。所以，预警的确保指标（如成本利润率，现金流量，收入与支出的平衡与控制等）的确定，应该是保证企业经营目标的实现。

3. 预警指标的选定

预警指标选定的原则应是好于企业确保的指针值，是经过一定的努力，采取一定的科学手段可以达到的，指标值不能定得太高，不能使实施者觉得高不可攀，失去信心。但也不能定得太低，太靠近企业的确保指标，一不小心就突破了企业确定的确保指标，当发现有突破确保指标的趋势时，已是措手不及，来不及采取挽救措施，就冲破了确保指标，到头来使企业决定的确保指标无法实现。

所以预警指标需要在过往资料科学分析的基础上得来，经过一个阶段的实施，根据实施后的实际情况，不断调整，使之更加科学化。

4. 实际走势分析资料的来源

实际走势分析资料必须从最前线的实际操作中收集统计出来，不可凭妄想假设。否则实际走势反映出来情况不真实，会误导预警决策者，导致决策错误，给企业带来不必要的损失。

实际资料都要经过各级真实统计，按预先确定的统一计算公式，计算出各项需要的指标，报送给预警图编制部门。

5. 预警图绘制

预警图一般由资料统计汇总部门绘制。绘制部门收齐有关统计资料后，先进行整理，如果有些资料超出常规或可疑，应与报送单位联系，了解原因。然后将资料填到预警图上，绘制出预警图。

预警发送的密度应视预警项目的重要性及变化的频密、产生资料的多少来确定。一般情况，尊从国家统计报表报送的密度发报，一个月发一次。如果特别重要的预警项目，产生的资料比较密，可以是一旬或一周一次。有些预警项目波幅不太大，变化也比较缓慢，可以一个季度绘制一次预警图，发一次预警报告。

6. 预警项目的走势分析

根据预警图就可以很清楚地看到该预警项目的发展趋势，如果实际走势不断地向坏的方向发展，逐渐靠近预警指标时，该项目的具体实施单位就应引起警觉，分析变坏的原因，提出改善措施，控制向坏的方向继续发展的势头。并采取措施扭转趋势，向好的方向发展。

如果实际走势不断向好的方向发展，波动不大，趋势平稳远离预警指标时，就可以认为该预警项目控制得比较好。当连续一段时间预警项目都保持在稳定的良好走势状态时，可以考虑把预警指标适度提高一些，使企业的确保指针更加安全，企业的形象更加美好。

7. 超越预警指标后的改善程式

当情况不断变坏，预警项目的实际走势超越预警指标线，此时一定要引起一定层面的领导高度重视，亲自领导组织有关部门和具体实施的单位研究改善方案。一般改善程式如下：

由受预警的实施单位尽快制定出整改计划，交预警部门按预警项目的分类分别报企业主管领导或该业务的管理委员会审批限期整改。整改计划中列明存在问题、具体改善措施、负责人、完成日期等。

若预警项目出现了重大事项，应由主管领导机构召开专门会议，制定整改计划，由有关实施单位负责具体落实。

整改计划批准后，预警管理部门和预警项目实施单位的上级领导必须对执行情况进行检查，以确保完成整改计划。

整改计划完成后，受预警单位将计划的执行情况按预警事项的类型分别书面报告有关主管领导。

工程进度、安全环保、工程成本预警调控的运转流程分别见图 2-24、图 2-25、图 2-26。

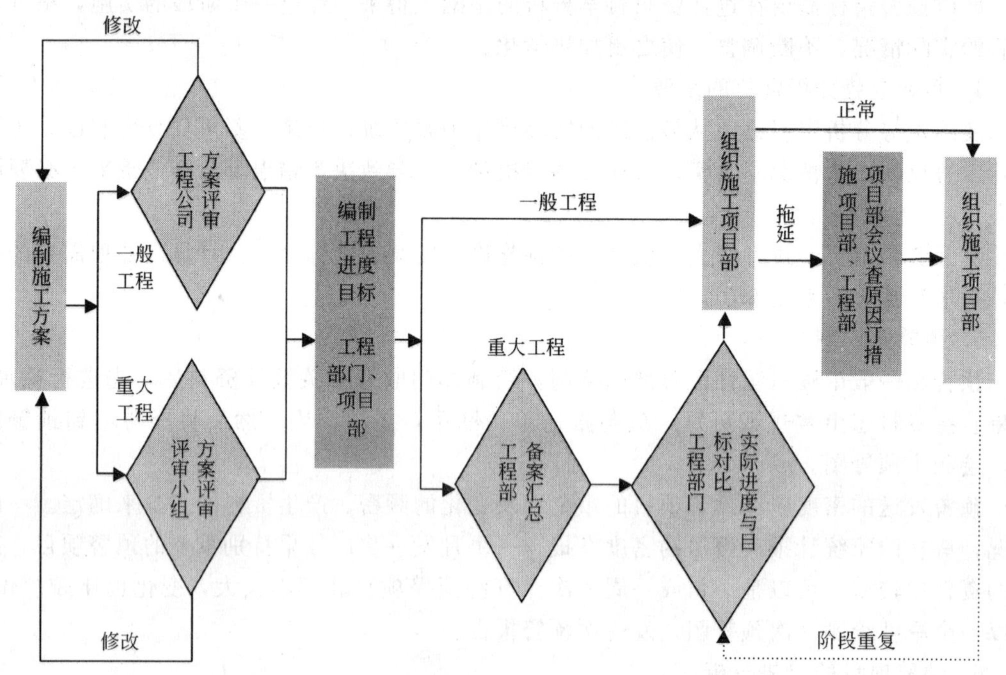


图 2-24　工程进度监控体系流程图

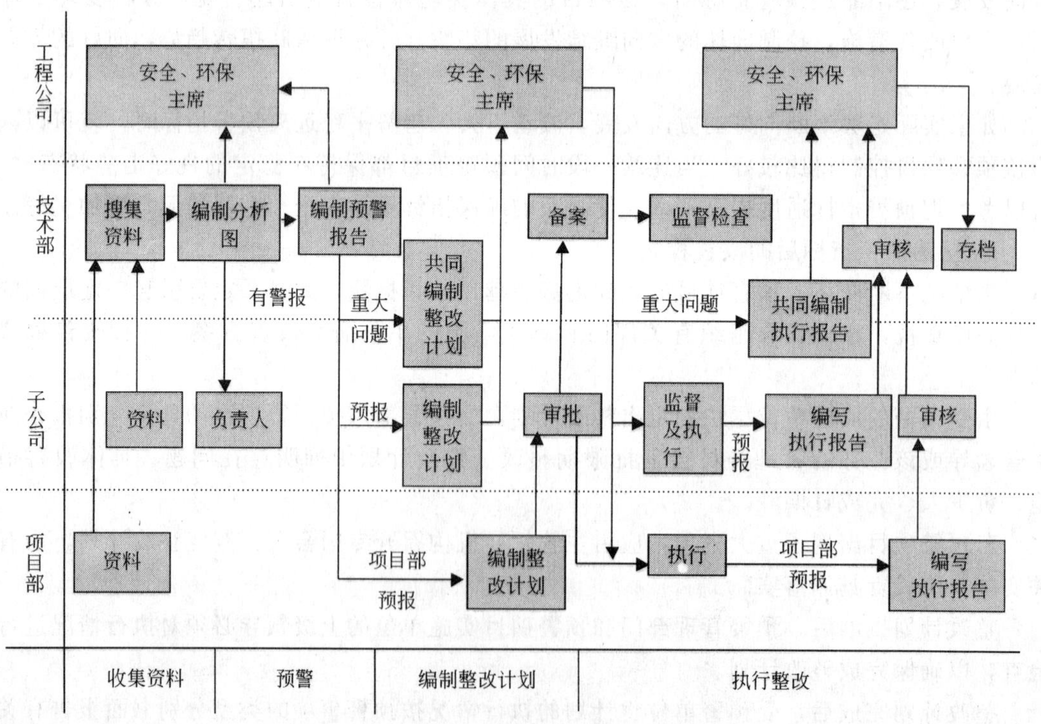


图 2-25　安全环保预警体系运行流程图

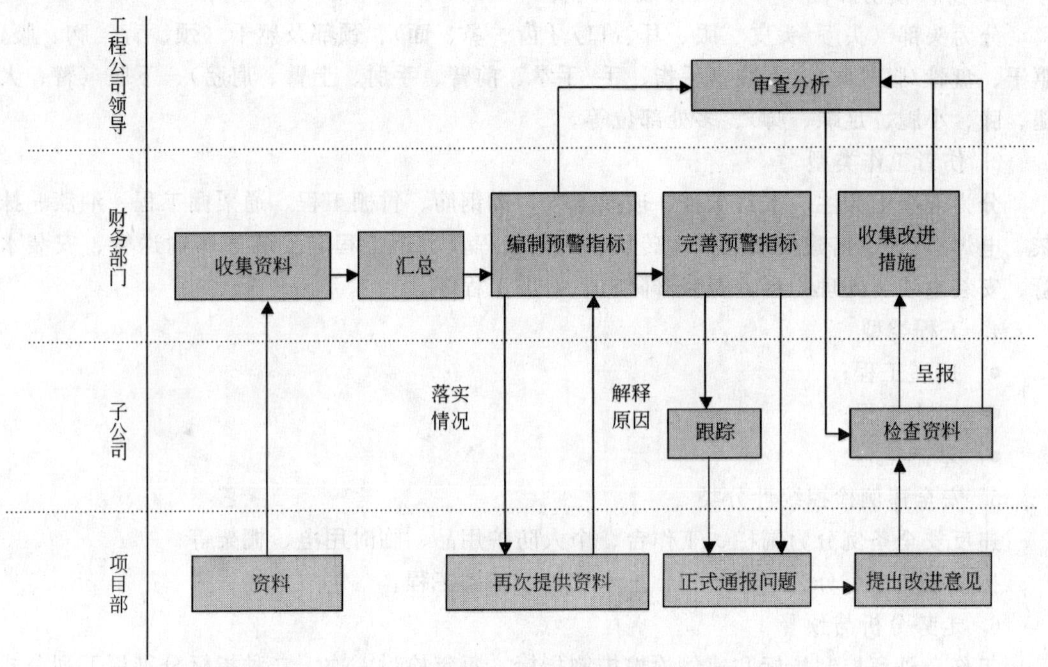


图 2-26 工程成本预测、预警体系流程图

## 四、香港某建筑施工企业安全预警实施实例

安全预警统计资料的来源如下：

(1) 项目工伤意外数字；

(2) 项目月平均每天开工人数；

(3) 香港劳工处要求呈报的伤者有关资料；

(4) 公司月、季、年度安全及健康评分数；

(5) 公司安全管理内部审核结果；

(6) 公司安全管理外部独立审核结果；

(7) 项目因违反安全及健康条例被检控记录；

(8) 项目工伤意外资料主要来自工程公司及项目，参考香港劳工处资料；

(9) 项目各项评估结果，主要来自业主、香港政府部门及工程公司，必要时由项目提供；

(10) 项目违例检控资料，主要来自香港政府部门（包括法庭）、工程公司及项目。

### (一) 工伤意外统计分类

1. 意外类别

分为受困于物件之内或物件之间、提举或搬运物件时受伤、滑倒或绊倒或在同一高度跌倒、人体从高处坠下、与固定或不动的物件碰撞、与移动的物件碰撞、踏在物件上、暴露于有害物质中或接触有害物质、触电或接触放出的电流、受困于倒塌或翻侧的对象、遭移动或坠下的物件撞击、遭移动中的车辆撞倒、触及开动中的机器或触及以机器制造中的物件、遇溺、火警烧伤、爆炸受伤等。

2. 身体损伤部位

分为头部（头颅/头皮、眼、耳、口/牙齿、鼻、面）、颈部及躯干（颈、背、胸、腹、躯干、盘骨/腹股沟）、上肢（手指、手/手掌、前臂、手肘、上臂、肩膀）、下肢（臀、大腿、膝、小腿、足踝、脚）、多处部位等。

3. 伤者工作类型

分为混凝土倾注、木器工程、玻璃工程、拗钢筋、竹棚工程、通架棚工程、油漆、抹灰、电焊/气焊、搭建模板、铺砌砖块、沉箱工程、坑道工程、安装气体输送管、安装水管、安装电线、处理物料、安装升降机、斜坡工程等。

4. 工程类型

- 房屋工程；
- 土木工程；
- 基础工程。

5. 安全违例检控统计分类

违反安全条例分为围栏、工作台、个人防护用品、临时用电、棚架等；

按工程类型可分为房屋工程、土木工程、基础工程。

6. 走势分析与预警

工伤意外率控制指标和违例检控控制指标，每年检讨一次。二种指标分别用下列公式计算：

$$工伤意外率=\frac{工伤宗数}{月平均每天施工人数}\times 1000$$

$$每亿港元营业额违例宗数=\frac{违例宗数}{完成营业额（亿港元）}$$

在违例检控走势分析中，引入下列辅助线和辅助指标：

辅助线：6个月和12个月移动平均线，即以过去6个月或12个月每亿港元营业额违例宗数平均数绘制而成。

辅助指标：6个月违例相对改善指数，数值在0～100之间，以下列公式计算：

$$\frac{6个月违例增加宗数总和}{6个月违例增加宗数总和+6个月违例减少宗数总和}\times 100$$

在走势分析中引入以下两种警戒线：

- 控制指标线：以集团公司每年所定的控制指标值绘制；
- 预警线：以集团公司每年所定的控制指标值之85％绘制。

工伤意外率走势分析用以下三种图表：

- 月工伤意外率走势图，短期走势；
- 月累计工伤意外率走势图，短中期走势；
- 年工伤意外率走势图，长期走势。

违例检控走势分析用以下四种图表：

- 月每亿港元营业额违例宗数走势图，每类违例单独绘制，短、中期走势；
- 连续12个月违例检控宗数走势图，每类违例按持牌公司单独绘制，中期走势；
- 年每亿港元营业额违例宗数走势图，每类违例单独绘制，长期走势；

- 项目连续6个月违例次数柱状图，以三次控制线为预警线，适用于安全违例和环保违例。

7. 统计分析与预警报告

技术部每半年编制统计分析报告，每月编制走势分析图表，并根据预警情况即时编制预警报告。报告一般分类如下：

- 工伤意外；
- 安全违例；
- 环保违例；
- 入境违例；
- 其他违例；

8. 违例检控分类（统计分析）

统计分析报告包括下列内容：

- 主要统计资料；
- 计算结果、图表及分析意见；
- 改善建议。

预警报告包括下列内容：

- 主要统计资料；
- 受预警单位、预警情况、图表及分析意见；
- 改善建议。

统计分析报告、走势分析图表均印送集团公司安全委员会和环保管理委员会主席、副主席、工程公司及有关部门负责人，视情况决定是否印发项目；预警报告主送受预警单位，抄报集团公司安全委员会和环保管理委员会主席、副主席。

整改计划与执行情况

如工程公司或项目出现预警警报，受预警的工程公司或项目必须在七天内制定出整改计划，交技术部（项目整改计划须先报主管工程公司审核后再交技术部），由技术部按预警事项类型分别报企业安全委员会主席或环保管理委员会主席审批，限期整改。整改计划中列明存在问题、具体改善措施、负责人、完成日期等。若项目出现的预警警报非重大问题，整改计划报主管工程公司审批、抄报技术部备案即可。

若集团公司出现预警警报，整改计划应由有关工程公司和技术部共同制定，按预警事项类型分别报集团公司安全委员会主席和环保管理委员会主席审批，由各有关工程公司负责具体落实。

若预警警报属于重大事项，须按预警事项类型分别召开安全委员会或环保管理委员会全体会议，制定整改计划，由各有关工程公司负责具体落实。

整改计划经批准执行后，工程公司和技术部须对执行情况进行联合检查，以确保完成整改计划。到整改期限后，受预警工程公司或项目须将计划执行情况按预警事项类型分别书面报告企业安全委员会主席或环保管理委员会主席（项目须先报主管工程公司审核）。

下图例子是2002年9月至2003年8月工伤意外和安全违例预警图表。

**(一) 工伤意外**

1. 2002年9月至2003年8月工伤意外率走势

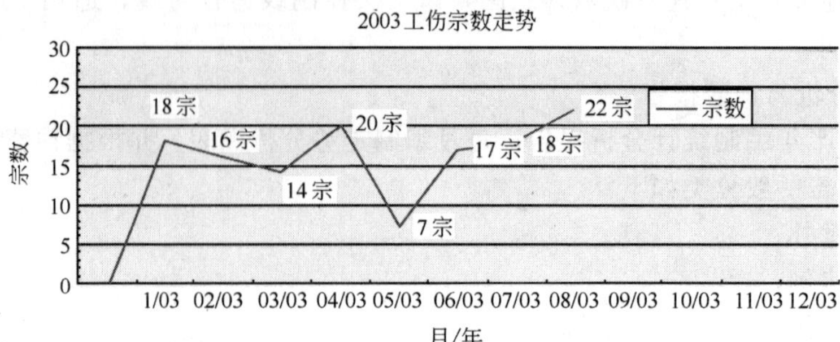


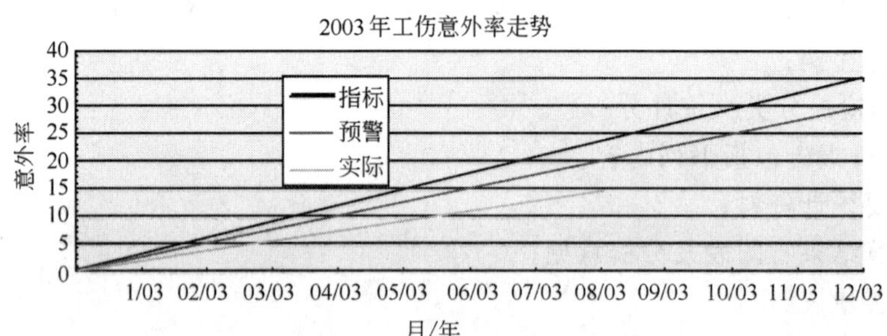


| 年　月 | 9-02 | 10-02 | 11-02 | 12-02 | 1-03 | 2-03 | 3-03 | 4-03 | 5-03 | 6-03 | 7-03 | 8-03 |
|---|---|---|---|---|---|---|---|---|---|---|---|---|
| 指　标 | 3.75 | 3.75 | 3.75 | 3.75 | 2.92 | 2.92 | 2.92 | 2.92 | 2.92 | 2.92 | 2.92 | 2.92 |
| 预　警 | 3.18 | 3.18 | 3.18 | 3.18 | 2.47 | 2.47 | 2.47 | 2.47 | 2.47 | 2.47 | 2.47 | 2.47 |
| 实　际 | 1.53 | 2.39 | 1.95 | 0.98 | 2.22 | 1.76 | 1.67 | 2.30 | 0.82 | 2.02 | 2.92 | 2.32 |
| 年　月 | 1/03 | 02/03 | 03/03 | 04/03 | 05/03 | 06/03 | 07/03 | 08/03 | 09/03 | 10/03 | 11/03 | 12/03 |
| 宗　数　0 | 18 | 16 | 14 | 20 | 7 | 17 | 18 | 22 | | | | |
| 指　标　0 | 3.00 | 5.83 | 8.75 | 11.67 | 14.58 | 17.50 | 20.42 | 23.33 | 26.25 | 29.17 | 32.08 | 35.00 |
| 预　警　0 | 2.48 | 4.96 | 7.44 | 9.92 | 12.40 | 14.88 | 17.35 | 19.83 | 22.31 | 24.79 | 27.27 | 29.75 |
| 实　际　0 | 2.22 | 3.86 | 5.61 | 7.81 | 8.76 | 10.65 | 12.51 | 14.63 | | | | |

说明：意外率$=\dfrac{\text{月工伤宗数}}{\text{平均每日施工人数}}\times 1000$

## (二) 安全违例

1. 2002年9月至2003年8月项目安全违例走势

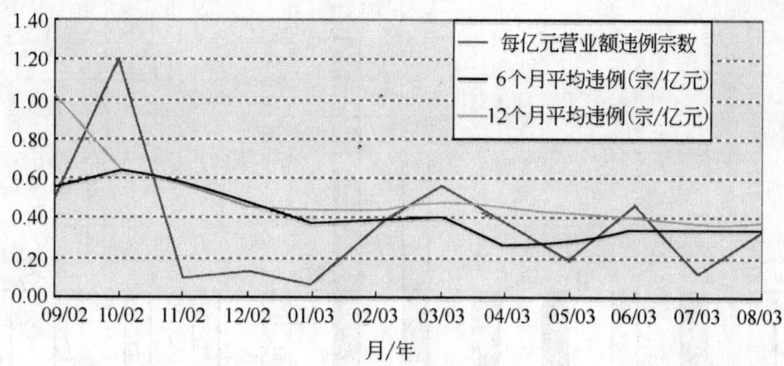


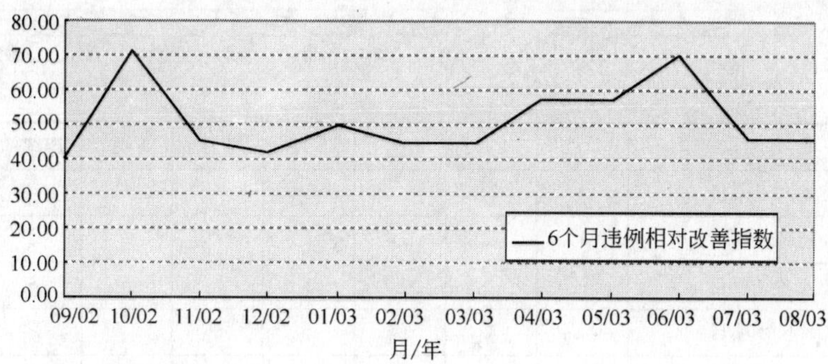


| 月/年 | 09/02 | 10/02 | 11/02 | 12/02 | 01/03 | 02/03 | 03/03 | 04/03 | 05/03 | 06/03 | 07/03 | 08/03 |
|---|---|---|---|---|---|---|---|---|---|---|---|---|
| 每月违例宗数 | 3 | 6 | 2 | 1 | 1 | 2 | 5 | 3 | 2 | 5 | 1 | 4 |
| 营业额（亿港元） | 6 | 5 | 21 | 8 | 14.18 | 5.62 | 8.92 | 8.26 | 10.28 | 10.71 | 8.46 | 12.1 |
| 每亿元营业额违例宗数 | 0.5 | 1.2 | 0.1 | 0.13 | 0.07 | 0.36 | 0.56 | 0.36 | 0.19 | 0.47 | 0.12 | 0.33 |
| 6个月平均违例（宗/亿元） | 0.56 | 0.63 | 0.58 | 0.48 | 0.37 | 0.39 | 0.4 | 0.26 | 0.28 | 0.34 | 0.34 | 0.34 |
| 12个月平均违例（宗/亿元） | 1.02 | 0.65 | 0.57 | 0.46 | 0.44 | 0.44 | 0.48 | 0.45 | 0.43 | 0.41 | 0.36 | 0.37 |
| 6个月违例增加（宗）A | 2 | 5 | 5 | 5 | 5 | 4 | 4 | 4 | 4 | 7 | 6 | 6 |
| 6个月违例减少（宗）B | 3 | 2 | 6 | 7 | 5 | 5 | 5 | 3 | 3 | 3 | 7 | 7 |
| 6个月违例相对改善指数 | 40 | 71.43 | 45.45 | 41.67 | 50 | 44.44 | 44.44 | 57.14 | 57.14 | 70 | 46.15 | 46.15 |

说明：1. 违例以定罪日期为准

2. 联营公司违例计算在内

3. 当月数字只供参考，稍后按实际宗数再调整

4. 6个月违例相对改善指数＝100×A/（A＋B）

## 2. 连续6个月项目安全违例检控情况

(01-03-2003 至 31-8-2003)

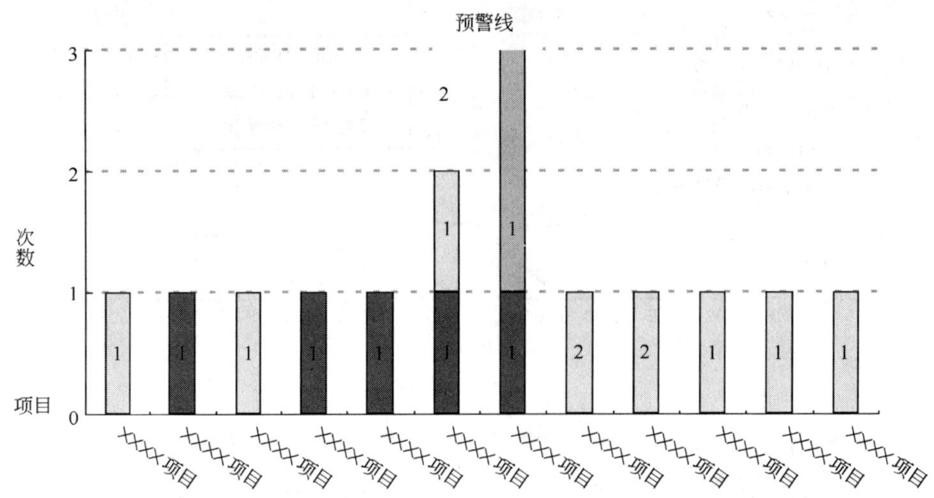


| 序号 | 项目 | 3月 | 4月 | 5月 | 6月 | 7月 | 8月 | 连续6个月违例次数 |
|---|---|---|---|---|---|---|---|---|
| 1 | ××××项目 | | | | 1 | | | 1 |
| 2 | ××××项目 | 1 | | | | | | 1 |
| 3 | ××××项目 | | | | 1 | | | 1 |
| 4 | ××××项目 | | 1 | | | | | 1 |
| 5 | ××××项目 | | | 1 | | | | 1 |
| 6 | ××××项目 | | | 1 | | | 1 | 2 |
| 7 | ××××项目 | | | 1 | | | 2 | 3 |
| 8 | ××××项目 | | | | | 1 | | 1 |
| 9 | ××××项目 | | | | | 1 | | 1 |
| 10 | ××××项目 | | | | 1 | | | 1 |
| 11 | ××××项目 | | | | | | 1 | 1 |
| 12 | ××××项目 | | | | 1 | | | 1 |

说明：1. NO. 代表已定罪；

2. NO. 代表收到传票及检控信；

3. NO. 代表收到劳工处敦促改善通知书；

4. 违例以事发日期为准；方格内数字代表宗数；

5. 有传票的按传票，没有收到传票的按劳工处信件计算宗数。

## 第七节　国际建筑企业的战略管理

建筑企业生存与发展的重中之重是要跟上环境的变化，适应环境的变化。因此，一个企业应有长远的眼光，分析环境变化，制定长期目标，才能在动荡的环境中立足和生存。资源和技巧方面的最初优势并不是决定性因素，战略才起决定性作用。多数情况下，成功的建筑企业总是制定并实施着一个有效的战略。因此，国际建筑企业管理工作的重心必须逐步转移到高层的战略管理上来。建筑企业的经营战略主要内容包括市场的占有、经营的规模、赢利的目标、横向的扩张等。建筑企业战略的制定，不仅对于单个企业而言关系到能否取得和维持竞争优势，而且深刻影响着本行业的行业结构、市场竞争态势和总体布局，进而对该行业的获利水平产生影响。同时，对于建筑企业本身而言，也是保持旺盛生命力，实现长远发展的内在要求。建筑企业实施战略管理，可以促使企业改进决策方法，优化组织结构，并保持组织结构与战略的匹配性，增强整个组织的凝聚力和向心力。

**一、战略管理的定义**

企业战略是一门新兴的学科，在管理科学领域中亦是一门相对年轻的学科，但在军事上很早就产生了有关战略的概念。中国伟大的军事家孙武早在公元前360年撰写的《孙子兵法》就是一本军事战略方面的书籍。《辞海》中对战略一词解释是"军事名词，指对战争全局的筹划和指挥。它依据敌对双方的军事、政治、经济、地理等因素照顾战争全局的各个方面，规定军事力量的准备和运用。"

在英语中，战略（strategy）来源于古希腊的"stratagia"，是一个与军事有关的词语，其含义是指"将军指挥军队的艺术"。著名的德国军事学家克劳塞维茨（Clausewitz）在其巨著《战争论》中指出："战略是为了达到战争的目的而对战斗的运用"。毛泽东在《中国革命战争的战略问题》中提出"战略问题是研究战争全局的规律性的东西"，"凡属带有照顾各方面和各阶段性质的，都是战争的全局，研究带全局性的战争指导规律，是战略学的任务。"尽管不同的军事家或战略家对战略这一概念的表述有所不同，但均指出其主要含义是指"对战争全局筹划和谋略。"

在军事上，战略与战术（或策略）之间有着很重要的区别，战术是围绕着战略而制定的。长期以来，虽然人们一直在争论军事战略原理对企业普遍适用性，但是，越来越多的人承认军事战略对企业管理有着非常重要的借鉴作用。

除军事领域的应用外，战略的价值与理论同样适用于诸如政治、经济等其他领域。将战略的思想和理论运用于企业经营管理之中，便产生了企业战略这一个概念。同时也带来了企业经营管理战略、企业营销管理战略、企业人力资源战略、企业财务管理战略、企业生产管理战略、企业公共关系战略、企业质量管理战略等等与企业发展有关系的诸多涉及企业各个方面的战略问题。

战略管理直到20世纪70年代才在西方的企业管理中兴起。他们认为，管理任何一个企业，都应把战略置于中心地位。战略管理的兴起有其深刻的社会、经济、历史背景。20世纪60年代，美、日等西方发达资本主义国家，基本上形成了一套大同小异的企业管理模式，并且取得了相当的成功。但是，这套比较成熟的实用性很强的企业管理模式在70年代遇到了多变的社会、经济、技术环境的挑战。当时的整个环境有诸如技术变革迅速、市场需求多样化和个性化、社会政局动荡等特点，同时新兴的工业化国家在国际市场也向这些发达国家发起挑战，西方企业家逐渐明白，在如此迅速变化的市场环境中，如果墨守成规，坚持老一套的管理模式而不加以创新、变革，仅仅靠提高内部效率是无济于事的。企业生存与发展的重中之重是要跟上环境的变化，适应环境的变化。因此，一个企业应有长远的眼光，分析环境变化，制定长期目标，才能在动荡的环境中立足和生存。

基于这种认识，西方企业管理工作的重心开始逐步转移到高层的战略管理上来。据统计，美、日等国家70%以上的企业，尤其是大型跨国公司，选择了战略管理模式，并取得了成效，从而形成了70年代的西方企业管理领域的“战略热”。战略管理对企业发展的重要性从美国通用电气公司前总裁韦尔奇的一句话中可以看出：“我整天没有做几件事，但有一件做不完的工作，那就是规划未来。”

实际上，企业战略并不是一个简单的概念，或者仅仅从某一个方面能够加以描述的。换句话说，理解企业战略这一概念需要多维的视角，它不仅要确定企业的未来方向和使命，还涉及到企业所有的关键活动，同时需要根据内外环境的变化不断加以调整，以期实现其确定的战略目标。

企业战略由于其内涵非常丰富，因而在西方企业战略理论文献中尚不存在共同认可的定义。也正因为其丰富性，不同的学者与管理专家赋予企业战略以不同的含义。总的来说，企业有两种意义上的战略：一种是广义的企业战略，即认为企业战略应该包括企业的目的和目标：另一种是狭义的企业战略，即认为企业战略不应该包括这一部分内容。

## 二、战略管理的意义

在人类活动的许多领域，战略对成功都有重要作用。简单地说，一个成功的企业，常常能在关键时刻抓住机会。这并不能仅仅归结为幸运的问题。如果偶尔抓住一个机会并获得成功，会存在幸运的可能。但如果一个企业总能不断抓住机遇，就不能简单地归结为幸运了。这是因为他们有认识机会的能力，并有清楚的目标和相应灵活性。可见，一个企业成功很少仅仅是随机的结果。资源和技巧方面的最初优势并不是决定性因素，战略总是起重要作用。多数情况下，成功者总抱有并实施着一个有效的战略，虽然有时并没有一个战略作为事先的计划存在，或者并没有明确说明它，但他们在所角逐的领域对情况有比较清楚的了解和明确的方向，而且往往能及时掌握局势的变化。企业若没有战略，将在激烈的竞争中失去发展的可能性，甚至难以维持生存。因此从发展角度看，战略对于国际建筑企业有以下的重要意义：

(1) 由于在企业战略中确定了企业在一段时间内的总体目标和企业资源的配置，从而使企业的成员都能够了解自己在规定时间内应该完成的任务，因而可以激励他们积极主动地寻找高效率地完成任务的途径。

(2) 战略管理使企业和各部门的战略性活动优先的原则得到实施，战略的全局性使企业人员能主动考虑与其他部门进行决策协调，从而有助于培养员工的整体观念。

(3) 高层管理部门能够根据战略需要在各部门之间合理地分配资源，并以战略目标的实现情况为依据为资源的使用效率进行监督和评价。

(4) 战略使企业不仅能对竞争对手、顾客和技术等环境的变化做出反应，更能具备影响市场环境，进而主动影响市场环境变化的能力。

(5) 从宏观上看，一个企业制定的战略，不仅对于单个企业而言关系到能否取得和维持竞争优势，而且深刻影响着本行业的行业结构、市场竞争态势和总体布局，进而对该行业的获利水平产生影响。

(6) 从微观上看，一个企业制定并实施战略管理，对于企业本身而言，也是保持企业旺盛生命力，实现企业长远发展的内在要求。企业实施战略管理，可以促使企业改进决策方法，优化组织结构，并保持组织结构与战略的匹配性，增强整个组织的凝聚力和向心力。

美国邓思·布拉德斯里特公司经过对美国企业的长期观察后，总结出了六条导致企业破产的原因，其中有多条原因均涉及到战略问题，如“企业高层领导不了解自己企业的目的和竞争优势，不了解企业的经营原则，因而决策变化无常”、“主管人员不了解企业的经营环境，缺乏战略远见”、“企业主管思想僵化，缺乏随环境变化而变化的战略灵活性”、“企业资源分配不当造成财务危机”。可见，企业战略管理的状况直接关系到企业的存亡。

在经济全球化、技术日新月异、新的经营方式不断涌现以及信息交流过程发生根本性变革的背景下，国际范围内的建筑市场竞争尤其激烈。对于国际大型建筑企业来说，战略管理越来越显示出其重要性。

## 三、国际建筑企业的战略管理

基于以上有关战略概念的认识，笔者认为“企业战略是企业以未来为基点，为寻求和维持持久竞争优势而做出的有关全局的筹划和谋略”。对于国际建筑企业来说，战略管理的核心要点就是：在全面分析建筑市场及企业内外部竞争要素的基础上，为实现公司未来整体目标，筹划保持其持久竞争优势的系统性谋略。下面笔者以一家立足香港市场的大型建筑企业为例，详细讨论国际建筑企业战略管理的若干要点。

### （一）生存和发展问题是制定企业战略的出发点和归宿

“中国建筑（香港）”是一家香港大型建筑集团公司，以香港市场为主要经营立足点，触角延及中国内地市场；业务范围包括房屋工程、土木工程、基础工程、机电工程和机械工程的设计与施工管理以及建筑制品加工等业务。在规模经营的基础上，为在未来的竞争中进一步增强市场竞争优势，以保持稳健持续的发展，公司制定了中长期经营战略规划。在其战略规划中，明确提出了中心任务是：“以建筑承包业务为中心，实施相关业务和经营区域的多元化发展战略，凭借成本优势和全面高质量的服务，使成交额、营业额、利润额和市场占有率能够协调一致地不断增长，成为香港一流的建筑企业集团。”

这实际上是该建筑企业力图实现长期生存和发展的目标。而要做到这一点，建筑企业不仅需要了解企业本身及所处行业的过去和现在，而且尤其需要关注行业内外环境因素发展变化的趋势，从而更好地把握企业自身的未来。“中国建筑（香港）”战略规划的主体第一部分即是对于香港、中国内地建筑市场的外部环境分析以及对于自身情况的内部环境分析，要点如下：

第一，外部环境分析

1. 香港建筑承包市场

（1）建筑市场容量

基本状况：

根据香港特区政府统计处的数字，近年来，香港每年完成的工程总额在1000亿港元左右。其中，1995年为998亿港元，1996年为1160亿港元，1997年为1307亿港元，1998年为1329亿港元。1999年为1264亿港元。目前建筑业占本地生产总值（GDP）比率为5%左右，大约为本地固定投资的30%。

房屋政策及房屋工程：

过去20年，香港已建成的房屋单位超过120万个。1997年全年建屋量为历年之冠，公营房屋建成约46200个单位，私营房屋则有18200个。香港回归之后，特区政府提出新的房屋政策，计划在十年内建成85万个居住单位，由1999年至2000年度起，平均每年兴建不少于8.5万个单位。但受亚洲金融风暴的冲击，地产业倍受摧残，私人物业投资转趋谨慎，短期内数量不会大幅增长；在公营房屋方面，也有迹象显示会逐步放缓。公屋的停建、私人参与居屋项目的押后等，都说明了政府8.5万个单位的政策已经动摇，十年的建屋计划将会拖长。

（2）基建工程

香港特区政府在全港发展策略检讨报告中提到由现时开始直至2006年，港府将投资2390亿港元用在土地平整、建造公路、铁路系统等公共开支上，其中三条铁路占1100亿港元，在未来5年内陆续通车；现有道路改善计划占250亿港元，同样会在未来5年内陆续完成；未来大型道路建设计划占500亿港元，可望于未来5～10年内完成。

总体来看，未来十年，香港建筑市场会得益于政府大型基建规划，公共工程及住宅计划，继续保持兴旺的势头，再加上私人发展项目，估计未来十年香港完成工程总额将超过1万亿港元，市场容量庞大。

（3）主要竞争对手情况

据政府统计，1996年全港共有约440家主要承建商，但其中90%以上的本地承建商每年完成工程总额不超过500万港元。“中国建筑（香港）”的竞争对手主要是活跃在香港建筑市场的几家本地大型承建商和一些国际著名承建商。这些公司各有优胜之处，其竞争策略也各具特色。

法国宝嘉、金门等欧资公司的技术力量比较突出，经常以先进的施工技术、施工机械以及更佳的替代方案赢得优势。

日资承建商不仅资金充裕，而且在隧道工程和高层建筑钢结构方面的技术力量比较强。很多机构例如地铁公司、九铁公司等，对日资建筑公司比较偏爱。

本地的华资建筑公司如瑞安的建筑业务多元化的策略相当成功。瑞安早在20世纪80年代便积极投资建材业务，目前已经拥有商品混凝土厂、境外预制外墙厂、铝门窗、陶瓷锦砖木门厂等；这些业务不仅加强了它在房委会工程的竞争力，而且还提高了它的整体盈利水平。又比如保华/国际德祥系的几家公司，则集中精力承揽中高档的楼宇大厦。

同竞争对手相比，“中国建筑（香港）”在常规工程的规模经营方面具有成本优势。

（4）市场竞争状况

亚洲金融风暴导致建筑业经营格局发生巨变，一些主要活跃于私人发展工程领域的大型建筑公司，亦转投政府工程，使竞争更趋激烈；一些中小型建筑公司争标意欲极强，经常采取不断压低标价的策略，造成建筑市场价格大幅波动，使承建商的风险不断增大。

另外，亚洲金融风暴也使许多公司面临财政困难。材料供货商为降低风险而收紧付款条件，信誉差的承建商更要支付现金；分包商亦视乎承建商的财政情况而提出不合理的付款要求；再加上利息高企，银行收紧信贷，许多承包商及分包商很难度过流动资金短缺的关口。轻者千方百计降低成本以求生存，重者则面临清盘及倒闭的命运。

香港已加入世界贸易组织（WTO）的官方及半官方组织，凡超过5000万港元的项目，都必须公开在国际市场上招标，因此本地的承建商则直接面对更大、更强的国际竞争对手，而这些竞争对手，并不需要预先进入政府的建造商名册，这无疑会使香港建筑市场的竞争日趋国际化和白热化。

香港建筑市场已逐渐演变为一个完全开放的国际市场，竞争日趋激烈，承建商的风险也日益增大。

(4) 政府有关法例及行政管理政策

1) 政府有关法例

近几年，香港特区政府制定和修订了安全、环保和承建商注册等有关法例，加强了对承建商的管理。新制定的《承建商注册条例》明确了承建商在监工程管理上的责任；新的《职业安全及健康条例》将管理范围扩大到所有工作地方，其他安全法例也在不断修订；修订的《入境条例》加重了对雇用非法劳工的承建商的处罚，可以检控地盘或公司负责人；环保法例的修订对工程施工影响很大，违例处罚也有加重的趋势。政府的执法力度在不断加大。

2) 政府行政管理政策

在行政管理方面，政府明确地将一切可以预见的风险和责任推到承建商的身上。私人工程正在分阶段执行《地盘监工计划》；要求注册承建商必须拥有 ISO 9000 认证；把承建商已往的安全和环保等记录作为承建商投标资格预审和评标的重要条件；在地盘推行《支付安全计划》及《独立安全审核计划》；工务局的各工程部门和房屋署各自都有一套对承建商综合表现的评分系统，达不到要求会影响中标机会甚至被暂停投标；新工程合同中规定工人必须持有建造业训练局平安卡，一定比例指定工种工人必须持有技能测试合格证书；工务局可以通过聆讯暂停发生意外事故或地盘安全、入境违例检控多的承建商投标资格。

政府加强了对建筑业的管理，对承建商提出了更高的要求。质量、安全、环保等一系列措施，使承建商的管理有改善的趋势，但同时也加大了承建商的经营成本和法律风险。

2. 中国内地建筑承包市场

中国内地建筑市场潜力巨大，为适应经济增长和社会发展的需要，中国政府把扩大内需作为促进经济增长的主要措施。1998 年，中国政府宣布在未来三年内投资 7500 亿美元用于基础设施建设。同时水利、城市基础设施建设都将加快。房地产业，据建设部有关部门的预测，从现在起到 2010 年，中国内地城镇新建住宅将达到 40 亿平方米，平均每年需建 3.6 亿平方米。这些计划的落实，将为投资者和承包商提供潜力巨大的市场。

另外，内地也大力提倡利用外资，鼓励内地企业同境外承建商合作，联合开拓内地、香港等建筑市场。中国加入 WTO 后，将会进一步开放内地建筑市场，给国际承建商提供更大的发展空间。

第二，内部环境分析

1. 经营综合分析

1990 年至 1999 年，“中国建筑（香港）”十年平均成交额、平均营业额，平均税后利率，以及盈利能力跟同业相比处于较好水平，经营规模稳步提高，目前年完成营业额在全港位居同业前列。

2. 综合管理能力

“中国建筑（香港）”下设人事部、会计部、行政部、商务部、技术部、物资部、房屋公司、土木公司、基础公司、机电公司、机械公司、深圳海龙、保险顾问有限公司、保险有限公司，并拥有港九混凝土的三成权益，基本上已形成了专业系列化、多元化的格局。

并且，在多层次方面“中国建筑（香港）”同母公司一体化运作，具有较强的综合管理能力。

多年来，“中国建筑（香港）”已建立起一整套较为科学的管理制度和标准工作程序。下属房屋公司、土木公司、基础公司、机电公司、深圳建筑制品公司都已先后通过了ISO9000国际质量认证；房屋公司、土木公司、基础公司还在香港率先通过了ISO14001国际环保认证，在香港同业之间具有领先的地位。

“中国建筑（香港）”拥有一批素质较高的员工队伍，外派员工与港聘员工能够紧密合作，优势互补；具有较为丰富的大型、联营工程管理经验；主要以内派人员为经理的地盘管理班子及地盘经理负责制较为成熟。

3. 人力资源状况分析

截至1998年底，“中国建筑（香港）”合同员工共有950人，其中当地员工846人，外派员工104人，外派员工占员工总数的11%，当地员工占89%。人均成交额、营业额、利润额分别为＊万港元/人、＊万港元/人（＊为作者隐去具体数的代号）。

公司对外派员工和香港员工实行不同的管理模式，外派员工和香港员工基本上能够相互融合。公司的人力资源状况基本良好。公司比较重视员工的培训工作，但培训工作的层次不高也缺乏系统性，尤其是针对中高层人员的培训。外派人员的数量和在港期限受国务院港澳办所批指针和七年轮换的限制，对公司外派人员骨干队伍的稳定有一定的影响。最大的竞争是人才的竞争，公司需不断创立与之相适应的人力资源管理的新模式。

4. 财务状况评估

经过二十多年的积累，截至目前，“中国建筑（香港）”资产净值为＊亿港元，固定资产原值约为＊亿港元，固定资产净值为＊亿元，账面流动资产净值为＊亿港元。1998年底，资产负债率为＊%。流动比率现为＊倍，财务状况健康、正常。另外，以母公司的名义，为竞投政府工程带来许多方便（没有考核或没有严格考核公司的流动资金状况）；上市公司资金充裕，为竞投私人工程创造了条件。

5. 营销公关能力

营销公关的工作一般由公司领导，工程公司、部门负责人及业务主管负责。公司在香港经营了二十多年，已经建立了较为广泛的业务关系网络，为业务活动提供了方便。特别是公司高层与业主及政府有关部门高层之间关系良好。但公司中层对业主及政府有关部门中层的公关工作还比较弱。同时，外派人员轮换会对关系的衔接有所影响。

6. 技术水平分析

“中国建筑（香港）”的管理技术强于施工技术，并逐步与国际接轨，与国内的施工企业相比有明显的优势；具有丰富的分包管理经验，借用分包商的专业施工技术组织施工技术；具有一定的电脑软件的开发和推广使用的能力；公司写字楼实现了内部联网，为办公自动化奠定了基础；在中国内地拥有母公司雄厚的人才与技术上的储备和支持。

不足之处在于：作为国际大型和特大型工程联营体中牵头公司的能力还不强；由于体制的关系，大多数施工技术只能借助于分包商，没有形成自己的技术专长和能人所不能的看家本领；电脑软件开发多，推广应用的力度不足。

**（二）企业战略应该为企业确定一个简明的发展目标**

无论是企业还是其他组织，成功者的一个重要特征就是始终不懈地追求一个目标，并为此付出不懈的努力和贡献。对于一个建筑企业来说，这个目标不仅指明未来的发展方向和引导资源的优化配置，而且有助于协调不同部门和个人之间的活动，增加组织的凝聚力。“中国建筑（香港）”的整体战略目标为：

1. 成长性目标

| 指　标 | 近三年平均数 | 总增长率 | 未来三年平均 | 三年累计 |
| --- | --- | --- | --- | --- |
| 成交额 | 75亿港元 | 5% | 79亿港元 | 237亿港元 |
| 营业额 | 72亿港元 | 5% | 76亿港元 | 228亿港元 |
| 利润额 | ××亿港元 | ×% | ××亿港元 | ××亿港元 |

2. 安全性目标

年均利润率＞2.5%

流动比率＞1.3倍

3. 竞争性目标

香港市场占有率6%～10%

香港行业内排名：第1名

经营区域：香港、内地及亚洲地区

**(三) 国际建筑企业应该通过系统分析和理性判断，提出战略性的方案选择**

为了在日益复杂和动荡不安的环境中生存和发展，企业应该未雨绸缪，主动地迎接和适应由于环境变化所带来的挑战。

在当今政治、经济和其他外部环境因素迅速变化甚至是跳跃地剧烈变化的时代，仅仅凭借过去的经验和传统的分析方法已经远远不能满足企业为建立持续长久的竞争优势的要求，况且失去对未来动态的准确判断和把握，企业将失去前进的目标和方向。反之，则可能抓住有利的时机，建立自己的竞争优势，从而加速企业的发展。企业的发展和时代气息是息息相关的，具有战略的眼光，善于把握时代特征，企业即使遇到一些暂时的困难，也能通过自身的一些努力求得长足进展。历史上有许多例子已经证实了这一点。中国的联想、海尔等集团的发展历史就充分证明了企业制定合乎社会发展的发展战略，并善于抓住中国在20世纪80～90年代经济高速发展的历史时机，从而使企业由小到大，由弱变强，从国内市场发展到国外市场。因此，国际建筑企业应该体现一种适应当今建筑市场竞争情势的主动精神，通过系统分析和理性判断，从而形成战略规划和执行的基础。在“中国建筑（香港）”的战略规划中，使用了比较适合建筑业的SWOT分析法，系统地确认企业面临的优势（Strength）和劣势（Weakness）、机会（Opportunity）和威胁（Threat），从而提出战略性的方案选择：

1. 优势（S）

(1) 熟悉香港建筑市场，同政府有关部门关系良好，在香港的政府工程及常规工程方面已建立良好的信誉，拥有很多满意的客户；

(2) 外派干部和本地人才相结合的模式比较成功，有一批苦干和实干的优秀人才；

(3) 有母公司人才和技术上的储备和支持；

(4) 有一套清晰的运行机制和监督机制；

(5) 拥有较强的分包商和供货商队伍。

2. 劣势（W）

（1）在高、精、尖工程项目上建树不多，对外形象受到局限；

（2）没有形成自己独特的技术专长，技术积累、技术创新及技术支持的能力还不高；

（3）内部人才的成长缺乏系统的培养机制，高素质的复合型人才不多，比较缺乏创造性的劳动；

（4）目前国际联营工程牵头的能力还不强；

（5）工程的综合策划能力较弱；

（6）"中国建筑（香港）"各经营成分发展不均衡，相关业务所占经营比例及利润贡献较低；

（7）操作层面安全、环保、质量管理比较弱，与之有关的成本比较高；

（8）管理机构落后业务发展的需要，组织效率和组织灵活性不高。

3. 机会（O）

（1）未来十年，香港建筑市场会继续保持兴旺势头，香港政府工程实行招投标制度，市场竞争公开、公正；

（2）中国政府将内地基本建设和住宅建设作为经济新的增长点，内地建筑市场前景广阔；

（3）公司的内、外部市场较好，相关业务发展的空间很大。

4. 威胁（T）

（1）香港建筑市场完全开放，竞争激烈；

（2）建筑成本比较高，开拓亚洲市场的优势不强；

（3）传统竞争对手积极进取，灵活应变，有很强的适应能力；

（4）香港政府加强对建筑业的管理，质量、安全和环保方面的一系列法例加大了承建商的经营成本及经营风险；

（5）外派干部的数量和在港期限受到国家政策的限制；

（6）香港劳动力及物料市场的价格波幅较大，控制项目成本的难度较高。

建筑企业战略管理的实质是帮助企业建立和维持持久的竞争优势。战略要帮助建筑企业保持一种强大而灵活的态势，不仅应有助于管理人员处理可预见的事件，也要有助于他们处理突发和难以预见的事情。实际上，由于管理人员很难预料各种重要影响因素之间相互作用的方式和程度，也很难预料竞争对手的反应以及企业本身不得不调整战略的时机和方法，所以，战略应该为建筑企业提供若干个可以实现其目标的途径，以应付外部环境可能出现的意外情况。进一步说，正像军事战略谋求"进可攻，退可守"的战略地位一样，企业战略应使企业在竞争市场中保持一定的灵活性和机动性，保持良好的市场扩张和收缩通道。因此，企业的战略目标不应该过于具体和数量化，有时可能仅仅表现为一种战略选择和意图。

**（四）"中国建筑（香港）"的战略方针和措施**

1. 战略方针

规模经营，品牌效应，多元发展，综合效益。

规模经营是指保持适度经营规模，实施集约管理。

品牌效应是指守约、保质，注重安全和环保，在行业内建立良好的声誉。

多元发展是指不断推进业务的纵向多元化和区域多元化，发挥整体的协同效应。

综合效益是指不断提高整体的盈利能力。

2. 战略措施

(1) 品牌战略

品牌战略主要从三个方面入手：

1) 牢固树立精品意识，使质量、安全、环保、成本和工期五大管理要素得到有机统一。重整组织机构。组建策划部，实现工程策划、技术推广、技术总结、科技规划、科技信息及技术储备的集中管理；成立质安部，培育全员质量、安全、环保意识，建立层层落实的责任制，目标考核，切实提高质量、安全、环保管理水平。同时要加强队伍建设，大胆提拔人才，优化人才结构，改进工作作风，要使各级领导班子既具有不断创新和进取的活力，又能保持稳定及统一的意志。

通过内部业务重组，不断提升组织效率。一方面要消减管理层次，使金字塔式的组织尽量扁平化；另一方面要健全和强化职能部门，使公司成为强有力的决策中心、经营管理中心和利润中心。目标是采取两级管理及相对集中控制的模式，逐步形成以市场为导向、以管理求效益的灵活有效的具有较强竞争力的组织结构。

2) 加强过程精品控制，通过过程精品创造最终精品。积极进行工程的动态管理，促进写字楼和项目管理人员与工头、工人的沟通，加强质量管理，及时应对，共创精品。

3) 品牌管理的近期目标：房屋署工程以“×安建筑工程有限公司”（简称“×安建筑”）作为竞争对手，同区有“×安建筑”施工的地盘的，我公司之地盘力争全面超过“×安建筑”。私人工程以“×兴建筑”作为竞争对手，以往投标过程中，“中国建筑（香港）”与之交手，失败居多，主要是在私人业主这个圈子内商誉和关系网络不如对手，短期内要有所突破。土木工程和基础工程以“金×建筑”作为竞争对手。“金×建筑”在同行业中技术含量高，规模大，经营比较成功。

(2) 专业化战略

“中国建筑（香港）”虽然有五张C牌，各类型的工程项目都可以竞投，但是公司并没有明显的市场优势，管理、技术设备及成本上都不如跨国公司，因此需要实行专业化战略。

1) 形成隧道施工技术，配备相关的专业设备。随着中国内地加大基建的投入，同类工程前景广阔，深圳、沈阳等城市的地铁工程及烟台至大连的海底隧道等大型项目即将相继推出，而内地缺少能够施工这些项目的建筑企业。

2) 形成桥梁施工技术。针对斜拉桥、预制桥、推拉桥等各种桥梁，形成技术含量高、设备先进的桥梁施工技术。

3) 配合市场上盛行的环保概念，参与污水处理厂、水厂等工程项目的建设。

推行专业化，特别是土木工程的专业化，“中国建筑（香港）”将之作为第二次创业在战略上予以推动，抓住经济效益的主旋律，得到了持续发展。

(3) 跨域经营战略

香港的建筑市场是有限的，作为进取的承建商，需要面向国际市场。要了解和掌握国际建筑市场的动态，善于捕捉机遇，利用自己成熟的技术和经验，积极慎重地开拓中国内地和其他新的经营领域。要建立一支过硬的承建队伍，争取总承包资格和一级施工资质，尽快拓展内地承包市场。要积极探索以联合经营并结合 BOT 的方式实现跨域经营的可行性，在条件许可的前提下，争取实现突破。如与有特殊技术及设备生产能力的制造商、设计顾问公司共同承包具专项技术特色的基建项目，争取以较小的投入取得承包项目，以建筑承包回收投资，实现跨域经营上的突破。

(4) 多元化发展战略

建筑业务本身要进行横向多元化发展，争取扩大土木工程的比例；同时进行纵向多元化发展，增强赢利能力。

1) 积极培育和扩大建筑材料系列的规模和效益。首先，要充分发挥建筑制品的生产潜力，以深圳为基地，以内部市场为依托，加强成本和质量管理，建立广泛的营销网络，不断扩大外部市场的占有率；其次，商品混凝土业务要利用规模经营的优势，以扩大生产能力和供应覆盖面为重点，通过良性扩张，争取成为行业内前五名；同时还要发掘和发展新的建材产品，并努力形成各种建筑材料及设备的代理、销售和供应能力，不断扩大建筑材料系列的规模和效益。

2) 在办好现有保险顾问公司的基础上，不断积累经验，继续研究成立保险公司的可行性，先从自保入手，逐步走向市场，力争在工程保险领域取得一席之地。

(5) 科技发展战略

科技发展战略是时代发展的需要。品牌战略、专业化战略、跨域经营战略及多元化发展战略都离不开科技发展，科技发展战略与之相辅相承。

加大投标报价软件、合同管理软件和成本管理软件的推广应用，逐步实现管理电脑化。通过联网技术，使机关对地盘管理的监控和支持更加及时，提高效率，降低成本。加快技术更新，积极推广各种应用技术，有计划、有步骤地建立多系列的施工技术优势。

**(五) 国际建筑企需要对战略规划做出适时改变和调整**

在建筑企业战略管理中，一个重要环节就是战略规划的评价和控制。这是确定战略实施后是否实现既定目标的过程，即在战略实施中进行反馈评价，及时发现和纠正偏差，使战略目标得以实现。

在“中国建筑（香港）”的战略控制中，领导层（战略层）与部门/子公司的角色如图 2-27 所示。

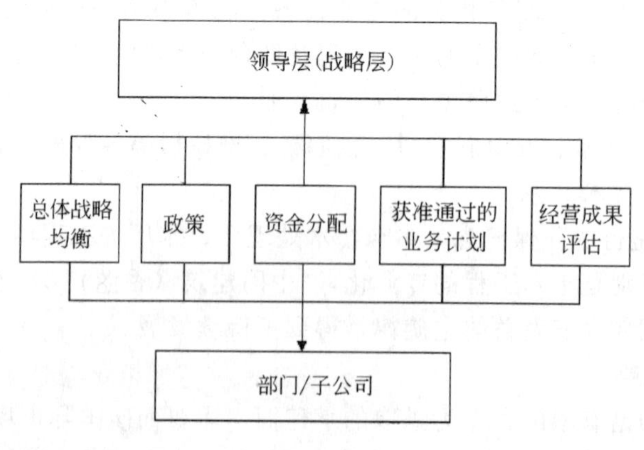


图 2-27

“中国建筑（香港）”部门/子公司应根据总体战略规划，分别制定自己的中长期规划、年度工作计划以及专项工作改进计划，确保有关战略措施的落实及战略目标的实现。“中国建筑（香港）”领导层（战略层）在监督战略规划实施的过程中，要根据企业内、外部因素的变化及实际业绩与战略目标的偏差，对战略规划做出适时改变和调整。

由于成功实施了战略管理，“中国建筑（香港）”的发展步伐清晰、稳健。自20世纪90年代以来，“中国建筑（香港）”成交合同额和市场占有率在香港建筑市场一直名列前茅，2000年以来更是独占鳌头，长期立于不败之地。2001年，通过成功实施新的战略规划，年成交合同额一举突破100亿港元，在香港建筑市场一枝独秀，遥遥领先。战略是方向，战略更是引擎。建筑企业成功实施了战略管理，也就拥有了成功的未来。

## 第八节　建筑企业文化

“文化是明日的经济”，这是当今资讯技术时代的经济命题。文化在企业中的范畴就是企业文化。

企业文化是企业生存和发展的元气，是企业核心竞争力的活力之根和动力之源，其在本质上所反映的则是企业生产力发展的进步程度。当前，企业管理已从经验管理、科学管理阶段发展到了文化管理阶段。未来企业竞争的根本必然是企业文化的竞争，企业文化已经成为企业核心竞争力的重要组成内容。建筑企业概莫能外。

企业文化的最终目的，在于增强企业的凝聚力和向心力，自上而下达成一致的价值观。价值观是一个企业作取舍、辨是非、明赏罚、论能否、定褒贬的尺度和标准。美国兰德公司曾花20年时间跟踪了500家世界大公司，发现其中百年不衰的企业有一个共同的特点，就是他们始终坚持以下四种价值观为核心的企业文化：一是人的价值高于物的价值；二是共同价值高于个人价值；三是社会价值高于利润价值；四是用户价值高于生产价值。

对任何一家建筑企业来说，其经营管理与企业文化建设都是息息相关、相辅相成的。在企业从小到大、从弱到强的发展过程中，其企业文化建设无时无之，从头到尾贯穿始终，而企业所取得的物质成就，乃是企业长期进行企业文化建设成果的物化和具体体现。

### 一、企业文化的概念

企业文化是一种从实际从事经济活动的组织之中形成的组织文化。它所包含的价值观念、行为准则等意识形态和物质形态均为该组织成员所共同认可。它与文教、科研、军事等组织的文化性质是不同的。

关于企业文化的概念，由于人们认识和理解上的差异，国际上一直以来就有许多不同的认识和表达。单是对企业文化的定义，据不完全统计就有180多种。特别是上个世纪80年代企业文化概念传入中国后，人们对企业文化的基本理念，例如对企业文化本身的含义的理解，以及企业文化的内容构成等，认识和理解不尽相同。综合国内外对企业文化的定义，比较有代表性的说法主要有：

美国学者约翰·P·科特和詹姆斯·L·赫斯克特认为，企业文化是指一个企业中各个部门，至少是企业高层管理者们所共同拥有的那些企业价值观念和经营实践。企业文化是指企业中一个分部的各个职能部门或地处不同地理环境的部门所拥有的那种共同的文化现象。

美国学者特雷斯·E·迪尔和阿伦·A·甘乃迪认为，企业文化是价值观、英雄人物、习俗仪式、文化网络、企业环境。

美国学者威廉·大内认为，企业文化是进取、守势、灵活性——即确定活动、意见和行为模式的价值观。

中国著名经济学家魏杰教授认为，所谓企业文化，就是企业信奉并付诸于实践的价值理念。也就是说，企业信奉和倡导，并在实践中真正实行的价值理念，就是企业文化。

国家经贸委在《企业管理纲要》中指出，企业文化是以企业整体价值观为核心的行为规范的总和。它反映着一个企业特有的、为社会所公认的品格、素质、精神、作风，以及公众形象等文化积淀，对于企业以至社会发展产生一定的影响和作用。

中国社科院研究员韩岫岚认为，企业文化有广义和狭义两种理解。广义的企业文化是指企业所创造的具有自身特点的物质文化和精神文化；狭义的企业文化是企业所形成的具有自身个性的经营宗旨、价值观念和道德行为准则的综合。

中国前文化部部长高占祥认为，企业文化是社会文化体系中的一个有机的重要组成部分，它是民族文化和现代意识在企业内部的综合反映和表现，是民族文化和现代意识影响下形成的具有企业特点和群体意识以及这种意识产生的行为规范。

综上所述，企业文化是指企业在自己的历史发展中，在长期的生产、建设、经营、管理实践中，逐步培育形成的、占据主导地位的，并为全体员工所认同和恪守的共同的价值观念、信念和假设。也可以说，是表现出企业一种特有的精神文化。

## 二、企业文化的基本特征

企业文化具有以下基本特征：

(1) 企业文化是在工作团体中逐步形成的规范。

(2) 企业文化是为一个企业所信奉的主要价值观，是一种含义深远的价值观、神话、英雄人物标志的凝聚。

(3) 企业文化是指导企业制定员工和顾客政策的宗旨。

(4) 企业文化是在企业中寻求生存的竞争“原则”，是新员工要为企业所录用必须掌握的“内在规则”。

(5) 企业文化是企业内通过物体布局所传达的感觉或气氛，以及企业成员与顾客或其他外界成员交往的方式。

(6) 企业文化就是传统氛围构成的公司文化，它意味着公司的价值观，诸如进取、诚信或是灵活——这些价值观构成公司员工活力、意见和行为的规范。管理人员身体力行，把这些规范灌输给员工并代代相传。

(7) 企业文化就是在一个企业中形成的某种文化观念和历史传统，共同的价值准则、道德规范和生活资讯，将各种内部力量统一于共同的指导思想和经营哲学之下，汇聚到一个共同的方向。

(8) 企业文化是经济意义和文化意义的混合，即指在企业界形成的价值观念、行为准则在人群中和社会上发生了文化的影响。它不是指知识修养，而是指人们对知识的态度；

不是利润，而是对利润的心理；不是人际关系，而是人际关系所体现的处世为人的哲学。企业文化是一种渗透在企业的一切活动之中的东西，它是企业的美德所在。

(9) 企业文化是指企业组织的基本资讯、基本价值观对企业内外环境的基本看法，是由企业的全体成员共同遵守和信仰的行为规范，价值体系，是指导人们从事工作的哲学观念。

(10) 企业文化是在一定的社会历史条件下，企业生产经营和管理活动中所创造的具有本企业特色的精神财富和物质形态。它包括文化观念、价值观念、企业精神、道道规范、行为准则、历史传统、企业制度、文化环境、企业产品等。其中价值观是企业文化的核心。

## 三、企业文化的作用

企业文化的作用，就是企业文化的功能。所谓功能，是指一个系统影响、改变它系统以及抵抗、承受它系统的影响和作用的能力，是一个系统从周围环境中取得物质、能量、资讯而发展自身的功能。

通俗地讲，企业文化就是经营者要办成一个什么样的企业的宣言。对外是企业的一面旗帜，对内是一种向心力。因此，一个企业真正有价值、有魅力、能够流传下来的东西，不是产品，而是它的文化。企业文化作为上层建筑对企业管理起着积极的作用，有人说企业的发展 5 年靠的是机遇，10 年靠的是领导，15 年靠的是机构，20～30 年靠的就是企业文化。小公司靠领导管理，大集团靠文化发展，这种意义上的文化已经不是传统的文化概念，而是一种更高境界的精神管理。对大企业而言，企业文化并不直接解决企业赚不赚钱的问题，而是是否持续长远发展的问题。美国哈佛大学、斯坦福大学、麻省理工学院和一批经营管理咨询公司等研究机构都对此进行了专项研究，特别是针对经营业绩持续增长的日本企业和面临激烈竞争的美国企业，以及一些困难重重的企业，分成三种类型进行分析比较。研究得出的结论认为：企业文化对企业员工和企业经营业绩产生巨大的作用，特别是当市场竞争激烈的时候更是如此，这种文化的影响甚至大于企业管理研究和经营策略研究的文献中经常出现的那些作用因素——经营策略、企业组织结构、企业管理体制、企业财务分析手段以及企业管理领导艺术等。美国、日本企业界的最优秀的总经理们总是不惜耗费大量的时间和精力营造、维护自己的优秀企业文化，而优秀的企业文化又可以促成优秀企业的形成和发展。

企业文化的作用是多方面的，主要有如下几种：

### (一) 企业文化具有激励作用

企业文化作为企业的意识形态，属于企业的上层建筑范畴，和社会道德一样，归根结底是人的价值理念的反映，发挥着精神激励的作用。激励的作用是隐性而巨大的。心理学研究表明：人在无激励状态下只能发挥自身能力的 10%～30%；在物质激励下能发挥自身能力的 50%～80%；在得到适当精神激励的状态下，能发挥自身能力的 80%～100%。物质激励到一定程度，就会出现边际递减效应；而来自精神的激励越强，其效果就越持久，越强大。

积极的、向上的价值观念及行为准则，可以形成强烈的使命感和持久的行为动力。心理学的研究表明，人们越能认识行为的意义，行为的社会意义越明显，越能产生行为的活泼好动，要儿童长时间地站着不动是很困难的，但当采取游戏的方式，让儿童扮演要求长时间保持站立不动姿势的角色，其保持时间要比成人单纯提出要求长三四倍。

倡导企业文化的过程，正是帮助员工寻求工作意义，建立社会动机，从而调动积极性的过程。积极向上的企业精神及文化传统本身，就是一把员工自身激励的尺规。他们通过对照自己的行为，找出差距，可以产生改进工作的驱动力。例如，日本丰田汽车公司推销员中形成了一种自我管理的传统，包括提高对工作的认识、建立价值观念、养成计划性、培育实践能力、妥善安排时间、不间断地学习、全神贯注工作及克服萎靡不振情绪等内容。

企业或群体内共同的价值观、信念及行为准则是一种强大的精神支柱，它能使人产生认同感、归属感及安全感，从而产生相互激动的作用。

**(二) 企业文化具有指导作用**

文化为企业生产经营决策提供正确的指导思想和健康的精神气氛。企业经营决策是在一定的观念指导和文化气氛下进行的，它不仅取决于领导者及领导层的观念和作风，还取决于整个企业的精神面貌及文化气氛。因为所谓正确的经营决策，是使企业能在既定的环境中保持正确方向，获得健康发展的目标策略抉择。当企业环境处于复杂、多变的状况时，如果企业领导层及其他企业成员不能确立和保持正确的价值观和信念，就很难作出正确的决策，这在国内外均不乏先例。

例如，在扩大企业自主权的情况下，能否坚持正确经营方向，兼顾各方利益，这就是对企业成员价值观的考验。

再如，被称为美国超级企业家的李·艾柯卡在回忆 20 世纪 70 年代福特汽车公司走下坡路的原因时，认为公司首脑亨利·福特对自己产品丧失信心，又专制独裁是一个重要原因。当时正闹石油危机，亨利不是积极迎战，加速小型车的开发，而是消极地被不正确的价值观念支配，有时作出十分错误的决策，例如好大喜功、盲目投资、接受贿赂、引进质次价高的设备等等，使企业蒙受重大损失。

在领导决策时，还要受到参谋人员、基层干部及员工群众思想观念的影响，受到整个企业精神面貌及文化气氛的制约。一些改革者兴冲冲走上领导岗位，悲戚戚挂冠而去，往往是因为决策未能造就恰当的文化气氛，习惯势力过于强大从而导致失败的。

美国著名战略管理专家威廉·R·金以及大卫·I·克里兰认为：“多年来对各种商业组织和公共机构制定和实施长期规划过程中的咨询经历，得出了一项已为经验所证明的结论，一个组织的长期规划成功与否，同用于制定规划的具体技术关系不大，而更多的是取决于使规划的制定得以完成的整个文化系统。”

**(三) 企业文化具有导向功能**

企业倡导的价值理念，要求全体员工在整个经营活动中实践奉行，是企业文化的灵魂。企业塑造企业文化，就是要总结提炼出自己的核心价值理念，明确自己企业的灵魂所在，并用来引导企业做什么、怎样做，引导员工怎么想、怎么做，让企业文化发出“无声”的命令，发挥无形的导向作用。

企业文化的导向功能，与企业文化的排异性是紧密联系在一起的。企业文化的导向性主要表现在两个方面：第一，对企业成员个体的心理、性格、行为起导向作用，即对个体的价值取向和行为取向起导向作用；第二，对企业整体的价值取向和行为取向起导向作用。

不同的企业文化有不同的价值观，有不同的组织制度，不同的思想、性格、标准和行为规范等等，即有不同的文化系统准绳。它通过企业文化和资讯传播，通过企业文化的教化，把自身系统的价值和规范标准灌输给群体成员，要求群体成员按照这一标准去感觉、知觉、思维；去决定正义、是非、感情、道德及什么该做，什么不该做，如何去做等等。如果企业群体成员在价值取向和行为取向方面出现了与企业文化系统标准悖逆现象，那么企业文化将发挥协调性和排异性作用，以保持企业文化的同一性。

企业文化对企业群体的价值取向和行为取向的导向作用更加明显。不同的企业文化有不同的企业组织系统和决策系统，出现所谓的开放型和封闭型企业，它对周围的环境和各种文化资讯采取进取、保守、民主、专制、放松、控制等等不同的规范。开放型企业与封闭型企业的文化价值取向具有很大的差异，开放型企业认为顾客决定生产什么，生产服务于顾客；并认为时间就是金钱，质量和效益就是生命。封闭型企业则认为生产决定市场，顾客适应生产，企业生产什么，顾客就消费什么；并认为完成上级下达的产量和产值指标就是一切，等等。可见，不同的文化产生不同类型的企业，效果是各不一样的。

**(四) 企业文化具有凝聚作用**

企业文化要求把个人目标同化成企业目标，把建立共同的价值理念当成与战略发展和制度管理同等重大的任务。企业一方面要坚持对员工的理想追求进行引导，使整个企业形成一个由具有共同价值理念凝聚起来的组织；一方面这些价值理念会发育成长为一种文化习俗，形成一种强制性的文化氛围，起到规范作用。这种规范作用，将大大增加一个企业进行团队精神建设的内部凝聚力。

凝聚力是衡量一个企业是否有效运转的关键。在一个凝聚力很强的企业里，所有的员工都团结一致，致力于企业的健康发展；在一个没有凝聚力的企业里，各种管理缺少秩序性，员工一盘散沙，企业发展乏力。在企业活动中，员工与企业形成一定的相互依存关系，因而产生对企业的某种群体意识。这种意识能使个人的行为、思想、感情与企业整体统一起来，产生一种合力，使企业内部组织一体化，朝一个共同的目标努力。正确地评价员工对企业的贡献，把企业员工的奋斗精神、可贵品格挖掘和提炼出来，形成企业文化，进行宣传和强化，可以把员工爱岗位、关心企业的自发意识转化为自觉，促使员工钻研本职业务，维护集体利益，增强责任感和荣誉感。

一般来说，好的企业会使企业员工感受到很强的归属感，并对其产生强大的凝聚力。企业文化的群体行为模式，首先表现在企业的群体归属感方面。在企业这个群体中，个体虽说具有相对的独立性，但是他也决非超越群体的孤立者，而首先是归属于这一群体的个体，个体对于群体事务进行参与，利用种种措施来释放自身的力量，发挥聪明才智，为群体的发展做出贡献。同时，企业群体对于个体的作用也进行鼓励和认可，这样就会大大增强个体的“主人翁”地位的自我感觉，增强对群体的归属感。

企业文化具有很强的排外性。事实上，这种排外性是与内聚性紧密联系一起的，它们互为表里。对外的排他性在某种意义上是增强对内的聚合力。外部的排斥和异质体的压力存在，会使个体产生一种对群体内部的依赖。同时，也使个体对于外部异质体增强敏感和竞争性，促使个体凝聚于群体之中，形成“命运共同体”，产生集体安全感。这种强大凝聚功能，增强企业群体的统一和整体趋向，激发企业的团体意识，在对外的斗争或竞争中形成一致的力量和强大的优势。

**（五）企业文化具有约束作用**

企业在经营过程中，必须通过严格的管理制度对所有员工行为进行规范，这是强制性的硬约束，也是外在约束。但人是有思想的高等动物，人的行为受思想的支配，思想是人的内在约束力量，因而对于人在企业运行过程中的规范，除了严格的规章制度这种硬约束，还需要一种思想上的软约束，也就是内在的约束。这种内在的约束就需要通过企业文化来体现。企业文化作为一种无形的、非强制性的约束力量，它能够有效弥补规章制度的不足。企业文化的软约束即内在约束就是员工在认同企业价值理念的前提下自觉地约束自己的行为，是一种自我约束。有了这种内在的自我约束，才有利于排除企业制度管理上的潜在障碍。

**（六）企业文化具有创新作用**

企业文化的力量，应当不断激励人们的“心智模式”，把潜在的智慧开发出来，产生一种创新的推动力。

企业创新，包括技术创新、管理创新、机制创新、经营创新，是企业生存和发展的必经之路。卓越的企业文化，就在于能够激励员工的创新精神。而且这种创新，不是短期的有限的创新，而是持续不断的创新；不是企业家、专家少数人的创新，而是全员创新。惟其如此，企业才能具有长盛不衰的生命活力。

企业文化的创新，必须带来员工价值理念的创新，而这种价值理念的创新，又会持续推动企业制度的创新和经营战略的创新，成为实现企业制度与企业经营战略重要思想的保障，成为企业全面创新的思想理念基础，成为企业活力的不尽源泉。

**（七）企业文化具有辐射作用**

企业形象包括厂容厂貌、员工服饰、司名司徽、广告口号、商品品牌等，也是企业文化塑造的重要组成部分。人们常说的“内强素质，外树形象”，就是指企业内在精神素质与外部形象美化是水乳交融、相辅相成的。

企业文化建设要通过塑造企业产品形象、企业员工形象、企业家形象、企业环境形象来确立自身的美好企业形象，进而在社会上产生一种辐射作用，形成一种形象感染力，扩大企业的知名度，提高企业的美誉度。

## 四、“中国海外”企业文化建设的理念与做法

毋庸讳言，建筑行业是一个传统行业和完全竞争性领域，其突出的特征是行业进入门槛或壁垒较低，属于典型的劳动密集型行业。建筑企业的员工组成跨度非常之大，以文化层次而言，可以从高学历的博士、硕士，到低层次的中学、小学乃至文盲兼而有之，知识层次不一样，文化素养也不尽相同，建筑企业的管理宽度相应加大，管理难度亦相应增加。因此，建筑企业努力建设独具特色的企业文化，以增强员工凝聚力和归属感就显得尤为重要。在这方面，香港大型建筑地产集团中国海外集团有限公司在企业文化建设方面的做法和经验，为建筑企业如何进行企业文化建设提供了借鉴和参考。

中国海外集团有限公司（简称“中国海外”，下同）是香港一家大型建筑地产企业集团。“中国海外”成立25年来所取得的经营成就，得益于中国改革开放政策的深入发展以及香港规范的市场和外部环境。当然，最为重要的还是企业自身的努力，特别是核心领导

层带领全体员工自强不息、艰苦奋斗的结果，是精神变物质的生动写照。

“中国海外”在内地与香港两个市场经营二十多年，具有能够有机相容国际化和本地化经营的鲜明特色，同时又是以国家为背景的中资企业，公司不断吸收儒家文化和西方文化的精髓，创造具有自身特色的企业文化，努力创造物质奖励、精神鼓励和事业激励的良好环境，形成了比较独特的中海企业文化。

中海企业文化的萌芽、形成，主要是在香港。从1979年创立以来，在不断取得经营成就的同时，创业者们用自己的创业精神，在资本主义社会激烈竞争的环境下，将社会主义国有企业精神与现代企业理念相结合，将中华民族优秀文化传统同香港中西合璧文化相融汇，在长期的生产、经营和管理实践中，逐步形成了独具特色的企业文化。

1994年，中国海外集团有限公司开始推动建立和弘扬中海企业文化和企业精神工作，并展开了“我话‘中国海外企业文化’”的征文活动。随后“中国海外”正式印发了《中国海外的“企业精神”》和《中国海外的企业经营管理特点》征求意见稿。1995年4月，中国海外集团有限公司总经理会议确定“中国海外”企业精神为“真诚团结、艰苦奋斗、积极进取、严格苛求、无私奉献（后来修订为自觉奉献）”。中海企业文化精髓的具体内容，实际上就体现在这二十字的企业精神里。

**（一）中海企业文化是诚信的文化、团队的文化**

在企业的价值观方面，“中国海外”提倡讲诚信、讲团队。共同的价值观是在共同的认识基础上来想问题、看问题的基础，是企业进行队伍建设，同心同德把“中国海外”做强做大的基石，更是在“中国海外”发展的舞台上拓展个人发展空间的基础。

“诚信、创新、务实、求精，把个人的追求融入企业的长远发展之中”，这是“中国海外”的核心价值观。公司要求每一位加盟的员工，一定要真正把自己当成企业的一员，追求企业价值和个人价值最大化的统一，而不能仅仅是以一个纯粹的被雇佣的观点来这里工作。公司坚持外派员工与香港本地员工相接合，充分发挥两方面人才的作用，实现优势互补，以此作为公司团队建设的基本方针和策略，努力形成相互沟通、相互交流、相互补位、实事求是、坦诚平和、和谐愉快的工作氛围。

在企业的宗旨方面，“中国海外”提倡讲奉献，讲承诺。“中国海外”提出企业的宗旨是服务社会、振兴中华、福利员工。以对客户、对社会、对员工负责任的态度，把追求阳光下的利润作为经营企业的主旋律，也把追求阳光下的收入作为员工在公司发展的基本要求。“中国海外”在香港已经搞了二十多年的建筑承包业务，对于自己承建的专案，总是言而有信，竞竞业业，勤勤恳恳，提前将验收优良的专案交付给业主，及时兑现对业主的其他承诺，以此取信于政府，取信于业主，取信于社会，从而赢得了市场对公司的信赖，增强了市场公信力。

中海企业文化最显着的特征，就是它是以“诚信”为核心的企业文化。回顾“中国海外”发展壮大的历程，企业努力以诚信面向社会，员工努力以诚信服务企业，这是“中国海外”能取得成功的重要原因之一。中海企业文化不是写出来的，它是由全体“中海人”干出来的，特别是全体员工长年累月的身体力行带出来的。

“中国海外”二十余年如一日对“诚信”的执着追求，赢得了社会各界的普遍尊重和广泛赞誉，人们认为：这是一家通过提供优良的服务及优质的产品而赢得利润最大化的企业。从过程精品到楼楼精品，“中国海外”追求的是这样的境界：将“中国建筑”和“中国海外”打造成为香港建筑市场的排头兵。

**（二）中海企业文化是进取文化**

“中国海外”坚定不移地推进市场化运作，从思想观念、发展思路、经营战略、管理体制上适应市场、对接市场，向真正的市场竞争主体转变，积极进取，不断提高竞争能力，在激烈的市场竞争中不断发展壮大。首先，解放思想，确立了在商言商，自强不息的经营理念。公司在香港成立之初，“中国海外”就认识到，在香港这个自由竞争的社会，一家公司，如果长期没有盈利，就没有发展，就不能得到社会的承认和尊重，也就无法生存。因此，“中国海外”坚持靠在市场上竞争而求得企业的发展壮大，即使是在金融风暴袭击下，使公司遭受了很大损失，安全运行受到威胁的困难情况之下，仍然没有向上级和国家伸手要一分现金、一项资产，而是不等、不靠、不要，以自尊、自主、自力、自强的精神去面对前所未有的挫折，克服前所未有的困难。“中国海外”的发展史，就是一部白手起家、自力更生、不断进取、滚动发展的奋斗史。

**（三）中海企业文化是创新文化**

“中国海外”不断创新，加快体制改革。先进的体制是企业增强核心竞争力的基础，是企业持续发展的根本保证。在这方面，“中国海外”有几点做到了创新。一是较早实行了市场化的管理模式和体制，坚持走本地化、商业化、集团化的发展道路，不断提高当地员工的比率和作用，学习借鉴优秀的国际公司和本地公司的先进机构、管理经验和运作方式。

二是充分利用了资本市场。“中国海外”早在1992年就开始进行股份制改造，并在香港资本市场培育了“中国海外”品牌。在2001～2003三年规划中，“中国海外”提出将资产重组、股份制改造和内地上市这三项工作，作为三年改革的战略任务，对资本市场始终予以高度重视。

三是根据市场变化适时调整经营战略。“中国海外”不断总结外部和内部经验教训，紧紧抓住了市场机遇，及时有效地进行了产业结构和市场结构的战略调整，对公司的发展起到了至关重要的推动作用。最近几年，“中国海外”集中拓展具有竞争优势的建筑业，全面推进加大内地地产拓展力度这一主要行业发展战略，分享了内地经济高速发展过程中优厚的行业利润。

与此同时，“中国海外”在人才政策和分配问题上不断创新，逐步形成了职务能上能下、人员能进能出、待遇能高能低的有效机制。他们高度重视顺应市场规律，建立激励约束机制。公司在改革和发展中，注意引入竞争机制，使一批年轻干部开始走上领导岗位，为企业的发展带来了活力。为建立完善的激励机制，“中国海外”已经在香港承建业务线实施了地盘承包责任制。

**（四）中海企业文化是制度文化**

“中国海外”坚持规范化管理，积极进行管理变革，形成持续健康发展的基础和重要保证。规范化、程式化和制度化是企业各项工作高效、有序运转的重要保证。“中国海外”明确提出，“制定制度要严密，执行制度要严格，惩治违纪要严肃”，崇尚法治精神和坚持制度面前人人平等。公司根据业务的发展，不断完善业务流程和管理体系建设。一是在公司管理规章制度方面建立了较规范的体系，建立健全了长达数十万字、严谨科学的管理制度，使集团的组织机构与日常运作体系规范、清晰、高效。特别是在承建业务的专业化管理方面，公司本着以“过程精品塑楼楼精品”的理念，建立了独具特色、完善高效的专业化管理体系。比如，在分包和物资供应方面，坚持分包“价比三家，三堂会审，集体定判”及物资供应“集中管理，统一采购”的原则；在地盘管理方面，不断强化成本意识和合同精神，实施目标管理、责任到人等。

在公司高层决策体系和公司治理结构的完善方面，集团在坚持董事会领导下的总经理负责制的基础上，不断探索，建立了董事会、常务董事会、总经理会议等各种议事规则和制度，理顺高层决策体系，明确职责分工，使决策的民主化和科学化有了坚实的基础。

与此同时，我们不断加强组织建设，建立以业务流程为主导的扁平化管理体系，通过机构调整，资源逐步向业务线集中，有利于支持承建业务线集中精力开展经营，对集团的持续健康发展具有深远的意义。

**（五）中海企业文化以人为本**

“中国海外”坚持以人为本，建设有中海特色的企业文化，不断提高中海人的敬业和奉献精神，矢志构建企业核心竞争能力。

公司经常举办各种各样的业余文化活动，尊重员工，关爱员工，多种形式、多种渠道与广大员工互动，形成了生动、活泼的企业文化氛围。

公司在1992年成立了集团联谊总会，下属各单位设联谊分会，根据员工的兴趣与特长分别成立了摄影协会等业余群众性团体，经常组织开展生动活泼、形式多样的活动和比赛，丰富员工的业余文化生活，陶冶员工的精神情操。中国海外摄影协会2001年还与香港摄影学会、深圳摄影协会联合举办了“海”专题全球华人摄影大赛，参赛作品来自世界各地，共有3000多幅，规模空前。从中评选出的100余件优秀作品分别在北京中华世纪坛和深圳关山月美术馆进行了展览，并结集印刷出版，在业界引起热烈反响，成为中海企业文化与社会进行互动的一件盛事。

为加强沟通，公司每年逢圣诞、春节、鲁班节等重大节日庆典，都要举行大规模的庆祝联欢活动，节目内容基本上由公司员工自编自演的节目与邀请的香港和内地知名演员的精彩节目相结合，亲切而活泼。这些活动多年如一日坚持开展，既活跃了企业气氛，体现公司大家庭的温暖与亲情，也增强了企业的凝聚力与向心力。

公司还根据员工的工作表现与服务年限，经常组织奖励性的国内和国际旅游活动，拓展员工视野，放松员工身心，深受广大员工欢迎。

公司分别于1997年和2000年举办了两届“中海之声”文艺汇演，非常成功，反响热烈。通过广大员工自编、自导、自演这种参与形式，“中海之声”文艺汇演已经成为企业品牌、张扬中海企业文化、凝聚员工情感的重要文化活动，不仅能够向外界展示公司一贯以来重视企业文化建设所收获的累累硕果，也使全体员工的文化生活得以丰富和提高，激发无限的工作热情和创造激情，以及推动企业快速发展、健康发展的强大动力。

公司于1994年创刊了公司内部刊物《中国海外》，迄今已经坚持办了十年，出版了40多期，成为中海企业文化建设的阵地和视窗。《中国海外》杂志以其丰富饱满的内容、生动活泼的形式、精美现代的制作，为公司广大员工和社会各界朋友所喜闻乐见，架起了公司与客户沟通的桥梁和与社会、传媒大众互动的平台，成为弘扬“中国海外”企业精神、传播企业文化、提升公司品牌的重要工具。如2003年第3期的《中国海外》中披露了“中国海外”抗击SARS的做法与经验，得到了香港社会和媒体的肯定与赞扬。

2000年，公司成立了网站管理委员会，进一步加大了对企业网站的领导和建设力度，拓宽了企业文化的渠道，丰富了企业文化的手段。如今，公司的网站已经形成了资讯发布、形象展示和互动沟通的良好平台，特别是在企业内网上，“中国海外”开辟了董事长和总经理信箱，方便广大员工畅所欲言，同时为企业的生产经营集思广益。

在人力资源管理方面，公司提倡讲公正，讲竞争。“中国海外”在既无国家注入资产和资金，又无国家赋予的专利和特权的情况下，能够取得今天的成绩，主要靠有一支高学历、高素质、富有凝聚力和拼搏精神的员工队伍。由于公司特别强调员工的职业道德和专业能力，也非常注重人才的培养，因此人才成长的速度很快，公司员工的职业道德和专业能力都受到业界的好评。

企业战略目标的实现最根本的是要靠开发人力资源，提供组织保障，培养和丰富企业文化。具体而言，“中国海外”通过拓展事业发展空间、创造良好工作氛围和薪酬改革三管齐下，加快建立在行业中富有竞争力的三位一体的人力资源发展机制。通过完善绩效考核和薪酬激励，将公平、公正、公开原则贯彻于评价考核体系之中，以对每个员工和干部的工作绩效有一个全方位的有效的考核与评价。在此基础上，提供给大家更多的发展机会，以及与业绩相联系的更多收入，保证员工整体收入的行业竞争力。

在中海企业文化的基本内容形成以后，“中国海外”还不断通过研讨会的形式对其进行修订，使之保持与时俱进的生命力。“中国海外”2003年在海南博鳌召开企业文化研讨会，与会者畅所欲言，达成了共识：第一，中海企业文化的主流是好的，中海企业文化的大方向是没有问题的。第二，中海企业文化面临着被弱化和稀释的危险。第三，中海企业文化要充实人文关怀与人性化管理的内容，实现团队精神、集体主义与个性自由的新平衡，使自身更具包容性。第四，中海企业文化贯穿于公司经营管理的全过程，必须虚实结合，形神兼备。这次会议对“真诚团结、艰苦奋斗、积极进取、严格苛求、无私奉献”企业精神和“服务社会、建设祖国、繁荣香港”的经营理念再次进行了确认，并在中海企业文化的内容中充实了“诚信、创新、务实、求精”的核心价值观，是中海企业文化建设的一个新的开始。“中国海外”所属各单位很好地把这次会议的精神向广大员工进行了传达，在集团范围内掀起了学习中海企业文化、建设中海企业文化的新高潮。

回首过去，“中国海外”胼手胝足的奋斗历程清晰可见；展望未来，“中国海外”与时俱进的企业文化光芒万丈。企业文化的灯塔照亮了“中国海外”奋勇前行的历程，亦必将继续引领企业阔步迈向未来。

面对新的市场形势，“中国海外”已经制定了公司未来的远景目标，这就是“围绕一个核心，实现两位数增长，构筑三大支柱产业”。即：以股东价值和员工价值的可持续发展为核心目标，实现主营业务综合效益的两位数增长，成为综合实力、竞争能力在地产建筑等传统领域居于领先地位，在基建和实业投资方面形成规模化经营态势的大型企业集团，构筑体现集团核心价值的三大支柱产业。

为实现这个远景目标，“中国海外”提出了未来发展的总体战略方针：立足香港，拓展内地，坚定不移地走市场化的改革道路，有机相容国际化和本地化经营特色，加快培育企业文化步伐，不断提升核心竞争能力，全面提高经营质量和管理素质，推动企业尽快步入健康、快速、可持续发展的轨道。

面对未来，建筑企业面临的将是更大范围、更为激烈的竞争。建筑企业必须清醒地认识到，惟有为市场和客户提供更有价值的服务，企业才有生存的根基；惟有持续创新，与时俱进，企业才能在变化中把握住机遇；惟有培育一流的企业文化，把员工个人的发展与企业的前途紧密结合起来，吸引一流的人才，企业才有可能在群雄逐鹿的企业竞技赛场上保持领先，创造更加优异的业绩。

资源是会枯竭的，惟有文化生生不息。

# 附：知名企业的企业文化及价值理念

## 一、TCL 的企业文化

TCL 的文化力求根植于中国传统文化的基础之中，又能吸收西方文化的精粹，并把两者非常融洽的揉合在一起，使之成为一种适合现代企业精神的“合金文化”。中国传统文化中追求的兼收并蓄，人与人的和谐，伦理领域中表现出的顾全大局、牺牲小我、维护整体、集体至上的价值取向，与西方文化中强调科学性、创新性、竞争性、谨严性和卓越的经营理念锤炼成一种符合 TCL 特点的企业理念模式。它既能体现管理严、效率高、讲创新、充满竞争精神的运行机制，又能体现为员工提供归属感、成就感、人人敬业乐业、讲和谐的企业氛围，在企业与员工之间建立起一种互为依托的新型关系，形成一股同心力和凝聚力。

TCL 倡导一种具有前瞻性、充满开拓创新精神的“创新文化”。十多年来，TCL 凭着观念的创新、经营的创新才步步领先。TCL 的创业史，也是一部不断摸索探求的创新史。早在 1990 年，TCL 就提出了“市场是企业的生命，营销是企业的先导”的观念，以后又总结提炼了“有计划的市场推广”这一营销新理念。现在 TCL 的经营理念又进一步定位在“为顾客创造价值，为社会创造效益”上。这是 TCL 在管理和文化理念上的又一次升华。实践证明，只有观念的创新，才有行动的超前；只有观念和经营的不断创新，企业才能上规模，出效益。在第二次创业中，必须在经营观念、经营决策、运行机制、管理方式等方面，全方位地运用创新思维来进行操作。创新，虽不意味着成功，但不创新，因循守旧、满足现状、不思进取，就一定不会成功，就一定会被市场经济淘汰出局。

## 二、麦当劳的经营理念

以黄色“M”为标志，在世界各地有 7000 多家连锁店的速食食品服务行业麦当劳，其企业文化的核心——企业的经营理念，表现出强烈的生存意义——Q×S×G+V：

Q（quality）代表的价值观是所售食品的品质；

S（Service）代表的经营理念是服务；

G（Gleanness）所代表的是经营场所与所售食品的卫生；

V（Value）所代表的是麦当营企业对社会奉献的附加值——提供更有价值的高品质物品给顾客。

麦当劳的企业行为与企业经营理念始终保持很高的一贯性。它忠实地推行“Q×S×G+V”的经营理念，而且渗透到整个现实组织内，推展出具体的企业行动。比如任何一位连锁店的经理，都无权单凭一己的兴趣和想法来发布公告，从而维持了麦当劳视觉形象的一致性。在促销活动上，麦当劳能够积极配合社会环境的变化，设计出富有戏剧性的宣传标语，使顾客一进门就感受到快乐的气氛。在商品服务方面，麦当劳也不会同时促销好几种清凉果汁类饮料，而是订出促销计划，分阶段、有重点、有步骤地依次推出。这样，顾客就容易产生期待感，从而常常光顾。为了确保店面的整洁，其员工行为规范中有这样的条文："与其背着墙休息，不如起来打扫卫生。"正因为如此，其整洁的就餐环境，每时每刻都能够给人以轻松愉快的感觉。

### 三、松下公司服务行为规范

日本松下公司为了向用户提供良好的服务，制定了以下的服务规范：

(1) 销售是为社会人类服务，获得利润是当然之报酬。

(2) 对顾客不可怒目而视，亦不可有讨厌的心情。

(3) 注意门面的大小，不如注意环境是否良好；注意环境是否良好，不如注意商品是否良好。

(4) 货架漂亮，生意不见得好；小店中虽较杂乱，但是顾客方便，反而会有好生意。

(5) 对顾客应视如亲戚，有无感情，决定商店的兴衰。

(6) 销售前的奉承，不如销售后的服务。只有如此，才能得到永久的顾客。

(7) 顾客的批评应视为神圣的意见，任何批评意见都应乐于接受。

(8) 资金缺少不足虑，信用不佳最堪忧。

(9) 进货要简单，能安心简单的进货，为繁荣昌盛之道。

(10) 应知一元钱的顾客胜于百元钱的顾客，一视同仁是商店繁荣的根本。

(11) 不可强行推销，不可只卖顾客喜好之物，要卖顾客有益之物。

(12) 资金周转次数要增多，百元资金周转 10 次，则成千元。

(13) 在顾客面前责备小职工，并非取悦顾客的好手段。

(14) 销售优良的产品自然好，将优良的产品宣传推广而扩大销售更好。

(15) 应具有"如无自己推销贩卖，则社会经济不能正常运转"的自信。

(16) 对批发商要亲切，如此则可以将正当的要求无所顾虑的向其提出。

(17) 虽然一张纸当作赠品亦可得到顾客的高兴，如果没有随赠之物，笑颜也是最好的赠品。

(18) 为公司操劳的同时要为员工的福利操劳，可用待遇或其他方法表示。

(19) 不断用变化的陈列（橱窗），吸引顾客止步，也是一种方法。

(20) 即便是一张纸，若随意浪费，也会提高商品价格。

(21) 缺货是商店不留心，道歉之后，应询问顾客的住址，并马上取来送到顾客处。

(22) 言不二价，随意减价反会落得商品不良的印象。

(23) 儿童是福禄财神，带着儿童的顾客，是为了给孩子买东西，应特别注意。

(24) 时时应想到今天的盈亏，养成今天盈亏不明，则无法入睡的习惯。

(25) 要赢得"这是××公司的产品吧"的信誉和赞誉。

(26) 询问顾客要买何物，应出示一二种商品，并为公司做宣传广告。

(27) 店铺应造成热烈气氛，具有兴致勃勃的工作、欣欣向荣的表情和态度的商店，自然会招徕大批顾客。

(28) 每日报纸广告要通览无遗，有人订货而自己尚且不晓，乃商人之耻。

(29) 对商人而言，没有繁荣萧条之别，无论如何必须再赚钱。

### 四、福特公司服务行为规范

在 90 多年的漫长历程中，福特汽车王国不断扩展，其创始人亨利·福特逐渐总结了自己的经营原则，即流行于世并享有盛誉的“黄金原则”。在四大原则中，历经风雨的亨利·福特那种进取、宽容、服务、价实的理念，给予服务特别高的地位：

第一，要把为顾客服务的思想置于追求利润之上。利润不是目的，只不过是为顾客服务的结果而已。

第二，所谓生产，决不廉价买进又高价卖出。它应是以合适价格购进原料，花费尽可能少的费用，把原料加工成有价值的产品，再卖给消费者。冒险、投机、欺诈的行为，只能阻碍生产的发展。

第三，不留恋过去和未来。失败不过是给人们重新开始和更聪明行事的机会。

第四，不要故意竞争。谁经营的好，谁就能在竞争中取胜。企业硬夺别人的生意是犯罪。

# 第三章 投标管理

招标投标具有公正、公平、公开、透明且兼顾效率的特点，是人类长期经济活动中形成的一种交易方式，也是一种节省社会成本的交易制度。通过招投标可以择优汰劣，以最少社会资源投入获得最佳社会产出，达到局部最优。在经济社会，在资讯不对称环境下(所谓资讯不对称，简单说就是市场中交易双方所拥有的资讯不对称，亦即一方拥有另一方不知道的资讯)，任何一种有效的市场制度都必须满足“激励相容”和“个人理性”两个准则（所谓激励相容，即制度设定的目标是否与个人追求利益最大化的行为一致；所谓个人理性简单地说就是个人总是作出有利于自己的选择)。

同其他经济活动一样，建筑市场的交易也在资讯不对称的情况下进行，对于不同投标主体，无论是招标者同投标者之间，还是投标竞争者之间，都存在着普遍的资讯不对称。因此，招投标活动可以看作是一种典型的不完全资讯静态博弈。在招投标过程中，一方面投标人积极贡献私人（或企业）的真实资讯，以期对自己和招标人都有利，另一方面投标人反复衡量参与投标的预期获利是否大于不参与，确定自己的策略与底线。

对于总承包企业，投标是在市场规则下的一种经营行为，投标的首要目的是获得合同，同时保证经营符合投入最小化、利润最大化的商业原则。

投标是一个对市场、对手和自身进行评估、把握的博弈过程，其核心内容是价格与风险的评估与分配。对于工程总承包企业，所谓的投标管理，就是为了赢得合同，根据市场规则以及工程内容，进行的价格分析、风险分配、资源组织等等一系列管理活动。由于工程项目本身存在复杂性与一次性之特性，加之现代工程规模与难度都更趋增加，投标过程更表现为一个精密、系统、多因素综合的复杂过程，因此，建立严密科学的投标体系成为实现投标管理的必要保证。

## 第一节 投标的管理体系

### 一、投标组织机构

投标是一项周期短、要求高的工作，需要一个完善的组织来协作完成，投标的质量与效率一方面与投标人员的素质直接相关，另一方面也与投标组织的严密合理与否具有密切关系，图 3-1 所示为一个总承包企业的基本投标机构。

图 3-1 中岗位设置及岗位职责描述如下：

1. 部门副总经理——主管投标科

- 负责制定整体投标策略，管理及安排日常投标工作，协调工程策划及估价工作。联络公司其他部门协助估价及工程策划工作之顺利进行。
- 参与制定联营策略及提议联营合作伙伴公司，代表公司出席所有投标期间的联营会

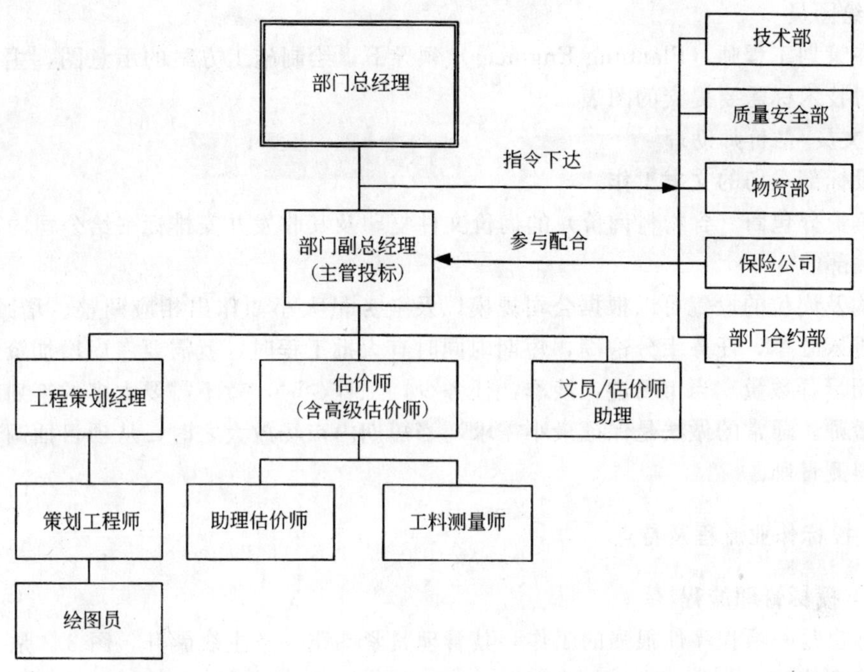


图 3-1 投标基本组织机构

议，审核联营协定。

- 收集市场讯息及分析工程市场的趋势，对分析的结果作出提议并及早部署。
- 负责同招标单位有关人员联络，沟通相关信息，协调投标过程中有关事宜。

2. 工程策划经理（Planning Manager）

- 负责管理及实质参与工程策划工作，负责提供足够资料给估价部同事进行估价工作，对施工的风险进行评估。
- 统筹及领导策划工程师（Planning Engineer）准备工程技术、施工方案及进度表，以便满足标书要求在交标时所需递交的文件和所需的文字资料。
- 管理工程记录及人员履历；
- 编写资格预审文件。

3. 估价师（含高级估价师）

- 对工程的成本做整体的估算，包括自行做价及对分包商报价分析。
- 对做价的风险进行评估。

4. 策划工程师（Planning Engineer）

- 在策划经理领导下，进行实质工程策划、进度表编制、施工方案的编写、施工机械配备及人员机构编写。

5. 助理估价师

- 在估价师领导之下，协助估价师进行估价工作。
- 对工程的成本做整体的估算，包括自行做价及对分包商的报价分析。

6. 工料测量师（Quantity of Surveyor）

- 在估价师领导下对工程主要项目的数量进行量数工作。

7. 绘图员

- 在策划工程师（Planning Engineer）领导下，绘制施工方案的示意图，主要工作针对技术标需要提交的图表。

8. 文员/估价师助理

- 投标部一切的文书工作。
- 负责分包商（含物料询价）的询价文件复印及其收发并安排标书给公司内部其他有关部门。

机构及岗位的设置可以根据公司规模以及业务量大小而作出相应调整、增减。例如，当市场进入旺季，任务十分饱满，短期内同时有大批工程时，就需要考虑增加策划工程师和工料测量师数量。当市场进入淡季，任务少，工程少时，就不需要太多的策划工程师和工料测量师。通常的做法是保证最小需求，当短期内市场放大之时，从项目抽调策划工程师和工料测量师。

## 二、投标作业流程及特点

### （一）投标管理流程

投标也是一项程序性很强的工作，其管理紧紧围绕一条主线展开，图 3-2 是一个公司的投标管理流程。

### （二）投标策划操作流程

1. 投标准备

当投标部收集到市场招标公告或者公司接到投标邀请函之后，投标部估价经理或者估价师要进行投标前的合同评审，提出评审结果（参见表格 P02-01），经过总经理审议，决定是否同意参与投标。如总经理决定参与该项目投标，则需第一时间到招标单位指定处去领回所有招标文件和图纸资料，并开始布置全部投标工作。

总经理是否参与投标的整体考量与局部考量主要基于市场经济的整体走势、建筑市场传统走势、当年市场预测分析情况、公司所处市场位置、公司出发点（例如保持整体规模需要、盈利需要、市场宣传策略需要、上市公司业绩需要、公众信心支撑需要等等）等诸多因素。

根据工程项目的具体情况，在部门内或在公司范围内，或在更大范围内，组织和配置资源，安排各类人员的分工职责和整体的投标进度安排。

若工程项目有需要，投标估价负责人应组织参与做标的人员到现场考察，并将现场考察的结果参照表格 P02-03 报告。

2. 工程策划

工程策划是投标过程的另一重要内容，它的质量优劣，将直接影响标价和竞争力，同时，它又是投标过程的首要工作，它的工作效率将影响最后作标的时间及稳定性和可靠性。

拿到招标文件，策划经理需要领导策划工程师编制施工方案、工程进度计划、机械清单、劳动力计划，以及其他标书要求资料。策划经理确定临时工程数量、一般机械清单及管理机构。

通常在拿到招标文件（tender document）之后，经过文件消化，除了会同估价师一

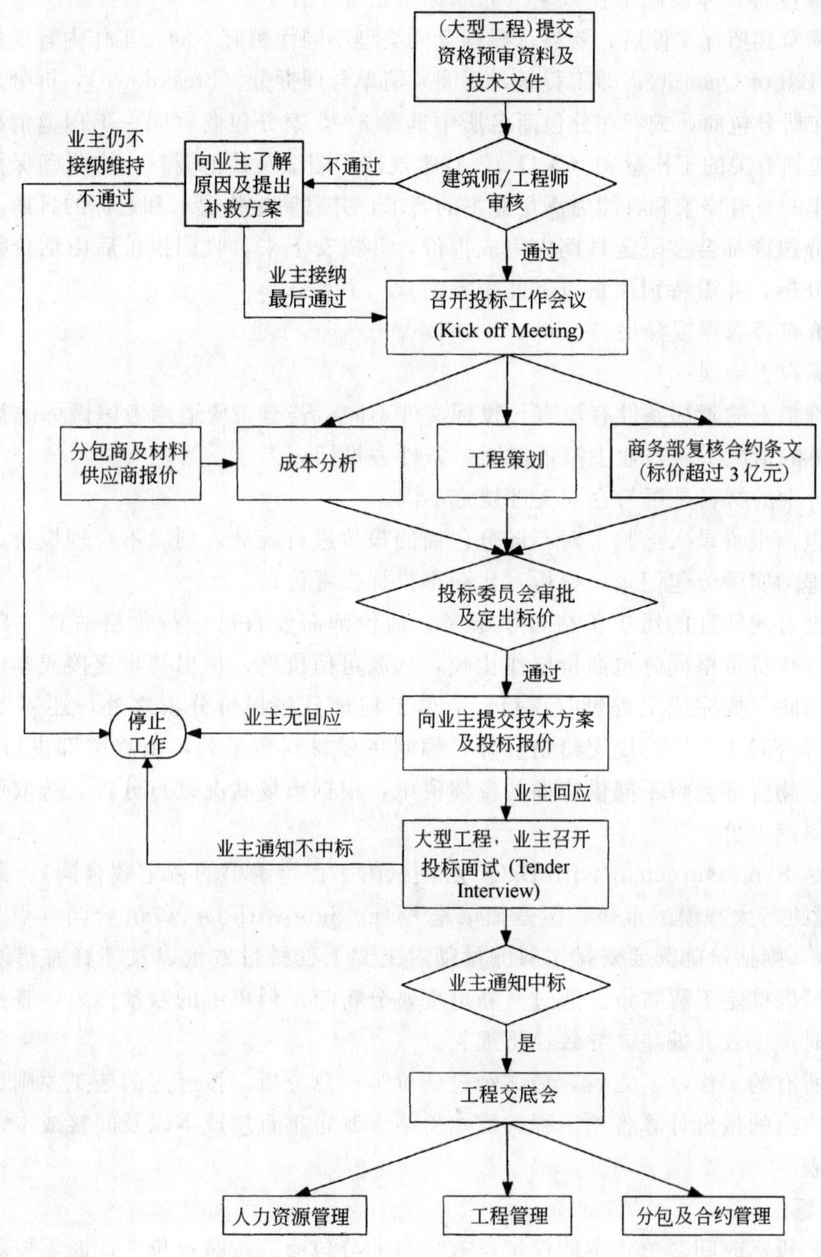


图 3-2　公司投标管理流程

起进行现场勘查之外，对一些可能涉及合同金额、影响工期而招标文件中又没有明确的问题进行澄清答疑，如果工程复杂程度高、工程规模过大或者是施工包设计工程，则通常还需要工程部、技术部、质安部、商务部的参与。

策划经理需要参与制定计划工期分配，分派给策划工程师具体实施方案编制和工期编排。策划经理需要将影响价格的方案措施与机械需求等提供给估价师。同时，策划工程师需要就提出的方案制定施工风险表，提交估价师。

3. 估价

估价师负责具体实施工程数量核算和标价估算工作。

估价师拿到招标文件后，要将（根据合同类型不同而稍有不同）工作内容根据工种类别对 B. Q.（Bill of Quantity，即工程量，下同）清单合理拆分（Breakdown），拆分之后发布招标通知给在册分包商，或者在分包商名册中选择 3～5 家分包商就同一工程邀请报价。询价的文件应包括有关的工作量表（B. Q.）、技术规范、图纸及其他资料。注明确保报价单位知道有关工作的所有要求和有能力满足业主的要求，并写明报价要求和返标的日期。

通常分包商都会在限定日期内完成报价，并提交上来。收回报价后由估价师对资料进行审查和分析，并需特别注意以下几个方面：

- 报价有否漏项或漏报；
- 计算有否错误；
- 报价单上的附加条件有没有与投标文件不同，若有，应适当考虑做标的策略，在有必要的情况下应与业主澄清或附带条件去投标；
- 报价中的材料是否与合同文件规定不同。

将分包商报价录入电脑，对不同分包商的报价进行统计，剔除不合理报价，并参照以往同类工程的实际分包记录，分析对比获得投标参考价。

如果没有规律性的历史价格可供参考，估价师需要自己进行价格估算（自行作价），然后将自行作价价格同分包商价格作比较，选取可信价格，得出初步直接成本价。

估价师除了要完成工程量（B. Q）清单工程量分包报价分析之外，还需要将材料规格、数量等合同要求资料提交给物资部，编制主要材料数量表，由物资部进行主要材料、机械询价。物资部会将不同供应商的反馈资讯，根据市场状况进行分析，选取可信而有竞争力的材料商报价。

如果是 Remeasurement with B. Q. 合同（附工程量清单的暂定数合同），则不需要对 B. Q. 数量进行大规模的审核，但是如果是 Lump Sum with Drawing 合同（附图纸的固定总价合同），则估价师需要安排工料测量师对主要工程科目数量以及怀疑有错误的条目重新核算，精确确定工程数量。通过重新量度，分析与工料单上的数量出入，查找原因，以避免投标时产生较大偏差，导致经济损失。

前面所有的工作落实之后，最终经过估价师汇总分析，按已定的施工原则、方法和分包商或供应商的报价计算各项工程的成本价格。制定出直接成本以及间接成本，并制定出作价风险表。

4. 定标

有时，投标时间紧迫，不能保证所有项目的分包商都按时报价，此时需要落实迟交的工程报价、材料报价，以及为获得竞争优势、避免损失而谈妥的价格以标前协定形式落实下来。经过补充修订，最后得到最新工程标价。

得出总价之后，在指定的日期召开定标会议，通常提前在交标前 12 小时开，参加者一般应包括公司正副总经理，投标估价负责人，参与投标估价工作的估价师及策划工程师等。在保证公司制度规定的决策者参与的前提下，参加定标人应越少越好。

在定标会议上，参与定标的人士将对以下方面做细致评审：

- 工作范围和工程要求；
- 所有重要工程项目的单价分析是否正确和足够；

● 合同条文，施工方案等的特殊情况；

● 投标的策略，是否有必要在报价上做技术性处理；

● 风险的考虑；

● 分包或材料供应的附带条件；

● 是否需要带资投标，若是的话，资金来源及利息等的考虑；

● 技术及管理人手的考虑；

● 竞争对手分析，是否有需要去争取该项工程。

在评审后，投标估价师须将在定标会上所有修改事项及经评审后定出的成本价格记录在投标报告书上，并由单位负责人签名认可。投标的价格，则要在决定的成本价格上考虑加上：

● 上述考虑的各项因素的经济影响；

● 风险费；

● 利润。

在定标会议上所提供的文件，投标估价负责人应在定标之后将所有文件收回，以防止资料外泄。

公司总经理在对定标会议上所提出的意见做出全面的总结之后，决定最后投标的价格。投标估价负责人将决定写在投标报告书上，由公司总经理或其授权人签名认可。一般情况下，一个单位（或公司）对于一个投标项目，在最后投标价和投标策略方面均有一个最终决策者，他同时也是这个投标项目最后结果（成功与失败）的负责人。

5. 投标

按照定标会议所决定的原则，将各有关计算做好，并专人负责抄写入业主提供（或自行编制）的工程数量表（B. Q.）内，再由投标估价师或安排其他人复核签批。最后将全部投标文件整理完成，并按要求送交标书。

6. 答疑

若做标过程中（一般是政府工程）和投标以后（一般是私人工程），若收到业主有关标书的修改文件（Tender Addendum），投标估价负责人应按修改内容的性质及要求，指派合适人员（参照表格：P02-5）进行评估及更新原有标书有关数量和单价部分。如已经交标，单位负责人应将评估结果（工期及标价的变化）书面回复业主。

在标书投出及截止投标后，估价师要尽快查询结果（若有），记录有关资料，并检讨投标结果，分析得标或失标的原因，总结经验教训，书面报告单位负责人及主管的公司副总经理。

若该投标很有可能被业主接纳，则投标估价负责人负责准备交底工作。

7. 交底

若投标项目在开标后，知道很有可能被业主接纳，有关的专业公司负责人必须考虑将来的项目管理班子，报单位总经理或其授权人批准，并按公司的人事制度组织工程项目筹备小组。

对于有可能中标的工程项目，投标估价经理应在投标后的二个月内组织工程交底会议，由负责落标的估价师整理好一份完整的工程交底文件，向公司有关之职能单位（包括人力资源部、财务部、物资部、工程部）、有关单位各部/各科及该项目的筹备小组进行初步交底，介绍工程投标过程中的有关事项。所有交底的资料，必须由投标估价负责人保存书面记录。

整个投标报价工作详细操作流程详解如图 3-3 所示：

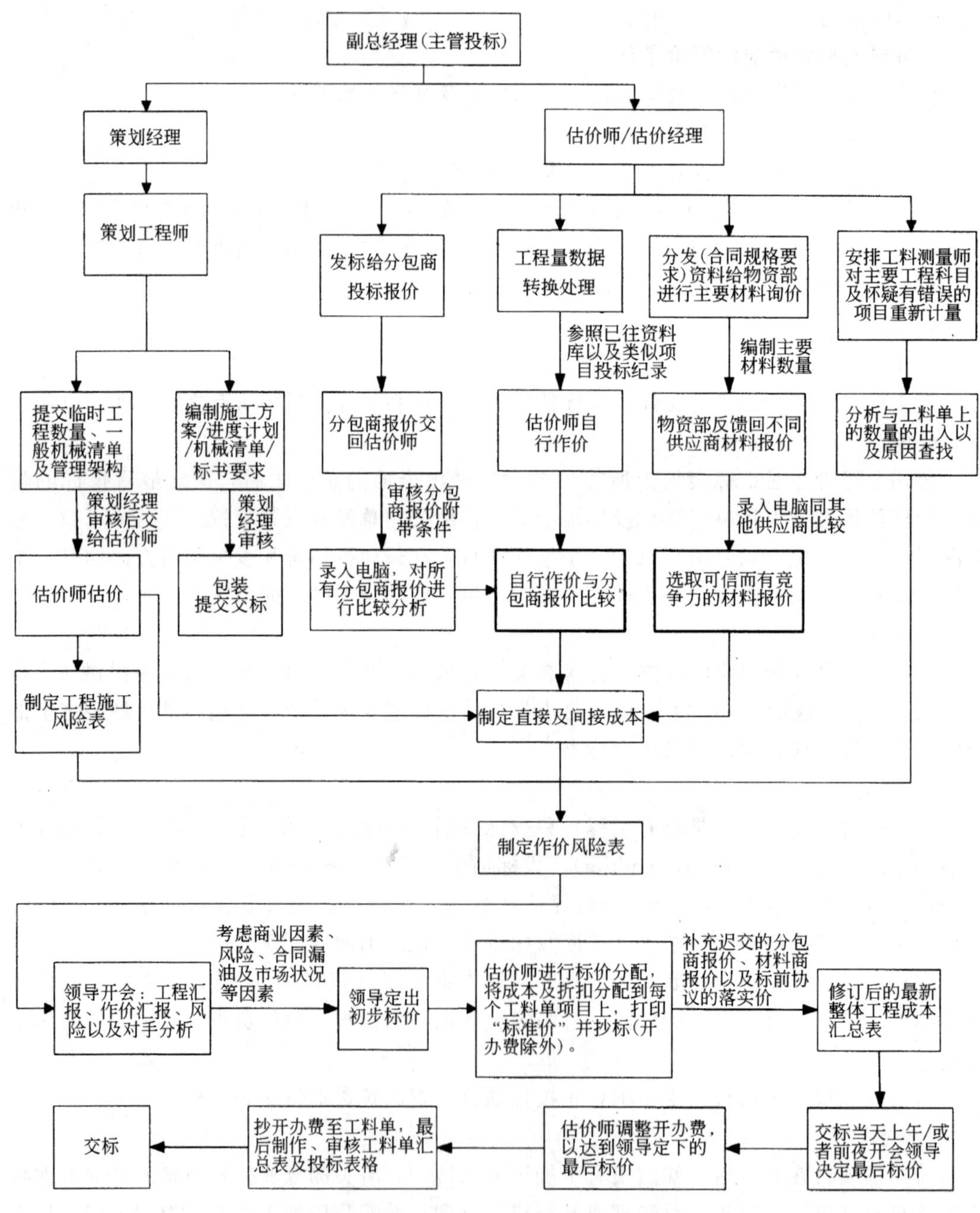


图 3-3 投标部具体操作流程详解

**(三) 附表**

P02-01 投标前合同评审

P02-03 现场视察报告

P02-05 投标后标书修改文件评审记录

**表格编号：P02-01**

## 投 标 前 合 同 评 审

公司名称：____________________

项目名称：______________________________

合同编号：______________ 业主名称：______________

投标日期：______________ 时限：______________

交标地点：______________________________

工程地点：______________________________

______________________________

工程内容：______________________________

______________________________

估计合同金额：______________________________

投标文件：

☐ 标书　　☐ 图纸

☐ 工程量　　☐ 钻探报告

☐ 其他：

公司目前资源：______________________________

______________________________

公司现有工程情况：______________________________

______________________________

公司能否满足并完成合同　　☐ 是　　☐ 否

建议是否投标　　☐ 是　　☐ 否

续表

合同条款

一般合同条款（版本）________________________________

________________________________

特别合同条款________________________________

________________________________

________________________________

________________________________

预算开工/完工日期________________

投标有效期________________最大保固金额________________

发粮方式________________（　　天付款）

分段交/收地盘：

| 阶段 | 部分 | 交地盘日期 | 完工日期 | 过期罚款 |
| --- | --- | --- | --- | --- |
| | | | | |

是否需要履约保证书或保证金？　□ 是，金额　________________

□ 否

有没有浮动指数补偿？　□ 有，计算方法________________

□ 没有

P02-01/2

续表

| 合同中特别情况/可能遇到的困难： | | 备　注 |
|---|---|---|
| 工期是否合理 | □ 是　　□ 否 | |
| 合同有没有矛盾之处 | □ 有　　□ 没有 | |
| 哪几点： | | |
| 特殊设备要求 | □ 有　　□ 没有 | |
| 哪些： | | |
| 特殊技术要求 | □ 有　　□ 没有 | |
| 哪些 ： | | |
| 安全及健康要求 | □ 有　　□ 没有 | |
| 哪些： | | |
| 特殊环保要求 | □ 有　　□ 没有 | |
| 哪些： | | |
| 标书修改文件要求 | □ 有　　□ 没有 | |
| 哪些： | | |
| 建议解决办法/方案： | | |
| 其他： | | |

P02-01/3

续表

| 投标时应附的其他文件： | 需要 | 不要 | |
|---|---|---|---|
| 施工计划表 | □ | □ | |
| 施工方案 | □ | □ | |
| 项目组织机构表 | □ | □ | |
| 项目平面布置 | □ | □ | |
| 主要机械配置 | □ | □ | |
| 材料进场计划 | □ | □ | |
| 特别材料样板/设计及说明 | □ | □ | |
| 特别材料质量保证书 | □ | □ | |
| 基本维修材料计划表 | □ | □ | |
| 人力与物料资源分布计划表 | □ | □ | |
| 环保管理计划 | □ | □ | 请详述 |
| 绿色采购/项目与说明 | □ | □ | |
| 安全及健康计划 | □ | □ | |
| 其他： | □ | □ | |

填表：____________审批：____________
日期：____________日期：____________

P02-01/4

**表格编号：P02-03**

## 现场视察报告

<table>
<tr><td>合同编号＿＿＿＿＿＿＿＿到现场视察日期＿＿＿＿＿＿＿＿</td><td></td></tr>
<tr><td>交通情况：□ 需要特别运输设施<br>□ 需要整理临时通路<br>□ 其他情况＿＿＿＿＿＿＿＿<br>现场地理环境：□ 山坡<br>□ 平整<br>□ 近海<br>□ 其他＿＿＿＿＿＿＿＿</td><td>注：附图<br>□ 有<br>□ 没有<br>注意：现场是否需要安排特别运输设施。</td></tr>
<tr><td>临时设施<br>i) 临时供水＿＿＿＿＿＿＿＿<br>ii) 临时电＿＿＿＿＿＿＿＿<br>iii) 围街板＿＿＿＿＿＿＿＿<br>iv) 改道＿＿＿＿＿＿＿＿<br>v) 污水排放＿＿＿＿＿＿＿＿<br>vi) 其他 ：＿＿＿＿＿＿＿＿<br>现场施工限制/特殊条件<br>□ 爆破/尖石＿＿＿＿＿＿＿＿<br>□ 高空限制＿＿＿＿＿＿＿＿<br>□ 场地局限＿＿＿＿＿＿＿＿<br>□ 安全及健康＿＿＿＿＿＿＿＿<br>□ 保护环境＿＿＿＿＿＿＿＿<br>□ 噪声敏感地方＿＿＿＿＿＿＿＿<br>□ 其他：＿＿＿＿＿＿＿＿<br>＿＿＿＿＿＿＿＿</td><td>注意：若有需要，要找临时水电分包商现场了解情况以便计算费用。</td></tr>
</table>

填表人：＿＿＿＿＿＿＿＿日期：＿＿＿＿＿＿＿＿

**表格编号：P02-05**

## 投标后标书修改文件

### 评　审　记　录

公司名称：

| 项目名称 | |
|---|---|
| 合同编号 | |

| 修改文件编号<br>（Tender Addendum No.） | 评　审　结　果 | 备　　注 |
|---|---|---|
| | | |

填表人：________________批准人：________________

日　期：________________日　期：________________

## 第二节　投标过程中的工程策划

所谓策划，就是为达到期望目标所预先进行的资源安排和过程组织。例如，足球场上为赢得球赛而进行的战术部署，商场上为占领市场而进行的行销部署等等都属于策划范畴。

对于现代建筑工程，由于建造规模越来越大，周期越来越短，结构越来越复杂，良好的策划对于项目的成功更加不可缺少。

策划是一个过程。如果以一个函数表示，策划可以抽象为一组从资源到目标的映射。策划过程则可以描述为寻求资源消耗参数最小解以及目标函数最大解的求解过程。从经济学的角度来看，策划的一个重要目标与作用是降低交易成本、增加产品附加值。具体到工程之中，也是如此。

### 一、工程策划

工程策划是针对工程内容而进行的资源安排和过程组织，工程不同于工业生产、市场销售等，工程具有系统性、复杂性、限定性、一次性的特点。工程的系统性指工程分为不同阶段、不同专业、不同组件相互之间环环相扣互为依赖。工程的复杂性是指工程难度高、中间不确定因素多，且存在变化必然性，产品不定型。工程的限定性指工程必须在限定的时间、限定的造价、限定的施工条件之下完成限定的工作，所有的资源全部受限定。而一次性则是工程所具有的独特特点，一次性指建造过程不可逆，无法重复，不同于工业生产和市场争夺可以反复试验调整，工程是个一次性过程。由于这些特性，使得工程策划所受的影响因素更加复杂、全面，所涉及的内容更加具体、丰富，策划难度更高。

工程策划根据不同的内容及目标，可被分为许多不同的类型。工程中，常见的策划主要集中在投标与施工过程两个阶段。其中投标策划是投标的核心内容之一。工程策划是投标报价和工程中标后施工策划的基础，代表着一个公司的技术素质和管理水平。

#### （一）投标策划的目标

通常投标策划具有三个作用。首先，向估价师提供工程施工的资料，以便准确计算成本。其次，通过工程介绍向公司领导解释施工难度与风险，为领导决断提供依据，并为中标后进一步施工策划提供原则性依据和参考。第三，通过策划方案，提升业主及其顾问工程师对投标者的信心，提高中标机会。

投标策划根据不同的业主要求，具体的工程情况，策划目标与深度将会有所不同。如果业主评标规则是“价低者得”，则策划的主要目的就是寻求降低标价的最佳方案。但这种方案，必须是技术上可靠，施工上可行的最基本方案，即最低要求是“合格”方案。如果业主评标侧重于技术要求以及社会效应（例如：环保、安全、技术革新），则策划的目标则需要恰当地兼顾技术先进，相应地突出与提高环保、安全标准。

目前情况，香港政府工程评标开始采用“价格＋技术”的模式，即价格占一定比例，施工技术、环保、安全各占一定比例。政府工程过去采用“价低者得”评标办法，而目前，工务局采用价格占60%，技术占40%的比例进行评标，评标时对总承包商投标方案进行打分计算，综合价格、以往表现和技术方案，获得最高分者中标。而私人工程，除非是受到特别管制的工程，业主基于商业利益的考虑仍普遍采用“价低者得”的评标标准。

策划的深度与合同条件有关。通常业主在委托招标之时，大部分设计已经完成。此时，业主招标文件中合同条款对工程范围及内容会描述得比较清晰具体，留给中标总承包商的开工准备时间比较短，相对策划内容就需要详细具体，策划方案要做到一旦中标，可以马上开工。而另外一些情况，业主在招标之时，尚有一些工程内容设计未定，前期工程尚未就绪，此时，业主招标文件工程范围及内容描述就会有所保留，留给中标承包商的准备时间也比较充裕，相应的策划方案就可能稍为粗略。还有一些时候，尽管业主要求比较具体，但施工条件十分恶劣，不确定因素过多，详细方案难以确定，策划方案也会出现比较粗略的情况。

**(二) 投标策划的内容与方法**

正常情况下，由于工程的复杂性，投标阶段资讯的详细程度有限，投标策划难以十分具体，策划方案通常停留在控制性阶段的总体策划（Master Plan）。一个完整的投标总体策划方案至少应该包括以下几个方面[47]：

- 时间计划（Programme）
- 主要工作的施工方法陈述（Method Statement）
- 项目平面布置图（Site Layout Plans）
- 资源计划（Resources Schedule）

1. 时间计划（Programme）

根据工程的限定性。实际操作中，投标策划通常从制定总体进度计划（Master Programme）开始。一方面，时间作为一种严格不可逆的一次性资源，无法重复利用，必须加以重视。另一方面，工期对于工程成本有重大影响。建筑业的实践经验表明，满足工期要求是工程取得成功的最重要前提，施工方法选择、项目作业平面布置、资源安排等，几乎所有措施都是为按时完工而服务的，一旦不能按时完工，将直接导致超期罚款（Liquid Damage）、开办费（Preliminary）超支，以及由于超期引致的合同纠纷、材料供应失去预算、返工重做等一系列问题。

为了满足工期要求，并获得最小成本方案，实际操作中，投标工程策划可以被看作是一个反复套用、试算的过程，即一个建模──→评估──→分配──→调整的循环过程。

建模（即：根据建造顺序方法，工作内容编制建造模型的过程）。首先根据合同要求找出需要承担的工作，归类、分割，进行作业编排，根据施工内容及环境条件，考虑常用的几种不同的施工顺序与方法，给出建造工序模型。例如：正常工序、逆作、混合施工等。建模是个技术与经验结合的过程，要遵循简单、高效、现实的原则，必须考虑到施工的现实可能，不可停留在理想假设条件之上。建模阶段，模型的优劣和简单与否更多的是依赖策划人员的直觉，依赖于策划人员的经验。

评估。模型建立后，需要进行评估，评估模型的逻辑性（Logical）、安全性（Safety）、建造难度、工序成本、灵活度等方面。通过评估，对模型加以修改，确定几个可行方案模型。根据工程规模、复杂程度等，对于简单工程、小型工程通常仅需 1 个方案，而复杂工程、大型工程会有 2～3 个方案。评估之后，将其中的主要施工方法和作业程序通知投标科工料测量师进行成本测算比较。

分配。事实上，模型初步确定后，因为每个工序都有必要的时间要求，因此初步的时间分配已经确定。此时需要做的是对每项主要工作进行分解剖析，确认其灵活性（Flexible)、浮动区（Floats）数量以及缓冲区（Buffer）数量大小等，确认关键路径（Critical Path），然后加以分配，目的在于保证工期，降低成本，降低工程难度。

调整。对工期要求与现实工期需求进行比较，发现矛盾与冲突。针对矛盾与冲突，局部进行工序压缩（Compression）或者解压缩（Decompression），适当寻求增加并行施工的可能性，或者考虑引入成熟新工艺，提高建造效率，使之满足工期要求。

通常经过调整的建造模型已经与初始模型有了很大区别，此时需要对调整过的模型进入第二轮评价、分配、调整，如有需要，还可以进行第三、第四轮循环优化（Optimization Cycle），直到最终获得综合工期最短、成本最低和风险最小的满意方案为止。

当一个可行的模型确定之后，总体进度计划（Master Programme）就可以依据该模型展开制定，内容已经包括了以分区或者层数为基础的作业安排，用以指导日后作业。

总体进度计划的内容通常不会十分详细，而且力图避免过细，避免由于作业拆分（Work Breakdown）过细导致策划人员工作量徒增，工作性质由战略性的总体策划转变为繁琐的工程类比，增加资源消耗。由于总体进度计划的主要作用在于提供总体时间控制和重要分项目之关键日期（Key Day）的控制，过于详细的拆分，也给总体进度计划的使用者带来麻烦，使得使用者纠缠于细枝末节之中。

必须充分意识到，投标时向业主提供的总体进度计划，是一份极为重要的文件资料。尤其在土木工程项目中，它不仅是项目实施过程中顾问公司评估承包商表现的一份重要文件资料，而且是承包商可能向业主索赔的重要文件依据。所以，制定总体进度计划的过程，不仅是承包商技术水平展现的过程，也是承包商商业手段和策略手段运用的过程，必须予以足够重视。在土木工程实施过程中，有时还须将总体进度计划进一步深化，作出更加详细和全面的施工网络图，并从中找出施工全过程的关键路径（Critical Path），作为整个项目实施全过程中控制进度，控制质量，控制成本的依据。

2. 方法陈述（Method Statement）

方法陈述建立在总体进度计划的基础之上，是对具措施、方法的展开与说明，是策划方案中的重要内容。只要对主要施工方法有了一个清晰、明确的表达，方案的可行性才可以被证实，同时才能够指导方案的实施。

房屋工程策划中的方法陈述主要包括垂直运输和水平运输方法、施工设备配备、脚手架和临时工程设计、施工顺序划分、流水段的设计、作业班组组成和大小等等。

方法陈述是对整体策划的注释，也是对总体进度计划的一个讲解与补充。方法陈述需要将整个建造过程用文字的形式做一个清晰完整的叙述，尤其对于主体结构工艺流程，必须有个具体清楚的交代。如果采用了特殊的工艺或者工序，则需要加以具体阐述说明，必要的时候，可以采用图表形式加以辅助。总承包商通过方法陈述将一套完整的思路方法展示给业主，证明施工方法成熟可靠切实可行；通过方法陈述来表达逻辑与思考的严密，工艺技术的先进，突出自己的特点与优势，从而打动业主。例如本公司在“数码港”某单项工程中，尽管不是最低标仍以施工方案占优而获得合同。

3. 项目平面布置图（Site Layout Plans）与资源计划（Resources Schedule）

从单纯的技术角度，房屋建造可以是十分简单顺利的事情。但由于具体的工程位置、地质地形等因素限定了技术的发挥，使得项目营造具有一定难度与复杂性，很多机械与施工技术不能够应用发挥。项目的位置、地形等客观条件是建造工程的现实约束，良好的平面布置成为工程顺利开展的前提。项目平面布置是一项十分全面精确的工作，需要考虑项目临时水电机械的配合安置、周围交通、社区环境，需要考虑行人、材料的出入安排，需要考虑分包之间的配合等等。例如，项目如果在闹市区必然受外部交通条件制约较大，如果附近有居民区，则噪声、安全管制就非常严格，如果项目与大厦比邻，则必须考虑如何使用塔吊（Tower Crane），如果项目临近铁路或者处于地铁上盖，则塔吊位置、振动、沉降都要受严格法例监管。

大部分房屋工程结构变化小、施工工艺变化少，施工存在较大的共同之处。对于土木工程，无论建造技术还是建造工艺都复杂过房屋工程，它的专业性强，不管是开山填海，还是路桥隧道工程，施工很大程度都依赖于具体的工程环境与结构形式，工程之间共性很少。所以，土木工程在策划过程中需重点注意三个方面，一是在整个项目范围内之平面上如何安排各分项工程和各个区段的施工先后顺序，以及项目内的交通路线安排，排水措施和方法；二是各个分项工程和各个施工段的施工方法；三是安全、环保措施。例如，对于桥梁工程，不同的桥梁之间，无论结构形式还是地质条件通常都存在较大差异，很少有两座桥梁形式完全相同、地质条件完全相似的。因此它们的架设工艺就可能完全不同。而房屋工程则不同，相比桥梁工程，其结构形式之间基本相似，施工条件大同小异，工艺方法基本相似。同样，隧道工程、基础工程、开山工程等所面对的地质条件更加复杂多变，施工更具独特性与复杂性。

资源计划是保证建造工程顺利完成的必要配合计划。建造工程也是由一个资源转化为产品的过程，必须根据总体进度计划的计划目标，给不同的作业范围在不同的阶段配置必要的资源，或者对作业资源的应用数量进行评估。良好的资源计划应该是一个保持较高生产力水平的资源供应计划，应该是一个资源浪费最少、利用率最高的供应计划。例如发源于丰田（TOYOTA）汽车的JIT（Just-in-time）技术就是一种十分优秀的资源计划，所谓JIT就是零库存，即资源在使用时恰好供应到位，不需要占用库存，避免二次搬运，JIT使得资源占用资金周期短，可以大大降低资源损耗与作业成本。

制定资源计划能够实现对施工方法可行性的客观评价。很多时候，施工方法看似可行，但由于资源使用水平过于不平衡，或者资源配合难以实现而不得不做出较大更改。例如，为节省工期、提高环保或者降低成本，在一些工程中可能会选用大量预制件，诸如房屋工程中的整体预制外墙（Precast Facade）、预制楼梯（Precast Staircase）、预制过梁（Precast Lintel）、半预制楼面板（Semi-Precast Slab/SuperSlab）等等，此时需要考虑就有可能由于施工场地不足、不够空间摆放施工必须数量的预制件而无法实施，也有可能由于预制件超过限高而导致无法运输等。

工程的人力资源组织和项目人力资源组织也是涉及资源的重要计划内容。管理人员配置需要满足业主（Client）要求。例如，在香港，政府工程要求项目的项目经理（Project Manager）、安全主任（Safety Officer）、环保主任（Environmental Protection Officer）、质量控制工程师（Quality Control Engineer）、机电工程师（Building Service Engineer）和项目工料测量师（Project Quantity Surveyor）必须是在政府相关管理部门已经注册的指定人员，需要将名单呈报政府相关管理部门或顾问公司驻项目工程师（Resident Engineer）予以确认和批准，这些人员一旦确定，不可以随意更换。

工程周期内的劳动力资源计划也是策划中必须考虑的重要内容，通过劳动力资源水平可以对工序安排进行比较客观的评价。正常情况下，劳动力资源水平曲线应该避免过多波动，保持平滑低阶。

**（三）策划依据**

工程策划是一个系统性工作，是基于限定条件的资源使用规划，完成一个策划至少需要一系列有关工程的目标及约束资讯。在采用最多的标准工程量清单招标（BQ 招标）条件下，通常这些资讯应该包括：

- 工程量清单（Bill of Quantity），包括基本项目（Preliminaries）；
- 项目平面图（Site plan）、地下设施图（U/G service drawings）；
- 建筑平面图（Building plans）、立面图（Elevation drawings）、机电布置图（Building service drawings）；
- 建筑结构图（Structural Framing Drawings）；
- 与建筑相关的其他图纸，例如：电力公司、煤气公司、自来水公司等公共供应商管线设备图；
- 合同规范、施工规范、条例；
- 中标前双方来往信件、会议纪要、补充协定等文件；
- 机械设备等资源的细节，包括外形尺寸、功能、功率、价格等等；
- 项目报告（包括项目地质报告）、合同前策划和标前设想等与工程有关的细节。

**（四）不同类别工程策划的重点**

工程策划千变万化，不同的主体工程有不同的策划重点，不同的周边环境对施工限制，有不同的解破方法，下列是一般常见的房屋工程和土木工程在策划时需要考虑的重点：

房屋工程：
- 工流水周期
- 周围环境
- 安全措施
- 施工场地
- 模板体系
- 主要材料数量，例如：钢材、混凝土

开山工程：
- 临时路
- 爆破设计
- 机械配置
- 安全措施
- 泥石数量准确比例
- 开挖出的泥石最终用途
- 承包商设施，如机械维修厂、炸药仓库
- 循环时间估计

填海工程：
- 填海材料来源
- 填海方式（吸沙船或开底趸船或推土机）
- 海墙及填海施工进度方向
- 淤泥沉降
- 海事工程机械的来源及市场状况

| | |
|---|---|
| | ● 淤泥开挖方法 |
| 结构工程： | ● 深开挖的临时支护及排水 |
| | ● 湿混凝土板模的支撑 |
| | ● 架桥的方法（现浇或预制或两者混合） |
| | ● 跨越障碍物（如河流、深谷、现有铁路及现有道路）之方法 |
| | ● 预制混凝土构件的制作工地及运送和吊装方法 |
| | ● 高空工作台 |
| | ● 垂直及横向的材料运输方法 |
| | ● 交通及公共事业的改道 |
| 隧道工程： | ● 开挖方法【如爆破、盾构（Tunnel Boring Machine："TBM"）】 |
| | ● 开挖方向及作业面设置 |
| | ● 出泥石的方法 |
| | ● 临时支护 |
| | ● 循环时间 |
| | ● 落混凝土衬托，铺防水膜方法 |
| | ● 临时通风及供电 |
| | ● 炸药及其附属品的用量，炸药仓库位置 |
| | ● 灌浆数量估计 |
| | ● 隧道进口边坡处理 |
| | ● 机械清单 |
| 马路、渠务及排水管线工程： | ● 地质及断层的理解 |
| | ● 工作面的分布及每段工作面的长度 |
| | ● 深坑的开挖及临时支护 |
| | ● 顶管的临时发射井及回收井 |
| | ● 公共事业及现有马路的改道 |

**（五）临时工程策划内容**

临时工程也是跟主体工程的内容和周边环境的限制而变化，在投标的角度看，临时工程的设计不需要十分细致，但方法要可行及可以量化。分段交工亦有机会引致临时工程，下列为一些经常遇到的临时工程：

- 项目临时道路及通道
  —临时桥，一般是采用钢结构
  —临时泥井工程但会涉及临时泥钉及锚杆
  —临时改水
- 深开挖
  —深沟边坡支护；一般涉及钢板桩、钢通桩、迷你桩（mini-pile）及地下连续墙
  —降水；一般涉及泵水、灌浆、止水井、泥浆沟（Slurry Trench）
  —邻近结构物沉降测量及监察
- 爆破
  —周边安全支护；排山、围网、铁笼

—起爆时，地面振动加速度量测及监察

—炸药临时仓库

- 水上结构工程

—钢结构之临时桥

—做水下结构之预制混凝土模或钢板桩

—用钢通桩支撑的水上临时工作台

—运输混凝土，板模，钢筋等的海上运输船队

—上下材料的临时码头

- 市区内做马路渠或结构工程

—马路改道

—现有暗渠及公共事业的临时支撑

**(六) 设计改变**（替代方案）

业主聘请的顾问工程师通常会根据市场可找到的机械及指导性单价进行永久工程的设计，期望达至最低成本最高效益。但承包商针对一些自己拥有的特殊机械及施工方法，可把永久工程设计修改，配合承包商的特长亦可满足工程原本目的。这些替代方案由于结合了承包商的特长一般是会比原方案便宜很多，具有良好经济效益。有时有些十分专业及专门的顾问工程师亦会把新的建造方法或设计方法引进到工程项目中提出修改，修改后的永久工程设计除了可达到业主的要求，亦会比较便宜，更可以提高本地的施工方法水平。

在投标时考虑的替代方案会集中在占标价比重大的工程项目。如地基，但要想有大的经济效益，必须考虑并修改上部结构的设计概念才能够把地基的荷重减轻，才可以大幅节省地基的成本；又如一些磨桩挡土墙，施工困难及成本高，工期长，现在引进一些混凝土预制板加固土挡土墙，既安全又快捷，更可大幅地降低成本。

由于工程市场竞争激烈，中标价偏低，所以依赖替代方案去降低成本十分普遍。公司在收到标书前，宜先聘请一些专门的顾问公司于事先作好必要的准备，待收到标书后，即刻仔细研究替代方案的可行性，一般可以考虑替代设计方案的项目有：

- 桥梁的上部结构和地基
- 磨桩挡土墙
- 岩土工程
- 箱涵/大口径预制混凝土渠
- 现浇混凝土/预制混凝土

公司聘请专门顾问公司在投标期间只可以出示替代方案草图及原则性可行的结论，因时间所限，亦只可以对有关替代方案的工程项目跟原设计方案作主要工程数量的比较，而从这个基础去估算替代方案的经济效益，但替代方案本身就有很大的潜在风险，例如：

- 因考虑替代方案时间短促，原则性可行的结论可能不正确，或需要对替代方案的初步设计大幅修改才可行
- 替代方案改动后的结构外型不被业主或其他有关部门接纳
- 申请替代方案批准的时间很长亦没有一定准则
- 业主要求承包商大幅退回因替代方案被接纳而导致成本降底的金额
- 在投标时探土资料不足，地下工程替代方案设计会受地质情况变坏而增加成本，但

所有的增加是要承包商负责的

● 工程的数量是不再计量，承包商被要求承担数量风险及丧失索赔机会

若承包商竞标心切，把表面可行的替代方案可省下来的成本部分或全部在标价中减去，这个风险是极大的。

**（七）房屋工程投标策划过程实例**

现以某实际私营工程为例简单阐述投标策划过程。

工程内容：

建造一栋约 252 米高酒店式公寓，剪力墙结构，共计 48 层，外加两层避难层（Refuge Floor）和空中花园（Sky Garden）；建造 6 层平台（Podium），其中包括商店、停车场、会所、网球场、游泳池等康乐设施；设计和安装预制外墙（Precast Facade）、预制楼梯（Precast Staircase）、预制建筑装饰（Architectural Feature）、半预制楼面板（Semi-Precast Slab）、游泳池过滤设备（Swimming Pool Filtration Plant）。

项目面积 4000 平方米，总建筑面积（GFA）74840 平方米，包括 960 个住宅单位。

工期要求（Contract Period）：670 天（Tender A，现浇楼面板）。

替代方案（Alterative Tender）：730 天（Tender B，预制楼面板）。

逾期罚款（Liquid Damages）：142000 港元/天

分析：

这是一项典型私家工程，工期内容清晰，主要承造内容可以根据传统划分为结构、装修、机电、外栏几个部分，采用顺序建造。根据以往经验，关键线路可能为：结构→机电或者结构→装修两种，因此可以初步建立建造模型，细节展开建造顺序。

约束条件方面：

工期确定，Tender A 限定 670 日，Tender B 限定 730 日；

开工 6 个月移交售楼处与示范单位，并于完工前 60 日拆除；

高强混凝土墙与柱、预制件生产应用等都必须获得政府监管部门批准；

完工移交前获得政府核发完工许可证明、满意证书以及业主满意证书等。

施工条件方面：

项目处于一个繁忙工业区，南方临街为一条较为繁忙的城市干道，北侧为一排工业货舱的惟一通道，而且是单行道，每日货车出入繁忙。东边为一幢十多层高的工业大厦，西边为一个狭窄的正在建造中的建筑项目。项目内部方面，承造的平台几乎紧贴围街板，达到项目占地的 85％以上，导致项目内交通十分困难。

工期规划：

普通商住房屋工程，正常顺序建造。根据合同约束条件，扣除业主验收时间和政府验收时间，将剩余时间分配至工程作业之中。根据合同要求，验收移交所需要时间大约两个半月，预制件由提交设计到交付生产大约需要 5 个月。

因此，留给 50 层（48＋2）主体工程加上所有机电装修的施工时间就仅仅剩下：

$$670-150-75=445\text{ 天}$$

所以时间分配主要就集中在如何分配这 445 天之上。由于工期已经包括了所有的假期以及恶劣天气（例如雨水天），而按照政府法例，公共假期不允许开工，正常工作日夜晚 7：00 之后、早上 7：00 之前不允许开工。因此 445 天之中需要扣除假日，共计是：

| | |
|---|---|
| 星期日 | 445/7＝63 个 |
| 公众假期 | （445/365）×18＝22 个 |
| 雨水天 | （445/365）×21＝26 个 |

因此，可以开工日期仅仅余下：

445－63－22－26＝334 个

根据现有施工水准，每 4 日可以完成一层标准楼层（4 天流水）的结构建造，因此：

| 作业内容 | 需要工期/工作日 |
|---|---|
| 48 层标准层 | 48×4＝192 |
| 2 层避难层 | 2×6＝12 |
| 装修、机电 | 大约 150 |
| 总计工期 | 大约 354 |

需要工期为 354 工作日，超过允许工期 334 个工作日大约 20 日。如不采取措施，超期罚款（LD）将大约为：

142000×20＝2842000 港元

而实际上，由于结构施工必然受天气影响，雨水天等恶劣天气不能开工，但装修与机电工程，有相当部分是在室内完成，受恶劣天气影响很小，因此雨水天可以照常开工，由此可以节省大约：

（150/365）×21＝8 天

此时工期超期大约缩至 12 天，LD 风险预留大约需要：

142000×12＝1704000 元

由于大楼施工工期吃紧，6 层平台施工加上大楼结构转换层施工则至少必须在前 5 个月（150 天）内完成。其中，3 米厚度结构转换层（大约 3000 米混凝土浇筑量）施工至少需要 55 日左右，其他 6 层平台施工分配余下的 95 日，平均 16 日一层。

在上述的安排之中，几乎没有浮动（Float）和缓冲（Buffer），工期十分紧凑。尽管如此，但仍然存在 12 日的 LD 风险。因此在施工安排之中必须对关键路线加以调整，进行缩短需求工期的尝试，由于目前施工方法的限定性，采用的方案是已经四天一流水的最经济可行且成熟的施工方法，而且采用了分区施工等保证措施。因此，调整压缩只有在进入流水之前的平台施工阶段或者流水完成之后的机电与装修阶段，初步可以采用分摊的方法，摊入前期或者后期。这个问题的详细解决放在进一步施工策划之中完成。

方法陈述，主要对业主普遍关心的内容展开，例如阐述分区方法、依据，结构转换层施工方案，标准层流水过程，环保、安全政策及措施等等。

该项工程，项目平面布置也是个难点。项目内部可以提供的施工空间过于有限，结构转换层施工空间不够，预制件摆放场地不足；项目外车路狭窄繁忙，运输受限制；项目旁边高楼影响塔吊摆放及臂长选择受限制；预制件重量过大，要求塔吊吨位加大，设备资源有限。

资源计划方面，并无特别之处。作为总承包商提供塔吊、挖土机（Hoist）、工人笼(Passenger Lift)、以及振捣机、振捣棒等小型机械设备，根据施工阶段确定安装及拆除日期即可。

该项目的标准层平面图及项目平面布置图分别见图 3-4、图 3-5。

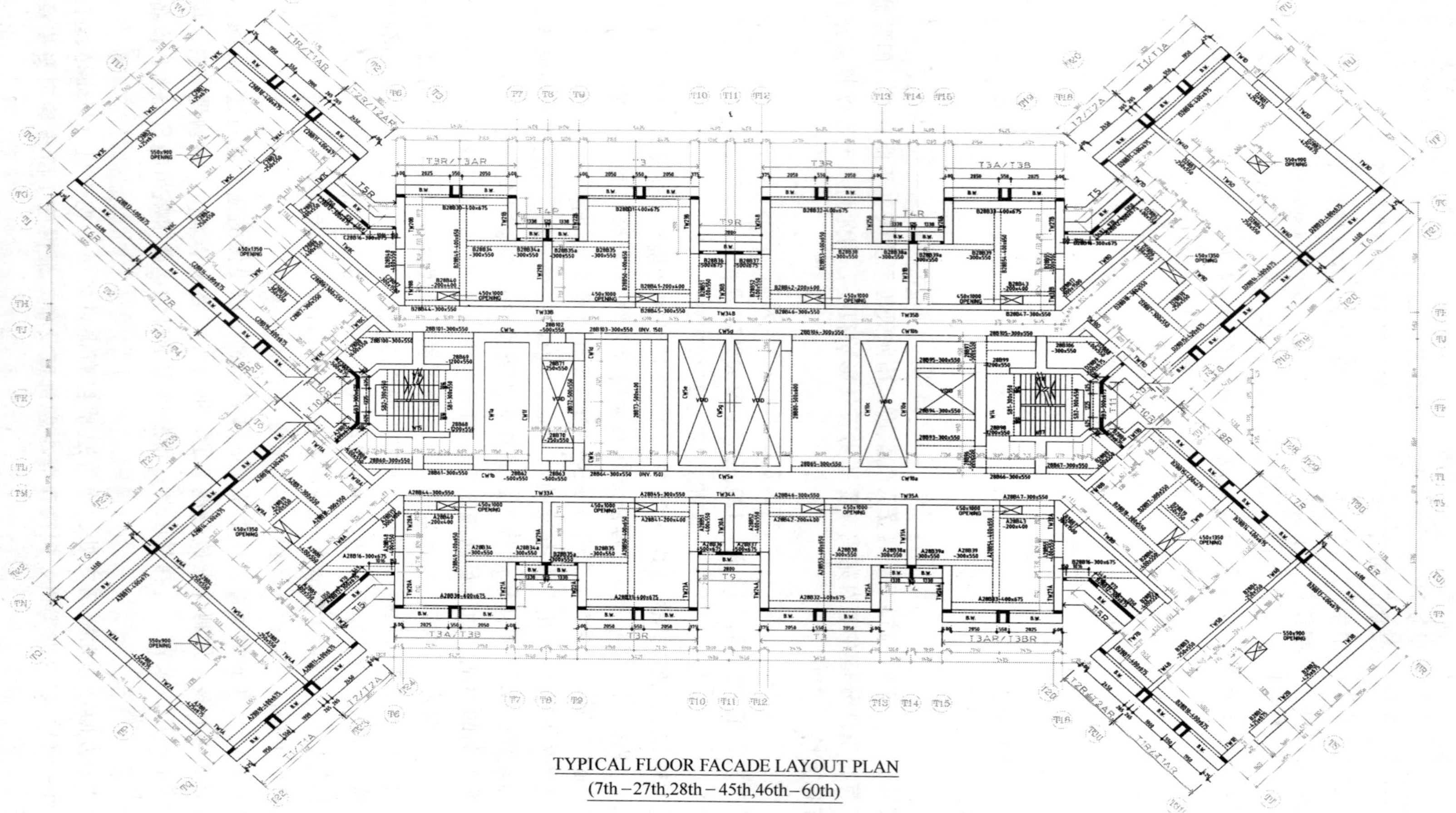

TYPICAL FLOOR FACADE LAYOUT PLAN
(7th–27th,28th–45th,46th–60th)

图 3-4 标准层平面图

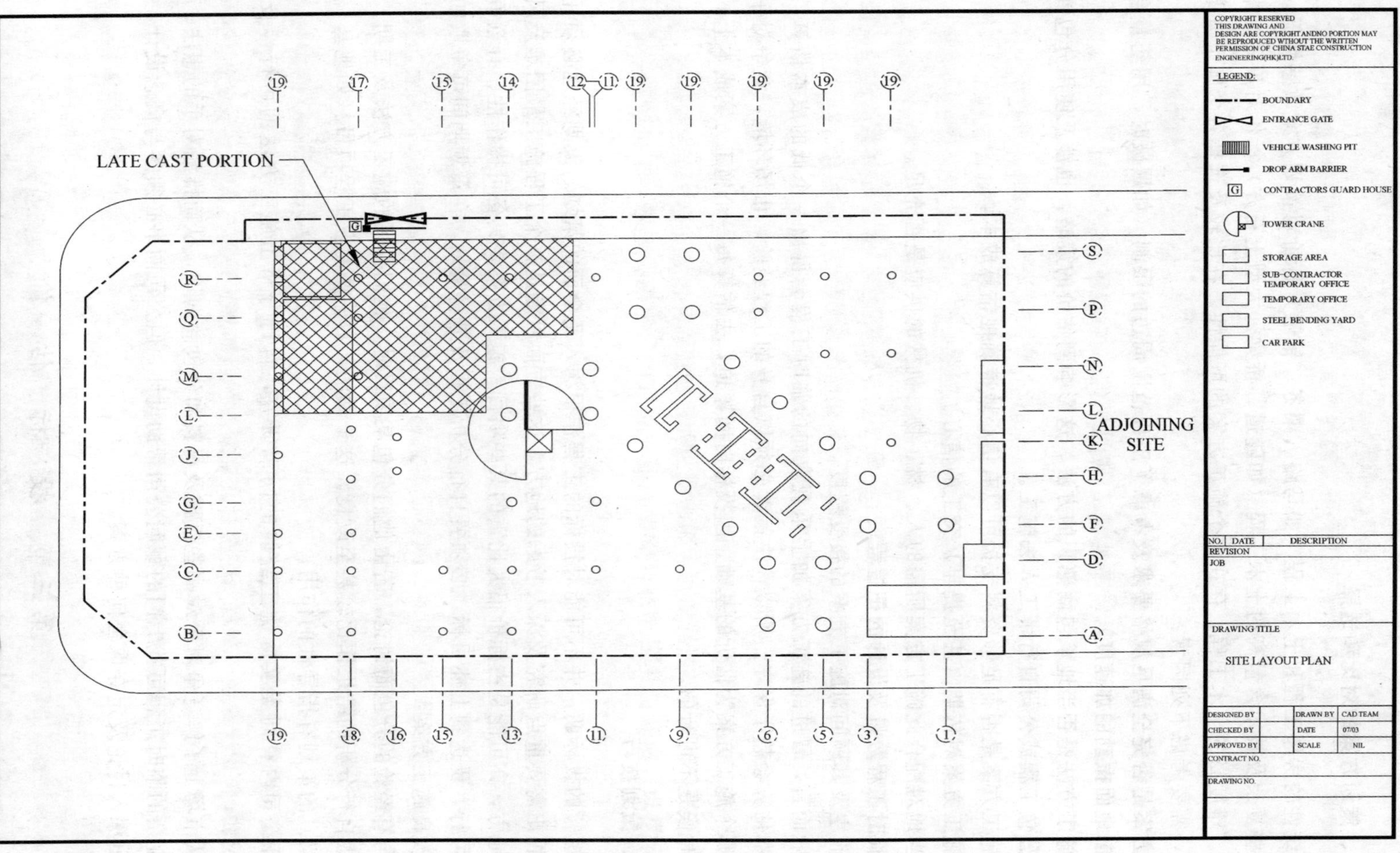


图 3-5 项目平面布置图之一

## 二、策划方案的对比和选择

传统性的房屋工程和土木工程（如马路、渠务、铺喉）标价对策划方案敏感性低。相反，一些复杂及技术含量高的土木工程（如隧道、桥梁、大型土石方）标价对策划方案十分敏感。难度高的土木工程，存在多个施工方案的可能性。在比较及选择各个施工方案的优劣时，需要考虑下列因素：

- 方案是否完全满足规格要求及考虑了工程范围周边的限制（如爆破时，用药量会控制地面振动的加速度）。
- 施工方法是否当地承包商熟识的方法。这影响到估价的策略，也涉及使用分包商去分包工程或公司自行带工人去施工。
- 施工方案是否有足够资料支援可以有信心地准确地估算成本。
- 施工方案对依期（甚至提早）交工的信心。
- 当地对配合此施工方案所需的人、材、物、机械的供应是否充足。
- 临时工程数量及设计的把握程度。
- 业主及其顾问对施工方案的接受程度。

一般而言，冒进的施工方案加上乐观取向的临时工程会得出一个低的成本估算，反之，成本估算会趋于保守。所以，决策者必须以自身的工程经验，市场环境，竞争对手去决定以哪个施工方案为估价的基础。因投标时间紧迫，去估算每一个施工方案成本上的差距很多时候是不可行的。

## 三、策划技巧

在短暂的投标期，并不可能对投标的工程作很深入及全面的策划。策划经理必须凭经验很快看出需要重点研究及深入考虑的地方。这些方面可能是整个工程施工最困难及风险最大的地方，亦可能是占标价很大比重的某些项目。施工方案要具备可操作性、有竞争性及实际可行，要达到上述目标，必须要自行分析工程及进行策划，在策划期间可争取如下方法去改良施工方案：

- 与有经验的分包商讨论，若由他们分包某项目时，他们提议的施工方法及工期，可跟自行分析的结果作比较甚至改良。这个做法，对一些专业工程项目（如地基、悬梁）的策划有指导性的作用；
- 跟公司内有同类实际施工经验的同事研究，自行分析出施工方法的可行性及优越性；
- 从市场上了解竞争对手对哪些机械及材料和分包商询价，从而推测对手的想法；
- 复杂的临时工程可找专门的顾问公司帮助设计，但公司同事必须参与概念设计，作出深入讨论及定夺取舍何种方案。

# 第三节　投　标　估　价

标价是一个公司管理水平的价格体现，它直接代表着一个公司的竞争力。在经济因素绝对主导的市场，对于投标者来说，最低标价也就意味着最具竞争力。因此，投出最低标是投标者永远的期望。

标价又是一个公司安全经营的边界。投标作为商业行为，以企业赢利为首要目的。超过公司能力、入不敷出的标价无疑是一种痛苦的自残行为，而长期的自残必然导致经营枯萎与公司消亡。

同时，标价还是一个公司获得利润的池塘，高价中标低价经营是投标者又一个可想而不可及的美丽梦想。

基于最大利润空间与保证中标的综合考虑，缩小与第二标差距，险胜第二标就成为投标者不断追求的目标。更精确的标价分析与计算成为达到这一目标的捷径。

## 一、标价组成

价格的高低直接反映着公司经营成本的高低。投标的工程价格通常由几大部分组成：开办费、工程费、利润、税金以及不可预见费等。根据不同的合同条件，细节有所不同。在香港市场，投标工程价格大致可以分为：

1. 顾问工程师开办费

包括顾问工程师项目写字楼、汽车及其他配套设施等，具体包括：

| 科目名称 | 内　容 |
| --- | --- |
| R.E资产及用具（R.E为驻工地工程师） | 根据工程合同为顾问工程师提供的固定资产及办公家具、办公用品，例如：临时办公室、家具、电脑、打印机、宽频网络等 |
| R.E汽车交通费 | 根据工程合同为顾问工程师提供的汽车，以及汽车运行发生的燃料、路桥费、隧道费等费用 |
| R.E日常开支费 | 根据工程合同为顾问工程师提供的膳食、茶水及清洁等日常开支费用 |
| 劳　务　费 | 根据工程合同为顾问工程师提供汽车，司机、清洁工、炊事员的薪金 |

如果工程合同另有额外要求，则需全部提供，也相应需要费用支出。

2. 承包商开办费

包括承包商之项目写字楼、汽车、安全、环保管理费及其他后勤设施，具体包括：

| 科目名称 | 内　容 |
| --- | --- |
| 管理人员薪金 | 项目管理人员及服务写字楼（R.E）工作人员薪金 |
| 水　电　费 | 项目临时水电接驳费，水电费，发电机费用 |
| 电话、宽频费 | 项目电话安装及服务费（长途电话费、电话清洁费、电话迁移费），宽频网路安装及服务费 |
| 检验试验费 | 钢材、混凝土、胶合板、沥青等及工程结构试验费 |
| 工具用具费 | 施工及管理所发生的生产用具和行政用具 |
| 工程清洁费 | 工程建造过程发生的清洁费、流动厕所等 |
| 工　程　图　片 | 工程所发生的工程照片及其冲印费等 |
| 项目写字楼 | 项目搭建（拆迁）写字楼所发生的材料费、分包商工时费等 |
| 办公家具、用品 | 办公桌椅、电脑、复印机、传真机等用品 |
| 看更保安费 | 看更人员薪金及保安公司保安费（节日捐款） |

续表

| 科目名称 | 内　　容 |
| --- | --- |
| 机　械　费 | 房屋工程施工使用的机械费（含人工费），例如：塔吊、施工方案中需自行购聆的大型机械和各类中小型机械 |
| 测量与放线费（测量费） | 测量人员薪金及分包商工程款 |
| 项目围栏费（围街板） | 建造项目围街板，耗用钢材、混凝土等材料费以及分包商工程款 |
| 棚　架　费 | 项目搭建棚架所发生的人工费（分包商工程款） |
| 招　牌　费 | 建造项目广告牌及临时指示牌所发生的费用 |
| 场地清场整理费 | 开工前，清理项目场地所发生的费用 |
| 图　纸　费 | 为工程所购买的图纸 |
| 文具印刷费 | 办公用品、印刷单据、复印机粉、复印纸 |
| 舟车交通费 | 项目汽车费，以及员工因公乘坐市内公共交通工具所发生的费用 |
| 副　食　费 | 项目员工伙食补助、厨房用品等 |
| 交　际　费 | 因工作需要而发生的招待费、饮料、开工庆典费等 |
| 福　利　费 | 根据项目工资及薪金之和按照比例上交公司的费用 |
| 写字楼清洁费 | 项目写字楼购置的清洁用品（厕纸、垃圾袋等） |
| 顾问及律师费 | 项目所发生的工程顾问及律师费用等 |
| 工程罚款及赔偿 | 安全、环保罚款及损坏他人财物的赔偿等 |
| 医　药　费 | 项目保健药箱购置的药品，员工的医药费 |
| 环　保　费 | 环保缸、洗车池、环保用品等环保措施费 |

3. 人工及机械

估价师自行做价，项目所涉及的总人工及机械开支，主要内容为：具体各项工程包括直接人工及机械费的全部建筑安装费。此项仅用于自行做价。

4. 主要材料

包括所有用于永久工程的材料价的总和，亦详列采纳的供应商名称，根据工程内容不同，主要包括：钢材、混凝土、石料、预制件等。

5. 主要分包商

所有工程项目其成本是基于分包商的报价，所有这类报价的总和，亦详列采纳的分包商名称，例如：打桩、渠井、模板制作、钢筋加工与绑扎、浇筑混凝土、机电工程、五金、幕墙和封面板、铝窗、门、GRC、砂浆、油漆等等。根据工程内容不同，分包商种类及数量不同。需要说明的是，这类工程内容通常都出现在工程量清单之中。而测量、清洁等工作是不出现在工程量清单之中，是作为开办费的名义出现在价格组成成分之中。

6. 临时工程（Temporary Works）

永久工程施工而需要的临时工程的成本，成本应包括人工、材料及机械，或采纳临时工程分包商的报价。

7. 保险及履约保函保费（Insurance & Performance Bond Fee）

工程和第三者责任保险及劳工保险和各类履约保函之费用总和，有些合同业主已预先自行购买工程和第三者责任保险，有些工程业主不需要履约保函。

8. 税项（Taxation）

当地政府征收的专项税项。不同的国家和地区税项可能有所不同。在香港，政府会收取建筑业训练税、肺尘埃赔偿费。

## 二、估价过程

1. 自己分析做价

根据人工及机械的生产工率，对某些工程项目进行自己做价，这些自己做价的工程项目资料全都储存在电脑内或公司网路内，若现时想自己做价的工程项目在以往的投标中已有自己做价的资料，可以在电脑的资料库中，把这些资料找出来，把人工及机械的单价替换至最新的市场单价，最反映现状的最新工程项目单价可以马上从电脑计算出来，自己做价的项目是会把临时工程划开，独立计算及独立归项。

自己做价的项目可分为两种，其一是经常遇到的工程项目而施工方法在不同的合同中都是大同小异的，例如：模板加工、钢筋加工与绑扎、浇筑混凝土、马路、渠务、沙井、水管、结构的挖泥及回填等等，这些做价对施工方案敏感低，只要从电脑的资料库把人工及机械的单价更新，上述的工程项目自己做价分析便可即时从电脑中运算出来。自己做价的另一类工程项目是一些很特殊的工程项目，其建造成本是十分依赖施工方案的选择，例如：大型土石方、隧道、跨海桥等等。若要对这类型的工程项目自己做价，先决条件是必须有一个清晰及详细的施工方案，然后可以得出一个全面的机械配置及使用期的清单及人力资源表。这些是策划工程所要达到的最终目的，估价师可以根据这些资料把这些特殊项目的单价逐一计算出来，这些特殊项目的做价方法亦需要放在电脑资料库内，以供日后参考。

2. 材料价（Material Price）

材料价一般都是由公司的物资部负责询价，要注意的是报价的材料是否符合规格要求及其附加费用，如混凝土湿度及温度控制附加费，钢筋的运费，预制混凝土筒的短筒弯筒等等，另一个要留意的是有些材料价在合同工期内会按年加价，如混凝土每半年调升15～30港元/立方米，有些材料价是受世界经济及局势影响，如燃油及钢材等，要经常留意政经新闻。房屋工程的大宗材料通常是钢筋、混凝土、地瓷砖、墙砖等等，土木工程一般的大宗材料是混凝土，钢筋及钢材，水管，砂、水泥及石料，混凝土管等等。

3. 机械费（Machinery Fee）

机械费分为两个类型，其一是直接只用于某个工序的机械，如混凝土泵车，打桩机等，这些机械费是上述自己做价工程项目的机械支出的总和，另外一类是一般机械并不是用于某个工序或工种，是一种支援及后勤性质的塔吊（Tower Crane)、吊机车、风机、水泵、压路机等等，通常采用社会租赁，电脑存储的机械租用单价要跟市场的租金变更同步，需要经常更新。

4. 人工费（Salary）

主要的人工费是发生在自己做价的项目，所以必须把电脑的资料库在每次投标做价时更新，反映市场的最新情况。投标估算中直接成本人工费的总和是所有自己做价的工程项目内人工费的总和，有少部分人工费是发生在承包商开办费的杂项和临时工程内，例如：清洁工地入口的工人，清理及位置、交通改道措施的工人。

分包商报价的项目已包含它们的人工费，一般情况下，分包商不会把其报价内含的人工费及机械费分拆。

5. 开办费 ( Preliminary Cost)

开办费有两种，一种是业主聘请的顾问工程师的开办费，另一个是承包商开办费。第一种是包含顾问工程师的工地办公室及其家具和文具，到工地视察的交通工具、通讯工具、电脑及测量仪器等；除了工地办公室是自行做价外，其余都是材料或设备供应商报价。第二种开办费是包括承包商之管理费及其工地办公室，交通工具，电脑，测量仪器，环保及安全措施费。管理费及工地办公室是自行做价，其余亦是材料或设备供应商或工程分包商报价。管理费是承包商的最大及最重要项目。若管理员工是从公司抽调，其现有薪金应作为计算管理费的基础，其余从外聘请的，应跟随市场的人工水平。管理费占整体工程直接成本，有一定的比率，结构工程占的比率较高，开山及马路渠比较低，工程规模越大，管理费比率占得越少。

6. 各类税收及专项收费 (Levy and Construction Fee)

在香港有下列税收是跟完成工程额挂钩，就算工程亏损，下列税收亦需要跟完成工程额定期支付：

| | | |
|---|---|---|
| 建造业训练局税 | 完成工程额的 | 0.4% |
| 肺积尘补偿税 | 完成工程额的 | 0.25% |
| 建造业商会税 | 完成工程额的 | 0.03% |
| | | 共 0.68 % |

7. 保险费 (Insurance Fee)

(1) 履约保函 (Performance Bond)

有些合同要求承包商在获通知中标后的一段特定时间内，安排银行或认可之保险公司向业主发出履约保证书，保证承包商会履行合同内的所有责任；若承包商不履行合同内的责任而导致业主有损失，银行或保险公司会负责赔偿。赔偿额的上限一般是不超过合同额的百分之十，也有些合同会达到百分之二十（如香港竹篙湾基建第二期土木工程合同）。

履约保函也分两类，第一类为业主书面通知银行或保险公司承包商不履行合同内的责任而导致其损失，业主不需要再提供任何进一步证明，银行或保险公司就需要支付业主自行计算的损失金额给业主，若承包商认为业主错误运用履约保函或损失金额不正确，可向业主索取资料或循仲裁途径解决，其精神是“先赔偿，后审核”。另一类履约保函是需要业主先向银行或保险公司证明承包商不履行合同内的责任而导致其损失及其有关金额，证明充分及满意后，银行或保险公司才会赔偿，这个类型的履约保函是“先证明，后赔偿”。银行批出第一类的履约保函是十分审慎的，一般来说银行会批出此类保函给政府或其有关机构，但要银行批出此类保函与私人机构将会十分之困难。

(2) 投标保函 (Tender Bond)

此类保函是当承包商交标时一并递交银行或认可保险公司发出的保证书，保证一旦业主书面接受承包商的投标时，承包商会履行合同，若承包商在收到中标通知书后仍不履行合同，业主因此而引起的损失，银行或保险公司负责赔偿，赔偿额的上限大约是投标额的百分之十。一般合同条文规定，投标保函的有效期是中标的公司到银行或保险公司发出一份业主可接受的履约保函为止，不中标的公司，在批出合同后，随即退回。

(3) 专业设计保函（Professional Indemnity Insurance）

此类保函一般是用于包永久工程设计的承包合同，保函的目的是银行或认可保险公司保证承包商的设计达到合同及一般的专业水准要求，若此设计日后发觉不符合合同的要求或及一般的专业水准而导致业主有损失，银行或保险公司负责赔偿，因为设计的错误，不一定在完工后马上表现出来，所以此类保函的有效期会比较长，赔偿额的上限并不是跟合同额挂钩；一般要求保函有效期为完工后 6 年，有些合同要求甚至长达完工后 12 年甚至更长，金额由 1000 万～7000 万港元不等。具体赔偿金额由业主根据可能产生的风险评估后确定。

现在合同的趋势是，虽然业主负责永久工程的设计，同时也要承包商安排专业设计保函去保证临时工程的设计不会损害永久工程。

8. 利润和风险的评估

利润和风险本质上是互相牵制的，风险大的工程项目利润可能比较高而且波动会很大，风险少则利润可能比较低但相对稳定，利润和风险的确定要考虑下列因素：

(1) 建筑市场的现况及前景

若市场上的某些承包商拥有甚多工程在手及预测到未来 6 个月也有很多工程推出市场进行招标，在此情况下市场应可承受一个比较高的利润，反之，市场承受利润微薄甚至负利润。例如，1998 年以前，香港迎接回归前后，大兴土木，市场表现蓬勃，承包利润丰厚，而 1998 年之后，香港经历亚洲金融风暴，地产泡沫破碎，承包市场随之下滑，标价低迷，近乎见底，在 2001～2002 年间，工程中标标价普遍低于政府估算成本价 10%～30%；而根据资料统计，政府工程市场中标价甚至已经低至优质承包商成本价的 90%以下。往往一个标的，几千万元的工程，会有十数间公司争夺，市场竞争空前激烈，利润空间压缩殆尽。

(2) 对施工方案及做价的可靠性

在投标策划时，若施工方案考虑得详细周全，施工的风险及不可控制的因素得到充分评估，做价有根有据，在这情况下可以以低利润的标价投标。若施工方案不周全及施工风险不能量化评估，将会导致做价不稳妥，这种情况下就缺乏了博标的基础。同时，这亦涉及工程性质，若工程项目简单，作业平铺直叙，标价必然低沉；若工程项目复杂及限制条件诸多，标价必然活跃。

(3) 公司自身的情况

若公司短期内有不少工程完工及有项目管理班子完成现有项目，公司需要工程接续，这个情况会增加公司去博标的决心，自然就会接受一个比较低的利润。而作为上市公司的承包商，当中期报表或者年报将出之前，为取得暂时业绩，对股民交待，有时也会去低价博标，甚至不惜大幅亏本争夺。

(4) 工程在施工中时的机会

在施工策划时及估算成本期间，通过图纸可以观察出工程设计的水准，例如工料单的完备性，合同条款及规格要求的紧密性，图纸与工料单的配合性，及替代方案的可能性等。若设计不完备，合同和图纸与工料单充斥着漏洞，这样就令到承包商在施工中充满索赔的机会，亦表示在不增加支出的大前提下而增加收入，这个潜在机会往往会使承包商把标价压低。

(5) 竞争对手的分析

每一项投标往往有数家承包商有浓厚的兴趣，从市场上的蛛丝马迹，不难猜到谁是这项投标的最大对手，在决定利润前，要分析这些对手的长处及短处，其“去标”的惯性及长期的作风，所以，无时无刻，必须多听多问，即所谓“知己知彼，百战不殆”。

(6) 对工程材料价格及人工工资的趋势的认知

在确定利润时，必须要有整体社会趋势认知，例如：世界局势对进口材料，如钢材、水泥及燃油价格的影响，人工水平的预测，混凝土的需要情况等等，这些风险可以以标前协定或定点供应合同去化解，这样才可以避免太多预留的风险金额而推高标价。

例如，钢材价格波动风险分析。在2001年初，香港钢材市场价格，加肋钢筋售价一直在1600港元/吨左右平稳，到了下半年，受伊拉克紧张局势、石油价格上扬，以及中国国内大型工程开工、汽车工业发展的影响，钢材价格开始启动上升，至年底价格已经升至1900港元/吨左右。2003年，尽管伊拉克战事结束，石油价格回落，但由于中国、印度、中东及前苏联地区钢材需求量持续上升，美俄出口钢材减少，导致钢材价格呈上涨趋势，同时市场走势刺激消费市场大量储备，钢材价格一路上扬，2003年4～5月，曾达2650～2750港元/吨高位。而且随着世界经济的复苏，钢材价格短期内必将保持高位，并将持续上涨。

而根据国家发展和改革委员会资料，2003年中国钢铁产量将达到2.1亿吨，将高于日本和美国产量的总和。但受南水北调等国内大型工程开工，以及城乡房地产、汽车工业的拉动，今年中国进口钢材将达到3000万吨。这些消息都表明一个资讯，2004年上半年，钢材价格将持续上涨，达到一个新的高位。

(7) 利率

当工程复杂，合同额很大时，或者银行利率较高时，利息对承包商的影响不可以忽略。在香港建筑市场，根据规则业主不会向承包商预付任何款项。承包商只能在完成工作，并获得业主认可之后，才可能取得业主的支付，因此承包商需要垫支施工。当工程合同额巨大时，有时垫支额会达到数千万甚至上亿港元，此时如果银行利率较高，必然将给承包商带来较大风险。因此，在投标时，有必要根据进度安排，进行财务预测，尤其是要对每个月的流动资金需求额进行认真详细预测，考虑银行的利率风险。

9. 总成本价的确定及复核重点

当总成本价汇总后，需要独立复核，但是详细地把每个单价审核，基本上是不可能的，因为短促的投标时间并不容许这样做，下列几个做法可以从重点单价及整体大致总成本去核算。

(1) 应先确定哪些单价或哪一组工程项目占总成本的重要部分，若这些单价是自行做价，做价的结果应跟分包商投标时的报价比较。若有大的差距，应跟报价的分包商了解其报价的基础及假设。同时，自行做价和投标时分包商的报价可以跟最近分包的类似工程的分包价比较，但这个比较要在同等条件下才有意义，应仔细分析这些不同来源的单价存在差别的原因，才应决定采纳哪一个单价作为成本的基础。

(2) 总成本价亦可跟以往整项工程的单价比较，例如：房屋工程中，每平方米房屋建造价；土木工程中，每平方米的现浇拉力混凝土桥面价，每平方米的每公里运输费，每平方米的黑色路面高速公路价等等单位价格。

(3) 估算后的总成本价亦可跟业主的工程额预算比较，业主招标前，一般会由聘请的顾问工程师根据最新的市场情况做一个工程投标价的预算，这个预算金额会同最高的保固金金额，工程第三保赔偿上限，履约保函金额或不可预见费的预留金之间有一定的比例关系，所以，若细心分析业主在合同上对上述项目的金额要求，不难推测到这个总成本价跟业主预算价的比较，但是有些合同有很大的偏差。

## 第四节　确定标价过程中的各类技巧及手段

同一项工程，不同公司之间报价会存在很大差异。但是，标价的组成基本相同，都是由开办费、工程费、保险、税金及风险和利润等项目组合而成。差异原因何在？不同的报价策略及策划的方案（永久工程）使然。

业主在招标之时，通常大部分设计都已经委托建筑师/工程师设计完成。建筑师/工程师根据业主要求，会提出一套相对完善的设计。但实际上，针对业主要求，可以满足的方案可以有很多，不同的建筑师/工程师会根据自己的经验提出不同的设计。因此，在投标时有经验的策划工程师便有机会发现其中的可修改/变通之处，甚至不合理之处，便能够据此提出替代方案，降低造价或者提高品质赢得业主青睐。

### 一、替代方案的做价技巧

替代方案的处理手法有两种，其一是投标时就详列替代方案的内容及明确落实可以省下多少成本。这一种手法并不存在什么技巧，只是把替代方案真正可省下的钱减去设计费、设计审核费、风险费和想保留的利润，得出节省的结果，在出标时给业主作为建议。第二种手法是在投标时，不作出替代方案的建议，但在投标过程中会预先减去部分因替代方案而省下的工程成本，待中标后才跟业主提出，经过讨价还价，跟业主达成省钱的分配协定。若采取这个手段，就要把将被替代方案省掉的工料单项目的出标单价调低，这个做法使业主独立评估替代方案的经济效益时，会得出一个比真实情况优的经济利益。若替代方案被接受，承包商退回给业主的金额也相对地减少；但因替代方案所涉及的工料单项目也可能在其他没受影响的地方出现，为了连贯性和合理性，这些相同的工料单项目也应抄同一个低价。这种做法虽对替代方案有利，但对未来可能发生的加账项目则会有一定的风险。

替代方案中需要特别注意的是，那些将被替代方案取代的工料单项目的单价不能调得太低。若然单价太低，相对的表面经济利益会太少而对业主没有吸引力，使业主认为没有替代的必要，所以调低价与替代方案的经济利益应要取得一个平衡。

### 二、工料单上成本的移动和单价的调整技巧

正常的投标中，每个工料单项目代表施工的成本、管理费和利润的总和，但若每家公司都是这样投标，标价的差距将会很小。事实不是这样，为了获得合同，大部分承包商都会找寻工料单的漏洞或错误，在有关的工料单项目的单价上作不正常的调整，其目的是既

可降低投标价亦同时埋下伏笔在施工期获得最大的经济利益。若对成本单价在工料单上作技术性调整，必须具备下列三个条件：

● 对这个工程项目的计量方法完全了解及明白；

● 对调整单价的工程项目的工料数量，自己公司必须独立重新进行计量；

● 将图纸、规格及计量方法互相的关系及冲突充分发掘，合理利用冲突。

以下简述调价的一些方法及隐藏技巧。

**（一）负利润及负管理费**

业主在招标时，把一些未有详细设计及未能确定做与不做的工程项目也一并放在标书的工料单内（即不确定项目），正因这些工程没有详细资料，所以每项工程业主的顾问工程师会在工料单内立一个独立项目及列出它们的成本估算价（例如：广东道泵房内水泵一个——100万元）。这个工程师写在工料单上的估算价代表这项未定的工程对承包商的成本，但合同规定是每个工料单上的工程项目承包商都应该有利润及管理费，所以在工料单内工程师会加上另一个项目是需要承包商填上一个百分比去代表他们如进行这项未定工程所要收取的管理费及利润；若顾问工程师对这些未定的工程成本估算过高，承包商便可选择填上一个负数的百分比，但在其他的项目上加回估计会因做这项未定工程所涉及的管理费、利润及亏损（因业主在承包商的成本上扣回这个负百分比）。在一大减（工程师成本估算过大）及一小加（真正成本比工程师估算小）的相冲下，致使总标价下调，可增加中标机会。但这个做法，要对一些未有详细资料的暂定工程项目要有准确的把握，尤其是成本是否过低，这个暂定项目业主是否在合同中予以取消等，否则就会有风险。

例如一项工程中，工程师在工料单估算广东道泵房一个水泵是100万元，但承包商的成本价是10万元，承包商在这个未定项目的利润及管理费填上－70%，标价可以即刻减去70万元，但同时承包商在这个项目只可以收回3万元的成本，即实亏损7万元，所以承包商必须在其他工料单项目加回7万元，最终结果是标价降低了63万元（减去70万元之后加回7万元）。

**（二）入错单价**

承包商在投标过程中应对一些主要工程项目及有怀疑的工程项目独立计算，以便跟工料单上的数量比较，若自己量出来的数量比工料单大得多，为了增加工程收入，当然在这些工料单项目上填上一个比成本大的单价。反之，若自己算出来的数量比工料单小得多，为了要减少虚工程收入及把标价放在一些收不足钱的地方，当然在这些工料单项目上填上一个比成本小的单价，但公然把单价夸大及缩小是会引起业主和顾问工程师反感，因为这些不正常单价是其工料单错误的反映，为了掩饰夸大及缩小的意图，承包商必须找出一个合理的理由向顾问公司解释，解除其疑虑，使顾问公司相信，并非利用顾问工程师的失误去图利。在自己公司独立计算是准确的大前提下，这个夸大及缩小单价的手法不单单可以增加利润，承包商还可以把部分的投机性利润从标价中减去，标价降低后，中标机会自然增加。但是夸张性单价会即时带来下列两个问题：

(1) 夸大单价涉及一大笔钱从其他工料单项目抽调到数量错误的工料单项目中，所以，必须找寻一些真正施工时其工程数量只会减少，很少机会增加的工料单项目，再从这些数量封顶的工料单项目调钱去需要夸大单价的项目，从这点可以看到一个单价夸大，一定有其他项目的单价或价钱被拖低，这些价钱或单价被拖低的工程项目要小心选择，否则公司会误入自己设下的陷阱。同样，减小单价亦涉及一大笔钱搬到其他工料单项目，这些隐藏或接收大笔银码的项目要肯定不会被业主或其顾问工程师删除，最理想的做法当然是夸大单价的银码从缩小单价的项目中调来。

(2) 夸大及缩小单价的工料单项目，在整个工料单中可能重复出现，若所有相同的工料单项目都是统一用夸大及缩小单价，会涉及很大笔从其他工料单项目调入或调出，这样会严重扭曲其他数量正确的工料单项目单价，这种情况下，要精心研究合同中的量数方法，研究相同项目在工料单的不同地方有不同的单价对公司日后争辩的地位影响，确定能否找一个合理的解释借口。事实上，相同或类似工料单项目，在不同地方有不同单价是很危险的事，但很多时候也需要采用这个做法。

从上述事例及分析可以看到，在投标过程中，承包商的工料测量师在投标过程中起着一个十分微妙的作用，这个量数后勤支援是十分重要的，如忽略这个环节所带来的机会（中标及日后增加的收入）会大大地削弱公司的竞争力。

**(三) 空白单价**

土木工程合同条文是用图纸及规范去界定工程的范围及要求，工料单上的工程项目并不是用来定义工程的范围及要求，所以当工料单有些工程项目，图纸或规范都没有提及，这个工料单项目在合同上是没有意义的，因其要求不能准确无误的界定，就算日后加账涉及这些项目，其单价也需要重新厘定；在这种情况下，承包商会选择留空这个项目的单价，虽然留空跟“零”单价是一样，但它的含义是不一样的，留空可解释因图纸规范无具体要求，无法计算出这个项目的单价，并不是投机性的把单价故意放“零”。反之，若有些工程项目在图纸上或规格有提及，但工料单却没有这项目，即是漏项。在施工中，业主的顾问工程师必须根据合同上其他相同或类似的单价补回工料单这个项目。若发现工料单漏项，承包商可以夸大工料单类似或工料单其他部分的相同项目，这些特殊或投机性利润均可帮助调整与降低标价，增加中标的机会。

部分房屋工程合同也采用图纸及规范界定工程范围及要求，也可用此技巧。

**(四) 零单价和负单价**

在投标做价过程中，工料单中有的项目（Item）如事前可以确定在工程实施过程中不会出现，或顾问工程师和业主肯定要取消这个项目不做时，可以将该项目的单价定为零或负数，这样可以将总投标价降低。假如其他竞争对手发现不了会发生这种情况时，在相同情况下，可以大大增加中标的机会。

**(五) 保护性单价**

一些工程项目业主的顾问工程师收货标准十分严格，若这些工程项目不被工程师完全接纳，中期工程款不能得到这个工程项目在工料单中的全值支付，而且有些合同责任根本就算完工也可能未能完全满足工程师的要求。这些相关的工料单项目就应抄低价，把其确实成本放在其他肯定可收到全值的工料单项目群中。例如：工程保险，工程师对保单的要求十分苛刻，在一般的保险市场根本买不到，所以保险保费这个工料单项目就应该抄低价，例如数百万元的保费抄 1 万元。就算工程师扣款待保单满足要求后才支付全值，对工程的现金流量也没有影响。而且刻意抄低了的保险费用可以加在开办费中的某个项目中。

一些工料单项目对工期长短有即时及直接关系，若工程复杂工期很大机会会延长，这些对工期有关的工料单项目就应抄高价，例如：工程师交通运输，保养及运行，工程师项目写字楼运行等等。

**（六）开办费调整**

在大型或者复杂工程中，工期延长现象时有发生。工期延长的原因是多方面的，例如设计变更，施工不当等。通常，工期延长时，无论是业主原因还是总承包商原因造成，承包商都很难获得业主开办费补偿。因此，当预期工期不够，有可能延期之时，可以采用开办费低报价，工程费适当高报价，将减少的开办费部分搬入工程费中分担，以期降低风险。另一方面，无论政府工程还是私人工程，交标后都有可能面临业主议价要求。尤其是私人工程，交标后一定会被业主要求议价降价，此时如果仅仅降低开办费必然为业主所不接受，而且有时业主为了强迫投标承包商降低工程造价，会要求冻结开办费，不接受开办费降价，仅对工程费进行议价。此时，预先的开办费调整就可以确保工程费即便减价也不至于价格过低，避免或者减少因为工程量加减而造成的经济损失。

**（七）包设计及不再量数工程合同**

上述的调整单价技巧只适用实量实度（或重新量度工程量）的工程合同，包设计合同及不再量数合同承包商需自行负责工程数量。在这种情况下，上述技巧便不适用，承包商在投标这些合同时应尽量复核主要工程数量，工料单内的一切错误，承包商是无从索赔的。

## 第五节　最后投标总价的确定

“知己知彼，百战不殆”，最后的投标标价建立在对市场的正确把握与对自己公司实力的准确分析之上。

### 一、市场容量及价格分析

市场受价值规律以及各种因素左右千变万化，价格波动对企业的经营结果则举足轻重，甚至关乎生死。公司在投标之前，一定要对市场有一个相对准确的把握与预计，因此不但需要一个定性的结论，还需要有一个定量的指标来指导标价。

定性分析能够给出市场的大体走势，以及竞争态势，对于整体标价走势有一定意义。但定性分析只能给出大的趋势，无法给出变化范围幅度，不能指导具体的投标工作。因此，定量分析显得十分必要与重要，定量分析能够给出市场的具体变动指标比例。

但对于私人工程，由于投标后议标过程保密，合同条件以及标价通过谈判最终确定，因此竞争对手标价资讯无法获得。而且，许多房地产发展商采用一体化经营，本身拥有或者控股建筑公司，即便获得其标价资讯，由于合同情况变化，其标价也就失去了参考比较意义。好在政府工程投标，全部程式公开透明，没有投标后讨价还价的过程。因此，政府工程的投标价格在交标后通过交换标价即可得到，这使得定量分析便成为可能，而且成为一种衡量市场变化的重要工具。

**（一）承包市场容量分析**

市场容量是价格变化的重要依据之一。当市场容量大时，需求旺盛，而持牌承包商数量短期并无变化，标价必然升高，对承包商十分有利；当市场容量萎缩之时，供求大过需要，标价必然下挫，对承包商经营造成压力。

全年市场容量预测可以根据政府统计资料，以及国民经济分类报告进行。对于局部地区，则可以根据该地区的统计以及规划资料进行分析。统计资料能够说明过去的执行情况，也能够对近两年的走势有个预判。

例如，对于香港市场，我们根据香港政府统计处资料，给出香港近十年建筑市场容量变化图 3-6 所示。

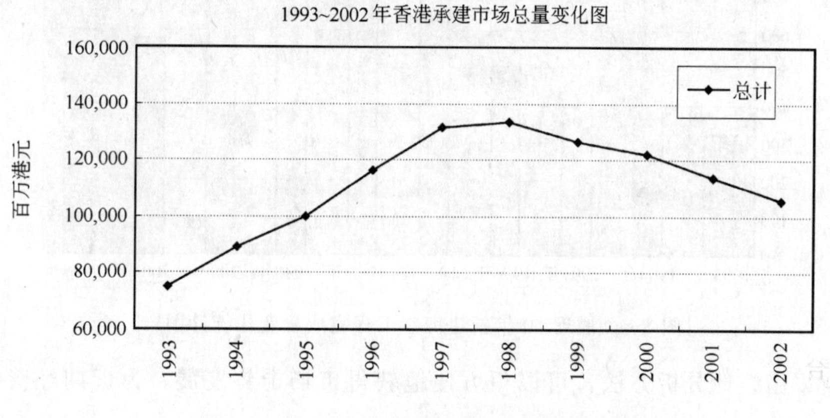


图 3-6　最近 10 年香港市场容量变化统计图

从图 3-6 中可以看出，自 1997 年金融风暴爆发以来，由 1998 年开始，市场总量逐年下降，下降速率约 7%左右，趋势明显。由此，我们就可以初步推断，如果没有大的利好措施可以刺激到整个地区经济，2003 年市场容量仍将呈下降趋势，下降幅度约为 7%。

而图 3-7 给出的则是私人工程与政府工程的近年走势。由图 3-7，可以看到，私人项目对市场极度敏感，金融风暴之前，房地产市场一路造好，私人项目发展增势迅猛。而金融风暴之后，地产泡沫破裂，私人工程总量急剧下跌，至 2001 年左右，香港经济逐渐跌稳，政府救市，推出楼盘数量开始减少，私人工程随之靠稳，至 2001 年之后，政府决意淡出房地产市场，私人工程总量随之回升。

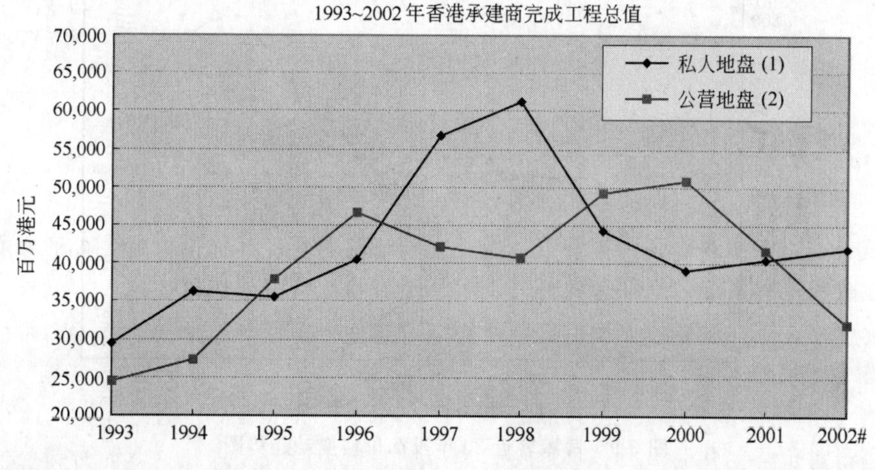


图 3-7　最近 10 年香港承建商完成工程量变化统计图

而如果具体到房屋工程，则可根据图 3-8 走势可以判断来年大概容量。由图 3-8 所示，自 1998 年起，市场新落成楼宇工程总值开始逐年递减，幅度超过每年 50 亿元。由于 2003 年并无重大利好，因此，初步预期市场总量仍将持续下降，降幅不变。

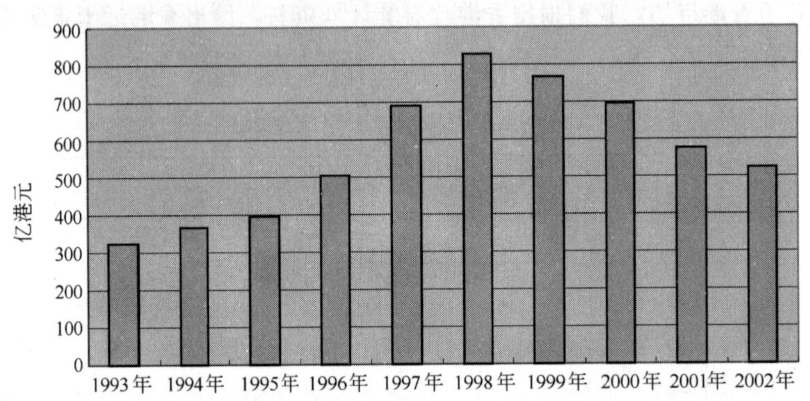


图 3-8 最近 10 年新建房屋工程完成量变化统计图

显然，采用统计分析方法，可以很方便地获得市场走势发展，为近期经营提供决策依据。

**(二) 投标价格走势分析**

1. 政府或者招标机构公布的投标价格走势

价格不但是企业关心的问题，也是政府以及专业招标机构关心的重要问题。对于总的价格走势，最直接的来源可以从政府统计部门获得，或者通过招标代理机构处获得。图 3-9为根据香港政府统计处资料制作的香港政府房屋署工程二十年价格走势。由图 3-9 可以发现，香港房地产市场价格爬升到 1998 年的最高位，自 1999 年起，一路急剧下跌，截至 2002 年仍无止跌靠稳的迹象，市场预期不理想。

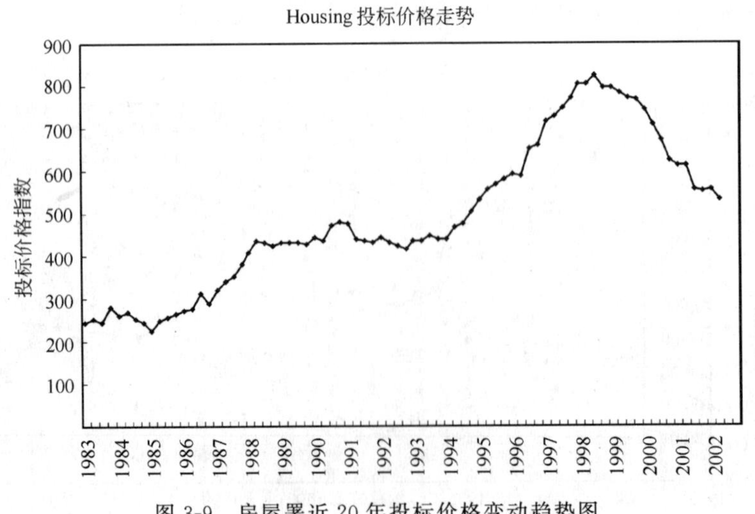


图 3-9 房屋署近 20 年投标价格变动趋势图

通常政府工程相对比私家工程价钱更公道，此一曲线对于私家工程也很有指导意义，相信私家工程跌势更猛。

2. 投标造价与市场承受价格分析

根据统计，在成熟完善的市场，优秀承包商的投标命中率也很难超过 20%，通常徘徊在 15%～20%之间。而作为一家具有一定历史的承包商，即便每年只做成两三项合同，参加的投标也已经有 10 多项甚至 20 多项了。因此，每一家承包商自己都掌握有大量的历史价格资讯。而这些历史价格资讯加上自己公司的经营状况、管理水平等，最能反映市场价格的变化，以及市场价格与自己承受能力之间的关系。

下面例子是根据某公司一批政府工程资料进行的定量分析（表 3-1）。

**某时段投标价格资料表**（根据投标时间早晚顺序排列） **表 3-1**

| 工 程 名 称 | 投标部造价 X（亿港元） | 市场最低价 Y（亿港元） | 比率 Y/X（%） |
|---|---|---|---|
| A | 531.04 | 482 | 90.77% |
| B | 761.78 | 713 | 93.60% |
| C | 638.42 | 578 | 90.54% |
| D | 808.93 | 731.8 | 90.47% |
| E | 607.95 | 545 | 89.65% |
| F | 966.15 | 844 | 87.36% |
| G | 862.22 | 793 | 91.97% |
| H | 450.11 | 404 | 89.76% |
| I | 190.97 | 173.5 | 90.85% |
| J | 998.8 | 911 | 91.21% |
| K | 158.9 | 140.8 | 88.61% |
| L | 713.47 | 620 | 86.90% |
| M | 461.25 | 405 | 87.80% |
| N | 523.91 | 441 | 84.17% |
| O | 54.19 | 40.5 | 74.74% |
| P | 314.52 | 294.3 | 93.57% |

将以上资料线性回归，可得到如下规律（图 3-10）：

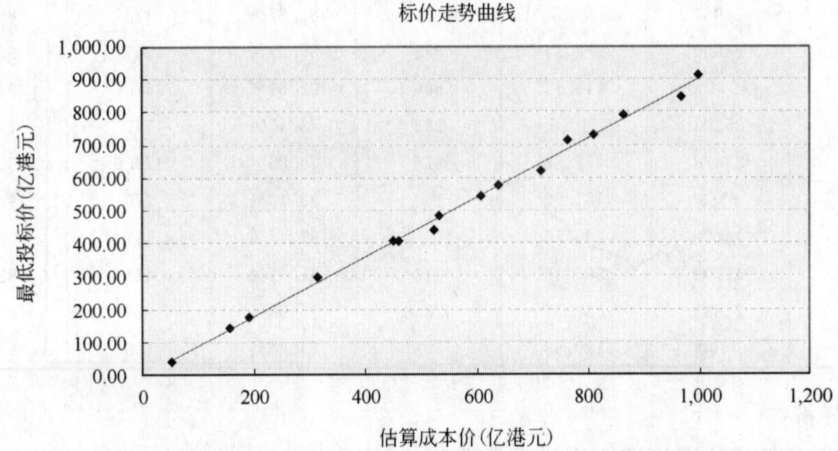


图 3-10 市场最低标价与估算成本价关系曲线图

$$y=0.9059x-4.6878$$
$$R^2=0.9965$$

其中，

$y$ 指市场最低投标标价；

$x$ 指公司所做出的成本投标；

$R^2$ 为方差系数。

当设定截距为 0 时，则可以得到：

$$y=0.8992x$$
$$R^2=0.9964$$

显然，由此可以得知该段时间期间政府工程标价总体情况为：最低标价仅为公司核算造价的 89.92%，即不足造价 9 成。

配合招标体系的不同，有时需要知道第二低标的走势，以及第二低标同最低标之间的差距状况。下面是对一段时期的最低标与第二低标的定量分析（表 3-2）。

**某时段 20 项政府工程估价资料与最低标资料表**

（根据时间早晚顺序排列）　　**表 3-2**

| 项目名称 | 总建筑面积 | 投标造价 X | 最低标价 Y1 | 比率 Y1/X | 第二低标价 Y2 | 比率 Y2/X |
|---|---|---|---|---|---|---|
| P-1 | 14560 | 312.96 | 299 | 95.54% | 303 | 96.82% |
| P-2 | 47441 | 566.94 | 532 | 93.84% | 536 | 94.54% |
| P-3 | 40010 | 485.9 | 447 | 91.99% | 493 | 101.46% |
| P-4 | 47441 | 422.07 | 343.2 | 81.31% | 349 | 82.69% |
| P-5 | 42500 | 611.95 | 572 | 93.47% | 585 | 95.60% |
| P-6 | 104100 | 989.21 | 921 | 93.10% | 949 | 95.94% |
| P-7 | 18000 | 352.86 | 315 | 89.27% | 345 | 97.77% |
| P-8 | 24081 | 344.92 | 315 | 91.33% | 317 | 91.91% |
| P-9 | 24200 | 294.67 | 259 | 87.89% | 263 | 89.25% |
| P-10 | 14931 | 215 | 184 | 85.58% | 188 | 87.44% |
| P-11 | 14931 | 206.7 | 177.5 | 85.87% | 178 | 86.12% |
| P-12 | 28800 | 373.24 | 333 | 89.22% | 357 | 95.65% |
| P-13 | 104100 | 719.11 | 666 | 92.61% | 670 | 93.17% |
| P-14 | 35203 | 310.5 | 228 | 73.43% | 242 | 77.94% |
| P-15 | 24476 | 222.88 | 178 | 79.86% | 179.6 | 80.58% |
| P-16 | 5563 | 181.62 | 160 | 88.10% | 170 | 93.60% |
| P-17 | 14278 | 205.55 | 179.8 | 87.47% | 187 | 90.98% |
| P-18 | 41700 | 505.46 | 413 | 81.71% | 416 | 82.30% |
| P-19 | 22883 | 337.37 | 323.8 | 95.98% | 322 | 95.44% |
| P-20 | 7500 | 180.98 | 153 | 84.54% | 169 | 93.38% |

回归分析：

$a$）市场最低标价同投标造价关系公式：

$$y_1=0.9506x-22.685$$
$$R^2=0.99$$

如果截距为 0，则有

$$y_1 = 0.9049$$

$$R^2 = 0.9871$$

显然，由上式可知：市场最低标价为成本价的 90.49%左右。

*b*）市场第二标标价同成本价之间关系公式：

$$y_2 = 0.9692x - 18.988$$

$$R^2 = 0.9868$$

如果截距为 0，则有

$$y_2 = 0.9309x$$

$$R^2 = 9848$$

由式上可以得知：市场第二标价为成本价的 93.09%左右。

上述资料回归曲线如图 3-11、图 3-12 所示。

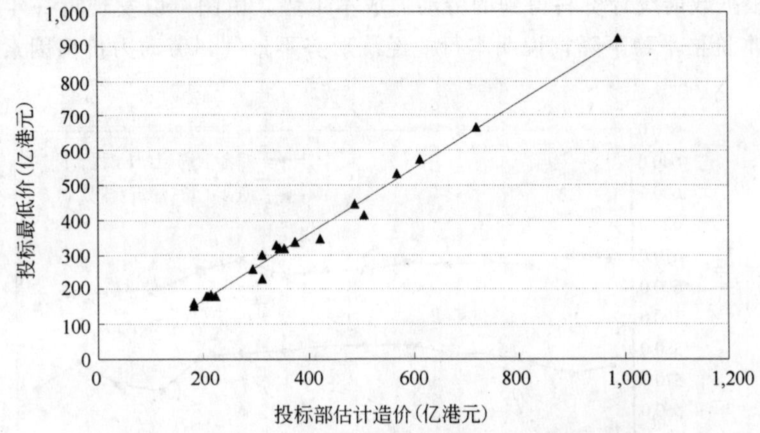


图 3-11　政府工程市场最低标价与估计造价关系曲线图

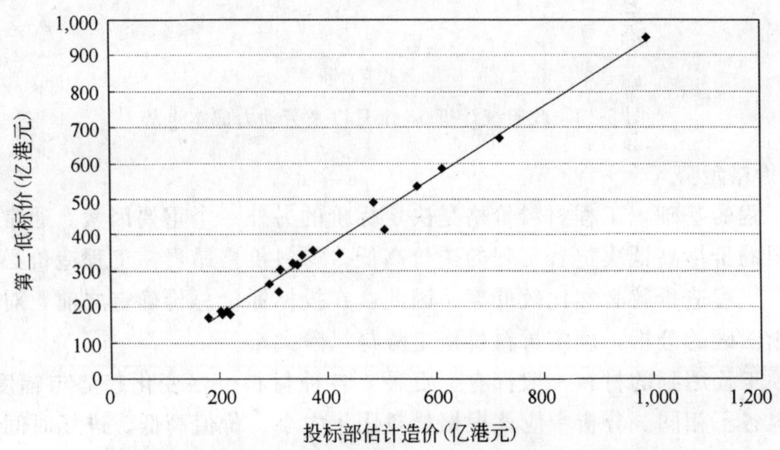


图 3-12　政府市场第二低标价与估计造价关系曲线图

### (三) 其他投标影响因素

1. 人力资源成本与劳动力成本

在标价组成里，人力资源成本仅出现在开办费中。随着经济的发展，人力资源成本总的走势是不断升高，但建筑行业属于传统行业，增长速度、幅度相对十分有限，对标价影响不大。

由于建筑业属于传统行业，同时也属于劳动密集型产业。一项普通房屋工程用工往往过万，大型工程用工动辄几十万、几百万，都不鲜见。因此，劳动力成本对工程造价起到重要作用。不同的地区，劳动力成本水平高低也不相同，对于市场成熟的发达地区，劳动力成本相对较高，反之较低。例如，在香港，一个绑钢筋工人一天的工资大概是港币一千元，而工作量则大概是弯钢筋或者绑 500 公斤左右，500 公斤钢筋的市场价格也在一千港元左右波动，劳动力价格同材料价格基本相当，显然，此时劳动力成本对标价的影响举足轻重。

显然劳动力价格走势也是投标估价的重要影响因素，必须加以重视，进行分析。图 3-13是一组根据政府统计资料得到的劳动力成本走势。由图可以发现近一年以来，香港劳动力市场成本价格平稳下降，说明本行业经济形势不景气，劳动力价格因素方面仍有下降空间。

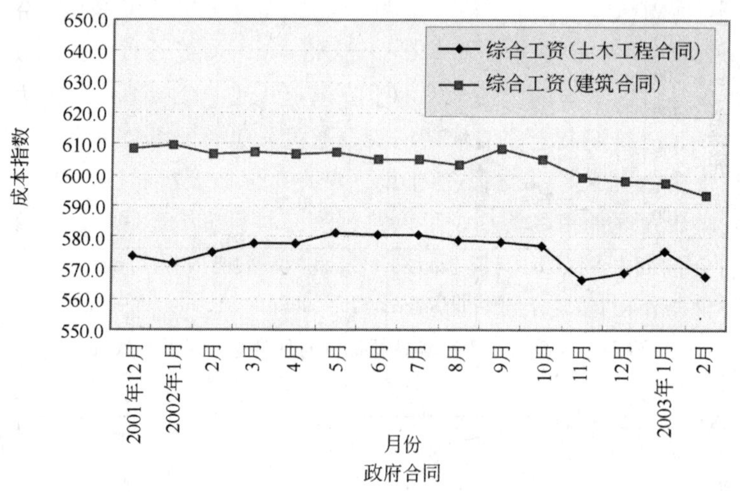


图 3-13 政府统计近 15 个月以来劳动力成本走势

2. 材料价格走势

材料是工程的基础，工程材料价格是决定标价的另外一个重要因素。通常对于一般结构，工程材料的价格高低决定着工程的造价高低，材料价格昂贵，工程造价必然就高，材料价格便宜，工程造价就必然比较低廉。因此，在投标标价总价确定之前，对工程材料应该有一个清晰明确的分析，确定材料价格走势与风险大小。

普通一项工程用到的材料一般都有上百种，各种材料价格变化趋势与幅度各不相同，受影响因素也各不相同。分析中应该根据材料用量大小、价值高低、进场时间、使用周期等进行区分，对于用量大、价值高、周期长的材料需要加以重点考虑。例如，普通的房屋建造工程，钢材、混凝土是使用比例较大、周期较长、价值较高的材料，价格的波动对承包商的利润影响巨大，必须首先加以考虑。其次，一些装饰工程材料，例如木门窗、封面板（cladding）、幕墙（Curtain wall）等都可能价值不菲，需要具体区别加以考虑。而土木工程，除了钢材、混凝土之外，砂石料、预制件、缆索等都可能是需要考虑的。

图 3-14 为根据香港建材市场钢材价格资料绘制的价格变化图，对于预测投标价格与风险具有一定指导意义。

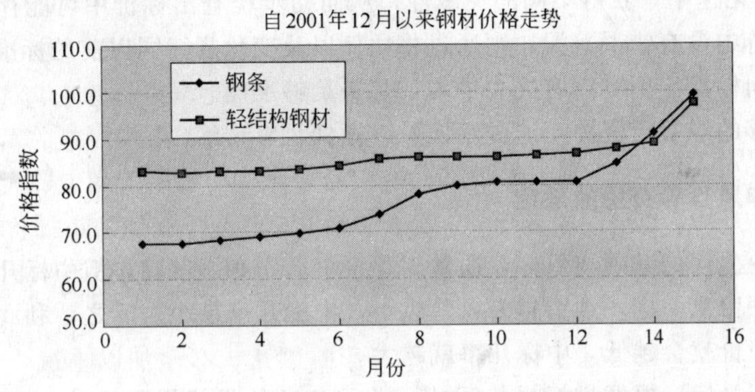


图 3-14　近 15 个月钢材价格变化图

3. 分包价格走势

建筑市场的总分包体系类似一个神经系统，总包商是骨干，分包商是分支。对于价格的变化往往作为末梢神经的分包商感觉更加灵敏。因此，通过分包价格可以较准确地判断市场价格的变化。分包商承担的是最基本的工程内容，对于依赖出卖劳动力为主的分包科目，例如绑扎钢筋、浇筑混凝土、清洁杂项等，通过分包商的承包价格，可以比较准确地判断市场劳动力价格的变化，并与最初的市场劳动力价格分析相互印证。对于材料供应商，则准确地反映着现时的市场价格，可以对预测的材料价格进行印证与修正。而对于涉及到提供材料的分包商，例如，支模板、GRC、幕墙等则根据其报价可以对前期的材料价格以及劳动力价格作出的综合判断加以印证。

通常来讲，分包价格是对整个价格走势的一个综合，可以比较全面地反映市场实际，是确定标价的重要参考。而单项的市场走势分析、劳动力分析、材料价格分析则具有一定的前瞻性，也是投标时必须加以参考的重要依据。标价的最终确定，有赖于对这些资料的全面考虑与判断，不能过于简单化。

## 二、成本估价的准确度分析

很多时候，承包商作了很多估价分析工作，也分析了各种影响因素的价格走势，对自身经营实力都作了评估，却仍难以中标。这其中的原因是多方面的，除了外部市场以及自身经营能力的原因之外，成本价估算准确度不够也可能是一个比较致命的原因。

估价师的职责就是要确保作一个符合市场条件的可靠的成本价。因此，对成本估价的准确度进行分析判断十分重要。一方面，由于现在大部分繁琐的作业都依赖资讯系统去处理，在操作人员录入过程中，出现资料错误也不是没有可能，一个小数点的错误有时会导致前功尽弃，给承包商带来致命麻烦。例如，在香港曾有承包商在交标时因为遗漏几页 B. Q. 而丢失即将到手的合同额达数十亿的工程。另一方面，影响标价的因素较多，主次会因形势不同而发生变化，不具备严格确定性。而且不同的合同，工程内容会有变化，也将导致不同因素的影响程度有所不同。此时，对最后投标价格的准确度进行验证就具有一定意义。

简单的标价检查可以通过灵敏性验证来实现。将标价根据工程类别划分为不同部分，分别计算占总标价的比例 Ra。之后，通过改变工程数量、单价价格或者可变因素可以获得比例 Ra 的变化速率，获得不同的灵敏性，从而初步检查出标价中可能存在的错误或者漏项。如果标价中没有错误遗漏，则通过将比例以及变化规律同以前的标准样板相比较的方法，可以判断标价比例有没有失去平衡，是否足够准确。

如果有足够的经验与资源，这种验证可以做到足够精细。

### 三、利润和风险等费用的确定

利润是企业生存的基础与目标，通常工程报价高，利润就高，但中标几率小。对于工程风险费用的预留也一样，预留越多风险越小，中标几率越小。反之，利润越低，风险费用预留越少，报价就会越低，中标几率就越大。

一般的工程投标，根据投标报价程式，总承包商的投标报价简单的可分为三部分组成：开办费、分包商报价、利润和风险费用。作为总承包商，对自己的盈利能力以及成本水平都会有一个清楚的认识与界定。因此，常规情况下，利润和风险等费用可以作为一个百分比（例如 10%），在所谓的成本价（开办费＋工程费）之上乘以该百分比，即可得到投标报价，即：

投标报价＝（开办费＋工程费）×利润率

事实上，由于各个不同的工程具有不同的内容与特性，简单的根据一个利润率来确定投标报价并不能做到准确的利润预测。因此，实际操作中即便确定利润，也大都根据工程类别以及内容，预期一个固定金额的利润（例如：政府房屋工程 3 亿港元，工期 2 年，预期利润 1200 万港元）。然后在成本分析的基础上摊入各个具体项目之中，即标价组成为：

投标报价＝开办费＋工程费＋固定利润

事实上，分包商的投标报价与实际的分包报价一般都存在一定差距。作为总承包商，可以通过手中掌握的实际分包情况，对分包商的投标报价有一个比较精确的评价，从而在综合分包商报价时能够预期到自己的利润。因此可以看作分包商的报价已经包含了总承包商的部分利润。同样，材料供应商亦然。但是由于投标报价中，分包商的报价很多时间可能包含附带条件，不能完全满足业主要求，此时就需要将附带条件作为风险进行分析，根据以往分判资料，对该部分附带条件可能带来的价格风险给出量化，并将之加入分包商报价之中，综合出最终报价。因此，利润与风险费用已经包含在分包商的报价之中。利润与风险费用的准确确定需要通过自己做价或者对分包商报价的利润分析来最终确定与调整，即：

利润与风险费用＝最终报价－开办费－分包商实际分包报价

### 四、商业和行政决定

在上文已详细讨论总成本价要考虑的要点，总成本价是通过资料的处理及分析所得出来的科学化结果，风险的量化也是根据已往历史性的资料，配合现在所面对的不明朗的问题，应用工程知识及估价技巧的分析。但最后的出标价是根据科学化的估价而作出非科学化的商业决定，有规模及上了轨道的承包商在成本估算上相差很小，这就是非科学化的商业决定使得各承包商的标价不同，若最后确定标价也是科学化，各承包商的标价就不会出现与现实情况这么大的差距。就以分析竞争对手为例，纵使能够掌握谁是这项工程的最大竞争者及把这个竞争对手的优势及劣势都量化后去推测其可能的出标价，大多数情况下，事前的推测是不准确及差异甚大，因为影响标价的因素很多，综合多年的投标经验，科学化分析对手出标价是错多对少，很多事例可以证明，事前估不到的对手，往往会突然跑出来，即常说的“黑马”。这就说明，最后定出标总价是个别公司根据市场形势和自身所处地位与环境等综合因素在刹那间的考虑与决定。以下这些情况在以往投标的工作期间发生：

1. 股票上市

若一家承包商想把公司在股票证券市场上市，必定在即将上市的几个月间，大幅地降低标价以求中标，上市公司讲求业绩，若然连工程也接不到，何来谈利润及前景，只有有了营业额才有盈利的憧憬，公司上市后，规模扩大及有证券市场资金来源，再加上控制成本及良好的管理，上市前接下的低价标是有机会转亏为盈，但若情况不能扭转，很快低价抢标的策略就要停止。

2. 升牌照

例如，香港规定需要完成某一金额的工程才可升牌，当公司有最高的投标牌照，公司的价值随之大幅上升，所以当某个工程的金额是可以帮助升牌，该项标的竞争必定异常激烈。在过去几年，这类型的投标，竞争者十分多而出标价更大大低于成本，这个肯定是商业考虑，因为所亏的金额可当作对公司最有价值的投资，当公司升牌后，公司的资产值上升可以远远弥补单一工程项目的亏损。

3. 停牌前

若某一承包商犯了严重错失，在特定时间后，将会停牌一段时间，即是在这段停牌期间丧失投标资格，为了保持公司规模及营业额，这些公司在停牌前会用极低价抢标，很多时侯出标价也会低于估算的成本。

4. 打开市场

承包工程技术含量低，是个入行容易的生意，所以很多外来及本地的承包商来本地市场找寻机会，若要快速打入市场，头一两项是会用低价抢标以便手上有工程去建立本地的承包力量。但从香港的情况来看，过去几年，很多新来的海外或内地的承包商低价抢到头一两项工程，往往都因中标价太低又缺乏本地经验和管理不善，最终都做不下去而要中途放弃回国。

例如，在过去十年，香港的土木工程市场在每段期间均有承包商有着不同的商业原因，在市场上削价竞争，所以在这段期间，根本就没有一个所谓健康和正常的利润，形成了承包土木工程是一门克服很多困难才可以继续经营的生意；跨国的承包商在香港的活动转趋淡静就可说明一切。

商业和行政决定，主要是投标项目的最终决策人在充分考虑了多种因素和做标的质量以后，根据他个人的经验、灵感和直觉决定一个最后投标总价，他作出的决定就是最后决定。他在作决定的时候，只需极少人甚至仅他一个人知道，这主要是因保密考虑而为。

## 第六节　评标体系的影响

香港的评标体系内容已经在第一章第五节有了详细阐述，此处仅简单阐述其对承建商投标的影响。

香港政府现在评标的方法和细则及与以往的评标方法作个简单对比分析。

### 一、香港政府以往的评标的方法

规模不大难度不高的公共工程一般都是公开招标（Open Tender），凡符合资质要求的均可投标，采取价低者得的原则。若最低标的承包商没有出现管理失当和违规、违纪（即：连续二个坏报告及12个月内达到满额的安全及环保的成功检控记录等），合同绝大多数情况下会批给最低标的承包商。工程规模大、技术含量高、对社会影响大的工程，承包商的投标资格是要事前经过预审的，资审合格者才可以参与投标；当通过资格预审后的公共工程，投标以后绝大多数仍是价低者得，虽然两类招标条款中，均要求承包商提交施工方案、人员配备、质安、环保保证计划、机械清单等等，但这些文字工作只要符合标书规定的基本要求，就不影响评标的这一原则和最终结果。

这种评标方法主要是基于以下三个原则：

(1) 承包商的资质符合要求。

(2) 承包商综合能力足够承担新的中标项目。综合能力指财政状况良好，已往表现良好，或虽有不好记录，但未超出工务局规定的警戒线。

(3) 施工技术方案“合格”。

这里可以看出，香港政府（含原港英政府）原来制定的评标原则的特点是，标准单一及明确，没有预留太多太大的空间，操作过程清晰和透明，核心内容是“合格”，即满足最基本要求即可。这充分体现了“公开、公平、公正”的原则，得到香港社会和国际社会认同，因此，在香港沿用了几十年而未引起太多的争议。

### 二、现在的评标方法

从2002年四季度中开始，香港的公共工程招标开始采取计分制，计分为技术方案约占40%（有的工程项目为30%），标价约占60%（有的工程项目占70%）。对一些规模大，技术含量高，有社会影响的工程，会采纳第一章中所述及的技术计分方法。现时是利用计分制以尽量避免资格预审去决定承包商的投标资格，在特殊情况下，若要进行资格预审厘定承包商的投标资格，在正式招标时仍需要进行60%标价40%技术方案的计分制。

对一些规模不大技术含量不高的公共工程也采用计分制，60%是标价，40%是承包商在工务科过去三年的表现评分。所以目前，技术方案在这类投标中也不会影响投标结果只需满足基本要求即可。

上述三类型投标，每个承包商均通过下列两条方程式之一被打分：

$$\frac{\text{最低标价}}{\text{承建商标价}}\times 60\%+\frac{\text{承建商技术评分}}{\text{最高技术评分}}\times 40\%=\text{承建商总评分}$$

$$\frac{\text{最低标价}}{\text{承建商标价}}\times 60\% + \frac{\text{承建商在工务科表现评分}}{\text{投标者中在工务科最高表现评分}}\times 40\% = \text{承建商总评分}$$

根据评分体系，一般来说合同会批出给最高总评分的承包商，但是坏报告，及安全和环保检控记录的限制仍然生效。而且，为了防止承包商“写一套，做一套”，进行计分制评标的合同把施工方案和管理人员机构及人员资历变为合同一部分，若承包商在施工中偏离上述之施工方案及不遵守投标时管理人员的配备而引致承包商开支有所节省，业主的顾问工程师可评估省下来的金额而从合同金额中扣除。

新的评标方法的核心是个“最”字，就是一个项目推出以后，政府希望给一家综合能力“最强”，以往表现“最好”，技术方案“最优”的承包商去建造。原则追求最优是无可非议的，因为社会的发展，使得人们追求完美，追求高标准得以实现。这个“最好”的标准是什么？新的评标方法依然借助简化机制，采用一套综合“评分”的方法去体现，谁的“评分”最高，谁就“最好”；但“评分”中的部分标准由评标人个人的意念和理解去决定，尺度标准不明确，这就导致多重标准的存在，并且因为评标人员的变化而标准不稳定，出现“仁者见仁，智者见智”的情况，导致评标结果说服力不强。

### 三、以往及现在评标方法的比较

从以往的价低者得的评标方法，过渡到现在的60%是标价、40%是技术方案的打分制，市场当然有很多不同的看法，大致上可归纳为下列数点：

(1) 这个新的评标方法对大型的海外承包商十分有利，对本地市场为主的承包商不利。海外承包商利用其海外之大型及多样化的工程记录，可以在打分表的“承包商以往工程经验”一项取得较高分数，因为其全球性工程经验比本地承包商多，能满足最低合同数目要求，而其海外合同的质安环保表现及违例检控及工程表现就很难追查，所以在打分表的“承包商以往表现”只可根据其有限的本地工程以往表现去打分。

正因为在香港“做得少，错得少，告得少”，这些国际性大型承包商在打分表的“承包商以往工程经验”及“承包商以往表现”项均占有优势，因这些海外承包商的规模庞大，人员履历资料库齐全，不难找到一些拥有丰富经验的施工及管理人员，所以在计分表的“资源”一项亦会有好的打分。

(2) 打分表的（A）“承包商以往工程经验”、(B)“承包商以往表现”和（C）“资源”都是根据一些客观的数值及以往合同资料及明确的打分方去打分，人为的因素不大，比较客观。但打分表的（D）“施工方案及质安环保证计划”的打分甚为主观，不同的打分人员根据其个人的喜恶打分，同一份技术方案若由两位或以上的不同的人士打分，会有不同的打分结果；故此每个施工方案不能绝对称得上好或不好，因每个施工方案皆有其优点及缺点；在评标的程式渗入了这些主观因素后，会使得评标结果在公平及公正的水平线上有偏差。

(3) 承包商可以聘请顾问公司把施工方案及质安环保证计划做到美轮美奂，包括精彩的彩色绘图及修饰后的施工程式。但这不是代表这位请“枪手”的承包商在中标以后就一定可以把工程做得比其他承包商好，只是代表这些承包商愿意花费金钱去把文字工作做得比其他承包商好。

(4) 严格执行资源配置方案及施工方案为合同一部分，承包商如果偏离便扣钱，执行将十分困难，可说是“纸上谈兵”。因为变化性是工程的重要特点，一个工程在施工过程中这么多变化，包括业主顾问工程师的要求变更，在实际施工时很难完全不变地执行投标时的提议，所以偏离投标时的提议的责任会变得模糊而不能扣钱。因此，极端情况下技术方案及资源配置写得天花乱坠也不要紧，最重要的是打得一手好分。

(5) 对中型的本地承包商而言，这个打分制可说是恶梦，除了打分表中的 (A) “承包商以往工程经验”、(B) “承包商以往表现” 和 (C) “资源” 项与大型本地及国际承包商相比均是处于下风外，同时仍要花大气力去做好技术施工方案；这样会令他们管理费开支增加，影响其生存空间及竞争力。

(6) 政府对打分及标价均保持高度机密的方法处理，导致入了标的承包商在实行打分制后互不对价，因为担心影响技术的打分，使原来的透明机制又转入朦胧状态。另一方面承包商亦不知道自已得标的机会，往往是政府突然通知中标公司，令中标公司措手不及、准备仓促；这些不明朗因素使得中标承包商开工前的筹备时间不足，准备工作不能很好地展开，影响开工初期进度。而在以往价低者得的情况下，承包商往往在截标后的当天下午，通过双双交换标价，迅速得到结果，最低标的承包商能够迅速开展开工前的部署及策划，使工程从开工第一天起就进入良性运作状态。

综上所述，新的评标方法，有值得商确与进一步改进的地方，为了避免上述计分制的不足，评标方式应遵循下列原则：

尽力维护香港社会长期经营的“公开、公平、公正、透明”和向纳税人负责的营商原则不变。在评标时，把中标者的标准制定得简单、明确和客观，不要留太多主观因素左右的余地，减少主观标准。例如新的评标方法是追求“最好”，由于“最好”只是一个相对结果，由一系列因素的复合而成，中间存在技术最优，表现最好等主观因子。同样是“最好”，中间可能有 1、2、3… $N$ 个组合，难以找到统一的客观标准，因此，同样事物不同评估人给出的评价会有差别，给出的分数也不尽相同，有人可能认为是“最好”，可以给满分，有人则会认为还不够好，即通过“最好”无法反演出一个惟一解或者确定解。因此，建议在技术评比中制定一些定量标准，由招标人引导承包商去作技术改良与更新，而非由承包商别出心裁为追求高分而粉饰技术，同时降低技术分在评标体系中的比例，减少人为不确定影响。具体降低比例则需要专业人员进一步论证。

一个国家和地区的评标办法不是一成不变的，它将随着社会的发展，行业的变化而不断改进和改变。对于一个相同的个案来讲，不同的评标办法和评标体系，它的结果是不同的。

(本书提及的内容时效为 2003 年 12 月 31 日之前。)

## 第七节　交标后续跟进工作

投标文件制作完成并交标之后，投标工作仍未完结，还有一系列的工作要做。因为投出去的标书只是根据业主要求对招标文件的一个回应，以及投标者自身意图的文字、数值表述，具体效果如何仍待业主/招标者检验。业主（招标者）在收到标书之后，会就标书是否满足自己的要求与意图进行评估查验；会根据投标者提交的标书，向投标者提出问题，对投标者的意图、能力进行评估判断。而作为投标者，则有义务、有需要回答业主/

招标人提出的问题，并根据需要提交自己的真实资料给业主。

这个交标后的一系列工作，根据过程通常被分为答疑和答疑会两个步骤。业主（招标者）和投标人之间的相互提问与回答过程称之为答疑，而答疑之后的进一步面对面交流称之为答疑会（Interview）。

另一方面，交标后参与投标的同事亦会千方百计收集竞争对手的标书内容和竞标心态，如双方同意的话，还可以互相交换投标资料，这些讯息对日后投标和商业决策起着重要作用甚至是决定性的作用。

## 一、答疑

答疑通常都以书信形式进行，根据合同条款以及惯例，答疑过程的来往书信属于合同之一部分，具有法律效力。因此，答疑也是一个十分严肃的过程。

答疑具有重要意义。业主希望通过答疑澄清疑问，分辨优劣，选定承包商；同时借答疑压低标价，或者公开要求投标承包商减价。而投标者则希望通过答疑洞悉业主心态，了解更多工程资讯，判断业主合同管理能力，同时探知竞争对手情况，制定调价策略。因此，答疑对业主和投标者都具有重要意义。

## 二、答疑过程及内容

答疑内容包括合同的方方面面，根据内容则大体可分为技术和标价两个部分。

技术部分，根据工程性质及内容复杂程度，业主重点对工期安排、施工方案进行审查评估，审查方案是否可行，工期是否合理，评估工程是否能够按照业主计划完成。同时，审查质量、安全、环保等技术措施，确定是否可靠可行。由于业主通常委托建筑师/工程师负责整个招标事宜，因此各个不同专业的专业人员都可能会就自己认为重要的技术细节提出疑问。但无论怎样，工期和质量始终是业主最关注的核心问题，由于工期影响到业主成本，质量影响到业主声誉，因此这两个方面是审查提问的重点。

标价部分是答疑重点，尤其对于私人工程。投标中，每一个投标者都会采用不同的报价策略，因此不同的投标者对于同样项目的报价会有所区别。作为招标人，最理想的状态应该是：发现并识别投标者的报价策略，并针对性地加以利用，挤出标价中的水分，得到投标者的底线。

招标人在拿到投标者的报价，得知总价之后，首先会检查报价有无漏项、缺项、空白之处。一旦发现，会根据规则，要求投标人给予确认报价是否有效，或者要求投标人确认该部分工程已经包含在总报价之中。

其次，面对不同投标者的报价，招标人会进行分类比较，将不同投标人的报价放在一起，找出最低价，然后再比照这个最低价以及市场情况向投标者提出价格疑问。同时，招标人会审查投标者提出的单价，查找前后有无矛盾之处，是否使用了不平衡报价技巧等。例如，对工程量清单中不同位置的相同科目的价格进行比较，如果两个价格不同则会要求投标人进行解释澄清，要求价格前后一致。对于将来实施中可能发生数量增减的项目，由于单价高低影响加减账的多少，因此业主十分留意。为降低可能发生的加减账数目，业主往往要求投标承包商降低这些项目的单价。

更有甚者，私人工程业主还会在交标之后，根据承包商的报价，发出标后修订书

(Post Tender Addendum)，减少承包商报价较高部分的工程量，要求投标承包商接受。而对于报价偏低的部分，则会要求投标承包商在其他部分单价或者工程数量有修改的情况下作出不更改单价的确认。

## 三、投标过程中的答疑技巧

针对业主不同的问题或者提议，需要根据对投标者自身成本及业务影响的大小区别对待。

投标受时间所限，标书之中难免会出现一些差错，在技术上一些不影响总工期、总进度的小差错，例如工种、日期、场地安排之中的小矛盾或者小遗漏，答疑中只需要更正即可。

对于一些会影响总体工期安排的特殊专案或者其他安排，则需要认真对待，仔细应对。有的时候，由于矛盾难以解决，投标时在标书中会有意漏过或者含混某些过程，一旦答疑中该处被业主提出质疑，就需要给业主一个较为明确的答复，至少要使业主认为该问题难度很大，同时提出一个业主认为可行的方案。对于确因业主理解歧误的提问，则应认真作出解释，适当之时，并应考虑给出实例加以印证。

如果业主所提问题，果然是投标人考虑不周或者重大失误，则需要及时重新加以安排考虑，给出完善的改进方案，同时邀请业主参观同类在建项目，树立业主信心，挽回不利影响。

同样，对于质量方面的疑问和疑虑，通常也都以邀请业主参观在建项目和已完工项目的方式来解决。

标价方面，作为承包商，通常采取的是尽量妥协、尽量满足的原则。对业主要求的单价调整，由于不影响总价，一般都会妥协接受。而如果业主要求调整工程量或者调整总价，则需要加以慎重考虑，再确定是否接受以及让步程度。对于调整工程量，根据市场状况各承包商反应不一。通常市场状况较好之时，很少有承包商会做出让步，而当市场环境不佳时，承包商为了生存普遍会妥协让步。对于业主要求总价调整的要求，则承包商需要基于自己的成本水平、以及目前在手工程数量多少，并综合考虑长远商业利益，才会确定是否让步。

## 四、答疑会（Interview）

交谈是人们最直接、方便的交流手段，当答疑几轮之后，问题澄清到一定程度之时，答问双方都会感觉到有当面澄清或者解释的需要，希望通过面对面的解释、交流获得对方的明确资讯。此时，后续工作进入答疑会（Interview）阶段。

答疑会主要起到三个方面的作用。首先，投标方可以就自己的施工方案、施工计划借助答疑会进行一个预演，清晰表达方案的逻辑与条理。例如：可以展示施工场地布置、进度编排、交通安排、材料安排、施工顺序等等。答疑会给了投标者一次直观展示自己的机会，可以给业主一个直观的方案印象。其次，答疑会可以就答疑问题进一步沟通、解释，通常书面表达并不能够对问题有一个完善的描述与解释，而且限于篇幅，书面答疑也不可能过长过多。因此，答疑会给进一步澄清问题，加强沟通提供了一个良好的渠道。再则，答疑会给双方提供了一个资讯交流的机会，现场变化、财务变化、人员安排变化等等有用资讯都可能通过答疑会同对方的沟通之中获得。例如，工程现场状况可能随时间在不断变化，当初招标文件之中描述的工程状况已经可能有了很大改变，原先投标之中设定的一些技术措施或许已经不需要，或许已经不能满足现实需要，这些资讯对于承包商的资源配置、工期安排都可能会产生重大影响。而对于业主，承包商的资源配置或者财务安排也都会随着手中工程的变化而变化，及时获得此方面的资讯，对于业主风险评估具有积极意义。同样，业主的财务状况对于承包商的决策也十分重要，由于需要垫支施工，如果业主财务状况不佳，承包商将会面临巨大财务风险，导致承包商投标决策的改变。

形式上，答疑会采用最多的是一对一的模式。一对一，通过双方对话澄清问题、消除误解、减少分歧。有时，业主也会采用多方会谈的模式来进行答疑会，业主和所有有效投标者同一时间、地点一起进行，这在实际投标中曾经发生过，但不常见。

经过答疑会之后，基本上所有问题都已经澄清，业主根据规则以及自身利益，会初步选定中标者，并同选定的中标者就具体合同内容展开进一步谈判直至签约。

# 第四章　施工项目管理

施工项目管理是以项目经理负责制为主的目标管理，通过系统的过程管理，在规限的时间内，按照合同文件的要求建造成业主需要的建筑产品。首先，施工项目是传统建筑公司的主要利润来源，是建筑企业的主要管理对象和盈利中心，项目管理的成败关系到企业的存亡。其次，项目是企业的荣誉，一系列的已建和在建项目构筑并影响着企业的形象与发展。再则，施工项目是企业管理的落脚点，公司的管理因项目的存在而具有了实质意义。而且施工项目管理的经验对于公司多元化发展，从事其他类型的项目管理具有重要的参考价值。所以，工程项目是建筑企业的基石，施工项目管理的成功是建筑企业赖以生存和发展的关键。

项目管理要素的划分方式因项目种类的不同而略有区别，概括起来主要包括：组织机构、进度、质量、成本、安全、环保、信息、合同等内容。各要素的管理过程都可以按照PDCA（计划、实施、检查、处理）的循环管理原则进行分解、整合。“计划（Plan）”是实施的指引和控制的基准，是否具有计划性是区别“主动管理”和“被动管理”的主要标准；计划需要经过实施才能体现其价值，“实施（Do）”是管理活动落实计划、形成产品的重要一环；“检查（Check）”保证了实施过程、产品始终不偏离计划；“处理”（Action）则是对于实施过程、产品、计划的再次完善，是进行新一轮PDCA循环管理的起点。

项目管理的各要素管理之间紧密相关，构成一个综合的管理体系。其中，进度、质量、安全、环保、成本是施工项目生产管理的五个核心要素，成功的管理，这五个要素必然统一于综合平衡管理的体系中（俗称“五统一”）。在具体施工管理过程中，必须坚持进度、成本、质量、安全、环保的“五统一”，通过协调发展，取得最终项目目标的实现。

## 第一节　施工项目开工前的准备工作

施工项目在开工前的准备工作非常重要，关系到工程能否顺利开工，甚至关系到整个工程的成败。开工前的准备工作由公司和项目部共同进行，主要包括：标后对合同的初步分析、开工需要的法定文件准备、项目经理和项目部主要人员的任命、相关历史资料的收集、与项目干系人的沟通、项目管理计划的制定、开工会审及其他开工前必须实施的工作等。合适的项目经理是项目成功的关键因素之一，项目经理必须在品质、知识结构和能力方面具备基本的素质要求。同时以施工组织设计和质量计划为主要组成部分的项目管理计划是项目进行管理的基准，贯穿项目管理的方方面面，需要重视并认真编制。

### 一、概述

施工项目开工前的准备工作，一般指从得知中标开始，到工程正式开始期间所进行的一系列与工程实施有关的前期工作。在项目经理未任命之前，这部分工作一般由公司工程部门牵头，联合其他部门共同进行；在任命项目经理及项目部主要人员后，主要的前期准备工作由项目部进行，或由项目部牵头进行。主要的前期准备工作及一般分工原则如下：

**(一) 标后对合同的初步分析**

前期的投标工作，一般由公司进行；个别公司或个别情况下，公司较早任命项目经理时，项目经理也会参与。一般来讲，项目经理越早参与，对项目的背景与内容越清楚，越有利于管理好项目；但出于人事安排和公司开支的考虑，一般建筑企业只有在明确中标后，才会任命项目经理。因此，中标后需要就以下几个方面进行总结或分析，作为公司的经验积累和对项目部的合同交底：

(1) 标价分析。标价的构成，与成本比较，可能的盈利点与亏损点有哪些，如何减亏增盈；与其他投标者比较，标价方面的差异在什么地方，差异有多大，有什么影响，相应的对策怎样。

(2) 标前策略回顾。标前策略是否依然恰当，相应的假设前提是否依然成立，是否构成风险，相应的对策怎样。

(3) 合同的特殊性。合同与其他类似合同有何不同之处，其真正的内涵与影响怎样，是否需要特别注意，相应的对策怎样。合同条款中有无特别要求，如何满足。工程的难度与风险是什么，有多大，如何应对。

(4) 标前答疑资料。标前的疑问，容易被项目遗漏，可能构成潜在的合同机会，如何把握。

(5) 谈判过程中的争议与解决方案，可能潜在的问题及建议的应对措施。

(6) 其他与项目有关的正式、非正式的信息。便于项目部对整个项目有一个全面的认识，更好地运作项目。

总之，通过标后对合同的总结，可以对项目的风险与机遇有一个整体的认识，项目部需要进一步地深入细化分析，寻找出切实可行的应对措施，确保公司利益。

**(二) 开工需要的法定文件**

不同国家或地区、不同合同类型，对开工所需要的法定文件要求有所不同，通常包括营业执照和如下手续：

(1) 申报开工（香港报 BD 开工，通常由建筑师或注册总承建商于正式开工前申报）。

(2) 呈报有关政府部门（香港呈报劳工处、环保署、警署）。

(3) 呈报有关社会机构（香港呈报“肺尘埃基金”、建造业训练局）。

(4) 申请搭设临建（香港 FORM BA18 申请搭建工地办公室、FORM BA19 申请盖搭围街板）。

(5) 申请有关牌照（环保噪声许可证、排污许可证、废物处理及空气污染）。

(6) 申请其他批准（如在香港需有开挖许可证（俗称掘路纸），移走临时路牌、停车位电子收费表、巴士站、改路等尚需要路政署、警署、运输署批准）。

上述文件，有的需要一定的申请时间，要提前进行，在项目部未成立之前，通常由公司工程部门或质安部门负责申请，以免延误工程开工。

**(三) 任命项目经理**

(见后述)

**(四) 任命项目部主要人员**

(见后述)

**(五) 相关历史资料的获得及分析**

这是一项经常被忽略的重要工作。通过查阅、咨询等方式，从各种可能渠道获得类似工程的资料，对于项目管理计划的制定有针对性的指导作用，可以增强项目管理人员的感性认识、预见性，少走弯路，减少试错成本。

公司各有关部门和项目部都应该进行此项工作。

**(六) 项目干系人的沟通**

所有关心项目、能影响项目或被项目影响的人都是项目干系人，包括业主、用户、顾问公司、公司内部领导和部门主管、项目管理人员、周围住户、行人、有关政府部门、公用设施管理机构等。与主要干系人预先沟通，了解各方的倾向、影响能力、对项目的期望，并建立良好的关系和沟通渠道，创造一个有利的外部环境，保证项目目标的顺利实现。

此项工作主要由项目主动进行，与个别高层次的干系人的沟通，需要公司协助。

**(七) 项目管理计划**

以项目质量计划为龙头的项目管理计划。

项目环境分析、施工组织总设计。

**(八) 开工会审**

项目部经过一段时间的准备，项目管理计划的有关计划已具雏形，公司主管部门召集各协管部门和项目部主要成员一起开会，会审项目的项目管理计划。项目经理介绍主要管理策略、方法、施工方案等，合同部门对项目进行合同交底，技术部门进行技术交底，质安部就质量、安全、环保、保安工作提出要求与建议，工程部门提出总体目标。通过开工前的会审会，项目部与公司进行正式全面沟通，统一管理目标，并有集思广益的作用。

**(九) 开工前必须实施的工作**

项目经理应主持制定一个计划，涵盖开工前必须实施的工作，并分配执行。通常涉及到技术准备、人力准备、物资准备、现场准备等工作：

(1) 收集、整理公司有关制度、合同文件（标书、中标通知书、合同条款、工程量单、特别技术要求、来往信函、谈判备忘录、图纸、合同交底）、通用技术规范、其他有关规范、工地开工需要的法定文件、与其他开工前准备工作配套的相应文件等。

(2) 熟悉和审查图纸，编制施工组织设计。

(3) 原始资料和历史资料的调查分析。包括自然条件和技术经济条件的调查分析。

(4) 编写项目管理计划（工程概况、施工组织设计、进度管理计划、产品质量管理计划、成本管理计划、沟通管理计划、资源管理计划、安全计划、环保计划、保安计划、采购计划及贯穿所有管理要素的总体管理计划和风险管理计划等）。项目管理计划由项目部参照公司有关制度、公司设置的管理目标、项目管理计划编写指引、类似项目的有关资料，结合项目的实际情况编写，未必涵盖所有方面，形式可以根据不同公司的要求而改变。如通过ISO认证的公司，通常以“项目质量管理计划”或广义的“施工组织总设计”代替。其中关于“施工组织设计”、“风险管理计划”的内容相当重要，前者着重于如何做工程，后者则关于如何通过风险管理顺利达致管理目标，前者是通行的大道，后者是道路的护栏。项目管理计划是贯穿整个项目生命周期的工作指引和参照基准，编制工作做得越早、越细致、越可行，则项目的实施就越顺利，越易达到项目的管理目标。

(5) 申请水、电、电话。

(6) 准备接收工地，列出接收清单和注意事项。

(7) 准备实施平面布置需要的资源与文件。

(8) 协同公司进行前期分包工作，首先完成开工前和初期必需的分包商（如测量、机房、模板加工、钢筋加工与绑扎等）和供应商（如钢筋、混凝土）。

(9) 按照资源管理计划中组织机构表充实项目部。

(10) 开工需要的物资材料。

(11) 第一阶段施工方案的审批（如开挖、护坡方案）。

(12) 施工现场准备。根据施工平面布置图布置临时设施。

(13) 同项目干系人保持沟通。

(14) 其他必须工作。

本部分内容将在后文中详述。

## 二、项目部主要人员的选择与任命

项目经理由企业法人根据公司有关制度和程序任命，按照一定授权范围和内容，全面负责一个项目从开工准备到竣工验收阶段（甚至包括维修阶段）的所有管理活动。项目经理接受企业法人领导，接受企业各管理层、业主、顾问公司的检查与监督，根据项目部与企业的分工方式对施工项目的施工质量、成本、安全、环保、保安、进度负部分甚至全部责任。项目经理是项目的管理者和领导者，是项目能否得到成功实施的关键；项目管理骨干，即主要管理人员，构成项目部的核心管理层，主要工地代表、总管、工料测量师、项目工程师、项目质量控制工程师、安全主任等，协助项目经理做好沟通、施工组织、合同、技术、质量、安全、环保、保安及综合管理等工作，是项目经理实施管理战略和战术的主要臂助。尤其在项目前期准备策划阶段，暂无需要成立一个完整的项目部，上述主要管理人员的作用尤其重要。因此项目经理和项目主要管理人员的选拔与任命须十分慎重。

### (一) 项目经理必须具备的能力

由于项目经理对于项目成功具有举足轻重的影响，因此任命项目经理要求项目经理必须具备一定的能力，主要包括：

(1) 具有组织才能。能知人善任，合理组织调配资源，发挥所有员工的优点与能力；能巧妙地化解内部冲突，倡导团队精神，团结员工，齐心协力地做好各项工作；能坚持原则，按规章制度办事，公平对待每位同事，不任人唯亲，不偏帮偏助。

(2) 处理公共关系的能力。能同业主、现场帮办、顾问工程师有效沟通，主动协调好各方关系，形成良好的工作气氛；同政府有关部门，如劳工处、环保署、食环署、警察局、路政署等保持顺畅沟通，遵守政府的有关法律与有关规定，确保工程的顺利进行。同公共设施部门、周围街坊搞好关系，及时跟进有关投诉，创造良好的施工环境。顺应工程的需要，同供应商与分包商及时沟通，协调关系、解决冲突、创造条件、严格管理，确保有关合同的顺利实施。能够同公司内部各主管及协助部门沟通，善用公司资源。

(3) 具备计划意识与系统思维能力。计划意识是项目经理最基本的能力，计划是项目经理最主要和最重要的工作。上述观点得到许多研究项目管理的学者的广泛认同。计划是项目实施的重要指引和控制基准。计划的好坏决定了项目的实施是否顺利、是否会成功，而一个好计划的形成，除了知识、经验、计划意识之外，系统思维的能力非常重要。一个好的计划，除了最基本的施工策划和进度计划之外，还应该包括范围、成本、质量、资源、沟通、风险等管理要素的计划，各管理要素之间是相互联系的，需要按系统思维模式整体考虑。项目实施过程中也需要运用系统的概念与观点处理问题，把项目管理对象分解成多个要素，同时又注意各要素之间的关系，按整体优化的角度做好协调平衡。

(4) 具备解决突发事件的能力。即具备即时做出正确判断及合理应对方案的能力。施工项目实施过程中，不可避免地会发生一些未有预见到的紧急事件，一旦处理不好，轻则损失金钱、影响士气，重则损害公司信誉，需要项目经理对此类事件做出慎重而又果断的处理。公司一般都有紧急应变程序，以备不时之需，但程序是否起到应有的作用，很大程度上取决于施工现场项目经理的判断与应对。

(5) 承受压力的能力。一个比较复杂的项目，从项目计划制定时的殚精竭虑，到执行中的日常工作、解决冲突、应对突发事件、平衡各种关系等等，项目经理无时不处在巨大的工作负荷和精神压力之下，所有项目的成功都是在压力之下的成功。如果没有坚强的意志，面对挫折的勇气，健康的心理和身体，很难顺利地做好项目。

(6) 其他辅助性能力。项目经理通常都具有良好的沟通能力，但对于国际工程，项目经理需过语言关，譬如在香港管理工程，需要能听讲广东话。管理的信息化趋势越来越明显，网络和计算机知识的掌握和应用对于面向未来的项目经理十分重要。

**(二) 选择项目经理需遵循的原则**

上述能力是一个优秀项目经理应该具备的基本品质、知识、能力，但“金无足赤、人无完人”，对项目经理不能盲目求全，需要从实际出发，按照项目的需要选择合适的人选。通常选择项目经理需遵循以下原则：

(1) 考虑人选的品质、能力、知识。

(2) 考虑项目干系人的显性和隐性要求。公司出于发展或稳定的考虑，可能会分别倾向于选择年轻或成熟的项目经理；出于对业主主管人员的个性、层次的认识与考虑，公司也会做出有倾向性的选择。业主出于某种考虑，可能会在合同中清楚地表明项目经理的资质或其他要求，也可能会暗示承包商应选择什么样的人选。与业主、用户和其他关心项目，并对项目具有影响力的人或单位有着良好关系的项目经理无疑会减少一些不必要的阻力。

(3) 从工程本身的特性出发选择项目经理。对于技术难度高的施工项目，技术素质高的项目经理可能更胜任；对于规模大的项目，需要项目经理具有强的协调组织能力；对于减亏难度大或赢利机会高的项目，合同意识较强的项目经理比较适合；对于工期紧张的项目，冲劲十足的年轻项目经理的优势较大。项目经理各具特色，工程也各不相同，二者需要匹配。

(4) 有相关经验者优先。参加过几个类似项目、历任过不同位置的高级管理人员无疑是合适人选，能够更快地深入，能够具有更强的直觉与预见能力。

**(三) 项目经理的选择方式与渠道**

(1) 由企业高层委派。根据公司内部程序，由企业领导人提出人选或由工程部门推荐人选，经人事部门结合部门、同事、业主的意见，根据合同要求，进行资质考核，择优由公司经理任命。一般企业采用这种方式，但对于权力相对集中的公司，如果总经理不能保持公正立场，并由此导致考察标准不客观、考察程序形式化，很容易用所非人。

（2）竞争上岗。主要用于内部合乎资格员工的竞争性考察，具体方式与选拔标准由公司制定并公开，由类似评审委员会性质的组织或部门组织进行。首先公布有关项目的相应资料、评审标准和竞选者的资质要求，其次从报名者中筛选竞选人，然后要求竞选人在规定时间内提交类似项目管理计划的文件，必要时组织答辩会，由评审委员根据评审标准打分，分高者上岗。竞争上岗是一种比较公平的选拔方式，可以充分发挥各方面的潜力，有利于及早发现人才。但是竞争上岗制度必须保证程序的连续性与公开性，标准的针对性与客观性。竞争上岗必须尽量避免选出口头与书面表达能力强，但实际操作能力差的项目经理，即不要把参谋人才任命为“元帅”。

（3）社会招聘。在下列情况下，项目经理人选一般均要社会招聘（含国际招聘）：

1）新开工的项目在专业技术、组织管理、人际关系等，有特别的要求；

2）大型和特大型工程，要有国际工程管理经验和较高的专业水平、管理能力、商务能力的高素质人才；

3）企业内现有人才缺乏。

其他主要管理人员，主要根据工程需要，考察其品质、知识、能力与团队精神，从下述来源选择：

- 从上一项目继承；
- 从其他项目调任；
- 从公司部门调任；
- 外部招聘。

## 三、项目部开工前的准备工作

在任命项目经理和项目主要管理人员后，项目部开始正式投入开工前的准备工作，首先就是制订开工前工作计划，涵盖开工必需的资源（人员、物资、设备、信息、允许开工的文件等）的落实和项目管理计划的制订，为工程的开工奠定物质基础和确立管理指引及基准。一年之计在于春，一天之计在于晨。古老的谚语揭示了现代施工项目管理学中公认的金科玉律：开工前准备工作是项目管理中最重要的环节。通常开工前的准备时间未必很充足，部分质量计划会在施工期间得到进一步的完善。

### （一）项目管理计划的制定

能够决定一个施工项目能否成功的环节主要有：投标、项目计划、实施过程控制。如果项目的成败可以用一个天平衡量，投标是最大砝码，项目计划其次。在公司已经中标后，把施工项目交给项目部管理后，最有机会使天平偏向成功一端的就是制订切实可行的项目计划。施工项目具有广义项目的所有管理要素，但由于施工项目的特殊性和传统习惯，施工项目的管理计划多以“项目质量计划”（Project Quality Plan，简称 PQP）方式出现，管理要素的分类方式也有所不同，各类管理计划的体现方式也不同。

PQP 中的“质量”不同于通常概念中“产品质量”，而是指“管理体系运作的质量”，因此 PQP 覆盖了项目管理的方方面面，构成了项目管理计划的基本框架，并且，其中“项目质量计划检讨及修正”与项目管理概念中 PDCA 有相通之处。如果 PQP 再增加一份“施工组织计划”，就构成一份比较全面的项目管理计划，项目管理计划详细内容及分析如下：

1. 管理目标

管理目标通常由公司根据项目环境和公司发展需要来制定，通常会包括：按期完工、控制成本、保证质量、安全施工、顾及环保等几个方面。必要时，公司还会给出明确的指标，譬如：进度不可以慢过业主计划5%，管理费控制在完成合同额的12%，千人工伤意外率不可以超过35‰等等。在公司无明确要求，或联营公司双方目标不统一的情况下，管理目标应由项目确定，并得到公司或联营公司的批准。

2. 工作概述

这是一个关于工作范围的简述，通常不能满足实际操作的需要，需要合同管理计划的补充。一个合同环境比较严格的项目，应清楚地知道什么是承包商应该做的、什么是不应做的，这具有非常重要的意义，往往会牵扯到责任和成本问题。合同中的工程量单、合同条款、特殊技术要求、图纸等构成了一个比较完整、清楚的工程工作范围描述和部分的项目管理工作范围描述。项目的管理工作范围还同公司与项目的分工方式、政府对项目的管制条例等有关。

3. 文件控制

文件控制是信息管理的主体，是项目管理计划中沟通管理的主要内容。在信息化管理日益发展的时代，一个有着良好文件控制体系的项目可以更好地进行信息化管理的实践。

4. 项目组织架构

主要描述项目组织架构、职位、管理人员的权限等，是项目管理计划中的人力资源管理的一部分。

5. 工程计划

主要包括工程简述、主计划、计划的修改和发放程序。其中主计划是项目管理计划中时间管理的主要依据，同时也是成本管理、资源管理的基础之一（累计收支曲线S-curve的制订基础），因此时间管理（进度管理）是工程管理的主线。

6. 材料计划

包括施工材料计划、业主供应材料清单、材料报批计划、材料管理程序（覆盖计划、报批、采购、运输、检验、堆放、包装、保护、存储、不合格材料的处理等各个环节）。

7. 分包商分包计划

包括指定分包商清单、内部分包商分包计划、专业分包商分包计划、分包商表现评估。

8. 机械及其他设备计划

包括机械、仪器等设备计划表及设备检验程序。

9. 施工管理、检验和试验工作程序

包括工地接收程序、施工方案计划、施工检验工作程序、工程保护计划表、不合格施工管理程序、最终检验和试验工作程序、检验和试验机构名单等。是施工项目的特别之处。

10. 统计技术

用于质量、成本、时间等方面的控制，是管理工具之一。

11. 售后服务

一般在项目质量计划中只涉及最基本的维修服务内容。

12. 项目质量保证计划检讨及修正

与项目管理概念PDCA中的A相对应，保证管理质量不断提高。

13. 项目会议

包括项目进度会议、分包商会议、安全会议、质量会议等项目主要会议的周期、会议议程、参加人员的限制、会议纪要发放范围、事项跟进等有关规定。是项目管理的主要手段之一。是项目管理计划中沟通计划的一部分。

14. 环境计划及管理

根据当地政府要求、公司的有关制度及项目的实际需要制定。分析工程各个工序对环境的潜在影响，确定相应的控制措施、检查人员等级。

15. 安全计划及管理

根据当地政府要求、公司的有关制度及项目的实际需要制定。项目一般会有独立的安全计划。

**(二) 施工组织设计**

项目质量计划中已经包含了施工组织设计的部分内容，但在深度和广度上都不够，一个比较详尽的施工计划是十分必要的，并且最好在正式开工之前完成，作为施工的指导。

施工组织设计的主要内容如下：

(1) 工程内容。

(2) 总体施工方案、施工方法的制定、选择和完善，是下述3、4、5的编制基础。

(3) 关键部位、高难工序采用的特别方案，包括新技术、工艺、机械、材料以及投入的资源等。列出施工方案清单。

(4) 施工平面布置。通常包括临时办公室、宿舍、厕所、水电、电话、照明、道路、施工设施（塔吊、混凝土搅拌站、养护室、钢筋加工场、材料堆放场等）、控制测量标桩、洗车池、污水处理机、围街板、人车出入闸口、安全帽笼、安全告示等。

(5) 施工进度计划，标准层施工循环。根据施工方案和施工进度计划编制材料使用计划、材料报批计划、机械设备计划、方案计划、劳动力计划（劳动力曲线）、人力资源计划、收支累计曲线等。

(6) 保证质量、进度、安全环保等的计划和措施。

(7) 合同中注明的特别事项。

施工组织设计可以参考标书中的类似内容。

## 四、案例：香港某工程项目的开工前准备工作清单（表4-1）

**×××项目开工前准备工作清单** **表4-1**

| 序号 | 工作内容 | 负责人 | 备注 |
|---|---|---|---|
| 1 | 任命项目经理和项目主要管理人员 | 公司主管 | 中标后第一时间 |
| 2 | 初步项目组织架构表 | 项目经理/工地代表 | 项目经理任命后 |
| 3 | 初步组建项目部 | 项目经理/公司主管部门 | 项目经理任命后 |
| 4 | 编制项目开工前准备工作清单 | 项目经理/工地代表 | 中标后第一时间 |
| 5 | 项目质量计划 | 项目经理/工地代表/工程师 | 开工之前完成，开工之后持续完善 |
| 6 | 施工组织设计 | 工地代表/工地总管/工程师 | 开工之前完成，开工之后持续完善 |

续表

| 序号 | 工作内容 | 负责人 | 备注 |
|---|---|---|---|
| 7 | 工地平面布置图 | 工地代表/工地总管/工程师 | 接收工地之前完成，施工过程中更新 |
| 8 | 建立文件管理体系 | 工地代表/工程师/文员 | 接收工地之前 |
| 9 | 收集合同、图纸、制度文件、施工规范等必须资料 | 工地代表/工程师/文员/总务 | 接收工地之前 |
| 10 | 准备工地接收清单 | 工地代表/工程师 | 接收工地之前 |
| 11 | 临时水电申请 | 工地代表 | 接收工地第一时间 |
| 12 | 围街板<br>*a*）设计<br>*b*）施工 | <br>工地代表/工程师<br>工地总管 | <br>接收工地之前完成<br>接收工地第一时间 |
| 13 | 工地办公室、厨房、厕所等 | 工地代表/工地总管 | 接收工地7天内 |
| 14 | 电话申请、安装 | 工地代表/总务 | 接收工地之前申请，办公室建造时安装 |
| 15 | 工地临时路、给排水 | 工地总管 | 接收工地之后 |
| 16 | 工地开工必需的设施设备 | 工地总管 | 接收工地之前开始，开工之前完成 |
| 17 | 合同要求之设备、仪器 | 工地代表/工程师 | 合同要求时间内 |
| 18 | 工地保安<br>*a*）保安公司聘请、签约<br>*b*）工地入口设计与施工<br>*c*）IC卡、掌印机等身份识别系统安装 | <br>项目经理<br>工地代表/工程师<br>工地总管/安全主任 | <br>接收工地之前<br>接受工地之前<br>接收工地第一时间 |
| 19 | 保险 | 工地代表/工料测量师 | 开工之前完成 |
| 20 | 混凝土试块养护室 | 总管/质量控制工程师 | 接收工地14天内 |
| 21 | 初期施工用图纸会审 | 工地代表/工地总管/工程师 | 开工之前完成 |
| 22 | 初期施工用材料报批 | 工地代表/工程师/工料测量师 | 开工之前完成 |
| 23 | 初期施工用施工方案审批 | 工地代表/工程师 | 开工之前完成 |
| 24 | 初期施工必需的分包工作 | 项目经理/工料测量师/公司合同科 | 开工之前完成 |
| 25 | 噪声纸、掘路纸等开工必需的法定文件 | 工地代表/工程师/公司有关部门 | 中标后即刻开始进行 |
| 26 | 通知有关政府部门与社会机构 | 工地代表/公司 | 法定时间 |
| 27 | 接收工地 | 项目经理/工地代表/工地总管/工料测量师 | 合同指定时间 |
| 28 | 复核工地测量基准点 | 工地总管 | 接收工地后，开工前 |
| 29 | 接受公司合同交底 | 项目经理/工地代表/工料测量师 | 中标后 |
| 30 | 拜访业主主管人员和顾问公司 | 项目经理/工地代表 | 中标后，不定期 |
| 31 | 其他合同中规定事项 | 工地代表 | 合同指定时间内 |

## 第二节　施工项目管理组织机构

建立项目管理班子或者项目部须结合项目特点和公司管理机构确定。项目部多为异地经营、跨国经营所采用，而项目管理班子在承包商总部和项目工程地点物理距离较近，以及政治体系统一的区域内采用。相对而言，项目部制中的项目经理比项目管理班子中的项目经理拥有更大的决策权及管理权。

### 一、施工项目管理组织的概念

施工项目管理组织是指为进行施工项目管理，实现最终目标，通过合理设计而建立的有一定领导体制、部门设置、层次划分、职责分工、规章制度和信息系统等构成的有机整体。施工项目管理组织通过所赋予的权力、所具有的影响力、组织力，在施工项目管理中合理地配置生产要素，协调内外部项目干系人关系，发挥各项业务职能的能动作用，维持信息顺畅沟通，推动项目管理目标的优化实现。

施工项目管理组织是施工企业组织机构整体的一部分，界定企业组织和项目管理班子之间的权责、沟通、组织关系，建立一个精干高效的管理组织机构是施工项目管理成功的组织保证。

施工项目管理组织的内容包括组织设计、组织运行、组织调整等三个方面，具体内容如表 4-2 所示。

**施工项目管理组织的内容**　　**表 4-2**

| 序 号 | 内　容 | 具 体 内 容 |
|---|---|---|
| 1 | 组织设计 | • 设计、选定合理的组织系统，明确各单位、各部门、各岗位的权限和职责<br>• 建立规章制度<br>• 规定组织机构中各部门的相互联系以及之间的协调原则和方法<br>• 明确信息流通和反馈渠道 |
| 2 | 组织运行 | • 配置人员、衔接业务、信息反馈<br>• 各部门、各层次、各岗位按照组织设计的职责及相互关系，做好本职工作和协调配合工作 |
| 3 | 组织调整 | • 评估原组织体系的优点、缺陷、适应性、效率性<br>• 根据实际需要，优化调整原组织设计，提高组织运行效率 |

### 二、施工项目管理组织机构的设置原则

施工组织管理机构的设置应该满足下面几个基本原则：

1. 目的一致性原则

明确施工项目管理的总目标，及各项分目标、各级子目标，上下左右、整体局部的目标一致。各部门、层次、岗位的设置，上下左右的关系安排，各项责任制度和规章制度的建立，信息交流系统的设计，都必须服从各自目标和总体目标，真正建立起上下层层保证、左右互相协调的目标体系。

2. 效率性原则

尽量减少机构层次，简化机构，避免业务重复，人员不足，效率低下。选聘素质高、能力强、称职敬业的工作人员，力求工作人员一专多能、一人多职。

3. 管理跨度与层次统一的原则

管理层次与管理跨度成反比，层次多少与跨度大小并无一定之规，主要依据项目的特点和领导者的能力来确定。通常高层次管理幅度宜小，低层次管理幅度适当加大。管理层次越多，信息传递失真和延误的机会越大，并可能助长官僚作风；管理层次过少，则相应的管理跨度过大，易造成管理失控现象。

4. 业务系统化管理原则

依据项目施工活动中各单位工程之间，各工种、工序之间衔接、制约关系，进行适当的部门与层次划分，根据项目管理的一般规律、过程、管理要素等进行任务分解和组织设计。

5. 责任与权力对等原则

组织设计要明确各层次不同岗位的管理职责及相应的权限，特别注意管理职责与权力的对等。若有权无责，或责任小于权力，则会助长乱指挥、乱拍板等滥用职权的歪风；有责无权，或权力小于责任，则不利于职责的顺利完成，并束缚了管理者的工作积极性与创造性。

6. 合理分工与密切协作原则

合理的分工有利于明确职责，但强调合理分工的同时，必须注意密切合作，将各个部门、各个岗位的工作努力有机地结合，以最高的效率实现组织的整体目标。

7. 集权与分权相结合原则

管理之道在于借力，即通过集权与分权，借他人之手完成预定任务，达到预定目标。分权有利于组织的灵活性，但控制难度增加；集权有利于组织的活动统一，但难于发挥中层和基层的主动性。因此，集权与分权要相结合，关系到组织全局的问题要实行集权，其他问题则通过授权，赋予中层、基层权力和职责，发挥各层次的力量。

8. 弹性和流动性原则

项目管理具有一次性的特点，项目管理组织设计时必须考虑。项目管理过程中，不同阶段，管理的内容不同，组织机构需要作出相应调整。项目管理组织的部门的设置和人员配备，必须适应工程任务的变动，始终保持在精干、高效、合理的水平上。

9. 与企业组织一体化的原则

企业组织是项目管理组织的母体，二者要具有相容性，体现一体化。企业在组建、调整、解散项目管理组织时，企业人员和项目管理人员在一个整体中相互流动。

10. 环境适应性原则

项目管理组织是一个与环境有着资源、信息交换的开放系统，并受到环境发展变化的制约。在组织设计时要考虑组织系统所处的环境和对环境的适应性。

## 三、施工项目管理组织机构模式

施工项目管理组织具有多种机构模式，每一种都各有优缺点，适用于不同情况。在进行组织设计时，必须采取具体问题具体分析的方法，根据企业、项目、环境等因素的特点选择合适的模式。一般来讲，施工项目管理组织有职能式、项目式、矩阵式、混合式等几种模式。

## (一) 职能式项目管理组织

1. 基本概念

企业在进行项目工作时，各职能部门根据项目的需要承担本职范围内的工作，企业主管根据任务需要，从各职能部门抽调人员和其他资源，组成项目组织，项目中各项职能的协调主要通过处于部门上级的部门主管来完成，如图 4-1 所示。

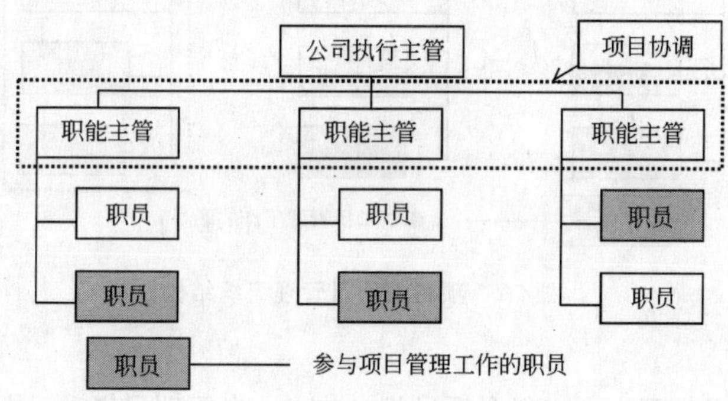


图 4-1　职能式项目管理组织结构

2. 特征

可能没有明确的项目主管或项目经理。

项目成员的工作重心仍在部门。

协调主要通过部门主管之间进行。

3. 优点

有利于企业的技术水平的提升。职能部门同时承担不同的项目任务，职员之间互相沟通、共同研究，有利于提高部门的经验积累和业务水平的提高。

可以降低人力资源的闲置成本。项目组织的成员仍属部门主管领导，部门可以根据需要分配、调整资源，减少忙、闲不均的现象，提高职员的平均使用价值。

不打乱企业建制，可以在短时间内迅速组成项目实施组织。

职责明确。

4. 缺点

协调难度大。每个职能部门由于职能的差异性和部门局部利益的考虑，易发生部门之间的利益冲突。

项目组成员责任淡化。由于项目组成员属于临时抽调，工作重心仍在部门，其工作安排和业绩考核都由部门主管负责，很难树立积极承担项目责任的意识。

不利于精简机构。

对于外界变化的反应缓慢。反馈外界的变化，需要职能部门之间的紧密合作，通常较难做到。

5. 适用范围

适应于规模较小、工期较短、重要性低、偏重于技术的项目，不适用于环境变化较大的项目。

### （二）项目式项目管理组织

1．基本概念

项目式组织模式是按项目来划分所有资源，即每个项目有完成项目任务所必需的所有资源，每个项目实施组织有明确的专职的项目经理，如图 4-2 所示。

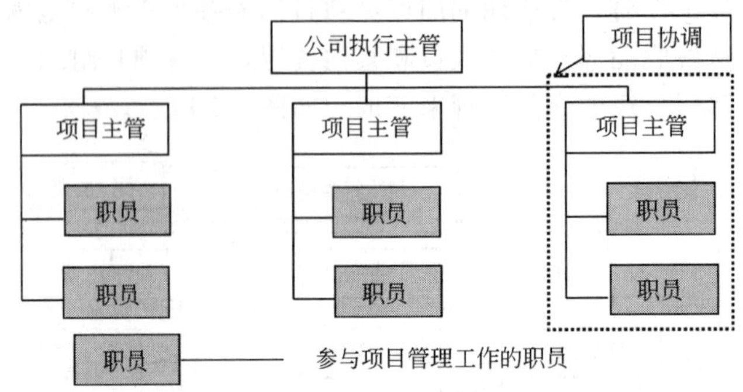


图 4-2　项目式项目管理组织结构

2．特征

按项目组建项目管理班子，每个项目相对独立。专职项目经理对上直接接受公司主管的领导。

3．优点

目标明确、指挥统一。项目式组织基于项目而建立，圆满完成项目是项目管理班子的首要目标。每个项目成员的任务和目标由项目的总目标分解而来，目标指向统一而明确。项目成员只接受项目经理领导，不会出现多头领导的现象。

有利于项目统一管理。项目经理在项目范围内对于资源具有绝对的控制权，便于项目经理对进度、成本、质量、安全、环保等方面的综合平衡管理。

有利于公司培养全面发展的人才。项目管理涉及计划、组织、控制、技术、人事、行政、财务等多种职能，有利于培养全面发展的管理人才；另一方面，项目成员具有不同才能，互相之间相互交流学习，也可以提高管理人员的全面性。不少企业的领导就是从项目管理中一步步发展成长起来的。

对外界变化反应快速。

4．缺点

资源闲置。每个项目组织都有一套自己的组织机构，在包括人等的资源使用方面，项目之间未必可以做到互通有无，而存在资源闲置的现象，闲置成本较高。

不利于企业专业技术水平的提高。项目式管理组织未能提供不同项目专业技术人员互相沟通学习的机会，只着重于项目本身需要的技术，不利于专业技术人员的快速成长。

不稳定性。项目的一次性决定了项目式组织模式的项目管理组织随着项目的产生而建立，随着项目的完成而解散，企业的资源和结构随之而不断进行调整。项目组织成立之初，项目成员之间不熟悉，会发生一些碰撞；项目临近结束之时，项目成员又为了未来打算，项目又进入不稳定期。

项目经理权力较大，如无合适的监察机制，易产生滥用权力等不良现象。

5. 适用范围

适合项目多、规模大的公司。适应于大型、复杂、工期紧、环境复杂、风险较高的项目。

**(三) 矩阵式项目管理组织**

1. 基本概念

矩阵式项目管理组织模式力图结合职能式管理组织模式和项目式项目管理组织模式的优点，避免二者的缺点。在矩阵组织中，项目经理在项目活动中，就内容和时间对职能部门行使权力，而各职能部门主管决定如何支持。所有资源归职能部门所有和控制，项目经理根据需要向各个部门借用资源，用完即还。

矩阵组织模式主要有强矩阵模式、平衡矩阵模式和弱矩阵模式等几种，分别如图4-3、图 4-4、图 4-5 所示。

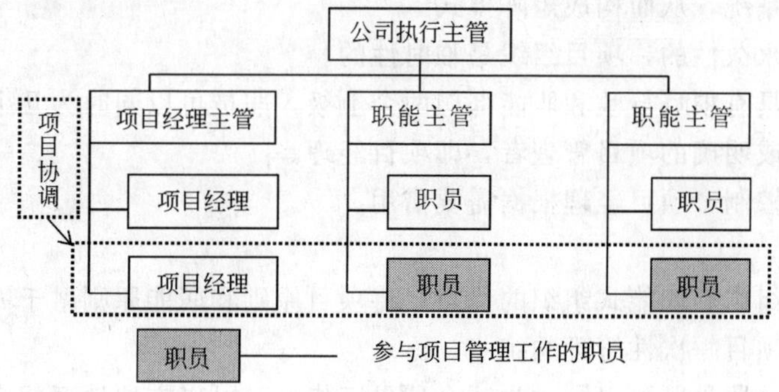


图 4-3 强矩阵式项目管理组织结构

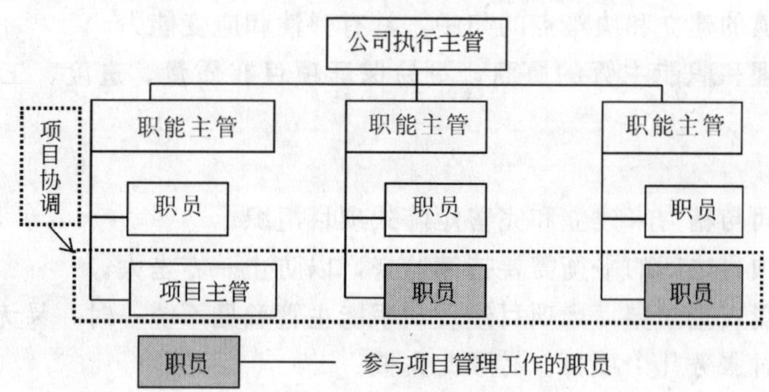


图 4-4 平衡矩阵式项目管理组织结构

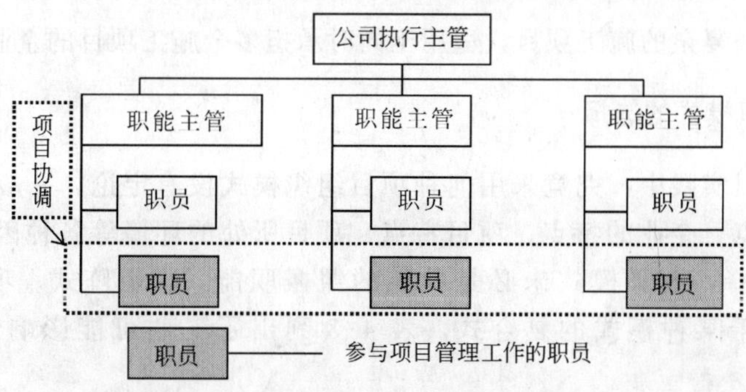


图 4-5 弱矩阵式项目管理组织结构

在矩阵组织中，强矩阵模式中，项目经理对下对项目负完全责任，对上直接对项目经理主管或公司主管负责；职能部门主管既要对公司主管负责，也要对项目经理负责。

弱矩阵模式基本上保留了职能式组织模式的主要特征，只是为了更好地实施项目，建立了相对明确的项目实施班子，没有明确对项目目标负责的项目经理，项目负责人只不过扮演着项目协调者或监督者角色，不是真正意义上的项目管理者。

平衡矩阵模式，又称中矩阵模式，介于强、弱矩阵模式之间，与弱矩阵模式的主要区别就是有明确的项目经理，项目经理被赋予完成项目应有的职权和责任。

2. 特征

将项目式项目组织模式和职能式项目组织模式两者有机结合，同时具有项目的横向系统和职能的竖向系统，从而构成矩阵模式。

职能部门是永久性的，项目组织是临时性的。

项目组成员具有项目行政和职能部门两个上级，职员可以同时为几个项目工作。

有相对明确或明确的项目管理者，即项目经理。

资源由部门控制，项目经理根据需要借用。

3. 优点

兼具项目式组织和职能式组织的优点，将项目原则和职能原则融于一体，达到企业长期例行性管理和项目一次性管理的统一。

同职能部门的职员既可以同时为几个项目工作，又可以方便地互相交流，既减少了资源的闲置成本，又有利于企业专业部门技术的提高。

由于交流渠道的建立和决策点的集中，具有弹性和应变能力。

通过项目经理和职能主管的协商，更易保证项目在质量、进度、工期、成本方面的平衡。

4. 缺点

需要花费时间与精力来建立和完善矩阵式项目组织。

职能部门和项目之间的平衡需要持续监督，以防止一方坐大。

项目组成元受双重领导，当项目经理和职能主管意见不统一时，易无所适从。

职员可能同时服务几个项目，易顾此失彼。

项目的凝聚力不强。

5. 适用范围

适用于大型、复杂的施工项目，适用于同时承担多个施工项目的企业。

## 四、项目组织模式的选择

在具体的项目实践中，究竟采用何种项目组织模式没有定论，一般要在充分考虑各种组织结构的特点、企业的特点、项目特点、项目所处的环境等各种因素的条件下，才能作出合适的选择，选择模式未必是单纯的照搬职能式、矩阵式、项目式组织模式，很有可能是倾向于某种模式的复合式。表 4-3 列出了一些可能影响组织模式选择的因素。

可能影响组织模式选择的因素　　表 4-3

| 影响因素 | 项目组织模式 | | |
|---|---|---|---|
| | 职能式 | 矩阵式 | 项目式 |
| 企业规模 | 小 | 中、大 | 大 |
| 企业资源 | 紧缺 | 中 | 充足 |
| 项目规模 | 小 | 中、大、巨大 | 大 |
| 项目复杂程度 | 低 | 中 | 高 |
| 项目风险程度 | 低 | 中 | 高 |
| 项目工期 | 短 | 中 | 长 |
| 项目重要性 | 低 | 中 | 高 |
| 项目环境变化 | 小 | 中 | 大 |

通常来讲，职能式模式适用于规模较小、偏重于技术、环境变化小的项目；当一个公司包括很多项目或项目的规模较大、技术复杂、环境变化大时，宜选用项目式模式。而矩阵式组织模式具有上述两种模式的特点，在充分利用企业资源方面具有优越性，适用范围较广。

## 五、项目管理组织机构的设置程序

在组建项目管理组织机构时，需要按照下述基本程序，从确定的目标和工作内容出发，因目标和工作内容设事，因事设机构定编制，按编制设岗位人员，按职责授权制定制度。施工项目管组组织机构的设置程序如图 4-6 所示。

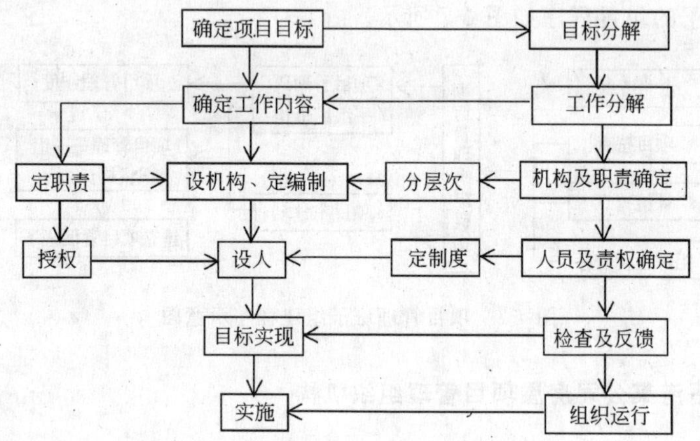


图 4-6　项目管理组织机构设置程序示意图

## 六、项目管理班子的建立

项目管理班子是企业按照项目管理组织机构建立的代表公司进行项目管理的工作团队。项目管理班子为项目经理决策提供信息，执行项目经理的决定；对施工项目全过程实施管理；对业主和最终产品全面负责；对作业层履行管理和服务的职责。

### (一) 建立项目管理班子的原则

建立项目管理班子的基本原则如下：

(1) 根据确定的项目管理组织机构设置，责权利统一；

(2) 根据项目规模、复杂程度和专业特点设置；

(3) 根据工程任务的需要设置，弹性建制；

(4) 适应现场施工的需要，满足现场的经营、计划、合同、调度、工程、技术、质量、安全、环保、成本、劳务、物资、机具、生活、文明施工等需要；

(5) 组织尽量精简、现代化；

(6) 根据合同要求配置合资格人选。

### (二) 项目管理班子的部门设置和分工

在一般大型工程的施工中，项目管理班子一般包括五个职能部门，分工完成施工管理工作：

(1) 施工部：主管施工技术、施工进度、工程质量、安全环保等，是实施工程的主体部门。

(2) 供应部：主管工地机械设备和建筑材料的订货、运输、进场工作，负责机械、材料的现场管理工作。

(3) 财务部：主管项目的财务工作，包括整个项目的成本支出和工程款收入。

(4) 合同部：主管合同实施和合同管理工作，负责与业主和工程师的联系、工程款的申报、索赔等工作。

(5) 总务部：主管行政事务和生活管理工作，兼管人事、组织等工作。

在一个具体的项目管理班子的组织机构中，未必一定按照上述五个部门的划分方式设置部门或小组，可以适当地增减、分解、合并。

项目管理班子的设置程序如图 4-7 所示。

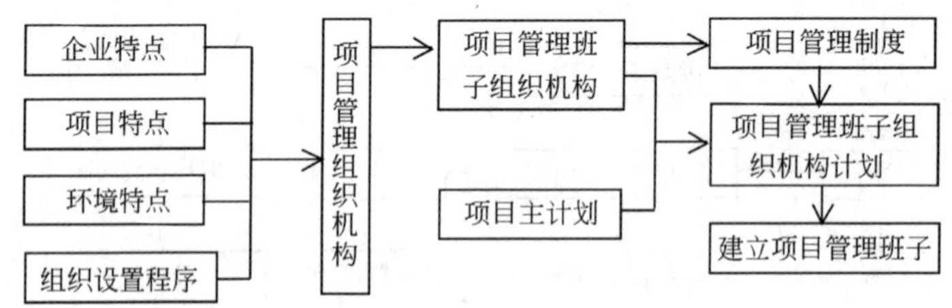


图 4-7　项目管理班子组建程序示意图

## 七、案例：香港某公司房屋项目管理组织机构

### (一) 项目管理组织机构图

图 4-8 所示为香港某公司房屋项目管理组织机构示意图，从其结构特点分析，应属于平衡矩阵模式，具有专职的项目经理，项目有自己的成员，同时又和职能部门共享部分资源。在项目管理组织机构内，部门主管既要对公司主管负责，又要对项目经理负责。

### (二) 项目管理班子管理组织机构

一个项目管理班子应该有一套完整有效的组织，图 4-9 所示为一个国际工程的典型项目管理组织机构。

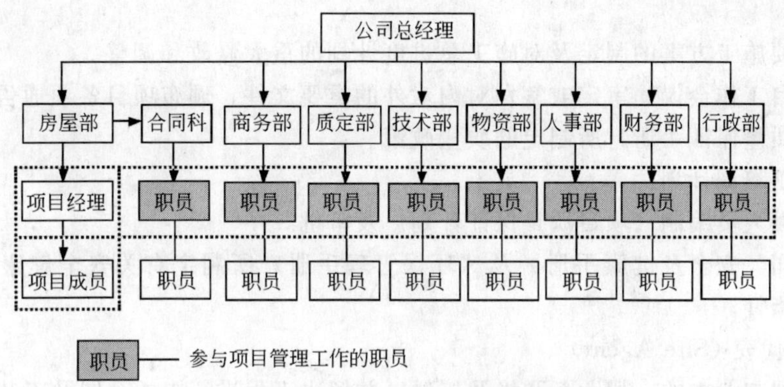


图 4-8　香港某公司房屋项目管理组织机构图

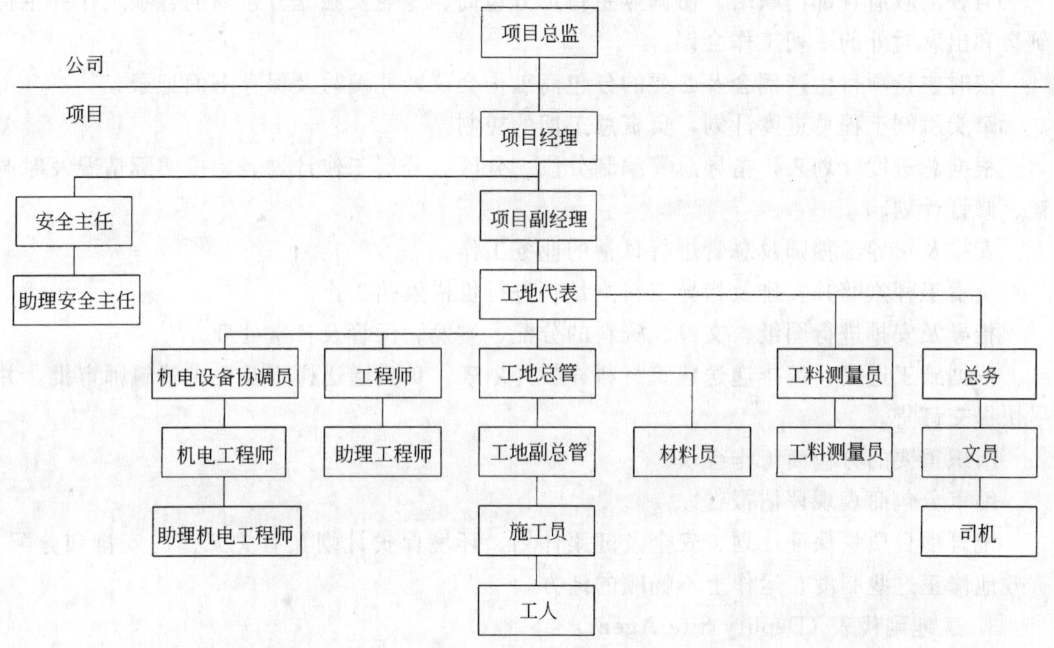


图 4-9　某国际工程的项目管理班子组织机构

**(三) 项目管理班子管理人员的岗位职责**

1. 项目经理（Site Manager)

代表公司履行对业主合同及执行对分包合同的责任。

负责项目的日常管理工作。

主管项目人事组织、调配及项目员工薪金的调整及发放。签署项目员工合同，考核员工的表现及审批请假事宜。

主管工程成本的分析、预测及控制成本的措施，编制成本月报。

负责审定分包商工程款单及向业主申请工程款。

编审分包商表现评估报告。

分包合同的审核及建议对分包商的选择，签署由公司制定而须由项目签署的分包合同。

主持首要施工方案的制定及对施工总进度计划的重大修改和调整。

主持项目工作会议，审定或签发对内对外的重要文件，颁布项目各项通告。

执行《质量保证手册》所制定的质量政策。

编制员工培训计划。

负责指派人员编制《项目质量保证计划》及审批。

执行公司《安全及健康手册》及《环保管理手册》所制定有关安全健康与环保的政策、目标及指针。

2. 工地代表（Site Agent）

代表公司与业主的一切业务联络及接触，并解决工程进行中的合同及工艺技术问题。

代表经理签署发向业主的表报、信件和经项目经理审批后的其他重要对外信件。

与香港政府各部门联络。协调业主指定分包商、专业及独立分包商的各项工作并主持例会和出席对外的一切工作会议。

按时主持项目生产例会及必要的分包商工作会议，并编写及保存书面记录。

牵头编制工程总进度计划，负责总工期的控制。

根据总进度计划表，指导总管编制分段、分区、分层工作计划表，按实际情况及时调整、修订计划。

安排及指导工程师及总管进行日常的业务工作。

负责工程索赔并安排及指导工料测量师进行价格索赔工作。

指导及安排进行图纸、文件、资料的分配、签发、保管及日常处理。

依据施工进度，编排递送建筑材料样板计划表，负责递送样板及要求建筑师审批，并尽快提交订货。

组织重要的分包商工作会议。

编审分包商表现评估报告。

统筹项目质量保证计划、安全及健康计划、环境保护计划及有关工作的安排和分配。有效地修正这些制度在运作上不畅顺的地方。

3. 工地副代表（Deputy Site Agent）

协助工地代表处理有关工作。

4. 屋宇设备协调员（B. S. Coordinator）

主管项目机电工程师及助理机电工程师之监工工作安排及分配。

对新工程邀请专业分包商报价前，向合同科提供招标报价的特殊规定、要求等资料。

返标后协助合同科审查标书，包括用料、单价、施工计划等，参加合同科约见最低三标的面谈会议，并于定标会议上作出详细介绍。

根据总进度要求，编制机电工程部分进度表，并负责跟进落实。

按照“Management System for Safe Upkeeping of Electrical Distribution System and Safe Use of Electrical Equipment on Sites”之管理系统执行电器工程师之职务。

负责处理及制定一切有关之综合施工图纸，联络及解决业主方面之要求及施工方案。

指导项目机电工程师及助理机电工程师之监工工作安排及分配。

协助项目对各专业分包商之验收工作。

审核专业分包商提交之施工图纸中，在设计及用料方面与合同内容是否有差别，并转交业主、建筑师批准，落实执行。

主持项目与专业分包商之定期或非定期会议，检查及协调机电工程各专业分包商之间的施工问题。

督促各专业分包商做妥报完工前之所有手续，以免因分包商疏忽而导致延迟交工。

5. 屋宇设备工程师（B. S. Engineer）

协助屋宇设备协调员之一切工作安排。

审核专业分包商提交之施工图纸中，在设计及用料方面与合同内容是否有差别，并转交业主、建筑师批准，落实执行。

参与项目与专业分包商之定期或非定期会议，检查及协调机电工程各专业分包商之间的施工问题。

督促各专业分包商做妥报完工前之所有手续，以免因分包商疏忽而导致延迟交工。

协助项目对各专业分包商之验收工作。

根据总进度要求，协助屋宇设备协调员编制机电工程部分进度表，并负责跟进落实。

6. 助理屋宇设备工程师（Ass. B. S. Engineer）

按屋宇设备工程师指示分配有关工作。

接收、登记、发放及整理机电图纸。

7. 土建工程师（Site Engineer）

参与项目质量保证、安全健康及环保计划的工作，包括施工方案和技术质量措施的制订和执行。

参与编制分段、分区、分层每段的工作计划表。

材料品质检验之送样检查及检验记录，包括根据图纸及工程标书规定填报表格。

施工工艺和工程质量的日常监督及检查。

与业主驻场代表联系，解决图纸上的问题，负责工程图纸、工程变更资料的收发和管理。

按工地代表指示分配的有关工作。

协助“评估表现计分系统”的组织及管理工作。

负责建筑师、政府工程师、工程督察之口头或书面指示的记录和管理。

按计划执行情况，参与有关的工程会议。

执行项目例行工作，包括负责编写项目日报表、项目记录及项目会议记录。

8. 助理工程师（Ass. Site Engineer）

编制项目进度及有关物料照片档案（如钢筋记录照片）。

与业主工地代表，送材料样本往政府实验室或指定实验室进行试验。

负责保管和使用有关图纸专用印章，例如：“施工用（FOR CONSTRUCTION）”、“参考用（FOR REFERENCE）”、“被取代（SUPERSEDED）”，并于适当位置填上数据。

按工地代表和土建工程师指示分配有关工作。

接收、登记、发放及整理图纸。

负责填写工程日报表。

9. 项目工料测量师（Project Quantity Surveyor）

负责编制每月向业主申请工程款单，每月、每期之分包商工程款单。

协助处理与业主工料测量师之联络工作。

协助编制工料测量工作进度计划。

注意工程的变更情况，根据图纸及合同，处理工程变更的价格索赔工作。

计算各分类工程数量，提供订货依据，鼓励绿色采购，编制进场材料表。

编制递送材料样板时间表，并处理有关材料的报价及洽谈工作。

办理有关分包合同及价格的工作。

参与项目成本之分析工作，掌握市场人工、材料变化资料。

研究各种材料、配件的价格和要求，收集各种材料转换、代用品之可靠资料。

布置、收集、保管各种索赔资料。

执行项目质量保证、安全及健康与环境保护计划制度。

组织及执行完工后与业主对数及做工程结算账（FINAL ACCOUNT）。

10. 工料测量师（Quantity Surveyor）

按照项目工料测量师指示，完成分配之工作。

计算各种工程材料数量。

协助制定每月向业主申请工程款单以及每月或每期之分包商工程款单。

协助计算各分类工程数量。

协助量度，计算图纸。

负责收集、记录及保管各工程图纸。

11. 总管（General Foreman）

在工地代表的指导下，协助编制工程总进度计划表，并负责编制分段、分区、分层工作计划表和及时调整施工方法及资源力量。

编制及执行施工场地的规划及控制，使场地清洁及整齐（例如机械布置，物料堆放，工地信道，进出口控制）。

按进度计划执行和推动工程，统管用料、质量及安全工作。

记录施工过程中的一切有关资料，制订施工日记。

按规定负责向经理申报夜工及分包商代工。

协调各分区、分段于施工过程中遇到的予盾。

细阅和清楚图纸的要求，向有关人员提出图纸上不明确或与标书、惯例有矛盾的地方，并寻求解决办法。

评核施工员之表现及评分。

协助工程师与各专业分包商解决施工上的问题。

协助有关人员编制各项施工方案。

熟读各分包商合同的条款内容，务使各分包商依照合同完成工作，并随时协调各分包商间之施工程序及工艺问题。

执行有关质量保证、安全健康与环境保护计划的工作。

培训工人采取环保管理运行控制措施。

12. 副总管（Deputy. General Foreman）

协助总管处理工地工作，总管不在工地期间，代行总管职务。

监管工程进度及工艺之质量。

协调各分区、分段于施工过程中遇到的矛盾。

细阅和清楚图纸的要求，向有关人员提出图纸上不明确或与标书、惯例有矛盾的地方，并寻求解决办法。

执行《项目质量保证计划》、安全健康与环保管理之有关事项。

培训工人采取环保管理运行控制措施。

13. 施工员（Foreman）

熟悉图纸及工作规章，按计划执行工作，保证质量、安全健康、环保和进度符合要求。

编排分管之分区分层进度计划表。

检查各分项工程之质量，以书面表格或图纸通知土建工程师或总管每次检查之记录，并按序编入档案。

在总管指导下，处理工程进行中的问题。

检查和督促开线员、杂工的工作。

协调各分项分包商的交叉施工工作。

填写楼号、楼层、分段之物料需求表。

协助土建工程师填写项目日报表。

预先检查测试器材的准确性，如有需要，请土建工程师协助。

检查所属工作范围内之信道安全，环境卫生，防火指施和其他潜伏危险，并向总管报告。

执行《项目质量保证计划》、安全健康与环保管理之有关事项。

培训工人采取环保管理运行控制措施。

14. 材料员（Store Keeper）

协助工料测量师、总管办理材料申请计划，负责验收记录及制订收料账目。

负责策划及设置仓库，定期整理存放之材料；妥善分类、堆放及保管各类物资以策安全。

须责项目材料月报表，定期进行盘点工作。项目完工后，整理项目仓库存货，并编制材料、存货详细记录表。

按照领取物料申请表发放物料，并要求收料人（包括分包商）签收及维持记录系统。

控制用料计划，配合各材料使用。根据计划，实施进货日期，并配合工程进度，制订交货计划及执行物料规格和数量的验收。

负责订购零星材料，要向公司指定之供货商订购。

视乎工程进行，有秩序的分批将材料、物资交与分包商使用，务使控制在工料测量师之用量计划内。

记录和协助处理废料及余料回收工作。

填报分包商扣款资料；监控各分包商领取物料并经常向有关人员汇报情况。

协调有关供应渠道并跟进和督促执行供应计划。

负责固定资产管理，包括验收、清点、保管、核数、安排维修、保养的工作。

执行《项目质量保证计划》、安全健康与环保管理之有关事项。

15. 总务（General Clerks）

管理项目备用金，负责一切现金支付及报销，并进行分项账目记录。

处理员工考勤，办理职工的请假手续，制定员工日报表，监督开夜工手续。

处理工地杂工的招募及登记手续，并办理其调离场地、辞职手续。

建立和保管全项目的职工记录、名册，以便项目主管或致府有关部门的查阅。

计算、领取及发放员工工资（以支票或自动转账方式）。

管理交通工具、写字楼、司机及看更员工之日常工作。

处理工地食堂及员工福利和待遇。

每月制定办公用品的采购供应计划，并负责采购及报销。

监督员工领取工作用品。

负责每月与公司会计部对账及在项目经理指导下编制每月成本报表。

保管项目雇员合同。

执行《项目质量保证计划》、安全健康与环保管理之有关事项。

16. 文员（Clerk）

按文件处理程序负责存盘。

负责打字、传真及接听电话。

负责接收、发放及印鉴书信及/或图纸。

接待到访人员。

协助填报工地工伤表格（从报伤至赔偿完成各阶段之工作）。

整理工地办公室之内务工作。

执行《项目质量保证计划》、安全健康与环保管理之有关事项。

17. 安全主任（Safety Officer）

向有关人员提供下列意见并协助处理：

防止工业及机械意外的发生。

防止因工作关系而导致职业病的发生。

改善施工时的环境，确保工作的安全。

有关安全、卫生、消防及福利法例的要求及执行。

指出工地潜伏性的危险及预防方法。

有关最新安全法例之要求及安全施工方法和认识。

执行工地安全例行检查。

对所有机械工具（包括分包商拥有）之证书检查并执行。

有关防护用品及器具使用知识的讲授及推广。

调查意外，分析所有意外的原因及提供预防意外再次发生的方法，并向总管发出防范指令。

参与项目施工方法的研究，预计所需安全措施之费用。

与有关政府部门、机构联络，注意有关之劳工、安全、消防等法例。陪同劳工处有关人员巡视工地之安全并执行政府机构之指示。

协助或指引项目有关人员（如施工员、机电工）处理工地各种化学用品贮藏及申请有关物品牌照。

协助或指引有关人员处置及整理化学物品。

解答一切有关安全之问题。

协助或指引有关人员保持急救箱内有足够数量之药物，分配工人各种安全用具。

与各分包商保持联络及定期主办安全会议。

经常向公司汇报有关安全之工作，并接受其对安全工作的要求。

执行《项目质量保证计划》之有关事项。

协助和提供保安制度的建立和执行。

## 第三节 施工项目生产管理

计划固然非常重要，但再好的计划都需要经过实施才能体现其价值，所以美国通用电气的首席执行官韦尔奇称："最伟大的过程是实施"。项目的生产管理是在项目计划的指导下，将资源转化为产品的重要过程，是项目管理的主体与意义所在。在实施过程中计划得到落实和不断的检验与完善。按照管理领域，项目的生产管理通常划分为进度管理、质量管理、成本管理、安全管理、环保管理等几个方面。其中，进度管理是生产管理的主线，质量管理和成本管理是生产管理的核心，安全和环保管理是生产管理的前提和保障。

### 一、进度管理

#### (一) 进度管理的重要性

任何项目都有一个开始和结束时间，按期完工是工程合同的最基本要求，进度管理直接关系到项目的工期，同时对工程质量和项目成本也有重要影响，合理的施工进度，有利于控制质量和成本。

国际工程承包施工的实践证明，保持超前的进度是承包商占据主动地位的最重要保证，只有进度超前，才能有机会不断完善施工和索赔部署，并贯彻落实，而且即使在施工过程中发生任何偏差，都有时间去从容修正。显然，超前的进度是施工管理进入良性循环的必备前提。反之，如果承包商在工期方面发生了延误，就会产生一系列衍生的问题，如施工成本增加、质量水平下降、忽视安全环保、拖期损失赔偿等，对于经验不够、管理能力较低的承包商，可能会一乱全乱，施工前的有关部署得不到落实，在同业主或顾问公司的谈判中处于劣势，无法保证自己的利益。因此，进度管理对于项目管理来讲非常重要，是项目管理的主线，必须予以高度重视。

#### (二) 进度管理的依据——主进度计划（Master Program）

进度管理的主要依据是主进度计划。在国际工程的投标书中，承包商一般会附上一份主进度计划，作为投标书中的一部分供业主参考，并且成为业主作出授标决定的根据之一。在接到中标通知书后，承包商会再向业主及其顾问公司呈交一份更加详细、更加切合实际的施工进度计划，经业主或其顾问公司审批后，成为一个对双方均有约束力的合同文件，承包商按此组织施工，顾问公司按此提供图纸及法定文件等，任何一方的延误都可能会导致工期拖长。主进度计划是解决工期索赔和拖期损失赔偿的重要依据。

顾问公司一般会要求承包商在主进度计划中清楚地标明控制点（Hold point）、关键点（Key point 或 Milestone）及关键线路（Critical path），作为监控工程进度的关键依据，同时也是顾问公司或业主对于非关键线路的己方延误免责的借口。而承包商应充分考虑进度管理中的风险，利用编制方的优势，技巧地设置控制点、关键点及关键线路，争取主动。

1. 主进度计划的编制依据

(1) 合同要求（开工时间、完工时间、关键点、控制点等）；

(2) 工程本身特点；

(3) 限制条件（环境条件、等待某些控制点批核的法定或约定等待时间、劳工法例、安全环保事项的法律限制）；

(4) 合理假设：编制主进度计划时，未必可以完全清楚工程的方方面面，需要做一些合理的假设；随着工程的不断进行，当假设不再合理时，需要及时更新主进度计划；

(5) 类似工程的主进度计划；

(6) 顾问工程师的合理意见；

(7) 其他同行或专家意见。

2. 主进度计划的变更

在工程进行过程中，主进度计划不是一成不变的，会根据需要不断更新，以便更好地发挥指导作用。一般情况，更新主要基于以下原因：

(1) 出现影响工期的工程变更；

(2) 工作范围发生变化；

(3) 影响工作范围和进度的不可预见因素；

(4) 未知内容已经清晰；

(5) 重大方案更改；

(6) 发现有不符合实际之处；

(7) 顾问工程师提出合理修改意见。

**(三) 施工进度表的基本组成**

国际工程一般规模较大，专业分工明确，往往由多家承包商共同协调施工。合理地制定施工进度计划和严格遵守计划要求是实施国际工程的基本要求。合理的计划，便于承包商或不同专业分包商之间的良好沟通。进度计划是工程进度管理的基准，施工进度表是工程进度计划的集中反映，是材料计划、分包计划和施工日程安排的重要参考依据。施工进度表一般包含下述内容：

(1) 进度表名称、索引编号；

(2) 工作内容，划分为作业项目，包括关键点和控制点；

(3) 工作量，每项工作内容工作量的数值和单位；

(4) 工作时间，每个作业项目的开始时间（最早、最迟）、完成时间（最早、最迟）、浮动时间、持续时间；

(5) 施工顺序，又称工作关系，指作业项目之间的先后顺序关系；如果这种关系是固有的、客观的、不能随便改变的内在关系，一般称为逻辑关系；如果作业的先后关系是一种人为安排，并不是不可改变的，是可以优化的，则称为组织关系；

(6) 表达形式，主要有清单表格、横道图、(单、双代号)、网络图等几种方式，用于表达时间和工作关系；

(7) 关键线路；

(8) 编制时间、版本，便于跟踪计划更新过程；

(9) 图例，各种标识、图案、符号的意义，便于阅读进度表；

(10) 其他：配备劳动力、机械、编制人、审查人、批准人签名等。

**(四) 施工进度表的表达形式**

1. 清单表格

最简单原始的进度表达形式，如表 4-4 所示。其优点在于简单、编制方便，缺点是对于施工顺序的表达不直观。一般用于比较简单、低层次的、短期的施工进度表，例如针对施工班组的周计划。

**清 单 表 格** **表 4-4**

| 序 号 | 工 作 内 容 | 工 作 量 | 开 始 时 间 | 完 成 时 间 |
|---|---|---|---|---|
| 1 | 开 挖 | $2000m^3$ | 2000-10-1 | 2000-10-3 |
| 2 | 混凝土垫层 | $500m^2$ | 2000-10-4 | 2000-10-4 |

2. 传统横道图

横道图，全名“横道图表法”（bar chart method），又名“甘特图”（Gant chart）。横道图是一个二维图表，横维表示进度或活动时间，纵维表示工作内容，如表 4-5 所示。

**传统横道图表** **表 4-5**

| 序 号 | 工 作 内 容 | 工 作 量 | 1 | 2 | 3 | 4 | 5 | 6 | 7 |
|---|---|---|---|---|---|---|---|---|---|
| 1 | 安装模板 | $2000m^2$ | | | | | | | |
| 2 | 绑扎钢筋 | 150t | | | | | | | |
| 3 | 浇筑混凝土 | $300m^3$ | | | | | | | |
| 4 | 养护 | — | | | | | | | |
| 5 | 放线 | — | | | | | | | |

横道图直观、简单，编制方便，易于理解，但传统的横道图不能表达各项工作之间的复杂关系，无法寻找出关键线路，进行计划优化。传统的横道图表用于比较简单的小型项目或短期进度计划，利用其直观的特性进行计划控制。

3. 网络图

网络图是专家学者研究最多、理论最为完善的一种进度计划表达方式，相关的计算机网络模型也最多。按照工作项目的表示方法，网络图划分为单代号和双代号两种。关于网络图编制原理的论述极多，本文不再赘述。关键线路法（CPM）和进度评估法（PERT）是利用网络技术进行进度控制的普遍采用的办法，其中关键线路法在建筑领域应用最为普遍，关键线路是索赔工期的重要依据。网络图以节点和节点关系构成网络，它完整地展示了工作项目之间的逻辑关系，但编制与阅读网络图需要一定的相关知识，相比而言没有横道图简单、直观。

4. 改进横道图

传统横道图虽然直观，但无法显示工作项目之间的逻辑关系，更不要说显示关键线路。而网络图，即使是结合时间坐标编制的带日程表的网络图，也不够直观，不利于进度的监控。集横道图与网络图的优点于一身的改进横道图在保持横道图显示方式直观的同时，加入不同类型的线条和箭头来显示工作关系，并可以醒目地显示出关键线路。表 4-6 所示是一个简单的改进横道图，其中细线和箭头表示工作关系，虚线表示时差，粗黑实线表示关键线路。改进横道图是目前应用最广和最好的进度表达和监控方法。

**改进横道图** **表 4-6**

| 序号 | 工作内容 | 工作量 | 1 | 2 | 3 | 4 | 5 | 6 | 7 |
|---|---|---|---|---|---|---|---|---|---|
| 1 | 安装模板 | 2000m² | | | | | | | |
| 2 | 绑扎钢筋 | 150t | | | | | | | |
| 3 | 安装照明线预埋管 | | | | | | | | |
| 4 | 浇混凝土 | 300m³ | | | | | | | |
| 5 | 养护 | — | | | | | | | |
| 6 | 放线 | — | | | | | | | |

**(五) 进度计划的编制程序**

进度计划的编制一般遵循"划分工作项目—确定工作关系（施工顺序）—计算工作时间—绘制进度计划图表—调整进度计划"的工作步骤。

1. 划分工作项目

首先是确定工作范围，然后按 WBS（work breakdown structure）方法划分为工作项目（不限于工程施工，在进度管理这一节中特指与工程施工直接相关的工作内容）。承包商一般按照合同中的条款、工作量单、工作说明、特别技术要求、图纸及需要遵循的规范和当地建筑法例，参照类似工程的已有资料，确定承包商的工作范围。确定工作范围时切记不可以遗漏，一旦遗漏重要项目，特别是有法定时限要求的先决性工作项目的遗漏，极可能对进度管理形成致命打击。WBS 是一种将工作范围按照树状结构进行层层分解为工作项目的操作方法，也是其他项目管理领域的重要管理工具。分解工作的重要原则是"不重不漏"，即不重复、不遗漏，真实完整地把工作范围映射到工作项目的集合。划分工作项目的深度，应以每一作业项目均属于独立操作为原则。划分过粗，不易发现施工过程中不同作业之间的衔接关系，使进度计划失去指导意义。划分过细，则使工序衔接环节过多，计算繁琐，关键线路不清晰、不稳定。划分的详细程度一般靠施工经验确定。

本过程形成"不重不漏"的工作项目清单，是编制进度计划的最重要的环节。

2. 确定工作关系

确定工作关系即是按照各工作项目之间的内在关系和施工安排，确定先后的施工顺序。工作关系是将树状结构的工作项目清单网络化的必要条件。工作关系共有四种，如图 4-10 所示，再考虑提前或延后的时差变化，工作关系会更加接近实际。其中的 SF 关系通

| FS(结束-开始) | SF(开始-结束) | SS(开始-开始) | FF(结束-结束) |
|---|---|---|---|
| | | | |

图 4-10 四种工作关系

常只用于理论分析，在实际应用中很少用到。

确定工作关系一般要考虑如下因素：

(1) 内在工作关系。如楼面钢筋绑扎和模板安装完成后，经过现场工程师检查通过后，才可以浇筑混凝土。

(2) 施工安排。如一个面积很大的楼面可能被人为划分为几个区，按照一定的流水方向进行施工安排。

(3) 限制条件。如狭窄的场地只能摆放一台混凝土泵，本来可以同时浇筑的楼面被迫分先后进行。限制条件种类繁多，需要认真考虑，一般在进行施工组织设计时会全面考虑。

(4) 时差。内在时差，如规范规定超过8米跨距的楼面结构只有混凝土的强度达到设计强度时才允许拆除模板支撑；人为时差，如资源不够时，不在关键线路上的工作项目可以人为合理推迟；行业时差，如从欧洲定购大理石，需要预留3个月的订货期；法定时差，如验收消防，需要提前至少2个星期向政府有关部门递交书面申请。

3. 计算工作时间

只有加入时间坐标，工作项目关系网络才能成为真正意义上的进度计划，才具有实用价值。计算一个工作项目的工作时间通常需要以下资料：

(1) 工作量；

(2) 施工机械的种类、数量、生产效率；

(3) 建筑材料的品种及数量；

(4) 劳动力数量、劳动生产定额；

(5) 专业技术要求；

(6) 气候资料；

(7) 其他限制条件：如工作面大小、法定容许工作时间等。

在计算工作时间时，暂不需考虑合同规定的工期，按照总体施工方案和能提供的资源如实计算。

4. 绘制进度计划图表

工作项目构成的逻辑关系网络，加入时间坐标轴就构成了初步的进度计划图表。由于计算机技术的应用，繁复的计算、编制工作变得十分简单。多数的进度计划编制软件可以同时显示出关键线路和总工期。有的软件在资料足够的情况下，还能绘制出劳动力计划、主要材料计划、主要设备计划等。

5. 优化进度计划

初步的进度计划表需要优化，主要原因如下：

初步计划显示的工期未必满足合同要求，需要调整。如果超过合同工期，则必须压缩计划；如果少于合同工期，可以适当考虑减少资源强度，延长计划工期。

资源冲突。特别是在工程施工的高峰期，由于种种限制条件，无法同时满足多项工作项目对于资源的要求，需要重新调整工作关系，从而影响关键线路及总工期。

成本考虑。经验表明，工程施工过程中，较平均的资源分布通常是经济的，通过对劳动力计划的平衡调整（Leveling，拉上补下之意），从而相应优化进度计划。另外，出于回收工程款和工程支出的考虑，有经验的承包商会策略性地调整主进度计划。

进度计划优化方法主要有如下几种：

(1) 快速路径法 (Fast tracking method)。通过更改施工方案或采用新技术，调整工作关系，改变关键线路，达到改变关键线路和工期的目的。快速路径法对成本影响较小或无直接影响。

(2) 关键线路压缩法 (Crashing method)。通过对关键线路上个别工作项目的资源调整，改变相应项目的工作时间，从而改变总工期。由于关系到资源的调整，对成本有直接的影响，所以在应用关键线路压缩法时，尽量选择可以以较小投入产生明显效果的工作项目。

**(六) 进度计划的动态监测**

计划的意义在于实施，但在实施过程中，难免由于种种未预见到的问题而未能得到完全实施。计划的偏离是普遍存在的，需要加以监控，及时修正出现的偏差，以免出现严重的延误。监测的原理很简单，就是以某一时刻的实际进度与计划的进度进行比较，进度的量度标准可以是时间、实物量、百分比、金额等。进度监控方法与进度计划的表达方法是对应的。

比较简单的监测方法如下：

1. 清单表格法。通常在清单表格后面加入一栏计划进度和一栏实际进度，对进度延误的工作项目以黑体字或彩色等方式醒目显示。

2. 网络图法。在网络图上以颜色、图案等区分未完、进行中、已完成工作项目。

3. 横道图法。比较常用的方法，可以清晰、形象地显示工程的进展。通常有两种表示方法，如图 4-11 所示。

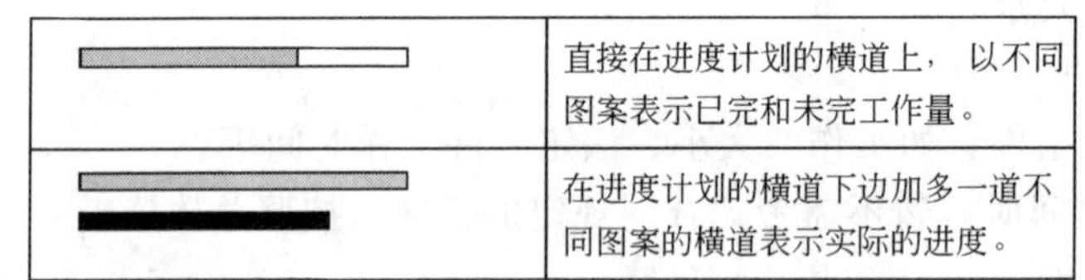


图 4-11 用横道图监控进度的两种表示方法

4. 挣值法 (Earned Value Method)。这是一种倍受推崇和广泛应用的进度和成本监测方法。挣值法不同于上述 3 种具体和直观的表达方式，而是一种综合的进度比较方法，其原理如下：将工作项目单价与进度计划相结合，形成挣值计划——即与进度计划相对应的工程收入或产值计划，通过比较实际产值和计划产值（通常以金额度量）来确定整体工程进度是否偏离计划及偏离的程度（通常以百分比表示）。

上述几种方法各有优缺点，1、2、3 方法具体到每一个工作项目的比较，4 则是整体的比较，2、3 可以反映关键线路是否有延误，而 1、4 则反映不到。另外，工程实践表明，工作量和进度不是线性关系，工程的初期和末期往往是较少的工作量需要较多的时间，而工程的中后期往往会有一个高峰期，产值在较短的时间内大幅增加，因此采用 4 方法时，要注意这种非线性关系，以免产生误解，例如初期或末期的 1%工作量的延误可能对应 5%、而不是 1%的时间延误。

**(七) 进度控制措施**

进度计划的偏离可能是提前也可能是延误，通常进度控制是针对工期延误而言。虽然进度计划的偏离是普遍的，但工期延误仍可以避免或减小。按期完工是承包商最基本的服务承诺。一套完善的进度管理制度完全可以保证工程在合理工期内顺利完工。通常进度控制从以下几个方面着手：

1. 合理计划

首先计划要合理，每一个工作项目的计划工作时间与提供的资源匹配，配置于不同的工作项目的资源在空间和时间上互不冲突。计划与总体施工安排相匹配，施工安排合理可行。另外，内部施工计划的完工期应比提供给业主的计划短 5%左右。合理的计划是避免或减少工期延误的先决条件。

2. 资源保证——配套计划

有经验的承包商往往在编制进度计划之时或之后，立即着手编制相应的配套计划：人力资源计划、劳动力计划、主要设备计划、材料供应计划、材料报批计划、图纸计划、主要施工方案编制计划等，通过对配套计划的实施，保证进度计划有充足的物质、技术资源保证。充足的资源可以缩短关键线路上的某些工作项目的工作时间，从而缩短关键线路。

3. 分解计划

主进度计划是一个比较粗的贯穿整个合同工期的整体计划，需要在内容上、时间上细化以便更好地指导施工。承包商一般会编制滚动的月计划、周计划等，以指导施工和监测进度。计划细化后，便于施工安排，也更易发现潜在的阻滞因素。对于复杂的分部分项工程，需要结合施工方案编制单独的施工计划，如屋面钢结构的工作范围覆盖：图纸设计、图纸报批、材料采购、材料报批、施工方案编制、方案报批、构件加工、运输、安装等，一般会编制一个包含上述工作内容的“屋面钢结构施工计划”，以便重点跟进。

4. 技术保证

在编制施工方案时，就要考虑工序安排，优化工作关系，缩短关键线路。

5. 质量保证

良好的工程质量可以减少返工，从而节省时间和成本；良好的图纸质量，可以减少承包商因图纸问题而导致停工的机会；良好的沟通质量，可以减少不必要的阻滞；良好的分包商质量，可以减少协调难度，工作质量和进度易得到保证。

6. 安全保证

安全的环境是施工生产的前提。不安全的工作环境，易令工人注意力分散，工作效率和工作质量受到影响；另外，如果因为安全问题而导致停工，则会直接导致工期延误。

7. 合同保证

按照合同中相应的条款，承包商就某些原因导致的延误，有权向业主索赔工期。关于这方面的论述见本章第六节。分包合同一般包含分包商有义务保证进度、总包商有权对分包工程延误进行处罚的条款。

8. 行政保证

由专人或专门的管理小组进行进度计划的编制和定期的监测工作，确立预警阈值，及时改善进度或更新已不合理的计划。对员工进行进度计划交底和相应培训。

**（八）工程延误的常见原因**

在实际的项目实施过程中，经常会发生工程延误，如果不能及时消除，可能导致延期罚款，造成经济和名誉上的损失。通常工程延误的原因主要有：

1. 进度计划管理不到位

项目主要管理人员对进度计划的管理不重视，或进度计划的编制（或控制）人员计划管理技术不成熟，例如：

(1) 进度计划粗糙，可实施性差；

(2) 没有相应的配套计划，因资源短缺而导致延误；

(3) 没有清楚显示关键路线，工作重点不明；

(4) 关键路线没有优化，没有做好保证关键项目的准备工作；

(5) 对进度计划不重视，控制反馈不及时，不能主动地进行进度管理。

2. 风险管理不到位

对于影响工期的潜在风险预计不足，缺乏准备。

进度安排前松后紧，没有留余地，后期的延误难以弥补。

3. 工期索赔工作不到位

缺乏工期索赔意识，工期索赔失败。相关内容参考本章第六节中关于索赔失败原因的讨论。

4. 其他管理失误

管理是一项系统工程，需要各方面的配合与协调，经常会有其他出乎意料的管理失误，诸如：

(1) 施工组织错误。由于人为的施工组织安排原因，而导致延误。如在施工组织设计中预计的主要施工机械不足、施工道路安排不合理、工序安排错误等。

(2) 质量管理失误。因质量事故导致返工或停工，往往会导致无权索赔的工期延误。

(3) 安全管理失误。安全事故导致停工，造成无法索赔的工期延误。

(4) 成本管理问题。过于注重成本，而忽略了成本与进度的平衡关系，未能及时投入足够资源，造成延误。

## 二、质量管理

### (一) 施工质量管理的意义

本节所述的质量，不同于 ISO 质量体系中的管理体系运作质量，而是专指产品质量——工程质量。工程质量关系到建筑物的使用寿命和安全性，是业主、咨询工程师、承包商共同关心的重要问题。提供工程质量满足合同要求的合格产品，是承包商的签约承诺。同时良好的工程质量是承包商进度管理和成本管理的前提。而且，工程质量直接反映了承包商的总体水平与能力，是承包公司的活招牌，关系到业界对公司的评价，影响到公司的投标能力甚至投标资格。在投标价格接近的情况下，业主一般会倾向选用工程质量口碑好的承包商，对于采用打分制的招投标制度，工程质量表现则被直接量化，表现为一定的投标价值。

### (二) 编制产品质量计划

进行工程质量管理，首先要清楚质量评价的标准和方法，然后再确定保证产品质量的措施。产品质量计划包含了以下几方面的内容。

1. 确定产品的质量标准

合同是业主和承包商之间的商业承诺，关于产品的质量要求可以从合同中寻出。合同中与质量标准有关的内容主要如下：

(1) 通用条款及专用条款。如确定通用的技术规范是英国规范、欧洲规范、美国规范、日本规范、香港通用规范还是中国规范。

(2) 工程量单中的有关工程的描述。有的描述中，会有关于质量标准的内容。

(3) 技术规程（Particular Specification）。通常对于特别技术要求和质量标准有较为详细的叙述。

(4) 通用技术规范。认可的通用技术规范通常涵盖了大多数技术要求及质量标准。

(5) 标前答疑信件。

(6) 图纸中有关内容

(7) 通读及总结上述内容中有关质量标准的部分，形成关于产品质量标准的文件，作为质量管理的基准。上述内容中有关质量标准的描述未必一致，需要按照合同文件的优先次序解读，或询问工程师解释。

2. 保证产品质量的措施

(1) 图纸会审

图纸会审主要是发现不同专业图纸中不相符之处，及图纸与技术规程、工程量单之间的不符之处，及早解决，确保图纸质量。如果图纸错漏百出，就无从谈起以图纸为蓝图的产品的质量。

(2) 技术保证

从工艺上降低达到质量标准的难度。对于有特别技术要求的工序，需要制定相应的技术方案，以确保可以达到要求。

(3) 过程保证

严把分包关：选用质量纪录良好、管理能力强的分包商。

严把材料关（含设备）：确保用于正式工程的材料、设备符合质量标准。上报合乎技术要求的材料样板，咨询工程师或建筑师批准后再订货。材料到工地后，用批准的样板核对无误，方可投入使用。对于需要做检验的材料，需要标明检验状态：已验、未验、合格、不合格等，分类堆放，以免误用。有的材料，如混凝土、钢筋等需要标明使用位置，并做好纪录。

严把工序关：按照施工工艺操作，系统地进行工序检查与整改，控制好每一道工序的质量，确保生产流程进入下一道工序时是合格的。

产品检验关：对于完成的分部分项工程分区验收，对于不合格的产品立即整改。

统计反馈关：记录检验、试验、验收结果，并进行统计分析，对于反常的质量情况及时反馈，主管人员要分析原因并解决。

对于质量的过程保证，有一些值得推荐的做法，如：质量交底卡制度，自检、互检、交接检制度等。质量交底卡一般包含下述内容：工序名称，采用材料的品牌、标准，施工工艺，验收方法和标准。

(4) 行政保证

确定质量目标：确立按照合同规定，严格执行相应技术规程，确保工程质量达到标准。要将目标清晰地传递给每一位员工和工人。确定质量目标，实际上就是在质量水准和成本之间确立一个平衡点。为保证产品质量符合质量标准，质量的目标水准应稍微高出标准，但过高则是不经济的。

建立目标责任制：成立专职的质量监督部门，建立质量管理制度，明确质量责任制，并落实到人。

培训员工及工人：提高员工和工人的质量意识，严格按照质量交底卡施工，提高工人的操作水平和对质量标准的认识。

**(三) 实施产品质量计划**

产品质量计划是产品质量管理的基准，产品质量计划的实施过程实际上就是一个检验产品、对比基准、统计分析的过程。

产品质量管理伴随着施工生产，不同阶段的质量控制重点不同，管理要有重点，随着管理对象的改变而改变。

产品质量管理要有预见性。在质量发生偏差之前，能够预见到问题所在，防患于未然是最成功的质量管理。例如，工程在进行结构施工时，就考虑到结构与将来装修收口之间的关系，预留空位，而不是到装修时再打混凝土。

资源投入要到位。要保证一定的质量水准，一定要有相应的资源投入，例如性能卓越的设备、有经验的操作人员、合资格的质量控制人员等。

行政保证要到位。主要项目领导要重视质量，切实落实质量目标责任制，并建立相应的奖罚制度。

对于质量偏差要敏感。貌似偶然的质量偏差，可能预示着潜在的质量风险。一方面，质量控制人员要谨慎敏感，不放过每一个“偶然”，找出后面隐藏的“必然”；另一方面，质量控制人员要注意质量偏差的连锁反应，即这一工序的轻微质量偏差，可能是下一道工序的质量隐患。

杜绝经常性的质量偏差和严重质量事故。因为经常性的质量偏差表明产品质量管理存在问题，需要及时纠正，以免业主或咨询工程师产生不信任。严重质量事故的影响往往是巨大的，轻则业主投诉、自己返工，重则在业界或社会造成重大影响，损害公司声誉。

**(四) 改进产品质量或更新产品质量计划**

分析产生质量偏差的原因，并作出相应的改进行动。

采取相应的改进措施（如改进施工工艺、更换操作人员、调整管理人员等），整改不合格产品，改善产品质量。

更新产品质量计划中明显不合理的质量标准，要同咨询工程师达成共识。

## 三、安全管理

**(一) 安全管理的重要意义**

在施工过程中，防止工伤事故、保证人身安全是一个有公德承包商最基本的职业守则，而且在国际工程中尤其重要，它不但体现了承包商的管理水平，还严重影响着承包商的公众形象。而且安全管理的重要性还在于：

根据一些国家的政府有关部门统计，建筑行业的工伤意外率和工伤死亡率在所有的制造行业中居于前列，建筑行业的安全管理具有重要的意义。

虽然，从统计学角度来讲，建筑工地上的伤亡事故是难免的，但绝大多数的意外是可以通过严格的安全管理而避免。

建筑工地的工伤意外事故，不但对受害者及其家属造成痛苦的后果，也往往会使承包商付出沉重的经济代价，并影响经营管理形象。

安全的施工环境可以从心理上影响工人，使工人安心工作，提高工作效率；使工人感觉到管理者严格管理的决心，更加注重质量方面的控制。

工程的国际性，往往决定了承包商来自外地，而工人多数来自当地。承包商对工人安全健康的疏忽往往会导致当地政府部门和工人的反弹，甚至上升为政治问题。

承包商的安全纪录，对于承包商投标具有重要影响。

国际工程的合同中，多数会有涉及安全施工和劳务人员的健康与安全问题的条款，甚至在工程量单中列出与安全管理活动有关的付款内容。

综上所述，安全管理必须得到足够的重视与投入，真正在行动上、效果上做到“安全至上”，而不是仅仅停留在口头、文字上。

**(二）安全管理计划的制定**

项目安全管理计划，体现了项目管理者对于安全管理的目标、总体思路和具体实施原则，是工地安全管理的指南。

1. 安全管理计划的制定依据

(1) 当地有关建筑工地的安全、健康管理的法规；

(2) 公司有关建筑工地安全、健康管理的政策、文件；

(3) 合同中有关工程安全、健康管理的有关内容；

(4) 工程本身的特点：环境、结构、施工方案等；

(5) 其他类似工地的安全、健康管理经验与资料；

(6) 项目管理者、安全计划编制者及其他有关人士（如业主工程师、有关政府部门的工作人员、安全专家）等的经验与意见。

2. 安全管理计划的内容

(1) 安全管理政策

项目的安全政策一般参照公司的安全管理体系的政策和工地的实际情况而制定，承诺提供符合标准的安全和健康的工作环境，确保公司员工、分包商工人、与工地有关的第三者的人身安全和健康，减少意外事故，杜绝违例检控和严重安全事故，将意外率控制在合理水平。

(2) 安全健康管理的有关法律条文

罗列工地所在地必须要遵守的有关安全、健康管理的法律条文，便于遵守。

(3) 安全管理的组织机构与职责分工

同项目的管理组织机构相对应，并分配相应的安全管理责任。特设“安全管理委员会”，跟进、促进、监控安全管理计划的实施。安全委员会应包括项目主要领导、工程师、总管及分包商代表、工人代表，以便全面沟通。

(4) 安全培训和演习

对员工和工人进行入职培训、工地座谈、专题培训、管理培训及演习，提高安全意识，认识安全健康的工作方法 。

(5) 工作许可证制度

凡是进行某些风险较大的工作（如爆破工作、在密闭空间进行的工作）时，分包商应向项目管理班子提供适当资料，提出申请，做好安全措施，并将批准的申请悬挂张贴在工作地点。

(6) 安全巡查和审核

定期或不定期地进行安全巡查，及时消除工地存在的安全隐患；公司质安部或外部独立审核机构对项目的安全管理体系进行内审和外审，纠正管理体系中的不合格点。

(7) 风险评估

预先对于不同的工种、工作环境、工作设备机械、特殊施工方案进行分析，寻找可能造成人身伤害的因素，采取相应的安全防护措施和监控方式，确保施工在安全的情况下进行，降低意外风险率。

(8) 个人防护用具

针对不同施工环境佩戴相应的个人防护用具，如安全帽、安全鞋、口罩、护目镜、耳塞、安全带等，减少施工工作对人的身体器官的损害。

(9) 意外事故调查程序

对于已发生意外事故的调查程序，是了解事故的发生原因，评价意外的严重程度，寻找减少或避免类似事故的措施。

(10) 紧急应变程序

对于突发事件的紧急应变处理程序化，加快反应速度，预防或减少对工程、工人、社会的可能损失。

(11) 安全推广

通过组织一系列活动，推广安全政策，激励员工和工人进行安全生产。

(12) 健康保证程序

评估施工对于员工和工人的身心健康的影响，并尽量将负面影响降低至最小。

(13) 分包商的选择和控制

选择安全表现一向良好的分包商，并在施工过程中密切关注和控制。

(14) 生产过程控制程序

针对不同工种、工作环境、施工机械的风险评估，制定相应的安全生产程序，保证生产顺利、安全地进行。

**(三) 实施安全管理计划**

1. 组织保证

按照安全管理计划的要求，项目经理领导建立适当的安全管理组织机构，作为工程安全生产的组织保证措施。一般包括两种组织，一是以项目经理为首，由承包商和分包商联合组成的安全生产管理委员会，由安全主任主持工作；另一个是在项目经理直接领导之下，由项目管理组织成员构成的安全管理小组。安全管理委员会，通过组织成员（承包商和分包商的单位负责人、安全负责人等）传达、落实项目的各项安全规章制度，并定期总结、改进。安全管理小组，在项目经理的领导下，通过项目各部门的负责人，发挥部门的安全管理职能，完善、传达、落实各项安全规章制度，保证工程顺利进行。

无论是安全管理委员会，还是安全管理小组，都要处于项目经理的领导之下，但日常的管理工作主要由安全主任专职负责。安全主任是保证工程安全生产的重要角色，必须具有足够的专业知识、经验和职业精神。通常在国际工程的合同中，会有关于安全主任的资质要求，有的地区则体现在法律条文中，类似要求必须予以满足。

2. 物质保证

安全管理需要足够的物质保证，需要投入。有的工地安全表现差，往往是项目经理处于表面上的成本的肤浅考虑，舍不得投入而造成的。安全事故的发生具有偶然性，但当投入不够时，偶然性可能就成为必然性。承包商不但自己要作出物质保证，同时也要督促分包商作出应有的投入，保证安全生产措施足够，符合标准。一般包括如下内容：

(1) 急救设备。规模较大的工地，甚至设立设施比较完善的医护室。工地应具备紧急初步处理伤情的能力。

(2) 劳保用品。购置足够的合乎安全要求的劳动保护用品和器械，如安全帽、安全绳、安全带、安全网、安全鞋、护目镜、耳塞、口罩等。

(3) 消防器材。按照有关的规定，购置足够的消防灭火器具，如消防泵、灭火罐、消防龙头等；设置安全仓，储存易燃易爆物品；对于炸药仓库等，要设专职警卫。

(4) 培训设施。购置多媒体培训设备和教材，安排足够桌凳和场地。

(5) 安全措施材料。这是一项比较大的持续投入，如购置合乎安全要求的高空工作平台、出料台；具有防漏电功能的临时电气设施、照明设备、安全围栏、临时安全通道、安全吊具等。

3. 制度保证

每个项目应该有一套完善的保证安全生产的规章制度，并严格实施，确保安全管理计划得到持续实施，有效预防安全事故，避免违反当地有关法律。

项目的安全管理制度，首先要符合工程所在地的法律制度、合同中的有关条文、公司安全制度与政策、技术规范、安全操作规程和工程的实际情况。

最基本的安全生产制度包括如下几个方面：

(1) 定期召开安全生产会议。根据不同的施工阶段、季节，有针对性地预先安排，并组织落实，体现“预防为主”的安全管理宗旨；针对现阶段或以前发生的安全问题或隐患，分析原因，制定措施，不断改进。

(2) 定期检讨安全生产管理制度和安全管理计划的执行情况。项目经理应组织人员，定期检查安全管理资料和现场安全管理现状，改进安全生产管理的同时，注意完善制度；不断定期检讨安全管理计划的执行情况及跟进相关法律政策的变化，及时调整安全管理计划。

(3) 牢固树立“安全第一”的意识，贯彻“安全第一，预防为主”、“生产须安全，安全为生产”的指导思想，在安排工作时，首重安全。

(4) 安全培训制度。制定、实施安全培训制度，通过入职培训、工地座谈、专题培训、管理培训及演习，提高安全意识；通过组织工人参加工地早操会，舒展工人肌体，提高注意力，清楚当天工作的风险，减少工伤事故的发生。

(5) 落实奖惩制度。从经济和精神上对安全表现好或对安全工作做出突出贡献的个体或团体进行奖励，对违章作业者进行处罚，奖惩有据可依，及时到位，做到制度化，从而激励员工和工人注重安全工作。

4. 技术保证

对于高风险的工作，如高空工作、密闭空间工作、垂直运输等，需要作出专门风险评估，对于其工作环境需要作出特别安排，必要时，需要一个安全工作方案和合资格人士确认。例如，塔吊重叠调运区的操作，需要作出特别安排，如配置预警系统、制定安全工作程序，并对塔吊操作人员、调运指挥员等进行特别培训和交底。

## 四、环保管理

### (一) 工地环保管理的内容与措施

在工地推行系统的环保管理，并实施 ISO 14001 环保管理体系，是近年才开始提倡的。其实在此之前，不少项目在进行施工时，出于成本、公德、当地法律要求等考虑，环保管理一直都在自觉或不自觉地进行中。环保管理主要内容包括：减少污染，降低污染的影响，节约资源，减少废弃物，垃圾分类处理等，从而达到工作环境健康，最低限度扰民，最低限度消耗资源，最低限度污染环境，符合当地法律要求等管理目标，提高综合管理水平，节省资源，增加承包商的社会信誉。

不少国家和地区，环保管理的纪录对投标资格甚至标价有重要影响，如在香港，如果承包商的一个工地在连续 6 个月内有 5 次或以上环保违例，将面临暂停工务工程投标资格的严重处分。特别是在国际工程中，ISO 14001 环保管理体系认证已经成为市场准入的必要条件。从大的方面划分，环保管理一般包括：控制污染、节约资源两个方面。

通常，工地施工过程中的主要污染、污染源、危害及处理措施见表 4-7。

施工过程中的主要污染、污染源、危害及处理措施　　表 4-7

| 序号 | 类型 | 污染源 | 危害 | 处理措施 |
|---|---|---|---|---|
| 1 | 空气污染 | 工地尘埃<br>易产生尘埃的物料堆<br>机械打磨或破碎<br>清扫工地干燥垃圾<br>未覆盖的泥面<br>干燥的车辆通道 | 被工人或工地外的路人吸入肺部，易产生肺部积尘等职业病，甚至肺癌 | 操作工人或临近受影响的工人应佩戴能有效隔离粉尘的口罩；覆盖易产生尘埃的物料堆或泥面；通道或工作面洒水；车辆进出工地要清洗车轮；打磨或机械粉碎工程进行时，要不断淋水或喷洒抑制粉尘的化学剂 |
| | | 烟、雾、其他刺激性气体<br>机械黑烟排放<br>焊接工程<br>吹割工程<br>油漆工程<br>防水工程 | 刺激眼、鼻等，并由此引发其他不适症状 | 加强空气流通；采用刺激性、挥发性弱的涂料；禁止在工地内焚烧垃圾及用烟火驱蚊 |
| 2 | 噪声 | 一切产生噪声的操作：<br>一般建筑工程车辆<br>撞击式打桩工程<br>施工机械<br>机电调试 | 长期在高噪声环境下工作，对听力可能造成不可恢复的损伤；降低工人的注意力和心理忍耐力，导致安全事故；影响周围居民或工作人员正常的工作和休息 | 限制工作时间；采用低噪声的生产工艺或设备；工作时间之外进行施工，必须经过有关部门的批准；必须处于高噪声环境下工作的操作人员，佩戴耳塞 |

续表

| 序号 | 类型 | 污染源 | 危害 | 处理措施 |
| --- | --- | --- | --- | --- |
| 3 | 污水 | 地面污水<br>钻探水<br>施工废水<br>混凝土养护水<br>车辆冲洗<br>设备冲洗水<br>清洁水<br>生活废水<br>厕所污水<br>厨房污水 | 污水中的悬浮颗粒过多，易产生沉淀，堵塞污水管道；酸碱值过高或过低，易腐蚀污水管道、水处理设备；污水中的有机质易产生异味，孳生细菌及蚊虫；污水溢出工地，滋扰路人及住户 | 申请排污牌照，污水排入相应的管线；完善污水排放系统，确保污水及时排出工地；设置水处理设施，如沉淀池、隔油井、污水处理机、化油器、化粪池等，使污水达到排放标准；加强管理、改进工艺，减少污水排放量 |
| 4 | 光污染 | 焊接 | 损伤眼睛，甚至短暂失明 | 操作者佩戴防护眼睛；适当遮挡 |
| 5 | 废物 | 难降解建筑垃圾：<br>混凝土、石头、废弃泥土、碎砖头等<br>易降解建筑垃圾：<br>钢筋头、废板枋、竹、纸张等<br>化学废物：废白胶浆、润滑油、油漆、酸、碱、模板油等<br>生活废物 | 垃圾堆放占用土地资源，影响工地清洁，二次污染 | 工地垃圾分类存放、处理；及时清理工地垃圾；安排合规格的化学品储存仓；联系回收商回收指定废物；做好储存及运输记录；尽量重新利用废物，加强管理、改进工艺，减少垃圾 |

## (二) 施工过程中的节约资源

在施工过程中，节约资源的意义非常重大，它反映了一个承包商的成本管理能力和环保意识。环保管理良好的项目一般会针对项目的特点，重点跟进大量使用的资源，根据实际情况和以往经验确定节约指标，制定相应的措施，形成资源节约计划，并定期评估实施效果。

节约资源的主要途径如下：

(1) 加强材料管理，减少材料浪费；

(2) 加强质量管理，一次做妥，减少返工；

(3) 回收、再利用废物；

(4) 采用材料损耗少、返工机会小的工艺和方案。

以下是香港某中资企业一个项目的“明智减废计划”，作为案例参考（表 4-8）。

××××项目明智减废计划及实施效果（2001/12—2002/12）　　表 4-8

| 序号 | 目的 | 目标 | 措施 | 效果 | 结论 |
|---|---|---|---|---|---|
| 1 | 尽量将泥土运往公众卸泥地 | ≥70% | 在分包合同中明确要求；建立泥头车回票制度 | 78% | 达到目标 |
| 2 | 控制钢筋损耗 | ≤5% | 修改图纸中的钢筋搭接位置；采用螺纹对接；采购规格与图纸相符 | 3% | 达到目标 |
| 3 | 控制混凝土损耗 | ≤3.2% | 准确计算混凝土用量；准确计算尾数；多余混凝土用于零星或临时工程 | 2.6% | 达到目标 |
| 4 | 控制洁具损耗 | ≤4% | 注意搬运、存储、安装时要小心；逐件验收；避免返工 | 未进行 | 达到目标 |
| 5 | 控制面砖、地砖损耗 | ≤5% | 严格验收；小心搬运、存储；避免返工 | 4% | 达到目标 |
| 6 | 控制纸张用量 | A4纸400包 | 尽量采用电子文档；尽量采用传阅方式；双面用纸 | 520包 | 未达目标 |
| 未达目标项目的原因 | 项目6未达目标，主要原因是设计图纸质量有问题，需要增加许多小图予以补充说明 | | | | |

## 五、成本管理

工程成本是评估施工全部活动工作质量的最好的综合性指标，反映了承包商的工作成果，因此成本管理被誉为项目管理的核心。通过成本管理，创造了利润，实现了企业投标目的，也是企业可以持续发展的基本的物质保证。

项目成本管理主要包括成本计划、成本控制、成本核算三个方面的内容。

### （一）成本计划

1. 成本计划的制定依据

成本计划是进行成本控制的重要指导。成本计划的制定依据如下：

（1）主进度计划，特别是主进度计划中的工作内容清单和每项工作的起止时间，是编制收入支出累计曲线的基础资料。

（2）合同中关于工作内容的描述。

（3）合同中关于每项工作内容的单价或总价。

（4）各项工作需要的资源配置。

（5）有关材料、劳动力、设备、能源等资源的定额。

（6）公司有关政策和管理费、税费的有关规定。

（7）类似项目的历史资料。

（8）工程本身的特点。

（9）有关专业人士的经验。

（10）与成本有关的风险。

(11) 项目干系人，特别是业主的作业方式及关于质量、安全、环保等方面的要求。

(12) 工程款收支规定，关系到资金流动和项目融资成本，一般的建筑工程很少考虑。

2. 成本计划的主要内容

(1) 原始资料清单。主要包括投标前的有关单价、工程量方面的原始资料，与报价有关的信件，已发现的合同漏洞等。

(2) 由主进度计划衍生出的资源计划。根据主进度计划中的工作项目的内容、工期及所处的季节、环境，及可以动员的资料来源，来确定每项工作的资源配置，形成资源计划。当由于资源紧缺而发生冲突时，可能需要重新调整主进度计划。

(3) 由资源计划、定额等衍生出的支出计划。

(4) 由主进度计划和工程量单衍生出的收入计划。

(5) 具体到每项工作内容的收支对比明细表，及相应的成本分析。对比每项工作的收支，对于收入低于支出的工作项目要给予特别注意，特别是工作量较大的项目，更应采取相应的措施减少亏损。

(6) 整体的收支预测：收入支出累计"香蕉图"可以直观地观察到收入支出随时间的变化，是项目融资计划的基本依据，也是监控工程进度的基准。

(7) 成本管理制度。将成本管理工作制度化，便于堵塞漏洞，减少人为因素，提高成本计划的准确度。通常包括：资源采购的程序、成本和工期的索赔程序、有关文件归档要求等。

(8) 开源节流措施。根据成本分析，针对性地采取新技术、更改设计、替换材料、减少损耗、索赔损失、查缺补漏、最低价采购等措施，达到开源节流的目的。对于大型工程，应针对性地制定开源节流计划。

(9) 风险分析。在制定成本计划时，需要对各种成本风险作出定性、定量的评估，并给予充分重视。

### (二) 成本控制

成本控制包括成本跟踪监测、落实开源节流措施、改进行动等内容。

成本监测的基本原理是：比较实际收入和计划收入的累计曲线，寻找实际收入低于计划收入的原因，并制定改进措施；比较实际支出和计划支出的累计曲线，检查有无超支的现状与趋势。比较实际收入与实际支出的累计曲线，分析收支是否平衡，利润空间有多大等。

在建筑工地常见的开源节流措施如下：

1. 资源采购管理

人力资源采购管理。主要指承包商项目管理班子管理及杂务人员。国际工程一般不在承包商所在国家或地区，因此国际工程的管理人员一般由派驻主要管理者和当地招聘的员工构成。在招聘当地员工之前，需要人力资源部门了解当地的人力资源价格、土政策、风土人情，以便得到最优性价比的人才。项目管理班子应制定人力资源计划，以便人事部门可以尽早做好咨询、招聘、提升、解雇的准备工作，避免仓促上阵，发生不必要的费用。

劳动力资源采购管理。劳动力来源一般有两个：可以拿到工作签证的国内劳工和当地劳工。除非当地劳动力紧缺，当地法律一般会保护当地的劳动力市场，排斥外来劳工。国际工程一般采用将承包工程按分区、工序、工种分包给当地的分包商。在管理力量足够的情况下，工程分拆得越细，“二包”、“三包的机会就越小，分包价格就越低，但管理费用会上升。承包商应该参照当地的工程运作方式，在管理资源投入和分包拆细程度两者之间做出一个成本最低的平衡。分包过程一般采用公开招标的方式，至少寻找三家有资格（如在公司分包商名册上）的分包商投标，选择最低价。在分包合同中应清楚地划分不同工种之间的工作界面，避免灰色地带，降低管理难度和预算外支出。大额合同的分包工作，由公司主持，项目协助，公开评议，低价中标。在增强议价能力的同时，也能顾及工程的实际情况；小额合同由项目主持，公司监督，可以增加分包的灵活性和工作效率，避免因小失大。

材料（含安装设备等）采购管理。首先由项目根据图纸、工程量清单、技术说明等提出材料采购计划，注明名称、数量、有关技术要求、计划到货时间等，大宗材料由公司公开招标采购，统一集中采购，采用货比三家的原则，公开评议，最低价中标。既满足合同及业主要求，又降低采购成本。少量材料或常用易耗品由项目直接从公司认可的供应商按指定单价进货。

生产设备采购管理。首先通过成本核算，比较设备采购方式是租赁还是购买。设备租赁的程序同劳动力采购的程序大同小异。设备购买的程序同材料采购管理的程序基本一样。

在工程分包的过程中，有时需要分包商不但要提供劳动力，还要同时提供部分或全部设备或材料，其采购方式可参照上述程序。

2. 材料（含安装设备等）管理

材料到工地时，首先检查来料的种类和数量是否同采购清单或计划一致；确认无误后，按照生产厂家或供应商推荐的方式存储材料，避免材料变质或受损；同时要做好保安措施，避免数量损失。分包商使用时，要签领。管理人员要监督分包商工人合理地使用材料，避免不必要的浪费。有的承包商在分包合同中清楚注明材料的额定损耗，超过额定值，发生的费用要由分包商负责，转移了材料浪费的风险。跟进材料计划，避免材料迟到导致工程延误。

3. 生产设备管理

无论是购买还是租赁的设备，一定要满足工程需要，要做好保养工作，正确使用，以延长使用寿命和减少维修费用。对于租赁的设备要有计划地充分使用，提高使用率；另外，在租赁设备时，可以要求出租方提供操作人员，并对设备维修负责，降低设备故障率。

4. 技术管理

通过技术管理达到提高工作效率、提高工作质量、降低材料损耗等目的，进而降低成本。以同等质量（满足合同技术要求）的低价材料取代昂贵的指定材料，与业主共同分摊差价；提供更加经济的替代方案，降低直接投入。工地工程师要有计划、有预见性，必要时，以少量的预防成本避免大的风险成本。对比图纸、技术说明和工程描述之间的差别，从中发现潜在的工程变更，避免损失。

5. 质量管理

明确工程质量验收标准，保证每道工序一次做妥，避免因返工造成人工和材料的浪费。

6. 索赔管理

在后续章节中详细展开论述。

7. 安全环保管理

安全环保管理，可以提供舒适安全的工作环境，提高工作效率，增强质量意识。实践证明，凡是安全管理好的工地，工程质量一般都不错，质量好，自然节省成本。安全环保表现好，可以在投标资格预审时有竞争优势；有的国家或地区甚至采用承包商表现、技术标、经济标综合评标的方法，其中安全、环保表现占一定比重。安全环保表现好，政府检控少，意外事故少，可以减少不必要的开支，工程保险的成本也可以谈判降低。另外，环保工作重视节省资源，可以直接降低工程成本和管理成本。

8. 节约管理费用

管理费用在工程造价中占有相当的比重，不同的地区和合同方式会有所不同，不同公司对管理费的定义也不完全相同。其中最基本的有：管理人员工资、水电费、办公室租金、交通费、交际费、保险费、办公用品、医疗费用等。做好人力资源计划，按照工程进度及时调整管理人员组成，充分调动员工的工作积极性，做到资源增值。提高工作效率和工作质量，减少不必要的支出；本着“节约”的原则，合理控制交际费；发挥“一张纸、两面用”的精神，节省办公用品；利用计算机及网络技术，提高工作效率，减少沟通层次，降低资源损耗等。

9. 经理主抓，专人跟进，制度保证，全员重视

成本管理是项目管理的核心，必须由项目经理主抓；由经验丰富、知识足够、品质良好的专人协助；建立成本管理制度，特别是奖惩制度，将责任落实到每个岗位，动员、督促、激励所有员工献计献策，主动关心工程成本。成本管理制度还应包括各级责任与权限设定、原始资料的收集与整理要求、相关的工作程序等。

**(三) 成本核算**

各种费用发生后，及时进行成本核算，并与公司或项目的成本计划与指标、其他类似工程的数据进行比较，是成本核算的主要内容。成本核算的主要意义如下：

(1) 清楚发生了多少费用，及时监控。

(2) 通过比较，寻找超支原因，及时更正管理失误；推广节省措施，力争更多效益。

(3) 作为历史数据，供公司和其他项目参考。

## 六、项目生产的集成管理

项目管理是一个复杂的系统工程，美国的项目管理协会 PMI 的核心理论精华——《项目管理知识体系指南》将项目管理划分为范围、时间、成本、质量、人力资源、沟通、风险、采购等 8 个领域的管理及其合而为一的整体管理。结合施工项目管理的独特性，有关研究者一般将施工项目管理划分为进度（时间）、质量、成本、安全、环保等要素的管理。实际上，各个管理要素之间不是相互独立的，任何一个管理要素的改变都会影响到其他要素，各要素之间既独立又统一。随着现代项目管理知识体系的逐步建立，这种系统管理项目的思想在项目管理中逐步演变成整个项目管理知识体系中的一个独立分枝，即“项

目集成管理”（Project Integration Management）。现代的项目管理已经由初期的单因素管理上升到所有因素的综合管理，项目经理在制定管理目标与管理过程中，要充分考虑各因素的最低标准和相互之间的平衡。

对于进度、质量、成本三者的关系研究比较多，也是职业项目管理者的入门知识之一。不少学者试图定性或定量地描述三者之间的关系，创造了许多数学模型，甚至编制了计算机模拟程序。从实际应用效果看，多数模型只能适用于定性分析或简单的定量分析，对于复杂的工程项目，对于项目管理理论的掌握应用程度和效果，多数情况下仍决定于项目经理，相关的应用也停留在定性的层次。最典型的模型是“三要素模型”，如图 4-12 所示（摘自《国际工程施工经营管理》）。该模型是根据一般的施工管理经验总结归纳得到的，表达了质量、进度、成本之间的定性关系：施工进度越快，与时间相关的费用（如部分管理费、设备租金、办公室租金等）就越少，但过于追求进度，则需要增加额外资源，资源的使用效率下降，反而导致成本增加；质量要求越高，则成本越大；进度过快，则工程质量会下滑。

上述模型将三者之间的关系过于简单化，并且混淆了“质量”和“等级”的概念。三者关系可重新修正如图 4-13 所示。成本同进度的关系包保持不变，施工质量差，则会因为返工过多导致进度迟缓、成本增加；而超出常规标准的质量要求，导致施工难度增加，同样会减慢进度、增加成本。修改模型同源模型比较，每一条关系曲线都有一个最优点，体现了一种“平衡”的概念，更加符合实际情况。

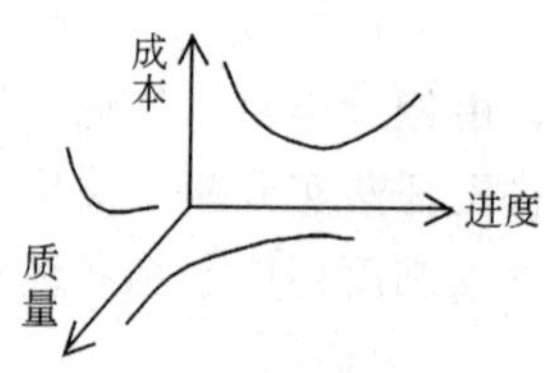

图 4-12　三要素模型

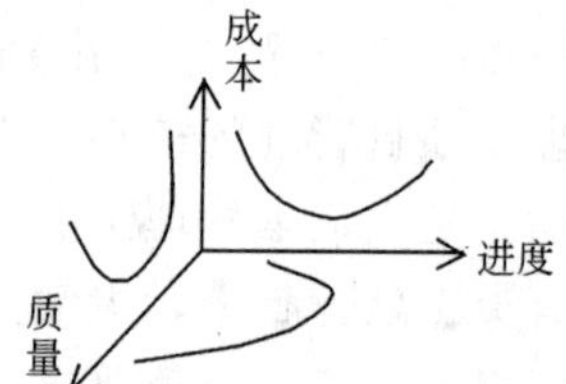

图 4-13　修正后的三要素模型

有的学者把“成本管理”一节中“挣值理论”误认为是反映成本同进度之间关系的定量模型，实际上，工程收入（挣值）和支出的计划与实际累计曲线只是显示了不同时间段的成本状态，便于过程中的成本监控，并没有反映到成本和进度的内在关系。

一般的项目管理者，把安全环保管理归到风险管理中，由于施工工程的特殊性，有必要彰显安全、环保的重要性，作为重要的管理要素之一。安全和环保管理无疑需要付出成本，但也带来潜在的经济效益和直接的社会效益，避免不必要的损失。具体来讲，安全、环保两要素同成本、质量、进度等要素的关系如下：

1. 与成本关系

安全环保工作，无疑是需要成本投入的。对于这一点，所有项目管理者都认同，有的管理者甚至为了节省成本，而抱有侥幸心理，忽视安全环保工作。

安全环保事故一旦发生，损失的不但是金钱，还有公司声誉。安全环保的投入是可以控制、预见到的；但事故的损失，有时难于预见，难于简单地用金钱来评估。

安全环保工作，也是有效益产生的。安全环保工作表现好，首先可以减少事故发生，减少相应的支出和声誉损失；其次，可以保证公司投标资格预审和评标过程中受益。

安全环保工作的投入要准确到位，避免浪费。项目管理者，要清楚风险的存在、内容与级别，对症下药，既要做好工作，又要节省成本。

安全环保管理要做好，不是仅有物质投入就可以的，同时需要意识上的重视、观念上的培养、行为上的培训等软件工作，做好这些工作，减少事故发生，是另一种意义上的节约成本。

2. 与质量关系

表面上看不到安全环保与质量的关系，但实际上，凡是安全环保管理好的施工项目，其生产质量一般不会差。安全环保的严格要求，向员工和工人展示了项目管理的决心，带动了质量意识的提高；另外，安全舒适的工作环境，也有利于工人集中精力工作，从而保证施工质量。

3. 与进度关系

安全舒适的工作环境，可以提高工人的生产效率，从而保证良好进度。通常，工程所在国家和地区的政府部门及业主工程师对工地会有定期、不定期的巡视，如果安全环保表现差，就有可能被限期整改甚至停工整改，严重影响生产的顺利进行。

4. 安全环保工作标准有底线

虽然和成本、进度两要素存在平衡关系，但安全环保工作标准有明确底线，不可以逾越，否则会触犯法律。

迄今为止，质量、进度、成本、安全、环保等要素的综合平衡管理，仍处于定性管理阶段，不同的项目经理会有不同的判断与解决办法，有时难以评判方案的优劣。一般的倾向是把成本作为综合管理的平衡指标，在这方面已经有很多研究者做出了努力，但是往往会忽略下面问题：

(1) 成本是衡量项目成功与否的重要标准，但不是惟一标准。

(2) 合同规定了明确的完工期，如不能成功索赔到工期，逾期则罚款。

(3) 按照合同和规范，质量标准有底线，达不到则不能交出产品。

(4) 按照合同、规范和法律，安全、环保工作标准有底线，逾越则违规。

由 2、3、4 可知，质量、进度、安全环保要素在综合平衡中，是有域值限制的。

按照 ISO 9001、OHSAS 18001、ISO 14001 的要求，分别建立项目质量、安全、环保管理体系，或把三者结合在一起的广义的质量管理体系，把集成管理的综合平衡目标作为质量管理体系的质量目标之一。注意，质量管理体系中的“质量”不同于产品质量，而是指管理体系的运行质量、保持公司服务水平并不断提高的能力。在持续的、系统化的管理过程中，按照一定的程序不断调整各个生产管理要素的目标，协调之间的关系，以达到平衡的集成管理。

## 第四节　项目文件管理

如果抽象地看，项目管理表现为物质流和信息流，物质流以数据和信息的方式反映到信息流中。物质流构成项目管理的主体，信息流则是项目管理的神经。因此，人们可以通过对信息的管理有效地跟踪、管理物质流。

信息的表达方式多种多样，有口头的、书面的、正式的、非正式的。对于一个项目，文件是项目管理信息的主要载体。项目信息的沟通约50%是通过文件形成、传递的，而且项目管理信息则绝大多数以文件纪录的形式存在。因此，项目文件管理具有十分重要的意义。

项目文件指项目发出和收到对工程管理已发生或将发生效用的有效文件、资料、数据、图纸、表格、图片、电子文档等资料。文件管理主要指文件的发布、签收、登记、归档、销毁及处理等内容。

## 一、项目文件的内容和分类

项目文件一般包括下述几项，并以此分类：

(1) 质量、安全及健康、环保和保安管理体系；

(2) 行政、人事；

(3) 工程合同；

(4) 固定资产和机械设备、材料的采购合同及记录；

(5) 工程、技术；

(6) 财务；

(7) 电脑软件、电子文档；

(8) 其他。

## 二、项目文件管理流程

通常，项目文件管理有一个清晰的流程，如图4-14所示。

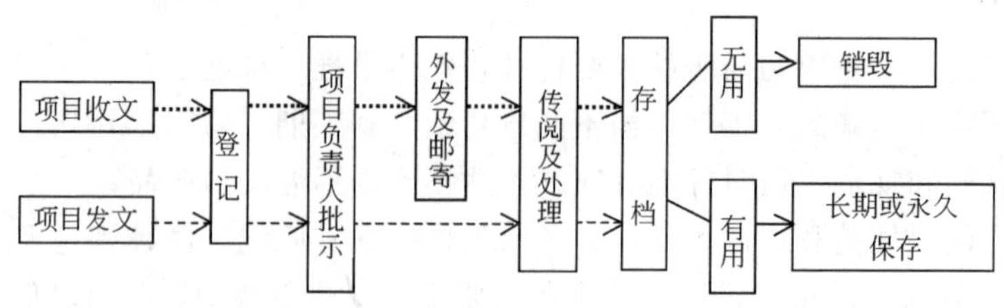


图4-14　项目文件管理流程

## 三、项目文件管理程序

主要包括：编号、登记、标识、拷贝、更改、签收、存档、传阅、借阅等程序：

1. 文件编号

总承包公司一般有一套规定文件编码方法，项目的编码方法应同公司一致，便于文件管理接轨。编码通常包括公司代码、工程代码、工作性质代码、年份、顺序号，其中的各种代码由公司统一制定。

2. 文件登记

文件收发均须登记，登记表格由项目文员保存，以便查阅。发文登记应包括：发文日期、发文编号、发文单位、文件标题等。收文登记应包括：发文单位、收文日期、文件编号、文件标题等。文员应检查传真的页数和清晰度，通知对方补发不完整或字迹不清楚的部分，分类登记后交收件人或项目负责人处理。有关物质采购、分包报价等保密性文件由项目经理指定的材料员、合同管理人员分别登记、保管。

3. 文件标识

所有已被替代或作废的文件及资料应做出相应的标识："被替代"、"取消"；参考用文件或资料应注明："供参考"；作为施工用图纸，应附有业主批准或由工地注明："施工用"；保密资料应标明保密字样及级别。

4. 文件拷贝

所有执行用的拷贝文件均应附有控制印章，没有控制印章的的拷贝文件只作参考用。

5. 文件更改

文件更改的审批通常由原发布该文件的单位进行。若指定其他单位审批时，该单位应获得原审批所依据的资料。同质量、安全及健康、环保和保安有关的文件更改，应在该文件或相应附件上标明更改日期当前版本。图纸局部更改，应注明更改依据文件编号；图纸更新应注明版本号，并对过期图纸标识"被替代"；施工计划更改应注明版本号和更改时间。

6. 文件签收

文件传递时，应做好签收记录。重要文件，不应采用不易签收的电子文档。文件一般由指定人签收，并注明签收时间，尤其对于有时效的合同文件更应如此。

7. 文件存档

文件应分类存档，按序号排列，建立索引，便于查阅。经常用的资料摆放在文员附近，有条件的工地最好设立一件资料室，保密性的文件由项目经理指定的专人管理存放，但在文员处登记。按照公司和合同要求，设定文件存档方式、年限，过期无用的文件可以销毁。

8. 文件传阅

项目负责人批示在传阅图章上注明执行人员，文件传阅人员要根据文件相关要求做好规定工作。

9. 文件借阅

项目对保密文件设立级别和阅读权限，文件借阅人员应符合相应规定，并做好登记，办理相应手续。

### 四、项目文件保存的时效性

项目文件的保存时间并不是无限的，而是有一定的时效。项目文件的时效性对应于项目的时效性，同时对应于承包商工作内容和责任的时效性。另外，时效性也出于减少付出人力物力保存过时资料的要求。通常项目完工后相应的资料会以原件、纸张拷贝、胶片拷贝、光盘拷贝的方式由公司保存，以备必要时查询。过了时效期后，公司将销毁相应文件。

文件的时效性，由公司参照当地法规、项目合同内容和实际需要确定，不同国家、地区，不同合同条件，不同公司规定各不相同。以香港建筑工程项目为例，项目文件及其时效性一般规定如表 4-9 所示。

**香港××××建筑公司对“质量、安全、环保、保安”记录的时效性规定　　表 4-9**

| 序号 | 文件内容 | 保存期限 | 负责人 |
|---|---|---|---|
| *a* | 质量记录 | | |
| 1 | 质量交底卡、二次样板、项目质量管理计划 | 业主发出保养证书为止 | 项目保存或项目解散后转公司保存 |
| 2 | 施工、物料之检验、可追溯性记录及未验材料紧急使用记录 | | |
| 3 | 检验、试验及量测设备之校准记录 | | |
| 4 | “未校准之量测设备”的有效性测试记录 | | |
| 5 | 不符合品报告、有关之改正措施、业主作出让步及接收等记录 | | |
| 6 | 项目质量保证计划及其他记录 | | |
| 7 | 工程完工（竣工）证书<br>保养证书 | 永久保存 | 公司保存 |
| 8 | 员工培训记录 | 保存至员工离职 | 公司保存 |
| 9 | 内部审核计划、报告及有关之改正计划等记录 | 6 年 | 公司保存 |
| 10 | 管理体系文件 | 保存最新版本 | |
| 11 | 工作指示 | 6 年 | 项目或转公司保存 |
| 12 | 其他 | 由单位负责人规定 | |
| *b* | 环保记录 | | |
| 1 | 环保管理体系文件 | 保存最新版本 | |
| 2 | 环保内审记录 | 6 年 | 公司保存 |
| 3 | 环保培训记录 | 保存至员工离职 | 公司保存 |
| 4 | 外界环保信息（包括环保投诉） | 6 年 | 项目或转公司保存 |
| 5 | 有关环境因素及其影响的资料 | 项目完成最后结算后 3 年 | 项目保存或转公司保存 |
| 6 | 许可证 / 牌照 | | |
| 7 | 有关紧急准备与应变措施的资料及记录（包括事故报告） | | |
| 8 | 环保检验及试验工作记录 | | |
| 9 | 环保仪器的维修及调校记录 | | |
| 10 | 不符合情况报告、改正及预防措施 | | |
| *c* | 安全记录 | | |
| 1 | 安全及健康管理体系文件 | 保存最新版本 | 项目及公司分别保存 |
| 2 | 安全管理委员会文件及会议纪要 | 6 年 | |
| 3 | 法例及其他要求 | 废旧版本永久保存 | |
| 4 | 工伤意外、违例检控记录 | 6 年 | 项目或转公司保存 |
| 5 | 安全培训记录——公司直属员工、项目工人 | 保存至员工离职 | 项目或转公司人力资源部 |

续表

| 序号 | 文件内容 | 保存期限 | 负责人 |
|---|---|---|---|
| 6 | 检验证书 | | |
| 7 | 操作证书 | | |
| 8 | 检验表格 | | |
| 9 | 安全会议记录 | 项目完成最后结算后3年 | 项目或转公司保存 |
| 10 | 安全计划 | | |
| 11 | 不符合安全报告、有关改正措施、分包商不安全记录 | | |
| 12 | 内部安全审核计划、报告及有关之改正计划等记录 | 6年 | 公司保存 |
| 13 | 其他 | 由单位负责人规定 | 有关负责人 |
| *d* | 保安记录 | | |
| 1 | 项目保安管理程序 | 废旧版本无须保存 | 项目及公司 |
| 2 | 项目保安管理人员牌照及记录 | 保存至员工离职 | 项目转质安部 |
| 3 | 保安设施及服务合同 | 项目完成最后结算后3年 | 项目及公司 |
| 4 | 法例及其他要求 | 永久保存 | 公司 |
| 5 | 违例检控记录及来往文件 | 6年 | 项目及公司 |
| 6 | 项目保安管理文件 | 项目完成最后结算后3年 | 项目转公司 |

## 五、文件管理——→信息管理——→信息化管理

文件管理是项目信息管理的重要存在方式，信息管理比文件管理包含更多的内容。首先，信息存在方式多种多样，文件只是其中的一部分，还有很多信息无法或不适合用文件的方式表达。例如，项目经理在向员工传达“必须按期完工”的信息时，不一定要用文件表达，可以是几句话、几个动作；项目经理和业主之间的一些未成熟的沟通，未必可以以信件的形式记录或表达。项目信息是对项目管理活动具有参考价值的一切数据、资料的总称。项目信息的形式主要有：个别谈话、集体口头协议、书面资料、其他媒介形式（音像、电话等），信息的内容和形式多过文件。信息管理主要指信息的收集、传递、加工、处理，与文件管理类似，但内容和方式更加多样。

信息管理渗透到项目管理的方方面面，比文件管理更具有广泛性。信息的收集是否及时、正确，传递是否及时、保真，将影响到项目的决策和项目内外对项目的评价与反映，关系到项目的成败。抽象地讲，项目管理过程，就是一个物质流和信息流相互作用的过程，从这个意义上讲，信息管理并不是新概念，而是同项目管理同时并存的，只是越来越多的研究者意识到信息管理的重要性，而特别从项目管理中剥离出来的。

随着计算机、网络和多媒体技术的普及，物质流的信息化程度和信息的保真程度和处理速度越来越快，对信息流的分析处理能力越来越强，同时通过信息流监督和控制物质流

的能力也相应增强，以计算机、网络和多媒体为技术载体的信息化管理逐渐浮出水面。信息化技术一般包括：CCTV 中央控制和监视系统、数码摄像头等信息采集和数码化设备、网络及局域网等信息传递和共享技术、信息管理软件等。国内外一些项目开始不同程度地部分采用信息化管理技术，在这方面积累了一定的经验。实践表明，项目信息化管理的推行需要注意如下事项：

(1) 信息化管理需要首先采用信息化技术建立信息化管理系统。

(2) 从传统管理到信息化管理，不但是管理方式的改变，更是管理观念的改变，需要项目主要领导的大力推动，尤其是在应用初期，观念在转变过程中，同时问题比较多，更需要项目负责人的决心和行动，否则很易半途而废或似是而非。

(3) 防止过度化倾向。由于工程的复杂性、多样性，很多时候的决策仍需要创造性和经验支持，同时项目的集成管理的平衡目标也很难完全用量化的指标来量度，因此信息化管理并不能覆盖管理的全部内容，也不是管理的惟一手段。

(4) 信息的真实性是信息化管理的基石，需要采取措施保证信息的真实性。

(5) 员工的素质需要和信息化管理的程度相匹配，要加强员工的培训工作。

## 第五节　项目验收及项目后管理

项目后期管理的三个重要阶段最易被忽略，它们是：项目验收管理和项目后的保养管理、项目后评价。验收管理是顺利交出工程的最后关键，需要做好生产准备、验收计划准备、组织准备，按照规定的验收流程进行文件和产品的验收。验收通过后，移交产品，同时出具验收报告、未完工程清单、工程缺陷清单等。项目保养期的工作内容，不仅限于保养与回访，还包括未完工作的施工、工程缺陷的修补、合同外工作的进行等。保养期的缺陷维修工作需要按照一定程序尽快进行，但要分清责任，一般由原项目组成员或专门的维修小组负责，个别时候外包。项目后评价既是对项目管理过程的总结，也是公司的宝贵经验和财富。

### 一、项目验收管理

#### (一) 项目验收的基本概念

项目验收是由承包商、业主代表、用户等共同按照合同规定的工作内容和质量标准在工程完工时，对项目产品的审查工作。通常验收整体满意后，业主方会按照当地法律规定及合同规定签署确认证书，发还部分保固金或抵押金、银行担保金等；个别不满意的地方会罗列在产品缺陷清单中，在指定时间内改正。

出于对建筑工程本身特点的考虑，有时是合同或当地法规的要求，工程验收会分部分、分阶段进行。分部分验收一般包括：消防系统验收、给排水验收、煤气系统验收、重要设备独立验收、人为分区预验收、整体验收等等；分阶段验收一般包括：里程碑验收、基本完工验收（完工纸）、居住前验收（满意纸）等。每一个部分或阶段验收满意后，由验收人签署相应的证书。

通常意义上的验收一般指竣工验收，在后文的“项目验收”，除非另有所指，一般均指“项目竣工验收”。

项目的验收对承包商和业主、用户均有重大意义：

(1) 项目的验收标志项目的部分或阶段性的结束。

(2) 项目顺利通过验收后，当事人可以按照合同与法律结束相应的义务和责任。

(3) 项目竣工验收是检查项目质量的最后一关。

(4) 通过竣工验收后，业主或用户才可以使用项目产品。

(5) 竣工验收过程中的资料经过整理是企业的宝贵财富。

**(二) 项目验收的准备工作**

项目验收前的准备工作一般包括：生产准备、验收计划准备、组织准备等内容。

1. 生产准备

生产准备是指为在指定验收时间之前完成验收范围内工作而进行的一系列生产活动，主要工作如下：

(1) 对照进度计划，确定验收范围内未完工程项目的清单，并制定“未完工作进度计划”；项目尾期的工作比较零散，之间的逻辑关系不明显，计划采用“清单表格”的形式比较合适；

(2) 对照“未完工作进度计划”，检查材料、设备、劳动力等资源计划是否匹配，对于有问题的资源配置，需要分析、解决；

(3) 对照验收范围，检查验收文件是否齐备、有效，及时补充缺失文件；

(4) 对照图纸，定期检查验收范围内的工作并不断更新“未完工作进度计划”；

(5) 对验收范围内的工作，进行预检，主动改正不合格工作；

(6) 解决验收之前必须解决的遗留问题。

2. 验收计划准备

(1) 根据项目合同，确认验收范围，形成检查清单；

(2) 根据项目合同、行业标准、规范法规等，确认验收依据与标准；

(3) 针对不同的验收对象，确定相应的验收方法；

(4) 制定验收时间表；

(5) 根据项目合同、行业标准、规范法规等，确定验收人员构成；

(6) 准备验收文件清单。

3. 组织准备

(1) 落实验收人员，通报验收程序；

(2) 组建竣工验收工作小组，跟进验收计划，分别针对生产和文件；

(3) 准备验收使用的工具和仪器；

(4) 准备交通工具、会议室、办公用品等；

(5) 准备好验收清单。

**(三) 项目验收过程**

在项目验收的准备工作完成之后，项目验收的对象、标准、方法、程序均清清楚楚，人员也已落实，可以开始验收过程。项目的验收过程如下：

1. 验收准备会议

验收之前的重要会议，主要是重申项目验收计划，统筹验收过程中的工作安排，讨论验收小组成员提出的问题，统一小组成员的认识。

2. 文件验收

按照验收计划中的验收文件清单，检查文件的完整性、真实性和有效性。首先由承包商进行自检和预验收，合格后装订成册，交验收小组验收。

验收小组验收完全合格后，与承包商对项目文件验收结果进行确认和签证，形成项目文件验收结果或证书。

3. 工作范围验收

根据验收计划的工作范围检查清单，逐一核实。工作范围不仅仅局限于产品本身，视乎合同内容和要求。

4. 产品质量验收

产品质量验收是项目验收的主要也是最重要的内容，按照验收计划的验收方法，抽查或全面检查产品是否符合质量标准。

5. 出具验收报告、未完工程清单和不合格点清单

在产品质量基本达到质量标准，已具有相应功能的情况下，由验收方出具验收报告，并把检查过程中发现的不合格点整理成清单，限期由承包商改正；对于因非承包商原因而未完成的工作项目，则汇集整理为未完工程清单，在双方协商的时间内完成。

6. 项目产品移交

在不合格点未改正完之前，只要产品的使用功能具备，就可以办理产品移交手续，项目进入维修期。

## 二、项目保养期管理

### (一) 项目保养期的规定

保养期的开始时间和期限没有一定之规，视乎合同规定。通常，工程完工时间或移交时间即是保养期的起点，期限一般至少为一年。承包商需要在保养期内完成不合格工作项目的改正工作，否则，业主方优先延长保修期。

保养期满，承包商成功取得保养证书后，保养责任由业主或用户负责，承包商缺陷责任期满。

项目保养工作的内容及意义：

(1) 继续完成在合同期内没有完成的零星工程；

(2) 合同外后加工程；

(3) 改正不合格工作项目；

(4) 主动积极地跟进业主或用户使用过程中发生或发现的质量缺陷；

(5) 回访用户，加强同用户之间的沟通，收集业主或用户对产品质量甚至综合管理水平的评价，既增强业主或用户对公司的信任感，又有利于提高公司的综合管理水平；

(6) 技术性回访，对于公司采用的新技术、新工艺持续跟进，持续观察使用效果，补救和解决问题，总结经验，不断改进和完善技术与工艺，为在公司内大力推广创造技术基础；

(7) 针对性回访，针对业主或用户提出的重大、具有普遍性的质量问题进行回访，分析、解决问题，并总结经验；

(8) 分析保养期内发现的质量缺陷的产生原因，并归纳总结，发现公司在工程质量方

面的薄弱环节，作为公司持续改进工艺、提高质量的重要依据；

(9) 做好技术资料的文件管理工作，分析具有普遍性的问题，总结经验，推广已证实可靠的新技术、新工艺。

**(二) 保养期内缺陷维护程序**

接受业主或用户关于质量缺陷的投诉，登记。

预约业主代表或用户，实地检查，分析原因。拍照存底，做好记录，并双方签认。

如果是承包方原因造成的质量缺陷，应尽快维修，如果因技术性问题或不可预见问题，不可能马上修好，应提供代用品。

如果双方确认缺陷并非由承包商造成，则要求对方出具工作指示或工程委托书，确认、报价，在双方协议的时间内完成并收取费用。

对于缺陷原因不清楚或有争议的情况下，一定要求对方出工作指示或工程委托书，然后采取“先工作再谈责任”或“边工作边谈责任”的灵活态度处理。如果完成后，在规定时间内仍未分清责任，可以申请第三者仲裁甚至法律调解。

缺陷维修完成后，由业主或用户签署完成证明。

保修记录存档，备后查阅。

分析具有普遍性的质量缺陷的产生原因，提出解决办法，由公司推广。对于造成重大损失的质量缺陷重点跟进，分析原因，评估后果，报告公司。

**(三) 保养期内组织方式**

1. 专门的维修小组负责

一般对于较大规模的工程，可能的维修工作较多，可以在项目管理班子转移或解散后，留下少量管理人员及工人组成独立的维修小组，跟进维修事宜。

2. 由原项目管理班子继续跟进

优点是跟进人员对工程比较清楚，易分清责任；另外便于激励项目团队重视管理，增强责任心，保证工程质量，不留隐患，树立向用户提供优质工程的良好作风。

缺点是项目管理班子成员同时为新、旧两个项目工作，工作效率受影响。

3. 由公司专门的维修保养组负责

如果公司在某个地区有许多项目将陆续进入维修期，公司会采取成立公司直接领导下，真正独立于各个项目管理班子之外的维修保养组。一般会直聘一些多面手工人，从事细小的维修工作。

优点是公司统一管理各个工地的维修工作，便于了解多发缺陷的构成、原因，可以从整体层次总结经验；对于细小缺陷的投诉，反应速度快；对于规模大的维修工程，可以以较低的合理价格外包；资源集中管理，避免重复投入，可以减少资源浪费。

缺点是维修保养组与项目管理班子的交接过程的疏漏，导致维修组在判断质量缺陷责任时未必清楚，需要花费时间咨询和查阅。在工程较少的地区不适用。

4. 分包方式

个别公司采用这种方式，将维修责任和工作以单价或总包价的合同方式外包出去。由于质量缺陷比较隐蔽，许多是不可预见的，并且质量成因比较复杂，责任划分有争议，采用分包方式比较困难，在实施过程中会有许多争执。对于缺陷维修责任，承包商也很难免责。

## 三、项目后评价

### (一) 项目后评价的意义

项目后评价是指对已经完成项目的目的、执行过程、管理表现、影响等方面作出的系统、客观的分析；通过对项目实施过程的检查总结，确定项目目标是否达到、项目管理计划是否有效；通过分析评价，找出成败的原因、经验、教训，提出合理建议，作为提高未来项目管理水平的基础。

项目后评价既有总结功能，也有监督功能，还有自我反省、提高的功能。

### (二) 项目后评价的内容

项目后评价实际上是对项目管理计划和应变计划或措施是否有效的一次回顾，因此项目后评价和项目管理计划在内容上是对应的，其最基本的内容如下：

(1) 工程概况；

(2) 不同阶段的施工平面布置图：原图与更改，更改的原因分析；

(3) 进度计划、材料计划、报批计划、加工图计划、主要方案计划、主要设备计划、分包计划等的管理是否有效，与实际进度比较的差异及原因分析；

(4) 通过实施过程、产品质量管理实际情况，检查、判断质量管理计划是否有效及实施效果；

(5) 对比安全、环保、保安计划与实际管理过程与效果；

(6) 对比成本计划与实际收支情况，分析差异原因，总结经验教训；

(7) 主要施工方案的实施结果是否达到目的与要求；

(8) 总结新技术、新工艺、新材料的应用效果；

(9) 人力资源管理得失；

(10) 总结分包商的表现；

(11) 综合总结平衡管理的得失。

### (三) 项目后评价的程序

资料收集、统计、对比是进行项目后评价的主要方法。程序如下：

(1) 确定需要评价的内容；

(2) 确定评价内容的主要指标；

(3) 确定评价的方法；

(4) 确定评价的进度与分工；

(5) 按照分工，收集资料；

(6) 分析资料，总结、对比、建议，形成项目后评价结果——项目总结报告。

### (四) 项目总结报告案例

表 4-10 所示是香港某建筑公司的项目总结报告目录。

**××项目施工总结目录** **表 4-10**

| 序　号 | 内　容 | 页　数 |
|---|---|---|
| 1 | 工程施工概况一览表 | |
| 2 | 施工总平面布置图 | |
| 3 | 施工总进度表与实际进度记录，差异分析 | |

续表

| 序　号 | 内　容 | | 页　数 |
|---|---|---|---|
| 4 | 主要单项工程施工方法 | | |
| | 4.1 | 墙、柱、楼盖模板和支撑形式 | |
| | 4.2 | 垂直运输方案 | |
| | 4.3 | 混凝土施工工艺 | |
| | 4.4 | 预制构件加工、安装施工工艺 | |
| | 4.5 | 外脚手架形式 | |
| | 4.6 | 主要装修工程施工情况描述 | |
| | 4.7 | 屋面防水工程 | |
| | 4.8 | 吊装屋盖施工方法 | |
| | 4.9 | 金属屋面施工方案 | |
| 5 | 先进科技应用项目或施工方法改进项目 | | |
| 6 | 计划与实际劳力、主要设备使用曲线 | | |
| 7 | 成本管理计划与工程成本分析 | | |
| 8 | 主要施工机械设备进出场记录表 | | |
| 9 | 地盘管理机构和调整说明 | | |
| 10 | 安全管理计划与安全记录、地盘工伤意外记录表 | | |
| 11 | 质量管理计划与质量表现对比 | | |
| 12 | 环保管理计划与环保记录 | | |
| 13 | 对于偏离计划事件的紧急应变处理程序与实施效果 | | |
| 14 | 综合平衡管理体会 | | |

## 第六节　项目索赔管理

项目索赔是一种常见的管理活动，对于工程的风险管理和成本管理具有重要意义。

### 一、工程索赔原理

索赔是作为合法的所有者，根据自己的权利提出的关于某一资格、财产、金钱等方面的要求，简单地讲，就是要求取得应该属于自己的东西。索赔是一种常见的工程活动，特别是国际工程中，索赔甚至成为某些承包商的一项重要的成本管理措施。

特别是在承包工程竞争激烈的条件下，承包商面临着沉重的承包风险，合同价格内的利润极其微薄，抵抗风险的能力差，对于无法规避的风险，必须提出索赔，以保证公司利益。甚至有的承包商制定了“低价抢标，高调索赔”的竞标策略。

工程索赔的原理就是：通过承包合同有关条款的规定，通过一系列的合同程序和公关活动，对合同价进行适当的公正调整，弥补承包商不应承受的损失。

索赔是一种有据可依的合同活动，索赔的发生是非常正常的，是在寻求签约双方一种风险平衡，不是“份外要求”或“不友好行为”，虽然双方对索赔依据、内容、方式会有争议，但通过有效的沟通、谈判是可以达成一致的。

索赔也是一种管理活动，能提出合理索赔的承包商，往往也会得到被索赔者的尊重；不敢索赔或不会索赔的承包商会给被索赔者一种不善管理的感觉，让步不但得不到真正的尊重，还会纵容被索赔者继续违反合同或进一步提出不合理的要求。

索赔是承包商的筹码之一，即使不能完全成功，也可以增强承包商表达意见和进行其他谈判的力度。

## 二、工程索赔的种类

根据不同的分类标准，工程索赔有不同的归类方法。

1. 按照发生索赔的原因分类

施工范围变更引致的索赔：工程量的增减、工程范围的变化、设计图纸与工程量清单及技术说明不符等。

工期延误引起的索赔：工期延长、设计图纸延误、暂停施工等。

施工条件变化引起的索赔：地质变化、人为障碍、不利自然条件、合同文件模糊或错误、不可抗力因素。

业主要求改变引起的索赔：业主要求加速施工。

其他。

2. 按照索赔的依据分类

合同规定的索赔。

非合同规定的索赔，如普通法索赔。

道义索赔。

3. 按照索赔当事人分类

承包商同业主之间的索赔。

承包商同分包商之间的索赔。

承包商同供应商之间的索赔。

4. 按索赔的业务范围分类

施工索赔。

商务索赔。

5. 按索赔对象分类

索赔。

反索赔。

6. 按索赔目的分类

延长工期索赔。

开支亏损索赔，又名经济索赔。

## 三、索赔程序

一般在合同中，都有比较清晰的索赔程序描述，以便当事人共同遵守。按照国际工程的惯例，一般程序如下：

(1) 提出索赔要求；

(2) 提交索赔报告；

(3) 双方协议解决；

(4) 邀请中间人协调；

(5) 提交仲裁或诉讼。

通常，索赔当事人会经过友好协商解决，如果失败，才会进行第（4）、（5）步骤。

索赔要求的提出有时间限制，一般合同中注明应在索赔事件发生后的28天内，向被索赔人提出，逾期申报，对方可以根据合同条款拒绝承担赔偿责任。在提出索赔要求的同时，承包商应尽快收集证据及相关资料，并做好有关记录及时要求对方确认。索赔要求通知书可以很简单，不必附带相关的证据或资料，只是一个备案，主要讲清楚事件、依据及索赔意向即可。

被索赔方在收到索赔通知书后，一般都会要求索赔方提交相关的证明材料，即索赔报告。承包商对索赔材料的准备、论证必须给予足够重视，资料不确实、不完备都可能导致争议和损失，索赔资料的质量真正反映出承包商的管理水平和能力。索赔报告一般包括：

- 事实描述。描述索赔事项的发生环境、过程及造成的影响，重点指出索赔的原因和证据，提出具体的索赔要求。
- 合同依据的论述。这是索赔报告中的重要部分，关系到索赔合同依据是否充分，索赔是否成立。论证的基础是合同文件和当地法规。首先要指出依据的条款，然后联系实际情况论证索赔权，以严密的推理、论述说服被索赔人承认索赔事项。
- 索赔数额（款额、工期）的计算书。
- 附属的证明资料。过程记录、发票、开支证明、照片等。
- 相近的索赔案例。如果有相近的索赔案例，可以增加索赔的成功机会。

在收到相关的索赔资料后，被索赔方一般会对索赔方的索赔事实、合同依据、资料、计算等提出意见，要求索赔方澄清。在经过几轮澄清后，双方可以开始协商解决。在此阶段，被索赔方一般不会积极主动地要求会面协商，需要索赔方积极跟进。有的合同中要求被索赔方在限定时间（如28天）内必须给出答复。在协商过程中，要注意谈判技巧，既要有自己的底线和原则，也要注意灵活性，力求达成双赢的协议。

当双方未能在规定时间内达成一致，任何一方可以提出邀请中间人调解。中间人必须是双方一致认可的，由一人或数人组成，可以是独立的顾问公司。在国际工程中，中间人制度被广泛采用，有的合同中甚至规定签约双方共同确定一名中间人，参与双方合同纠纷的协调，费用由双方共同承担。中间人制度可以在一定程度上减少合同纠纷的诉讼，但在实施过程中，由于中间人只有建议权，没有决定权，所以作用有限。

在双方分歧严重，中间人调解无效后，当事人任何一方都可以提出仲裁或诉讼要求。这是索赔纠纷的最后一步，但不是理想的解决办法，对于双方的信誉、形象、经济上都有损失。

## 四、成功索赔的策略

索赔策略来自于对成功经验的总结和对失败教训的吸取。此处以承包商对业主的索赔为例，论述承包商需要遵循的策略。

### 1. 做好标前分析工作

在投标报价之前，细读合同内容，精研图纸规范，发现潜在的合同索赔机会，并评估索赔的成功机会，在投标报价时有所侧重：有可能增加的工程内容可以将报价调高；可能会删减的项目，将报价调低。评估风险的发生概率与影响，如果是业主方的风险，要密切注意，创造索赔机会，如果是承包商的风险，则要尽量规避或转移。

### 2. 做好工程管理工作

做好本身的工程管理工作，尽承包商的能力，保证工程的进度、质量、安全等各个方面均能符合合同要求，以使业主满意，可以创造一个和谐的谈判环境。如果只注重索赔钱和工期，而忽视工程管理，会导致业主及其代表的不满，从而在索赔谈判中制造种种障碍，甚至提出反索赔，导致承包商处于被动地位。实践证明，凡是工程管理好的项目，双方易建立信任和良好的沟通渠道，索赔工作就顺利。

3. 合同管理

除了标前分析工作之外，项目主要负责人及合同管理人员要做到下述几点：通晓所有与项目有关的合同文件。

清楚合同的工作范围，对于合同之外的工作指示，立即提出索赔。

能熟练应用合同条款，论证索赔的合理性。

做好索赔事件的资料归档工作，跟进有关过程及证据，做到资料齐全，证据充分确凿。

编制索赔计算书，工程量计量方法正确，内容合理、清楚，单价调整符合合同规定。

熟练掌握谈判技巧，做好每次谈判的准备工作。

根据合同规定的时限规定，及时撰写、补充有关索赔文件。

密切跟进潜在的风险。

对于口头指示，及时要求业主代表发出正式指示，或主动记录要求确认。

4. 做好沟通管理

对于一些有争议的索赔要求，业主及其代表一般有一种本能的反感，需要加强沟通，争取对方的理解。许多索赔争议，不在于事实本身，而是源于沟通不够。通过沟通，使双方始终处于合作、信任的气氛中，避免发生对立。

5. 积极主动

有的业主代表对于索赔采取拖延的态度，尤其是对于有争议的索赔，则是能拖则拖，甚至拖到工程完成后。当索赔事件正在发生或刚刚结束不久，如有需要，补充资料也比较简单、可靠，承包商也比较主动；拖的时间过长，特别是完工之后，需要补充的资料也无从寻找，承包商已失去主动地位。

6. 方式灵活，注重实效

业主及其代表对于某些索赔原因比较敏感，特别是由于业主或业主代表自身原因而造成的不应发生的索赔，如果采取直接了当的方式，往往会遇到较大的阻力，甚至在其他方面受到刁难。这种情况下，采用灵活方式，保持索赔额不变的情况下，更改索赔的理由或侧重点，可能更易达成一致。

7. 不为“一元钱”索赔

这是一些专业合同管理人员默认的索赔行规，主要的出发点如下：

- 将双方的谈判时间和精力锁定在大额索赔上；
- 将小额索赔作为让步的筹码，保证大额索赔的成功；
- 部分小额索赔是人为因素造成，过分执着可能损害双方的信任关系；
- 向业主显示良好的索赔态度；
- 博得对方同情，在合适的时机，在其他索赔中补回损失。

## 五、索赔失败的教训

失败的教训和成功的策略是相对应的。根据经验，项目索赔失败的主要原因大致为以下几个方面：

(1) 标前分析工作不细致，忽略或遗漏索赔机会。

(2) 超出索赔有效期。合同中，一般都会清楚地规定索赔时效，如未能在规定时间内通知业主或顾问工程师书面表明索赔事件及索赔意向，业主有权拒绝接受索赔申请。承包商最好指派专人定期检查索赔记录，及时向业主提交索赔申请或表明索赔意向。

(3) 工程管理差，被业主反索赔。通常业主在收到索赔通知书后，会密切关注承包商的生产安排和检查索赔事件发生过程中相关的生产记录，寻找可以表明承包商未能尽力挽回损失的证据，进行反索赔。不少承包商因工程管理水平差，而导致索赔失败，甚至有的水平差的承包商不敢提出有争议的索赔，以免被反索赔。

(4) 合同管理能力差，依据不正确，记录不清楚，证据不充分。合同管理人员对于合同条款的理解不正确、不深入，未能寻找到适合的合同条款作为索赔依据，导致争议甚至索赔失败。对于索赔支持资料的要求不清楚，未能及时提交符合要求的记录与其他证据，事过境迁，无法再补，导致索赔部分或全部失败。

(5) 沟通不够，缺乏互信。承包商未能积极主动向业主表明索赔事件的客观性及己方为此做出的努力，并且未能及时提交辅助的证明资料，导致业主方对承包商的索赔态度和工作作风产生怀疑，索赔处理态度相应偏向保守。

(6) 态度消极。对于索赔事件不敏感，索赔通知提交不及时；提交后，不能及时提交证明资料和解答疑问；对于业主的拖延策略和保守态度无反应，不主动出击、督促、反抗。

(7) 思路单一，不识变通，因小小争议，而阻住整单索赔的及时解决。

(8) 斤斤计较，锱铢必争，无策略兼破坏双方关系。

## 六、工程中常见索赔

### (一) 工期索赔

承包商因为业主或客观原因，而需要更多时间来完成工程时，同时因为工期延长，承包商可能会付出成本，可以根据合同提出工期索赔及相应的成本补偿索赔。通常合同中比较明确地界定了签约双方对于工期延误的责任，规定了可以索赔工期的事件和由承包商自行承担加速施工责任的事件。通常，导致工期索赔的事件包括如下几类：

业主原因。如业主未按指定时间提供道路、水电施工场地等，业主及其代表给出影响施工进度的指令（并非由于承包商的过错导致），工程变更或额外工程数量过大等，工程款未能及时支付导致承包商财政问题。

业主工程师原因。如工程师未能及时提供施工图、施工批准，或图纸发生导致返工的错误，或给出错误指示等。

客观原因导致工期延误。一般的客观原因包括：战争、政局动乱、恶劣天气、地震、洪水、不可预见的不利自然条件等。根据合同，未必全部的工期风险皆由业主承担，承包商可能需要承担部分责任，例如，雨水期（因雨水导致的工期延误补偿）。业主在有的合同中会承担工期和相关成本损失的赔偿，有的承担工期和管理费用损失赔偿，有的只承担工期赔偿，有的甚至明确提出要承包商承担。

除非合同中明确规定，承包商在索赔工期的同时，应要求业主补偿发生的相关费用，至少是同时间有关的管理费用。要成功索赔到工期，承包商必须证明索赔事项影响到主计划的关键线路，需要做出一些计划对比和逻辑推理工作。

**（二）赶工索赔**

当发生工期延误时，业主除了选择给予工期延长之外，还可以选择指示承包商赶工（加速施工），追回延误的工期，这时就发生赶工索赔。因为要赶工，承包商可能需要增加资源投入，造成费用增加，形成附加开支。承包商有权就附加开支索赔。

通常造成附加开支的项目有：

（1）增加机械设备、工具；

（2）增加工人或加班；

（3）加班或工作面人手过多导致工效下降；

（4）增加管理人员，或管理协调工作增多；

（5）提高工效、追赶工期的激励奖金；

（6）其他管理费用等。

通常，合同条款中都会要求承包商需尽力追赶失去的工期，业主代表也往往会依据此条款恐吓承包商必须免费加快施工，否则会处以过期罚款。承包商需要沉着冷静，多做沟通工作，及时做好加速计划报业主审批，同时指出附加费用的可能来源和组成，然后做好额外费用的记录并及时要业主工程师确认，同时明确指出：合同中的“尽力”决不是表明承包商需要为此支付额外费用。

**（三）工程范围变更索赔**

工程范围变更索赔指承包商认为业主和工程师的指令超出原合同范围或超出标书中标明或暗示的施工条件而提出的关于工期和成本的索赔。

工程范围变化一般包括如下几种情况：

合同外增加工程，俗称额外工作。指合同的工程量清单和施工技术规程中没有列入，承包商在做施工组织设计时完全没有考虑的业主或工程师的工作指示。承包商有权根据实际情况提出工期和费用索赔。注意，索赔单价应参考合同中的相近条目，或新报价。

工程量的简单增减。指原合同中的工作，只不过数量上有增减，通常采用原先报价，调整工作量即可，通常不存在工期的索赔。但对于大量的增减，如超过原数量的15%，并且绝对数量很大，可以提出工期索赔及价格调整的要求。例如，某工程钢筋数量增加30%，承包商就提出要求增加工期和超量钢筋的差价的索赔要求。

工作条件发生变化的合同内工程。虽然工程合同中存在相应的工作内容，但工作条件已不符合投标时的正常条件，承包商可以提出单价调整申请。工程质量的变更要求，也可以视为工作条件的变化。例如，某工地在混凝土结构完成之后，工程师要求在楼层中增加钢筋混凝土墙，虽然合同中有钢筋混凝土的单价，但工作条件完全改变，承包商需要付出比正常条件下多几倍的成本，因此可以提出单价变更索赔。

关于工程范围变更的索赔是合同索赔中最普遍的，一般在接到工作指令时，尽快分析有无工期和成本方面的影响，做出索赔评估。对于存在索赔机会的指令，应建立跟踪文档，并知会工程师和业主可能的索赔；然后分析单价是否需要报价、调整或维持原价，计算索赔额。注意，迟到的工作变更往往会导致一些返工工作，要做好相应的记录和确认工作，并在索赔时考虑进去。

### （四）施工条件变化索赔

承包商在施工过程中遇到了一个“有经验的承包商”预见不到的自然条件或人为障碍，而导致额外费用的发生，按照合同有关条款向业主提出索赔，个别由工程保险赔偿。通常，业主在招标时提供的标书和技术资料可以作为比较基准。例如：地质勘测报告中，没有注明地下有块石，而打钢板桩时经常遇到块石，严重阻碍工程进度，承包商即可提出工期索赔和增加费用索赔。

工程师提供的图纸中，没有标出地下有供水主干线，在窨井设计中也未考虑。结果承包商在施工时，发现因供水主干线的存在而无法按照图纸建造窨井，工程师被迫更改图纸，承包商成功地索赔到工期和相应的管理费用及变更后的工程费用差额。

工程量清单中的工作内容描述中，指出用现场挖土作回填土，实际土力试验表明现场土不适合回填。某承包商没有发现这一说明，未经工程师认可，主动运走现场不适合回填的泥土，买沙回填，结果损失近百万。

工程范围变更导致施工条件发生变化，需要索赔相应的额外支出或工期。如某工地的一层楼面板的厚度由150毫米增加到250毫米，原先的模板支撑体系不得不随之更改，需要增加50%的支撑，除了正常的工程费用之外，承包商还提出了工期和支撑增加费用的索赔。

物价指数调整。国际工程的合同中，多数明确地规定了物价调整的公式和依据。

施工条件的变化往往会导致额外工程，也是调整合同价格的借口。要成功地进行此类索赔，施工经验和熟读合同非常重要。索赔额的计算可以按照单价方式，也可以是总包价方式，视乎合同要求和实际谈判过程中的共识，在前文已有叙述。

## 七、案例一：××××工程地下施工阶段的索赔失误

事件简介：该项目承包商工程师发现现场原土不适合回填，项目经理决定将开挖的原土全数运走，采用外来河砂做回填材料。另，开挖后的混凝土灌注桩的切除高度普遍在1.5米左右，打桩头合同价约3000元/根。上述两项工作完成后，承包商发现合同中工程量清单的工作描述明确指出：回填土的指定来源为工地开挖的原土，预计的桩头切除高度约为0.7米。于是，承包商提出两项索赔要求：索赔多运走原土和额外河砂回填料的费用，索赔超出0.7米之外的打桩头费用。但是，由于在事件发生时，承包商没有发现合同中相关工作描述的微妙之处，没有同业主工程师沟通，没有收集整理相关的资料（证实原土不适合回填的实验报告、关于改用河砂回填的要求，桩头实际标高记录等），相应的索赔被业主工程师驳回，承包商直接损失过百万元。

失败原因：

（1）标前分析不够细致，对上述索赔事件缺乏准备。

（2）合同管理人员对合同内容了解不够，没有及时发现事件的索赔特征。

（3）缺乏证明资料。

## 八、案例二：××××工程由工期索赔衍生的管理费用索赔

该工程的上手承包商为混凝土灌注桩承包商A，遗留大量缺陷由下手的承包商B代为修补、消除，承包商B除了索赔直接费用和工期外，还成功地索赔到与工期相对应的管理费。管理费的分析统计如表4-10所示，供业内有兴趣的人士参考。

**管理费的分析统计表** **表 4-10**

| 发生工期索赔的月份 | 每日平均 | 每月总计 | 管理人员薪金 | 杂工人工费 | DRA顾问费 | 水电费 | 电话费 | 肺尘埃赔偿 | 建造业训练费 | 看更费 | 机械费 | 工地办公室 | 汽车费 |
|---|---|---|---|---|---|---|---|---|---|---|---|---|---|
| 2002 年 10 月 | 46485.70 | 1441056.67 | 608373.56 | 350215.00 | 7500.00 | 152193.00 | 300.00 | 19173.00 | 56092.50 | 59365.00 | 142356.93 | 18000.00 | 27487.68 |
| 2002 年 11 月 | 47517.56 | 1425526.65 | 610709.16 | 353938.82 | 8000.00 | 97310.00 | 300.00 | 70117.00 | 56092.50 | 65325.00 | 142356.93 | 18000.00 | 3377.24 |
| 2002 年 12 月 | 46861.43 | 1452704.44 | 615247.01 | 376425.50 | 12500.00 | 129749.00 | 14788.00 | 27714.00 | 44342.67 | 57258.33 | 142194.93 | 18500.00 | 13985.00 |
| 2003 年 1 月 | 47700.25 | 1478707.78 | 688697.06 | 346001.58 | 8000.00 | 125789.00 | 1498.00 | 27714.00 | 44342.67 | 57058.33 | 142194.93 | 18500.00 | 18912.21 |
| 2003 年 2 月 | 48427.13 | 1355959.54 | 614607.55 | 277267.06 | 18500.00 | 132177.00 | 2346.00 | 27714.00 | 44342.66 | 58188.34 | 142194.93 | 18500.00 | 20122.00 |
| 2003 年 3 月 | 45994.89 | 1425841.44 | 665102.60 | 335822.89 | 16500.00 | 114977.00 | 12063.00 | 29929.00 | 23943.50 | 57840.00 | 142518.93 | 18500.00 | 8644.52 |
| 2003 年 4 月 | 46091.50 | 1382745.09 | 554912.00 | 426215.66 | 16500.00 | 132233.00 | 300.00 | 10444.00 | 23943.50 | 64655.00 | 132474.93 | 18000.00 | 3067.00 |
| 2003 年 5 月 | 38154.77 | 1182797.79 | 565642.10 | 236895.58 | 9500.00 | 112593.00 | 2396.00 | 10444.00 | 16708.00 | 64940.00 | 132474.93 | 18000.00 | 13204.18 |
| 2003 年 6 月 | 41537.48 | 1246124.26 | 634184.81 | 222508.32 | 9500.00 | 122829.00 | 13530.00 |  | 16708.00 | 67675.00 | 132474.93 | 24772.20 | 1942.00 |
| 总累计 |  | 8072175.90 | 5557475.85 | 2925290.41 | 106500.00 | 1119850.00 | 47521.00 | 223249.00 | 326516.00 | 552305.00 | 1251242.37 | 170772.20 | 65891.91 |

通过管理费分析统计表，得到工期索赔期间内平均每天实际发生的管理费金额，作为该期间内管理费索赔基数，乘以索赔的天数，就得到相应的管理费用索赔总额。

管理费的构成跟合同规定有关，不一定仅限于上述内容。

# 第五章　合同管理和商务管理

合同管理和商务管理不仅是工程管理的重要内容，更是一个建筑施工企业的整体管理的重要组成部分。基本上，项目管理的各项工作都围绕合同展开，项目管理的所有工作都可以纳入合同管理的范畴。合同管理以社会法律和合同为依据，无条件执行合同为原则。管理的主要内容体现在对合同条款的执行与监督上，承包商一方面履行自己的合同责任，另一方面维护自己的合同权利，谋求项目管理目标的实现。

商务管理以公司策略为依据，以公正公平、成长发展等商业精神为原则。管理的主要内容体现在对商业利益的追求与客观条件许可的平衡，一方面以合同管理为基础维护公司的整体商业利益，另一方面运用商业策略与技巧去解决单纯依合同原则难以解决的问题，谋求企业的发展与平衡。

经验表明，单凭合同概念处事可能只取得短暂的成功、局部的成功，例如单个项目获得盈利，而对企业的持续发展或者整体平衡构成障碍。总括来说，成功的企业管理应该是合同管理和商务管理的结合，局部最优与全局最优的兼顾、近期利益与长远发展的平衡。

合同管理和商务管理都以合同为基础。相比而言，合同管理的规则是硬性的，且管理层次侧重于微观个体，而商务管理的规则是柔性的，更具宏观性与整体性。合同管理是根本，商务管理是手段，为合同管理制造良好的条件与缓冲。合同管理侧重合同的执行与监督，商务管理侧重解决问题的策略与技巧及预防冲突和纠纷的发生。

## 第一节　合同的种类与内容

### 一、合同的性质

合同是一种制度安排。人类的经济活动，从原始的物物交换、货币交易到现代的多边贸易，经历了一系列的发展与变化。合同制度正是人类经济活动从萌芽、发展到发达过程的法律折射，记载着人类经济由低级形态向高级形态演变的历史踪迹。商品经济形态下，人类的交易活动具有多边化、经常性、连续性的特点。合同制度顺应这种变化，引入了新的机制和理念，形成了一系列的标准合同，继续在人类经济生活中扮演着重要角色，促进着经济的发展。

标准合同产生于19世纪后半叶，盛行于当代。19世纪以后，随着科学技术的飞速发展，商事交易的日益繁盛，特别是公用事业的大量出现并在社会经济生活中扮演的角色越来越重要，使得标准合同得以兴起并被越来越广泛地应用。

标准合同是现代商法中契约定型化特征的具体表现。它适应了现代商事交易关系简便、迅捷的要求。契约定型化是指商法对契约的内容或基本条款予以事先的统一的规定，简化订约过程，便于要约方发出大量的、连续的、一致的要约，便于向对方迅速作出是否承诺的决定，从而便于现代商事活动大规模、反复性、连续性交易的实现。

## 二、合同的种类

简单地说，合同是一个关于利益交易关系的法律约定。不同的法律体系下，不同的国家会采用不同的合同体系。目前，国际上被认为比较完善的合同体系有以下几类：

### (一) 美国 AIA（American Institute of Architects）合同

AIA（美国建筑师学会，American Institute of Architects）作为建筑师的专业社团已经有近 140 年的历史，成员总数达 56000 名，遍布美国及全世界。AIA 出版的系列合同文件在美国建筑业界及国际工程承包界，特别在美洲地区具有较高的权威性，应用广泛。

AIA 系列合同文件分为 A、B、C、D、G 等系列，其中 A 系列是用于业主与承包商的标准合同文件，不仅包括合同条件，还包括承包商资格申报表，保证标准格式等。B 系列主要用于业主与建筑师之间的标准合同文件，其中包括专门用于建筑设计、室内装修工程等特定情况的标准合同文件。C 系列主要用于建筑师与专业咨询机构之间的标准合同文件。D 系列是建筑师行业内部使用的文件。G 系列是建筑师企业及项目管理中使用的文件。

AIA 系列合同文件的核心是“一般条件”（A201）。采用不同的工程项目管理模式及不同的计价方式时，只需选用不同的“协议书格式”与“一般条件”即可。如 AIA 文件 A101 与 A201 一同使用，构成完整的法律性文件，适用于大部分以固定总价方式支付的工程项目。再如 AIA 档 A111 和 A201 一同使用，构成完整的法律性文件，适用于大部分以成本补偿方式支付的工程项目。

AIA 文件 A201 作为施工合同的实质内容，规定了业主、承包商之间的权利、义务及建筑师的职责和许可权，该文件通常与其他 AIA 文件共同使用，因此被称为“基本文件”。1987 年版的 AIA 文件 A201《施工合同通用条件》共计 14 条 68 款，主要内容包括：业主、承包商的权利与义务；建筑师与建筑师的合同管理；索赔与争议的解决；工程变更；工期；工程款的支付；保险与保函；工程检查与更正条款。

### (二) FIDIC（Federation International Des Inginieurs Conseils）合同

FIDIC（国际顾问工程师联合会，Federation International Des Inginieurs Conseils）是全球最权威的工程师组织，是被世界银行和其他国际金融组织认可的国际咨询服务机构。FIDIC 总部设在瑞士洛桑，下设几个地区成员协会：亚洲及太平洋地区成员协会（ASPAC）、欧洲成员协会（EFCA）、非洲成员协会集团（GAMA）、美洲成员协会集团（FEPAC）、中东（MID-EAST）地区成员，会员遍布全球。

FIDIC 组织比较完善，下设许多专业委员会，各专业委员会编制了用于国际工程承包合同的许多规范性文件，被 FIDIC 成员国广泛采用，并为 FIDIC 成员国的雇主、工程师和承包商所熟悉，现已发展成为国际公认的标准合同。

FIDIC 发行的合同条款版本根据不同类型的工程，采用特定的封面颜色区分，例如国际性土木工程施工合同的封面是红色的，机电工程合同的封面是黄色的，统包合同的封面是橘色的。FIDIC 的合同条款一向被认为是精确、公平的合同条款，十分著名，国际工程普遍应用。人们在使用中，为了应用方便，通常根据合同封面颜色来称呼不同类型的合同，例如：红皮书（FIDIC Red Book）或黄皮书（FIDIC Yellow Book）。

FIDIC合同是由国际咨询工程师联合会和欧洲建筑工程委员会在ICE合同的基础之上制定的。FIDIC合同1957年出版第一版，以后每隔10年修订一次，1987年出版的第四版本是最新的国际通用合同条件。另外，该组织又于1989年出版了一本更加详细的《土木工程施工合同条件应用指南》。

红皮书（FIDIC Red Book）是纯粹的土木施工合同，内容脱胎于英国土木工程师学会（ICE）的标准合同格式，由于ICE发行多年，且国际性工程在英国和大英国协会员国间已有百余年的历史，经过长期考验，并因时代变迁而不断改进合同条件，建立起的制度已经相当完备。这些条款广为各国采用的结果，已逐渐形成国际惯例，具有良好的基础。黄色封面的机电工程合同Yellow Book，实为工厂设计建造合同，是用于承包商亦负责设计工作的情况。橘色封面的合同（FIDIC Orange Book），是包括设计及建造的统包合同，此类型的统包工作大致上包括设计、施工、设备安装，完成至立即可以使用的地步。有时合同还包括操作，操作时间长短不一定，也许只是几个月时间的试车期的操作，但也可能是BOT形式，操作工作需要数年。为适应时代潮流，红黄二书已作大幅修订，修订后的the New Red Book和the New Yellow Book都已于1998年发行试用版，且于1999年正式发行第一版。

1999年出版的另两本新标准，一本是绿色封面的Short Form，供较单纯的工作之用；另一本是银色封面的EPC统包合同，这是用于承包商必须负担完全的责任且承受较大风险的情况。许多人认为新版EPC统包标准合同强迫承包商接受的风险过于严苛，而且业主在施工过程中干涉太多。但这版本是为了以私有的资金投资公共建设的模式（BOT、BOO等类型），工作在不同的风险制度之下，因此要求承包商承担所有的设计与施工风险，用总价统包，固定施工期限竞标。这比起通常由业主承担责任的合同，当然责任与风险都会较大，但正由于此，标价也会较普通高许多。

FIDIC标准合同共计72条，194款，详细地规定了在合同履行过程中遇到诸如场地、材料、设备、开工、停工、延误、变更、索赔、风险、质量、支付、违约、争议、仲裁等各种问题时，合同双方的权利、义务以及工程师处理问题的职责和许可权。

**（三）英国ICE**（Institution of Civil Engineers）**合同**

ICE（英国土木工程师学会，Institution of Civil Engineers）是设于英国的国际性组织，目前拥有会员8万多名，其中1/5在英国以外的140多个国家和地区。该学会已有180年的历史，已成为世界公认的学术中心、资质评定组织及专业代表机构。ICE在土木工程建设合同方面具有高度的权威性，它编制的土木工程合同在土木工程中得到广泛的应用。

1991年1月第六版的《ICE合同条件（土木工程施工）》共计71条109款，主要内容包括：工程师及工程师代表；转让与分包；合同文件；承包商的一般义务；保险；工艺与材料质量的检查；开工，延期与暂停；变更、增加与删除；材料及承包商设备的所有权；计量；证书与支付；争端的解决；特殊用途条款；投标书格式。此外IEC合同条件的最后也附有投标书格式、投标书格式附件，协议书格式、履约保证等文件。

**（四）英国NEC**（the New Engineering Contract）**合同**

这也是英国土木工程师学会（ICE）发行的，具有适应性广，文字清晰，用语浅显，着重于管理的特色。自1993年正式发行以来，NEC（The New Engineering Contract）标

准合同已获得许多好评。NEC 标准合同的特色是因应不同的功能，做成不同分册的合同，例如总价及进度控制合同、总价及材料数量控制合同、成本报酬合同、管理合同等。其基本核心条款采用黑色为封面，次承包合同采用紫色封面，说明书则采用棕色封面。该合同吸取 ICE 合同风险分配处置不够清晰的弱点，充分重视风险，对于风险的分配、工程补偿以及冲突等的处理更加公平合理，并加上了预警制度。NEC 合同舍弃了 FIDIC 中工程师的名称，而以项目经理代替，用以避免名称上的混淆。

### （五）香港地区建造工程合同

在香港，政府投资工程主要有两个标准合同文本，即香港政府土木工程标准合同和香港政府建筑工程标准合同。而私人投资工程则采用英国皇家特许测量师学会（香港分会）[Royal Institution of Charted Surveyor（Hong Kong Branch），RICS（HK Branch）] 的标准合同。政府工程合同大致可以分为以下几类：

- 附有工程量清单的按合同所需而完成量数付款工程合同（Remeasurement Contract containing Bills of Quantities）
- 附有工料定价表的按合同所需而完成量数付款工程合同（Measurement Contract containing a Schedule of Rates）
- 附有确实工程量清单的总价合同（Lump Sum Contract with firm Bill of Quantities）
- 附有图则和规格的总价合同（Lump Sum Contract with Drawings and Specification）
- 补偿成本合同（Cost Reimbursement Contract）
- 设计及建造合同（Design and Build Contract）

一般的土木及建筑工程合同都是选择附有确实工料清单的总价合同（Lump Sum Contract with Firm Bill of Quantities），包括多项不明确因素的工程则多选用附有工程量清单按合同所需而完成量数付款的工程合同（Remeasurement Contract containing Bills of Quantities），而涉及维修工程、经常性工程或规模较小工程的定期合同（Term Contracts），则多采用附有工料定价表的按合同所需而完成量数付款工程合同（Measurement Contract containing a Schedule of Rates）。

私人投资工程合同种类亦然，所用最多的是 RICS 的附有工料清单总价合同（Lump Sum Contract with Bills of Quantities），以及 RICS 的附有图则和规格的总价合同（Lump Sum Contract without Quantities）。

## 三、合同的背景

无论是 FIDIC 合同、ICE 合同、NEC 合同，还是 AIA 合同，都是在英美法系的背景下产生、发展出来的，其制定与执行都适用于习惯法（common law），而不符合成文法（statute law）的习惯。因此合同管理需要根据英美法系的惯例与做法来进行。

英美法系是指以英国普通法为基础发展而来的法律制度的总称，也被称之为习惯法、不成文法。英美法系是对以 1066 年大不列颠诺曼政府以来的法律，特别是它的普通法为基础而发展起来的法律的总称。英美法系有两个分支，即英国法系和美国法系。英美法系的国家除了英国和美国外，还包括英国前殖民地和附属国的许多国家和地区，如印度、巴基斯坦、新加坡、缅甸、加拿大、澳大利亚、马来西亚、新西兰以及非洲的个别国家和地区。

相对于法典化的大陆法系，英美法系主要具有如下特点：

(1) 以英国为中心，英国普通法为基础；

(2) 以判例法为主要表现形式，遵循先例；

(3) 变革相对缓慢，具有保守性、“向后看”的思维习惯；

(4) 在法律发展中，法官具有突出作用；

(5) 体系庞杂，缺乏系统性；

(6) 注重程式，奉行“诉讼中心主义”。

在英美法系的制度下，人与人之间的权利与义务关系界定缺乏成文的法规作为依据，对于任何交易，责权皆须自己界定与保护。为避免条款疏漏造成损失，就需要运用“私法自治原则”，把可能出现的情况、产生的问题等所能够预计到的全部可能，在缔约时悉数写入合同之中，力求滴水不漏。

英美法系奉行“诉讼中心主义”，遵循程式先于权利的原则，认为权利只能存在于明确、正当的程式之中，在程式之外没有真正可靠的权利可言。基于这个原则，为减少争议与误解，杜绝漏洞，规避风险，合同条款专业、全面，甚至不惜重复啰嗦。因为，一旦选择了这些合同，就需要根据习惯法的思维与程式去管理合同，才能达到合同的预期目标。

基于英美法系的传统与背景，无论 AIA 合同还是 FIDIC、ICE 合同，经过不断的完善与弥补，合同篇幅十分庞大，内容包罗万象。

## 四、合同的内容

一个完善的合同通常包括以下几个方面内容：

**(一) 招标说明** (Instruction to Tender) **或者招标条件** (Conditions of Tender)

不同的招标文件称呼不同，有的直接称作招标说明，有的以招标条件为标题。这部分主要对投标文件的内容、格式做出具体规定，向投标者明确投标的截止时间、送标地点，以及合同模式、计价规则、付款方式等重要内容。给出招投标文件内容有错误或疑问时的解决办法，招投标双方的权利和义务关系，联系方式，现场勘察及资料查阅的规定等等。同时给出招标文件总目录、图纸总目录等完整资讯。

如果以招标条件为标题，则通常还会分为一般招标条件 (General Conditions of Tender) 和特殊招标条件 (Special Conditions of Tender) 两部分。要求投标人提供财务状况，对政府安全、环保、入境、雇佣、健康条例等的遵守状况。

**(二) 回标表格** (Form of Tender)

回标表格是指随招标文件发出的一系列标准样式，由投标人在其上填写投标总金额及工期并签署盖章后随投标文件报送业主。回标表格上应填投标有效期（一般为三个月)。有时，业主要求投标人提出两种以上的投标方案，以便其在投标价增加与工期压缩之间进行比较选择。

**(三) 保函** (Bond)

除了正式的回标表格以外，业主往往还要求投标人提供诸如投标保函 (Bond) 等表格。规定了总承包人及担保人对业主所作的担保承诺及担保金额，以及担保条件等。

**(四) 合同协议** (Article of Agreement)

明确参与工程建设的各单位及代表人；合同的组成及解释次序、延期赔偿金、保修期、决算期等主要条款。

**(五) 合同条款** (Conditions of Contract)

合同条款可分为两项：一般合同条款和特殊合同条款。

1. 一般合同条款

通常采用香港政府标准合同或专业协会制定的标准合同中适用本工程的版本经适当修改而成。使用标准合同不但可以减少篇幅，同时省却了关于合同条款的长期谈判、争议，有助于减少纠纷，节省时间和费用。

2. 特殊合同条款

标准合同因不是针对具体工程而制定，因此无法涵盖工程的全部内容和所有细节。故在一般合同条款之外，需对原条款进行修改，或者另行订立特别合同条款，以对一般合同条款进行补充、量化。

在一些大型工程中，为避免合同条款显得过于复杂和不连贯，亦有业主制定招标文件时，两者合一，全面重新编写合同条款。

**(六) 规范** (Specification)

1. 一般规范 (General Specification)

通常采用政府或者专业协会制定的国际通用标准规范。内容为对工程总的说明。规定业主在安全、质量、环保、材料、设备、行政管理、工地临时设施、临时工程等方面对总承包方的要求。例如，香港房屋署出版的 2000 版规范 (2000 edition of the Hong Kong Housing Authority Specification Library (SL), issued by the Housing department.)。

2. 特别规范 (Specific Specification)

对整个工程的内容、范围等依照标准条款格式进行逐项定义。分项说明各工序的材料要求、操作程式、验收标准和程式、试验和检验等。其工序分类法有所不同，土建部分一般划分为拆卸和改建工程、打桩和沉箱工程、土方工程、混凝土工程、砌砖工程、沥青工程 (防水)、屋面工程、木结构工程、木装修工程、五金铁件、钢铁金属工程、抹灰工程、玻璃工程、油漆工程等。

有时，顾问工程师 (Consult Engineer) 会根据自已的经验，制定一些条款作为合同文件中的规范条款，例如：有的结构工程师在合同规范中要求承包方在第一次浇筑结构混凝土之前，必须先浇筑几条试验梁、柱、墙，验收合格之后才可以正式施工。

**(七) 工程量清单** (Bills of Quantities 或者叫做 Schedule of Rates)

一般包括以下几个部分：

1. 基本费用 (Preliminaries)

其可包含工程的全部工程内容。在分项工程单价内不包括的费用 (如保险费、环保费、水电费) 或无法分别计算的费用 (如机械费) 均可列入基本项目中。其栏目可以按照合同条款目录设置。每项只填写总价，没有数量和单价。并不是每个栏目都要填写一个表格，不过任何项目若没有填上价款，其所需费用则被视作已包括在其他项目的价款或工程单价内。填上的价款可视为总包方的风险包干，一般决算时不会调整。同时，每一项价格业主均会要求提交该价格的细目。

2. 计量方法 (Preambles)

详细说明各分项工程的工程量计算方法，界定各分项工程单价所包含的详细内容。为减少日后与承包方的争议，单价内容都订立得尽可能详细和全面。有部分公司将工程量计算规则分为一般计算规则（套用香港测量师专业协会编制的“标准量度规则”）和特殊计算规则。同时会注明两者有矛盾时的优先次序。

3. 分项工程金额（Works）

按工程、规格分类汇总，每次填写数量、单位、单价、总价。数量和单位一般业主计算和填写（无数量单的则需由投标方自行计算）。投标方填写每一项目的单价和总价。单价须包括人工、材料、机械、管理费、利润、税金等所有可以估计到会发生费用的项目。单价是今后变更索赔的计算依据，一经确定就不能调整（除非有计算错误）。业主在评标时会重点审查单价是否合理，而投标方则会尽量设法提高今后有可能发生变更项目的单价，降低自认为数量可能减少的单价。工程量清单的数量是暂定的还是不可调整的，业主会在工程清单总说明内明确说明，对此投标人必须特别注意。

4. 指定金额与暂定金额（Prime Cost and Provisional Sums）

暂定金额是指：为在发出招标文件时无法完全预见、定义或详示的工程或费用所预留的金额，该部分金额以最后估算时实际发生进行调整，在总价内增加或扣除。

指定金额是指：由指定分包人执行的工程或服务，或由指定供应商供给的材料所预留的金额。该项金额不包括总承包人所需的利润及管理费、配合费。总承包人应根据业主给出的指定分包金额就此另行报价。通常规定，当指定金额最终有调整时，总承包人的利润可以调整，而管理费、配合费不能调整。

5. 日工单价表（Daywork Schedule）

当工作不能正确计量和估价时，经建筑师同意，可以采用计日工作单价。计日工作时间通常定义为自早上8点至晚上6点这段时间。计价基准以小时计算。

(1) 人工单价：按不同工种分别报价，其费用包括开办费和利润；工头和监工的薪金、雇员的薪金、津贴、奖金；管理费。

(2) 物料：以发票价为基础，加上管理费。

(3) 机械设备：各类机械使用的直接费用加上运输、油料、保管、维护、租金等经常性开支及开办费、利润、工地监督费等，但操作人员费用不包括在内。对于机动设备，待机或者闲置时间通常不计入工时。

(4) 保修期计日工作：在以上价格基础上填写一个添加的百分比数，用以完成竣工后至保修期完成前所做的业主所要求的保修工程以外的工作。

6. 总计（General Summary）

上述所有工料单项目的总和。

7. 图则（Drawings）

建筑师、工程师等随招标文件提供的图纸。

8. 其他文件（Appendix）

各种定标前双方往来的文件、信函；中标通知书；会议记录、标前协定等。

## 第二节　合同管理的内容与过程

在建筑产品生产供应的过程中，伴随着市场竞争的风险，建筑承包商在市场中的生存和发展，必须要跨越以下两个步骤才能取得成功：

第一，投标阶段，通过提交有竞争力的标书，击败竞争对手，获得同业主签约的机会。

第二，合同执行阶段，通过提供合同规定的服务与产品，实现合同规定的时间、价格、质量等目标来获取利润。

在上述两个阶段，承包商围绕如何获得合同和如何执行合同两大主题来实现自己的短期和长期经营目标，达到：

- 创造利润；
- 业务增长（包括营业额及市场占有率）；
- 企业的长远持续发展等所谓的企业发展与成功。

## 一、合同管理的特点与内容

### （一）合同管理的含义

所谓合同管理，就是围绕合同进行的合同责任、合同权利的行使与维护。根据合同物件，承包商的合同管理可以主要分为三个方面：对业主（通常也称为“上家”）的合同管理、对分包商（通常也称为“下家”）的合同管理与对总承包商自身的合同管理。对业主（上家）的合同管理主要反映在合同条件的监察与复核，提出争议与索赔，维护自身公平地位上；对分包商（下家）的合同管理主要集中在合同的执行与监督，解决困难与纠纷，创造良好工程条件上；对总承包商自身的管理则主要是对合同的法律地位和执行合同的严肃性的认知，以及严格履行合同责任，公平处理各方面的合同关系。

从广义上讲，承包商经营活动的本质就是如何得到并高效地履行一份合同，因此承包商项目管理的全部工作，都可以纳入合同管理的范畴。而从狭义上讲，合同管理又只是项目管理众多环节中的一环，仅仅处理与合同直接关联的事宜，为项目的其他管理活动提供合同服务，例如报价、分包、记录、索赔等。

### （二）合同管理的地位

合同管理是项目管理的灵魂。对于任何现代项目来说，合同具有法律约束力，有关项目的所有工作都受合同条款的约束，任何项目活动都必须以合同作为依据，在合同的规范之下展开，一旦脱离或背弃了合同，任何工程行为所带来的权益都将难以得到合法、有效的保护与保障，并且在责任方面可能受到法律的追究与制裁。合同是项目的蓝本，项目依照合同展开与进行，业主通过合同表达自己的愿望与目标，承包商根据合同来提供产品与服务。

合同管理贯穿项目管理的整个过程。根据不同的组织，一个项目的管理至少包括如图5-1所示的几个过程步骤。

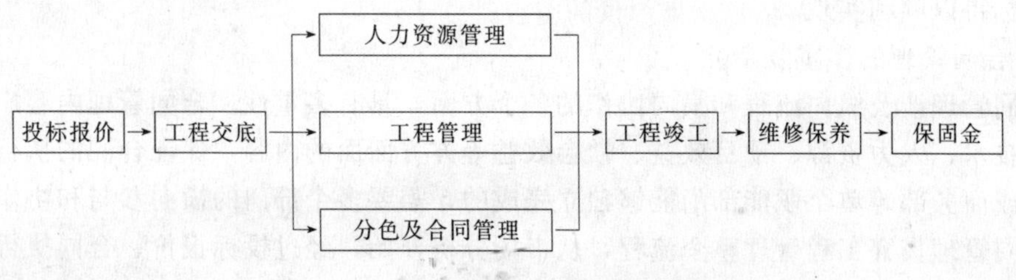


图 5-1　工程项目管理流程简图

整个流程管理程式包括投标报价、人力资源管理、工程管理、分包合同管理、竣工维修保养等几个过程，整个流程以合同为准则，贯穿始终。工程项目管理不同阶段的内容特点和侧重各不相同，其中与合同管理相关的主要程式集中在投标报价、分包和合同管理以及工程管理三个过程。

在投标报价阶段，合同管理活动主要包括：收集分包商报价和对成本进行比较分析，如果合同额超过一定的金额（例如3亿元），则还需要其他部门的参与，例如商务部对合同条文进行复核。投标报价的具体程式以及内容，在第三章已有较全面的介绍。

在分包和合同管理阶段，合同管理主要强调对工程采购的程式性控制，例如在合同分包过程中，应分别就合同金额、招投标的程式、参加人员及定标的负责人作出详细的规定。在工程管理阶段，合同管理的重点则在于合同的执行以及变更与风险的处理。例如，根据计划完成工程，根据进度及工程量申请业主付款，根据分包商表现发放进度款、材料款，以及处理工程变更、恶劣天气、突发事件等相关合同内容的事项。

综合起来，可以发现合同管理是整个管理流程的主线，无论管理流程如何组织，整个工程中合同管理都贯穿始终。

**（三）合同管理的特点**

合同管理的特点是与建造工程本身的特点密切相关的，而且不同类型的工程涉及不同的工程风险，也就产生出不同的标准合同版本。但从总体上讲，现在大型工程的合同管理具有以下的特征：

1. 合同管理的即时动态性

合同是静态的，工程是动态的。从投标阶段开始，合同双方通过协商就双方的权利、义务达成一致，并就此签订合同，并且保持基本不变。而工程在实施的过程中则由于受到外界因素的影响和实施情况的发展变化而与合同条件产生偏离。随之，合同双方权利和义务的内涵也就处在不断的变化之中。例如，工程拖期，意味着合同工期方面的职责履行不利，作为承包商面临两种选择，要么采取措施加快进度，恢复正常合同状态，要么背负工期拖延罚款，为合同执行的偏差付出代价。但工期拖期所产生的影响绝不是一项罚款所能够概括的，很多时候工期拖延等变化造成的影响，合同不能够预期并作出监管。例如，工期拖延导致业主商誉损失、遭受公众压力等等。可见合同管理不同于合同，一直处在动态的变化之中。

由于影响合同状态的事件随时随地都会发生，我们常常发现，某一项目预测情况不错，而实际完成情况不好，或者预计情况不好而项目最终取得不错的结果。这都与承包商把握合同状态的意识，以及采取措施不断改善合同状态的能力有关。合同管理就是分析当前合同执行状态，分析造成合同状态偏差的原因，并采取适当的措施加以补救与修正，使合同目标得以顺利实现。

2. 合同管理的多重复杂性

合同管理涉及纵向流程和横向协作的各个方面，具有多重性。合同管理内容广泛，涉及工程技术、人力资源、项目效益、社会效益等方方面面的内容，保证合同的执行，不是合同部或商务部等单个职能部门能够独立完成的，需要多个部门的横向参与和协作。

合同管理贯穿工程管理整个流程，从市场分析开始，经过投标报价、合同执行，到同业主及供应商结算，每一阶段的合同管理活动都内容不同、侧重不一，并且前后一致、因果关联。例如，投标阶段合同管理充分全面，则工程执行就简单顺畅。反之，如果投标时，未能及时识别合同风险，等到项目开工后才发现，则会增加合同管理的内容与难度，使工程陷入被动。

从横向上讲，现代工程规模大，技术复杂，资金来源渠道较多，工程所涉及的专门门类十分复杂且不确定，每一个专业每一个层次都有其特别的合同问题。同时，合同管理涉及主体从政府部门、业主、设计、监督等各个方面，层多面广，具有复杂性。

**(四) 合同管理的内容**

总承包商获得合同之后，合同管理的内容包括两个方面，即业主合同（大合同）管理和分包商合同管理，主要内容如图 5-2 所示。其中，业主合同管理主要包括工程款申请和变更管理两个方面，分包商合同管理则主要包括分包管理、工程款管理、成本控制（变更处理）三个方面。

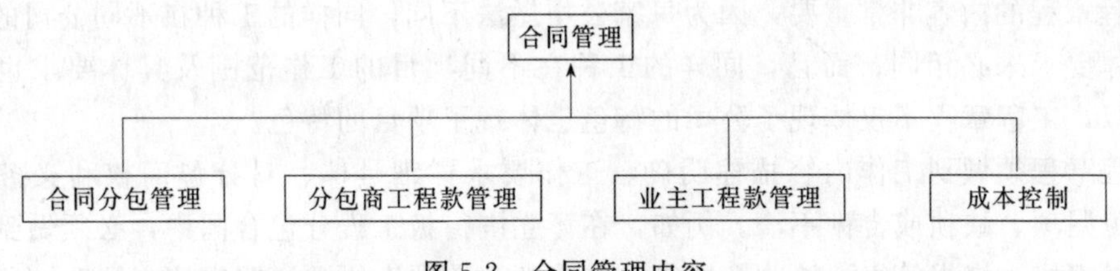


图 5-2　合同管理内容

工程款申请是大合同管理的重要内容，所谓工程款申请就是依据合同条款，根据工程进度请求业主付款的过程。工程款申请的主要工作是提交完善的进度报告与工程数量统计。

变更管理更是大合同管理的重点，因为工程变更时常都在发生，而且有时变更数量巨大，涉及较大金额，因此变更管理更是大合同管理的重点与难点。变更管理的主要内容就是依据项目各项指引，详细、及时记录工作变更，向业主提供清晰的索偿依据与变更证据。

合同分包管理是合同管理的核心内容与主要工作，分包是总承包商的重要利润来源。分包管理的好坏决定着工程开展的顺利与否，如果分包管理水平高，合同漏洞少，风险分配得当，则工程施工就相对要顺利的多，管理利润也相对容易实现。不同的总承包商有不同的分包管理方法与习惯，企业优势与竞争力的体现也有所分别。

同样，工程款管理和变更管理也是分包合同管理中的重要环节。通过变更管理，结合工程管理，总承包商达到成本控制的目标。

程式方面，大部分合同管理工作由项目工料测量师（PQS）负责完成，而涉及数额较大的分包工作则需要由公司的协调、管理与决策。

而承包商还必须不断地对自己的行为进行内部审核（Internal Audit）和监管，以期做到严肃执行合同内容，全面履行合同责任和义务，公平处理各方面的合同关系。

## 二、分包管理

**(一) 分包合同**

不同于总承包合同（大合同），分包合同没有固定的模式与格式，各个不同的总承包商会根据自己的管理程式与特点组织自己的分包合同。由于总承包商向业主总负责，分包商的任何不良行为都须由总承包商承担后果或者连带责任，因此分包合同大都以大合同为基础，加入一些限制条款，例如，付款条件中的“收款才付款”、工程变更中的“先作业后议价”等，以规范与管束分包商，确保工程顺利进行。

通常，分包工程合同主要由合同细则、工程章程、规范、图纸、工程量清单、其他附则等组成。

1. 工程章程

将工程内容根据当地建筑业习惯，按照行业划分，界定各工种的合同权利和义务，制定工程章程，如《测量放线工程章程》、《铁器章程》等。工程章程具体内容实际是分包商工作指引，明确什么事情应该做，如何做，达到什么标准，做不到有什么处罚等。由于项目的独特性，不同的项目有不同的特点与要求，因此，具体实施中一般会附上补充章程，列举项目的实际情况及特殊要求。

工程章程的内容非常重要，因为每家公司做法不同，同样的工种在不同公司的工作范围及具体要求未必相同；而且，同样的工种在不同项目的工作范围及具体要求也会有差别。所以，工程章程不仅体现了公司的特色也体现了项目的特色。

工程章程须做到工作内容描述明确、工作要求详细具体、对分包商权利义务界定清晰，避免漏项、缺项或含糊不清。例如，在订立围街板工程分包合同中，必须做到图则清晰，材料规格、烧焊等级、验收标准等具体清晰，并须在原则说明中清晰注明“所有工作必须符合业主收货要求”，切忌简单笼统，避免日后纠纷。对于不能够当时清晰界定的东西，也不可含混了事，需要给出日后解决问题的原则或者规则，有意识的为自己创造良好的合同管理环境。

2. 规范、图纸、工程量清单

在制定分包合同的时候，如何将公司对业主的责任和义务分摊给分包商承担，其中很重要的一部分就是我们对分包商的要求要满足业主对工程的具体要求——质量、规格、品牌等等，这些具体的内容就在规范、图纸和工程量清单中有详细描述。分包商必须按照分包工程有关的规范、图纸和工程量清单进行施工。而且，分包合同中，用于下料、定位等的图纸拆分工作与责任都应该由分包商承担，尽管大多数情况该项条款属于隐含条款，但许多时候仍需要加以明确强调。并且总承包商在主合同中对业主的其他相关责任和义务同样适用于分包商，自然由分包商承担。

3. 制定合同

将公司统一的合同细则、工程章程、规范、图纸、工程量清单进行汇总，结合其他附则，就形成了一套完整的分包合同文件。附则中一般是公司的安全、环保等方面的规定，或者附加一些公司根据法律、政府规定等颁发的内部管理规定。

**(二) 合同分包流程**

1. 前期策划与工程总进度计划

合同前期策划是一个承上启下的阶段，其主要的目的是制定各方面前瞻性和策略性的计划，使项目在受控的状态实施，以满足合同在进度、质量、成本、环保和安全等方面的具体要求。由于关系到工程合同如何实施的问题，其重要性不言而喻。对于大型的建筑工程项目，合同的前期准备，应当由项目经理在各专业人员的配合下，依次有序地进行，其主要步骤如表 5-1 所示。

**工程项目前期准备的主要步骤** **表 5-1**

| 序 号 | 工 作 内 容 | 负 责 人 |
|---|---|---|
| 1 | 指定项目经理 | 总 经 理 |
| 2 | 进行工程交底 | 项 目 总 监<br>项 目 经 理 |
| 3 | 确定人力资源 | 项 目 总 监<br>项 目 经 理 |
| 4 | 制定总进度计划（Master Programme） | 项 目 经 理 |
| 5 | 制定：<br>• 项目组织机构图<br>• 设备和材料计划<br>• 现场平面布置<br>• 工地办公室布置 | 各负责人员<br>项 目 经 理<br>项 目 经 理<br>项 目 总 管<br>项 目 总 管 |
| 6 | 制定项目质量计划和物料计划 | 质 量 经 理<br>项 目 经 理 |
| 7 | 制定环保计划 | 环 保 经 理 |
| 8 | 制定安全计划 | 施 工 经 理<br>安 全 经 理 |
| 9 | 制定预算和成本控制计划 | 项 目 经 理<br>商 务 经 理 |
| 10 | 制定设计计划（有较复杂的设计要求时） | 技 术 经 理 |
| 11 | 根据总进度计划，制定分包计划和物资、文档报批计划 | 项 目 经 理<br>项目工料测量师 |
| 12 | 召开施工准备会议，将各项施工安排和计划通知有关人员 | 项 目 总 监<br>项 目 经 理 |

这些前期步骤，围绕制定一份合理的总进度计划进行，这个总进度计划除了包括进度计划外，还包括实现总进度计划的施工方案与物料保证。这个总进度计划是以后施工中合同执行的主要依据。总进度计划是否合理，则可以通过以下几个标准来检验：

（1）施工方案，包括技术水平、生产能力、安全、环保等；

（2）技术与资源来源，由公司内部还是市场获得相关的技术和资源；

（3）方案成本和项目财务计划；

（4）施工方案的容错性，即施工安排中的弹性，以及意外情况下，施工方案具有的弹性。

制定总进度计划，都应对照以上标准，进行反复细化、调整，以符合合同要求并求得成本与效益之间的最佳平衡，否则将造成总进度计划的失准与失败，造成合同管理的困难。

例如，某桥梁工程在制作总进度计划时，按照桥面竣工时间，对照桥梁工程的顺序，倒推结构和打桩的进度要求。这种总进度计划的出发点是：如果桩和桥墩能按期完工，桥面的工期就有了保证。打桩进度则根据一般地质条件下每天可以钻孔 5～6 米，加上浇筑混凝土和磨桩机进出场时间，来安排每一根桩的施工周期。并据此同分包商签约。例如一条 30 米深桩的标准控制时间是 5 天，在有进出场限制情况下则 8 天。但在实际施工的过程中，这份总进度计划遇到了两项现实的不利因素：

（1）施工场地条件，包括进出通道的限制，机械设备的数量已达到饱和，生产的效率却不能达到最优。

（2）由于低价中标，施工技术和操作工人素质不高，导致无法达到投标时设定的生产能力。

由于此两个不利因素的存在，桩基的进度完全达不到要求，进度计划得不到执行保障，后继工程也难以顺利开展。造成工期延误、开办费损失以及工程索赔等一系列合同问题。

显然，前期的策划与准备工作十分重要与必要。一份良好的总进度计划对于应变施工变化十分必要，对于降低工程风险、降低合同管理难度负有直接的责任。

2. 分包体系与过程

所谓合同分包即将手中的工程通过一套流程拆分、发包给分包商完成的过程。合同分包的目的在于寻找合适分包商完成工程，实现总承包商的利益最大化。这个分包商应该具有合乎合同要求的专业能力，工程表现已经获得总承包商或者同行认可，并且具备合乎要求的财务能力，能够提供总承包商所要求的服务。

总承包商将工程分包出去，一方面要获得有竞争力的价格，另一方面要保证工程的顺利完成。因此，合同分包应该有一套公平公正、合理有效、保证效率的稳定程式，也只有如此才能建立一个长期稳定的分包运营体系，保证总承包商的长期生存与不断成长。

根据香港的合同体系以及分包制度，合同分包可以简单划分为：制定分包方案、选择分包商、发标招标、回标开标、标价分析、定标、制定并签署分包合同等几个阶段（图 5-3）。

图 5-3 中，各个阶段前后连贯，循序渐进，构成完整体系。不同的程式阶段由不同的部门参与、配合和决策，分别完成各自的阶段目标，最终达成圆满分包，为工程进行创造良好合同条件。

根据规模与经营特点，不同的总承包商的分包体系与特点也会有所区别。例如，可以根据合同金额大小而采用不同的流程、程式，动用更少或者更全面的资源，增加或者删减部分流程与内容，因应市场和工程的变化。图 5-4 的标准分包作业程式就是以合同金额的大小来区分的，是一个大型总承包商的成功选择。

3. 分包方案与分包商

合同分包的重点是挑选出符合公司利益的分包商，在分包流程程式确定之后，合同分包管理主要体现在每个流程的内容深度之上，通过落实流程、深入管理来确保分包目标的实现。

制定分包方案是分包流程的第一项重要工作。分包方案通常都由项目根据自己的施工总体策划提出，由合同部负责，参考投标部、工程部及质安部意见，由公司领导签署（具体流程见图 5-3 中程序 1 及图 5-5 所示）。

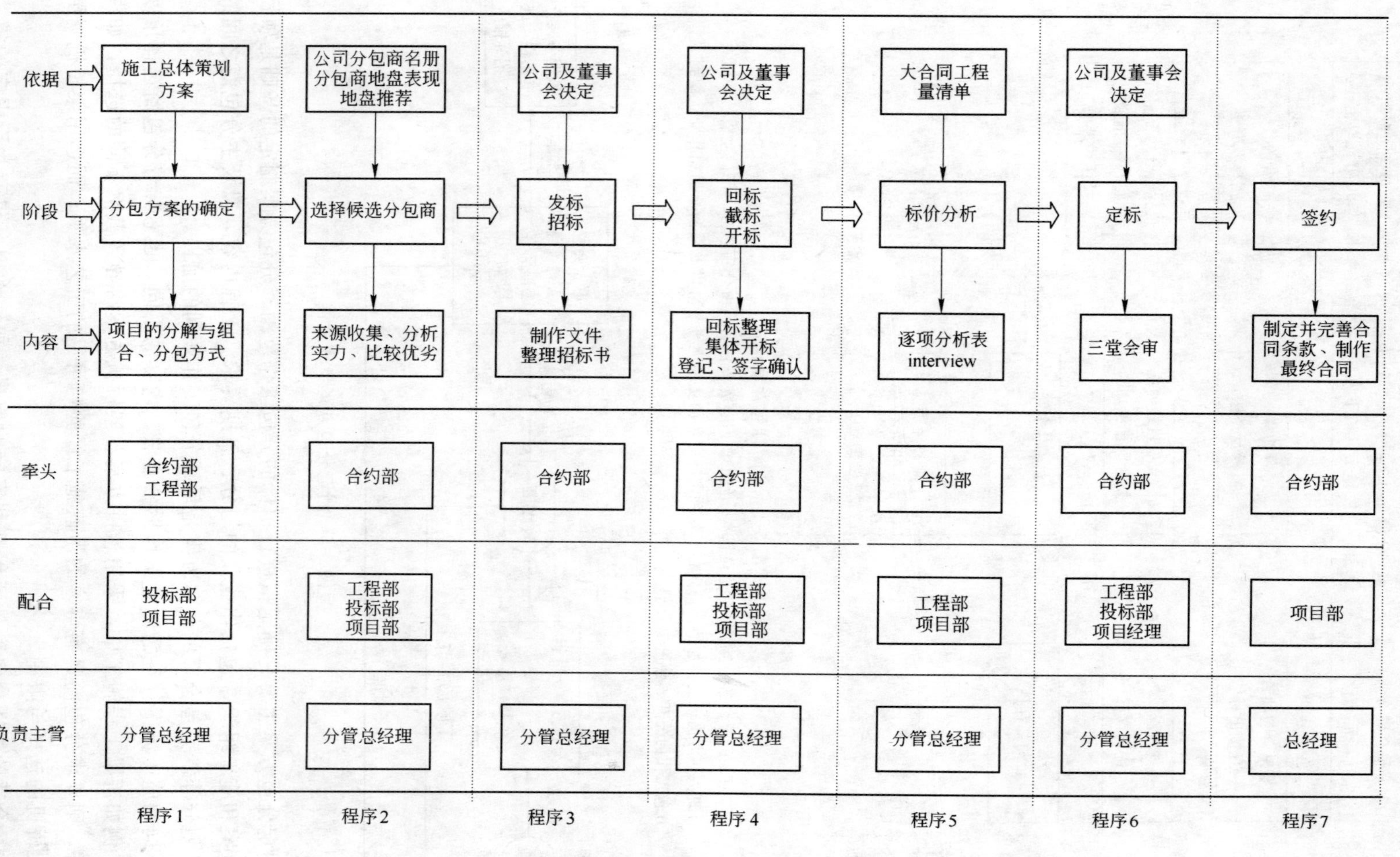

图 5-3 合同分包流程与阶段分工

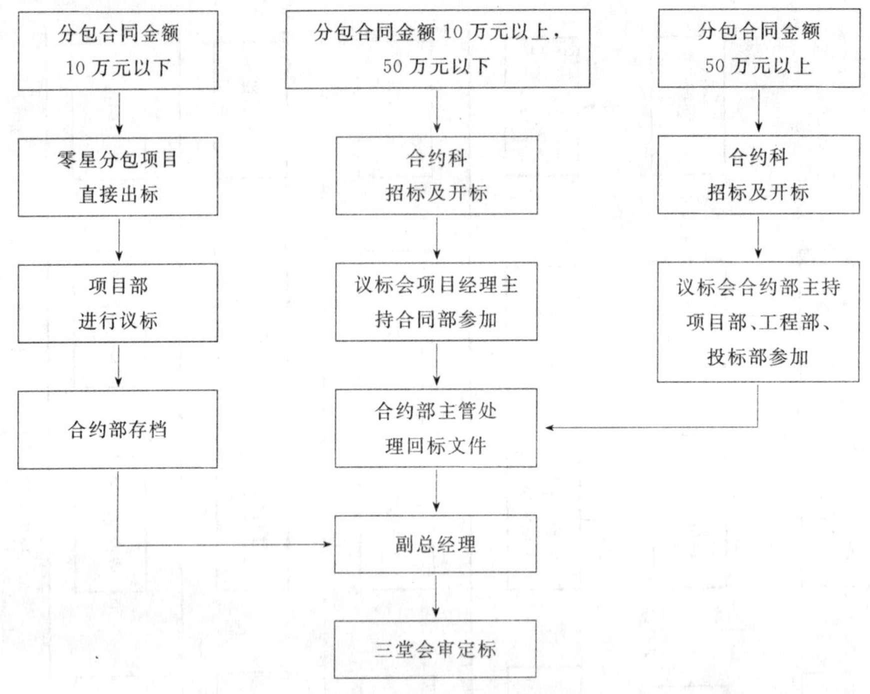


图 5-4　合同分包管理程式

注：所谓“三堂会审”就是在基本分包工作内容完成之后，由公司领导、部门主管、项目负责人三方面人员参加的公开定标。这种定标方法的主要优点是可以有效防止黑箱作业，做到分包工作的公开、公正与公平。

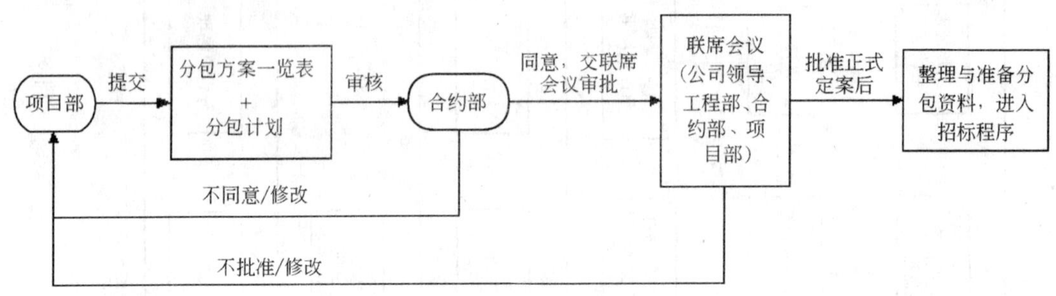


图 5-5　制定分包方案步骤过程

制定分包方案主要是确定拟进行招标的分包工作范围。分包方案制定的基础是项目的施工方案和施工组织，包括作业段的划分、工期要求、工程内容，以及主分包商之间的责任义务划分等。完善合理的分包方案是后续分包工作顺利的前提。

不同的施工方案往往意味着工作拆分方法、内容的不同，也意味着分包商选择角度的不同。例如桥梁工程施工中，采用悬拼方案和架桥机方案将导致截然不同的选择，如果采用悬拼，则要求分包商具有丰富的吊篮施工经验与可靠的工艺水平；而选用架桥机则更依赖于架桥机的选择与限制。

选择合适的候选分包商是工程顺利实施的前提。如何确定分包商并无固定的模式可循。总承包商通常会根据对竞争形势的判断与决策，以及各分包商的经济实力、施工优势、内部管理及以往表现来进行筛选。例如对于土木工程，大型承包商的分包商一般分为三种类型：

一种类型分包商是专业分包商，如桩基础工程，探土，绿化，隔声板，钢结构，水喉等，此类工程本身需要认可公共物料供应商及专门承包商牌照。如果总承包商本身仅具有水喉及部分基础工程的牌照，其余必须依赖外部的公司才能完成主合同。由于香港市场经济运作较为成熟，大部分工程都可取得合适的单价，但部分市场刚起步的项目，如预制节段供应及安装、二恶英的处理等由于可运行的分包商较少，常有独家经营的情况，使分包单价不够理想。此时可以采用标前协定等方式，组成经营伙伴，以提高公司的竞争力。

另一种类型是具有较强的经营实力和组织能力的普通分包商，此类分包商所承担工程不需要专门承包商牌照。它们拥有大量的施工设备和机械，能够统筹和安排其他分包商的工作。这是总承包商的分包商队伍的中坚力量。这种类型的分包商随着总承包商业务的发展，以及其自身的壮大独立，在总承包商队伍中始终不会数量很大，需要不断引进。但这类分包商，由于了解或双方存在的信任问题，存在一定引进难度。

第三种类型是实力稍弱，长期跟随总承包商冲锋陷阵的普通分包商，它们是分包商中的第三世界，质量不高数量众多。由于其自身的弱点，相当部分都已经被市场淘汰，赖以生存的也没有相应的发展壮大，大多仅仅维持现状。此类分包商的优势是价格低。

在不同竞争形势下，总承包商可以根据市场价格与各分包商特点，灵活选择候选分包商。例如，在经济环境低迷、建筑市场竞争激烈的情况下，就可以依靠小型分包商来维持常规工程的低成本竞争策略。一方面通过做好施工方案，加强分包商的管理，另一方面适应市场，维持较低成本，同时抗衡有实力分包商的不合理抬价。

而在经济环境宽松，建筑市场繁荣的情况下，总承包商则可以选择大型分包商，依赖其稳定的工程质量以及自身管理能力，减少工程分拆，减少分包工作量，降低自身管理压力，减少资源占用，扩大市场份额。

作为大型承包商，为了维持可持续发展和规模发展战略，在分包商队伍建设方面，都在积极向专业化方向发展，通过获得专业牌照，增加产业附加值，通过努力向上下游扩展，积极培育工程辅助行业。例如工程保险、地基、探土、预制混凝土厂、钢结构厂及吸声胶板等。通过这些措施一方面扶植常规分包商跻身专业行业，强化自身分包商资源，获得更多技术与管理效益。另一方面通过内部合理分担，降低合同风险。

4. 分包标书与工程分拆（Breakdown）

在招标过程中，分包商的报价与工程内容的分拆（Breakdown）方法以及分包标书的表述很有关系。同样的工程内容，不同的分拆方法常常会获得不同水平的分包商报价。

分包合同标书一般由主合同分拆而成，主合同内容常常可大致拆分为不同的专业或不同的分区。房屋工程常见的专业包括支模板、绑扎钢筋、浇筑混凝土、泥水、木器、外栏、测量放线等，而土木工程常见的专业则门类较多，包括土地打桩，土地、工程及水道的测量服务，路桥结构的预应力混凝土工程，路桥结构的专门工序，供应及安装路桥结构的支座及伸缩缝，绿化工程等等。

根据作业特点技巧性地拆分工程内容常常可以有效地降低分包成本，发挥不同分包商的长处。例如分电箱，将分电箱相关的土木工程基座、避雷井、电线筒等由常规马路渠务分包商承做，而电器分包商只负责安装电器项目，常可由此节省支出。对于大型房屋工程的模板工程，分区发标往往也会获得较理想的报价。又如，对于部分以可分类项目(Item)方式出现的项目，分包时可细分为几个项目，以降低分包商的风险，并能够因此而降低分包标价。但分拆也必须留意分拆后可能的漏项、不同分包商施工时的施工界面是否清晰等问题，以避免因分拆不当而引发合同争议，增加成本支出。

有些工程内容，在标书中通常无相应的可计量项目，例如主合同隐含责任项目。主合同隐含的责任涉及的工作包含在总承包工作内容之内，如要进行分包则必须自行制作标书。此时需要留意标书设计的技巧，例如与工程相关的项目，一定要附上标准量数方法的标准，切记不应自己搜列所做事项，例如开挖、上车、运走、倾倒等不必要的术语描述。因为标准量数方法已经包含有这些类似隐含的工序，自设项目常造成工序重复或有漏项发生，造成单价不准或日后合同争议。隐含项目很多都包含一定的工程风险，隐含工序的多少取决于工程条件，因此在分包合同中也应作为隐含内容包含在制定工程之中，以降低风险，获取理想分包价格。同时，在分包合同内建议不设开办项目，可以避免分包商因工期的变化而进行开办费索偿。

大合同工程量清单项目拆数（Break-Down）处理也是项目提高合同管理水平的重心。如何将一项工程按规定分拆成若干细项，并明确各分项工程不同分包商之间的责任归属，应坚持“用者自负”的原则处理各分包商交界面的灰色地带。此时需要工料测量师认真分析分包商包临时工程的程度，避免出现分包商只包工程量清单项目或者只包分包合同说明项目而其余一概不理的情况。其实应该看到，在土木工程分包合同中都会有这么一个条件：“本工程分包标书项目的量数方法与原合同无异，所有量度方法除特别说明外，其余根据香港政府之土木工程工作标准计量方法［Standard Method of Measurement for Civil Engineering Works (1992 Edition)］量度”。

5. 招标及定标

确定分包方案与候选分包商之后，合同分包进入招标主体阶段，包括发标招标、回标开标、分包商商榷答疑、定标签约等步骤（参见图 5-3）。

图 5-6 是招标至定标的一个详细程序。

6. 发标、回标、议标与标价分析

包括分包标书、施工方案、进度计划等在内的招标文件，一旦通过工程部和合同部的审核，即可进入发标程序。合同部负责将准备好的分包合同书按照分包方案确定的候选分包商进行发标，通知分包商在同一时间签收招标书，并规定在同一截止日期前回标，而且要求回标书必须是密封的。

开标通常安排在回标截止日期，经公司领导同意，所有回标书一起开标。开标之后，登记回标情况并检查回标是否满足招标条件，之后根据标价排出名次高低，开始进一步分包商报价分析处理。在这期间，非特殊情况，其他人不得询问有关报价情况。工作人员则一定要遵守资料保密的原则，不得向外泄露报价资料。

标价分析是定标的准则，清晰正确的标价分析能够提供准确的定标依据，并且有效地规避工程风险与合同争执。

而正确计算标书数量、提供必要的施工方案是准确报价和分包单价分析的基础。主合同的合同单价与预算单价由于投标策略的关系可能会有不同，因此分包标价分析不能

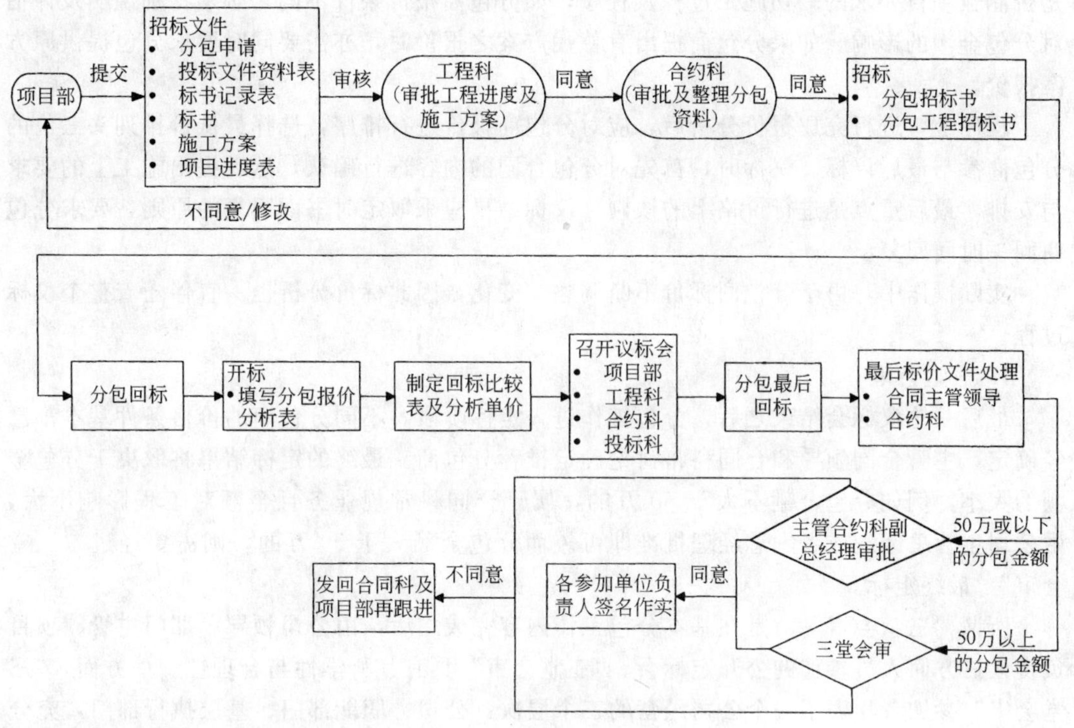


图 5-6 招标程序及定标

只看总价，而应具体分析每一个项目的单价情况。除了总承包商为中标而刻意调整过合同单价外，应进行分包单价与合同单价对比分析，避免出现单价高低变化幅度过大的情况，避免因合同数量变化造成总承包商的亏本，或分包商的大额亏损，影响分包商生计。

部分项目因施工方案不同，单价可能过高过低，此时就应分析具体情况进行核准。个别项目单价不合理而分包商执意不肯更改的项目，应留意工程数量是否有错，做好风险防范和主合同索偿的准备。

除了逐项分析之外，同分包商的议标会内容也是标价分析的重要依据。同分包商开议标会时，主管分包的项目工料测量师务必做全面的记录，特别需要记录一些涉及标价的事项，例如：材料的规格，特殊机械的安排，模板的数量及形式，要求覆标的时间等等。对新分包商则还需特别提出和记录保固金要求，以及履约保证金的要求等。

一般大型分包工程，与分包商议标可能需要两次或以上，当在第二次或以后议标时，主管分包的项目工料测量师需要整理上次议标的会议记录事项，并加入一些遗漏事项，待正式开会前由分包商确认。这样可补回前次开会记录的漏项或不足之处，有效降低合同风险。

议标会的文字记录会作为将来分包合同的内容之一。因此，主管分包的项目工料测量师注意议标记录用语，要做到文字恰当准确，避免歧义，以免出现被分包商捉字眼玩文字游戏的情况，特别对于原合同要求之外的工作，须特别书面声明及记录项目的要求。

标价分析为最终的定标服务。在定标前，主管分包的项目工料测量师需清楚分包报价是否涵盖项目要求的一切施工过程及程序，如分包商报价条件不同，必须特别说明及评估对分包金额的影响。如果分包商提出有替代方案之报价时，亦需要同时要求分包提供原方案报价。

程序上，进行完成报价分析后，应对分包商报价进行排序，选择最低价排列头三位的分包商参与最后议标。议标时，首先对分包合同的内容进行确认，然后提出施工上的要求与安排，最后重点是进行价格上的谈判。议标结果应采取定时书面回复的原则，要求分包商同一时间回复。

实际操作中，由于分包商标价不断调整与变化，因此标价分析也一直伴随着整个议标过程。

7. 三堂会审

最后一轮议标会结束之后，分包工作进入定标阶段。不同分包商的价格条件基本都已经确定，主管合同领导和合同科将讨论确定推荐分包商。最终的定标结果将取决于分包金额的大小，例如分包金额不大于 50 万的，属于合同科常规业务且金额对工程影响不大，由公司主管总经理或者副总经理批准即可。而分包金额大于 50 万的，则需要经过“三堂会审”，最终定标。

所谓“三堂会审”就是在基本分包工作内容完成之后，由公司领导、部门主管、项目负责人三方面人员参加的公开定标会。“三堂会审”具有其科学性与合理性。一方面，“三堂会审”参加者代表了一个公司经营的三个层次：公司、职能部门、基层执行部门，充分代表了三个层次的观点与利益，能够最大程度地协调与保证公司的整体利益。另一方面，“三堂会审”是一个公开透明的过程，三个层次互相监督，能有效避免黑箱作业所造成的一系列弊端，真正做到公开、公正、公平。再则，“三堂会审”作为一种评标机制，能够有效地约束和管理分包商，规范和引导分包商的行为，有利于稳定和壮大分包商队伍。

经过“三堂会审”，对各个分包商的情况进行讨论比较，最终即可定下中标分包商。一旦“三堂会审”中发现漏洞或者可比性差而难以取得一致结果，则会将内容发回合同部和项目重新负责补充。

8. 分包合同的签署

签署分包合同是分包工作的最后一个环节，流程如图 5-7 所示。

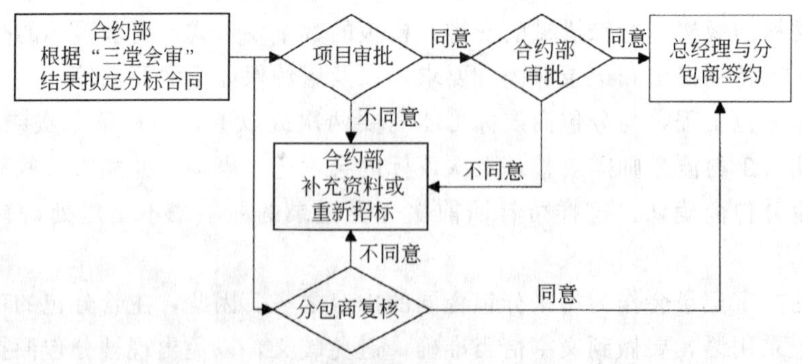


图 5-7 制定与签署分包合同

### 三、工程款管理

工程款管理是分包合同管理的重要组成部分，所谓工程款，即分包商按照合同要求完成工程量对应的工程款，而工程款管理就是工程进度款管理。工程款管理涉及工程合同责任与义务的界定，因此十分重要。工程款管理首先不能超额支付工程款，这不仅会增加对分包商管理的难度，也会影响公司的财务状况；其次避免拖欠工程款，拖欠会严重降低分包商的工作积极性，尤其对于一些财力较弱的小分包商，一旦拖欠将会严重影响其财务周转，造成其管理难度增大，从而影响工程表现。同时，从公司角度出发，一大批走低价路线的弱小分包商正是依赖于总承包商的准时付款来维持生存。一旦总承包商经常发生拖欠情况，将会导致这部分分包商的破产与瓦解，从而削弱总承包商的竞价能力。

分包商工程款的管理主要有以下几个重点：

1. 正款

正款是指分包合同内的工程款。即分包商按照合同规定的要求，完成的工程量套用合同单价，根据合同规定计量办法核算出来的工程款。正款由项目负责确认工程的完成情况，包括质量及数量，在公司的层面负责审核套用的合同单价。

2. 合同外工程款

项目在施工阶段，难免发生工程变更，有些是由于业主的原因，有些则是项目施工的需要。无论是何种原因发生，最重要的是工地做好记录，是何人、何时、因何种原因发出何种指令？对于业主要求的工程变更，须以量入为出为原则，项目评估变更向业主索赔的可能金额，并有充分的索赔依据、良好的索赔方式与途径，再进行分包，交由分包商施工。对于因项目施工需要而发生的合同外工程，则要重点监督，在防范管理漏洞的同时也能够发现项目施工组织安排的缺陷。

3. 代工管理

项目有些工程以代工形式完成，原因可能是工程量较小无法计量，或是太过零散。对于代工，原则是尽量少发生，最好能够杜绝。原因是一方面总承包商从业主那里收不到任何补偿。另一方面，代工是一种效率较低的施工方式，浪费资源多且不易监控。没有特殊情况，项目会尽量避免使用代工。在工地，只有项目经理有使用代工的许可权，对于数量较多的代工，还要提前报公司审批。代工出粮，更要求手续齐备，记录完整。

4. 付款程式

分包商完成工程之后，必定是希望越快收到工程款越好。但为了使工程保持在良好的受控状态，工程款管理也必须通过一套稳定完善的工作流程，程式简单、分工清晰、责任明确，图 5-8 是一个标准付款流程。

在这个标准流程中，处于核心地位的是项目工料测量师和合同部。项目工料测量师负责审查分包商申请工程款单，复核工程款单的工程数量、加账单价及手续、物料库存资料；负责区分代工种类、责任及审查、保存代工手续；负责扣款并保留扣款的详细资料；负责对比工程进料、工程支付数量及库存数量等；负责制作并向合同部提交工程款单及附件。而合同部则负责复核工程款单程式是否正确、手续附件是否齐全、加账单价是否合理，并控制代工等。

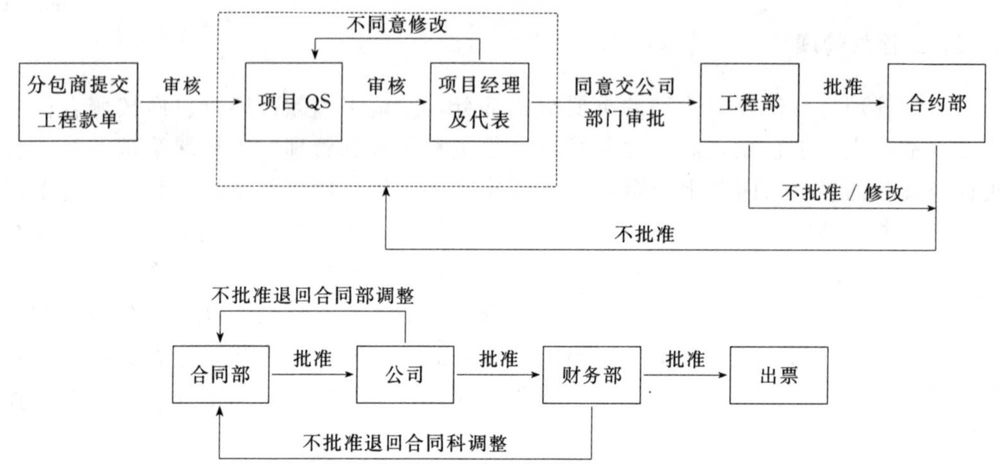


图 5-8　分包商工程款管理程式

工程款单管理还涉及到公司与分包商之间的关系定位问题，无论是收紧还是宽松，都应取决于分包商的工程表现，尽量避免其他主观因素的影响。刁难与放任都不利于总承包商与分包商保持健康合作关系。尤其在市场环境恶劣、竞争激烈的情况下，只有和分包商建立伙伴合作关系，互利互惠，才能在市场上站稳脚跟，产生双赢的效果。

5. 工程款单处理技巧

项目给分包商付进度款的过程中除了看单价说明包括的工程之外，某些临时工程的处理还可以根据大合同标准计量方法（SMM）的精神判断分包合同中未提及的项目，即：在分包商进度协调会议上明确工程范围变更的类型，例如（1）附加工程（Additional Work），是指新增工程，而原合同已存在该等项目的单价，增加的只是工程数量。（2）额外工程（Extra Work），是指新增工程，原合同并没有该等项目的单价，但该等工程包含在承包商合同范围之内，承包商没有理由拒绝承担。

例如某旧渠改造工程，分包合同中乙方（分包商）单价未提及改水项目（改水，就是将旧渠内的水流路线进行改变，让出施工作业位置），则在该分包商的中期工程款款申请单上，就会出现一叠改水的代工单。那么工料测量师该如何操作呢，根据上面的原则，可以认为改水是临时工程，其作用是为了保证总合同泥井及渠务工程干燥（ Dry Excavation ）环境的要求，如果不做则混凝土垫层（Blinder layer）及永久结构施工均无法展开，虽然分包合同中没有提及，仍然是份内的事情，就应坚决按照合同精神处理，由分包商承担。

## 四、变更管理

### （一）工程变更

工程中合同等同于法律，合同一经双方签署，任何一方不得单方面作出修改，必须严格依照合同条件执行。业主代表更无权单方面修改任何合同条款，并需严格按合同要求办事。

但变更是工程永恒的话题，也是建造工程永远要面对的问题。在分包合同管理中，除了合同工程外，更主要的是对变更和增加工程的管理。相对于合同内工程，变更和增加工程的原因复杂、情况多变，而且由于很多变更发生在合同条款约束之外，因此给承包商带来了充分的议价理由与机会。而且，此时工程大多处于承包商控制之下，因而给总承包商扭亏或者获利的良好机会。图 5-9、5-10 分别是一个标准变更管理和合同外工程管理的标准流程。

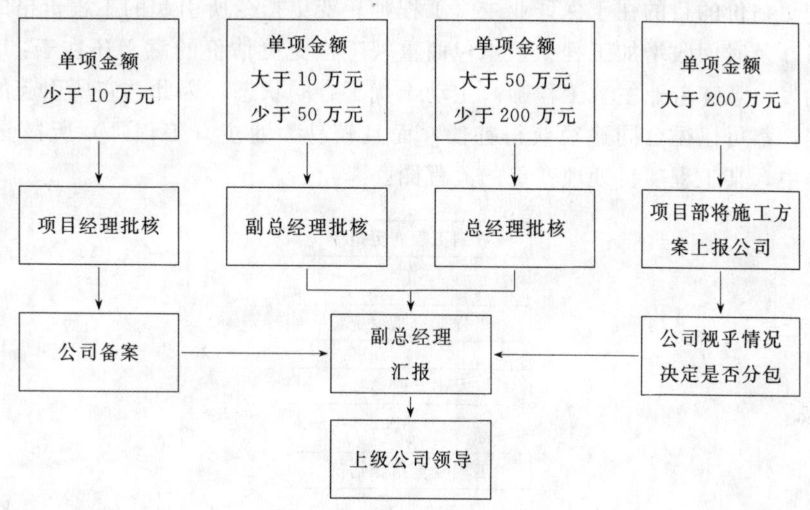


图 5-9　工程变更管理程式

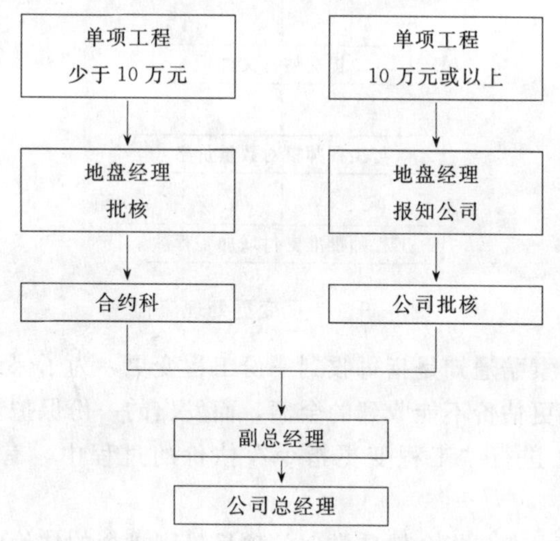


图 5-10　合同外工程管理程式

工程变更导致工程成本变化，是一个获利的良好机会。一般来说，变化越大，盈利的机会越大，很多项目在此变化过程中扭亏为盈或盈利增加，但也有部分项目因变化过多而失去控制，使盈利减少甚至由盈变亏。究其原因就是工程变更的管理深度不够。

工程变更也是一个双刃剑，一方面总承包商会争取较多较大的工程变更，以提高盈利机会，另一方面，工程变更也会增加分包商的管理难度，造成分包商向总承包商索赔的机会增多。作为总承包商，管理工程变更必须依据几个重要原则，第一，工程变更分包商不可以不做，不可以先谈价钱后做；第二，单价原则有合同单价按合同单价计算，无合同单价按类似单价或推算单价计算，全新项目则按成本单价分拆计算。如果放弃上述原则，工程将失去控制，收支状况会立即失去平衡，甚至到最终决算时仍无法挽救。

要使业主为工程变更顺利支付，记录与评估变更是首先要完成的重要工作。

**（二）工程变更估价**

工程变更估价的目的在于保证业主（工程师）变更指令所引起的工程价格的变化得到公平的度量，及时回收增加工程款。承包商重视工程变更估价的意义还在于："工程师变更指令"的发出意味着业主（工程师）主动干扰了合同状态，因此，它所引起的增加费用和工程延误，都可以循合同途径获得补偿，而且较易为业主（工程师）所接受。图 5-11 是实际操作中，某工程项目处理变更的流程图。

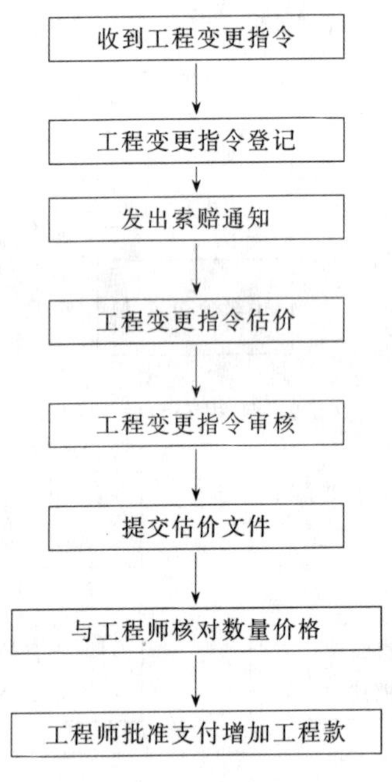


图 5-11　工程变更处理流程

其中，第 3 步，即索赔通知是指每收到一份工程变更，为了保证有机会通过索赔的方式收回可能无法通过变更估价不能收到的金额，而发出的一份保护性文书。尽管合同条件有种种规定，承包商在进行"工程变更指令"估价的过程中，有下列一般性的原则作参考：

第一，如果原合同中有与指令性质类似的项目，则指令的估价应以合同单价为准。

第二，如果原合同项目中没有与指令性质类似的项目，则指令的估价应尽量由原合同中相关单价为基准，公平估价。

第三，如果原合同中没有单价可依，指令的估价则应以分包商或供应商发票，人工费，材料费，机械费的支出为依据，推算出新的单价。而各种成本资讯可以在分包资料库中获得。

第四，如果分包商的成本价高于原合同的工程量清单单价，则应当优先以分包商的成本加上承包商的管理费率进行估价。

第五，如果上述所有方式都不能确定一个合适的单价，负责指令估价的工料测量师则应合成一个全新的单价。

当然，除了上述正式由工程师发出的指令之外，工程师也常常通过其他的方式间接的发出 AI（Architect Instruct）/EI（Engineer Instruct），例如口头指令确认书，工程师对承包商所提问题的书面澄清，及工程师的图纸修改目录。尽管上述文书的性质，与正式的工程师指令不同，但是承包商也应依照同样的方法，在索赔手段的配合下，对它们进行估价，以尽快回收款项。

## 五、工程索赔

承包商的支出与收入的口径是不一致的，在控制支出的同时，承包商同样面临着如何将开支（不管这项开支是由何种原因引起的），用工程收入来对冲的问题。工程索赔的实质就是通过合同条款的规定，对工期和价格进行调整，以弥补承包尚不应承担的风险所带来的损失。

合理的索赔会令业主、工程师面临资金和合同条款的压力。因此，业主会利用各种正常或者非正常的手段来阻止承包商索赔。但是对于承包商，一旦索赔做得不好，工程项目就会错失一些盈利机会，甚至导致承包商亏损。索赔对于承包商的重要意义不言而喻。

因此，根据工程的性质和大小，每个项目都应当制定专业程式、安排专人负责索赔工作，负责监督，管理，发出索赔通知和提交索赔文件。正常情况，承包商处理工程索赔的一般程式如图 5-12 所示。

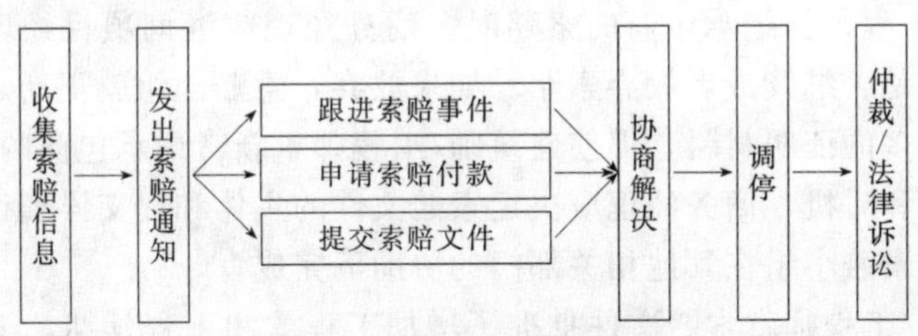


图 5-12　工程索赔处理流程

第一，收集索赔信息是收集所有有关赔偿通知的详细资料，包括原因、后果，受影响的承包商初步费用估计，所影响的关键日期及工程延误的估计，用来满足索赔通知的基本要求。

第二，索赔通知是正式向业主提出关于某索赔事件工程延期和增加付款的要求的通知。不在合同限定的时间内发出索赔通知几乎等同于承包商自动放弃索赔权利。

第三，跟进索赔事件，也是承包商回应合同条款的要求，定期提交索赔事件的资料，以反映索赔事件的最新动态。

第四，申请索赔付款就是在粮单中向业主申请索赔项目的付款。

第五，提交索赔文件是指在一份或几份索赔通知的基础上，利用收集到的某类索赔事件的所有资料和信息，撰写并提交详细的索赔文件。

第六，协商解决是在索赔文件的基础上定时与工程师开会讨论索赔的原则和检讨双方的立场。当双方就索赔原则取得共识后，随即应讨论索赔的数额，承包商应争取根据合同以协商（Negotiation）方式解决索赔纠纷。

第七，当有的索赔在原则和金额上都不能达成协议时，就可能要通过调停（Mediation）或仲裁（Arbitration），甚至法律诉讼（Legal Proceeding）才能最终解决争端。过程细节，请参阅本章第四节中有关阐述。

下面就上述程式中的日常工作做进一步的说明：

- 工程经理、商务经理和其他项目工料测量部职员留意各种可能引起工程额外开支或延迟的情况，而当这种情况发生或潜在的索赔情况出现的时候，项目工料测量师或其下属就应利用标准的索赔通知格式，起草索赔通知。根据合同要求，如果该索赔事件会导致一个增加工程款的索赔，那么该索赔通知就应该在事件发生后 21 天内发出；如果该索赔事件会导致一个工程延期的索赔，那么该索赔通知就应在 28 天内发出。因此，就索赔事件及时发出索赔通知是非常紧迫的事情。项目工料测量师需要在索赔通知中指明提出索赔根据的合同条款，表达要求增加工程款和工程延期的意愿，详列索赔事件的原因和结果。这些内容需要商务经理和索赔小组审核。
- 在索赔通知起草完毕后，索赔小组应当为索赔通知进行登记，并检查其内容语句和格式是否合乎合同之要求。索赔通知经项目经理签名即可发出。
- 在索赔通知发出后，项目工料测量师应当继续收集索赔事件有关的详细资料，而工程经理应当就索赔事件的发展和对工程造成的影响提出意见。
- 随着索赔事件的演变，索赔小组应指定专人就索赔事件撰写索赔文件，并且在索赔文件中向工程师提出工程款和延期的具体要求。索赔事件的工程款的估价由项目工料测量师负责，索赔事件对工期所造成延误由计划工程师负责。
- 当建筑师/工程师拒绝承包商的索赔时，商务经理应咨询项目经理和其他专业人员的意见决定是否继续或者放弃索赔。如果放弃，索赔小组就更新索赔登记，否则就应当提交更多的证明材料，促使建筑师/工程师重新考虑承包商的索赔要求。
- 按工程需要和时机，商务经理应决定索赔文件的主体和提交详细计划。而索赔文件的准备则由索赔小组在其他相关部门的协助下完成。
- 如果建筑师/工程师就索赔文件批准了增加工程款和工程延期，工程计划经理和商务经理就应当在施工计划和财务报告中作及时的更新。
- 为支撑整个索赔工作的进行，索赔小组制作、更新和保存大量的原始资料。包括：

（1）索赔通知

（2）索赔通知登记表

（3）正式索赔文件和附件

（4）工程师批准的增加工程款和工程延期备忘录

（5）工程实际作业进度

（6）工程师工地监理日记

（7）承包商工地进度报告

（8）工程相片

（9）分包商的各种记录

下面是某项目发出索赔通知的一个实际例子：当承包商在进行一段地下行人隧道主体工程开挖工作时，发现在靠近行人隧道墙身的地方有两条直径 200 毫米和 300 毫米的供水管。由于开挖工作要预先打钢板桩，需要对两条水管改道才能预留足够的空间。所以承包商要在开挖工作前要先完成供水管的改道工作。而水管改道的费用并未包含在承包商当前的预算中，承包商查阅了图纸后发现该组水管标示在施工图中，但在原版的投标图纸中，并没有发现这两条供水管的踪迹。原来它们是工程开工后，工程师在发出的图纸变更中增加上去的。于是，对承包商来讲，这就是一项未明地下管线对行人隧道施工造成阻碍的索赔事件。于是承包商就立即发出了内容大致如下的索赔通知：

> 致工程师：
>
> 按合同条款第 45.1 条的要求，我方现通知贵方下述的事件有可能对关键日期 KD-06 或其他相关日期的完工造成拖延。
>
> 正如特别合同条款 P22.6 所指出的，承包商在进场之前，项目未标明的管线应由有关的公用事业公司移出铁路范围之外，但是承包商在进行×××行人隧道施工时，发现尚有两条未标明的原有的直径 200mm 和 300mm 的水管尚在铁路范围之内，因此，承包商建议将上述管道予以改道以利于行人隧道的施工。
>
> 我们留意到上述管道并未在投图纸中标识，而由于它们的存在，×××隧道的施工将因此而延误，而且还会导致额外的工程费用。
>
> 虽然这是不确切的数字，但我们初步认为上述事件可能会对关键日期 KD-06 的完成造成 30 天的延误。由于上述事件所造成的后果，我们认为我方应当根据合同条款第 45.3（*a*）（*b*）申请工程延期 30 日。我方也就此事件，按合同条款 57 和 58 条的要求提出增加工程款的要求。
>
> （签名）
>
> 项目经理

上述的索赔通知描述了引起索赔的事件，索赔的理由和可能产生的后果，包括时间和增加工程款的要求。满足了合同条款中就承包商索赔提出的初步要求。该索赔通知也列明适用的合同条款。在任何一份合同中，业主都会列举承包商可以就工期和费用提出索赔的条件。例如在上述的索赔通知中，承包商是依据合同 45.3（*a*）（*b*）而发出的索赔通知。根据该合同条款，“存在着未可预见的自然条件或人工障碍物，并采取措施去克服它们或由工程师发出的有关指令”是合同允许申请的工期延长的理由。承包商应当将这些索赔理由理解透彻，及时发出理据充分的索赔通知。当然收到上述信件后，工程师会就索赔通知的内容进行初步答复，他会按照合同条款拒绝或承认该索赔事件，或提出其他的意见。承包商会针对工程师的答复再进行澄清，直到双方都将各自的理由陈述完毕。

在提出索赔通知后，承包商需在适当的时间内，正式向业主提出正式完整的索赔文件，每份索赔文件应包括如下的几部分：

- 概要
- 引用的合同条款
- 索赔陈述
- 工程延误和增加工程款

- 索赔事件发展历史
- 增加工程款明细
- 工期延长明细
- 追赶工期的措施
- 结论
- 附录

上述各个部分都有其具体的要求。由于正式索赔文件是承包商对该项索赔的事实、理由和后果进行陈述的文件，因此它的质量，特别是对时间和成本的计算，将会对索赔的成败起决定性的作用。

因为索赔活动本身充满不确定的因素，而在选取索赔的主攻方向时，承包商要根据合同条款，项目所发生的实际情况，结合专家和律师的意见，选择工程师可能接收的理由。然后要充分收集分析证据，采用合理的计量方法去证明索赔的内容。

理由和证据充分的索赔基本都能够根据合同规定得到满意解决，但很多时候，变更大大超出合同条款，索赔无法简单根据合同条文来实现，单纯的合同管理就显得无能为力，需要借助商务管理手段。同时，很多索赔带来的影响也超出了项目的预期与掌握，必须通过公司的决策，纳入商务管理来平衡与取舍。

### 六、资料系统

前面所提到的关于成本、付款、变更、索赔都是依赖于最基本的日常资料的积累和管理才能有效地运作。而这类资料，例如某分项工程所花的时间，所消耗的资源数量都需要在日常工作中有系统的采集，才能在需要的时候发挥关键作用，所以如何按项目的要求管理好这些资料也是合同管理的核心内容。没有充分适当的资料，合同管理也就失去了支撑与意义。作为完整的项目资讯管理系统，要满足合同管理的各项功能要求，至少应包括图5-13所示的几大子系统。

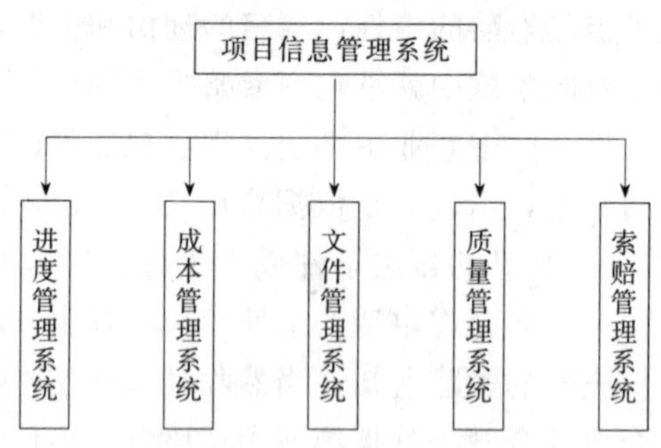


图 5-13　资讯管理系统

下面就某项目成本资料的管理系统和它能实现的一些功能作简要介绍。

该系统是基于资料库软件和局域网操作界面的系统。由于能多人同时在网上完成项目的成本和收入的记录更新，因而可以满足项目决策的需要。由于输入系统的每一个项目都有其特定的成本代码，同时可对每个项目的性质进行标识，例如合同内工程变更、索赔、扣款等，因此可以满足不同资料组合的要求。

例如每月盈亏的资料处理，可由原始记录按成本代码进行归纳，再汇总到各分项工程的方式产生。其中，所有的日常工作包括业主粮单申请和预测，分包商和供应商付款处理，皆包括在工料测量师的工作层面；而报告层面，则需列印所需要的报表，审查资料的合理性，并在收入和支出方面预测未来几个月甚至到工程结束时的变化，然后制作报告。当然，它也可以按不同的索赔事件非常方便地产生索赔文件所需要的资料。

要实现合同管理中成本管理的数值化，除了对硬体的投入和人员培训外，项目管理的流程还必须标准化。一个例子是材料员在填写项目物资采购单时，必须填写该项材料采购的成本代码，并将采购的内容及时输入资料库中。另一个例子是，当某分包商有一项增加工程时，项目应当首先发出“分包工程指令”，并在指令中，说明增加工程的原因和估计的支出，当工料测量师收到这样的“分包工程指令”后，他就可以在第一时间将支出的性质和估计费用输入资料库。在该指令完成后，再按实际完工量对以前输入的资料进行修正，从而得到更加准确的实际资料。

有了这样的成本资料系统，再加上其他的管理系统的配合，合同管理的基础就非常扎实。在成本控制、工程变更、索赔方面开展活动都能做到有条不紊，起到事半功倍的作用。

## 第三节　工程风险与纠纷

简单地，可以将影响项目的一切不确定因素都称之为风险。由于工程项目存在复杂性、限定性、一次性、变化性等特征，因而所有的工程项目都不可避免地面临风险，区别只是种类、大小不同而已。对于工程，风险会造成项目的失控偏离，例如成本增加、工期拖延、商誉受损等，严重之时会导致项目失败乃至公司倒闭。

风险的产生主要是两个方面的原因，首先是人类行为难以抗拒扭转的现象与事物，例如：地震、火山爆发、洪水、龙卷风、瘟疫等大自然行为和不可抗力。其次是人类行为偏差，由于人类主观认识偏离客观世界或者是人类的自身差异所致，大的方面，例如战争、骚乱、恐怖活动，小的方面，例如违法越规、野蛮操作、漠视道德等。多数情况，风险的发生都是多种因素综合作用的结果，例如交通事故、工伤事故等，很难一概简单地界定为人为疏忽，或者不可抗力，通常都是在自然条件、人为因素等必然条件和偶然条件的综合之下发生。

现代工程，种类繁多，规模越来越大，过程越来越复杂，面临更大更多的工程风险。一个项目的成功必然包含着对风险的成功控制与管理。

### 一、风险的分类

任何工程项目从立项、计划到实施，都是基于已知的、正常的技术、管理和组织来进行。由于人类认知的局限性，整个过程中充满了不能预知的内部和外部干扰因素，这些干扰因素的出现或随机、或必然，难以预料，构成风险。例如，工程实施中常会遇到的地质情况不明、飓风暴雨、业主付款不及时、人身事故、通胀通缩等，对工程的顺利实施造成威胁，导致经济损失，成为承包商工程管理中的最大问题。

由于人类对自然规律认识的局限性，风险不以人类的主观意志为转移而客观存在，几乎每一件风险的出现与发生都是多种风险因素和其他因素交互作用的结果，符合随机规律，具有偶然性。因此，风险具有普遍性、客观性、偶然性、不确定性、多样性、复杂性等特征。

为了便于对风险进行控制与管理，降低自身损失，人们把风险分门别类进行归纳，区别管理。

按照管理过程分类，风险可以分为：决策风险、策划风险、设计风险、计划风险、实施风险、运营风险等。风险的出现伴随着人类工程知识的应用过程，一旦知识应用不当，便会即时带来风险，或者为后续工作种下风险。

根据风险性质分类，风险可以分为：进度风险、成本风险、质量风险、安全风险、环保风险、信誉风险等。

按照风险后果大小，风险可以分为：灾难性、严重、一般、小等不同等级。例如，技术措施错误、行为不当等造成的公司牌照吊销，或者超出公司承受能力的经济损失等，是灾难性的风险。

根据项目系统的要素进行分类，风险可以分为：项目环境风险；项目结构风险；行为主体风险；外围主体风险等四类。其中，项目环境风险又可分为：政治风险、社会风险、法律风险、自然条件风险、财务风险等。项目结构风险则包括施工技术、资源变化等风险。行为主体风险则包括合同风险、道德风险、财务风险等行为主体的变异行为造成的风险。外围主体风险主要为政府监管部门、协作部门行为失当造成的风险。

按照受控程度划分，风险可以分为：可控、不可控、局部可控三类。风险的可控与不可控，根据项目主体采取行动能否完全排除风险影响而区分。例如，设计变更风险、材料变更风险、财务安排风险等都是可控风险；而恶劣天气、政治变化、公众行为等造成的风险都是不可控风险；另外一些，诸如安全环保、资源供应、地质条件等带来的风险，项目主体尽管不能完全消除，但可以采取相应行动减少、降低这些风险，这种风险是局部可控的。

无论如何划分，风险都是客观存在的，需要加以控制与管理。而且，大部分风险都会在工程实施阶段集中体现，业主和承包商对于风险的责任划分与分担比例、方法等成为合同及商务管理的重要内容。

## 二、工程风险管理

随着工程的大量建造，人们积累了丰富的风险管理经验，形成了一套风险管理模式、分配办法等。建筑工程项目中，分配风险的首要工具是建筑合同，合同除了具有界定权利义务、规范交易的作用，分派风险是其另一重要作用。

人们对于工程风险的管理手段，常见模式有：

- 回避风险
- 转移风险
- 弱化风险
- 分担风险
- 自承风险

回避，即避开风险，例如投标时，对于风险高的项目不参与；工程实施中，使用成熟方案，不采用高风险方案等。回避一直被认为是最稳妥、最有效的风险处理方式。但是，高风险通常预期着高回报，回避固然可以避免风险带来的损失，却也会由此而失去可观的获利机会。同时，当公司经营至一定规模之时，回避风险也就意味着失去市场，失去发展。而且，随着市场竞争的加剧，工程的风险水平普遍提高，回避风险变得愈加困难。

转移，即通过一定手段将风险转嫁出去或者加以转化。合同是目前最广泛的风险转移手段之一。业主通过合同将风险转嫁给承包商，承包商再通过合同将风险转嫁给分包商是目前的惯常做法。例如，香港现行标准私营建筑合同中（2003 年 7 月版），对于不能预料的地下情况造成的风险全部都转嫁到了承包商头上，合同定明：对于业主，就业主指定的工程顾问所提交的地面性质及地下状况数据的准确性，业主不需要负任何责任。而对于承包商，即便投标文件所提供数据不准确，承包商也不能因此而提出任何索赔，同时承包商还要负责赔偿因为地质条件不明造成的业主相应损失（例如：合同超期赔偿）。财务风险方面，承包商须承担利率波动、税务波动，而业主则不必承担此等物价变化、费用上涨等造成的风险。

除了合同，保险以及担保也是两种转移风险的常用方法。保险是以一定经济代价将预期风险作为合同内容分包出去的形式，是一个有效的转移方法。担保则是一种将风险直接转移至可信第三方的有效方法，业主通过要求承包商提供第三者（通常是银行或者大财团）担保，降低履约风险，而承包商则须就此付出一定比例的费用。

有时，风险会因为形势的转变而得到转化，例如政治形势的改变、市场形势的变化等，都会使得来自政治、文化以及道德方面的风险发生转化，由风险而转化为一般条件。例如，在香港，由于经济环境一直不景气，政府管制产生危机，一些政府工程便受到各种团体的非议与挑战，例如：香港中环填海工程便是典型一例。

弱化，即通过一系列先期手段，降低风险概率，减少风险损失。弱化风险的手段有很多，例如：通过收集历史资料以及加强勘探来搞清楚地下地质资料以及管线布置。由于城市的发展具有一定的历史，地下管线可能比较复杂，如果在施工安排之前，先收集到电力、供水、市政、通讯等机构公司的资料，则可以有效避免开挖导致的管线破坏以及工期进度延误风险。而地质方面更是如此，如果没有足够的地质资料，或者发现地质状况与资料不符合之时，应立即采取技术措施加以弥补，减少工程风险。又如：承包商可以通过加强安全措施，以及采用安全方案控制安全风险，将安全风险降低。

分担，即将风险分散由不同的角色、个体分别承担。例如，近来一批学者进行的风险研究中，对分担有一个很好的阐述，他们通过对合同中业主和承包商的角色、法律原则条例等进行研究，提出根据能力原则进行风险分担，提倡伙伴关系，提高建设效益。分担同转嫁有着根本分别，分担强调协同，根据角色能力共同分担、务求公平；转嫁则是推卸转移，根据合同条款或者强势地位，将风险推卸出去，全部都让别人承担。毫无疑问，分担基于角色能力与相互谅解，是一个积极合作的行为。而转嫁则是一种零和的自保行为，一旦风险出现容易造成纠纷。

自承，即当预计风险在可控之下，或者完全无法控制且必然发生之时，就需要考虑自己承担风险。例如，下雨刮风，必然对工程造成损失，但恶劣天气通常工期内必然发生，承包商必须要承担此等风险。又如，政府交通临时管制、改道等，都是工程中很有可能遇到的事情，作为承包商必须面对与承担。又如自身管理人员可能会发生变动，承包商也必须面对与承担。质量参差，出现风险对于工程都时常发生，承包商也责无旁贷必须承担。

总而言之，作为承包商，工程实施期间的许多工程风险都必须承担，而难以推卸或者转嫁。

## 第四节　商务管理——工程争议与解决

商务管理是合同管理的补充与扩展。商务管理通过商业策略、技巧等手段去解决合同以外的问题。其中，争议的管理与解决是商务管理的核心内容之一。

所谓工程争议，是指合同缔约双方或者各方，为了维护各自的利益，在工程持续过程中针对同一问题持有不同观点或意见，并且难以调和与达成一致。

工程争议具有必然性，只要有合同就必然会有争议。合同根据理想、预期以及已往经验订立，在合同的执行过程中，实际情况与最初预期总是会存在大大小小的差异，并且可能会超出合同的预期。对于这些差异或者超出合同预期的内容，合同的双方从各自利益出发，持有不同理解，给出各自解释，因而产生争议。例如：施工条件的改变、图纸的更改、材料的替换等等，都是施工中经常发生的事情，这些改变会使得合同中各方责任与义务范围关系的改变，产生利益冲突，导致争议出现。而且，许多情况下，争议并不能简单的依据合同得到解决，必须依赖商务手段。

### 一、争议的原因

争议的产生是必然的。一方面是由于工程风险的分配不均。例如业主将不可知工程因素风险转嫁给承包商，将市场材料价格波动风险因素转嫁给材料供应商，承包商将财务风险转嫁给分包商等等。这些工程风险不但客观存在，并且分配不均存在必然性与绝对性。风险一旦发生，合同各方出于对自身利益的保全与保护，采取各种不同的处理手法，尽管存在合同的约束，但基于利益与生存，以及凭借各方对合同的不同理解，争议就会必然发生。

另一方面，争议的出现是由于实际的工程进展与最初预期存在差异。工程项目本身具有复杂性与变化性，工程资源的投入也具有有限性，这就使得无论合同如何严密，工程管理技巧如何高明，都无法对合同执行得尽善尽美，都无法与业主、承包商自己的预期完全吻合。几乎所有工程，实际进度一定会由于图纸、材料以及配合不周等因素发生迟滞与调整，工程质量几乎永远无法与验收规范的要求完全一致，实际工程效果也永远无法达到最初的图纸效果。针对这些差异，业主与承包商产生不同的理解与解释，争议也就必然。

概括起来，争议的原因可以细分为以下几种：

- 工程风险分配不公平造成；
- 现行建造工程体系造成；
- 合同各方文化背景、专业背景不同造成；
- 合同各方理解角度、观点不同造成；
- 市场过度竞争造成；
- 标价出错造成。

**(一) 风险分配不公平**

工程风险分配不公平是目前香港合同的一个特点。例如前文提到的合同中对于地下地质状况不明、财务风险、恶劣天气所带来风险的分配。以及承包商和分包商之间的风险转嫁（例如付款条件限制）等等，都是争执产生的重要原因。

**(二) 建造体系角色不公平**

在香港现行传统建造工程体系下，承包商完全处于劣势地位，建筑师不但是工程的设计方、业主代表，还同时充当公正人士角色，当承包商与设计方就工程图纸问题发生分歧、产生争议之时，建筑师作为业主代表本应基于业主利益对争议有个自己的立场，但由于建筑师同时也是设计方，必然是在自身利益与业主利益之间寻求平衡，承包商的利益被置于次要地位。再则，当承包商与业主之间就工程要求及其相关问题产生利益争议之时，需要公正第三方加以评判。此时，作为第三方公正人士的建筑师，因为同时具备业主代表的身份，必然在维护承包商利益上难以完全公正。因此，传统的建造体系必然会带来工程争议。

**(三) 文化、专业背景差异**

专业背景和文化背景是一个人的行为方法与习惯的来源。不同的文化、不同的族群、不同的习惯都是争议与冲突的来源。例如，东方文化含蓄内敛，讲究先礼后兵、先做后说，事事力图避免正面冲突。而西方文化开放自我，更多开门见山、先说后做，喜欢正面交锋。同样一项合同，文化不同、习惯不同，便会有不同的处理手法，从而产生分歧，导致争议。例如，工程中经常会遇到某些业主代表容易沟通，某些则很难沟通的情况。不同的文化背景、教育背景、专业背景以及工程经验不同，使得他们对同一事物的理解与表达有所差别。同样，不同知识背景和专业经验的人作业结果与效率也有较大分别。例如，对于工程中发生最多的图纸变更，结构工程师和屋宇设备工程师的理解就有差异，考虑的出发点和侧重点也大不相同。

**(四) 合同观点差异**

合同各方理解角度不同、观点不同也是造成争议的一种常见原因。对于同样一项工程，出于不同的利益考量以及不同的专业背景，就会产生不同的看法与观点。例如，同样是图纸修改，建筑师从自身利益角度出发，往往会认为并坚持小的改动、局部改动不会影响工期与成本，而并不考虑修改及时与否；而承包商则从施工安排的角度对此持有相反看法，认为过于频繁或者不及时的图纸改动会打乱施工顺序及材料安排，导致窝工废工、设备闲置，浪费人力物力，对工程进度与成本都造成损害。

**(五) 市场过度竞争**

市场过度竞争造成工程争议。建筑市场根据政治经济气候的变化而变化，经济繁荣景气之时，建筑市场任务饱满，市场竞争相对缓和，工程争议相应也处于较低水平；经济萧条低迷之时，市场容量萎缩，承包商建造能力过剩，为了维持生存，承包商之间竞争加剧，工程争议也因之相应增多。根据香港建筑署统计资料，自 1993 年至今，10 年间香港的建筑工程市场经历了繁荣和萧条两个阶段，从 10 年间投标标价的变化，可以充分看到市场竞争的变化。自 1993 年至 1998 年初，香港经济高度发展膨胀，建筑市场一片鼓舞，甚至一度出现劳工短缺情况，建筑投标标价指数一路上升，由 541 点升至 1103 点，上升超过 1 倍，市场一片繁荣，承包商盈利空间巨大。但自 1997 年底亚洲金融风暴之后，香港经济泡沫破碎，建筑市场一路直下，无论合同数量与金额都大幅减少，投标指数一路下挫，到了2003年第2季度，投标价格仅相当于1998年第1季度投标价格的65%，而同期建筑成本却上涨了4.75%，由此可见市场竞争激烈残酷之程度。在低价竞争的压力之下，承包商为了生存对于工程变更锱铢必争、斤斤计较。同时，由于行业萎缩，建筑师事务所也面临生存压力，为降低成本，大量裁减人员或者改雇经验不足的人手，导致管理素质降低，图纸出错机会大增，继而造成工程争议增加的连锁反应。

**(六) 标价差异**

标价出错是投标中的常见错误。一旦标价出错，必将导致争议，如果标价错误导致业主成本增加，业主必将提出修改要求，如果标价错误导致承包商难以承担，则承包商必然提出相应争议。在承包商盈利空间较大时，如果标价错误带来的损失能够被其他项目的盈利冲销，被承包商消化掉，则争议程度就会有限。但当市场竞争激烈之时，承包商成本压力巨大，标价的错误常常足以导致承包商工程经营失败乃至破产，争议就难免尖锐激化。

## 二、争议的处理

在工程项目建造过程之中，争议最终基本上都以索赔（Claim）的形式出现。面对争议，作为承包商最希望通过平等协商公正解决，而且基于对未来商业合作的期待，只要不损害最根本利益，通常承包商都会给予对方充分的谅解、忍耐和作出必要的利益放弃。而业主则基于既得利益，对于索赔难免抱有对立情绪与不能接受的态度，但基于基本的商业公平原则，遇到一般争议的情况，双方尚能够理性处理，寻求合同内解决。但是如果遇到大额金钱争执之时，则必须要借助一些争议管理机制来寻求问题的解决。

**(一) 争议的解决方法**

传统上，争议的解决途径无外乎5种：建筑师裁决（The Architect's Decision）、协商（Negotiation）、调解（Mediation）、仲裁（Arbitration）及诉讼（Litigation）。

1. 建筑师裁决（The Architect's Decision）

根据合同，争议必须首先书面呈交建筑师（土木工程则为工程师）或者合同经理（Contract Management，简称CM）决定。申诉方须就争议事项、内容提交详细材料予建筑师/工程师或合同经理，建筑师/工程师或合同经理根据事实做出判断与决定。如果建筑师/工程师或合同经理在收到书面申诉之后的28天之内未能作出决定，或者争议的任何一方对建筑师/工程师或合同经理的决定不满意。业主或承包商便须在收到建筑师/工程师或合同经理决定之后的28天内提出调解要求，或者在90天之内提交仲裁要求。

事实上，项目的日常纠纷及大部分小额纠纷都通过建筑师/工程师决定得以解决。建筑师/工程师决定是项目普通争议的主要解决渠道。

2. 协商（Negotiation）

协商是一种比较友好的沟通方式，也是解决纠纷的有效途径之一。在许多工程中，当建筑师/工程师（或者合同经理）无法或者没有对纠纷作出决定，或者决定未能被双方所共同接受时，协商常常是解决问题的首要选择。协商是指纠纷双方为寻求妥协与折衷，针对纠纷问题的直接沟通谈判。协商具有费用低廉、沟通直接、不伤和气的优点。有的工程，尽管纠纷原因繁杂，但基于上述考虑最终都能够通过协商，以商业决算的方式得到解决争议而避免走入法律程序。例如，某公司寿臣山道工程个案，由于业主原因导致工程拖期，业主仍强行扣除承包商过期罚款一千多万元。承包商多次商讨无果，最终发出仲裁要求，此时业主权衡利益，随即主动提出商业谈判，最终归还承包商一半已经扣除的过期罚款。再有，该公司两项荃湾政府工程的索赔工作中也有类似情况，当承包商无奈发出仲裁要求时，政府一改强硬态度，主动提出和解，通过协商谈判，承包商最终获得一半索赔额。

在许多具有伙伴关系的工程中，协商更是担当着重要的沟通渠道，发挥着重要的化解危机作用。例如，在某公司2000年承建的一幅土地平整合同中，由于业主提供的地质资料与实际地下状况相差甚远，工程量增加数倍，施工难度大大超出预期。作为承包商面对如此巨大差异，如果一味单纯坚持合同进行索赔则最终必然走入旷日持久的仲裁或者诉讼轨道，为承包商和业主双方都带来巨大损失。由于采用伙伴协作关系，双方面对问题积极协商，各自多番努力，采取有效措施，最终获得了双方都满意的结果，达到双赢。

3. 调解（Mediation）

根据香港调解会的解释，调解是自愿的、非约束性的、解决纷争的过程，是由一位中立的人士协助当事人以协商方式达成和解。而且作为区分，调解并非：

- 仲裁，由仲裁员对纠纷作出裁决。
- 诉讼，由法官判断纠纷的对错。

可见，调解是由独立第三方（调解员）介入协助解决纠纷的一种非诉讼手段。调解中的独立第三方，一定是纠纷双方认可的中立人士或者公正人士。独立第三方的重要作用是打破僵局，同时帮助纠纷双方理清纠纷头绪，弄清事实症结所在。调解是自愿性质的，没有固定的形式与格式，调解中独立第三方不对事实作出评判，不对事实表达自己的观点，所作的工作只是通过个别交谈、共同会议等来帮助双方消除误会、澄清事实，明确双方观点，引导纠纷双方寻求和解方案。

当调解出现下列情况之一时，即告调解终结：

- 双方当事人签订和解协议；
- 调解员经与双方当事人协商后以书面知会当事人，表示已经没有充分理由继续进行调解；
- 任何一方当事人在任何期间以书面方式通知调解员及对方当事人调解已经终止。

调解的优势是：

- 能够建立一个和谐及有建设性气氛的沟通环境；
- 纠纷的结果可由当事人控制；
- 能够加强当事人之间的沟通；
- 善用时间；
- 具成本效益；
- 过程保密；
- 当事人能以友好协商的方式有效地解决纠纷；
- 解决方式非强制性。

随着香港政府与法律业界的努力推广，调解近来也成为一种化解工程纠纷的重要手段。但与内地不同的是，香港的调解结果不具有法律约束力，因此也就不能对双方产生最终约束，调解结果有可能得不到有效的执行与监督。在以调解方式解决争执过程中，当事人还必须在达成和解协议之前对自己的权益采取充分的法律保护，例如时效保护、法定程序等[58]，以避免调解不成造成更大损失。

4. 仲裁（Arbitration）

仲裁是争议双方以非公开形式解决争议的一种标准形式，受国际法例规范，仲裁结果具有法律效力。在香港，仲裁受香港法例第341章《仲裁条例》管辖，主要可分为本地仲裁（Domestic Arbitration）和国际仲裁（International Arbitration）两大类。本地仲裁以《英国仲裁条例》1950、1975和1979为基础，并包括一些修订条款，其中包括一些参照《新加坡国际仲裁条例》（第143A章）及《英国仲裁条例》1996的条文，而国际仲裁则依照联合国《国际商事仲裁示范法》。在香港，权威的仲裁机构是香港国际仲裁中心，仲裁结果受法律保护。

目前，关于建筑工程的仲裁协议通常已经包含在建筑合同之中，例如香港的私营工程RICS标准合同第35条，政府工程的标准合同第86条，都为解决争议而设，专就仲裁作了相关规定。至于分包合同，在RICS的指定次承包商所使用的标准格式的第22条，也就仲裁条款作有明确说明。

仲裁类似调解，有一位或三位通过香港国际仲裁中心委任的仲裁员来协助解决争议，而非通过法律诉讼，但仲裁同诉讼具有同等的法律效力，倘若仲裁双方已经同意对争议进行仲裁，除非双方均同意，否则双方不能继续选择诉讼而放弃仲裁。根据香港仲裁条例，如果申请仲裁中的一方在任何一个法院展开对另一方的法律诉讼，后者可申请法律保护，要求坚持仲裁并向相关法院申请搁置已经展开的诉讼。对于此种请求，通常法庭都会受理并搁置诉讼程序，但以下两种情况除外：

- 被告人已经就争议内容提交其首份陈述书（不包括送达认收书及延期答辩申请书）；
- 仲裁协定并无效力（例如该协议并非经书面订立）、无效、不能实行或不能履行。

相比调解，仲裁结果具有法律强制力，调解则没有。相比诉讼，仲裁程序略为简单、过程保密，当事人有更多自主权。例如，程序方面，仲裁送达简单，只要书面通知对方即可，不同于诉讼。如果是国际仲裁，则有效避开了诉讼中繁琐的法律文书送达问题，更显简便。过程方面，仲裁过程保密，公司相关商业资料不会扩散，公司商誉损失小。而如果是诉讼，香港政府会发出宪报登载诉讼，诉讼双方会成为传媒焦点，商誉必遭损失。另外，自主权方面，仲裁员可以由纠纷双方协议委任，而如果是诉讼，则当事双方无权选择主审法官。同时，根据《仲裁条例》第2GA（1）（*b*）条，“仲裁员有责任因应当事人的任何协议，在每个个案中采纳合适的程式，以避免不必要的延误和开支。”仲裁对于当事人的意愿给予了充分尊重，当事人具有充分的自主权。

更重要的仲裁结果执行方面，由于国际仲裁公约《1958年承认及执行外国仲裁裁决纽约公约》（以下简称：纽约公约）的存在，裁决结果能够得到更加有效的执行保证。因为一些国家与香港并没有相互执行判决的安排，但是却同属于纽约公约成员，例如：美国、英国、日本等重要贸易大国。如果仲裁的败方在香港没有资产，却在这些国家拥有资产，那么根据纽约公约，胜方可申请这些国家强制执行仲裁结果。但如果是法院判决则难以得到如此安排，胜方利益在没有相互执行判决安排的国家得不到保障，判决结果得不到执行。此时，或许仲裁是最好的选择。

仲裁程式与法律诉讼程式十分相似，但若选择仲裁，双方不一定须聘请律师为代表，而且仲裁的判决是最后结果，双方基本上不能上诉。

仲裁能否取胜，一方面与事实陈述及证据资料有关，另一方面，仲裁官、专家证人的选择也十分重要。相信不同的仲裁官具有不同的专业背景，从而会对问题有不同的看法与判断。因此，在打仲裁“官司”时，选择仲裁官十分重要。例如，某公司在香港龙门路政府工程项目中因供应车辆计算原则，该公司与顾问公司有不同合同理解，牵涉金额200多万港元，须以仲裁方式解决。此时，考虑到不同专业背景的仲裁官会对案件有不同的判决，该公司经过分析认识到：就此个案，如果仲裁官为专业工程师我公司可能不能获胜，如果是测量师则胜算很大。因此积极成功争取以专业测量师为背景的仲裁官。正是如此，最后该公司仲裁获胜，政府除须支付200多万港元车辆供应费外，还须支付该公司的大部分仲裁费用。

另一个仲裁个案为“中X”基础与项目总承包商“正X”有关的黄麻角私人发展项目的合同，纠纷牵涉金额约300万港元，因事件较为复杂且牵涉法律原则，双方都聘请了律师作为代表。并且因为争议的其中一个重点为数量计算原则，双方都聘请了专业测量师为专家证人。另外关键性的主要管理人员亦须由律师编写证词，“中X”律师收集所有文档及证词后按程式呈交仲裁官及抄送到“正X”。仲裁审判程式及所需时间与法律诉讼相似，由于聘请律师、专家证人，费用也同诉讼相同，该个案“中X”支付了400万港元的仲裁费，据了解对方的费用亦大致处于同一水平。案件的实际情况当然是胜负的主要因素，但挑选律师及专家证人亦十分重要，关乎成败。在这个案件中“中X”代表律师及专家证人都远比对方的恰当，当双方交换文档后，对方已预计不可能在仲裁中取胜，最终在仲裁审判一星期前对方主动以支付2600万港元以协商方式解决事件。

基于自由、民主、人权的考虑，经仲裁后败诉一方，也可以不执行仲裁判决，而进一步付诸法律行动，但这种个案很少发生。而且即便付诸法律诉讼，成功个案更是极少。

5. 诉讼（Litigation）

当合同没有定明纠纷必须经仲裁解决或纠纷问题不在合同范围以内，双方便可以法律诉讼形式解决。香港的民事诉讼制度遵从普通法与衡平法，以司法独立、平等、处分、直接审理为基本原则。诉讼程序比较固定，根据香港的法院条例及法院规则，诉讼程序大体经过：提出诉讼请求、诉讼送达、提出状辞、聆讯、判决、上诉和执行几个步骤，过程较为漫长。

在香港，诉讼是一件花费昂贵的事情，律师费收费标准主要有三种：

(1) 按时收费，诉讼事宜是采用此标准。事务律师每小时收费多数为2000～4000港元。如要转聘大律师（香港俗称：大状）出庭则另计，通常都在万元以上，如果是著名大律师，则费用更高。

(2) 定额收费，涉及房产买卖、遗产承办等方面，以标的计算。

(3) 协议收费，由律师与客户协定。但不容许以风险、胜败等作出有条件的收费协定。

由于法律体系的庞杂，律师以及证人在诉讼中的作用举足轻重。律师能够通过自己的经验或者对诉讼程序、案例的熟悉以及一些技巧策略影响到诉讼的进程与案情的发展。例如，通过修改状辞，补充证据，制造机会要求押后聆讯等程式性动作来制造机会增加胜算，或逼对手和解。而证人的专业水平与声誉也至关重要，尤其是在建筑合同纠纷中的专家证人，更是对案情的胜负影响重大。

以“中X基础”对“新X基础”一案为例，因合同没有定明纠纷须以仲裁解决，“中X基础”选择以法律诉讼方式解决，案件牵涉金额约为2600万港元，因应案件的复杂性，双方均聘请律师及大律师处理，专家证人方面有专业测量师及工程延误评估专家。双方经一年多的时间提供了大量的文档及证人口供，“新X基础”后期改变了初期强硬态度，主动要求庭外和解，经协商“新X基础”愿意以分三期形式支付2100万港元给“中X基础”作为赔偿，整个过程与黄麻角仲裁案相似，因我方的部署包括挑选律师及专家证人均比对方优胜，文档处理恰当，大大提高了胜出机会，令对方主动要求和解，效果理想。

相比仲裁，诉讼的优点是双方若对判决不满均可上诉。但诉讼显然存在诸多弊端：

(1) 诉讼代价过高。正如上文所述，诉讼程式复杂，律师费用惊人，一项普通合同官司，请个（大律师）大状、再加上大状的一两个助手费用合共一小时就需要几万元，一个官司未见胜负，律师费、专家费已经几百万、上千万皆属正常。

(2) 诉讼周期过长。重视过程与程式的严密、正确是习惯法的固有特点，诉讼周期长也就无法避免。通常诉讼文档提交往来，法庭调查查清事实就需要一段漫长时日。

(3) 诉讼破坏双方关系。一旦诉诸法庭，双方矛盾必然尖锐对立，意图分出高低胜负，都期望通过法律手段维护自己，以法庭判决形式压制对方服从。至此阶段，不言而喻双方商业关系已经破裂，以后继续合作的可能性几乎没有。

(4) 诉讼损害商业信誉。在香港，诉讼须在政府宪报公布，从而为媒体所关注，给社会和商界造成参与诉讼的公司难以合作、爱打官司的不良形象，损失潜在客户，不利市场开拓。

(5) 诉讼胜利只是技术性胜利。香港的诉讼程式十分繁杂，如果公司财力雄厚，能够聘请到有经验有权威的著名大律师、著名专家权威，就对诉讼取胜十分有利。而且大公司可以通过文书呈交、答辩、补充等技术性手段拖长诉讼周期，造成对手不堪承受经济压力而撤诉求和，或者可以通过权威大律师以及专家证人挑剔对方措辞文字技术，导致对方诉讼偏离或者停止。此时的诉讼胜利更多地是诉讼技术层面的，而非根据事实原本而得到的。

**(二) 另类争议解决**（Alternative Dispute Resolution）**手段**

随着全球一体化的加强，世界经济合作更加紧密，建造工程的参与者政治、文化、经济、法律背景多元化，给工程管理造成一定难度，争议与冲突机会增加。传统争议解决手段大都基于对抗的前提，一旦双方缺乏足够的谅解，争议就会逐步升级，最终走向诉讼。而诉讼不但费用高昂，时间又旷日持久，因此人们一方面转而寻求诉讼外手段解决争议，另一方面趋向于采用设计管理体系预防避免争议，以及采用非诉讼化多层次改进的方法解决争议。这些不同于传统的非诉讼解决争议手段被统称为另类争议解决（ADR）手段。

目前，可以称之为另类争议解决手段的主要有：

- 调解（Conciliation）
- 调解仲裁（Mediation-Arbitration）
- 裁决（Adjudication）
- 假审判（Mini-trial）

1. 调解（Conciliation）

调解同传统的调解没有太大区别，细微不同之处在于调解人（Conciliator）介入纠纷更多一点，尽管不表达自己的观点，不对事实进行评判，但调解人会给纠纷双方提出更多的建议，同时更多的注意文化认同与理解等纠纷背景方面的协调与求同。

2. 调解仲裁（Mediation-Arbitration）

所谓调解仲裁，就是对调解的进一步深入，是调解和仲裁的结合。一般认为，调解具有气氛友好的优点，而仲裁具有结果有法律约束力的好处，调解仲裁的目标正是将这两种手段的优点进行组合。目前，此种解决争议的形式在许多国家受到重视与采用。

3. 裁决（Adjudication）

裁决类似仲裁，但与仲裁又有所不同，裁决过程是争议双方共同委任一位第三者作为裁决员，在裁决员的协助下，双方制定一套裁决规则，之后整个过程便要按照裁决规则进行。裁决在仲裁提出前是终局的，对争议双方均有约束力，类似调解仲裁。

4. 假审判（Mini-trial）

所谓假审判，类似真审判，但没有真审判繁琐的举证规则以及各种严格程式。审判由双方协议展开，从而可以有效控制聆讯长度。类似真审判，假审判由一位中立人士担任主席，争议双方可以聘请律师代表自己也可以没有律师。主席可以由律师以及专业人士担任。争执双方或者代表根据该权威以及客观人士的引导寻求和解。该形式能否取得成功，很大程度取决于中立人士的引导方式以及分析控制问题的能力。

另类争议解决（ADR）手段的特点与优点：

第一，ADR 具有程式上的非正式性。相对诉讼程式的复杂性、高成本及延迟问题等，ADR 的程式利益十分突出。

第二，ADR 在纠纷解决基准上的非法律化。ADR 无需严格适用实体法规定，在法律规定的基本原则框架内，可以有较大的灵活运用和交易的空间。

第三，ADR 具有非职业化特征，ADR 的纠纷解决主体是合同参与者。诉讼程式原则上是以职业法官进行审判，由律师担任诉讼代理的，即由具有专门资格、经过专业培训的职业法律家所垄断。而 ADR，无论是调解或仲裁都可以由非法律职业人士承担，并可由非律师代理、或由当事人本人进行，使纠纷解决脱离了职业法律家的垄断。

第四，从 ADR 的运营方式看，具有民间化或多样化的特征，其中民间性 ADR 占据了绝大多数，同时兼有司法性和行政性 ADR。

第五，从纠纷解决者与当事人之间的关系看，ADR 的构成是平等的。包括仲裁在内的 ADR 程式中，中立第三人并不是行使司法职权的裁判者（法官），当事人的处分权和意图较之诉讼具有更重要的决定意义。

第六，纠纷解决过程和结果的互利性和平和性（非对抗性）。这是当代世界对 ADR 价值最为认同的一点，也是 ADR 显而易见的优势。

第七，ADR 可以极大缓解司法和社会的压力，提供符合情理、追求实质正义的个别衡平。

尽管 ADR 是一项法庭外和解的很好设想与方法，但是也并非一切争议都可以通过 ADR 得到解决。而且 ADR 由于其非法庭性质等，也具有一些不足之处：

第一，如果诉讼仲裁会随后展开，争议双方将不愿也不会在此阶段披露资料，和解难以达成；

第二，耗费时间与金钱，未必达成满意解决；

第三，结果不具备约束力，容易造成二次纠纷；

第四，不适用于法律和技术性质的争议；

第五，缺乏及时保障，如果需要追索，友好的 ADR 不适用。

### 三、争议的预防

工程争议对工程带来诸多不利方面，争议不但影响工程进度，破坏双方的合作关系，漫长的仲裁和诉讼程序还会耗费双方大量人力与财力，对双方的公众形象造成负面影响。因此，采取一定手段，预防与避免争议是合同双方最理想的选择。根据争议的来源和性质，以及政府经验和承包商经验，可以通过采取以下几项措施，有效地预防和减少争议：

**(一) 完善的工程设计**

完善的工程设计可以减少工程变更的机会。完善精确的工程设计对顺利施工至关重要，由于一项工程通常都涉及结构、设备等几个方面的配合与协调。在设计中，如果稍有疏忽，对未来施工情况估计不足，问题都会在施工中暴露，造成设计临时修改、重新设计等情况，从而影响施工安排、影响进度，造成总承包商工期、成本损失。而相对于总承包商，对工程设计的领会与提前策划也对减少未来争议十分有益，总承包商可以利用自己丰富的施工经验，通过工程策划与图纸分析事先发现设计不足，将风险进行预警，提早提出建议与警告，为后期的施工创造有利条件与环境。

**(二) 恰当的招标方法**

长期以来，香港建立了一套资质管理体系，一直采用价低者得的招标方法。这套方法在过去几十年中，应该说是十分成功行之有效的。但是随着全球一体化的加强，经济形势的改变，香港不再单纯采用过去的低价夺标体系，逐渐采用了“技术+标价”的招标方法，引导承包商将更多的精力投入到技术水平的提高与平日的工程表现改善之上，降低工程的价格风险，避免总承包商的赌博心理与行为。但是，由于建筑施工技术的切实提高尚需时日，因此对于通过招标体系来改善风险分配的方法仍有待探讨与发展。

**(三) 公平的合同体系**

现有的标准合同根据 ICE 标准合同派生出来，在香港广泛应用的政府合同以及私人合同中，对于工程风险的分配普遍存在不公平情况，合同条款对业主过于保护，导致承包商承担过多无法控制风险。例如，标准合同对于地下的不明状况，要求承包商承担全部风险。而此等风险，对于承包商来讲，从时间和能力上都存在一定障碍，因为承包商通常很难在投标前的短期内对地下情况作出评估，而作为业主，则可以在规划阶段增加资源投入通过勘探而获得较详细的地下资料从而降低工程风险。现行状况下，一旦地下状况与业主提供资料差异较大，承包商要么需要承担巨额亏损，要么因放弃工程而面临诉讼。同样，对于连续的恶劣天气，无论作为承包商，还是业主都是无法逆转的，按照公平原则，应该由双方共同承担。但目前的大部分合同中，恶劣天气造成的风险，例如工期、物料损失、设备闲置等都由承包商承担。通常一旦此类风险发生，总承包商难以承担必然会导致工期拖延、工程成本增加，最终造成业主与承包商“双输”的局面。例如，香港海港净化计划一期深层排污隧道工程，由于地下地质情况不理想，承包商面临较大风险，遂以工程不安全为由而决定停工索赔，尽管最终仲裁裁决政府（业主）胜出，总承包商赔偿政府 7.5 亿港元，但是经过漫长的争议程式，工程已经延迟四年，政府因为承包商的毁约而需要额外增加的开支已经接近15亿港元。

显然，一个相对公平的合同体系将十分有助于问题的解决，有利于为业主和承包商共同降低风险，避免将工程推向失败。

**(四) 完备的工程记录**

现有的纠纷中，工程记录不全也是造成争执得不到及时解决的一个重要原因。例如，在何安诚等人针对承包商申索困难所进行的调查中，100％的受访承包商同意“因记录不全、缺乏证据及缺乏工地运作的分析…”是申索过程中的一大困难。很多情况，承包商作了大量工作，但由于缺乏完备的记录而无法及时得到业主补偿，倍感不公平。而业主则会由于承包商不能提供充分的作业证据，无法作出准确判断，从而怀疑并拒绝承包商的申索要求。由此双方长期争执，破坏合作。

完备的工程记录是对工程进行情况的真实反映，如果建立了完整的记录体系，对参与工程的各方都能够有一个有效的监督与约束。因为一旦发生争执，可以通过完备的工程记录，查核到当时的事实真相，对自己的观点做出有力支援，争执往往都会迎刃而解。

显然，前期的预防措施对于解决争议同样必要而且有效。对于争议的预防与解决，还有许许多多的工作需要开展下去。

# 第六章　建筑企业的财务管理

财务管理是企业管理的一个极其重要的组成部分，在现代企业管理中起着举足轻重的作用。财务管理的实质是理财，一方面要理顺企业资金流转程式，确保生产经营的顺畅；另一方面要理顺各种股权关系，确保各方面的共同利益。企业财务管理的内容可归纳为财务计划和控制、资金筹措和运用、财务结构与政策和财务问题的处理四个方面。一个成功的企业，财务管理必然是成功的。越来越多的企业家认识到健康而优良的财务管理是企业核心竞争力的一个重要组成内容。众多的案例也告诫人们，尤其是企业的领导者，如果财务管理上出现问题，往往是致命的，不仅给企业带来灾害，也必然会给社会造成严重恶果。安然和帕玛拉特都是在财务管理上出现了严重的失误，最终破产。

由于建筑企业的特点，形成企业在经营过程中，中间环节盘根错节，往来客户众多，交易对象涉及各行各业，每天资金的收入、支出量很大，因此，对良好的财务管理尤为倚重。本章将通过香港建筑企业在财务管理方面的监管、作法和程序的详细介绍，希望对国内建筑同行和广大读者有所裨益。

## 第一节　财务管理在建筑企业的重要性

### 一、概述

企业以盈利为目的，是以经营各种业务而设定的一种法定机构。顾名思义，建筑企业也即是以经营建筑业务来盈利的一种法定机构。建筑企业根据不同的投资组合形式可以分为独资企业、合伙企业和公司企业三种。独资企业是指由个人独自出资而组成的企业组织。合伙企业是指由两个或两个人以上的投资者，以书面或口头协议，联合出资经营，共同拥有财产并共同承担责任的企业组织。公司企业是依照国家法律集资组成，实行自主经营，自负盈亏，由法定人数以上的投资者组成，具有法人资格的经济组织。公司企业又分为股份有限公司和有限责任公司。股份有限公司是全部注册资本划分为等额股份，并通过发行股票筹资的企业。股东以其所持股份为限对公司承担责任和分享利益，公司以其全部资产对企业的债务承担责任。有限责任公司是指由两个以上的投资者共同出资，每个投资者以其出资额为限对公司承担有限责任，公司以其全部资产承担债务责任的企业法人。在以下的有关内容中，以讨论公司企业为主。

财务管理是企业管理的一个重要组成部分，财务管理的实质是理财，既要理顺企业资金流转，确保生产经营的顺畅，又要理顺各种股权关系，确保各方面的共同利益。企业财务管理的内容可归纳为以下四个方面：

1. 财务计划和控制

一切财务活动都根据财务决策而定，有效的财务决策，需要有良好的财务计划和科学有效的管理制度。因此，财务管理活动要有全面的计划安排，财务资源的调动一方面要与企业的内部政策配合，另一方面又要与外在的经济环境及竞争形势协调。同时在进行过程中慎加控制，使一切活动均能依据计划而行。

2. 资金筹措和运用

财务活动与资金的需求和调动有非常密切的联系。资金依来源可以分为自有资金和外来资金两种。自有资金从企业经营所产生的利润中获得。外来资金则取自不同金融市场的筹集所得。资金若能调动得宜，对企业组织有效的商业活动将非常重要，但究竟分配于流动资产及长期资产，如何决策则需详加考虑。

3. 财务结构与政策

在大部分情况下，企业在筹措和运用资金时，只考虑单方面的可行性，忽略了企业的整体性，因而导致财务结构（例如债务内部以及资本的比例）出现不平衡的现象。故此，筹措资金时，须考虑对财务结构上的影响；运用资金时，亦应考虑到资产结构的变化。根据对资产和财务结构的影响，企业应制订政策保障企业的发展，避免分配不平衡。资产结构中，流动资产与固定资产的分配不均，将影响企业的经营能力；财务结构中，债务与资本的比例，长期债务与短期债务的数量，将影响出现所谓资本过度或资本不足的情况，使企业的财政状况出现不稳的现象。

4. 财务问题的处理

企业争取成长与生存，会出现两个相对的结果；若成功则可以生存，更有成长的能力，接着可以扩展业务；相反则失败，生存的机会减少，不但没有成长，反而要考虑收缩业务。不论是扩展或是收缩业务，这都不是简单的财务问题，财务管理必须尽力在不同的阶层中斡旋，使问题得以顺利解决。在扩展和收缩的财务问题中，最常见的莫过于收购与合并、企业的重组、企业的解散、重估企业价值、调整资产值，以及重组资本结构等。

## 二、财务管理的目标

企业财务管理作为企业整个运行机制的重要一环，所有工作在于配合企业整体的经营目标和发展方向，所以财务管理的目标自然是企业的目标。企业的经营目标不仅是企业理财工作努力的方向，而且是衡量和评价各项财务决策是否行之有效的标准。财务管理的方针以企业的方针为依归；财务管理所制定的运作策略亦即企业所要求的运作策略。实际上，财务管理是根据企业所订立的目标，发挥财务专业方面的功能，促使和保证企业目标的实现。企业的目标通常以获得利润和发展业务为主，因此建立财务管理的目标也应以此二者为起点。企业的目标确定后，则须由财务角度订立财务管理的目标。财务管理目标主要有以下四个：

1. 提高盈利能力

一般企业都以获得利润为目的，此利润即是会计概念的纯利。为了获得更多的利润，企业须尽量加强经营能力，增加营业额，降低成本和费用。作为建筑企业，则需扩大规模，使其产生规模效应，并取得最大化利润。利润增加必须对股东有利。从财务管理的角度看，利润总额增加，普通股票的每股盈利也相应增加。但是，当利润增加，若在市面上流通的股票数量同时增加，则每股盈利会下降，股东所拥有的利润也随之减少。所以，最大的利润必须根据每股盈利的关系，才能显示最大的盈利能力。

2. 维持流动能力

企业为要提高盈利能力，往往将资金投放到业务的经营方面，而忽略了在整个经营过程中所需支付的经常费用和清偿债务的资金。若企业一旦不能支付经常性费用或不能按期还债，则出现资金周转不灵，导致流动能力不足，使企业无法继续经营。香港“百×勤投资集团有限公司”，在1988年创办成立时，得到香港名流大亨襄助（包括李嘉诚、胡应湘等），发展迅速。1996年年营业额膨胀到1430亿港元，公司资产总值240亿港元，上市公司市值达126亿港元，其创办人梁×韬先生更有“红筹之父”的美誉。由于1997年亚洲金融风暴袭击香港，“百×勤”更因约5000万美元的贷款谈判告吹，流动资金即时出现困难，而于1998年1月宣布破产即令清盘。所以，企业应有足够的流动能力，需要维持充裕的现金或易于套现的资产，以应付正常业务。另一方面，充裕的流动能力可使企业避免突发性的财务困难，维持企业的安全运行。但若以过多的资金保持流动能力，则可能是企业在经营运作上资金过量，资金成本高而影响盈利能力。因此，财务管理在于维持适量的流动能力，使企业能在稳健的经营环境下生存。

3. 降低经营风险

企业在经营过程中会遇到各种各样的风险，基本上不外乎经济因素、政治因素或自然因素。财务管理的另一个目的是使企业在决策时，须先行了解可能招致的风险及其影响，尽量防止风险的产生，或尽量分散风险，并利用保险或其他有效方式减低因此产生的损失。故此，建筑企业一般均需支付巨额保险费，降低经营风险。

4. 寻求长期利益

企业的利润和股东每股盈利实现最大化，使股东的短期利益得到满足。然而，为了满足股东的长期利益，则需要从企业长远发展着手。当企业获得利润时，保留部分盈利作为扩充业务之用，以加强竞争能力，提高市场的占有率，维持企业的稳定。企业的资本价值自然相应增加，股票市值因而提升，股东可以获得更大的财富，股东长期利益也得到保障。为了股东的长期利益，不但要将利润分派为股息，还要使企业的总资本逐渐增加，使企业市值达到最高，企业和股东长期利益最大化是财务管理的最主要目标。

5. 保障企业安全运行

在企业的短期、中期以及长期经营发展目标确定以后，科学而稳健的企业财务政策，将确保企业安全运行和企业目标的实现。首先，用完善而科学的管理制度确保资金使用的安全是十分重要的一环，诸多现实经验证明，企业的资金使用出了问题，企业的安全运行必将受到威胁；其次，企业在管理过程中各种问题和弊端，最终将体现在经营成果上。如，现金流量出现负数，经营成本上升，原材料消耗大大超过正常标准，各项既定指标不能实现，项目出现即时性亏损等。此时，从理财的角度应及时进行全面核查，找出原因，向企业管理层或最高决策者提出各种形式的预警，从而将暂时的、局部的不安全隐患予以消除，确保企业的整体安全。

上述目标相互影响，例如，业务不断扩张，虽可提高盈利能力，增加企业财富，但另一方面又可能增加经营风险和减低变现能力。为了降低经营风险，则需采取各种防范措施，经营成本就会上升，从而影响企业的盈利水平。因此，各目标之间的协调和平衡成为财务决策的基本原则。

## 第二节　财务管理的范围和机构

### 一、财务管理的职责范围

建筑企业财务管理工作是通过财务理财活动，真实反映公司的财务状况，合理安排公司资源，保证公司健康、持续、稳定发展，并符合有关法律、法规的要求。财务管理工作主要包括财务会计、管理会计、税务会计和法律秘书工作。财务会计是财务管理工作的基础，是通过定期编制财务报表，集中而概括地反映企业的财务状况和经营成果。财务会计的主要服务对象是企业外部的投资人、债权人及企业内部的管理人员。管理会计是通过科学的预测、决策、规划和控制等各环节，为企业进行有效经营和管理决策提供资讯和服务。税务会计是在严格遵守有关税法的前提下，统筹公司利益，通过成本的合理分摊和分配，利用税率差、公司间的盈亏情况等因素，减少应缴税金总额，达到合理避税的目的。法律秘书工作包括法律工作和公司秘书工作。法律工作是按照有关法律的规定，处理公司如成立、注资、增股、法律诉讼等工作，是公司依法经营最基本的保证。

### 二、组织机构表

一般建筑企业都设有财务部门，有时会计核算部门和资金管理部门分开设置，财务管理组织机构如图 6-1、图 6-2 所示：

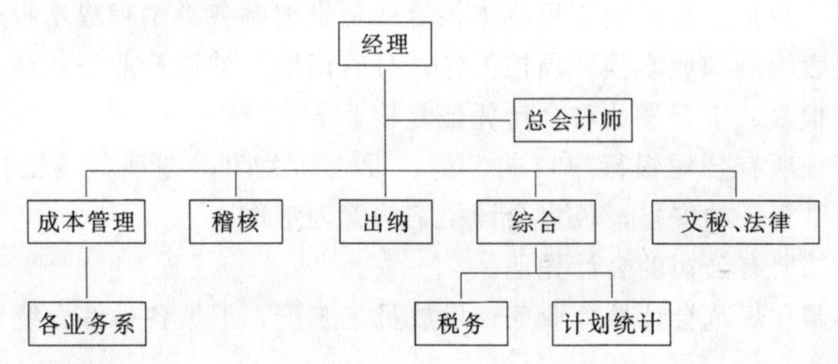


图 6-1　会计部门组织机构表

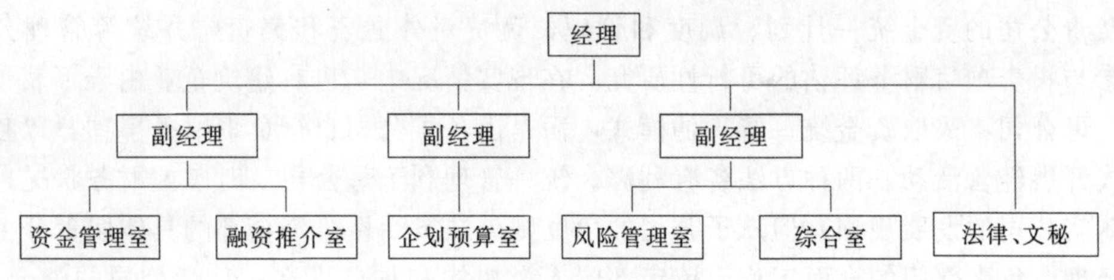


图 6-2　资金管理部门组织机构表

由于建筑企业的特殊性，各建筑项目一般离公司办公室有一定的距离，为了便于项目的正常运作，项目一般设有报销员一名，办理日常的报销业务，并管理一定数额（5 万～10 万港元）的备用现金。项目报销员根据项目合同额的大小向公司财务部门申请数额不等的备用金，用于项目日常开支。根据项目的具体情况，也可在项目设立项目财务部，对项目进行单独核算，最终公司对项目的账务进行汇总。

## 三、岗位责任

由于建筑公司财务工作的重要性，通常在公司总经理的领导下进行，并设总会计师或财务总监，负责财务管理工作。总会计师或财务总监对公司总经理负责，汇报请示重要工作，执行总经理的决定。总会计师或财务总监领导财务会计系统的日常运作，管理会计部、资金部的工作。会计部、资金部负责具体业务的实施工作。在公司经营战略方针指导下，总会计师或财务总监组织拟定中长期目标计划、年度目标计划、中长期财务规划、年度现金流量计划，经公司总经理会或总经理批准后，由公司各部门、各子公司组织实施。总会计师负责组织和协调大型的集资活动，参与公司多元化投资项目的可行性研究论证；牵头组织会计部抓好成本预测、预控，协助各子公司抓好成本管理和控制。会计部、资金部，均需接受公司审计部门的审计监督。

**部门的具体职责分工**

1. 会计部

负责公司日常费用报销和会计核算工作，定期编制各类会计报表，并进行成本预测预控工作。具体人员职责分工为：

经理：管理部门全面工作，向公司总会计师负责；安排内部机构和重要职位人选；审定向外报送的重要报表资料；定期到项目了解实际情况；管理部门电脑运作和软件开发工作。

成本管理科：负责所有承包工程成本核算；负责编制各类工程成本报表；负责工程成本监控预警；报表编制和成本预警预控工作；分管出纳室的银行业务，现金报销业务；分管综合室的综合报表、工资发放和会计凭证复核业务。

出纳科：管理所有公司银行户口的申请、设立和关闭；办理各类银行存款、支票付款、信用证及日常资金的安排；负责会计档案的管理工作。

稽核科：稽核所有公司的会计凭证。

综合科：协调和规范会计核算业务；发放员工工资；汇编各种综合统计报表；负责税务工作。

2. 资金部

负责公司的资金统一计划、调度和管理，负责对外融资和集资，并统筹管理公司负债，参与投资项目财务评估的可行性研究。在现实情况中，也有建筑企业由于下属子公司众多，母公司不采取资金统一管理的模式，而是由各子公司自行负责财务事项，以独立法人形式开展经营活动。两种方法各有利弊。统一管理利于母公司及时掌握财务状况，集中资金落实公司的发展规划，但从子公司的角度则欠缺灵活性。资金部的具体职责分工为：

经理：负责部门的全面工作，审定部门人员机构和重要人选；负责公司的资金使用、调度、监督、管理；定期向总会计师汇报整个公司的资金情况；了解集团内各公司的投资情况，及时解决各公司资金运用中出现的问题。

部门下设多名副经理，具体负责各业务室。

资金管理室：进行现金流量预算；负责公司资金平衡及调剂，定期完成银行存款贷款报表；负责审核归还银行贷款本息，按规定程式办理；配合会计部编制公司的年度财务报告，与会计部保持经常性的业务联系。

融资推介部：负责向银行申请贷款、信用额度及各种履约担保额度，办理贷款延期、还本付息和贷款评价管理工作，审核贷款合同；负责与银行、证券公司、投资基金联系，开展公司的推介活动。

企划预算室：负责公司的财务计划，编制公司长短期的财务计划或规划；定期分析经营情况，与计划予以比较，查找差别原因，采取相应的措施；参与公司大型投资项目的财务可行性研究评估。

风险管理室：负责有关汇率、利率等财务风险的分析与管理；进行债务控制，保持合理的债务比率；负责对市场的宏观研究和分析，提出研究报告。

综合部：负责部门的工作计划安排及总结；负责文秘后勤工作；负责部门的资料管理。

## 第三节　财务计划管理

### 一、计划管理的原则和基本要求

建筑企业计划工作的基本要求是：通过分析企业发展的历史和现状，根据对市场未来发展的预测，为企业未来的发展制订出切实可行的经营目标、方针和策略。企业一旦确定了经营目标，就必须制定一个能够协调企业内部各部门工作的全面计划，以监督和控制企业的经营活动，分析和考核企业内部各部门的业绩。财务计划就是以货币形式表示的财务方面的经营计划。由于企业财务是企业经营过程各方面资金变动的综合反映，财务计划一般还包括企业的生产经营计划，如果没有企业生产经营计划，纯粹的资金收支和财务状况计划就成为无本之木，无源之水，失去了赖以编制的依据。一般企业的财务计划管理实行统一领导原则，由财务部门统一归口，各子公司和部门协调配合。

### 二、计划的种类

企业的计划体系按时间区间划分为中长期计划和年度计划；按性质内容划分为投资计划、生产经营计划、利润计划、现金流量计划和费用开支计划；按公司划分为母公司、子公司的计划。

中长期计划属战略性的发展规划，其主要内容包括中长远的经营方针和目标、整体的发展速度和各类业务系的规模、资金的筹措和投放、投入产出效益等内容的策划（表格样式见附表 6-1），力求做到公司发展战略选择准确，人、财、物等各类重要资源得到优化组合，从全局上、长远上保持公司持续、快速、安全地发展。年度计划是在中长期计划的指导下，依据基期的经营状况，计划期内外环境条件的变化趋势，而确定的年度经营方针、目标和措施。年度计划的主要任务是全面安排人财物、产供销，要求做到综合平衡、不留缺口。现金流量计划是各类计划的重要组成部分，是与投资、生产经营计划反复平衡协调而制订的，使资金的借、用、还保持动态平衡，妥善安排到期债务的及时归还，并策划应急措施，保持良好的借贷信誉。计划的内容、计划指标的具体设置由公司在计划编制前以计划编制办法的形式作出具体规定。

### 三、计划的编制

编制计划要本着积极稳妥，留有余地的原则，既要注意发挥积极性，又要考虑实际的可行性，实事求是，量力而行。各类计划要统筹安排，彼此协调，互相衔接，综合平衡。短期计划要保中长期计划，子公司、部门计划要保母公司计划。财务部门是各类计划的归口管理部门，统一负责公司计划的编制、筹划和协调。子公司、部门负责各自计划的编制，并及时上报。

编制中长期计划和年度计划，均要客观地分析业务所在地区的政治和经济环境，以公司的整体发展规划、所在地区相关行业的市场前景、竞争对手、行业风险及自身经营状况的分析为依据，以经济效益为中心，以市场为导向，处理好经营规模、发展速度和经济效益三者的关系，合理利用各类生产要素，确保利润的实现和力求资产的保值和增值。计划编制前，公司提出编制的整体构想，连同编制办法、时间要求一起印发子公司和部门。

按照公司计划编制的要求，各子公司和部门应指定专人负责，组织力量认真落实，在规定的时间内完成，经子公司和部门负责人批准后，上报公司财务部门。公司财务部门汇编、平衡子公司和部门的中长期规划、年度计划，经公司总经理会议批准后，下达给子公司和部门具体实施。年度计划的编制和下达结合公司的年终总结工作一并进行。

### 四、计划的检查和考核

为达到计划预期的各项目标，对计划的执行情况需实行动态管理。通过统计报表、会计报表，统计分析、财务分析等所提供的综合资讯，对计划执行情况进行检查和考核。发现问题及时反馈，采取相应措施或对策予以解决。

每半年对年度计划的执行情况检查一次，中长期计划每年检查一次，并写出相应的考核报告，由公司财务部门负责经办。经公司总会计师审核后，报公司总经理和主管业务副总经理审阅。主要计划指标完成情况的考核结果，印送公司人事部门，作为对各级班子考核的依据之一。

## 第四节　资　金　管　理

长期的工作实践及正、反两方面的经验和教训都告诉企业的经营管理者和最高决策人，一个企业，尤其是建筑企业资金管理的原则必须是：集中管理，统一计划，以收定支，有偿使用，加快周转，严格考核。周密筹划安排，促进公司快速安全发展。建筑企业以工程项目为基础，每个项目都为一个利润中心，如果公司在资金使用上采取有偿使用的原则，这样就能充分调动每个项目的积极性，使每个项目认真考虑资金的时间价值，及时收回工程款，加速资金周转。

### 一、现金流量计划

公司可以通过年度、季度及月份的现金流量计划对资金予以控制。现金流量计划主要是做好资金的筹措、使用和归还，综合平衡，协调安排。未纳入年度现金流量计划，业务发展又确实需要的投资，则需专项报告，经批准后实施。针对市场变化，通过季度现金流量计划，对年度计划做出调整。月度现金流量计划按月编制，以6个月或12个月为限，每月月初往后滚动安排（详见附表6-2）。在公司内部，凡占用对方资金实行有偿占用的原则，按实际发生的天数，每半年计息一次，计息标准每年检讨一次，由财务部门提出方案，经公司总会计师或财务总监同意，报公司总经理批准后执行。

**二、资金调度**

由公司财务部门依据批准后的资金计划统一调度资金。各子公司财务部门应定期（分每周和每月）向母公司财务部门报送银行存款余额表及收支滚动计划表，并于周报中详细列明未来几周的资金收入、大额资金的支付情况。各子公司财务部门应主动将富余资金汇往母公司财务部门，母公司财务部门有责任有职权督促各子公司财务部门按规定执行。

企业内新成立公司所需的注册资本，凭母公司批准公司成立的档案、政府部门（如工商行政管理局）核发的营业执照，向母公司申请，经审核，并报母公司总经理批准后，由母公司财务部门办理汇款手续。各子公司资金不足时，由子公司向母公司提出申请，经母公司总经理审批后，由母公司财务部门具体办理。正常经营活动中支付工程款、材料款，及归还银行贷款本金及利息时，对于已签订合同，并纳入年度资金计划的，按一定数额划分审批权限，分别由具体负责人审批。对与公司经营活动无关的对外支付款项，无论金额多少，都须经公司总经理审批。

**三、现金管理**

各公司根据实际情况设置不同币种的现金，一般情况可设人民币、港元、美元现金，收到其他货币现金后应及时处理。现金报销只适用于以下范围：借支差旅费；市内交通费；误餐费；交际费；医药费；午餐补助；员工加班费；其他杂项支出及单项在一定数额内的零星开支。超出一定数额的开支，出纳员可以提款单转账或支票方式支付。为确保现金的安全，减少意外损失，公司日常现金库存不得超过预计公司三个工作日的开支。多余的现金应及时存入银行。凡设有财务部的，库存现金应存入保险柜。现金由专人负责保管及收支，现金支付必须根据经有关负责人批准的报销凭证或借款单支付，领款人要签收，现金收入必须开收据，现金收付必须及时做会计传票。除公司办公室员工外，对外一律不得开现金提款单，为建筑项目报销员所开提款单一律开转账提款单，不可提取现金。现金应日清月结。

**四、公司信用卡管理**

由于公司业务需要，经公司总经理办公会批准，一定职位以上的人员可以使用公司信用卡。公司信用卡的使用范围只限于：为公司业务需要支付招待餐饮及宴请费用；为公司业务出差支付旅馆房租费用；为公司业务购买礼品。公司信用卡不得用于下述方面：提取现金或办理款项转账；任何不属公司负担的支出；转借给他人使用。公司信用卡持有人应在每笔付款的发票后面说明具体用途，并与签卡单存根附在一起按月交公司财务部门与银行月结单核对无误后，办理报销手续。公司信用卡持有人在调离本公司时，应立即结清账目，并交回公司信用卡。任何单位或个人在办理、使用公司信用卡中，如违反本规定，公司除撤销其所持信用卡外，责任人并应向公司赔偿损失。持卡人员应力求节约，在开支每一笔应酬费时，既不失公司对外公关工作中必要的体面，又不浪费一分公司的钱财。

## 五、银行账户管理

### （一）管理职责和体制

公司银行账户管理按管理层次、业务范围划分，在公司总经理直接领导下，公司财务部门负责日常运作和监管的具体工作，承担直接责任。各运作环节由经办人承担具体责任。

### （二）银行账户的开设

任何以公司名义开设银行账户或建筑项目以私人名义开设备用金银行账户，实行申报制度。由公司财务部门提出申请，经公司总会计师或财务总监同意后，报公司总经理批准。各建筑项目因日常备用金报销的需要而开设银行账户，由各项目提出申请，报公司财务部门批准。

公司银行账户的有效印鉴或有效签字人按双签审定的原则设立。在中国内地公司开设的银行账户，有效签字人实行预留财务印鉴办法，由财务专用章和公司负责人私章共同组成。以公司名义开设银行账户，有效印鉴或签字人设 A、B 两组，A、B 两组签字人各有多人可以签字，由 A 组印鉴或任何一人加 B 组印鉴或任何一人签字方能有效，实行共同审签制度。A、B 组印鉴保管人员或签字人员由公司总会计师或财务总监提出，经公司总经理确定。银行提取现金，也必须建立 A、B 组人员同时签字有效的原则，A、B 组由不同职务，不同部门，不同背景的人组合，以利安全。

各建筑项目以私人名义开设的银行账户，必须是两人或两人以上的联名账户，支票户有效签字人必须由两人共同组成方能有效，储蓄户有效签字人原则上由两人共同组成方能有效。

### （三）银行账户的运作

银行支票、储蓄存折、财务印鉴应有专人保管。各银行账户有效签字人，支票、存折、印鉴保管人应认真履行自己的职责，承担相应的责任。严格支票的签字程序。根据审核无误的原始单据和经审核的记账凭证制作支票，按先由 B 组人员审签后，再由 A 组人员签字。账户有效签字人如因工作变动，离开公司或变换工作环境时，由开户申请部门及时办理更换签字人手续。

加强对支票传递的管理，支票保管人要跟进送签的支票，防止转移和丢失。原则上公司不得签发空白支票；公司因实际需要领用空白支票，须经主管负责人批准，只可领用限额空白支票，并且要加强控制，明确规定领用人的责任，真实补记支票的内容和金额。发出支票和开出转账提款单，必须认真核实支用金额，并及时取得收据正本，保证实支款项与收据相符。建筑项目储蓄账户，若部分开户银行坚持两人共同签字，必须两人共同到银行办理款项转移手续的，为减轻项目经理的负担，经公司财务部门特殊批准后，可开设一人签字有效的账户，但这类账户的存折本必须由项目经理保管。项目报销员每次办理款项转移手续后，应及时将存折本交项目经理，项目经理要认真核对数字的变化是否属实。

中国内地公司的财务专用章和公司负责人私章必须分开管理，财务专用章由出纳或财务部副经理保管，公司负责人章由财务部门负责人或经理保管。保管人发生工作变动时，应及时办理交接手续。

**(四) 银行账户撤销**

在下列情况下，应及时办理银行账户撤销手续：公司或项目业务已结束的；银行户口长期不使用，且以后也不会使用的；专门为某一单项业务而开设的账户，该业务已完结的；公司已清盘或取消的。

银行账户撤销手续由原申请开户部门负责办理。经营部门应及时将已结束或已清盘、取消的公司或项目通知原开户申请部门，由原开户申请部门经报批后办理银行账户撤销手续。办理银行账户撤销手续期间，应先将账户内大部分剩余款项转出到公司其他的银行账户。

**(五) 银行账户监管**

所有银行账户资料由公司财务部门进行汇总，每季度更新一次，及时分析变化情况，提出有效签字人变更、销户意见，经公司总会计师审阅后，报公司总经理审定。定期汇总银行账户存款余额，每月汇总一次，以月底存款余额为准。由公司财务部门进行汇总，报公司总会计师审查。

经常汇入款项的银行账户资料，包括银行名称、地址、账户号码等，汇出单位要建立档案。汇入单位要求汇款时，要填写汇款通知，以传真告诉汇出单位。汇款通知内容要详尽，字迹要工整，并由有关领导签字。汇出单位接到汇款通知后，应将传真件与档案资料进行认真核对，并进行电话确认，之后才准许汇款，确保款项汇入指定账户。认真核对每笔款项收支是否正确，定期同银行对账，编制银行存款余额调节表，保证公司资金的安全。

**(六) 银行账户档案资料保管**

银行账户档案资料包括开设银行账户申请表、银行开户资料（如董事会纪要、账户协议等)、银行账号、有效签字人资料或银行印鉴及银行销户资料。所有银行账户资料要妥善保管，按公司、按银行类别分别登记，及时存档。银行账户档案资料视同会计档案的一部分，保管年限、销毁程序均按会计档案的有关规定执行。

**(七) 外币资金**

在中国内地公司以人民币为记账本位币，人民币以外的资金统称外币资金。香港各公司以港元为记账本位币，港元以外的资金统称外币资金。美元作为外币资金，但普遍使用，在管理形式上视同本位币管理。在对外经营活动使用货币时，要根据货币汇率的变化趋势，采用合适的货币。当本位币趋于升值时，要争取收进本位货币，支出趋于贬值的货币；反之，要争取收进趋于升值的货币，支出趋于贬值的本位货币，即收入使用硬（升值）货币，支出使用软（贬值）货币。收入的外汇资金中，因收付频繁，可保留一定额度，并根据汇率的变化进行调整，其余的外汇资金，一律要按需兑换，不留余地。对外币资金的核算，采取本位币记账，设置辅助账进行登记资金情况，记账汇率要相对稳定，一般在一个会计年度内不应改变。如果实际汇率与记账汇率相差较大，需调整记账汇率时，需报经公司总会计师同意。

**(八) 新开网点资金的管理**

新开网点日常周转资金由筹建人向母公司财务部门提出申请，经财务部门经理同意后，报公司总会计师审核批准，再报公司总经理审批。待各项审批手续完成后，再由公司财务部门办理资金划拨手续。新开网点未成立公司前，可由筹建人员在当地开设两人或两人以上的私人联名银行账户，两人共同签字方能有效；如果银行不同意开设联名账户，可开设私人账户，但存折和密码需分人保管。所有款项收付由银行账户有效签字人负完全责任。收付款单据要由经办人和负责人共同签字，单据内容要完整、清楚、如实反映发生的事项，对单据要认真保管。依时依序逐笔登记发生的款项收付业务，建立流水账。办理公司注册登记手续后，母公司应及时选派财务人员。所有流水账及单据移交财务人员，办妥移交手续，由财务人员负责进行整理，并建立账簿。及时清理私人联名银行账户，办理注销手续。

**（九）预付金、诚意金的管理**

在未正式签署合同前，公司一般应不预先支付预付金或诚意金。如因业务需要，需支付预付金或诚意金，需经公司总经理同意后支付。支付预付金或诚意金应具备以下条件：项目谈判需基本取得共识，合作意向已定；已签署有法律责任的合作意向书及《预付金（或诚意金）协议书》。如是中国内地公司，意向书签字人必须是企业法人代表。如是境外公司，签字人必须是公司董事。在签意向书之前，对受益方有较深入的了解，需提供受益方的书面公司介绍及营业执照等有关公司注册文件；受益人如是香港公司，该预付金或诚意金必须由双方认可的律师事务所监管；提供受益人的最近年度经注册会计师审核的财务会计报表。受益人必须提供相应金额的银行担保或者是公司认可的其他担保。

**（十）代收代付资金的管理**

公司原则上不代为支付与公司业务无关的款项。若情况特殊，代其他公司支付，不论金额大小，都必须报公司总经理批准方可办理。代付款项必须先存后支，一律不予透支、垫支，不代开银行本票，不代开信用证。在亚洲金融风暴中，部分在香港的中资企业正是因为代开信用证，以此收取一定比例的手续费，从而出现巨额坏账，导致公司破产。每个委托单位只能有一个户口，其存款并入公司活期存款户，不向委托单位计付利息，亦不收取手续费，但如发生利息支出，则在委托单位存款中扣除。若需代为收付其他币种，汇兑损益由委托单位自付。

## 第五节　资金的筹集

香港是一个十分开放和自由的地方，资金出入自由，资金停留量充足，如果一个企业经营状况良好，财务管理正常的话，一般筹资渠道较多，也比较容易成功。

### 一、资金筹集的方式

资金筹集有各种各样的方式，基本可以分为资本市场融资、银行信贷、企业之间的商业信用以及内部融资。

### 二、资金筹集的组织

由公司财务部门负责筹措资金。贷款合同条件的谈判由财务部门负责，贷款合同由公司总经理或其授权人签署。其还本、付息、转期由财务部门按合同办理。在公司批准的额度范围内，由各子公司负责筹措贷款，贷款的币种、数量、期限、利率、抵押和担保等条件，须逐项由母公司批准后办理。

### 三、资金筹集的原则

在市场和自身条件允许的前提下，优先筹集股权资本，次之安排债券发行、组织银团贷款和项目贷款，保持一定数量的短期贷款额度备用。长短期贷款要错开安排，争取无抵押贷款，限制抵押贷款。合理安排港元、美元、人民币以及其他外币的币种结构，从长远上防止汇率风险。同时要合理控制借贷权益比率，根据公司业务发展的需要分阶段、分期限筹集资金。

### 四、筹集股本资金

股权资金是指发行新股、配售旧股、发行认股证等方式筹集的资金。经过经营活动，公司取得长足发展，争取做到每股盈利每年有所增长，不断为全体股东积累财富，从根本上保持公司股票在资本市场上的筹资能力。利用收购、分拆、合并，通过综合财技安排，在资本市场上筹集资金，达到促进公司发展的目的。按照公司的整体部署，财务部门对收购、分拆、合并这些资产经营的方式，必须进行认真的可行性研究，分析对公司未来发展、对公司股价的影向，基金及金融界对公司的反映等，以期作出合理的，或达到最佳的选择。

### 五、项目贷款

大型建筑工程项目，要积极向银行争取工程项目贷款。根据工程进度，及时提用贷款额度。根据项目工程款回收情况合理安排归还贷款。

### 六、短期贷款

积极申请短期流动资金贷款额度和公司常用银行账户的透支额度。短期流动资金贷款由于手续简便，申请时间短，可及时解决公司的临时资金需求。在公司经营活动中经常使用。申请一定的短期流动资金贷款额度和公司常用银行账户透支额度，方便及时筹措资金。短期流动资金贷款应根据用款计划，需要多少借多少，减少资金占用。短期流动资金贷款不得用于长线的多元化投资。在资金富余的情况下，应优先归还短期流动资金贷款和银行账户透支额。

### 七、中长期贷款

根据公司业务发展的需要，争取申请利率低、贷款期限长的中长期银行贷款。

### 八、抵押贷款

抵押贷款应合理控制，对于被抵押的物品，财务部门在取出实物或证明资料时，应经公司总经理批准。归还抵押贷款后，财务部门应及时从银行收回抵押品。

### 九、信用证

由财务部门统一向银行申请信用证（L/C）额度，并办理具体开证工作。各子公司、部门如需办理信用证，应在签约前同公司财务部门协商有关条款，特别是大额及长期信用证。办理信用证要填制信用证申请单（详见附表 6-3），连同合同副本提前两个工作日送交公司财务部门办理。信用证的修改由申请开证部门提出书面申请，并经该部门负责人同意后提前两个工作日送交公司财务部门办理。信用证的结汇、拒付由申请部门签署银行付款单副本，交公司财务部门办理。信用证的一切单据均应由财务部门妥善保管，以备存查。

### 十、履约担保

履约担保额度由公司财务部门负责向银行申请，并办理每项具体业务。各子公司根据工程标书的要求，向公司财务部门提出申请（详见附表 6-4）。选用银行时，需同财务部门商议并会签。工程完工后，各子公司应及时通知公司财务部门，办理履约担保的撤销手续。

### 十一、为外单位提供担保

原则上不可为外单位开具不属于公司业务需要的银行信用证、银行票据及各种信用担保。因特殊情况需要与外单位发生资金信贷及信用担保业务时，一律先经公司财务部门从严审查，在对方能够提供充分的财产抵押和可靠的银行担保的情况下，由公司总会计师审核，经公司总经理批准后方可办理。并由经办部门按期收回借款或撤销担保。

一个健康的企业，一般不允许向与自己无业务往来的单位和个人开信用证，也不允许向有偿还风险和诚信可疑的单位和个人开信用证。

## 第六节　资产、负债及权益管理

### 一、资产管理

#### （一）流动资产管理

流动资产主要包括现金、银行存款、备用金、应收款项、应收票据、存出保证金、预付款项、库存商品、低值易耗品、驻项目工程师的资产［亦称 RE（Residential Engineer）资产，该资产在工程未完工以前，视作流动资产］等。

银行存款是流动资产中流动性最强的资产之一，加强对银行存款的管理非常重要。要合理控制银行存款的存量，既保证公司正常生产经营所需资金的需要，又不使大量资金沉淀，造成资金浪费。支票户应合理控制余额，坚持支付多少，存入多少的原则，一般的款项收入存入存折户，避免利息损失。闲散的大额银行存款，要及时办理转作定期存款手续，在时间上以“天”为单位合理安排。

备用金是应收账款的一种，借支备用金要先填制借款单，经部门负责人及财务负责人签署后方可借出。借出备用金要及时入账，不得以白条抵库，定期清理并督促借款人及时报销冲账。项目实行备用金报销制度，按项目大小，由公司财务部门核定备用金限额，最高限额不得超过 5 万港元或人民币（特殊情况除外），一次借支，周转使用，实行实报实销的办法。项目报销员如有工作调动，必须先清理备用金户口。

应收款项包括应收工程款、其他应收款等。对应收款项按实际款额入账，并及时进行催收，特别是对拖欠时间较长的应收款，要组织力量进行追讨。经多方努力仍无法收回的应收款项，由财务部门提出意见，经公司总会计师同意，报公司总经理批准后，作坏账损失处理。对于已作处理的应收款项，后又收回的，冲减管理费用。

存出保证金（亦称押金）及预付款项，主要包括支付的水、电、煤气、租房及工程投标等各类押金，按实际支付金额入账。申请支付保证金时，申请部门或项目要提供详细的资料，并经部门或子公司负责人签字，交公司财务部门办理。存出保证金由申请部门负责收回，公司财务部门将保证金正本交申请部门办理。

库存商品及结存用具主要包括待售物业、材料、物资及用具等。库存商品应保持合理的占用比例，防止占用量过大，影响资金周转。对待售物业要采取积极措施进行促销，尽量减少楼宇库存。材料、物资及用具等要建立定期盘点制度，至少每年应盘点一次，保证账账相符、账实相符。对盘盈、盘亏和毁损的商品，应按照程序申报，经批准后，由公司财务部门及时进行账务处理。

**（二）固定资产管理**

1. 固定资产划分标准

(1) 使用年限在一年以上的资产；

(2) 工程施工用单价在10000港元（或人民币）及以上的资产；

(3) 办公用品及员工宿舍用的家庭电器单价在1000港元（或人民币）及以上的资产；

(4) 同时具备以上（1）和（2）或（3）者为固定资产。

2. 固定资产的管理及采购

项目需要的生产及非生产用固定资产，由公司物资部统一采购，统一管理，统一调配。所有固定资产，统一由物资部办理注册登记，购买保险。公司办公室及员工宿舍的固定资产（电脑除外）由公司行政部统一采购、统一管理、统一调配。项目、公司办公室用电脑、电脑打印机、电脑绘图机等电脑设备，由公司相应负责部门统一采购、统一管理、统一调配。公司办公用房及员工宿舍住房，办公用汽车，由公司总经理会议或总经理审批。项目添置家庭用电器固定资产，须经公司总经理批准。

(1) 公司办公室及员工宿舍添置固定资产的采购程序：

1) 部门填写物资申请表；

2) 部门经理审批后送相应管理部门；

3) 该部门询价、比价、签约订购。

公司办公室及员工宿舍固定资产在申请部门办理验收后，凭发票、验收单、审批文件，送相应管理部门经理签字并备案，公司财务部门审核付款及入账。

(2) 项目及宿舍添置固定资产的采购程序：

1) 项目填写物资申请表，并经项目经理签字上报公司相应管理部门；

2) 该部门询价、比价、签约定购；

3) 项目固定资产办理验收后，凭发票、验收单和审批文件，填制付款办理单，送相应管理部门，再由公司财务部门核准付款及做账。

为了便于管理房屋工程、土木工程用大型楼宇、土石方施工机械及大型配套设备以及基础工程用专业施工设备，需设立机械管理公司或部门统一管理、统一调配。对每个项目则实行租赁收费制。公司财务部门设立辅助核算账户，以便核算其租赁成本。项目除土石方施工机械及大型配套设备外，小型机械、私家车、货柜、办公用品、仪器设备、电器用品、驻项目工程师资产等固定资产纳入项目管理范围，其调配由机械管理公司（部门）统一负责。

公司属下项目，机械管理公司（部门）的固定资产统一由公司财务部们按不同成本中心设账核算，按照规定每半年提取折旧一次，根据受益对象分别转入各项目成本。公司财务部门按固定资产类别统一编号，建立实物台账，并把编号通知相应管理部门，组织钉贴固定资产编号牌。各项目材料员及行政负责人员应积极配合，并负责保管编号牌不受损害及覆盖。

公司办公室及员工宿舍的固定资产及机械管理公司的固定资产由相应管理指派专人负责具体管理和协调工作。各部门、各子公司使用办公室及宿舍固定资产，由各部门、各子公司主管领导负责，并指定专人管理，建立固定资产台账，及时记录固定资产调拨、出售、报废，每季填报管理范围的固定资产明细表，接受固定资产主管部门的检查。

项目的固定资产管理，由项目经理负责。项目报销员、材料员分工负责账及实物的具体管理工作。报销员负责建立固定资产台账，登记驻项目工程师资产台账，登记固定资产调拨、出售、报废账目，每季填报固定资产明细表交相应管理部门、财务部门查核，项目材料员负责实物管理，包括验收、钉牌、保管、清点、核数、安排维修保养，办理调拨、出售、报废手续。固定资产管理部门根据项目、各子公司需要及填妥的固定资产调拨单办理固定资产的调拨手续，并通知公司财务部门进行账务处理，各项目、子公司、部门不得自行调动，也不可先调动后办手续。任何人私自调动固定资产，由此造成管理混乱及经济损失，需由当事人承担责任。由于违反操作规程，或不精心操作导致固定资产遭受损失，由当事人负责；违章驾驶车辆造成罚款由当事人负责。固定资产修理费用超过 10000 港元或人民币，须报固定资产管理部门审核备案。固定资产报废，需由经办人填妥固定资产报废单，经项目经理（或部门经理）、固定资产管理部门审批，并经公司总经理批准，由公司财务部门进行账务处理，残值冲销该项目成本（或所属部门的管理费）。项目完工后，固定资产内部转让其他项目或部门回收存放时，按其价值作有偿调拨，其收入冲销项目成本。对不适用的固定资产，须经固定资产管理部门审核，报公司总经理批准后，方可对外出售。出售价格由项目、固定资产管理部门商定。出售后的盈亏冲销项目成本。

驻项目工程师（RE）的固定资产其折旧额应一次纳入项目成本，为了加强管理，对 RE 固定资产，采用一年折旧完的办法，当年摊入成本，于项目固定资产明细表列明。项目完工后除合同列明不能收回的外，应及时收回其他 RE 资产，尚有使用价值的，要重估价值入账，冲减项目 RE 费用，而有关的调拨出售、报废均按固定资产管理办法执行。

3. 固定资产折旧的提存

(1) 固定资产按照“直线法”（固定资产原值×年折旧率）计提折旧。项目和公司办公室、员工宿舍使用的固定资产，折旧率和使用年限有所不同（详见附表 6-5）。

(2) 固定资产每半年计提一次折旧，折旧费用将按各使用地点分摊到项目成本、公司管理费等有关账户内。

(3) 固定资产无论在该年任何月份购入并已入账作为该年度的固定资产，则此固定资产于该年提足首年折旧。

(4) 固定资产因不能使用而提前报废，必须提足折旧，并按最后使用地点分摊此费用，方可报废。

(5) 固定资产的清查盘点及保险工作。

公司财务部门组织各主管部门每年对固定资产进行实物清查盘点。主管部门编造固定资产清查盘点表报公司财务部门，以便进行账务处理。财务部门统一汇总公司的固定资产。对于坏损的固定资产，要积极修复使用，不能修复的要及时办理报废手续，进行账务处理。对于被盗和丢失的固定资产，应积极报案追查和索赔，对不能追回的固定资产，要按固定资产购置审批权限办理报废手续，进行账务处理。对于盘盈固定资产，须由使用人员评估其残值，重新编号，补钉编号牌，填报有关文件进行账务处理。各主管部门负责对所管理的固定资产购买保险、续保及索赔工作。

## 二、流动负债管理

流动负债包括短期借款、短期债券、应付票据、应付账款、存入保证金、其他应付款等。

短期借款是指企业为了满足临时资金需要向银行申请的借款，一般期限较短，临时性较强。对短期借款应灵活掌握，合理控制短期借款的使用。提用短期借款，公司内部要办理审批手续。当有资金富余时，要首先归还短期借款。应尽量以银行存款归还银行贷款或透支，除特殊情况外，不允许出现一方面银行存款过多，一方面又大量向银行申请短期贷款或透支的情况。短期贷款资金不得用于中长线的投资。一般情况下集团公司不得发行短期债券。特殊情况下若发行短期债券，要注意债券条款，并坚持按期收回。应付票据、应付账款及其他应付款等流动负债，要设立明细账进行登记，反映增减变化情况，并及时清理。存入保证金主要是指公司向分包商收取的工程押金。于工程结算时退回分包商。应按分包商设立明细账进行核算。流动负债均按实际发生额进行核算。

## 三、长期负债管理

长期负债包括长期银行借款、长期债券及长期应付款。借款期限在一年以上的构成长期借款，集团公司长期银行借款有银团贷款、单边贷款和项目贷款等。申请长期借款要考虑集团公司的负债比例，统筹安排集团公司资金。长期银行借款按实际发生额记账，长期银行借款的利息作为财务费用支出，不构成长期银行借款的一部分。集团公司发行长期债券时，要充分考虑资金用途，避免造成资金浪费。对长期债券一定要按时赎回。长期负债是公司债务的重要组成部分，直接影响公司的发展。一方面要千方百计通过长期银行借款和长期债券筹措资金，另一方面又要保持合理的长短期负债结构。

## 四、权益管理

权益包括股本金（含实收股本和股本溢价）、储备金及未分配利润等。对公司权益，公司股本要积极进行筹措，壮大公司实力，促进公司发展，并保证公司股本的不断增加；储备金是对资产重估值与原值的差价的反映，应保证公司储备金的增长，保持公司净资产的保值和增值；未分配利润，一般情况下不可动用，只有在经董事局提议，并经公司全体股东大会通过才可动用。

### 五、资产负债比率管理

资产负债比率＝（总负债/总资产）×100％。一般情况下，资产负债率在50％以内为正常。

借贷权益比率＝（借贷总额/权益总额）×100％。一般情况下，借贷权益比率在100％以内为正常。

公司在筹措资金、谋求发展的同时，一定要保持公司合理的资产负债比率及借贷权益比率，确保公司安全运行，稳定发展。

## 第七节　收　入　管　理

### 一、工程收入管理

#### （一）项目责任

项目总管、工程师、测量员按月向工料测量师报送实际完成工程进度情况。工料测量员根据分包商上报的完成工作量，测量分包商实际完成情况。根据工程进度、工程里程碑进度，结合标书，由项目工料测量师（PQS）制作工程款单，经项目经理内部审核后，送项目经理（或代表）。项目经理（或代表）向业主发信申请工程款，并将信件抄送公司。对于已经申请，但业主尚未批复的工程款单部分，项目经理应积极跟进，督促收回。项目经理对工程款收入负完全责任。

#### （二）子公司或部门责任

收到业主批复工程款单，合同部应检查实际批复情况，是否存在严重漏批、错批的情况。并将业主批复工程款单转交项目。书面通知公司财务部门有关工程款的收入情况，包括工程款的组成、期数、实际收款金额等。

#### （三）公司财务部门责任

公司财务部门要积极同子公司或合同部配合，每月按项目编制工程款收入收款计划，包括工程款的期数、收款日期、收款金额等，掌握各项目工程款收入的情况，做到心中有数。收款计划应以业主批复工程款单为准，没有业主批复工程款单的，由子公司或合同部提供资料，公司财务部门并入收款计划，但作备注说明，有业主批复工程款单后，予以调整。根据工程款收入收款计划，积极组织落实。业主以自动转账方式付款的，公司财务部门要于付款到期日同银行联系，落实是否已收到工程款及实收金额。业主以支票方式付款的，公司财务部门要按业主工程款单的付款日期，及时到指定地点领取支票，并于当日将支票存入公司银行账户。实际收到的工程款与业主批复工程款单不符时，要及时告知子公司合同部跟进。工程款收妥后，及时编制银行收款凭证。

### 二、其他收入管理

其他收入包括废旧物资出售收入、罚款收入、银行利息收入、内部利息收入等。凡属于公司收入的部分，财务部门要认真把关，采取有效措施，及时进行催收，并保证各项收入及时入账，避免公司损失。收妥款项后及时编制收款凭证。

值得强调的是，建筑企业的收入来源种类繁多，但所有收入都必须按时、全部进入公司统一管理的银行户口内，不得截流，不得以其他名义转移，设立小金库。应收回的资金，应有专人负责催办，尽量做到收入时间差【应收时间（天）－实收时间（天）】为零。

## 第八节　成本费用管理

### 一、成本费用开支管理权限

#### （一）办公费

办公费由行政部主管，行政部定期分析办公费开支的情况，根据不同情况，制定节约开支的措施。办公用物资购进应实行验收手续，行政部验收人应在发票上签字确认。100元以上的文具用品，在领用时应由领用人办理领用手续，领用人辞职或被解雇时由用人单位及时通知行政部，领用人应到行政部办理退还手续。行政部按领取部门将费用予以划转。

#### （二）交际费

1. 交际费开支标准

无论是因商谈工作之需与客人饮茶（工作餐，下同）或宴请，或是公司节假日举办宴请，或工程封（平）顶和竣工喜庆酒会等，都应本着节约的原则办理。部门助理经理以上人员，因工作需要，可请客人饮茶或宴请。其他人员不得宴请，确因商谈工作误餐，可与客人饮茶。饮茶按每人 150 元以下标准，宴请每桌 3000 元标准（公司领导可视情况提高）。凡参加饮茶或宴请者，皆不得再报误餐补助费。发生的交际费，需经主管领导批准方可报销。

2. 交际费审批

交际费按审批权限进行审批。可在管理制度中明确规定，各项目发生交际费 1000 元以内的，由项目经理直接审批，超过 1000 元的，需报各子公司或部门审批。公司办公室发生交际费 5000 元以内的，由公司、各部门、各子公司总经理审批；超过 5000 元，但不足 10000 元的，由公司副总经理审批；10000 元以上的，由公司总经理审批。

#### （三）馈赠

因工作之特别需要，部门经理以上人员，可本着经济、大方、得体的原则馈赠客人礼物，其余人员无权馈赠礼物。馈赠礼物要从严控制，不得重复馈赠，各级管理人员按标准馈赠礼物。具体标准可设为：部门经理馈赠礼物价格，每次限在 1500 元以下；公司副总经理馈赠礼物价格，每次限在 5000 元以下，超过权限的需报公司总经理批准。员工有喜庆大事，须要送礼券的，对一般人员由部门或子公司主管代表公司送 2000 元或以下的礼券；对公司助理总经理级人员、项目工料测量师、高级工程师及相应人员，由部门或子公司主管代表公司送 3000 元或以下的礼券；以上两项公司不再另送礼券，对部门或子公司总经理级人员，由公司总经理代表公司送 5000 元礼券，部门及子公司不得重复送给。其他人员不得以公司或部门名义再重复馈送礼券（个人出钱者除外）。项目员工由项目办理，报子公司总经理审批；公司办公室员工，由公司人事部办理。

**（四）捐款**

公司进行捐款一般数额较大，公司的资产就会直接减少，因此也需像馈赠一样严格控制。每次捐款在港币 20000 元以下者，可统一由公司副董事长、总经理共同批准；一次捐款在港币 20000 元以上者，需由公司总经理会议审定。

**（五）出差补助费标准**

出差补助费因公司所在地区及出差的地区不同而异，标准也比较复杂。如果公司注册地在香港，香港当地员工在香港因到公司系统外出差误餐，除原有伙食津贴外，可再报误餐补助费。到公司系统内工作，不论是由公司下项目或项目上公司及项目相互来往工作者，皆不得报误餐补助费（可在项目或公司食堂就餐）。员工到中国内地（不含深圳市）出差，每人每天报津贴补助 100 元。单次出差天数超过 20 天，其超出部分，按每人每天 50 元标准报津贴补助。到深圳市、澳门出差，每人每天报津贴补助 60 元。参加各种会议或各类学习班、培训班，已享受报销会议伙食者，不再报出差伙食补助。到其他国家或地区（澳门除外）补助标准也不同，可以分为欧美、澳洲地区，亚洲（不含日本、中东）地区，日本、中东、非洲地区三类，每人每天报津贴补助应区别对待。

对于出差交通工具及住宿标准也应明确规定。员工因工作需要，在同一城市内与其他单位联系工作，乘坐的交通工具，以公共交通工具（包括大巴、中巴、地铁）为主。如果需要携带较重物品（一般指 20 公斤以上）或大量现款、贵重物品以及时间紧迫的，经子公司部门总经理以上人员批准，可以乘坐出租车。公司副总经理以上人员外出，可以乘坐出租车。公司副总经理以上人员可以乘坐飞机头等舱，其他人员只可乘坐飞机经济舱。员工到异地出差，应尽量在系统内在各地设立的招待所住宿。如没有招待所的，可以住三星级或以下的宾馆。经公司领导特殊批准，可以住四星级宾馆。

同时出差的审核权限也需作出规定。公司副总经理出差，所有人员到第三国出差，需经公司总经理批准。公司领导出差，需知会公司其他领导及分管的部门、子公司。各部门、子公司正副总经理出差，由公司主管领导批准，并由出差人员知会公司人事部。写字楼员工出差，由所在部门、子公司正副总经理批准。项目正副经理出差，需经公司主管副总经理批准。项目员工出差，需经工程公司领导批准。

财务部门按经签核后的单据报销。计算津贴补助的天数，计头不计尾，即不论何时从公司所在地出发，照计当天的津贴；不论何时到达公司所在地，皆不能计当天的津贴。子公司的差旅费标准由子公司自行拟定，报母公司备案。员工伙食费标准按公司人事部制定的标准执行。由公司统一制定成本费用开支审批权限。

## 二、成本预测预控

公司各部门、各子公司均需树立成本观念，注意开源节流。公司财务部门归口负责成本预测预控，对每一个项目定期进行成本预测，随时了解工程的成本状况。成本预测每季度进行一次，按成本预测表进行填制，如实反映工程项目的盈亏情况。成本预测表由项目负责填报，经子公司主管领导审签后，报公司财务部门。公司财务部门建立成本预警系统，当项目同期实际收入低于计划收入 10%，或项目管理费与实际收入之比超出同类工程平均值，或当工期过半，项目收支结余数没有达到项目盈利预算的 30%以上（或为亏损控制指标没达到减亏目标的 30%）时，即发出预警。例如，成本预警制度可设立三个指标：(1) 工程累计实际收入与计划收入比较；(2) 累计管理费与累计工程收入比较；(3) 在建工程累计占用公司资金情况。根据制度，列入预警的项目应重点跟踪，各子公司应抓紧跟进，及时将有关情况报告给公司领导，并知会财务部门。在实践中，需要预警的项目则在各指标下指出。

(1) 指标一：工程累计实际收入与计划收入比较（工期过半，实际收入比计划慢10%以上，见表6-1）。

**表 6-1**

| 项目名称 | 所属子公司 | 实际比计划慢 | |
|---|---|---|---|
| | | 万元 | 百分比 |
| 1. ××项目 | ×× | −2020 | 30% |
| 2. ××项目 | ×× | −1100 | 20% |

实际收入为项目实际的现金收入，而非已收到业主的确认函而没有到公司账户的工程款收入。

(2) 指标二：累计管理费与累计工程收入比较（工程类型不同，比例标准不同，例如房屋项目为13%，若工期过半，实际比例超出此比例则发出预警，见表6-2)。

**表 6-2**

| 项目名称 | 管理费占收入（%） |
|---|---|
| 1. ××项目 | 25 |
| 2. ××项目 | 18 |

(3) 指标三：在建工程累计占用公司资金情况（若工期过半，则占用公司资金较大的项目须发出预警，见表6-3)。

单位：万元　　**表 6-3**

| 项目名称 | 所属公司 | 现任项目经理 | 合同金额 | 累计占用公司资金 |
|---|---|---|---|---|
| 总计垫资金额 | | | | −5600 |
| 1. ××项目 | ×× | ××× | 28000 | −2300 |
| 2. ××项目 | ×× | ××× | 57800 | −1800 |
| 3. ××项目 | ×× | ××× | 18600 | −1100 |
| 4. ××项目 | ×× | ××× | 8890 | −400 |

公司要加强对费用开支的管理，每年年初由财务部门提出当年费用开支计划，经公司批准后，按计划进行控制，做到年初有计划，年终有检查和总结。对于超出费用计划角度的项目和部门，应分析原因，并采取相应的措施。

## 三、成本核算

公司按业务性质，分不同的会计科目进行成本核算，实行借贷记账法，按权责发生制原则进行。对在建工程设“直接费”、“项目开办费”、“项目管理费”核算项目成本，直接费分人工费、材料费、机械费、分包商工程款。竣工工程设“竣工工程支出”科目核算竣工工程成本。承包工程成本核算由公司财务部门与子公司共同组织进行，建立自下而上的成本核算网络，统一核算口径，统一核算方法，统一成本项目，统一成本报表。公司财务部门指定专人负责各子公司、各项目的成本核算工作，各项目建立工程成本台账，编制成本报表，负责成本分析。公司财务部门按季向各子公司提供成本报表。要严格划清各子公司和母公司之间的权益关系。项目报销员登记成本台账，成本台账的惟一依据是财务部编制的记账凭证副本，此外不得以任何其他资料作为记账的依据。公司财务部门每月底后五个工作日内向项目提供实收实付成本明细表、分包商工程款及分包商保固金明细表，项目报销员在核对无误的基础上编制项目成本报表，于每月底后七日内报送公司财务部门。竣工项目必须取得业主的完工纸方可办理竣工结算。联营项目必须收到最后一期工程款、收回保固金，通过会计师核数方可办理最后一次撤股和分红。竣工工程结算要服从核算利益上需要，互相调节，减少公司不必要的支出，项目结束时，应将项目成本账册整理交公司财务部门统一归档保存。

由于工程决算工作一般需时数年，为了调动项目的积极性，同时有满足会计师事务所核数的需要，可以对核数利润和内部考核利润实行一本账，两种不同计算方法。

核数利润：按公司承包工程核算要求，根据工程进度计算期间利润。当预计中标工程完工后为盈利时，且工程进度达到30%以上，则将预测之盈利按工程进度百分比结转到当年利润。当预计工程竣工后为亏损时，且工程进度达到30%以上，则将预计之亏损额全数结转当年亏损。当工程进度未达到30%的项目，则当年不计算盈亏。

内部考核利润：各子公司内部承包工程以项目为对象，以工程项目标书工程量清单价为基数，以内部目标经营责任制为依据，考核各项目经营成果。工程成本指标是在各项目进行成本分析预测基础上，根据实际和留有余地的原则，由公司确定项目的计划盈亏数,待竣工结算完成后，按合同条款及指标完成增减情况，由公司对项目进行检查考核。

公司各部门、各子公司发生的管理费用，统一由“公司管理费”进行核算。

## 四、付款程式及职责

### (一) 公司本部付款程式及职责

各部门负责所管辖部分工作的费用支付，填写报销单，经部门经理签批后送公司财务部门。公司财务部门收到各部门的报销单后，经公司财务部门主管经理加签后办理付款手续，现金报销部分按公司现金管理的有关规定，支付现金或开出转账单或支票付款，并及时编制付款凭证。

### (二) 项目日常费用支出及付款职责

项目报销员：负责日常项目零用现金报销，核对报销人员所持的原始单据是否有经办人以及项目经理批准付款签字。单据是否正本，支出项目是否清楚列明。最后，按照项目经理所核定签认的金额支付。按公司有关制度规定，计算薪金以及伙食补助（包括业主驻项目工程师人员），经项目经理审核后才能做付款手续，并保留薪金收据以及银行转账单到公司财务部门办理报销手续。负责备用金的借款和冲账，逐月清理归垫，保持项目备用金与公司财务部门账上备用金余额一致，并对此负完全责任。

项目材料员：收到供应商发票后，与签收的送货单核对送货数量，根据采购合同核对单价以及付款金额，填报材料付款办理单，经项目经理签字后送物资部审核签字。按期填报支付供应商的付款明细表，以及将应扣分包商材料款的明细资料交项目工料测量员(Q. S)，以便扣回垫付的材料款。对付款办理单的支票抬头、金额以及重复付款现象负直接责任。

项目工料测量员：根据分包合同书以及分包商申请完成的工作量制作工程款单，经与分包商核对确认后交项目经理复核，再呈报公司部门复审。负责清理核对分包商应扣材料款等。负责分包商承包工程的对数及开单工作，并对支付项目分包商工程款的金额负责。

项目经理：负责项目一切日常费用支出、员工薪金发放、付款办理单以及分包商工程款单的复核及审批。负责项目废料出售资金的回收。对项目一切费用支出重付、错付以及提前付工程款和私设小金库负有完全责任。

子公司及各部门：按公司规定，审批材料付款、交际费（1000 元以上）、交通罚款、长途电话费、项目施工安全及环保罚款等。根据分包合同书，审核工程款单的工作项目及内容、支付工程款日期，确保按期支付工程款，制止提早支付及重复支付。

公司财务部门支付材料费程序及责任：收到付款办理单，核对付款办理单是否有经办人、项目经理以及各有关部门签字。核对发票金额和付款办理单的金额是否相符，并根据付款办理单的金额和会计事项，填制会计凭证入账付款。将会计凭证经复核后列印支票。按支票签字程序经 A、B 组人员签字确认后，由出纳统一发放支票给供应商，并同时取回收据。

支票支付程序如下：核对单据→制作传票→审核传票→列印支票→审签支票→发放支票。

公司财务部门支付分包商工程款程序及职责：收到子公司或部门送来工程款单，核对工程款单是否有经办人、项目经理、工程部、合同部经理以及子公司总经理签字。按交叉、联审程式核对工程款单金额、支付日期以及分包商名称。核对无误后按工程款单应付分包商款数以及有关费用支出分项目及会计科目填制记账凭证。经复核后列印支票。按支票签字程序经 A、B 组人员签字确认后，由出纳统一发放支票给分包商，并同时取回收据。财务部门在签收子公司送来工程款单后，必须经过三个有效工作日运作后才能出支票。

公司财务部门对项目报销的程序及职责：收到项目总务的开办费及管理费明细表及原始报销单后，按公司有关制度和规定核对会计科目是否正确，报销单是否有经办人、项目经理以及各有关部门（按审批权限）签字。核对原始单据（正本收据或者是货到付款发票)是否可作付款依据。核对开办费及管理费明细表以及各报销单附件的总数是否一致。计算报销费用的总数，冲销项目所借备用金，支付项目备用金差额或者收取项目备用金余额，核对无误后入账作记账凭证。经复核无误后开银行提款单。按公司签字程序经 A、B 组人员在提款单上签字确认后，由出纳统一以转账形式办理备用金划拨手续。

公司财务部门对现金报销的程序及职责：收到现金报销单后，核对是否有部门经理或者子公司总经理签字，按权限规定有的还需公司主管领导签字，并由财务部门经理加签。核对原始单据与报销单金额一致后，根据报销单上的金额支付现金。根据有关费用划分规定进入指定会计科目作记账凭证。

## 第九节 利润及其分配管理

### 一、利润组成

建筑公司利润包括所有子公司实现的税后利润，包括承包工程利润、其他利润等。

### 二、利润分配

建筑公司实现的利润在按照有关规定作相应调整后，依法缴纳利得税（或所得税）。如果建筑公司为上市公司，税后利润部分按照公司董事局的提议，并经股东大会通过后，支付普通股股息。股息应采取相对稳定的派息政策，公司派息政策虽然同公司的盈利有关，但在调整公司的派息水平时，时间上并不和公司的盈利变动一致。当公司的每股盈利上升时，不能急于提高公司的派息比例，只有当每股盈利上升的趋势已经基本稳定，而且确知未来的盈利前景可以持续后，才将股息调高。如果盈利下降，公司并不立即减少股息的派发，惟有当盈利下降趋势已确定，近期内不可能复原的情况下，才相应调低股息。未分配利润执行统一管理，一般不能轻易动用，只有经该公司董事局提议，股东大会通过才可动用。所属子公司实现的税后利润，原则上采取全额上交的办法。经公司批准执行利润留成的子公司，则扣除留成利润部分后，按上述要求办理。

## 第十节 税务管理

### 一、税务管理的范围

如果建筑公司在香港注册，税务管理主要包括附属公司及由该公司管理财务的联营公司的利得税和印花税；在中国内地注册的各内地公司，则包括营业税、增值税、所得税等。

### 二、香港注册公司的税务管理

公司应严格遵守香港税务条例（INLAND REVENUE ORDIANCE 简称 IRO）和税务规则（INLAND REVENUE RULES 简称 IRR）的有关规定。公司财务部门统一负责在港附属公司或由该公司管理财务的联营公司的税务问题，平衡公司税务、税务分析、联系及协助会计师向税务局提出反对及上诉等工作。

#### (一) 利得税管理

公司本部及在香港的附属公司若有从香港赚取利润，均须缴纳利得税。利得税的税率按香港特别行政区政府公布的税率标准执行。现在香港的利得税率为17%。

公司本部、在港的附属公司及由该公司管理财务的联营公司（除交由会计师代为报税的公司外），一律由公司财务部门负责填报报税表及应课税溢利计算表（TAX COMPUTATION）。应课税溢利计算表格式如下：会计账目的盈利/（亏损）减不在征税范围内的入息，包括资本性收益，银行存款利息及境外任何收益，股息，储税券利息，政府债券的利息及收益，外汇债券利息及收益，加上不可扣除的开支，包括家庭或私人开支，任何并非是为赚取溢利而支出的款项，任何资本开支，会计账目的折旧开支，均由法定的折旧免税额代替。

为了对可扣除的开支项目的某些项目定义有所明确认识，在此作简要释义，以便提高在账务、税务处理上的正确性。

根据税务条例第十六条（1）条（D）段，在评税基期产生的坏账是否可获扣除皆由评税主任裁定，需要向评税主任显示经过了切实的追收行动而没有结果的事实，而产生成了坏账，所述的欠款必须原是征税范围的收入，才可获得扣除。

慈善捐款可在限制范围内获得扣除税款，但该支出必须是捐给根据税务条例第八十八条获得豁免征税的公共慈善机构或信托团体或者是捐给政府或用于慈善用途的捐款，其限制范围是：认可慈善捐款总额不少于100港元；扣除额以应评税溢利减去折旧免税额后及减去慈善捐款前的10%为限。根据税务条例第十六条（2）款（B）段，若该课税年度没有应课溢利或亏损，则不能把任何慈善捐款扣除。

任何付出的交际费用必须证实与业务协商有直接关系，同时有关记录是需要提供这些费用的详细情况及受招待人士的姓名，更要提供有关业务之性质的资料。

填妥的报税表由公司财务部副经理或以上人员签署，连同应课税溢利计算表呈报税务局（副本存档）。在收到税务局利得税缴纳通知书时，应与公司上报的报税表中应课溢利对比，若完全相同，按缴纳通知书的交款日期缴交税款。若通知书上的应评课税高于公司上报的应课盈利时，应在此通知书发出日期一个月内以书面形式向税务局局长提出上诉，并提供充足理由及资料证明应课溢利不妥之处，以便重新评核。根据税务条例第六十三G条，任何公司需缴纳利得税均需缴付下一年度的暂缴税；暂缴税一般按纳税人当年的应课溢利作为计算的基准。若纳税的公司预计明年的应课溢利少于去年之90%，可以书面连同有关证明文件（包括由该公司董事签署证明的预测全年溢利、应课税溢利计算表及申请减免税额）一并向税务局局长申请；而该申请必须在缴纳暂缴利得税日前28天或暂缴利得税缴纳通知书发出日起计14天（两者以较迟者为准）前送抵税务局局长。等待重新评税期间，如果税务局要求先购储税券，或要求先付款后待重新评估，都要尽量说服税务局允许使用银行担保代替储税券或直接付款。凡由银行给予税务局出具课税担保的，必须认真记录。

在法律许可的范围内依法减轻各级公司应课溢利税负。注意交易方式以减轻缴付税款。在每次交易时，要认真做好税务评估，尽可能选择有利减轻税负的交易方法。在购买新的物业时，尽可能分清是投资物业或作转售用途，把有关意图用文字记录，方便日后向税务局交待。改进内部交易的计费、计息办法，按有利于公司税务安排的原则，灵活处理。改进资金调动，尽量以资本性的资金投入内地项目，融资性的资金用于香港投资。在境内积极申请减免税优惠。

商业记录的保存。税务条例第五十一C条规定，从事任何行业、专业或商业必须用英文或中文对其收入及支出交易做出详细记录以便确定应课溢利的准确性及应付税务局质询时提供有关所需资料。此等交易记录须保存至少七年（当一公司解散时，待接获税务局的函件证明再无任何税务问题，该等交易记录则可销毁）。

**(二) 印花税管理**

根据印花税条例，买卖公司股份、物业及租赁物业等每项交易均须计征印花税。印花税的税率按香港特别行政区政府的规定执行。

### 三、中国内地公司的税务管理

中国内地税种较多，内地公司财务部应详细了解有关税法的规定，了解内地所有税种的组成。正确计算和缴纳各种税款，特别是对营业税、增值税、所得税等，要认真核实计税基数，按不同的比率计算缴纳。在法律许可的范围内，积极申请减免税。

### 四、税务研究

公司各级财务部门要研究业务所在地区的税务、费用收取规定，界定计算基数、税率、收缴时间，为项目投资税费计算、评估提供资讯。

## 第十一节　会计科目设立

### 一、会计科目表

建筑公司会计科目按照业务性质，分为通用会计科目和业务系专用会计科目。通用会计科目分资产类、负债类、权益类、损益类等四项，业务专用会计科目主要是承包工程损益类会计科目。

**(一) 通用会计科目表**

1. 资产类

(1) 现金

(2) 银行存款

(3) 备用金

(4) 暂付款项

(5) 应收款项

(6) 存出保证金

(7) 内部往来

(8) 待摊费用

(9) 固定资产

(10) 累计折旧

(11) 无形资产

(12) 其他资产

2. 负债类

(1) 短期银行贷款
(2) 长期银行贷款
(3) 暂收款项
(4) 应付款项
(5) 存入保证金
(6) 预提费用
3. 权益类
(1) 股本
(2) 资产重估储备
(3) 本年损益
(4) 历年损益
(5) 损益准备
(6) 利润分配
4. 损益类
(1) 收入
(2) 成本
(3) 公司管理费
**(二) 承包工程业务专用会计科目表**
(1) 承包工程收入
(2) 承包工程支出
(3) 竣工工程收入
(4) 竣工工程支出
(5) 在建工程
(6) 项目开办费
(7) 项目管理费
**(三) 会计科目说明**
1. 通用会计科目说明
(1) 现金：本科目核算公司的库存现金。公司收到现金，借记本科目，贷记有关科目；支出现金，借记有关科目，贷记本科目。公司应设置“现金日记账”，由出纳人员根据收付款凭证，按照业务发生顺序逐笔登记。每日终了，应计算全日的现金收入、支出的合计数以及结余数，并将结余数与实际库存数相核对，做到账款相符。
(2) 银行存款：本科目核算公司存入银行和其他金融机构的各种存款。公司收到存款或将款项存入银行时，借记本科目；提取或支出存款时，贷记本科目。公司应按开户银行、存款种类，分别设置“银行存款日记账”，根据收付款凭证，按照业务发生顺序逐日逐笔登记，并结出账面余额。“银行存款日记账”应至少每月与“银行对账单”核对一次，月份终了应编制“银行存款余额调节表”，将银行存款的账面余额与银行对账单余额调节相符。“银行存款”一级科目下设港元储蓄户、港元往来户（支票户）、港元定期户、美元储蓄户、美元定期户二级明细科目，二级科目下按银行类别设立三级明细科目。

(3) 备用金：本科目核算公司拨给项目的周转金和内部部门备作零星开支使用的款项。借方核算公司向各内部单位拨付的备用金，贷方核算公司向各内部单位收回的备用金。支用的备用金应在规定的期限内办理报销手续，不得转借给他人或挪作他用。

(4) 暂付款项：本科目用以核算暂时付出，待以后收回或冲账的款项。付款时，借记本科目；收回或冲账时，贷记本科目。按不同单位或个人设立明细账核算。

(5) 应收款项：本科目核算公司发生的应收未收回的款项。应收款项增加时，借记本科目，应收款减少时，贷记本科目。按不同单位或个人设立明细账核算。

(6) 存出保证金：本科目用以核算水、电、电话、租入物业、工程投标等要支付的按金（押金）。付出按金时，借记本科目，收回按金时，贷记本科目。应根据不同单位或个人设立明细账核算。

(7) 内部往来：本科目核算公司内部的因日常业务而产生的往来款项。期末借方余额合计反映应收内部单位的款项，贷方余额合计反映应付内部单位的款项。“内部往来”一级科目下设公司内部往来、子公司往来、联营公司往来二级明细科目，二级科目下按公司分别设立三级明细科目核算。

(8) 待摊费用：本科目核算企业已经支付但应由本期和以后各期分别负担的各项费用。借方核算发生的应由本期和以后各期负担的费用，贷方核算已经摊销的费用，期末借方余额反映尚未分摊的费用。

(9) 固定资产：本科目核算公司固定资产的原价。可分为房屋地产、装修及家具、汽车、电器设备、机械设备、办公用品、仪器、架设工具及货柜九大类。借方核算投入、购入、自制自建、接受捐赠、盘盈等原因增加的固定资产，贷方核算投出、出售、盘亏、毁损等原因减少的固定资产，期末借方余额反映期末所有的固定资产原值。公司设置“固定资产明细账”和“固定资产卡片”对固定资产进行明细核算。

(10) 累计折旧：本科目核算公司固定资产的累计折旧，即固定资产在使用过程中所发生的价值损耗。公司按月计提折旧时，借记有关成本费用科目，贷记本科目。固定资产出售、盘亏、毁损时按实际已提折旧借记本科目。期末贷方余额反映固定资产的累计折旧。

(11) 无形资产：本科目核算公司的专利权、非专利技术、商标权、著作权、土地使用权、商誉等无形资产的价值。借方核算购入或自行开发并按法律程序取得的各种无形资产所发生的实际支出，以及其他单位作为投资投入的无形资产价值。贷方核算按确定期限分期摊销、出售、投资转出的无形资产价值。期末借方余额反映尚未摊销的各种无形资产的价值。

(12) 其他资产：本科目核算公司除长期投资、固定资产、无形资产、递延资产以外的其他资产。借方核算实际发生的其他资产价值，贷方核算转销的其他资产价值，期末借方余额反映尚未转销的其他资产价值。

(13) 短期银行贷款：本科目核算公司向银行和其他金融机构借入的期限在一年以下的各种借款。借入各种短期借款时贷记本科目，归还借款时借记本科目，期末贷方余额反映尚未归还的短期银行贷款。

(14) 长期银行贷款：本科目核算公司借入的期限在一年以上的各种银行借款、公司发行的长期债券、浮息票据等。公司借入长期银行借款、发行长期债券、浮息票据等时贷记本科目，归还长期借款、长期债券、浮息票据等时借记本科目，期末贷方余额反映尚未归还的长期银行贷款、长期债券、浮息票据等。

(15) 暂收款项：本科目用以核算等待以后冲账或付出的暂时收入。收款时，贷记本科目；付款或冲账时，借记本科目。

(16) 应付款项：本科目核算公司外部的应付未付款项。应付款增加时，贷记本科目；应付款减少时，借记本科目。按业务性质、类别或公司名称设立明细科目。

(17) 存入保证金：本科目用以核算应付各分包商的工程保证金。存入押金时，贷记本科目，退还押金时，借记本科目。应根据不同分包商设立明细账核算。

(18) 预提费用：本科目核算预先提取计入成本，但实际尚未支出的各项费用。预提费用时贷记本科目，费用实际发生或结转预提费用时借记本科目。期末贷方余额反映尚未发生或结转的预提费用。

(19) 股本：本科目核算股东实际注入的资本金。实际收到股本时，贷记本科目；退回股本时，借记本科目。

(20) 资产重估储备：本科目核算公司的财产经过法定重估产生的价值变动情况。当重估增值时，贷记本科目；重估价值下降时，则借记本科目，期末贷方余额反映重估增值部分。“资产重估储备”下设投资物业重估储备和固定资产重估储备两个明细科目核算。

(21) 本年损益：本科目用以核算期末经营类科目中结转的损益余额。此科目的贷方余额为利润，借方余额为亏损。

(22) 历年损益：本科目核算历年积存的损益总额，“本年损益”科目年末余额在下一会计年度内转入本科目。贷方余额反映历年盈利，借方余额反映历年亏损。

(23) 损益准备：本科目用以核算公司的有价证券投资、长期投资、承包工程、其他投资及库存材料于期末减值之准备。预计为亏损而提的准备贷记本科目，借方核算转销的金额，期末贷方余额为损益准备未转销的部分。

(24) 利润分配：本科目用以核算利润的分配，增加应分配利润时贷记本科目，实际分配时借记本科目。

(25) 收入：本科目核算公司发生的各种经营业务收入。本科目的贷方余额反映自年初起至报告期末止累计实现的各项经营业务的营业收入，年终结转时应全部转入“本年损益”科目（在建工程收入除外)。“收入”下设承包工程收入、租金收入、银行利息收入、股息收入、工程赔偿收入等明细科目核算。

(26) 成本：本科目核算公司生产经营过程中所发生的各种生产费用，包括各种直接费用、间接费用、辅助生产费用以及为组织和管理生产所发生的费用。借方核算生产过程中发生的各项生产费用，年度终了余额转入本年损益科目。

(27) 公司管理费：本科目用以核算公司为组织和管理经营活动所发生的管理费用。发生各种费用时，借记本科目，于年度终了将本科目余额全部转入“本年损益”科目时，贷记本科目。结转后，本科目应无余额。“公司管理费”下设薪金、汽车费用、交际费、银行利息支出、广告宣传费、律师费、专业顾问费、住房津贴、捐款、差旅交通费、文具印刷、冲晒费、投标费用、保险费、折旧费、福利费、租金及物业税、伙食费、水电费、电话电讯费、培训费、修理保养费、核数费、工具用具、上市费用、医药费、邮费、安全奖励金、佣金支出、其他等二级明细科目核算。

2. 承包工程会计科目说明

(1) 承包工程收入：本科目核算公司在建承包工程实现的工程价款收入。收入款项时，贷记本科目；结转工程损益时，按贷方发生额借记本科目。工程项目竣工后，此科目应无余额。“承包工程收入”下设工程款收入、索赔收入、保险收入、其他收入等二级科目。

(2) 承包工程支出：本科目核算公司在建承包工程施工过程中归集的全部施工生产支出。支付款项时，借记本科目；工程完工，结转工程损益时，按借方发生额贷记本科目。工程在建期间，在年终编制会计报表时，该科目当年发生额和累计发生额，与“承包工程收入”科目相抵后，转入“在建工程”科目。工程项目竣工后，该科目应无余额。“承包工程支出”下设分包商工程款、人工费、材料费、机械费等二级明细科目。

(3) 竣工工程收入：本科目核算历年竣工工程的工程款及其他收入。贷方反映竣工工程的收入。

(4) 竣工工程支出：本科目用以核算历年竣工工程成本及本年度发生的工程维修费、分包商工程的尾款以及其他有关工程支出。本科目为借方余额。

(5) 在建工程：本科目核算在建承包工程中未结转的工程损益的项目经营收支差。年终时，根据工程收入与工程支出的差额转入，借方核算工程支出大于工程收入的差额，贷方核算工程收入大于工程支出的差额。

(6) 项目开办费：本科目核算项目按照投标项目中的，非构成工程实体（板模、铁板模除外）的辅助工程及管理费。发生费用借记本科目，结转损益时贷记本科目。“项目开办费”设有管理人员薪金、水电费、电话费、检验设施费、工具用具、保险费、折旧费、工程清洁费、驻项目工程师费用、驻项目工程师资产及用具、肺尘埃赔款、建筑业训练费、工程图片、看更费、测量及放线、机械费、项目办公室、棚架费、项目围栏、招牌费用、安全措施费、施工前场地清理、图则费、交通改道费二十个明细科目。

(7) 项目管理费：本科目核算项目为组织施工所发生的开办费以外的管理费用。发生费用借记本科目，结转损益时贷记本科目。“项目管理费”设有汽车费用、舟车费、伙食费、文具印刷费、租金及物业税、宿舍水电费、交际费、福利费、工程罚款及赔款、办公室清洁费、顾问及律师费、医药费、其他十三项明细科目。

## 二、会计核算体制及报表

### (一) 会计核算体制

公司的会计核算实行统一管理、分级核算的核算体制。香港地区按香港特别行政区的会计准则进行会计核算，内地公司按中华人民共和国的《财务通则》和《会计准则》进行会计核算，同时，根据香港会计核数、中华人民共和国财政部、国家税务总局、公司内部管理的需要，编制满足不同目的和要求的会计报表。各财务部门要切实做好不同报表之间的转换和衔接工作。

### (二) 会计报表编制及分析

1. 会计报表种类

会计报表是对公司财务状况和经营情况的综合反映，必须定期编制会计报表。司的会计报表主要包括资产负债表、损益表、现金流量表。年终会计报表还应包括固定资产表、成本表、主要科目余额表、应收应付款明细表、管理费用表等。

2. 会计报表编制

资产负债表、损益表、现金流量表应按季进行编制，并按半年、年进行汇总。

做好编报前的准备工作：*a.* 认真清理往来账户。对应收、应付、暂收、暂付等往来款认真进行清理，能合并的尽量合并，公司内部的往来实行对冲制，只保留或借或贷一方余额。同银行往来，要取得银行对账单，逐笔同银行核对，对未达账项，编制银行存款余额调节表，调节后的余额与银行对账单余额必须一致。*b.* 盘点资产。年终对固定资产进行实项目点，核实资产，并进行账实核对。如有不符，应及时查出原因，并进行账务处理；对流动资产，有实物可查的，及时进行盘点，保证账实相符。*c.* 结出所有会计科目余额。

对于年终会计报表，由公司财务部门统一布置。公司财务部门要提前一个月安排好年终报表的编制工作，提出应上报的报表种类、编制要求和进度安排建议。年终会计报表要在年度终了 45 天内由各级财务部门报送公司财务部门。公司财务部门按股权划分，分别会计报表。

(1) 反映公司库存的现金，包括港币现金和各种外币现金，根据“现金”科目的期末余额填列。

(2)“银行存款”项目，反映公司港币银行存款和各种外币银行存款，根据“银行存款”科目的期末余额填列。

(3)“备用金”项目，反映公司拨给项目的周转金和内部部门作零星开支使用的款项，根据“备用金”科目的期末借方余额填列。

(4)“暂付款项”项目，反映公司暂时付出，待以后收回或冲账的款项，根据“暂付款项”的期末借方余额填列。

(5)“应收款项”项目，反映公司已经发生的应收而未收回的款项，根据“应收款项”科目的期末余额填列。

(6)“存出保证金”项目，反映公司水电、电话、租入物业、工程投标等要支付的押金，根据“存出保证金”期末余额借方填列。

(7)“内部往来”项目，反映公司内部的日常往来款项，根据“内部往来”科目所属各二级明细科目的期末借方余额填列。

(8)“待摊费用”项目，反映公司已经支出或发生但应由以后各期分期摊销的费用，根据“待摊费用”科目的期末借方余额填列。

(9)“固定资产”项目，反映公司固定资产的原价，根据“固定资产”科目的期末借方余额填列。

(10)“累计折旧”项目，反映公司固定资产的累计折旧，根据“累计折旧”的贷方余额填列。

(11)“无形资产”项目，反映公司期末各项无形资产的原价扣除摊销后的净额，根据“无形资产”科目的期末借方余额填列。

(12)“其他资产”项目，反映公司其他资产的原价扣除摊销后的净额，根据“其他资产”科目的期末借方余额填列。

(13)“短期银行贷款”项目，反映公司向银行和其他金融机构借入的各种短期借款，根据“短期银行借款”科目的期末贷方余额和长期银行贷款中一年内到期的部分汇总填列。

(14)“长期银行贷款”项目，反映公司借入的各种长期借款，根据“长期银行借款”科目的期末余额扣除一年内到期的长期借款部分，以及公司发行的长期债券等汇总填列。

(15)“暂收款项”项目，反映公司等待以后冲账或付出的暂时收入，根据“暂收款项”科目的期末贷方余额填列。

(16)“应付款项”项目，反映公司期末尚未支付给外部单位的款项，根据“应付款项”科目的期末贷方余额填列。

(17)“存入保证金”项目，反映公司应付各分包商的工程保证金，根据“存入保证金”科目的期末贷方余额填列。

(18)“预提费用”项目，反映公司已经预提计入成本、费用而尚未支付的各项支出，以及已经预提的损益准备。根据“预提费用”科目的期末贷方余额和“损益准备”科目的期末贷方余额填列。“预提费用”科目期末如有借方余额，应在“待摊费用”项目反映。

(19)“股本”项目，反映股东实际注入的资本金，根据“股本”科目的期末余额填列。

(20)“资本重估储备”项目，反映公司财产经过法定重估产生的价值变动情况，根据“资本重估储备”期末余额填列。

(21)“本年损益”项目，反映公司自年初起至本期末止的累计利润，应根据损益表中“利润总额”项目的“本年累计数”栏的数字填列。如为亏损，应以“—”号表示。

(22)“收入”项目，反映公司已经办理结算的各项经营业务的营业收入，根据“收入”科目的期末贷方余额填列，并结转到“本年损益”科目中。发生的销售退回，应从本项目中扣除。

(23)“成本”项目，反映公司与收入配比的营业成本，根据“成本”科目的期末借方余额填列，并结转到“本年损益”科目中。

**(三) 核数报告**

公司报表应委托注册会计师进行核数，出具核数报告。所委托的注册会计师由公司财务部门统一选定，任何公司不得自行选定并委任一家会计师。统一委任会计师，可方便编制合并会计报表。注册会计师在核数过程中，公司财务部门要予以积极配合。对会计师提出的调整事项要予以认真分析，合理的予以接受，不合理的要予以解释，要以自身良好的财务管理和扎实的会计基础工作争取会计师在核算报告中不对财务会计报表账项提出保留意见。对注册会计师的核数报告同内部财务报告的差异，要及时作出适当的账务调整，并进行详细的分析，避免以后出现类似的情况。

公司的会计核数报告经公司财务部门经理审阅后报公司总会计师核定，由公司总经理签署。

**(四) 财务情况说明书**

财务情况说明书是会计报表的重要组成部分。在编制年度会计报表时要认真撰写。财务情况说明书要反映公司的生产经营状况、利润实现和分配情况、资金增减和周转情况、税金交纳情况和各项财产物资的变动情况。对重大财务事项要进行披露，说明重要项目采用的财务会计方法及其变动情况和原因，对本期或下期财务状况发生重大影向的事项等进行说明。

**（五）经营指标考核及会计报表分析**

1. 经营指标考核

经营指标考核以盈利为基础，以投资回报率（资金收益率）为核心，分别建立公司、子公司的指标考核体系。

指标考核是公司年末自行考核和评估，及公司年末对子公司经营业绩考核和评估的主要办法之一。考核结果作为公司年底评选先进，及公司对子公司领导考核的重要依据。

利润考核指标：利润考核指标分为公司利润考核指标和子公司利润（收益额）考核指标。公司利润总额：本指标针对公司经营业绩的考核而设置，其计算公式是：

利润总额＝（经营业务税后利润＋公司计收的利息）－占用资金成本

公司计收子公司利息和子公司占用资金成本两项指标均以本期占用公司资金作为利息计算基数，按月计算，每半年结算一次。公司计收子公司利息包括两部分，一部分为子公司在母公司的存款所得的利息收入；一部分为子公司因有偿占用母公司资金而向母公司缴纳的利息。收取子公司利息的标准，根据产业和地区对象的投资风险程度、市场利率水平和税务安排的考虑，每年核定一次。

子公司占用资金成本是指占用母公司资金的成本，即因该部分资金的占用而由母公司向银行缴纳的贷款利息。计算该部分利息的息率是取自公司当年融资的平均利率，不论资金的投入方式（包括资本金、免息资金、借款、往来款等）和时间长短，各子公司均按同一利率计算。

2. 占用资金考核指标

期末占用公司资金：是衡量母公司对子公司资金投入的重要单项指标，其计算公式是：

期末占用母公司资金＝母公司投入资本金及免息资金＋向母公司借款＋往来款

母公司投入资本金及免息资金是指子公司的注册资本及由母公司投入的或实现利润经批准留下的、在财务核算上不计利息的所有资金总和。

内部考核各子公司占用资金数采用平均占用资金数，各季占用母公司资金按期末占用母公司资金口径计算。

年度平均占用资金＝［年初数＋（1～3季度各季季末余额之和）×2＋年末数］×8

3. 公司投资回报考核指标

所有者权益回报率：本指标针对公司经营业绩的考核而设置，是衡量公司运用自身所拥有的权益获取利润能力的一个比率，其计算公式是：

所有者权益回报率＝（公司所有者利润÷所有者权益）×100％

其中：公司所有者利润是指公司实现的利润总额。

上市公司所有者利润＝上市公司利润×集团公司控股比例

所有者权益是指公司所拥有的、不包括小股东权益在内的权益。

4. 资本保值增值率

本指标按照中国国有资产管理的要求设置，反映公司所有者权益（净资产）是否安全保值或增值的变动状态，是公司发展能力的集中体现，其计算公式是：

公司资本保值增值率＝（期末所有者权益÷期初所有者权益）×100%

5. 资金收益率

本指标用于衡量子公司资金投入和产出的效益，是子公司科学管理水平和经营业绩的集中体现，也是评价和考核子公司盈利能力的核心指标，其计算公式是：

资金收益率＝（收益额÷本期占用母公司资金）×100%

对单一投资项目，建立项目投资考核指标。

投资回报率＝[（税后利润＋应分摊公司管理费）÷项目投入资金总额]×100%

根据以往的惯例，也可以采用投资回报毛利润率作为考核指标。对承包工程项目，建立竣工工程成本降低率考核指标。

竣工工程成本降低率＝（工程成本降低额÷工程累计成本支出）×100%

工程成本降低额＝工程累计收入－工程累计成本支出

对公司的经营指标按年度实施考核。每一年的考核，由公司财务部门牵头，在公司财务部完成财务决算和公司核数师完成的各子公司年度核数报告后进行。以公司财务部门编制的财务决算和核数师的核数报告为基础，再根据上述原则，结合管理的实际需要对某些项目作适当调整，使之标准统一，以便于比较。在客观分析和综合比较的基础上，写出书面报告，经公司总会计师复核后，报公司总经理审定。

经公司总经理审定的书面考核报告即为在公司内部形成的，对公司和子公司年度经营业绩考核的正式文件。该文件在报送公司人事部作为考核公司和子公司管理层部分依据的同时，印送公司领导、各有关部门和各子公司。

6. 会计报表分析

会计报表汇编完成后，要对会计报表进行仔细的分析。季度和年度会计报表都必须有详细的分析，特别是年度会计报表，要提供全面的分析资料，对公司财务管理及其他方面存在的问题，提出改善现状的建议和措施，建立财务分析、财务评价的考核标准，供领导决策参考。在指标考核的基础上，建立以下指标：

（1）流动比率分析：表明流动资产及流动负债的关系。

流动比率＝（流动资产÷流动负债）×100%

（2）速动比率分析：表明速动资产及流动负债的关系，显示企业偿还短期债务能力的辅助工具，其中速动资产包括现金、应收账款、应收票据、短期有价证券等。存货及预付费用不包括在速动资产中。

速动比率＝（速动资产÷流动负债）×100%

（3）资本报酬率分析：衡量普通股股东因经营成效而获得的报酬。

（4）资产负债率分析：是量度企业的资产总额中由债务方式所提供的比率。

资产负债率＝（负债总额÷资产总额）×100%

(5) 借贷权益比率分析：是反映企业借贷总额与权益总额的比率。

借贷权益比率＝（借贷总额÷权益总额）×100％

借贷总额是指按会计口径计算的银行贷款总额。

(6) 负债结构比率分析：是反映企业总负债中各类债务所占的比率。

长期负债比率＝（长期负债总额÷负债总额）×100％

(7) 管理费用分析：反映管理费用各项开支结构比例的情况。

(8) 每股盈利分析：反映上市公司已发行股份的盈利比率。

每股盈利＝股东应占溢利÷已发行股份（加权平均）数量

(9) 市盈率分析：反映上市公司股价与每股盈利的比率。

市盈率＝（上市公司股票价格÷每股盈利）×100％

## 第十二节　财务电算化管理

### 一、财务电算化管理的作用

财务电算化的实施为解决繁琐的手工劳动、提高工作效率和保证工作质量发挥了重要作用，电脑的正常运行已经成为财务工作的基本保证。每位工作人员必须严格遵守各项电算化管理制度，确保公司财务电算系统的安全，保证公司财务工作的正常开展。随着全球建筑市场竞争的进一步加剧，提高效率、降低经营成本成为企业生存的重要手段。通过财务管理的电算化，加强建筑企业内部之间的联系，例如公司机关各部门与项目之间，可以采取电子工程款单和材料单，对项目成本进行有效控制。

同时，建筑企业需要注意电子化业务的安全性。随着信息技术的发展，电子业务大多在网络上进行。而网络的稳定性和安全性日益受到用户的关注，对于财务电算化业务，这部分更加重要。如果安全性成疑，那么，公司财产的安全就无法得到充分保障。

### 二、财务电算化管理的要求

以公司财务部门为主，负责电脑全面管理。对电脑操作中出现的问题、不正常现象或不明白的地方要及时报告，不得隐瞒，由公司财务部门统一安排解决。

公司财务部门负责操作人员密码的设立和管理。操作人员不得将自己的密码随意告诉任何人，也不得询问和使用他人的密码。

公司财务部门负责电脑中心管理，经常检查电脑中心运作状况。合理限定操作人员的使用权限，杜绝其他人员在中心尝试指令。电脑终端禁止软盘，杜绝外来磁碟在公司使用。未经公司财务部门主管同意，其他部门不能与财务网络相连。各部要认真管理本部电脑的运作，须经常向财务主管汇报电脑运作情况、操作人员操作情况和建议。未经财务主管许可，不得将公司电脑程序复制带离公司或用于公司以外场所，违者将追究责任。

### 三、系统的操作与维护

严格按照财会电脑操作规程使用电脑。公司财务部门负责会计科目的增减、系统资料库的分块管理以及程序维护；财务部门负责对会计程式的解释，编印有关资料，并指定专人坚持每天按时正确备份，并妥善保管。电脑的日常维护及保养由公司财务部门综合室统一安排电脑房值班人员，负责平时电脑房的开关、每周一次的主机的开关、电脑房的卫生工作环境的保持以及收工后分机电脑是否关闭。非财务部门人员不得擅自进出电脑房，更不能动用电脑。各单位应掌握每部电脑的状态，做好日常的维护和部件更换。公司财务部要经常关注电脑市场的发展，对新增设备要细致研究、反复论证，做到物尽其用。由公司计算机中心统一负责新增电脑设备的购买、安装和之后的维修。

## 第十三节　财务档案管理

财务档案是公司档案的重要组成部分，是企业经济活动的反映和重要记录。

### 一、会计档案

会计档案包括会计传票、会计账簿、会计报表、银行支票存根、银行存款对账单、收据、发票等。会计传票必须按公司及类别顺序编制，传票附件（正本）必须真实完整齐全。会计传票由制作部门负责整理及按顺序加封面及时装订成册。会计账簿及会计报表按公司及月份装订成册。

### 二、财务档案的保管

本年度的档案，经装订后由财务部门负责保管。以前年度的档案，填制档案目录，经财务负责人批准后，移交公司档案室统一保管。

财务档案资料原则上不得外借，特殊情况经征得主管领导同意方可外借，并要办理外借的详细记录。非公司财务人员查阅会计档案资料，必须事先征得主管领导同意方可，并要指定专人陪同。会计档案资料原则上不得抄录和复印，特殊情况经征得主管领导同意方可，并要办理抄录和复印的详细记录。香港公司的会计传票保管期限为七年；会计月报、季报保管期限为十年；会计账簿、会计年报、债权债务法律文件等永久保存。香港以外的公司，若当地法律规定的保管时间长于以上规定，按当地规定办理，若短于以上规定，按以上规定办理。

财务电脑软件中的数据资料是财务档案的一部分，应永久保存，并建立备份制度。对于资料太多，影响电脑运行速度，且由于电脑内存空间不够时，经公司总会计师核实，报公司总经理批准，可将最早年份的财务会计资料经过备份后，从电脑中销毁，电脑备份资料永久保存。

### 三、财务档案的销毁程序

超过保管期限的档案，财务部门要及时提出处理意见，列出需销毁的档案目录，报有关部门、公司主管领导审查，公司总经理批准后销毁。销毁时会同公司档案室人员一起进行。必须有二人以上人员在场方可，销毁完毕，监督销毁人员在销毁档案目录上签字确认。档案销毁目录清单应永久保存。

相关表格样式见附表1～附表5。

# 附表1 ××公司20××～20××年主要指标规划表

编制单位：　　　　　　　　　　　　　　　　　　　　　　　　　　表号：规划表一

| 指标名称 | 行次 | 单位 | ××年实际 | ××年预计 | ××年计划 | ××年计划 | ××年计划 | ××年计划 | 增长速度 | |
|---|---|---|---|---|---|---|---|---|---|---|
| | | | | | | | | | ××年比××年增长（%） | ××～××年平均增长（%） |
| 甲 | 乙 | 丙 | 1 | 2 | 3 | 4 | 5 | 6 | 7 | 8 |
| 一、工程成交额 | 1 | 万元 | | | | | | | | |
| 二、工程营业额 | 2 | 万元 | | | | | | | | |
| 三、股东应占溢利 | 3 | 万元 | | | | | | | | |
| 四、资产总额 | 4 | 万元 | | | | | | | | |
| 五、负债总额 | 5 | 万元 | | | | | | | | |
| 六、借贷总额 | 6 | 万元 | | | | | | | | |
| 1. 有抵押借贷 | 7 | 万元 | | | | | | | | |
| 2. 无抵押借贷 | 8 | 万元 | | | | | | | | |
| 七、财务比率 | 9 | | | | | | | | | |
| 1. 资产负债比率 | 10 | % | | | | | | | | |
| 2. 借贷资本比率 | 11 | % | | | | | | | | |
| 八、员工人数 | 12 | 2 | | | | | | | | |
| 1. 管理人员 | 13 | 人 | | | | | | | | |
| 2. 技术工人 | 14 | 人 | | | | | | | | |

单位负责人：　　　审核人：　　　编制人：　　　编报日期：

# 附表 2　××公司 20××年现金流量计划表

编制日期：　　　　　　　　　　　　　　　　　　　　　　　　　　　　表号：财综表二

| 项　　目 | 行　　次 | ××年实际合计 | ××年 | | | | | | | | | | | | |
|---|---|---|---|---|---|---|---|---|---|---|---|---|---|---|---|
| | | | 全年预计 | 1月预计 | 2月预计 | 3月预计 | 4月预计 | 5月预计 | 6月预计 | 7月预计 | 8月预计 | 9月预计 | 10月预计 | 11月预计 | 12月预计 |
| 一、期初现金结余 | 1 | | | | | | | | | | | | | | |
| 二、经营活动现金收支差 | 2=3－7 | | | | | | | | | | | | | | |
| （一）现金收入合计 | 3=5+6 | | | | | | | | | | | | | | |
| 1. 工程款收入 | 5 | | | | | | | | | | | | | | |
| 2. 其他收入 | 6 | | | | | | | | | | | | | | |
| （二）现金支出合计 | 7=8+…+13 | | | | | | | | | | | | | | |
| 1. 工程款支出 | 8 | | | | | | | | | | | | | | |
| 2. 工程款支出 | 9 | | | | | | | | | | | | | | |
| 3. 税项支出 | 10 | | | | | | | | | | | | | | |
| 4. 购置固定资产 | 11 | | | | | | | | | | | | | | |
| 5. 公司管理费 | 12 | | | | | | | | | | | | | | |
| 6. 其他支出 | 13 | | | | | | | | | | | | | | |
| 三、筹资活动现金收支差 | 14=15－18 | | | | | | | | | | | | | | |
| （一）现金收入合计 | 15=16+17 | | | | | | | | | | | | | | |
| 1. 借款现金收入 | 16 | | | | | | | | | | | | | | |
| 2. 发债及配股现金收入 | 17 | | | | | | | | | | | | | | |
| （二）现金支出合计 | 18=19+20+21 | | | | | | | | | | | | | | |
| 1. 还款现金支出 | 19 | | | | | | | | | | | | | | |
| 2. 利息支出 | 20 | | | | | | | | | | | | | | |
| 3. 派息支出 | 21 | | | | | | | | | | | | | | |
| 四、期末现金结余 | 22=1+2+14 | | | | | | | | | | | | | | |
| 五、期末贷款额度结余 | 23 | | | | | | | | | | | | | | |
| 六、期末现金及额度储备 | 24=22+23 | | | | | | | | | | | | | | |

# 附表 3　开办信用证申请表

申请公司/部分：　　　　　　　　　　　　　　　　　　　　申请日期：

| 使用信用证公司名称 | | | |
|---|---|---|---|
| 合同编号 | | 合同金额 | |
| 签约公司名称 | | 货品名称 | |
| 受益人名称 | | 使用证金额 | |
| 信用证期限 | | 付款时间 | |
| 项目情况说明 | | | |
| 经　营　部　门 | | 财　务　部　门 | |
| 申请单位经办人 | | 经办人 | |
| 申请单位负责人 | | 审核人 | |
| 公司副总经理 | | | |
| 公司总经理 | | | |

# 附表 4　工程履约担保申请表

申请公司/部门：　　　　　　　　　　　　　　　　　　　　申请日期：

| 履约担保公司名称 | | | |
|---|---|---|---|
| 工程项目名称 | | 工程合约总额 | |
| 业主名称 | | 工程合同工期 | |
| 履约担保金额 | | 我方担保金额 | |
| 受益人名称 | | 担保期限 | |
| 工程项目简介 | | | |
| 经　营　部　门 | | 财　务　部　门 | |
| 申请单位经办人 | | 经办人 | |
| 申请单位负责人 | | 审核人 | |
| 公司副总经理 | | | |
| 公司总经理 | | | |

# 附表5 固定资产分类管理明细表

| 项　目 | 说　明 | 主管部门 | 使用年限 | 年折旧率 |
|---|---|---|---|---|
| 房屋建筑物 | 办公及住宅用永久性房屋，不包括地产贸易的商品房 | 行政部 | 40 | 2.5% |
| 机械设备 | 工程机械和设备：塔吊，装载机，挖土机压路机，挖掘机，汽车吊，铲运机，平地机碎石机，发电机，风机，工人笼，开土机，电子磅，6″以上水泵（含消防泵）等 | 机械管理公司 | 3 | 33% |
|  | 打桩机，磨桩机，钻机，履带式吊机等专用设备 | 机械管理公司 | 5 | 20% |
| 汽　车 | 集团公司用的各种交通汽车（不含集团公司各部门及各子公司车辆） | 行政部 | 5 | 20% |
|  | 施工用的各种运输汽车，洒水车，油车 | 机械管理公司 | 3 | 33% |
| 货　柜 | 现场办公用及一般储物货柜 | 机械管理公司 | 3 | 33% |
| 办公用品 | 公司写字楼及宿舍用复印机，传真机，打字机，碎纸机等办公用品 | 行政部 | 5 | 20% |
|  | 电脑，打印机，绘图仪（专指公司写字楼） | 技术部 | 5 | 20% |
|  | 电脑，打印机，绘图仪（专指地盘） | 技术部 | 3 | 33% |
|  | 地盘：传真机，手提电话，保险柜，电话系统，电报机，复印机，对讲机及电台，打字机，碎纸机及1000元以上的照相机等 | 机械管理公司 | 3 | 33% |
| 仪器设备 | 施工用的测量仪器，试验设备，如水平仪电子测距仪，经纬仪，测探仪，土质测量仪，湿度测计仪，噪声测计仪，混凝土测试枪，测试材料温度计等 | 机械管理公司 | 3 | 33% |
| 电器设备 | 写字楼及宿舍用的电器用品，如冷气机、电水炉，音响，摄录机，微波炉，冰柜，电视机，吸尘机，录影机，洗衣机等 | 行政部 | 5 | 20% |
|  | 地盘用的电器用品，如冷气机、电水炉、音响、摄录机、微波炉、冰柜、电视机、吸尘机、录影机、洗衣机等 | 机械管理公司 | 3 | 33% |
| 装　修 | 办公及住宅用的永久性房屋的各类装修支出 | 行政部 | 5 | 20% |
| 架设工具 | 施工用的各类架设工具，如通架，门架，钢管等 | 机械管理公司 | 3 | 33% |

注：使用年限为三年的固定资产，在最后一年全部提足折旧，即最后一年的折旧率为34%

# 第七章　建筑企业的联合经营

全球经济一体化正以前所未有的广度和深度扑面而来，合作与竞争成为其中双峰并峙的商业形态。企业巨头层出不穷，全球商务持续发展，高新科技不断涌现，这些都使合作与竞争的相互关系更加错综复杂。信息数字化，新的存储方式、传递方式，以及不断降低的管理费用，都已经和正在深刻地影响着每个行业。面对经济管制放松、辐辏体系兴起、规模效益不断增长的市场形势，企业的竞争优势往往取决于企业对自身所需分散资源的组合效果。因为企业的资源同自身所处的专业领域息息相关，决定了企业不可能在机构或系统内部拥有所有这些分散的资源，联合就成为取得所需资源的流行战略。在国际工程承包领域，建筑企业的联合经营方兴未艾，大行其道。这种广泛合作与激烈竞争并存的现象和传统的经济思维大相径庭，从本质上彰显联合并未压抑竞争，相反联合赋予竞争一种新的形态，这种形态比过往的种种形态更为残酷，也更为有效。现代企业的联合过程产生了新型竞争者，构筑了新的行业体系，创造了新的竞争类型。

## 第一节　联合经营是更理性的竞争

联合经营的特点是为竞争而合作，靠合作来竞争，竞争并不排斥合作。过去曾经是竞争对手的企业，也可能为了未来更大的共同利益而携手合作。因此，企业联盟改变了竞争原则，使竞争从过去的“你死我活”、“势不两立”的对抗性竞争转向了“你中有我、我中有你”的协作性竞争，从恶性竞争转向争取“双赢”的良性竞争，从短期性的利益竞争转向塑造长期竞争优势的竞争。

### 一、概念与特征

**(一) 联合经营是战略联盟的一种具体表现形式**

自20世纪80年代以来，世界经济呈现出的一个显著特征便是战略联盟的迅速发展。截至目前，学术界对联盟的定义和战略联盟具体形式的划分仍然仁者见仁，智者见智，存在着颇多争议。美国哈佛商学院教授迈克尔·波特在《竞争优势》一书中提出：“联盟是超越了正常的市场交易但并非直接合并的长期协议。联盟的例子包括技术许可生产、供应协定、营销协定和合资企业。联盟无需扩大企业规模而可以扩展企业市场边界。一般做法是通过与一家独立的企业签订协议来进行价值活动或与一家独立的企业合作共同开展一些活动。”波特认为，联盟是介于市场与企业之间的交易方式，它是指企业之间进行长期合作，既超出了正常的市场交易但又没有达到合并的程度。美国学者卡瑟尔斯在《竞争的革命》中也认为，联盟兼具公司和市场的双重特征。和市场情况一样，联盟各成员代表不同的利益团体，保持作为公司的独立性；和公司内部一样，联盟中成员同意协调运作，共同进行决策行为。为维持联盟关系，各成员会相互容让，放弃短期性的机会主义行为。

有学者认为，战略联盟是两个或两个以上的伙伴为实现资源共享、优势互补等战略目标，而进行以承诺和信任为特征的合作活动。战略联盟是跨国公司之间为追求共同的战略目标而签订的多种合作安排协议。有学者则认为，战略联盟是由很强大而且原本是竞争对手的公司组成的企业或伙伴关系，是竞争性联盟。

美国哈佛商学院的巴达拉科认为，战略联盟有两种不同的联系方式：一种是围绕零部件供应，从成本最小化角度发展起来的产品纽带；另一种联盟关系则是以知识纽带为基础的，知识的学习和创造是知识纽带的主要特征。在这一类联盟中，知识的创造、传播与利用是联盟的主要内容。因此，从组织间联系的内容这一角度出发，战略技术联盟可以被看成一种以知识活动为基础的合作关系，其中包含着组织之间的知识传递、分享、整合等知识互动过程。

英国学者邓宁认为，战略联盟可以采取股权共享的方式，如企业合并、合资新建，同时也包括 R&D 伙伴（即研究与开发伙伴）、合作生产、共同营销和分配等非股权形式。有学者根据合作的紧密程度和合作范围，提出五种主要的战略联盟形式：非正式合作、契约性协议、合资、股权参与、国际联合。

中国学者滕维藻、冼国明认为，跨国公司战略联盟的方式多种多样，包括建立合资企业、许可证经营、分包、特许权转让、市场经营、合作生产、研究与开发、勘探协议等，其中研究和开发、合作生产和销售是常见的形式。中国学者李国津认为，战略联盟就是两个或多个经济实体为了达到共同的战略目标而采取的任何股权或非股权形式的相互合作、共担风险、共享利益的联合行动。还有学者认为，跨国战略联盟是两个或两个以上国家的两个或两个以上企业为实现某个战略目标，集合各自的资源和能力而建立的一种协作关系。以战略目标为区分，企业间有三种类型的战略联盟：第一，战略研究与开发联盟；第二，战略生产联盟；第三，战略营销联盟。

有学者提出，战略联盟具有以下三个特点：第一，两个或两个以上企业结成联盟来追求一系列共同目标，但每个联盟伙伴仍保持其各自的独立性；第二，联盟企业共享联盟带来的利益并控制所分配任务的执行；第三，联盟企业在一个或多个关键领域（如技术、产品）不断做出贡献。

建筑行业的联合经营作为战略联盟一种具体而微的表现形式，具有联盟的基本特征。联合经营是企业之间出于战略目的并在保持各自独立性的基础上所进行的商业合作，介于纯粹的市场交易关系与完全的内部一体化之间的中间组织形式，是一种竞争性的合作组织。企业联合经营作为市场化的组织和组织化的市场，既可以规避高额的市场交易费用，又可避免完全内部化所导致的较高的组织成本。因此，联合经营是为有效利用组织和市场双重优势的一种组织创新。它不仅可以保持合作成员的相对独立性，又可以提高资源的利用效率，同时还增强了企业的战略灵活性。

**（二）竞争与合作是联合经营的主旋律**

联合经营不涉及参与企业的所有权结构的变化，也就是说，联营体中的企业仍保持着各自的独立的所有权。企业之间的合作是相对松散的，也正因如此，企业具有更大的灵活性和更多的选择机会。机会来临时，聚兵会战。目标达到后，或再图合作，或各奔前程。

联合经营的合作领域非常广泛，而且合作与竞争并存。与传统的对抗性极强的竞争不同，联营是为竞争而合作，靠合作而竞争。这种竞争体现出新的特点：第一，联营体与联营体外企业或其他联营体进行竞争。第二，联营体企业在合作领域之外进行竞争。第三，联营体内企业先合作后竞争。由于一旦目标实现，合作就会终止，联营就会解体，因此，联合经营具有明显的动态特征，联营成员之间的合作竞争关系也是不断发展变化的。联营企业不仅是战略伙伴，也是潜在的竞争对手

联合经营中的企业行为具有战略性。行业内两个或更多的企业之间建立联营体，可以减少行业内分割市场的竞争者数量。某些企业抢先通过与具有吸引力的伙伴合作，可以有效防止它们与竞争者联营。合作是限制竞争的一种战略工具，通过提高投资规模上的进入壁垒来限制新的竞争者进入，或者通过具有特定技能的企业结成联营伙伴关系可以防止竞争对手得到这些关键的特定技能。企业之所以结成合作伙伴，不仅仅是为了临时的市场变化的应急措施，而是着眼于构造企业未来的竞争环境或核心能力。因此，联营的绩效除了以短期的利润作为衡量目标外，更以能否提高企业的竞争力和获得长期的竞争优势作为长远目标。例如，联营网络的建立有助于企业推广其技术标准，获取某种程度上的技术垄断优势，扩大市场占有率。企业缔结联营关系的目的在于提高自身的竞争力，企业之间的竞争将会更加激烈。企业竞争由此进入一个超强竞争时代。作为一种新的竞争方式，联合经营的广泛发展也在逐步改变市场原有的竞争格局和游戏规则，企业之间的竞争由单体式竞争变为集团式竞争。

联合经营是经济全球化背景下企业之间激烈竞争所产生和形成的。反过来，联合经营也会加剧全球化竞争的强度和广度。企业采用联合经营来组合资源，实现资源优势互补，因而创造出一种新的更具竞争力的组织。这个组织比组成它的单个企业更具竞争力。特别是国际工程承包领域的联合经营，使企业的竞争超出了国别疆界，而具有了世界和全球性的意义。现在，企业面对的不仅仅是国内的同行业企业的竞争，而且还必须面对国际上其他国家企业的竞争。竞争的态势已经发生了巨大的变化。随着产业的日益融合，企业不仅要面对竞争对手在与本产业外的企业进行联合之后形成的竞争压力，而且在联营体内部也充满着竞争。由于联合经营的竞争优势可以来自全球范围内的多种渠道，这比囿于一国本土之内的竞争要更加激烈。

联合经营不仅重塑竞争的结构和范围，同时也改变了竞争的态势。联合经营既有促进竞争的一面，也有阻碍竞争的一面。说其促进竞争，理由在于：第一，在建立联营的时候，由于选择联营伙伴的自由度以及建立联营体相对较低的进入成本，因此对合作伙伴的争夺会更加激烈。而且建立联营体的竞争具有传染性，联营形态会在竞争者中迅速蔓延开来。第二，联合经营内部的合作伙伴之间也存在很强的竞争关系，对联营体领导权的争夺或为扩大本企业在联营体中的影响力的竞争是动态性的。各企业初始状态或地位并不会永远保持不变。特别是在学习型组织中，一些企业学习的速度很快，因此在联营后期有可能不再需要合作伙伴的资源，从而增强自身的谈判要价能力，而这种动态性的发展过程意味着竞争压力的增加。第三，即使在成功的联功中也存在着利益分配方面的矛盾和竞争。说其阻碍竞争是因为，联营关系建立之后，如果彼此发现对方是理想的合作伙伴，就会设法锁定这种合作关系，或者由于联营绩效显著而自然吸引住合作伙伴，会使资源的流动趋于固定和钝化。

联合经营的竞争是一种扩大范围（如产业范围、市场范围）而不扩大企业规模的方

法。联合经营扩大了企业和组织的可能性和范围，突破了产业或行业的限制，由于汇集了各伙伴企业的资源优势，加快了工程建设步伐，降低了企业的风险，提高了运作效率。通过联合经营，加强了合作伙伴关系，对防止过度竞争和恶性竞争具有正面的影响。在信息不完全、信息不对称、有限理性和机会主义等存在的情况下，运用价格机制进行市场交易的成本是非常高的，而内部化又会导致很高的管理成本。因此，联合经营这种介于市场和企业组织之间的中间组织成为理想的选择。合作竞争这种新竞争模式，能通过准市场组织降低交易成本，减少不确定性，同时合作伙伴能共享专业化分工的好处和长期稳定性的收益。联合经营不仅能够降低成本，而且还增强了企业价值创造能力，降低经营风险，维持竞争能力和促进企业成长等等。联合经营具有前瞻性，重视在战略性的未知领域或敏感领域进行全面的合作、交流信息和相互妥协，以确保风险共担、利益共享和市场共享。

联营体内的各企业处理联营体内部的合作方式，将对该联营体的总体竞争行为和竞争能力产生巨大影响。这种情况必然导致：每个公司的表现不仅取决于自身的资源和策略，而且也依赖于其他合作伙伴以及它与这些合作伙伴的关系。

联合使得企业间的界限模糊不清，使得企业的区别或者是市场的区别愈发难以辨别。两个企业之间合作越紧密，两个企业之间的界限越模糊，它们之间的实际联系就越密切，越能作为一个单位发挥经济作用。除非联营变成一个完全的合并体，否则这种资源统一过程将永无止境。但在联合状态下，这些企业之间的行为仍将在某种程度上取得协调。联合的这种作用是因为它作为一种组织结构，融合了企业和市场的诸多特点。联合和企业一样，是处理经济角色间不完全契约的方式；联合和市场一样，代表一种决策机制，在此机制中任何企业都没有绝对的权威，协商才是行为准则。

开放市场中的企业是市场经济海洋中的岛屿，联合填补了这些岛屿之间的空隙。事实上，联合的作用并不限于此。通过联接企业，联合创造了市场中独立企业的新型集中方式。有了联合，相互关联的岛屿间的地域不再像岩石般坚硬，但也不再是开放外延的海洋。联营体于是在实际中成为一个新的力量单位。

当两个或更多的企业进行联合时，它们的经济行为就在企业和联营两个层面上展现，竞争优势也与两个层面的情况息息相关，其经济实力不再单独属于企业，而是代表整个联营体阵营的力量和资源总汇，并在联营各成员间重新进行分配。

单个企业和联营体是不同的组织单位，但有着同一目的，即控制一系列的资源，谋求最大化的回报。这些单位的控制系统可以有非常显著的差异，正如它们组合资源、提升实力的方式有着天壤之别一样。在既定的竞争环境中，种种差别赋予这种或那种组织形态以特别的竞争优势。

联营体中企业数量的多寡只是影响其竞争力的诸多特征之一。此外，联营体中企业的组成类型影响整个联营体所能利用的资源范围。同时，联营体的构成也影响了各企业的地位，即谁掌握了领导权，谁就在运作中处于主动，其他成员在运作中只能处于随从地位。当然，一些成员间的合作或许比另外一些更为和谐顺畅。联营体的运作效率常常取决于内部的竞争程度和管理。

联营体具有三大特征。第一，联营体与单个企业行为不同，前者是利益、资源都迥然不同于企业的松散集聚，第二，联营体的竞争行为受到各成员协作的特征驱使，是一种经济上的集体“共谋”行为。第三，联合经营潮流的兴起引发了行业竞争形态的重塑，产生了新的市场结构和竞争机制。

联营从四个方面重新塑造了商业竞争形态。第一，联营把各成员进行组合，联营体作为新的经济单位发挥重要作用。第二，联营体的竞争行为依赖于其内部结构，和单个企业的典型行为截然不同。第三，联营体的发展和协作的延扩重新构架了所控制的行业资源。第四，联营作为新出现的竞争形态，在许多方面都比传统单个企业之间进行的竞争更为残酷激烈。

## 二、技术优势互补，提升竞争能力

长期以来，在建筑这个行业里面，多个建筑公司之间在竞投同一个项目时，彼此是竞争对手，由于这种竞争的结果，使承包商为了获得一项合同，争相压价，造成一些建筑公司严重亏本。竞争似乎到了极点，行业内大批企业破产倒闭，“联合”的概念就在这无情的竞争过程中形成了。联合是为减少竞争对手而联合，为增强竞争实力而联合，为减少经营风险而联合。因此，联合逐渐成为建筑行业的一种普遍经营手段和方式。中国建筑工程（香港）有限公司（以下简称“中国建筑（香港）”，下同）在香港的成功实践，成为国际承包工程领域联合经营的经验性和实证性案例。

“中国建筑（香港）”在香港经营的二十多年中，承接过多项大型和特大型工程项目，这些规模大、施工难度高、专业技术强的大型项目，很多是同国际上的一些知名的大型建筑企业联营竞投、承接和管理的。例如，将军澳工业村一期工程（合同编号：TIE/1/91），合同额5.5亿港元，同荷兰宏安公司（Van Oord）合作；西九龙填海工程（UA9/91），合同额26亿港元，同澳洲礼顿公司（Leighton）、荷兰宏安公司（Van Oord）合作；中华电力烂角咀发电厂（合同编号：445488），合同额16亿港元，同日本前田公司（Maeda）合作；北大屿山高速公路东涌段（合同编号：HY92/05），合同额9.6亿港元，同澳洲礼顿公司（Leighton）、前西德霍克梯夫公司（Hochtief）合作；青衣西北交汇处工程（合同编号：HY93/22），合同额4.6亿港元，同日本前田公司（Maeda）合作；赤猎角新机场客运大楼工程（合同编号：PAA302），同英国艾铭公司（AMEC）、保富比迪公司（Balfour Beatty），日本前田公司（Maeda）、熊谷组（香港）公司（Kumagai，HK）四家国际建筑商联合，该工程是当前世界上最大规模的客运大楼，建筑面积53万$m^2$，合同金额101.34亿港元，工程规模庞大，技术复杂。工程于1997年10月完工，质量优良，被美国建筑界权威人士评为《二十世纪人类最伟大的十项建筑》之一。

这些项目的成功表明：联合经营不但可以实现优势互补，也是企业迈向规模化经营与专业管理的必由之路。

联合经营的出现带来了一场具有深远意义的竞争的革命，它逐步改变了企业的经营战略，联营关系的缔结使许多大企业的生产和经营方式产生了根本性的变革。以往企业提高生产效率一般是通过削减费用、减少管理层级、重新设计流程、完善信息系统以及运作程序的自动化等内部增效来实现。而企业通过与其他企业建立联营关系，借助合作伙伴的资源和核心能力来弥补自身资源的弱势和不足，是一种崭新的竞争形式。

在当今时代，技术更新日益迅速，没有任何企业能够完全垄断其所在领域的所有技术优势。针对技术优势分散的特征，建筑企业可以在国际工程承包领域通过建立联合经营关系形成技术互换和优势互补关系，不断提高自身的市场竞争能力。联合企业通过优势互补，充分发挥各自的技术特长，整合各自特色的技术知识存量，相互分享各自的技术成果，既能有效地突破技术贸易壁垒，又能迅速获取所需要的专业技术，共同构筑对外一致的技术优势地位。

无论哪种形式的联合，都存在着技术在合作企业之间的相互流动，企业可以借此获取以其他方式难以得到的技术。战略联盟对成员企业之间技术上的互补融合具有明显的促进作用。在企业联盟的状态下，有利于成员企业进行相互学习，通过“干中学”获取彼此的核心专长，从而弥补自身的薄弱环节。联盟可以作为学习以及使新技能内部化的很好的工具和载体，特别是当这些技能是隐性的或者集体性，要求广泛的共同磋商和实践才能学到的时候更是如此。在这种情况下，传统的技术转让和许可证协议是不够的，独立开发也既困难又漫长。联盟是弥补企业技术缺口以及获得新技术并回到完全竞争轨道的有效方式。

在20世纪80年代末期，“中国建筑（香港）”在参与竞投香港一些大中型工程时，都是单独参与竞投，因为一家公司独力参与，决策容易，管理独立性和自主性较强。但是，许多大型工程，如东区医院、新中银大厦等，公司都因资质资历不够，无法通过资格预审，无奈地失去很多市场机会。无情的竞争现实，使“中国建筑（香港）”的决策者认识到如果再这样单干下去，不仅会失去参与一些重要工程的机会，也很难提高公司的知名度、竞争力和业务规模，故逐渐认同和推行同本地和国际上著名的建筑公司开展合作的模式，联合经营，借桥过河，借船出海。在公司内部取得了共识以后，在以后的业务拓展中，“中国建筑（香港）”先后同英、德、意、法、日、荷兰、澳大利亚等先进发达国家中的10家著名建筑公司和本地的华资著名建筑公司在20多个大型项目上进行合作。凭借联合经营这一法宝，公司的竞争能力逐渐增强，经营规模也不断扩张，发展前景变得峰回路转、海阔天空。通过联营合作，“中国建筑（香港）”从20世纪90年代初期年成交额20～30亿港元的水平逐年增加，到2000年底达到年成交额88港亿元的水平，2001年更是一举突破了100亿港元。10年时间，规模提高5倍，成为香港建筑市场份额最大的承包商。从此公司的建筑承包业务出现一个崭新的不断发展壮大的局面。

在激烈竞争的社会环境中，相互角逐的竞争各方，都各有所长，又各有所短。要想取得竞争的胜利，就必须扬长避短。只有各展所长，才能充分发挥自己的优势。当一项大型工程推出，如果自身十分有意去竞投这项工程并希望有所斩获，首先选择的办法就是走“联合”的道路。“中国建筑（香港）”在实践中逐渐认识到联合的重要性和必要性：联合可以有效地实现技术优势互补，提升竞争能力。

在当今社会，科学技术的发展与应用一日千里，市场的专业化需求与分工日益深化，无疑对企业的生存能力提出了更新更高的要求。在这样的市场背景下，任何一家企业规模再大、实力再强，也不可能在任何时候都能包打一切。在参与市场竞争时，总会有这样或那样的盲点存在。如果某些特殊工程项目（例如吊桥、斜拉桥等）技术要求高、施工难度大，而建筑企业本身无相关施工经验，亦无技术专长，独立竞标成功的希望渺茫。就必须寻找有专业特长的合作伙伴联合，实现优势互补、资源共享。如20世纪90年代初期，香港政府推出建造的青马大桥，“中国建筑（香港）”选择以法国宝嘉（Dragages）为代表的欧洲财团合作；汀九桥，我们选择了同法国Spie、英国的Balfour Beatty公司组织成联营体去参加竞投。

再如某些工程项目需要特殊的大型专门机械设备，如抽沙船、顶管设备、隧道开凿机械等，“中国建筑（香港）”本身没有这些设备，但通过联合经营有效地解决了专业设备不足的难题，成功地承揽到工程项目，取得了经济效益和社会效益的双丰收。例如在竞投赤猎角新机场平台（Site Formation）工程、西九龙抽沙填海工程、将军澳工业村的填海造地工程，“中国建筑（香港）”就选择了以海事工程为专长而闻名世界的荷兰 Ham、Boskalis、Van Oord 等公司为合作伙伴，简单而成功地解决了设备问题。

“中国建筑（香港）”在大型楼宇施工策划、管理和习惯作法方面具有比外国公司更丰富的经验，并且有广泛而可信赖的香港本地资源。但像香港新机场客运大楼这样的项目，工程规模大，技术要求高，施工工期紧，相应风险也很大，任何一家公司独立承担都有相当的困难，所以寻找合作伙伴必须考虑各个方面的因素，综合权衡，取长补短，果断决策。“中国建筑（香港）”的合作伙伴（AMEC、Balfour Beatty、Kumagai（HK）、MAEDA）实力雄厚，各有专长，因而才能在十分困难的情况下，在联营中密切配合，充分协作，高速度、高质量地完成这项世界瞩目的工程。实践证明，“中国建筑（香港）”对合作伙伴的选择是正确的，联合是成功的，成绩是瞩目的。

### 三、提高行业资质，分散经营风险

现在是竞争的时代，是“优胜劣汰”的时代，但同时也是合作的时代。环境的快速变化和业务复杂程度的急剧上升，意味着企业独立参与竞争的难度与日俱增。成功要靠个人奋斗，更要依赖群体力量的发挥，合作才能成功，企业依靠单打独斗便能兴旺发达的时代已经一去不返。大型工程项目，业主在投标前，往往都要对有意向参与工程投标的承包商进行资格审查，在资格审查时，业主方会对承包商的财政状况、管理水平、已往相同工程的经验、各种资源等综合实力进行严格审查。无论实力多强的建筑商，其在资格审查中的表现毕竟有限，如果几家大的建筑商联合起来进行工程竞投，通过资源的重组和共享，就可以提高行业资质，争取在资格预审中拔得头筹，抢占先机。

市场经济如大浪淘沙，无时无刻不充满着经营风险。就国际工程承包领域而言，承包商面临的风险主要包括：

政治风险：政治因素导致的风险。一方面体现在工程东道国政府对工程发包的态度或立场倾向上，另一方面体现在政府的稳定情况、社会的稳定情况、政策的稳定情况、经济的发展水平及未来发展趋势等方面。

法律风险：指工程所在地法律制度是否健全，法律体系是否完善，以及已形成的法律条款执行情况如何。

文化风险：主要指因当地社会心理、民族意识以及风俗习惯的不同可能带来的风险。国际工程往往是在不同国别、不同信仰、不同种族、不同制度之间进行，因此承包商不可避免会遇到社会文化风险。

承包商在工程建设中，往往还要面对诸多经营风险，如地理环境、地质状况、资金、技术、经验及物价上涨、合同中的限制条件等风险。

这些风险对建筑企业来说，需要有效地进行规避、转化和分解。一般来说，承包商对风险的判断和控制归根结底表现在价格的确定上。但是，有些时候即使已经充分对各类风险加以正确评估，但从竞争需要考虑，亦不可能将全部未知因素用价格来体现。对于一项特大工程而言，在工程中的变量较大，亦可能涉及大量金额。所以，由几家企业联合投标和经营，通过经营主体的多元化方式，即可达到分散经营风险的目的。

以香港新机场客运大楼工程为例，联营合同总额为101亿港元，工期30个月，在施工高峰期，每个月要完成5～6亿港元的工作量。合同规定，过期罚款200万港元每天，并采用里程碑付款方法。承包商如因某一个里程碑未在规定的日期完成工程，业主则有权拒付工程款，甚至处以罚款。如此，承包商就要自行解决可能高达几亿港元的资金周转问题，其压力之大不言而喻，非一家建筑企业所能轻易承担。从提高行业准入资质和分散经营风险的角度来看，香港新机场客运大楼采用联营的方式，无疑是最佳和极为正确的选择。

### 四、加强学习交流，培养专业人才

联营体对于单个公司来说具有特殊的优势。虽然联营体缺乏对占有资源的单纯控制，但是在集中、管理和升级各种资源时有更大的发挥空间。例如，联营体较之单个公司在组合利用不同资源的时候适应性更强，同时，在长期运作中，联营体捕捉调整资源的机会和能力比单个公司更强。通过劳动分工原则静态优势的发挥，联营体具有效率更高的集群功能。当面对行业中较大工程的复杂情况时，联营成为适合不确定市场的合理选择。

联营面临的挑战是把各公司资源协调一致，联合决策做到最优。因此，联营的静态优势取决于专业化需求和一体化需求的平衡，所以系统化的协作和调配更为重要。现代企业理论认为，组成企业的系列资源在短期内比较稳定，不易改变；偏离历史规律的极端行为不可能不对公司的效率造成损害。相比之下，联营通过组建新的联盟，可以迅速聚合起新的资源，通过联合取长补短，更快、更经济地推动工程项目的进展。这样，联营就不知不觉地摆脱了资源固有的惰性。这是联营的动态优势。

企业的学习能力与其竞争优势是密切关联的。联合经营可以通过“干中学”、“用中学”不断地增强企业竞争优势，改善企业整体经济效率。一般来说，对外部知识的学习有三种方法，即被动学习、主动学习和互动学习。被动学习发生于企业需要有关技术、管理过程等明晰知识的场合；主动学习如标杆学习是指通过主动地选择学习对象（往往是竞争对手）进行学习。由于这种学习往往是间接的，通过“远距离”观察来进行的。以上这两种学习方式对企业建立新的能力的作用是有限的，所学到的知识也只是一些明晰的、易于观察、模仿并能够清楚表达的知识。但这些知识并不是企业竞争优势的决定因素。这种学习只能学到竞争对手在做什么、同谁在做、何时与何地做，至于为什么这样做，以及怎样做的问题，则难以学到。学习隐性的知识需要两个企业的技术人员面对面地相互交流与切磋，建立学习型联营体正是这种互动式学习的需要。

联合经营是组织学习的一种重要方式，其核心在于学习联营伙伴的经验性知识。由于企业在技术创新中持久的竞争优势更多的是建立在企业拥有的经验性知识基础之上，而经验性知识存在于组织程序与企业文化之中，其转移是一个复杂的过程。联合经营恰恰是解决经验性知识转移的有效途径。学习型联营体是最适合的转移隐性知识或经验性知识的工具。经验性知识是隐含性的，深植于企业文化或人的大脑和身体中，很难系统地编辑和交流，而只能通过某一特定情景中的行动来表达，并且也只能通过观察、模仿和实践才能获得。隐性知识就是不易交流与分享，只可意会不可言传的知识。这种知识甚至是操作者本人也没有意识到的。隐性知识只能通过与知识的拥有者相互切磋，密切观察，与其融为一体的方式来获得。

承包商之间的合作可以为隐性的技术知识的转让或传递提供一种有效的机制，通过不同组织之间的密切联系与人员之间面对面的沟通和交流，可以形成适当的互动体系，从而使合作企业从中获得通过外部市场交易难以获取的技术和技术诀窍。更重要的是，合作不仅可以使参与者追踪企业外部世界的技术创新发展动态，为企业内部的技术创新过程提供新的思想、新的技术、新的技能和新的活力，合作还可以为企业提供观察新技术开发的途径，而又无需承担研究的开支与风险。

对承包商来说，通过联营的合作可以及时跟踪世界技术的发展动态，并通过合作增强组织的学习能力，为企业内部的技术创新过程提供新思想、新技术和新的活力。联营可作为学习的以及使新技能内部化的很好的工具，特别是当这些技能是隐性的或者集体性的，要求广泛的互动和切磋才能学到的时候更是如此。联营体往往是为了获取无形资产或将无形资产进行组合，例如管理诀窍、技术诀窍或品牌，其目标是长期的利润和竞争优势，而非短期性的削减成本。联营可以成为学习新技能的方法，特别是那些隐性的、集体性的和植根于企业内部的技能。核心能力在公开市场上并不买卖。如果这些技能可以从伙伴那里学得，或超越联营的边界而加以利用，那么就可以创造更多的价值。一个企业从联营伙伴学习到的技术或技能可以广泛应用于联盟之外的活动和业务当中。可以说，学习型联营体比传统的联合经营更具有战略性，借助学习型联营体，承包商能够认识、获得和利用其他企业所开发的知识，加速核心能力的开发并将技术的不确定性最小化。学习型联营体不仅有助于一个企业学习另一个企业的专业能力，而且有助于一个企业的能力与其他企业的能力相结合并创造新的能力，而这些技能与能力以后将有益于联营企业各方，帮助一个企业扩展和改善其基本能力。

从总体上看，联合经营是组织之间的互相学习。其关键在于企业具备“吸收能力”。心理学关于认知结构的研究表明，当所要学习的新知识与学习者的现存知识结构相关时，个人的学习将达到最佳状态。学习者已有的知识积累可以增加其学习的能力，新的知识往往要通过与原有的概念建立相互联系才能被学习者消化吸收。这一观点也同样适用于组织学习。组织之间的学习效果取决于企业的三种能力，即认识和评价外部新知识的能力、消化和吸收知识的能力以及将外部知识进行商业化应用的能力。其中，吸收能力是企业成功利用外部技术能力或知识必须具备的关键性条件。但是，这种吸收能力来源于企业内部投资和知识积累的发展过程，因此具有路径依赖的特征。也就是说，企业目前的吸收能力受到其历史上的特定生产经营活动的限制。因此，企业应把学习的意图变成清楚的和可操作的学习目标，这是增强可以进入或接触伙伴的潜在的渠道。

技术或知识的转移并不只是纯粹的复制，因为知识创造是内部产生的知识与所吸收知识的结合。如果新知识要与现有的知识相结合，那么知识创造与知识扩散则是同一过程。如果一个组织单位将其一部分知识转移给另一个组织单位，接受者的知识基础增加了，而且接受者并不仅仅是简单地接受这种知识转让，而是会产生在所接受的知识与接受者现有的知识之间的互动。因此，知识的转让并不是将知识从一个组织单位向另一个组织单位进行简单的复制，而是一种知识创造过程，即知识从一个地区转移至另一个地区，并在知识的基础上创造知识从而增加知识存量。

在联营体中，相互信任与自由开放的交流是至关重要的。许多隐性知识是不能通过远距离观察得到的，它往往是根植于公司的实践、组织形式和企业文化之中。只有在一种彼此信任的氛围中，在一种没有沟通障碍和限制的工作关系中，合作者才能彼此从对方学到这些知识。如果双方的员工相互提防、封锁消息，合作和学习就会受到限制。当然，彼此信任并不是说联营伙伴必须将所有资源和核心能力不加保留地泄露和扩散。

对于国际工程承包领域的联营体而言，内部的知识转移面临着三种文化的差异，即民族层面的文化差异、公司层面的文化差异和个体层面的文化差异，而且每一个层面的文化差异都可能对知识的转移产生负面的影响。外派进入联营体的员工的跨文化沟通能力是影响其工作有效性的重要因素。在联营体中，缺乏跨文化能力所付的代价将更为高昂，母公司既不能很好控制联营体的发展方向，也难以从合作中学到知识。当联营体由几个不同国家的跨国公司组成时，文化问题是不容忽视的，必须注意到联营体中的文化问题。这包括语言、价值观、风俗和各国传统等。由于各个公司在长期的经营管理实践中，形成自己独特的企业文化，或是一套自己的规章制度和管理模式，从而引起双方在具体的经营管理活动中的不一致。联营各方必须充分意识到这种文化的差异，不能低估不同背景和文化差异对企业观念、行为以及绩效的影响。同时，联营各方应采取有效措施进行沟通，互相理解，以期在有分歧的地方达成共识。联营企业应通过跨文化的管理培训，鼓励非正式接触，提高行为和策略的透明度等来消除彼此的隔阂，使各种文化在联盟中相互渗透、相互交融，形成成员企业都能接受的处理原则和方法，从而确保联营企业和参与其中的个人有共同的相互信任的文化基础。此外，还应看到，学习型的企业文化又是多元的，因此在强调主导价值观与行为准则的同时，应允许异质价值观和行为准则的存在。如果没有对异质价值观的容忍，就不可能有企业文化的学习，而要求统一思想则最终会制约企业的战略调整。因此，容忍、允许甚至鼓励多元异质文化和价值观的存在和发展是繁荣企业文化、促进创新和实施企业联营的必要前提。

未来的竞争要求承包商获得核心能力或专长，而与能力强的伙伴结成联营体，可以为想获得关键技能的企业提供一个很好的学习和实践场所。由于能力或资源的难以清晰描述的性质，加上某些知识的只可意会性，两个企业要想获得自己想要的资源或能力，只能通过建立密切的合作关系来进行。因此，承包商建立联营体为合作企业提供了发展资源和能力的机会，并进一步改善企业的竞争地位。

联合经营可以创造一个便于知识分享、移动的宽松环境，采取人员交流、技术分享、访问参观等方式来增强联营各方的联系，从而使经验性知识有效地移植到联营各方，进而扩充乃至更新企业的核心能力，真正达到合作的目的。同时，围绕以知识的不断创新为基础而建立的联合经营，能够加强企业间的关系，促进不同的价值观、知识和文化在企业间的融合，使之成为企业革新的推动力。

由于“中国建筑（香港）”在香港经营近25年，有一支庞大的由本地专业技术人才组成的管理队伍，有众多长期合作良好的可选择的本地分包商队伍，也是外国公司选择的理想合作对象。但是，“中国建筑（香港）”对国际建筑市场的情况了解还不全面，对国际上一般的做法，例如合同管理、成本管理、进度与质量控制、风险意识等多方面认识不够深，经验有限。所以，从提高管理水平的角度思考，必须通过走联合的道路来训练和培养自己公司的人才，从而提高自己，壮大自己。

有些大型和特大型工程项目，需要各类管理人员数百乃至上千人，一家公司是很难达到要求的，采取联合经营，各公司有各自的人才渠道，可以较为妥善的解决这一问题。在香港新机场客运大楼的建造过程中，“中国建筑（香港）”当时估计，一般需要300人以上具有各类专业知识的中、高质素的管理人员长驻工地现场工作，才可满足该工程正常实施的要求，这是任何一家大型建筑公司都无法提供的。所以只有多家大型建筑公司组成联营体才可以做得到。所以“中国建筑（香港）”决定同AMEC、Balfour Beatty、Kumagai (HK)、MAEDA合作，扩大了人才资源基础，加强了与同行业其他公司的交流。

联营是一条有效的管理途径，它能促进企业间的技术交流和转移，提供管理学习机会。企业在追求进步的过程中，组织会付出组织经济学家所说的过渡成本——用于相互学习和业务创新。联合经营形态的出现降低了这种过渡成本，提供了取长补短的便捷之路。因此，联合战略有助于缩短过渡时间，即企业进行变革的时间。联合同时还能降低另外一种机会成本。在瞬息万变的竞争环境中，联合的这一作用极大地提高了竞争效能，从而对合作各方取得竞争优势至关重要。

通过联营，“中国建筑（香港）”又得到了管理特大型工程方面的经验。事实上，一些大型的国际承包商在工程管理方面，确实有过人之处。尤其是在特大型工程项目中，更是具备管理优势。首先是技术含量高，信息化程度高。其次工程策划较为严谨和科学。第三是合同管理系统化，合同意识强，有关文件文字水准高，内容精炼，值得学习和借鉴。例如，香港新机场客运大楼在投标过程中，英国公司就用计算机多媒体技术将机场客运大楼以三维空间形式表现出来，具有强烈的真实感。并再运用此技术进行虚拟施工，发现和解决在今后实际施工过程中可能出现的问题，从而确定可能发生的各种风险因素。通过联营，这种捆绑式的一体化运作方式，合作伙伴相互之间能够切实学到真东西。加强与行业最先进企业的交流，培训了我们的人才。

**五、扩大对外交往，建立公关网络**

国际工程建设并不是简单的业务运作，其背后是复杂的工程管理，是整个社会体系不可分割的有机组成部分，要面对与处理业主、政府部门、媒体等方方面面的关系事务。承包商积极扩大对外交往，建立更为庞大的公共关系网络，对于承揽工程项目、推进工程进展具有非常重要的意义。

每成功引进一个实力强大的联营伙伴，便等于引进了一张庞大的社会关系网，亦可以巧妙地为己所用。例如在日常交际及对外关系方面，联营公司伙伴各有各的关系网及对外联系手段。因此有利于调动各方面积极因素，扫除障碍。如业主雇请的工程监理人员大部为外国人，“中国建筑（香港）”与其打交道，存在着文化上的差异，而对英资公司而言，反而十分方便。再如，“中国建筑（香港）”已经在香港从事了25年的工程承包工作，已经非常熟悉香港政府各部门制度和运作。那些外国公司也依赖“中国建筑（香港）”在需要时作相应的协调、联络工作。故很多工程在投标期间，有很多外国公司主动找“中国建筑（香港）”合作，如九广铁路马鞍山支线工程（TCC-400，TCC-500，TCC-200，TCC-300)、地下铁路工程（将军澳607）等。

特别需要指出的是，在国际工程承包领域，正确选择代表不同政治力量的联营伙伴，可以有效地化解政治争执，转危为安，甚至以政治为杠杆撬动项目竞投的堡垒。

世界上任何一个国家和地区，对于外国承包商进入该国或地区，都有着种种规定和限制。同时，出于一些政治考虑，以及涉及该国家或地区各种政治势力的利益分配时，往往对某些公司给予政策上的优惠，政治上的偏袒。这些因素会构成承包商能否取得某一大型工程建设项目的关键。联合是一种优势互补，共担风险，互利互惠的好途径。

“中国建筑（香港）”在1993年准备参与赤猎角新机场客运大楼的建造工程时，原先是选择承包日本成田机场的总承包商——清水建筑株式会社为首的日本建筑财团为合作伙伴的，双方经过一年多的接触和商谈，以及互访并签了合作意向书，但随着当时新的港督彭定康先生来港履新，中英两国政府为香港机场核心工程的政治争执加剧，而新机场客运大楼是新机场核心工程单一合同总价最大的一项工程，政府预算为120～150亿港元。“中国建筑（香港）”分析必然是中英双方利益的争夺焦点，选择以清水建筑为首的建筑财团为合作伙伴，在政治上对己不利，于是决定在选择合作伙伴时，要充分考虑政治因素和伙伴的政治背景。故选择以中国最强的建筑公司同英国最强的建筑公司合作，组成联营体去投标，才可以有最大的可能性取得成功。经过“中国建筑（香港）”领导层反复分析和评估后，决定选择当时全英排名第三的AMEC和排名第四的Balfour Beatty两家英资公司进行合作，重新组成B（英资公司）C（中资公司，即中国建筑（香港））J（日资公司）联营公司。结果这个联营体中标，取得了总价101.3亿港元的香港新机场客运大楼总承包合同。“中国建筑（香港）”在联营伙伴的选择中，把公共关系作为着力点，很好地兼顾了方方面面的政治利益，平衡了相关各方的经济诉求，从而一举成功。这项工程合同中标的诸多原因中，政治因素应当占了重要的决定性作用。

政治和经济是一对形影不离的孪生姐妹。经济以政治为依托，平稳和谐的政治环境，可以提供一个平稳和谐的营商环境；政治以经济为基础，经济实力雄厚，可以促使政治理性化。所以在非常的环境下，营商不仅可以利用政治因素，还必须充分考虑政治环境和顾及政治因素。对承包商来说，不仅要讲“经济”，也要讲“政治”，这是国际工程业务的显著特征，也是承包商无可回避的必修课。

## 第二节　联营伙伴的选择

联营之间既竞争又合作的本质给联营的管理带来压力。合作者的冲突可分为利益冲突和运作冲突。当合作公司存在不同的利益时，其合作的激励和意愿都会降低。运作冲突可能来自各合作伙伴公司之间的政治、文化、价值观的差异。随着联营的发展，其目标也会发生变化，联营战略的本意和效果也会在实施过程中受到扭曲或削弱。因此在建立联营之前，必须从众多的潜在合作者中进行筛选，从中选择优秀和理想的合作伙伴。对潜在合作者进行考量时必须具备战略的眼光，特别是对合作伙伴的价值取向、能力以及与自己建立联营的目标要有清楚的理解和认识。一个理想的合作者一般应在知识、技术、能力、财务和人力资源等方面拥有独特的优势，或者至少在其中几个方面有突出的特点。

### 一、联营具有风险性

并非所有企业都需要加入联营，也并非所有的领域都适合联营。联营是竞争性合作组织，如何处理竞争与合作的关系是联营成功的重要保证。但是联营企业在联营运作过程中会面临许多风险：（1）丧失企业原有的核心竞争力，强化对手的竞争优势。在合作过程中，企业可能无意中将自身核心技术或市场知识外泄，从而使企业的竞争优势弱化。而当企业的竞争优势完全丧失之后，联营就可能解体，因为在合作伙伴看来，自己已经没有任何资本。即使联营关系继续维持企业也没有什么发言权。这时，联营伙伴却已发展成为强有力的竞争对手。(2) 被联营伙伴兼并或收购。如果企业建立了太多的联营关系，往往只有被合作伙伴利用，难以在联营中拥有强势或成为联营的主导。盲目加入或勉强加入某个联营，往往会加快被合作伙伴遗弃和带来被合作伙伴并购的风险，从而违背企业参与联营的初衷和原先追求的目标。(3) 联营企业间的矛盾冲突会导致联营的失败。成功的联营有之，失败的联营也不在少数。究其原因，可能是联营的目标不一致、不兼容。有些企业加入联营只是为了借助伙伴的某种优势来达到自己的某种目标。有时，联营企业的目标与其中一个伙伴的目标可能会发生直接冲突。此外，文化差异所产生的文化摩擦也不容忽视，这些都会导致联营的解体和失败。(4) 联营伙伴关系的协调成本过高会导致联营的绩效下降。如果联营内部的协调成本高于市场交易成本或内部一体化的管理成本，那么至少从理论上说联营的构建是一种不恰当的选择。而如果联营成员同床异梦，或经营理念差异甚大，那就可能导致联营的失败。只有建立在彼此信任基础上的联营才能给各方带来利益的最大化。

联营之间既竞争又合作的本质给联营的管理带来压力。合作者的冲突可分为利益冲突和运作冲突。当合作公司存在不同的利益时，其合作的激励和意愿都会降低。运作冲突可能来自各合作伙伴公司之间的政治、文化、价值观的差异。随着联营的发展，其目标也会发生变化，联营战略的本意和效果也会在实施过程中受到扭曲或削弱。

就合作的过程来看，联营会遭遇更大的挑战。原因在于：(1) 信息不对称。联营有赖于信息共享。但是在谈判时信息并非公开地和完全地共享。一个精明的谈判者会尽可能多地获得对方的信息，同时却透露较少有关自己的信息。有些信息，例如技术方面的信息如果共享的话就会失去其交易的价值。如果技术提供者将所有的信息都给了对方，那么就等于放弃了自己手中的王牌。在技术联营中，双方的信息不对称一开始就出现，而且信息不对称很可能会一直持续于联营企业关系的整个过程。(2) 信任危机。时间缺口是指伙伴之间合作的成本与其收益的时间差，可能会使联营者之间出现信任危机。即一方有可能先承担更多的任务而未看到收益，而另一方有可能更快受益。在这种情况下，其中一方可能很快获得短期的利益，而另一方则是为了更大和更长期的利益。由于存在时间缺口，如果双方不是完全相互信任就会使联营出现问题。通过阶段性的权变合同或确定预期的收入和预期收益，有助于使伙伴的利益得到调和。而意识到投入和受益的时间差就已解决了一半的问题。(3) 任务的分配成为冲突的根源。在贡献和任务方面达成协议并不容易，如一方负责了更重要的任务就会使其对联营有更多的影响力，从而使其要求获得更大的利益。任务的分配因此往往成为冲突的根源。(4) 利益分配的不平衡会成为冲突的根源。当联营运作较为成功时，收益就成了合作伙伴关注的焦点，每个伙伴都想获得一份公平的收益。一般来说，合作各方对公平的定义肯定是不一样的，而且谁都想获得更大的一块蛋糕。因此，在利益分配上往往会导致冲突。虽然谈判中讨价还价的技巧对利益分配会发生一定的作用。但是从长期来看，利益总是倾向于做出最多不可替代贡献的一方。

我们在前面阐述了在国际工程承包领域，联合是主流，是大势所趋。因为，世界上不可能出现也不允许出现一家可以包打天下、包揽所有工程项目的全能建筑企业。建筑企业只有通过各种形式的联合去参与市场竞争，才可以更好地生存、发展和壮大。我们列举了联合的风险和挑战，就是告诉大家，充分估计和应对各种风险和挑战，使联合更理性地持续进行下去。

## 二、联营伙伴的选择

鉴于上述的联营风险和困难，因此在建立联营关系之前，必须从众多的潜在合作者中进行筛选，从中选择合适的合作伙伴。对潜在合作者进行考量时必须具备战略的眼光，特别是对合作伙伴的价值取向、能力以及与自己建立联营的目标要有清楚的理解和认识。一个理想的合作者一般应在知识、技术、能力、财务和人力资源等方面拥有独特的优势，或者至少在其中几个方面有突出的特点。当然，通过与潜在合作对象在一个较小的、简单的项目上进行合作，可以起到“试验田”的作用，从中可以对对方内部管理风格和企业文化有所体察，以便把握潜在合作对象在联营中的态度。也就是说，通过对合作对象战略意图的分析，可以揣摩其对联营的态度是否认真，以及可能投入到联营的人员和资源的水平如何。总之，一个理想的合作对象应该在能力和对联营的投入方面都具有一定的深度，这样才能使联营适应变化、合作到底，直到实现原来的战略目标。

### (一) 联营伙伴选择的原则

无数成功的联营实践表明，3C 原则是寻找合作伙伴的关键条件，如果潜在合作伙伴具备了 3C 条件，那幺联营成功的可能性就比较大。所谓 3C，即兼容（compatibility）、能力（capability）和投入（commitment）。

选择合作伙伴的第一个原则是评估伙伴企业与自己的兼容性。如果双方在经营战略、决策风格、管理结构等方面具有兼容性，那么联营发生冲突的概率就会大大减少。但是，对战略兼容性的估量往往会由于合作伙伴之间难以把握对方加入联营的战略意图而变得复杂。伙伴之间在组织和文化方面的差异可能会导致误读伙伴的战略意图。即伙伴之间如果难以相互沟通和理解对方就可能误解彼此的战略意图。而且如果伙伴思维迥异，那么也难以对实现目标所要采取的方式达成共识。

伙伴战略利益的兼容是很重要的因素。因为：(1) 在同一产业的企业，伙伴的相对竞争地位会极大地影响他们所追求的战略利益和价值创造逻辑（value creation logics）。也就是说，人们能够站在什么地方取决于他坐在什么地方（where you stand depends on where you sit)。(2) 伙伴的稳定性或“活力”（robustness）一般可以通过估计伙伴战略地位的相互作用以及联营本身的价值创造特点来决定。(3) 伙伴的相对地位会随着时间而发生变化，从而可以看出其关系的进化机制。必须注意的是，战略兼容性也会受宏观经济环境、管理规则、技术以及竞争者的力量等联营外部因素的影响，而这些因素往往是联营伙伴所无法控制的。例如，美元与欧元或日元的汇率变化会影响跨国战略联营的稳定性，因为伙伴的相对成本——收益发生了变化。此外，技术的变化或者技术的成熟也会影响伙伴的价值创造潜能，从而影响联营关系的维持。因此，外部不可控因素对联营进程的影响是不应忽视的。

领袖企业、跟随者以及新来者往往会从联营中看到不同的利益。考察兼容性要关注价值观、原则以及对未来的希望。如果合作伙伴“同床异梦”，那么不同的梦想从联营第一天开始就会损害联营。具有共同的利益是保持联营关系的桥梁和纽带。没有共同的利益，联营就会失去根本的价值和动力。因此，兼容性对战略联营的成功是十分重要的。

其次是潜在合作伙伴的能力。仅仅具有共同的战略利益或共同愿望还不能创建一个成功的联营。如果彼此缺乏真正的在战略地位上的互补性优势或在专业化分工方面的合作潜力，就难以建立充满活力的联营。因此参与联营的企业一般都把资源的互补性作为选择合作伙伴的重要标准。合作伙伴必须有能力与你合作，合作才有价值，才能创造新的价值。如果联营伙伴不具备优势或优势不明显，要想借助对方发展壮大自己是不可能的。组建战略联营的目标是寻求能够帮助公司克服自身弱点的合作伙伴，通过不同企业的优势互补和资源重新整合而实现 1＋1＞2 的协同效应。

因此，合作伙伴的某种优势或特别专长是使企业达到凭自身无法实现的目标的条件。一个富有吸引力的战略联营的合作者应该在知识、技术、能力、财务实力以及富有天赋的管理人员等方面拥有自己的资源。拥有独特能力的企业是最有吸引力的联营伙伴，而且其潜在贡献越独特，越具有差异性，其为联营创造的价值就越大。所谓能力，是指难以模仿的一系列技能，它是存在于企业交易过程和企业文化中的。这些能力非常有价值，但又难以通过市场交易而获得，这时联营就成为最佳选择。

专业化分工合作型联营是以整合各自的特有资源和技术来创造价值的。在这类联营中，联营企业应该评估潜在伙伴的技术是否具有独特性。所谓独特性包括三个方面：(1) 独特的技能或贡献无法在企业间进行交易。这些技能一旦转让或出售，就会丧失价值。例如，与政府和私人投资者的互信关系就是一种无法出售给另一家企业的具有特定所有权的社会资产，特别是无法出售给外国企业。因此，若当地政府在工程中扮演重要角色，与当地企业结成联营就是很重要的。(2) 独特的能力难以被取代。在某些行业，政府高度控制，例如国防建设。这种情况下，往往只存在一个伙伴，与该伙伴结成联营是别无选择的，该伙伴的支持和善意是无法被取代和极具关键作用的。(3) 在一定的时间内，独特能力是无法独立进行开发的，而且也无法进行复制。相反，各方面均很相似的企业所结成的联营很少能够取得成功。当技术或技能没有异质性，没有专业化分工或非世界一流，联营将趋于失败，特别是在技术密集型工程项目上更是如此。换句话说，兼容性通常并非由于战略地位或其他贡献的相似性，而是源于互补性，即不同的而不是相似的地位和贡献。领袖企业通常会将拥有不同的专业技能的企业集聚到一个联营之中，使每个成员扮演一个特定的角色，贡献一份有助于专业化分工的互补性的技能。而如果缺少有价值的专业化分工的机会，领袖企业很少会与跟随者进行合作。因为今天的联营企业很可能会成为明天的挑战者。一般来说，只有当领袖地位是软弱的，领袖企业才会寻找较强挑战者作为伙伴，或者他们害怕这些挑战者会被更强的挑战者纳入其阵营。

第三，寻找一个与自己有同样的投入意识的合作者是联营成功的第三个基石。如果合作伙伴只符合前面两个条件（有能力且与自己的目标兼容），但是，如果他不愿意向联营投入必要的时间和资源，那么合作伙伴就会浅尝辄止，机会主义倾向就会增强。反之，如果联营涉及双方的主要业务或主要发展战略，双方就会做较大投入，产生“人质机制”，这样，退出联营的壁垒较高，双方就会进一步加强合作。

**(二) 联营伙伴选择的技巧**

首先，从自己现有的合作伙伴中寻找。理由是：(1) 以前相互往来的经历可以为两家公司能否友好相处提供有力的证据。(2) 人际间的关系纽带已经建立。在通常情况下，加强与一个已彼此了解的公司的关系比与一个新公司建立关系要容易得多。(3) 每个公司对对方公司的能力、商业理念和公司文化都有了一个比较清楚的认识。(4) 合作双方对将要组建的联营企业的业务都很熟悉。

其次，不要把鸡蛋放在一个篮子里，不要对现有的合作伙伴过分依赖。外部环境在不断地变化，不同伙伴的贡献和利益也在变化。有些联营至多只能算是一种短暂的合作，另外还有一些联营不过是两个或多个公司之间实现技术和生产能力全面合并的前奏。无论联营持续的时间有多长，具体目标是什么，善于合作已成为一项重要的公司资产。如果一个企业未能开发出协作优势，那么它就显然是忽略了一个关键性资源。应该认识到，战略联营不仅会为合作各方带来收益，而且战略联营本身还是一个有“生命”的系统，在其可能范围里还会不断地发展和进化。它可以使相关企业建立起良好的关系，并且为各个伙伴提供一个能够打开未来之门，抓住未预见机遇的“期权”。

在充分理解和认识了“联合”的必要性以后，合作伙伴的选择是一项很重要的工作和过程，这项工作要提前进行，有时甚至要提前 2～3 年就要开展这项工作，这主要是为了有一个深入、细致的考察时间，以便增强彼此的了解和信任，从而为联营合作顺利打下良好的基础。例如：为了做好充分准备，选择适合的合作伙伴积极参与香港新机场核心工程的总承包任务，“中国建筑（香港)”早在 1992 年和 1993 年就组织了两次大型出外考察活动，历时达 20 多天。分别去了英国和欧洲大陆考察和参观了法国的 Bouygues、Spie，荷兰的 Ham、Boskales、Van Oord，德国的 Hochtief、杜美兹，意大利的 Impregilo SPA，英国的 AMEC、Balfour Beatty、Constain 等欧洲著名大型建筑公司，以及日本的熊谷组、清水建筑、大成、前田、青木等著名建筑公司。同时也真诚地邀请了这些公司的领导来中国内地和香港参观考察本公司的情况，并在相互交流和学习的过程中增加了解和信任，从而形成了在香港建筑市场一批长期合作的战略性伙伴，为公司在香港建筑承包市场进一步发展、壮大和提高奠定了良好的基础。其一般的做法和过程是：

(1) 根据不同的工程对象和工程特点，选择在该项目的核心工程内容中专业技术较强的公司作为合作伙伴。如在竞投香港西九龙填海工程、将军澳工业村填海工程项目时，“中国建筑（香港)”根据陆地上的马路、渠务及箱涵工程是自身强项的特点，选择了抽沙填海是强项的荷兰宏安公司进行合作联营，做到了优势互补，实现了共赢。

(2) 通过各种形式考察、观摩合作伙伴已往完成的相同或类似的工程项目，从而准确地掌握合作伙伴在类似工程项目上的技术水平和专业水平，同时了解合作伙伴在这些工程进行过程中，同业主、顾问公司、合作伙伴（如有合作伙伴的话)、银行等相关单位的关系和记录，尽可能详尽地掌握合作伙伴的第一手资料。

(3) 通过阅读合作伙伴过去三年的会计年报和会计账目，进一步了解合作伙伴的经营状况和资金实力，同时应了解合作伙伴的控股公司和下属公司的经营状况和财政实力。根据此情况，可以判断并预测，该合作伙伴在需要时，母公司对其支持的程度和资源投入水平。这一点对一些特大型工程（如西九龙填海工程、赤猎角机场客运大楼工程）尤为重要。

(4) 个人性格和处事作风。对于一个工程项目，如需对方担任联合公司领导者的话，合作伙伴领导层，尤其是主要领导人对人是否和蔼，是否平易近人，处事作风是否公平，是否有强烈的合作诚意和责任感，将会很大程度上影响日后的联营体的正常运作。兹事体大，亦不可不察。

(5) 联营伙伴不宜选择太多，最好有一个较长期性的合作关系，尽量做到同一个联营体在多个项目上长期合作，这样双方可以专心维系联营关系，增加了解，长期发展。如果在选择合作伙伴上朝三暮四，自身的施工技术，经营策略，商业手段会四处散播，泄露商业秘密，这样也可能会削弱以后经营的竞争能力。

选择合作伙伴是一个双向的动态过程。你在选择别人，别人也在选择你，所以要经过一个多次反复相互选择、考核的漫长过程，才能最后确定下来。一般而言，如果对方在某些方面的相对强项是自己的相对弱项，而对方相对弱项正是自己相对强项，即可以取长补短，优势互补，相互合作成功的机会将会很高。对于联营，国际工程承包商既要讲竞争，更要讲合作。实际上，竞争与合作是一体的两个面，密不可分。"合作"是一种更高层次的竞争，是一种更具理性的竞争形式，而合作伙伴的选择更是一门充满艺术性的学问。

## 第三节　联营体良性运作的必要条件

联营意向的达成和联营伙伴的选择殊为不易。通过双方周而复始的选择比较和多次沟通协商，最终有合作意向的几家公司终于取得一致意见，同意组成联营体，共同去竞投和经营一个或多个工程项目。但是一个联营体的运作状况与所经营的项目的最后结果，一般而言应是因果关系，也就是说，项目联营体的运作一开始就呈良性运作状态，这个项目经营的最后结果也肯定是正常和良性的，即符合合同的要求，令业主满意，获得社会好评，取得较佳的经济效益。所以，千方百计使联营体呈良性运作状态是十分重要的。一个项目联营体要想自始至终处于良性运行状态，一般来说要具备以下三个必要条件：各伙伴之间的充分互信；科学而详尽的联营协议；称职的项目负责人。

### 一、联营伙伴之间要充分互信

毋庸讳言，联营伙伴之间既有共同的利益，又有各自自身的利益。在对待各种利益的分配时，联营体各方必须充分合作，高度信任，既要积极主动地争取自身的利益，但亦要遵循不能损害合作伙伴利益的合作精神和工作原则。香港北大屿山高速公路——东涌段工程是"中国建筑（香港）"、澳洲礼顿和 HOCTIEF 组成的联营公司共同竞投中标的。联营内部采取的是分割式联营方式，全部跨海桥的桩基础工程（全为海桩）由"中国建筑（香港）"负责建造，而桥柱和桥面则由礼顿和 HOCTIEF 建造。

在工程初期阶段，由于"中国建筑（香港）"承包的基础工程（Bored Pile）按总的进度表工程有比较大的拖延，无法按照事先约定的时间交付礼顿和 HOCTIEF 开展桥柱和桥面工作。于是，联营体一方面不断收到政府（路政署）的警告信，一方面礼顿、HOCTIEF 担心由于"中国建筑（香港）"承担的工期被拖，而造成自己不能按时完成承包合同约定部分的工程项目，不断通过联营体董事会议（JV Board Meeting）向"中国建筑（香港）"施压，同时向"中国建筑（香港）"提出索赔××××万元的损失。联营体内曾一度出现了严重的分歧和矛盾，相互指责，相互推诿责任，联营体各伙伴公司高层不断向"中国建筑（香港）"施加强大压力。

作为联营体领导者的"中国建筑（香港）"的确感到问题的严重性，也觉得自己有责任尽快处理好这件事。首先"中国建筑（香港）"做到不偏坦自己，坦然承认因基础工程拖期给礼顿、HOCTIEF造成了工期压力和可能的经济损失，从合同上讲，“中国建筑（香港）”有责任在先；同时又对礼顿、HOCTIEF公司讲明“中国建筑（香港）”在基础工程进行过程中遇到地质资料变化大、分包商资源不足等客观困难。另一方面，“中国建筑（香港）”指出，联营体内在确定的总工程进度计划中，给礼顿、HOCTIEF承担建桥之分项工程的时间是留有较大的余地的，提出在这种环境下应以合作为前提重新安排资源，压缩建造工期，确保工程顺利完成。通过多次反复同各方高层对话协商后，“中国建筑（香港）”同意承担付给礼顿、HOCTIEF公司一定金额的赔偿。双方同意都重新调动、分配资源，重新安排工程进度计划、压缩工期，并最终顺利完成了该项合同工程，确保了机场公路按时通车，赢得了香港政府和社会的好评，而“中国建筑（香港）”同礼顿公司也保持了长期的良好的合作伙伴关系。

上述事情的处理过程证明，在联营体内部假如发生利益冲突，各合作伙伴之高层应充分发挥各自的智慧，相互谦让，寻找一个利益的平衡点，共同维系联营体的平和气氛，确保相互之间的互信基础不受破坏。

## 二、科学而详尽的联营协议

科学的联营协议，主要体现在公平。各伙伴之间要强调和高度重视互信，但并不能保证伙伴之间没有利益冲突和没有合同上的争议。所以，联营协议是一份十分重要的文件，它关系以后各伙伴之间的责任承担、权力分配、利益占有等重要事项，所以联营体在实际运作前应共同签署一份联营协议，详细规定伙伴在联营体内的责任、权力、义务和利益。一般而言，联营协议应包括以下内容：

（一）联营方式的确定

不同的合同，有不同的工程内容，选择一个有利于合作又便于操作的联营方式是这个联营体成功的重要因素之一。

联营方式主要有以下三种：

1. 组合式联营（Integrated Joint Venture）

这种联营方式就是事先需成立一间联营公司，在联营公司董事会下面组织一个独立的项目管理团队，在董事会的授权下按照事先拟定好的管理体系和程序，对项目进行独立的管理，代表联营公司全面履行合同责任。这个管理团队的人员组成可以由各伙伴公司抽调适合人员，也可以向社会公开招聘人员来组成。应强调的是，该管理团队的所有成员的工作只向项目董事负责，项目董事只向联营公司董事会负责。

组合式联营的优势是：可以发挥各伙伴公司在施工及管理方面的优势和专长；施工过程中没有交接面的问题，避免好多内部各伙伴的争执；减少了各公司在联营公司的利益冲突，共担风险，共享利益。组合式联营的劣势是：管理队伍庞大，开办费增加，成本较难控制。

2. 分割式联营（Consortium Type Joint Venture）

分割式联营是指根据工程内容和特点，可以按工程类别和区域分开，分成若干个段落，按合作伙伴公司各自的意愿和专长分别独立进行管理各自全部承担工程内容的一切风险和责任。

这种联营方式，一般本地建筑公司较多采用，因为他们有本地分包商队伍的资源优势，加之人工费用较外国公司低，管理成本相对较低。但是，这种方式，如处理的不好就很难中标。如，“中国建筑（香港）”同礼顿、HOCTIEF 在竞投北大屿山高速公路——大蚝段时，就采用的是分割式联营。由于事先划定了各自负责建造的段落和分项工程，各方在作标价时，由于商业原因彼此保密，缺乏沟通，加之这种分割方式，标价方面伙伴公司之间没有相互监督、审核机制，互相不可以就对方的方案和标价提出异议，结果因标价太高而未能中标，成为双方合作中一件十分遗憾的事。双方认真分析了这次事件的原因，提出凡今后以联合方式去参与工程项目时，不分以什么方式联营一律采用内部竞价的方式进行，通过各伙伴公司友好协商和审核，谁做出的标价最低最合理，就采用谁家做的价格作为投标价的策略，这种思维和策略要作为组成联营体的一个条件，事先取得合作伙伴的确认。结果证明，效果十分明显，中标率大大提高，大大增强了双方参与的联营体中标的机会，提高了两家公司在香港建筑市场的影响力和占有率。“中国建筑（香港）”得益尤深。“中国建筑（香港）”采用这种联营投标策略，参与的马鞍山铁路全程四个工程合同（TCC-400，TCC-500，TCC-200，TCC-300），虽然每个合同选择的合作伙伴不同，但四个工程合同竞标结果显示，“中国建筑（香港）”参与的联营体全部为最低标，而且同第二标差距均在2%以内。由此可见，内部竞价的联营思维和策略有极大的科学性、适用性和操作性。

此种联营方式（包括计价及联营）的特点是：有时候不能充分发挥各合作伙伴自身的特长，因为有可能在内部竞价的时候，有的公司可能分到工程事项不是自己的专长项目；只适合于可以把整个工程分割为数个大的分包合同，但若交接面复杂，这个方式最终会出现交接面（Interface）的问题，而引致额外支出，合作伙伴相互间索赔的现象将会较频繁发生；标价可以降低，中标的机会高。

3. 借牌联营（Direct Sub-Let Type Joint Venture）

借牌联营就是名义上是两家或以上公司联营，而其中一家或几家公司对这项工程不感兴趣，或对标价不满意，或因自身的其他原因不愿意承接这项工程时，联营体中某一公司则可以实际上完全独立运作，单方面代表联营体向业主承担一切合同责任。当然，实际运作公司要向实际退出的公司付一定的费用（牌费），同时联营内部还要有一个协议书，说明今后因这项工程在进行过程中和以后出现的一切合同、法律、经济等责任，与实际退出之公司无关，完全由实际运作之公司承担全部责任。

这种方法比较少采用，除非各联营公司之间有相当的了解和高度的信任，因为借牌联营的风险性较高。

（二）各合作伙伴公司在联营体内各自占有的股份比例，一般由各方面友好协商决定。

（三）领导者地位的确定及其可能发生的领导者费用，应尽量说服领导公司不收取费用，以降低成本，增加竞争性。

（四）领导者公司的权力、义务和责任；各伙伴公司权力、义务和责任。

（五）董事会成员的组成。

（六）各伙伴公司之法人代表向参与联营体之各董事授权。

（七）银行户口管理办法。

（八）联营公司董事会与项目董事之间的明确而合理的分工。

联营公司董事会与项目董事之间的分工，包括双方责、权、利的明确分配和界定，这样可以确保在工程进行全过程中，各施其政，各负其责，做到董事会既可监控项目董事及其项目管理班子的日常工作，又不干扰项目董事及其管理班子的日常工作，使联营公司和工程项目管理有条不紊地进行。在明确项目董事的职责的同时还要赋予项目足够的权力，使之可以有足够能力去操作项目管理班子工作，顺利完成项目的全部内容。

### 三、挑选复合型人才任项目董事是搞好联营项目的关键

一个大型联营项目对其项目董事人选在管理能力和商业头脑方面的要求，往往大大高于对其在专业水准方面的要求。因为在项目实施的全过程中，他一定会面临许多内部、外部和内外部搅和在一起的各种矛盾，他必须运用他的智慧和才能去一一化解，才可以确保工程顺利进行。一个合格的项目董事，应该是复合型人才。例如：性格上刚柔兼备，能屈能伸；形象上礼而不卑，躬而不屈，严而不威；有较高的谈判能力和语言、文字能力；个人才能和知识的多元化，既要有较强的专业知识，又必须具有较高的管理能力和商务头脑，这样他可将未来有可能出现的困难和问题有预见性，对发生的一些重大事件有准确的判断能力和快速的反应，并在纷繁的各种矛盾中立于不败之地。

## 第四节　联营项目管理

一般的联营项目大都是规模大、技术要求高的项目，做好一个大型的联营工程项目，不仅可以锻炼队伍，培养人才，还可以提高公司的社会信誉、经济效益和知名度，增强公司的竞争能力。建立科学高效的管理系统，加强联营项目日常管理，联营项目董事会全力支持，管理好分包队伍，是顺利完成联营项目建设的题中应有之义，必须齐头并进，多管齐下，不能环顾左右，妄言偏废。

### 一、工程项目管理系统

制定一个科学有效、操作性强的工程项目管理系统是搞好联营项目的基础。

1. 组织机构表的确定，一般要求是：部门设置要科学、合理，确保工程管理系统能够有效工作。不同规模，不同工程内容的工程项目，不同的联营方式的部门设置也可能是不同的，甚至差别很大〔参见附件（1）：香港新机场客运大楼机构表；附件（2）：西九龙填海工程机构表及附件（3）〕。部门设置和人员安排要精心选择，使之符合成本效益。

2. 制定各个部门负责人的岗位职责。

3. 建立各部门之间工作的管道联系渠道。

4. 建立各部门工作的汇报、考核、评审制度。

5. 建立各类人员个人工作表现的考核制度。

6. 质量保证体系和内部审核制度。

7. 安全保证体系和内部审核制度。

8. 工程进度保证体系和内部监控体系。

9. 工程成本控制体系和定期审核制度。

## 二、项目日常综合管理

加强质量、进度、安全、成本、环保等项目日常管理，是全面推动联营项目进程的核心任务。

国际工程联营项目的特色一般包括：庞大的建筑面积、繁多的工程种类、精密的工程设计、复杂的建筑工序、较长的建筑工期以及动用不计其数的物资、人力资源等。其成功的主要因素有：完善的工程策划、良好的成本管理、适当的资源运用、灵活的界面管理，针对环境变化影响而采取积极有效的相应措施，控制成本及降低风险等技巧。

一项大型国际联营工程建设包括成千上万的工程项目，其中包括地盘平整、地基加固、土木、机电、房屋、装修等等。首先要从管理机构入手，决定各个管理单元的机构组织，按照业主、建筑师、工程师、机电顾问、工料测量师、总承包商、分包商等各单位订立管理机构表，明确各自责任，细化分工，互相配合。在项目分拆方面，将整个工程建设的项目分拆为若干细小部分，以方便管理和控制，订立管理界面，以方便项目与项目间的连接以及重组，订立项目里程碑日期，以配合控制时间。在层面方面，包括工期管理、质量管理、设计管理、分包商管理、施工方案管理、施工安全管理、资源管理、财务管理和风险管理等。

按照联营公司董事会颁布的管理方针，制定联营工程的经营与管理策略，做好一切前期准备，各主要骨干人员可随时就位。在工程初期，积极搞好所有采购、分包工作，组织分包商和施工队伍，确保在开工前期各主要分包商的人力、物力、机械设备等基本组合形成。要注意采用先进技术，减少劳力，节约成本，降低风险，加快进度，确保工期。

### (一) 工期管理

按时完工是每一个工程建设最重要的事。要确保工程进度受到监管和控制，必须于工程开始之前制定工程策划表和工程进度表，利用关键项目所需要的最短时间来决定整个项目工程建设的最快完成日期，在其他非关键性的工程项目，就可以提供的人力、物力及机械资源来决定项目的先后次序、所需时间等。

举行定期项目会议，检讨实际工程进度与预定工程进度的偏差，寻找困难的源头，偏离预定进度的原因，从而做出相应的补救行动及采取适当的措施，利用短线工程进度表进行比较密集的监测，以确保能够尽早发觉偏离而加以控制。

### (二) 质量管理

在工程建设尚未开始阶段，参考先前已完成的同类工程项目的成功例证，制定质量优化管理计划，订明物料、工艺要求的水准和规格，摆设目标良好质量要求样品以界别收货标准。

最重要的是监管及给予工人正确指导和培训，在关键性的工序之间进行检查，经测试合格后才可继续下一个步骤，定期调校量度仪器及适当保护完成制品。

### (三) 成本管理

在分割式联营机构中，联营伙伴对所分配的部分工程要自负盈亏，所以联营公司的成本管理在分割式联营中只局限于联营公司管理费，比较简单。全组合式联营，成本管理的覆盖面是该项目实施过程中的全部。下面所详述的成本管理适用于全组合式联营。

成本管理的目标必须以投标时的成本预算为目标。风险及机会所预留的金额全拨归利润，这种做法可促使工程管理班子想方设法回避风险及捕捉降低成本的机会。

当主要材料订购及主要工程项目分包工作完成后，再加上可以比较准确及实际掌握地盘开办费及管理费，这时对完工时的利润可作修订去反映实际情况及以此作为新的成本控制目标，同时，亦须对合同索赔及工程施工进行一系列风险及机会评估，以便得悉完工时的利润上下变动幅度。

整个工程的成本根据是投标时的预算，一般分为下列6大项目以便控制：

（1）联营公司开办费：主要项目为管理费、项目办公费、交通费、交际费、安全及环保措施费，还有保险及履约保证的保费。

（2）监理工程师开办费：主要项目为顾问工程师或业主驻工地代表项目办公费和日常开销。

（3）主要材料：投标时购买每项分包工程的材料费预算及其供应商名称。

（4）主要分包商：投标时每项分包工程的分包预算及其分包商名称。

（5）联营公司直接自行施工项目（没有分包出去）的人工及机械费，有些工程项目在投标估算时没有采纳分包商报价。这些工程项目的成本根据自行做价得来；自行做价时会考虑人工及机械租赁的市场价及其工作效率。

（6）临时工程费用。

上述每个大项目亦会进一步细分以便达到控制成本的目的（请参照附表1）此外，为了日后在分包时可以比较分包商的每个工程项目的报价和投标时所对应的工程项目单价预算，所以每个工料单内的工程项目亦有一个成本单价。这个成本单价会进一步分拆为人工费、机械费、材料费及分包商费用（请参照附表2）。为了日后的材料采购能跟投标时的预算有所比较，整个工程每项材料、工种、机械的总用量及预算单价亦会分拆出来（请参照附表3）。

工程成本管理及达到预期利润的目标是以项目经理为首的项目管理班子的责任。联营公司董事会监察项目经理的成本控制工作及成效。在重大事项决策上联营公司董事会定出方向及指导性的思维。若项目经理在成本管理上有偏差，联营公司董事会会纠正错误及商讨补救方法。

联营公司董事会一般是每月召开一次，各董事亦是在这些“月会”上听取项目经理对工程的财务状况和成本预测汇报，董事在会中亦可向项目经理提出意见及要求，所以在开会前项目经理在商务经理协助下会提交下列资料以便在开会时讨论及通过：

（1）截止开会月份之工程款之收款情况（请参照附表4）。

（2）完成整单工程之最新成本预算（请参照附表5）。

（3）至完工时每月可收之工程款（请参照附表6）。

（4）预计之利润及退回联营伙伴之借款的时间表（请参照附表6）。

（5）现金流量表至工程完结时的变化（请参照附表6）。

（6）确实成本与投标预算的比较（请参照附表7）。

（7）工程潜在的风险危机及机会（以金额为量度单位，请参照附表8）。

（8）联营公司之资产负债表（请参照附表9）。

（9）联营公司之盈亏报表（请参照附表10）。

（10）联营公司在银行户口的来往账的记录（请参照附表11）。

因为每月要准备大量财务资料，而这些资料都是把投标预算、实际支出以及工程款回收串连起来。联营公司一般会采纳其中一个联营伙伴之工程成本控制软件去处理收入及支出的资料及完成财务报表提供准备及快捷的资料。成本控制软件能快速及准确地把实际支出及投标时的预算串连起来，可以即时描绘工程财务状况以便采取措施去处理超支的工程项目，所以成熟的成本控制软件是成本管理的重要工具。

联营公司董事会是透过每月之会议及项目经理提交之财务报表去监察整个工程项目的财政情况；为使联营公司的支出及收入规范化，为联营公司带来最大的利益，项目经理在工程起动初期必须向董事局提交下列有关财务及成本的管理程序：

(1) 项目成本管理程序［参见附件 (4)］；

(2) 会计机构及其管理程序；

(3) 财务管理；

(4) 付款程序；

(5) 选择供应商之程序；

(6) 选择分包商之程序；

(7) 分包商及材料供应商的管理程序。

上述所有程序均是希望达到一个有法可依的科学化管理，对联营公司的高层管理人员界定一个很清晰的权限划分。这些程序亦会把联营伙伴的材料供应商网络及分包商网络提供给联营公司所用，用以降低成本。所有这些程序及权限必须经联营公司董事局通过及批准后才可执行。这些程序必须尽早建立以杜绝在材料采购、工程分包、间接费支出中的种种流弊。

若一个联营项目要成功达到投标时预计利润及如期完工，项目经理起了一个关键性的作用。联营公司的管理班子是由各联营伙伴派员组成，因各联营伙伴有其独特的企业文化及工作方式，所以，这样新组成的管理班子内必然会有很多的矛盾及缺乏互信。项目经理必须使各伙伴公司派驻联营公司工作的员工在和谐气氛下工作。他处处必须以身作则，一切要以联营公司的利益为大前提，摒弃各自伙伴的单边利益的想法。所以他必须公正无私，严格遵守已订立的工作程序。纵使有完美的工作程序及配有超卓的员工，若团队精神在联营公司中不能建立，效果也会不理想。

联营工程的超支多数发生在管理费上，因为来自不同公司的员工未必适应新环境的工作，不能发挥每位员工的最大能力。所以联营工程一般人事机构臃肿，管理费支出会超出投标时的预算。要解决这个问题，项目经理必须拟定好全盘及全期的管理人员机构，并随着工程的进展和工作量的变化而调整，项目经理必须具备人力资源管理的技巧去减低机构上的臃肿。为捍卫联营公司的利益，联营公司高层管理人员最好是由伙伴公司调派。伙伴公司派驻在联营公司工作的员工的薪酬及服务条件应在调派前取得各伙伴的共识，原则是伙伴公司不应在这些员工调派上摄取额外利润，而应以实际成本为原则。若不能以投标时所预计的薪金调派员工，联营公司便须以不超支及符合工作经验要求及市场薪金水平为原则向市场招聘；高层员工的招聘一般是联营伙伴公司负责，并不是由项目管理班子负责。

一般基层员工的招聘由项目经理负责，但其服务条件及薪金须在联营公司董事会定下的指引之内；因为联营公司管理费是一个大的间接成本支出项目，所以管理机构及其人员配备必须由联营公司董事会讨论通过，以符合控制成本又可顺利开展工程的大原则。

材料的采购及分包合同的支出是直接成本的最重要组成部分。施工方案的选择不但会影响这些直接成本也会牵制整个工程的进度、质量及安全等等。所以施工方案的选择对整个工程的成本至为重要。评估一个施工方案应从多方面考虑如成本、工期、风险、相关技术水平等等；亦应把不同的施工方案在各方面作一比较。当施工方案落实后才应进行分包；在与分包商商讨分包合同的价钱及条件时，必须清楚详细解释施工方案、质量和进度要求，及与其他分包商的交接面和协调等等。这个做法应可得出一个实际的分包价格。很多时候，联营公司的分包商会在施工期间就发生问题，例如要求补偿或解除合同，其原因大多是施工方案未落实或未周详考虑前就进行分包，在太多不明朗因素之下，分包商所报的价是虚的，导致双方在金钱上都有损失；为了控制成本，必须预留足够的时间去考虑施工方案。为了有充裕的时间跟分包商及材料供应商商讨合同细节，所以在工程起动前，项目经理应该准备一份主要材料订购表及分包商的进场时间表；这些表格亦应跟随工程的进度而定期更新。

施工方案考虑期间，亦要随时留意替代方案的可能性。若替代方案能达到工程师原方案的功能但又能节省成本及不影响工期，一般情况下，工程师及业主会欣然接受，因为这是一个多方都赢的方案。虽然一部分因替代方案而省下来的钱会交回业主，但整体来说，替代方案的采纳对联营公司的利润会有增加，亦应利用电脑互联网等渠道去发掘找寻新的便宜的材料及其供应商；过去的经验是通过互联网可以帮助寻找一些便宜的替代材料，这对联营公司的利润会有正面的贡献。

工地的监管也是成本管理重要的一环，联营公司的施工管理队伍必须预先发掘问题，早一步解决，不应等问题发生后才想办法。否则，分包商的成本增加最终亦会转嫁给联营公司。项目经理应有一套完整的程序及守则去控制和减少代工的支出。根据以往经验，减少代工的最好方法是做好分包合同的细节，解释清楚分包工程的范围。

因此，成本管理可以归纳为下列要点：以投标时的预算为成本目标；组成有团队精神而精简的联营公司管理班子去控制非直接成本支出；财务管理及标准工作程序必须在工程起动时就位执行；每月详细准确地填报上述的财务报表；详细的施工方案及严密的施工过程监督。

**(四) 设计管理**

不完善的设计会严重影响工程项目的可操作性。因此，在设计阶段应检讨其设计要领是否能完全满足使用者（或业主）要求的功能和用途。其次要考虑设计的技术问题，如是否方便建造、是否符合最低成本、是否美观耐用以及有没有清清楚楚显示每一个细节的详细资料，另外所需施工图纸必须准时发放给地盘，以免妨碍工程进度。

**(五) 分包商管理**

设计概念和施工方案要靠建造过程将其变成现实。因此，要想获得满意的成果，必须科学而严格地管理分包商及其建造工人。项目采用分层管理制度，工长负责管理工人，工程师负责指导工长，建造经理将负责整个项目的分包商和施工队伍的运作，分包商之间要有专人负责协调及解决存在的问题，尤其是土建项目与机电安装等其他专门项目之间的协调及互相配合更为重要。

在管理及与分包商沟通方面，要举行定期会议，包括检讨进度、质量、安全控制等方面的进展和存在的问题，以及改善的措施办法，加深各分包商对整个工程建设的认识、知情及全局观念，形成工程的紧迫感和危机感。同时总承包商要合理及时解决分包商提出的问题。

**(六) 施工安全管理**

就每项工程策划编制安全施工方案，参照联营公司既定安全管理大纲，订立安全目标，就含有危险性的工序发出安全施工指引，定期进行安全审核，安排培训，推行安全奖励计划，提高工人对安全施工的警觉和支持。

联营项目在施工管理过程中与普通非联营的大型工程项目的施工管理内容、过程、方法基本是相似的。主要不同的地方在于内部分岐多，协商的机率频密，过程较长，解决问题的难度大，时间长，因此安全更加重要。

## 三、联营公司董事会的作用

联营公司董事会在项目管理全过程中实施必要而有效地监控和支持，是顺利完成联营项目的保证。

由于项目董事的工作是向联营公司负责，实际上是向联营伙伴公司负责。虽然，联营公司董事会规范了项目董事的责任和权力，但在实施过程中会随时出现和发生各种各样无法预计的情况和问题（如严重拖期，成本控制失效，安全事故频频发生等），而且有些问题的发生又最终影响工程成本，影响各伙伴公司的利益，所以解决的难度也很大。联营公司董事会必须有效地监控以减少重大问题的发生，帮助联营项目董事及时有效地解决这些问题，把可能造成的损失和影响减到最低。香港新机场客运大楼，由于工程规模大，合作伙伴多，项目上管理人数众多，最多达三百多名各类管理人员。开工初期，就出现了明显的拖期现象，管理方面也曾一度混乱，问题很多，各伙伴公司为维护自身利益也开始出现各种分歧意见，联营公司董事会一个月才开一次会，每次会议半天，既不可能及时发现和评估项目管理的问题以及影响程度，也很难解决项目负责人（P.D.）提出来的各种问题。如果如此下去，问题将越集越多，越来越严重。经过仔细的分析和思考以后，由联营伙伴公司提出修改组织机构，在联营董事会与项目负责人（P.D.）中间，增设一个“执行委员会”并经联营董事会讨论后通过［见附件（1)］。这个“执行委员会”由各联营公司抽派一名高层管理人员组成，并赋予一定权力代表董事会随时下工地去了解情况，发现问题，监察和推动工程进度、工程质量和安全生产及成本控制，对某些特别的事项进行专门审核，从而预先发现问题，及时解决问题，实践证明，效果良好。其做法是：

(1) 高层（联营公司董事会）宏观监控。如工程进度、工程质量、工程安全、成本状况、资金使用、国际联系、高层公共关系等。

(2) 中层（指联营公司领导或在董事会下专门设置的一个机构）重点监控。如工程进度、工程安全、成本状况、资金使用等。一般情况下，对在工程进度、工程安全、成本状况、资金使用等方面已经出现的问题和可能出现的问题，实施重点监控，包括：分项内部审查，检讨现行制度和办法及改善的措施。帮助和督促项目管理班子及时解决这些问题。

## 四、分包商队伍管理

管理好分包商队伍是保证工程项目顺利进行，最终圆满履行合同责任的关键。

香港建筑市场普遍采用分包制，联营体的一些外国公司不具备管理分包商的习惯和经验。一般在联营体内分包商经常出现问题，如分包工人罢工、停工、不合理地要求额外补偿等，造成联营工程项目现场管理混乱，严重拖期，工伤意外频频发生等。

在香港新机场客运大楼的总合同中，××××工程公司分包了该项工程合同的关键部分，就是旅客处理大楼（Process Terminal）和东大堂（East Hall）的混凝土结构部分的全部承造任务。这部分工程的建筑面积为 30.4 万平方米，混凝土浇筑量为 14 万立方米，主要材料（混凝土、钢筋和模板）由 BCJ 联营公司提供，分包合同金额为×亿港元。

这份分包合同虽然总价仅为×亿元，数目不大，但是对整个合同的顺利进行关系十分重大，因为按机场管理局同 BCJ 联营体签订的总合同要求，BCJ 必须在主合同开工后的×××天之内完成全部主体结构工程，做到屋面断水，按时顺利交与 E&M 分包商按时进场开展 E&M 的安装建造工作，否则，不仅整个工期会拖延，还会引起高数额的连环索赔，即 E&M 分包公司向香港机场管理局索赔，机管局则以此理由向 BCJ 联营体索赔，BCJ 联营体则以此理由向结构分包商索赔，最终 BCJ 联营公司将会承受数亿甚至十多亿元的索赔损失。所以矛盾的焦点集中在承担该部分主体结构工程的分包商是否可以按合同要求一天也不拖延地完成任务。当时，由于分包商自身的原因和外界的原因，造成××××工程公司开工不到两个月，已拖了二十多天工期，而且情况还将越来越严重。看到问题的严重性，××××工程公司同 BCJ 联营公司相互频繁出信，提出大数额的钱银和工期索赔，关系越来越紧张，BCJ 内的其他四家合作伙伴公司也一齐向分包商施压。后来，通过对双方的理据和实际情况的分析发现，分包商除了自身人手安排不足、管理有待改善等问题外，BCJ 的图纸资料提供不及时，模板的数量供应严重不足也是客观事实，如要按工期完成任务，让分包商不惜一切代价去增加资源，则将出现高达 1 亿元的亏损，这对一个分包商来说显然是做不到的；而 BCJ 则单方面认为已签了约就应按合同要求按时完工，对分包商提出的问题不去认真解决和处理。如果这样双方对立地相互争斗下去，对各个方面都会造成很大的损失。经过十分艰苦的思考后，有联营伙伴公司在联营公司董事会上提出要想改变目前这种被动局面，就应重新考虑总、分包商之间的合同关系。由 BCJ 同分包商（××××工程有限公司）建立伙伴关系，具体说来，今天以前发生的一切费用，由××××工程有限公司全部负责，今天以后，按剩下工程数量，根据合同要求重新调整管理模式，双方按工期需要提供足够的资源（包括人手，图纸资料，材料，模板等），而发生盈利和亏损由总承包商（BCJ）和分包商（××××工程有限公司）共同承担（各50%）。这个构想提出后，先是遭到 BCJ 其他四家伙伴公司极力反对，但是项目负责人×××先生支持这一提议，他并向董事会各成员提出这样的看法，就是从现实的情况看来，他看不到还有比这个提议更可行和更有效地选择，如 BCJ 董事会不同意这一提议，他表示根本无法向董事会保证工期按时完成，并由此肯定会遭到机场管理局数额巨大（达十多亿元）的索赔。由于项目负责人发言较有份量和持支持的态度，BCJ 内通过多次反复的协商后最后达成一致意见。由于这个提议，使总、分包商双方都放下了担心出现巨额亏损的心理压力，大家通力合作，很快建立共同进退的伙伴关系，日夜 24 小时开工，不仅按要求的时间完工并使 E&M 分包商按合同规定时间进场开工，避免了可能出现的 BCJ 联营公司巨额索赔损失，而且还为日后 BCJ 联营公司成功的商业行为打下了基础。

显然，只有总、分包商建立良好合作伙伴关系，而总承包商又能够维护分包商的合理利益，最终才可以真正地维护总承包商自己的利益。

**五、参与联营工程项目应注意的事项**

1. 伙伴最好有一个较长期性的合作基础，双方可以专心做好联营关系，增加了解，长期发展。

2. 联营伙伴不宜太多，给人造成不专一的感觉（尤其同一技术类型的公司），因为伙伴担心自己的做标方法、施工技术、商业手段等资料被泄露给其他人。

3. 联营应以组合式为好，可以学习他人长处。否则，联营只能起到增加中标机会的作用，较难达到提高自己的目的。

4. 在联营公司内，既要坚持最大限度地争取自身的利益，又要坚持不损害合作伙伴的利益；采用既合作又斗争的策略，“害人之心不可有，防人之心不可无”。要特别提醒的是，联营协议及投标过程中的有关补充协议是保护自己十分重要的文件。在签字之前，要认真分析研究，要组织公司各类高级专业人才“会诊”，还要征询法律顾问、合同顾问的意见，以免出现无法挽回的差错。

5. 应尽量争取指派本公司员工加入联营体工作，使之履行责任，掌握讯息，学习他人之长，稳定员工队伍。

随着中国加入 WTO，市场（包括建筑市场）向世界全面开放，国内建筑业将会加快步伐走向国际建筑承包市场。同时，随着建筑市场竞争越来越激烈，在一些大型工程中，为避免恶性竞争，充分发挥群体优势，减少和避免经营和商业风险，几家志同道合的公司联合起来参与市场竞争和经营活动，将会在香港和中国内地乃至整个世界的建筑市场越来越普遍。

（注：本章中的附表 1 至 11，由于篇幅太长，文字数量偏多，且均是英文，故在出版时取消。如有读者有兴趣参阅，请通过电子邮件（xchyao@cohl. com）向作者索取。）

## 附件(1)

Hong Kong New Airport
BCJ Joint Venture Organisation Chart
香港新机场客运大楼工程联营公司(BCJ)组织架构表
Balfour Beatty Limited (HK Branch) 保富比迪(香港)有限公司
China State Construction Engineering Corp. (HK) 中国建筑工程有限公司(香港)
AMEC International Construction Limited 艾铭国际建筑有限公司
Kumagai Gumi(HK) Limited 熊谷组(香港)有限公司
MAEDA Corporation 前田建筑工业株式会社
20%
20%
20%
20%
20%
Board of Members 董事会成员 Mr. R. Smith (AMEC) Mr. R. Ashman (Balfour Beatty) Mr. X. C. Yao (China State) Mr. M. T. Wong (Kumagai Gumi) Mr. G. Palmer (Maeda)
BCJ JOINT VENTURE BCJ 联营公司 (Board Members Repressnted by Five Parties respectively) (董事会由每家公司各派一名代表)
Project Management Team 执行委员会 (Team Members Represented by AMEC, China State, Kumagai)(艾铭、中建、熊谷组各派一名代表)
Project Director 项目董事 (AMEC)(艾铭)
Commercial Dept (In - charged by China State) 商务部(中建负责)
Quality Assurance Dept(In - charged by MAEDA) 质量控制部(前田负责)
Technical Dept (In - charged by AMEC) 工业安全部(艾铭负责)
Finance Dept(In - charged by Balfour Beatty) 财务部(保富比迪负责)
Construction Dept(In - charged by Kumagai) 工程部(熊谷组负责)
Technical Dept (In - charged by MAEDA) 技术部(前田负责)
Logistic Dept(In - charged by Balfour Beatty) 行政后勤部(保富比迪负责)

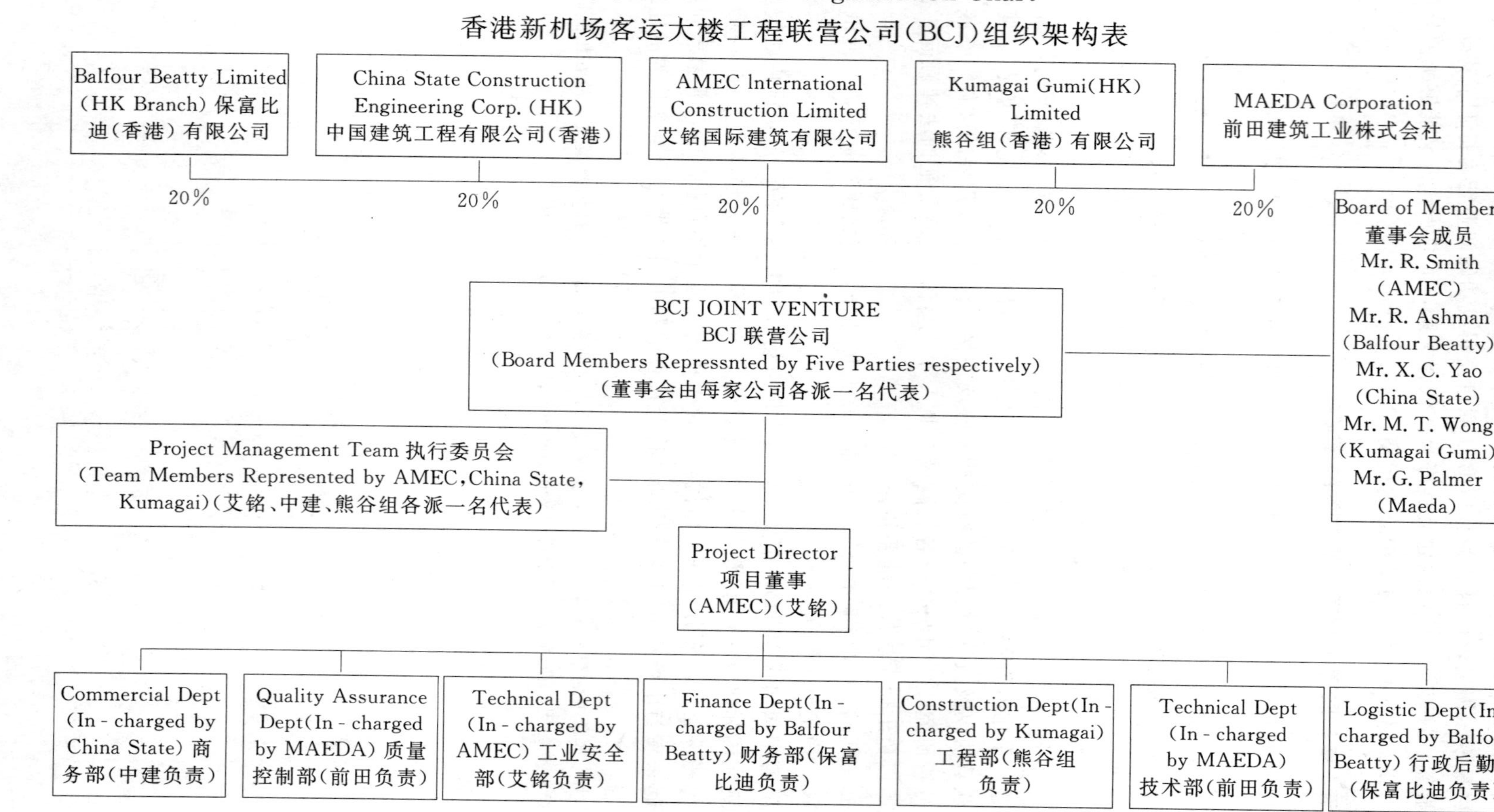

## 附件(2)

### West Kowloon Reclamation Northern Area Phase II
### Joint Venture Organisation Chart
### 西九龙填海二期联营公司组织架构表

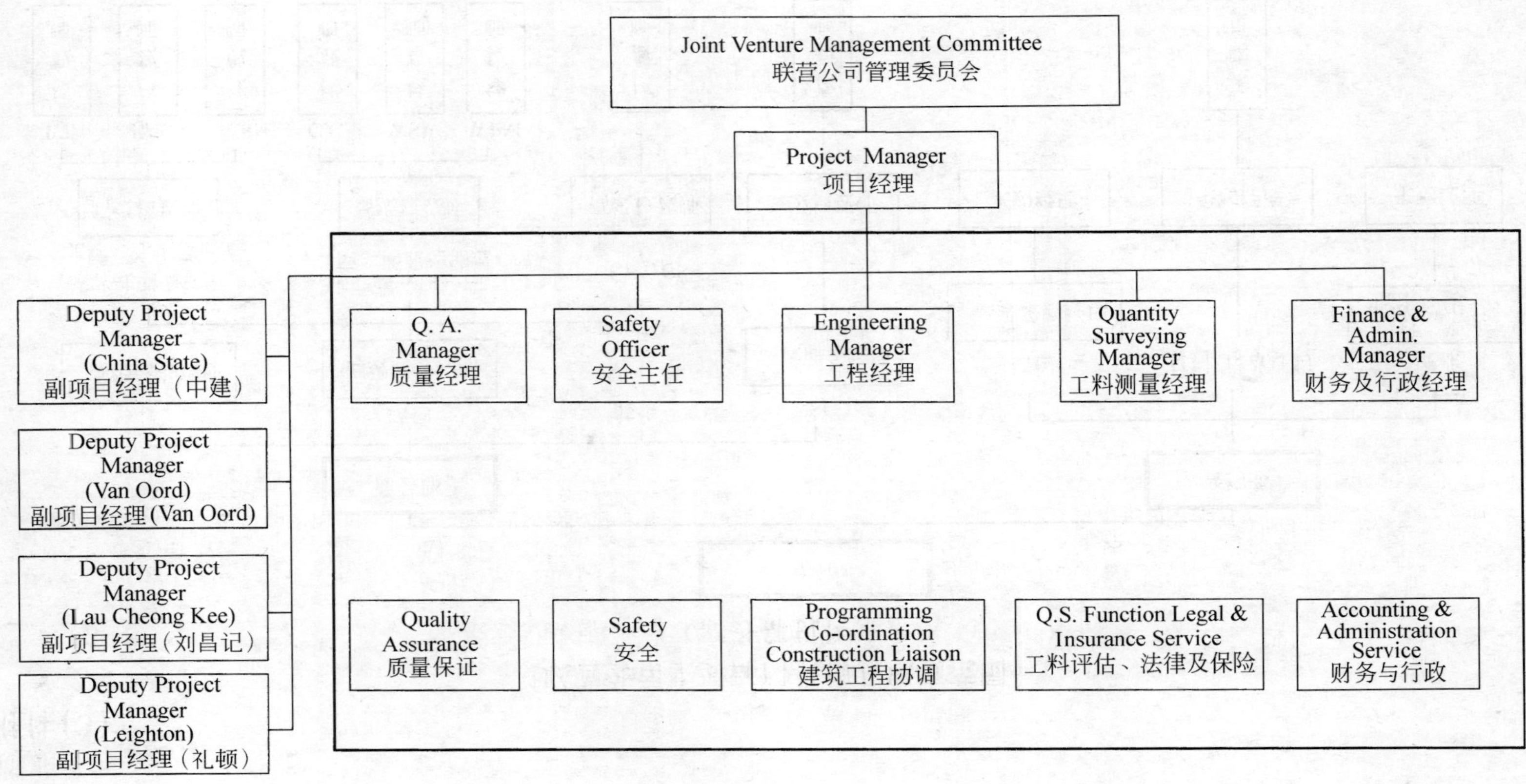

## 附件(3)

### 联营公司主要部门机构及职责范围
（商务部机构）

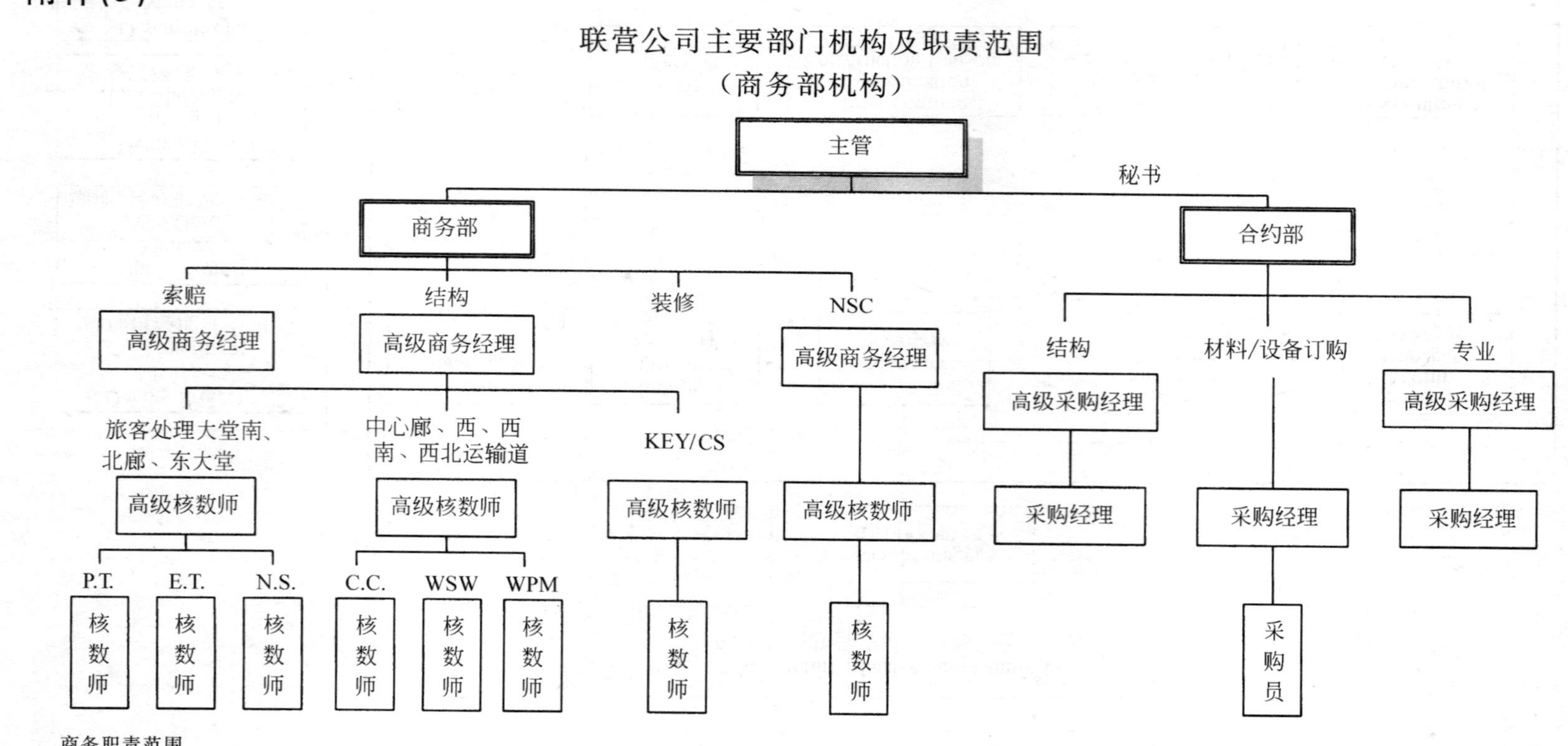


商务职责范围

—所有采购分包工作

—索赔

—同业主、顾问公司、分包商等商务资料

—日常工程数量测算工作

—申报工程单

## 附件(4)

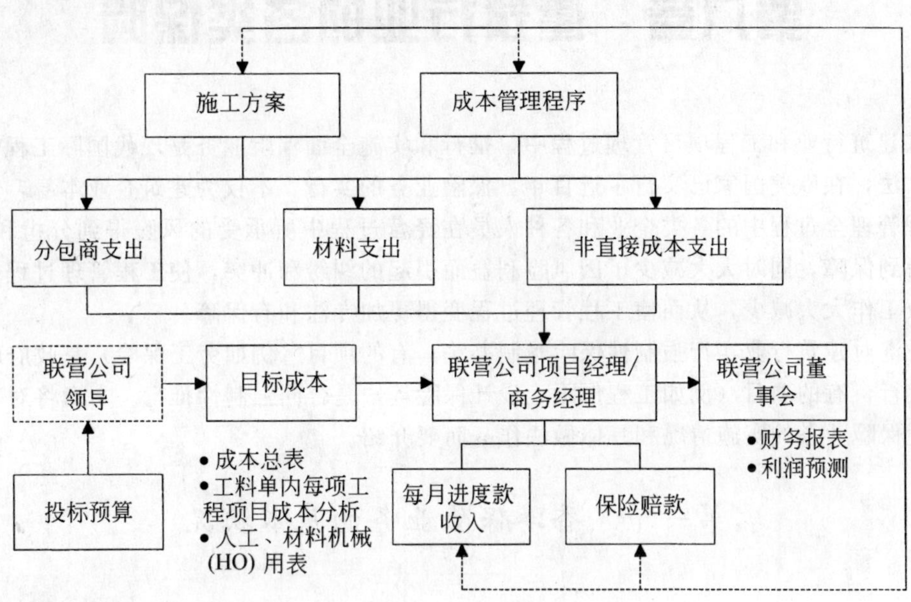

成本管理流程表
施工方案
成本管理程序
分包商支出
材料支出
非直接成本支出
联营公司领导
目标成本
联营公司项目经理/商务经理
联营公司董事会
投标预算
●成本总表
●工料单内每项工程项目成本分析
●人工、材料机械(HO)用表
每月进度款收入
保险赔款
●财务报表
●利润预测

# 第八章　建筑行业的各类保险

在建筑行业和工程项目管理过程中，推行和实施全面保险业务是现代国际工程管理的通行作法，在欧美国家已实行了近百年。保险业务的实行，不仅为建筑企业本身，也使参与工程管理全过程中的各类企业和各种人员在经营过程中所承受的风险得到分担和化解，利益得到保障，同时大大减少了因风险利益而引起的纠纷和冲突，使工程管理过程中额外的行政工作大大减少，从而使工程管理过程变得更加专注和有保障。

香港对建筑行业实行强制性保险管制办法。有的项目（例如劳工保险）是政府政策性强制实行，有的项目（例如工程保险、设计保险等）是合同强制性推行。本章将对香港建筑行业保险业务的实施情况和具体做法作一简要介绍。

## 第一节　香港保险业务的基本状况

### 一、保险业的范围

保险是以接受风险作为换取报酬的服务。售卖这种服务的是保险人，而购买者是投保人（被保人）。居中协助或促成投保人和保险人订立保险合同的第三者，是保险中介人，包括保险代理人及保险经纪。

保险业的范围，包括保险人和保险中介人从事的业务，而保险从业员是保险人、保险中介人和他们的雇员。

在香港，保险业是属于受政府监管的行业，保险人及保险中介人（即保险代理人及保险经纪）的经营须获授权，并受法例监管，有关保险业的监管法例主要为《保险公司条例》（香港法例第41章）及其附属法例。

《保险公司条例》基本上将保险业务划分为长期业务及一般业务。长期业务主要包括人寿保险、年金及退休计划管理等。一般业务大致属于非人寿保险，包括意外、财产及责任保险等。综合业务是指同时参与长期及一般业务。

### 二、企业数目

截至2003年4月30日为止，香港共有191名获授权保险人（其中约66％为一般业务保险人，24％为长期业务（或人寿）保险人，其余10％为综合保险人）。这些保险人当中，有94名在香港注册成立，其余则来自24个不同的国家及地区，其中以美国最多（共21名），其次是英国（共14名），具体情况参见附件1所列。

### 三、从业员人数

目前，受聘于这些保险人的员工大约为35000人。

中介人方面，截至2003年4月30日为止，香港约有448名获授权保险经纪（公司）及3600名已登记行政总裁/业务代表（个人）。

而保险代理人（包括其负责人及业务代表），在香港约有30612名获委任保险代理人及17820名负责人/业务代表。

### 四、保险费收入

根据香港保险业的统计数字，2001年的毛保费总额达763亿港元。由1999年至2001年的保费分布如下：

| | 1999年（百万港元） | 2000年（百万港元） | 2001年（百万港元） |
|---|---|---|---|
| 一般业务——毛保费 | 16532 | 17872 | 19436 |
| 长期业务——保单保费 | 41297 | 46515 | 56858 |
| 总额 | 57829 | 64387 | 76294 |

就2001年的一般业务而言，如以毛保费计算，财产损坏（占25%）、意外及健康（占21%）和一般法律责任（占21%）为主要的业务类别。

就2001年的长期业务而言，如以保单保费计算，个人人寿（占74%）为最主要的业务类别，其次为退休计划管理（占19%）。至2001年底，有效个人人寿保单超过490万份，为约73%的香港人口提供保障（假设一人持有一份保单计）。

### 五、政府的监管

保险业实际的监管工作，是由监理专员以保险业监督的身份负责监管保险业。

## 第二节　香港保险业务的运作方式

香港保险业务的运作方式如图8-1所示。角色分工为：

(1) 消费者（被保险人）基于财务保障需要购买保险产品；

(2) 保险中介人居中提供顾问及销售服务促成交易；

(3) 保险公司提供保险产品，接受及承担风险；

(4) 再保险公司担当保险公司的保险公司，分担部分风险；

(5) 监管机关保护公众的利益，监管业界的运作。

在香港，保险业监管的工作，由成立于1990年的保险业监理处（The Office of the Commissioner of Insurance）执行，处长是保险业监理专员（Commissioner of Insurance）。相关的法例是1983年制定及其后修订的《保险公司条例》。

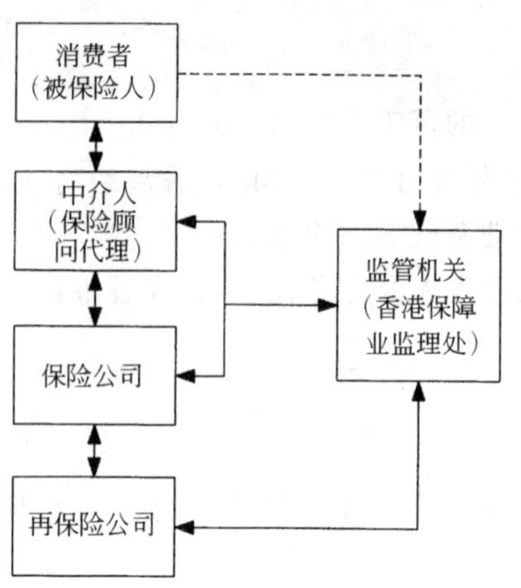


图 8-1　香港保险业务的运作方式

保险公司（包括再保险公司）要在香港经营，必须获得保险业监督（Insurance Authority，由保险业监理专员担任）授权。通过授权的机制，政府可以有效地监管保险公司。授权经营的条件及监管范围，主要包括最低资本要求、足够偿付能力、适当的管理人选、足够的再保险安排及审核财务报告等。

首先，资本额的要求，如保险公司只经营一般业务或长期业务，其实缴股本最少是1000 万港元。如同时经营一般业务及长期业务或经营法定保险业务（劳工及汽车第三者责任等），则其实缴股本最少是 2000 万港元。此外，专属自保保险公司（Captive Insurer，只经营本身集团的保险业务，不可经营法定保险业务）的最低实缴股本只需 200 万港元。

其次，偿付能力方面，保险公司的偿付准备金，即资产值和负债的差额，必须超过按法例规定公式计算的数额，一般保险业务最少是 500 万港元，而长期保险业务则最少是200 万港元，基本上，保险公司一年的经营保费数字愈大，上述要求的数额也愈大。

第三，保险公司的主管人选（包括董事及控权人），必须获得保险业监督按条例认可为适当人选，保险业监督在进行适当人选测试时，会考虑人选的履历、经验及性格等。

第四，保险公司必须就其业务风险，安排足够的再保险。

第五，保险公司必须定期递交财务报告给保险业监督，以确保保险公司的财务状况稳健。

保险中介人包括代理人（Agent）及经纪（Broker）。代理人代表保险公司经营业务，但独立于保险公司，并非保险公司的雇员，并不可同时出任保险经纪。代理人必须获得保险公司委任，在“香港保险业联会”登记，才可代理其业务。

保险经纪和代理人不同，保险经纪是代表投保人/被保人，洽购保险。根据《保险公司条例》，任何人要出任保险经纪，必须先获得保险业监督授权，或成为其认可的保险经纪团体的会员，主要的条件包括最少 10 万港元的资本（经纪公司），中学毕业以上的教育程度，专业的资格或足够的工作经验等。

法例要求保险经纪具备保险的专业知识，并购有专业疏忽保险。保险经纪如果因专业疏忽导致被保人遭受损失，必须负责赔偿。但法例并不要求保险代理人具有保险的专业知识，故此不须对委托人负专业疏忽（不同于疏忽）的责任。不过，保险代理人仍须合理照顾委托人的权益，否则，委托人仍可向代理人追讨因疏忽造成的损失。

假如被保人与保险公司对赔偿或其他保单利益有纠纷时，例如不满索赔被拒，或认为赔偿不足，双方可以用谈判方式解决，如果谈判失败，可以循法律途径解决。但保单一般载有仲裁（Arbitration）条款，双方均有权坚持以较省时省钱的讼裁方式解决纠纷。

此外，自1990年香港成立了“保险索偿投诉局”后，个人保险（不适用于以公司名义购买的保险）的被保人与保险公司双方如有纠纷，被保人可以向该局投诉，通过该局安排裁决。

如果投诉涉及保险代理人，投诉人也可向“香港保险业联会”的代理登记委员会投诉。

投诉人亦可向“消费者委员会”作出投诉。

假如最终投诉人仍然不满，可以采取法律行动。

## 第三节　建筑类保险的种类及运作方式

### 一、工程、建筑保险的种类及各类保险的内容、定义

香港的工程、建筑保险主要包括：(1) 建筑工程一切险（Contractors' All Risks Insurance），(2) 安装工程一切险（Erection All Risks Insurance），(3) 工程设备机械保险（Contractors' Plant & Machinery Insurance），(4) 雇员补偿保险（Employees' Compensation Insurance），(5) 专业责任保险（Professional Indemnity Insurance）。

建筑工程一切险承保内容包含财物综合损失保险及第三人意外责任保险两部分，前者采概括式承保，凡保险的标的物在施工场所，于保险期间内，因意外事故，致有毁损或灭失，需予以修复或重置时，除保险单载明为不保者外，均予以理赔。

第三人意外责任保险部分，承保被保险人因营建承保工程在工程施工场所，于保险期间内，发生意外事故，致第三人死亡或体伤、或财物受损失，依法应负的赔偿责任。

安装工程一切险的承保内容与营造工程综合保险大致相同，分别适用于以营造及安装为主的两类不同的工程。

工程设备机械保险采概括综合式承保，凡保险的标的物在保险单所载场所，于保险期间内，因意外事故，致有毁损或灭失，除保险单载明为不保者外，均予以理赔。

雇员补偿保险俗称劳工保险，按香港特别行政区政府所订立的《雇员补偿条例》，工程承包商及分包商作为雇主，必须替其雇员购买指定数额的工伤意外保险，承保被保险人因其雇员在保险期内，于受雇工作期间，因工遭遇意外或死亡，依《雇员补偿条例》及普通法应负的赔偿责任。

专业责任保险属第三者责任保险的一种，承保被保险人因专业的失误或疏忽，例如工程设计失误，而导致他人的财物损失所需赔偿的责任。

以上几种保险中，雇员补偿保险属政府强制保险。

### 二、香港工程、建筑保险的管理体制和机制

有关香港工程、建筑保险的管理，一般在工程合同中（GCC、SCC）都有详细的描述，列明业主及承包商各自的责任及义务。

工程合同规定了承包商及业主对与工程有关，可能受到的损害各自所负的责任，主要

包括：

(1) 工程的照管（工程以及材料和待安装及承包商的工程设备）；

(2) 第三者人身或财产的损害；

(3) 承包商及分包商的雇员伤亡事故；

(4) 专业责任。

通常工程合同会要求承包商就以上其中各项风险，负责购买保险，但也有些工程合同是规定由业主负责安排部分或全部所需保险。

如果合同规定了由承包商负责购买保险，合同中会列明哪些是业主的风险，承包商不必为这些风险投保。

合同同时会规定投保方面的一些细节，例如保险必须以承包商和业主的联合名义进行投保，工程保险必须以重置成本（Replacement Value，即以全新的价值计算，不扣除折旧）投保，第三者人身或财产的损害需按合同要求的最低额投保，保险期必须配合合同工期至缺陷责任期满移交证书发出为止等。

任何未投保或未能从承保保险公司收回赔偿的金额，例如是自负额（Deductible），合同会规定承包商和业主各自所需负担的责任。

如果是承包商负责投保，合同一般会要求承包商提交保险证明及收据。

合同也会规定承包商和业主如果应办而未办或漏办保险时，可作的补救安排及需对另一方负担的责任。

### 三、各类工程、建筑保险办理、购买的程序

要办理和购买工程、建筑保险，可以直接和保险公司接触，也可以通过保险中介人与保险公司联系。但一般来说，由于涉及工程保险的安排、内容及要求都比较复杂，为更能保障投保人的利益，通常是会通过具经验的专业保险顾问去洽办。

专业保险顾问在分析投保人所提供有关工程施工及合同相关资料后，会按投保人的需要及最大的利益设计最合适的保险计划及条件，然后选择安排稳健合适的保险公司参与报价，经过反复磋商后推荐合适的建议予投保人考虑，在细节敲定后便代投保人安排起保及正式签发保单。但由于详细的正式保单未必能即时签发，因此，一般会先行安排一份暂保单（Cover Note）供临时使用，证明保险合同已生效。

### 四、保险赔偿的过程和程序

各种工程、建筑保险的索赔和赔偿程序在时间和手续上不一定相同，但基本程序上还是大同小异，主要可以分为两类，一类是劳工保险赔偿，另一类是劳工保险以外的其他保险赔偿。

**(一) 劳工保险以外各种保险一般索赔程序**

(1) 被保险人直接或通过其保险顾问把意外或损失通知承保的保险公司。

(2) 被保险人在其保险顾问协助下填妥意外报告书或索赔表格（参考附件2“建筑工程全险意外报告书”）。

(3) 承保的保险公司审查保单是否有效及所申索的损失是否在保险范围内。

(4) 承保的保险公司安排人员或独立理赔师调查损失的发生、原因及程度，一般需要

向被保险人索取有关损失的资料及证明文件，对损失进行评估。

(5) 承保的保险公司根据有关评估，计算应付的赔偿金额。

(6) 一切就绪后，承保的保险公司将赔偿金额给付被保险人。若是第三者损失责任索赔，则赔偿的受益者是受到损害的第三者。

**(二) 劳工保险的一般索赔程序**

索赔程序按照劳工保险单所依据的《香港雇员补偿条例》的规定。

劳工处评定因工伤永久丧失工作能力赔偿数额，按附件 3"雇员补偿条例附表 1"执行。《香港雇员补偿条例》规定，如雇员因工受伤，在 14 天之内，雇主必须填写第二号或第二号 B 表格呈报劳工处（参见香港政府网页：www.justice.gov.hk/chome.htm）。另如雇员因工死亡，雇主必须在 7 天内向劳工处呈报第二号表格。

若病假不超过 3 日，及无永久丧失工作能力：

雇主须填报表格第二号 B 通知劳工处处长有关任何上述之工伤意外。此等工伤毋须到劳工处消假判伤，由雇主于雇员的正常发薪日期支付该段病假的按期付款及医疗费用等赔偿。(注（一))

若病假多于 3 日而又不超过 7 日，及无永久丧失工作能力：

雇主须填报表格二通知劳工处处长有关任何上述之工伤意外。雇员可与雇主以协议形式直接解决工伤赔偿（注（一)），而毋须到劳工处消假判伤。

若病假超过 7 日：

劳工处于接获雇主呈交的第二号表格后，将发通知书给雇员指示前往办理工伤补偿手续。当雇员完成判伤手续后，劳工处处长会签发评估证明书给予受伤雇员及其雇主，并阐明判伤结果（注（二))。在双方没有反对的情况下，劳工处会再签发补偿评估证明书给予他们，阐明补偿款额。

在上述任何情况下，当意外发生后，雇主亦须同时以第二号 B 或第二号表格副本一份给予保险公司以作为事件的知会。至于医疗费用补偿，更要附上有关票据，连同补偿评估证明书、评估证明书及有关的病假证明书交回保险公司，以作为处理补偿之根据。对于那些工伤病假少于 3 日及多于 3 日而又不超过 7 日的个案，保险公司会发出一份声明书给予有关的雇主，并需要雇主及受伤雇员双方签署寄回作实才会发给补偿。

注一：补偿计算方法：每月收入/实际开工日数×病假日数（法定假期及无薪假期除外）× 4/5＋医疗费用*。

(*每日最高限额如下：门诊治疗或住院治疗为 200 港元；又或同日须接受门诊及住院治疗则为 280 港元。)

注二：如个案涉及永久伤残丧失工作能力达 3%或以上者，雇主应立即通知保险公司，并递交评估证明书给予保险公司处理。

**(三) 理赔师**

当受保意外事故发生时，保险公司会视乎事故的严重性，安排聘请独立的理赔师 (Loss Adjuster)，对意外事故作出客观和公平的详细调查，以找出意外的原因及损失的数字，然后向保险公司提供详尽的书面报告，保险公司根据报告的建议作出赔偿。

理赔师的收费一般按理算后损失数字，或按工作时间计算，大致收费水平参见附件 4"理赔费收费表"（香港一家国际理赔公司 2002 年的收费表）。

## 五、各类工程、建筑保险协议（保险单）的典型版本及主要内容

各类工程、建筑保险的保险单格式和内容因为保险类型不同而有差异，但基本上都由下列部分组成：

（1）单首（Heading）：和其他合同文件一样，印上公司名称和地址，还印上保险类型，例如是建筑工程一切险（Contractors' All Risks Insurance）或雇员补偿保险（Employees' Compensation Insurance）等。

（2）前言（Preamble）：列明保险合同的基本要点，例如是当事人、支付保险费的协议等。

（3）明细表（Schedule）：这部分是保险单上的空白部分，留作填上具体的保险内容，其中包括被保险人和保险标的物（subject matter of insurance）的详细内容，还定下保险金额及应缴保险费等。

（4）承诺（Undertaking）：这部分是由承保的保险公司向被保险人作出承诺，表明保险公司会作出赔偿的损失情况，也就是清楚说明所承保风险的具体内容。

（5）免责（Exceptions）：保险单所不承保的风险，例如是商营保险公司不能承保的战争、核子辐射等，或者是应由其他类型保险单承保的风险。

（6）规定和条件（Terms and Conditions）：除了正面的承诺和免责条款外，保险单一般还包括其他的规定和条件，以确定合同双方的责任和义务。

（7）签名（Signature）：保险单通常必须由主要负责人签章，并由授权代表副签，方为有效。

附件5给出了以下四类保险单的典型版本：

（1）建筑工程一切险（Contractors' All Risks Insurance）

（2）雇员补偿保险（Employees' Compensation Insurance）

（3）工程设备机械保险（Contractors' Plant & Machinery Insurance）

（4）专业责任保险（Professional Indemnity Insurance）

## 附件 1

**按注册成立地点列出的获授权保险人数目**（截至 2003 年 4 月 30 日）

| 注册成立地点 | 获授权保险人数目 | 获授权业务类型 | | |
|---|---|---|---|---|
| | | 纯长期 | 纯一般 | 综合 |
| 巴哈马群岛 | 1 | — | 1 | — |
| 巴林 | 1 | — | 1 | — |
| 百慕大 | 14 | 8 | 4 | 2 |
| 加拿大 | 3 | 3 | — | — |
| 中国 | 1 | 1 | — | — |
| 中国香港 | 94 | 12 | 73 | 9 |
| 丹麦 | 1 | — | 1 | — |
| 芬兰 | 1 | — | 1 | — |
| 法国 | 5 | — | 5 | — |
| 德国 | 5 | — | 2 | 3 |
| 格恩西 | 1 | 1 | — | — |
| 印度 | 2 | — | 2 | — |
| 爱尔兰共和国 | 1 | 1 | — | — |
| 马恩岛 | 5 | 5 | — | — |
| 意大利 | 1 | — | — | 1 |
| 日本 | 6 | — | 6 | — |
| 卢森堡 | 3 | — | 3 | — |
| 荷兰 | 1 | — | 1 | — |
| 菲律宾 | 1 | — | 1 | — |
| 新加坡 | 2 | — | 2 | — |
| 南非 | 1 | 1 | — | — |
| 瑞典 | 1 | — | 1 | — |
| 瑞士 | 5 | 3 | 1 | 1 |
| 英国 | 14 | 6 | 6 | 2 |
| 美国 | 21 | 5 | 15 | 1 |
| 总数 | 191 | 46 | 126 | 19 |

## 附件 2

| 本公司专用<br>For office use only<br>档案编号 |
| --- |

# 建筑工程全险意外报告书

# CONTRACTORS' ALL RISKS' ACCIDENT REPORT FORM

本公司发出此表格并不代表本公司作出赔偿之承诺，并请于十四天内填妥本表格连同一切有关文件交回本公司以便处理，否则可能影响台端赔偿的事宜。

The issue of this form is not an admission of liability by the Company. Completed claim form together with supporting document (s) should be forwarded to us within 14 days. Otherwise, it may prejudice your claim under the policy.

1. 保户及合同资料

Particulars of Insured & Contract

<table>
<tr><td colspan="2">保户姓名<br>Name of Insured</td></tr>
<tr><td>保单号码<br>Policy No.</td><td>联络电话<br>Telephone No.</td></tr>
<tr><td colspan="2">合同地盘地址<br>Location & Address of Contract Site</td></tr>
<tr><td>地盘联络人<br>Site Contact Person</td><td>地盘电话<br>Site Telephone No.</td></tr>
<tr><td colspan="2">有关之总承包商/次承包商姓名<br>Name of Main Contractor (s) /Sub - contract (s) Involved</td></tr>
</table>

2. 意外/事件资料

Particulars of Accident/Incident

<table>
<tr><td colspan="2">意外事件类型（请在适当方格内填 [X]）<br>Type of Accident/Incident (Please cross appropriate box)<br>建筑工程及/或物料 ☐ 地盘写字楼/临时建筑 ☐<br>Contract Works and/or Material Site Offices/Temporary Buildings<br>第三者损毁或受伤 ☐ 业主物业 ☐<br>Third Party's Damage or Injury Principal's Property</td></tr>
<tr><td>事件/意外地点<br>Place of Accident/Incident</td><td>意外日期/时间<br>Date of Loss/Time</td></tr>
</table>

续表

| 损毁/损失情况<br>Description of Damage/Loss |
| --- |
| 损失金额（如得悉）<br>Loss Amount (if known) |
| 导致损毁或损失的原因<br>Circumstances & Cause of Damage/Loss |
| 如有需要，请附上图表<br>Attach drawing as necessary |

注：在可能情况下，请拍下有关损毁情况之照片，此举对日后商讨赔偿非常有用。

N. B. Relevant photographs are extremely useful for further claim and should be taken if possible.

3. 第三者损毁财物/伤者资料

Particulars of Damage to Third Party's Property/Injury

| 受损毁财物之物主/伤者姓名及地址<br>Name and Address of owner of property damaged/the injured third party |
| --- |
| 财物之损毁/伤者受伤程度<br>Detail and extent of property damaged/injured sustained by third party |
| 意外是否由总承包商/次承包商之疏忽或不小心引致？如是，请详述。<br>Was the accident due to negligence or carelessness on the part of main contractor/sub-contractor or their employees? If so, please give details. |
| 有否为这意外作出任何承诺及赔偿？若有，请详述之。<br>Have any steps been taken to compromise or settle the matter in any way? If so, what & by whom? |

备注：若收到有关是次意外之任何文件或投诉，请详述（有关是次意外之任何函件于未答复前请立即交到本公司以便处理）。

Remarks : Has any communication, verbal or written been made to you or on behalf of any injured person or owner of property damaged? If so, please give particulars (any written communications received must be immediately forwarded to us unanswered for our handling).

4. 警察局报告

Police Report

| 警察姓名或号码<br>Name/Number of police | |
| --- | --- |
| 警署地址<br>Name of police station | 报案日期及报案号码<br>Date and number of report |
| 警方是否有对任何人控诉？<br>Is any police action being taken against any person? | |

5. 证人资料

Particulars of Witness, if any

| 姓名<br>Name | 联络电话<br>Telephone No. |
|---|---|
| 地址<br>Address | |

**声明**

DECLARATION

本人/吾等谨此声明以上所填报的资料及各项细节，全属真确无讹，并无对保险公司作任何重要资料之保留。

I/We hereby declare that to the best of my/our knowledge & belief the above statements and particulars are in all respects true and complete and are made without reservation of any kind.

本人/吾等谨此再声明及同意中国海外保险有限公司收集有关本人的个人资料（无论由本人/吾等提供或从他途径所获取）并可保留、使用、透露及转传该等资料给任何本港或海外有关公司/机构或彼选定的团体，以办理此索偿或以前及将来的索偿资料核实之用。

I/We hereby further declare and agree that any personal information collected or held by China Overseas Insurance Ltd. (whether given by me/us or otherwise obtained) is provided and may be held, used, disclosed and transferred by the company to any related companies/organization or any selected parties (within or outside Hong Kong) for the purpose of processing this claim and other claims submitted previously and in the future and to communicate with me/us for such purposes.

填报人之姓名

Name of Person who completes this form : ______________________

日期 保户签名及盖公司印

Date ________________ Signature & Company Chop ________________

## 附件 3

### 雇员补偿条例附表 1

章： 282 标题： 雇员补偿条例 宪报编号：

附表： 1 条文标题： 版本日期： 30/06/1997

[第 9 条]

| 项目 | 损伤类别 | 丧失赚取收入能力百分率 | |
|---|---|---|---|
| 1. | 丧失 2 肢 | | |
| 2. | 丧失双手或双手的拇指和所有手指 | | |
| 3. | 丧失双脚 | | |
| 4. | 完全失明 | 100 | |
| 5. | 全身瘫痪 | | |
| 6. | 引致永久卧床的损伤 | | |
| 7. | 下身瘫痪 | | |
| 8. | 导致永久地完全残废的其他损伤 | | |
| 9. | 自肩以下起丧失手臂 | 75 | 80（惯用的手） |
| 10. | 肩关节强硬— | | |
| | 在最自然位置 | 35 | |
| | 在最恶劣位置 | 55 | |
| 11. | 丧失肩与肘之间手臂 | 75 | 80（惯用的手） |
| 12. | 自肘以下起丧失手臂 | 75 | 80（惯用的手） |
| 13. | 肘关节强硬— | | |
| | 在最自然位置 | 30 | |
| | 在最恶劣位置 | 50 | |
| 14. | 丧失肘与腕之间手臂 | 70 | 75（惯用的手） |
| 15. | 自手腕以下丧失一手 | 70 | 75（惯用的手） |
| 16. | 腕关节强硬— | | |
| | 在最自然位置 | 30 | |
| | 在最恶劣位置 | 40 | |
| 17. | 丧失一只手的拇指和 4 个手指 | 70 | 75（惯用的手） |
| 18. | 丧失一只手的 4 个手指 | 60 | 65（惯用的手） |

| | | |
|---|---|---|
| 19. 丧失拇指— | | |
| 2 节 ………………………………… | 30 | 32（惯用的手） |
| 1 节 ………………………………… | 20 | 22（惯用的手） |
| 指尖截断但没有丧失骨胳 …………… | 8 | |
| 20. 以下部位关节强硬— | | |
| 拇指指骨关节 ……………………… | 4 | |
| 拇指指骨与掌骨之间的关节 ………… | 8 | |
| 拇指的上述 2 个关节 ………………… | 12 | |
| 21. 丧失食指— | | |
| 3 节 ………………………………… | 14 | 15（惯用的手） |
| 2 节 ………………………………… | 11 | 12（惯用的手） |
| 1 节 ………………………………… | 9 | 10（惯用的手） |
| 指尖截断但没有丧失骨胳 …………… | 4 | |
| 22. 以下部位关节强硬— | | |
| 食指近指尖的指骨关节 ……………… | 2 | |
| 食指近掌的指骨关节 ………………… | 3 | |
| 食指指骨与掌骨之间的关节 ………… | 4 | |
| 食指的上述 3 个关节 ………………… | 9 | |
| 23. 丧失中指— | | |
| 3 节 ………………………………… | 12 | |
| 2 节 ………………………………… | 9 | |
| 1 节 ………………………………… | 7 | |
| 指尖截断但没有丧失骨胳 …………… | 2 | |
| 24. 以下部位关节强硬— | | |
| 中指近指尖的指骨关节 ……………… | 2 | |
| 中指近掌的指骨关节 ………………… | 2 | |
| 中指指骨与掌骨之间的关节 ………… | 3 | |
| 中指的上述 3 个关节 ………………… | 7 | |
| 25. 丧失无名指— | | |
| 3 节 ………………………………… | 8 | |

2节 …………………………………………… 6

1节 …………………………………………… 5

指尖截断但没有丧失骨骼 2

26. 以下部位关节强硬—

无名指近指尖的指骨关节 ………………… 1

无名指近掌的指骨关节 …………………… 2

无名指指骨与掌骨之间的关节 ……… 2

无名指的上述3个关节 …………………… 5

27. 丧失小指—

3节 …………………………………………… 7

2节 …………………………………………… 6

1节 …………………………………………… 5

指尖截断但没有丧失骨骼 ……………… 2

28. 以下部位关节强硬—

小指近指尖的指骨关节 ………………… 1

小指近掌的指骨关节 …………………… 1

小指指骨与掌骨之间的关节 ………… 2

小指的上述3个关节 …………………… 4

28*A*. 如丧失一只手的一整个手指，除因丧失单一手指所规定的百分率外，并须判给下述百分率在本项中，“手指”并不包括“拇指”凡在同一宗受伤事件中同一只手丧失2个或多于2个手指；或在同一宗受伤事件中，一只在以往的受伤事件中已丧失一个或多于一个手指的手（不论以往的受伤事件是否与工作有关，或是否因如此丧失手指而已支付或须支付补偿），丧失一个或多于一个手指，均须判给此等额外百分率—

丧失该手的第二个手指 ……………… 6 7（惯用的手）

丧失该手的第三个手指 ……………… 6 7（惯用的手）

| | | |
|---|---|---|
| 丧失该手的最后一个手指（由 1993 年第 66 号第 21 条增补） ……………… | 7 | 9（惯用的手） |
| 29. 丧失掌骨— | | |
| 第一（附带） ………………………… | 8 | |
| 第二、第三、第四或第五（附带） … | 3 | |
| 30. 自臀以下起丧失一腿 ……………… | 80 | |
| 31. 自膝或膝以上起丧失一腿 …………… | 75 | |
| 32. 臀骨关节强硬— | | |
| 在最自然位置 ………………………… | 35 | |
| 在最恶劣位置 ………………………… | 50 | |
| 33. 自膝以下起丧失一腿 ……………… | 65 | |
| 34. 膝关节强硬— | | |
| 在最自然位置 ………………………… | 25 | |
| 在最恶劣位置 ………………………… | 35 | |
| 35. 丧失一脚 ……………………………… | 55 | |
| 36. 足踝关节强硬— | | |
| 在最自然位置 ………………………… | 15 | |
| 在最恶劣位置 ………………………… | 25 | |
| 37. 丧失脚趾— | | |
| 一只脚的所有脚趾 …………………… | 20 | |
| 大脚趾的 2 节 ………………………… | 14 | |
| 大脚趾的 1 节 ………………………… | 4 | |
| 除大脚趾外，每丧失一个脚趾 ……… | 3 | |
| 38. 一目失明 ……………………………… | 50 | |
| 39. 一耳失聪 ……………………………… | 30 | |
| 40. 双耳失聪 ……………………………… | 100 | |
| 41. 丧失外耳或外耳变形（由 1993 年第 66 号第 21 条增补） ……………………… | 2 | |
| 42. 丧失整个鼻子（由 1993 年第 66 号第 21 条增补） | 25 | |
| 43. 鼻子的外表变形（由 1993 年第 66 号第 21 条增补） | 5 | |
| 44. 丧失脾（由 1993 年第 66 号第 21 条增补） ……………………………… | 5 | |

| | |
|---|---|
| 45. 丧失一个肾— | |
| 如另一个肾正常 ………………………… | 15 |
| 如另一个肾不正常（由 1993 年第 66 号第 21 条增补）………………………… | 65～90 |
| 46. 尿道损伤— | |
| 如尿道收窄而需采用扩张术，频率少于每 2 星期一次 ………………………… | 5 |
| 如尿道收窄而需采用扩张术，频率每 2 星期一次或以上 ………………………… | 10～20 |
| 如尿道被切断（由 1993 年第 66 号第 21 条增补）………………………… | 20 |
| 47. 膀胱功能受损— | |
| 损害的形式是尿急或其他轻度膀胱功能失调 | 5～12 |
| 反射功能良好但没有随意控制能力 … | 13～22 |
| 反射功能欠佳且没有随意控制能力 … | 23～37 |
| 无反射功能亦无随意控制能力（由 1993 年第 66 号第 21 条增补）……… | 38～60 |
| 48. 肛门直肠功能受损— | |
| 有限度的随意控制能力 ……………… | 0～7 |
| 有反射调节功能但无随意控制能力 … | 8～17 |
| 无反射调节功能亦无随意控制能力（由 1993 年第 66 号第 21 条增补） ……… | 18～25 |

注：

(1) 凡永久地完全丧失某一身体部分的功能，须被视为已丧失该身体部分。

(1*A*) 凡局部丧失某一身体部分，或永久地局部丧失某一身体部分的功能，须被视为在本附表所订明的丧失赚取收入能力百分率中丧失其中某一份额，而该份额按局部丧失该身体部分或永久地局部丧失该身体部分的功能，相对于完全丧失该身体部分时所占的比例计算。（由 1985 年第 49 号第 5 条增补）

(2) 凡丧失一只手的 2 个或多于 2 个部分，百分率须以不高于丧失整只手的百分率为限。

(3) 如以往已丧失一臂、一腿或一目，则丧失剩下的一臂、一腿或一目所得的补偿为，完全丧失工作能力所得的补偿减去因以往丧失一臂、一腿或一目已支付的补偿或本会因此而支付的补偿而得出的差额。

(4) 凡丧失拇指和同一只手的一个或多于一个手指，合计百分率须以不高于丧失同一只手的拇指和 4 个手指的百分率为限。

(5) 凡丧失大脚趾和同一只脚的一个或多于一个脚趾，合计百分率须以不高于丧失一只脚的所有脚趾的百分率为限。(由 1993 年第 66 号第 21 条增补)

(6) 凡本附表定出一个幅度的百分率，最高的百分率适用于最严重的个案，最低的百分率适用于最轻微的个案，而两者之间的百分率则按照个案的严重程度而予适用。(由 1993 年第 66 号第 21 条增补)

(由 1980 年第 44 号第 14 条代替。由 1993 年第 66 号第 21 条修订)

## 附件 4

### 理赔费收费表

| 经理算得出损失额（港币） | | 标准收费级别（港币） | 经理算得出损失额（港币） | 标准收费级别（港币） |
|---|---|---|---|---|
| 10000 | 或以下 | 2200 | 600000 | 40800 |
| 20000 | | 3400 | 700000 | 44800 |
| 30000 | | 4600 | 800000 | 48500 |
| 40000 | | 5600 | 900000 | 51800 |
| 50000 | | 6550 | 1000000 | 55000 |
| 60000 | | 7500 | 2000000 | 95290 |
| 70000 | | 8540 | 3000000 | 135000 |
| 80000 | | 9600 | 4000000 | 165170 |
| 90000 | | 10370 | 5000000 | 198240 |
| 100000 | | 11240 | 6000000 | 215990 |
| 150000 | | 16125 | 7000000 | 245180 |
| 200000 | | 20400 | 8000000 | 264290 |
| 300000 | | 26760 | 9000000 | 278250 |
| 400000 | | 31520 | 10000000 | 292220 |
| 500000 | | 36460 | | |

注：

1. 收费按理算得出的损失额，未扣除（1）被保险人应负担投保额不足的共保比例、及或（2）被保险人应负担的垫底费前的数字计算（经简短理算的决赔案件可获八折优待）。
2. 第三者责任及或其他意外保险的赔案，一般按以下费率计算工作时数收费：

| 理赔 | | 复康护理 | |
|---|---|---|---|
| 董　　事 | 每小时港币 1400 元 | 医护个案经理 | 每小时港币 900 |
| 联席董事 | 每小时港币 1200 元 | | |
| 经理/高级理赔师 | 每小时港币 1000 元 | | |
| 理　赔　师 | 每小时港币 800 元 | | |

（轻微第三者责任保险的赔案，或无涉复杂程序的不赔案，可获折扣）

(1) 收费未包括报销开支。

(2) 复杂程度一般的劳工保险赔案及交通体伤调查收费约港币 8000 至 9000 元。

(3) 各项收费每年调整。

## 附件 5

### 报 价 单

投保人　　承包商

××建筑有限公司作为主要承包商及其属下各层分包商

委托人/顾主

×××× LIMITED

合同内容：　　主合同-××-××地段商业/服务式住宅项目

施工地点　　新界××××道×××-×××号 TWTL×××地段

合同额　　港币肆亿柒仟肆佰万元整

承保期　　施工期约 760 日

由 2003 年 9 月 18 日起计

保固期约 12 个月

由总完工日起计

保险范围/　　建筑工程全险

责任额　　第一部分-财物损失

| | | |
|---|---|---|
| 工程额 | 港币 | 474000000 |
| 专业费用 | 港币 | 14200000 |
| 清理费用 | 港币 | 14200000 |
| 总额 | 港币 | 502440000 |

第二部分-第三者责任

赔偿限额：每宗意外最高限额为 3000 万

保险期内赔偿宗数无限制

承保条款及　　建筑工程全险（工务局原版本）

伸展保障范围　　已更正之条款 4.6.1

MR120　支柱的移除，减弱及振动损害（每一事故及总计均为 3000 万）

A2　测试及监察期保障（4 星期为保障期限）

A3　设计师风险保障

| | | | |
|---|---|---|---|
| | A4 | 内陆运输（每一事故100万为限） | |
| | A5 | 施工地点以外的贮存所/仓库（每一事故100万为限） | |
| | A6 | 额外附加费用保障最高以已理赔后补偿额10%为限 | |
| | A7 | 顾主财物保障（每一事故及总计均为3000万） | |
| | A8 | 72小时条款 | |
| | A9 | 因罢工骚动及民众骚乱所引致损失保障条款 | |
| | B1 | 安全预防措施条款 | |
| | B2 | 地下设施特别条款 | |
| | B3 | 地下工程特别条款 | |
| | B5.1 | 特别免赔额条款 | |
| | MR112 | 关于建筑地盘消防措施及防火安全特别条款 | |
| | MR121 | 关于打桩基础及挡土墙特别条款 | |
| | 燃烧及焊接条款 | | |
| | 伸缩条款（以投保额10%为限） | | |
| | 资讯净化条款 | | |
| 主要不保事项 | 2000年电脑问题除外条款 | | |
| | 电脑资讯风险除外条款 | | |
| | 电磁场除外条款 | | |
| | 绝对污染除外条款 | | |
| | 因恐怖活动导致污染及爆炸除外条款 | | |
| | 战争及恐怖活动除外条款 | | |
| | 全体绝对除外条款 | | |
| 免赔额 | 第一部分-财物损失 | | |
| | 自然灾害/盗窃/火灾 | | 港币250000 |
| | 水浸损害（包含自然灾害） | | 港币250000/20%＊ |
| | 测试及监察期保障A2 | | 港币250000 |
| | 设计师风险保障A3 | | 港币250000 |
| | 临时工程/棚架 | | 港币75000/50%＊ |
| | 其他 | | 港币75000 |

| | | |
|---|---|---|
| | 第二部分-第三者责任 | |
| | 第三者财物损失 | 港币 100000 |
| | 第三者人身伤害 | 港币 100000/20％＊ |
| | 水浸损害致第三者财物损失 | 港币 100000/20％＊ |
| | 振动 | 港币 100000/20％＊ |
| | 地下设施 | 港币 100000/20％＊ |
| | 委托人/顾主财物 | 港币 100000/20％＊ |
| | 油压及光纤电缆 | 港币 100000/40％＊ |
| | ＊ 以理赔后补偿额最高者为准 | |
| 费率 | ×.××％ | |
| 保费 | 港币×，×××，×××.00 | |
| 承保商 | ××集团保险有限公司 | |
| 有效期 | 由 2003 年 9 月 16 日内四星期有效 | |
| 备注 | 限定无打桩及地库工程 | |
| | 限定有安全措施 | |
| | 限定有第三者伤害预防措施 | |
| | 确认及接纳 | |
| | 授权签署及公司盖章 | |
| | 日期 | |

## 报　价　单

| | |
|---|---|
| 投保人 | ××××建筑有限公司作为主要承包商及其各层分包商从事于是项建筑工程特别地记述为投保工程并不包括其他建筑工程作为安排此保单目的共同地为遵从法例第40（1B）小节要求投保 |
| 委托人/顾主 | ×××××× LIMITED |
| 合同内容： | 主合同-荃湾××道 TWTL××××地段商业/服务式住宅项目 |
| 施工地点 | 新界荃湾××道×××-×××号 TWTL×××地段 |
| 合同额 | 港币肆亿柒仟肆佰万元整 |
| 承保期 | 施工期约760日<br>由通知生效日起计<br>保固期约12个月<br>由总完工日起计 |
| 保险范围/责任额 | 雇员补偿保险<br>雇主法律上及普通法上之责任<br>每单一事故以港币2亿元为最高赔偿额 |
| 承保条款及伸展保障范围 | 雇员补偿保险保单措辞<br>W51<br>W204 保障投保人对其分包商之顾员的责任<br>W338 保障顾主/委托人对投保人之顾员的责任<br>W348 共连投保人条款<br>电磁场除外条款<br>指定分包商及或专业分包商的雇员及其再分包商的雇员除外条款<br>安全带条款<br>恐怖活动批注保障 |
| 主要不保事项 | 全体不保条款<br>否则以此保单措辞条件及不保事项为准 |
| 保费 | 港币×，×××，×××.00＋港币×，×××，×××.00 |

含 11.3%政府附加征费

承保商　　　　　××××保险有限公司

有效期　　　　　由 2003 年 9 月 16 日内 2 星期有效

备注　　　　　　限定无打桩及地库工程

限定有安全措施

保费付款方式（分 5 期每期均等由保单生效日起计，于第 4、7、13、19 个月）

确认及接纳

授权签署及公司盖章

日期

## 暂 保 单

**我公司档案编号：××/2003/×××**

2003 年 11 月 6 日

致：×××先生

××建筑联营公司

香港×××道××号××××大厦××楼

×××先生：

谨遵照贵公司指示，我公司乐于确实已为贵公司安排将下列保险生效：

| | | | |
|---|---|---|---|
| 投保人： | 承包商： | | |
| | ××建筑联营公司作为主要承包商及其各层分包商 | | |
| | 委托人/顾主： | | |
| | 香港特别行政区政府-路政署 | | |
| 合同内容： | ×××至××新跨×桥的高架引道进行设计及建筑工程 | | |
| | 合同编号：HY/2003/×× | | |
| 施工地点 | 新界×××至×× | | |
| 合同额 | 港币壹亿叁仟捌佰叁拾万元 | | |
| 承保期 | 施工期：由 2000 年 11 月 7 日起 | | |
| | 所有建筑工程 | | 980 日 |
| | （包括 365 日常备设施工程及/保固工程） | | |
| 保险范围/责任额 | 建筑工程保险 | | |
| | 第一部分-财物损失 | | |
| | 永久及临时工程额 | 港币 | 壹亿叁仟捌佰叁拾万元 |
| | 专业费用 | 港币 | 不适用 |
| | 清理费用 | 港币 | 伍拾万元 |
| | 工程总额 | 港币 | 壹亿叁仟捌佰捌拾万元 |
| | 建筑机器及临时建筑物 | 港币 | 伍拾万元 |
| | 第二部分-第三者责任 | | |
| | 赔偿限额：每宗意外最高限额为港币壹仟伍佰万元<br>每个保险期最高限额为无限 | | |

承保条款及/伸展保障范围：　建筑工程全险（工务局 原版本）已更正之条款 4.6.1 及 3.4.12

A1　支柱的移除，减弱及振动损害（每一事故及总计均为港币壹仟伍佰万元）

A3　设计师风险保障

A4　内陆运输（总计为港币二十五万）

A5　施工地点以外的贮存所/仓库（总计为港币二十五万）

A6　额外附加费用保障最高以已理赔后补偿额 10%为限

A7　顾主财物保障（每一事故及总计均为港币一千五百万）

A8　72 小时条款

B1　安全预防措施条款

B2　地下设施特别条款

B3　地下工程特别条款

B5　特别免赔额条款

MR103　农作物除外条款

MR106　有区域限制条款（以 250 米为限）

MR110　关于降雨，水淹及泛滥相应安全措施条款

MR111　关于清理山泥崩塌条款

MR112　关于建筑地盆消防设施及防火安全特别条款

MR117　关于铺设供水设施及排水沟水管条款（以 25 米为限）

MR121　关于打桩地基及工程滑坡条款

SR41　废物，淤泥，侵蚀，山泥倾泻

SR48　关于喉管铺设（以 50 米为限）

SR50　打桩工程

承保条款及/伸展保障范围：

—燃烧及焊接条款

—顾员作为访客条款

—伸缩条款（以投保额 10%为限）

—资讯净化条款

图样及文件条款（每一事故以港币拾万元为限）

树木及植物条款

主要不保事项：

电脑资讯风险除外条款

电磁场除外条款

农作物损毁除外条款

九广铁路物业损毁除外条款

2000 年电脑问题及电脑软件电脑除外条款

海上责任除外条款

产品责任及完工责任除外条款

专业责任除外条款

渗出物污染除外条款

物料缺陷条款

战争及恐怖活动除外条款

全体除外条款

其他事项及条款以保单所载为准

免赔额：

第一部分-财物损失

| | | |
|---|---|---|
| 自然灾害（水灾/洪水泛滥/暴风/暴风引致水浸损害除外） | 港币 | 750000 |
| 盗窃/测试/水管推顶 | 港币 | 750000 |
| 水灾/洪水泛滥/暴风/暴风引致水浸损害 | 港币 | 1500000/20％* |
| 喷草工作/暂时工作 | 港币 | 250000/50％* |
| 其他 | 港币 | 25000 |

第二部分-第三者责任

| | | |
|---|---|---|
| 第三者财物损失 | 港币 | 250000 |
| 第三者人身伤害 | 港币 | 250000/20％* |
| 水浸损害致第三者财物损失 | 港币 | 500000/20％* |
| 振动 | 港币 | 250000/20％* |

| | | |
|---|---|---|
| 地下设施 | 港币 | 250000/20%* |
| 委托人/顾主财物 | 港币 | 250000/40%* |
| 油压及光纤电缆 | 港币 | 350000/40%* |

*以理赔后免偿额最高者为准。

费率　　0.95%

绝对保费　　港币×，×××，×××

除去特别客户折扣港币×××，×××.××

净保费为港币×，×××，×××.××

承保商　　××××保险有限公司

备注：　　以附加有关必需资料为准

以整套建筑工程全险连同顾员补偿保险生意成交为基础

承蒙交托上述保险生意，现请审阅上述保险保障详情并提示任何差异或贵司 有意改动之处。

顺颂　商祺

××××保险有限顾问公司

---

授权签署

## 暂　保　单

**我公司档案编号：××/2003/×××**

2003 年 11 月 6 日

致：×××先生

××建筑联营公司

香港×××诗道××号××××大厦××楼

×××先生：

谨遵照贵公司指示，我公司乐于确实已为 贵公司安排将下列保险生效：

| | |
|---|---|
| 投保人： | ××建筑联营公司作为主要承包商及其各层分判商从事于是项建筑工程特别地记述为投保工程并不包括其他建筑工程作为安排此保单目的共同地为遵从法例第 40（1B）小节要求投保 |
| 委托人/顾主： | 香港特别行政区政府-路政署 |
| 合同内容： | ×××至××新跨×桥的高架引道进行设计及建筑工程<br>合同编号：HY/2003/×× |
| 施工地点： | 新界×××至×× |
| 合同额： | 港币壹亿叁仟捌佰叁拾万元 |
| 承保期： | 施工期：由 2000 年 11 月 7 日起<br>所有建筑工程　　980 日<br>（包括 365 日 常备设施工程 及/保固工程） |
| 保险范围/责任额： | 顾员补偿保险<br>顾主法律上及普通法上之责任<br>每单一事故以港币二亿元为最高赔偿额 |
| 承保条款及伸展保障范围： | 顾员补偿保险保单措辞<br>W51<br>W204 保障投保人对其分包商之顾员的责任<br>W338 保障顾主/委托人对投保人之顾员的责任<br>W348 共连投保人条款<br>50％折扣优惠因应未来法例修订而调整补偿额<br>电磁场除外条款 |

指定分包商及或专业分包商的顾员及其再分包商的顾员除外条款

恐怖活动附加条款

全体除外条款

其他事项及条款以保单所载为准

保费：　港币×，×××，×××.××含 11.3％政府附加费

除去特别客户折扣港币×××，×××.××

净保费为港币×，×××，×××.××

承保商：　××××保险有限公司

备注：　以附加有关必需资料为准

以整套建筑工程全险连同顾员补偿保险生意成交为基础

付款条件：　分三期支付以 40％，30％，30％之比例在保单生效日，第七个月和第十三个月支付

承蒙交托上述保险生意，现请审阅上述保险保障详情并提示任何差异或贵公司有意改动之处。

顺颂　商祺

××××保险有限顾问公司

---

授权签署

# 参 考 文 献


[1] 香港政府网页：http：// www. gov. hk

[2] 香港建造商会网页：http：// www. hkca. com. hk

[3] ISO 9001—9003 质量体系审核及核对表

[4] 甘比著. 冯培漳译. 系统鉴定及认证

[5] 香港生产力促进局 ISO 9000 实践智囊：经验的总结

[6] 香港生产力促进局 ISO 9000 培训系列：IV 内部审核

[7] 香港品质保证局网址：http：// www. hkqaa. org

[8] 劳工处. 1995 年工厂及工业经营（安全主任及安全督导员）规例指南

[9] 劳工处. 1998 年建造业安全管理指南

[10] 劳工处. 1999 年安全管理指南

[11] 香港建造业检讨委员会. 2001 年建造业检讨委员会报告书

[12] 工务局：http：//www. wb. gov. hk/

[13] 劳工处：http：//www. info. gov. hk/labour

[14] 职业安全健康局：http：//www. oshc. org. hk/

[15] 肺尘埃沉着病补偿基金委员会：http：//www. pcfb. org. hk/

[16] CIRC，2001. Construction for Excellence，Construction Industry Review Committee of Hong Kong，Hong Kong Special Administrative Region，Hong Kong.

[17] Environmental Protection Department，2001. Environment Hong Kong.

[18] Environmental Protection department，1997. Technical Memorandum on Environmental Impact Assessment Process（Environmental Impact Assessment Ordinance，cap. 499，S16）.

[19] Environmental Protection Department，1998. A Guide to the Environmental Impact Assessment Ordinance.

[20] Environmental Protection Department，1996. Generic Environmental Monitoring and Audit Manual.

[21] 郝生跃主编. 国际工程管理. 北方交通大学出版社

[22] 建筑企业经理全书. 中国建材工业出版社，1998 年

[23] 杨蓉主编. 人力资源管理. 东北财经大学出版社，2002 年

[24] 王锐添编著. 现代企业管理. 商务印书馆，2002 年

[25] 刘志坚，徐北妮编著. 管理学——原理与案例. 广州，华南理工大学出版社，2003 年 3 月

[26] 张五常. 经济组织与交易成本

[27] ISO（1996），ISO 14000 系列，1996 年版. International Organization for Standardization

[28] 2001 中国绿色建筑. 可持续发展建筑国际研讨会论文集

[29] 空气污染管制条例（香港法例第 311 章）. 香港特别行政区政府印务局

[30] 空气污染管制（建造工程尘埃）规例（香港法例第 311 章附属法例）. 香港特别行政区政府印务局

[31] 噪音管制条例（香港法例第400章）. 香港特别行政区政府印务局
[32] 噪音管制条例（手提撞击式破碎机）规例（香港法例第400章附属法例）. 香港特别行政区政府印务局
[33] 噪音管制条例（空气压缩机）规例（香港法例第400章附属法例）. 香港特别行政区政府印务局
[34] 噪音管制条例（一般）规例（香港法例第400章）. 香港特别行政区政府印务局
[35] 水污染管制条例（香港法例第358章）. 香港特别行政区政府印务局
[36] 水污染管制条例（一般）（香港法例第358章附属法例）. 香港特别行政区政府印务局
[37] 废物处置条例（香港法例第354章）. 香港特别行政区政府印务局
[38] 废物处置（废物处置的收费）规例（香港法例第354章附属法例）. 香港特别行政区政府印务局
[39] 废物处置（化学废物）（一般）规例（香港法例第354章附属法例）. 香港特别行政区政府印务局
[40] 管制建筑工程噪音（撞击式打桩除外）技术备忘录. 香港特别行政区政府环境保护署
[41] 管制指定范围的建筑工程噪音技术备忘录. 香港特别行政区政府环境保护署
[42] 管制撞击式桩枝技术备忘录. 香港特别行政区政府环境保护署
[43] 排入去水渠及污水渠系统，内陆及海岸水域的污水标准技术备忘录. 香港特别行政区政府环境保护署
[44] ［美］罗伯特·格兰特著. 公司战略管理
[45] ［美］本杰明·古莫斯一卡瑟尔斯著. 竞争的革命
[46] 林季红著. 跨国公司战略联盟
[47] Project Planning，Lecture Notes，City University of Hong Kong，2003，1～5
[48] 黄霭云，谭景良. 标准建筑合约涵盖的风险归属范畴和模式. 2003年内地与香港建筑工程服务与管理研讨会论文集，2003年10月，武汉：II - 268
[49] 白思俊主编. 现代项目管理. 机械工业出版社，2002年4月
[50] A Guide to the PROJECT MANAGEMENT BODY OF KNOWLEDGE. Project Management Institute. 2000 Edition
[51] 建筑施工手册（第三版）. 中国建筑工业出版社，1997年4月
[52] 工程项目管理的国际管理. 天津大学管理学院国际工程管理研究所，1997年3月
[53] 梁键主编. 国际工程施工经营管理. 中国水利水电出版社，1996年4月
[54] 建筑工程管理实践与研究. 杭州市建筑业管理局. 中国水利水电出版社，2001年11月
[55] http：//www. archsd. gov. hk/chinese/reports/bwtpi. asp（据2003年12月公布数据计算所得）
[56] http：//www. archsd. gov. hk/chinese/reports/bci. asp（据2003年12月公布数据计算所得）
[57] http：//www. hkiac. org/hkiac - chinese/main. html
[58] 胡文俊. 建筑工程争议的管理. 2003年内地与香港建筑工程服务与管理研讨会论文集，2003年10月，武汉：II - 135
[59] 香港国际仲裁中心经修订仲裁指引（根据1993年本地仲裁规则订立）
[60] 陈汉云，陶荣等. 国际建造业工程合同争议解决方法及趋势. 2003年内地与香港建筑工程服务与管理研讨会论文集，2003年10月，武汉：II-122
[61] 范愉. 当代中国ADR的发展 http：//www. cnlawservice. com/chinese/lawscience/xsgj/0344. htm

[62]　芩共社，严汝江. 香港建筑署有效预防及解决建筑工程争议的方法. 2003年内地与香港建筑工程服务与管理研讨会论文集，2003年10月，武汉：II-128

[63]　高赞觉，黄国礼. 税务工程的风险及纠纷管理. 2003年内地与香港建筑工程服务与管理研讨会论文集，2003年10月，武汉：II-3

[64]　何安诚，陈国煌等. 承建者言：土木工程作业的申索管理效率. 2003年内地与香港建筑工程服务于管理研讨会论文集，2003年10月，武汉：II-227

[65]　周忠惠，张鸣，徐逸星（1998）. 财务管理. 上海三联书店

[66]　史怡中，许丹林（1995）. 企业财务管理. 商务印书馆（香港）有限公司

[67]　香港保险业监理处. 2002年年报，2003年

[68]　叶志伟. 保险精解. 商务印书馆. 香港：2002年

[69]　余德麟. 保险业的发展. 商务印书馆. 香港：1997年